"十三五"国家重点出版物出版规划项目

经济科学译丛

# 金融计量经济学

（第四版）

克里斯·布鲁克斯（Chris Brooks） 著

王 鹏 译

INTRODUCTORY ECONOMETRICS FOR FINANCE

(FOURTH EDITION)

中国人民大学出版社

·北京·

# 《经济科学译丛》总序

中国是一个文明古国，有着几千年的辉煌历史。近百年来，中国由盛而衰，一度成为世界上最贫穷、落后的国家之一。1949 年中国共产党领导的革命，把中国从饥饿、贫困、被欺侮、被奴役的境地中解放出来。1978 年以来的改革开放，使中国真正走上了通向繁荣富强的道路。

中国改革开放的目标是建立一个有效的社会主义市场经济体制，加速发展经济，提高人民生活水平。但是，要完成这一历史使命绝非易事，我们不仅需要从自己的实践中总结教训，也要从别人的实践中获取经验，还要用理论来指导我们的改革。市场经济虽然对我们这个共和国来说是全新的，但市场经济的运行在发达国家已有几百年的历史，市场经济的理论亦在不断发展完善，并形成了一个现代经济学理论体系。虽然许多经济学名著出自西方学者之手，研究的是西方国家的经济问题，但它们归纳出来的许多经济学理论反映的是人类社会的普遍行为，这些理论是全人类的共同财富。要想迅速稳定地改革和发展我国的经济，我们必须学习和借鉴世界各国包括西方国家在内的先进经济学的理论与知识。

本着这一目的，我们组织翻译了这套经济学教科书系列。这套译丛的特点是：第一，全面系统。除了经济学、宏观经济学、微观经济学等基本原理之外，这套译丛还包括了产业组织理论、国际经济学、发展经济学、货币金融学、公共财政、劳动经济学、计量经济学等重要领域。第二，简明通俗。与经济学的经典名著不同，这套丛书都是国外大学通用的经济学教科书，大部分都已发行了几版或十几版。作者尽可能地用简明通俗的语言来阐述深奥的经济学原理，并附有案例与习题，对于初学者来说，更容易理解与掌握。

经济学是一门社会科学，许多基本原理的应用受各种不同的社会、政治或经济体制的影响，许多经济学理论是建立在一定的假设条件上的，假设条件不同，结论也就不一定成立。因此，正确理解并掌握经济分析的方法而不是生搬硬套某些不同条件下产生的结论，才是我们学习当代经济学的正确方法。

本套译丛于 1995 年春由中国人民大学出版社发起筹备并成立了由许多经济学专家学者组织的编辑委员会。中国留美经济学会的许多学者参与了原著的推荐工作。中国人民大学出版社向所有原著的出版社购买了翻译版权。北京大学、中国人民大学、复旦大学以及中国社会科学院的许多专家教授参与了翻译工作。前任策划编辑梁晶女士为本套译丛的出版做出了重要贡献，在此表示衷心的感谢。在构建高水平社会主义市场经济体制时期，我们把这套译丛献给读者，希望为中国经济的深入改革与发展做出贡献。

《经济科学译丛》编辑委员会

# 译者前言

对于现代金融学研究来说，计量方法已经越来越重要。能否正确运用恰当的计量经济学方法研究金融学问题，决定了我们能否揭开金融世界的神秘面纱。国内现在不乏优秀的计量经济学著作（无论是译著还是国内学者的原创著作），但专门介绍金融计量经济学知识的非常少。但正如本书 1.2 节中所述，“金融计量经济学”和“经济计量经济学”之间还是存在不小的区别。因此，对于主要关心金融学问题的学习者或研究者来说，手上有一本内容全面、深度恰当、金融特色明显的金融计量经济学著作就是非常有必要的了。在笔者看来，作为一位在实证金融领域成果丰富、建树颇多的研究者，克里斯·布鲁克斯教授所著的这本《金融计量经济学》就是一个非常合适的选择。

我在读博士期间曾经精读过本书的第一版，对本书印象深刻。如果要总结一下原著的特点，我想可以用三个关键词来概括：全面、易懂、金融逻辑。其中，“全面”是指本书的内容涵盖了金融学研究中经常使用到的绝大部分方法，读者若能掌握（至少熟悉）这些方法，应该可以处理绝大部分金融学研究问题；“易懂”是指本书更多的是从便于研究者理解和使用的角度出发，对很多方法的讲述略过了艰深晦涩的数学推导和证明环节，使得读者更注重这些方法的逻辑、特点、实现等方面；“金融逻辑”是指本书在讲述各种计量方法的时候，非常重视方法的金融学意义和应用，所举的例子也都与金融学问题紧密相关，即更讲求“金融逻辑”，而非“数学逻辑”。在现代金融学（也包括经济学）的部分研究领域越来越呈现“量化崇拜”倾向的当下，不得不说这是一种极具价值的立场。

在第四版中，克里斯·布鲁克斯教授对第三版的内容进行了进一步的扩充。在我看来，其中关于状态空间模型、卡尔曼滤波、极值分布等内容的补充是非常有必要的。当然，更值得赞赏的是第四版删减了第三版中关于 EViews 操作的内容。尽管这可能使得该书表面上看起来缺少了一些操作性，但正如克里斯·布鲁克斯教授所说，“将 EViews 直接编入本书的核心部分可能会干扰那些习惯于使用其他软件包的人”，并且关于 EViews 的说明以及其他软件包（包括 Stata、Python 和 R）的配套手册都可以在本书的网站上免费获得。

在本书付梓之际，特别感谢我的访学导师——美国科罗拉多大学（丹佛校区）摩根大通商品研究中心主任杨坚教授，他以其深厚的学术功底对本书的翻译提出了很多极具价值的指导意见和建议。此外，我还要感谢本书第一版的译者——西南财经大学金融学院邹宏元老师的推荐，使我有机会翻译这本金融计量经济学领域的经典著作。感谢我的几位研究生：杨兴林、吴金宴、蒲文杰、倪萍、李家明、邓宏皓，他们在早期的准备使后面的正式翻译有了一个很好的基础。还要感谢陈琪、张皓越、陶琪、林泽钰、李姝瑶几位同学，她们完成了此版中绝大部分新增内容的初步翻译工作。感谢中国人民大学出版社的各位编辑，他们的辛勤工作使得本书的出版得以顺利进行。最后，感谢教育部人文社会科学研究一般项目（21YJC790115）、西南财经大学光华百人计划项目对与本书翻译相关工作的支持。

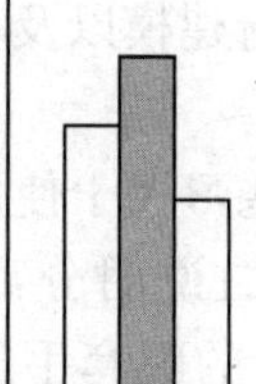

# 第四版前言

如下所述，第一版的所有动机在今天看来同样重要。鉴于这本书似乎很受读者欢迎，所以我基本上保留了本书原有的风格，但是增加了许多新的材料。本书第一版的主要撰写动机是：

- 要编写一本专注于使用和应用技术的书，而不是推导证明和学习公式。
- 要编写一本通俗易懂的教科书。它不需要读者事先具备计量经济学知识，但也能涵盖一些最新的方法，并且这些方法通常只有在高级教材中才能找到。
- 要使用金融而不是经济学的案例和术语，因为在计量经济学中有很多介绍性内容是针对经济学专业的学生，而非金融学专业的学生。
- 要从金融学术文献中选取计量经济学在实践中的应用案例。
- 要包括对流行的计量经济学软件包的示例说明、屏幕转储和计算机输出，使读者能够明白如何在实践中实现这些方法。在第四版中，对 EViews 的操作说明可以在本书的配套网站上免费获得。当然，配套网站上还有其他软件包（包括 Stata、Python 和 R）的配套手册。
- 要开发一个配套网站，其中包含章末问题的答案、一个附有反馈的多项选择题题库、幻灯片以及其他辅助材料。

## 第四版有什么新内容？

第四版包含许多重要的新功能：

（1）金融专业的学生背景差别很大，特别是在基础数学和统计方面的训练程度往往有所不同。为了使这本书更加完整，我再次对介绍性章节进行了扩充，之前版本中第 2 章的内容被分为数学导论（第 1 章）以及统计基础和数据处理（第 2 章）两章。

（2）在第 10 章中增加了更多关于状态空间模型及卡尔曼滤波估计的新材料。

(3) 新增加了一章，该章收集了金融研究中许多常用的方法，包括事件研究法和法马-麦克贝思（Fama-MacBeth）方法（在之前的版本中此部分位于本书的其他章节），还包括部分新的内容，即使用极值分布对金融序列的厚尾进行建模以及利用广义矩估计法估计模型。

(4) 将 EViews 直接编入本书的核心部分可能会干扰那些习惯于使用其他软件包的人，因此，如前所述，在新的版本中已经将关于 EViews 的说明分离出来了，关于 EViews 的说明以及其他软件包（包括 Stata、Python 和 R）的配套手册都可以在本书的网站上免费获得。无论读者喜欢使用什么软件，这个软件包都可以确保本书符合要求。

## 第一版的写作动机

这本书起源于作者每年在雷丁大学亨利商学院 ICMA 中心（前 ISMA 中心）举办的两期讲座，部分原因是多年来缺乏合适的教材，这实在让人感到沮丧。过去，金融只是经济学和会计学的一个小分支学科，因此通常认为金融专业的学生具有良好的经济学原理基础，所以计量经济学也就使用经济动机和实例进行教学。

然而，近年来，金融作为一门学科已经有了自己的生命力。由于人们对与金融市场相关的职业抱有极大的兴趣，所以金融专业学生的数量在全世界范围内都显著增加。与此同时，金融专业学生的教育背景也更加多元化。即使在数学或经济学方面没有达到高中学历水平，也不难成为金融专业的本科生。相反，许多拥有物理学或工程学博士学位的人也被吸引去攻读金融硕士学位。不幸的是，教科书的作者未能跟上学生性质的变化。在我看来，目前可用的教科书在三个主要方面都达不到该市场的要求，这也是本书想要解决的几个问题：

(1) 教科书可分为两种截然不同且互不重叠的类别：入门类和高级类。入门教科书对于数学或统计学背景有限的学生来说比较合适，但讲授重点过于狭隘。入门教科书常常花费大量篇幅来推导一些最基本的结果，而一些有趣且重要的主题（如模拟方法、VAR 建模等）要么完全缺失，要么仅在书中的最后几页进行简单介绍。相反，更高级的教科书通常要求读者的数学能力水平有一个巨大的飞跃，因此这些教材不能用于仅持续一个或两个学期的课程，也不能用于学生具有不同背景的课程。在本书中，我将对大量不同的计量经济方法进行全方位的阐述，这些方法既可以运用于金融数据分析，也可以运用于其他类型的数据分析。

(2) 目前市面上流传广泛的教科书大多过于理论化。学生在读完这样一本书后，即使在理论上掌握了一些技巧，也往往不知道如何解决现实生活中的问题。这本书和配套的软件手册应该对那些希望学习如何自己估计模型的学生有所帮助——例如，如果他们需要完成一个项目或一篇论文。本书中的一些例子是专门为这本书而举的，而其他许多例子都来自学术金融文献。在我看来，这是一本教科书的一个基本但罕见的特点，它应该有助于向学生展示计量经济学是如何真正应用的。当然，我也希望这种方式能鼓励学生更深入地钻研文献，从而为研究课题提供有益的指导和启发。但是，首先应该说明的是，引用来自金融学术文献例子的目的不是提供文献的全面概述或讨论这些领域的所有相关工作，而是为了说明这些方法本身。因此，就某个研究问题而言，我们有意没有给出全面的文献综述，感兴趣的读者可以参考本书推荐的阅读材料和其中的参考文献。

（3）除少数例外情况，几乎所有的入门教科书都是从经济学中提取动机和实例，这对金融学或商学专业的学生来说可能有点兴味索然。要了解这一点，你可以尝试使用一个例子，比如收入变化对消费的影响来引出回归关系，然后观察那些主要对商业和金融应用感兴趣的受众的行为。你会发现，他们很可能会在课程的前十分钟失去兴趣并悄悄溜走。

## 谁应该读这本书？

本书的目标读者是本科生、硕士生和博士生，他们需要广泛了解金融文献中常用的现代计量经济学技术。当然，我希望本书对研究人员（学者和从业者）也有用，因为他们需要关于金融领域常用统计工具的介绍。另外，本书也可用于金融学、金融经济学、证券和投资学等本科或研究生的培养方案中包含金融时间序列分析或金融计量经济学内容的相关课程。

当然，虽然书中关于建模的实例和动机都来自金融学，但是在管理学、商学、房地产学、经济学等许多其他学科中对理论的实证检验可能也有效运用了计量经济学分析。对于这群人来说，这本书可能也会很有用。

最后，虽然本教材主要是为本科或硕士水平的学生设计的，但对于没有现代计量经济学课程背景的金融学博士生来说，在涉及金融时间序列模型的内容时，本书也可以成为一本概论性质的阅读材料。

## 如果想要很好地理解本书，需要什么基础？

本书不需要读者事先掌握统计学、计量经济学或代数知识，所以非常便于阅读。当然，那些事先接触过微积分、代数（包括矩阵）和基本统计知识的人将能够更快地进入角色。事实上，本书的重点在于将方法有效应用于实际数据和金融问题。

在金融和投资领域，我假设读者已经了解了公司金融、金融市场和投资的基本原理。因此，投资组合理论、资本资产定价模型（CAPM）、套利定价模型、有效市场假说、衍生证券定价和利率期限结构等主题在全书中会经常被提及，但我不会在书中对这些基本原理进行详细解释。如果读者缺乏这方面的基础，可以参阅公司金融、投资学、期货和期权方面很多优秀的书籍，例如 Brealey 和 Myers（2013），Bodie，Kane 和 Marcus（2014）以及 Hull（2017）。

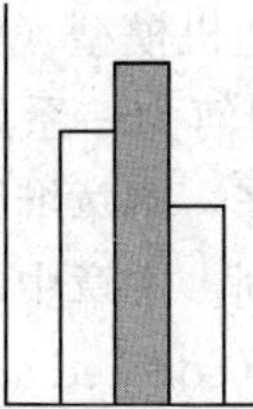

# 本书各章概要

**第1章**

本章介绍了在本书后面的内容中读者需要熟悉并且能够使其发挥最大功效的关键数学技术。在本章伊始，我们会简单讨论什么是计量经济学以及如何构建计量经济学模型，然后继续介绍函数、幂、指数和对数，最后通过一个构建最优资产组合权重的例子来讲解微分和矩阵代数等知识。

**第2章**

本章介绍了计量经济学的统计学基础以及如何对金融数据进行初步处理。首先，我们讲授了统计方面的关键结果、概率分布、汇总数据的方法以及不同的数据类型。接下来，我们继续讨论现值和终值的计算、复利和贴现以及名义收益和实际收益的不同计算方式。

**第3章**

本章介绍古典线性回归模型（classical linear regression model，简记为 CLRM）。我们推导并解释了普通最小二乘法（OLS），并阐述和解释了 OLS 的最优条件。在线性模型框架下，我们发展并考察了一个假设检验框架。本章所举的例子包括詹森（Jensen）关于共同基金的评价以及检验英国股票市场"过度反应假说"（overreaction hypothesis）的经典研究。

**第4章**

本章将二元模型一般化为多元回归模型（即含有多个变量的模型），从而拓展了第3章的内容。我们对检验多元假设的框架以及模型与数据之间拟合度的测量进行了概述。本章的实例包括租赁价值建模和将主成分分析应用于利率。

**第5章**

本章考察诊断检验（diagnostic testing）这样一个非常重要却经常被忽略的主题。我们阐述了违反 CLRM 假定会出现的后果以及一些合理的补救措施，讨论了建模的理念，特别是从一般到特殊的建模方法。本章涉及的实例应用是确定主权信用评级的关键因素。

**第 6 章**

本章介绍时间序列模型，内容包括这类模型的建模动机，以及其所能捕捉和不能捕捉的金融数据的各种特征。本章一开始就提出了一些标准的随机模型（包括噪声、移动平均、自回归和混合 ARMA）过程的特征，接下来展示了如何为一系列实际数据选择合适的模型，以及如何估计模型和检查模型的充分性。接下来，本章继续讨论了如何运用这类模型进行预测，以及对这些预测值进行评价的一些准则。本章中的实例包括为英国房价进行建模，以及对汇率的抛补和无抛补利率平价假设（covered and uncovered interest parity hypotheses）进行检验。

**第 7 章**

本章将单变量模型分析扩展到多变量模型，提出多变量模型是为了解释金融变量中可能存在的双向因果关系，以及忽略这种因果关系将产生的联立方程偏差。本章概述了联立方程的估计技术，同时也涵盖了当下在实证金融文献中非常流行的向量自回归（vector autoregressive，简记为 VAR）模型。其中，对 VAR 模型的解释主要通过对约束条件的联合检验、因果关系检验、脉冲响应和方差分解来实现。本章中的相关实例包括期权定价中买卖价差与同期交易量之间的关系以及房产收益与宏观经济变量之间的关系等。

**第 8 章**

本章首先讨论了单位根过程，提出了时间序列中的非平稳检验。接下来，分别在恩格尔-格兰杰（Engle-Granger）单方程框架和约翰森（Johansen）多元框架下讨论了协整的概念及其检验，以及误差矫正模型的构建。本章中的应用实例包括现货和期货市场的关系检验、国际债券市场之间的协整检验、对购买力平价（PPP）假设的检验，以及对利率期限结构预期假说的检验。

**第 9 章**

本章讲述了波动率和相关性的建模及预测这一重要话题。一开始，我们概括性地讨论了金融时间序列中的非线性问题，接下来讨论了 ARCH（autoregressive conditionally heteroscedastic）族模型及其建模动机。本章还介绍了对基础模型的一些扩展，例如 GARCH 模型、GARCH-M 模型、EGARCH 模型和 GJR 模型，并讨论了大量的例子，特别是在股票收益率建模方面。另外，本章还描述了多元 GARCH 模型和条件相关模型及其在条件 beta 值估计、时变套期保值比率以及金融风险管理方面的应用。

**第 10 章**

本章首先对金融时间序列中的机制更迭或行为变换进行检验和建模，这些更迭或变换可能来自政府政策的变化、市场交易条件或微观结构的变化或者其他原因。然后，本章介绍了如何运用马尔科夫转换方法（Markov switching approach）来处理机制更迭问题，同时还专门讨论了门槛自回归（threshold autoregression）以及与这类模型估计有关的一些问题。本章的例子包括有管理的浮动环境下的汇率建模、金边债券收益率的建模和预测、现货价格与期货价格之差的动力学模型等。最后，在本章的第二部分进一步说明了如何使用状态空间方式来设定带有时变参数的模型以及如何用卡尔曼滤波估计模型。

**第 11 章**

本章集中介绍如何处理纵向数据，即同时具有时间序列维度和横截面维度的数据。通过英国银行业之间的竞争以及中欧和东欧的信用稳定状况等例子，我们解释了固定效应模型和随机效应模型，然后阐述并区分了个体固定效应模型和时间固定效应模型。

**第 12 章**

本章描述了适用于因变量非连续情况下的各类模型。读者将学会怎样构建、估计及解释这类模型，以及在不同的模型结构之间如何进行区分和选择。本章中的实例包括对公司金融领域中啄食顺序假说（pecking order hypothesis）的检验，以及对非委托评级（unsolicited credit ratings）的建模。

**第 13 章**

本章介绍计量经济学和金融学中的模拟方法，给出了运用重复抽样的动机，还比较了蒙特卡洛模拟（Monte Carlo simulation）和自举法（bootstrapping）之间的区别。本章将会向读者展示如何设置一项模拟，并通过期权定价和金融风险管理中的例子来说明这些技术的用途。

**第 14 章**

本章介绍了一些对从事金融研究特别有用的技术。首先，我们详细阐释了如何在公司金融研究中进行事件研究以及如何使用法马-弗伦奇因子模型（Fama-French factor model）进行资产定价。然后，我们介绍了一系列极值模型，这类模型被用于精准地捕获资产收益分布的厚尾并以此为基础计算在险价值。最后，本章介绍了广义矩方法（generalised method of moments，GMM）。近年来，该方法在很多不同金融模型的估计中得到了越来越广泛的应用。

**第 15 章**

本章为读者奉上一些进行实证金融课题研究或论文写作的建议，其中会介绍在互联网以及其他地方可以找到的金融数据和经济数据的来源，并推荐一些与金融市场和金融时间序列研究相关的网上信息和文献。本章还对如何很好地构建该学科论文的架构、如何构思一个恰当的主题和报告应该采取的形式，以及如何处理一些常见的难题等问题给出了一些建议。

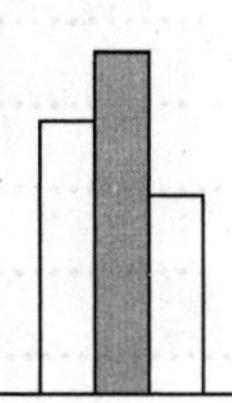

# 目　录

# 第 1 章

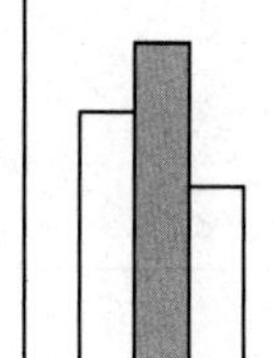

# 概述与数学基础

## 学习目标

在本章，你要学会：

- 描述计量经济建模的主要步骤
- 如何计算幂、指数和对数
- 怎样计算函数的根，并进行图示和阐释
- 如何使用求和符号（$\sum$）和连乘符号（$\Pi$）
- 如何运用各种规则对不同类型的函数进行微分运算
- 如何进行矩阵运算
- 如何计算矩阵的秩、逆和特征值
- 如何构建和解释效用函数

学习计量经济学和学习一门语言有很多相似之处。刚开始的时候，你可能什么都不懂，也好像根本不可能看懂那些陌生的术语所要表达的意思。在计量经济学中，用符号（notation）来表示的模型让这种困难雪上加霜，但事实上，使用符号的目的恰恰是为了让学习者能够更好地理解相关知识。其实，语言学起来也没有那么复杂，诀窍就是掌握足够多的词句，并在合适的场合使用它们。如果你从未接触过计量经济学，那么坚持读完本章将会对你之后的计量经济学学习大有裨益。

本章内容主要包括两大部分。第一部分通过广泛讨论“计量经济学是什么?”以及“计量经济学可以解决什么问题?”来为全书奠定基础，第二部分介绍了金融数据建模和处理方法涉及的基本数学技术。已有一定代数和数理基础的读者可以跳过第二部分，这并不会妨碍学习的连续性。但对于很长时间没有接触过这些数学知识的读者来说，这些内容可以帮助你很好地复习一遍这些知识。

## 1.1 计量经济学是什么?

**计量经济学**（econometrics）的字面意思是“经济学中的度量”。这一单词中的前四个字母明确表示了计量经济学起源于经济学，不过经济学研究中使用的主要技术在金融学研究中同样重要。本书将金融计量经济学定义为统计技术在处理金融问题中的应用。具体来说，金融计量经济学可用于检验金融理论、确定资产价格或收益率、检验关于变量之间相互关系的假设、考察经济状况变化对金融市场的影响、预测金融变量的未来值以及制定金融决策等方面。专栏 1.1 列出了计量经济学的主要应用领域。

当然，专栏 1.1 所列出的应用实例并非详尽无遗。但从金融应用的角度来说，确实可以使我们从中感受到计量经济工具的实用性。

▶专栏 1.1◀

**计量经济学的应用实例**

（1）检验金融市场是否为弱式有效。

（2）检验资本资产定价模型（CAPM）或套利定价模型（APT）是否为确定风险资产收益率的有效模型。

（3）对债券收益的波动率进行测度和预测。

（4）解释信用评级机构在对债券进行评级时所考虑的关键因素。

（5）建模刻画价格和汇率之间的长期关系。

（6）确定某一原油现货头寸的最优套期保值比率（optimal hedge ratio）。

（7）对若干技术交易规则进行考察，寻找其中的盈利能力最强者。

（8）对“收益或分红公告对股票价格没有影响”的假设进行检验。

（9）检验现货市场还是期货市场对新闻的反应更为迅速。

（10）预测两国股票指数的相关性。

## 1.2 “金融计量经济学”和“经济计量经济学”的区别

如前所述，在分析金融和经济领域的两类数据时，二者的侧重点和可能面临的问题或许有所不同，但常用的工具基本都是一致的。不过，金融数据在频率、精确度、季节性以及其他性质等方面确实与宏观经济数据存在一定差异。

举例来说，在经济学中，检验某一理论或假设时经常遇到的一个严重问题是缺乏足够的数据，这通常被称为“小样本问题”（small samples problem）。例如，开展某一研究可能需要政府预算赤字数据或人口数据，而这些数据只有年度数据。如果度量上述数据的方法在 25 年前就已经发生了变化，那么最多只有 25 个年度观测值是可用的。

另外，运用计量方法研究经济学问题时，可能还会面临另外两个难题：**测量误差**（measurement error）和**数据修正**（data revisions），而这些问题仅仅是由数据的估计、测量错误和后来对数据的修正引起的。比如，某研究人员可能正考虑利用一系列公开数据估计计算机技术投资对国民产出影响的经济模型，却发现最后两年的大量数据已经被修正过了。

然而，金融学领域就很少出现上述问题。金融数据的呈现方式和类型有很多种，但总的来说，价格和其他数据是在交易实际发生时记录下的，或者是从信息提供商的电子报价系统中得到的。当然，即使这样，仍然存在印刷错误和数据测量方法改变的可能性（例如股票指数的重新权衡或计算基准的调整）。但总的来说，金融学中的测量误差和数据修正问题远没有经济学中那么严重。

类似地，某些金融数据比宏观经济数据的观测频率高很多。例如，资产价格或收益率的观测频率通常是每天、每小时或每分钟。因此，可用于分析的观测值数量庞大，或许有数千个，甚至高达数百万个，如此海量的数据足以让宏观计量经济学家羡慕不已！同时这也意味着，与经济数据相比，研究人员不仅可以对金融数据使用更强有力的技术手段，而且可以对研究结果的可靠性更具信心。

不过，金融数据分析中同样存在若干难题。虽然随着计算机技术的持续更新，大规模的数据处理和加工已经不难做到，但金融数据通常存在许多额外的特性。例如，金融数据通常被认为包含太多“噪声”，这意味着很难从随机和乏味的数字特征中剥离出内在的趋势或模式。另外，金融数据几乎从不服从正态分布，而这一分布形式是计量经济学中绝大多数技术的应用前提。在高频金融数据中，通常还包含其他“模式”，而这往往是由市场运行或价格记录的方式造成的。上述这些特性都需要在建模的过程中予以考虑，即使这并非研究人员的直接兴趣所在。

在将统计工具应用于金融研究的所有工作中，一个快速发展的领域是为金融市场微观结构问题建模。“市场微观结构”可以被粗略地定义为投资者的偏好和意愿转换为金融市场交易的过程。很明显，市场微观结构效应非常重要，同时也是金融数据区别于其他数据的关键特征。这些效应能够对金融领域的许多其他方面造成潜在的影响。例如，市场刚性或市场摩擦意味着当前的资产价格并没有完全反映未来的期望现金流（详见本书第 10 章的详细讨论）。另外，对于缺乏流动性的证券来说，投资者如果要持有这些证券，通常会要求一定的补偿，这体现了此类证券将来难以卖出的风险。也就是说，在投资者想要卖出这些证券时，很可能缺少愿意购买的买家。一些测度指标可以用来度量市场的流动性大小，比如成交量或者达成交易的时间长短等。

Madhavan（2000）曾对市场微观结构方面的文献做过一个全面的综述。该论文将有关市场微观结构的文献归纳为以下几类：价格信息与价格发现、与市场结构和设计有关的问题、信息与披露等。当然，这一领域还有若干其他著作，如 O'Hara（1995）、Harris（2002）和 Hasbrouck（2007）。另外，在如何将复杂的计量经济学模型应用于市场微观结构研究上，目前也已经取得了很大的进展。举例来说，这方面一个重要的创新是 Engle 和 Russell（1998）提出的条件自回归持续期（autoregressive conditional duration，ACD）模型。此外，Dufour 和 Engle（2000）还检验了时间因素在交易对价格的冲击与价格调整速度方面的作用，这一工作也是对 ACD 模型的一个有趣应用。

## 1.3 构建计量经济模型的步骤

有很多方法都可以构建出一个计量经济模型，但一个符合逻辑的、有效的方法应该遵循图 1.1 所示的步骤。

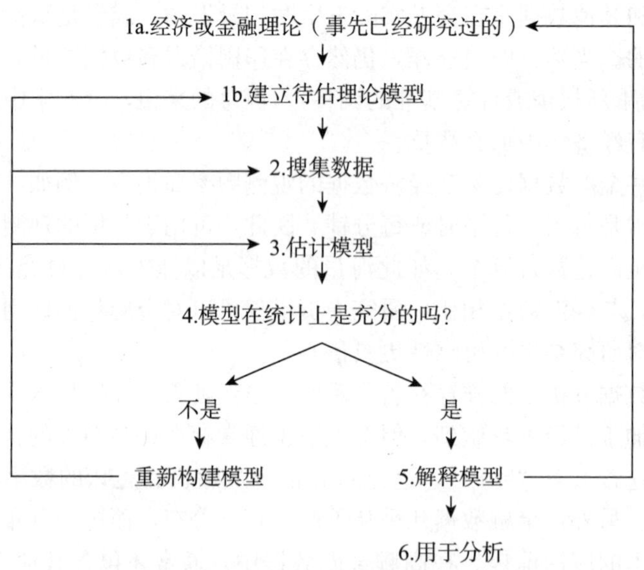


**图 1.1 构建一个计量经济模型应该包含的步骤**

现在我们列出上面的建模过程所涉及的步骤，并对其进行讨论，本书的后续章节将对每一步进行详细论述。

**步骤 1a 和 1b：对研究问题的概述**

这一步通常会涉及理论模型的构建，或者是由金融理论产生的直觉——两个或者多个变量会以某种特定的方式联系在一起。一般来说，该模型不太可能反映现实世界中的所有关联现象，但对于我们的研究目的而言，它必须是一个足够好的近似。

**步骤 2：搜集与模型有关的数据**

可以通过金融信息提供商［如路透社（Reuters）］所提供的电子系统获取数据，也可以从政府所公布的数据中获取。当然，有的数据只能通过发放调查问卷才能得到，这样的数据被称为一手数据。

**步骤 3：针对步骤 1 提出的模型，选择相应的估计方法**

例如，是选用单一方程技术，还是使用联立方程技术？

**步骤 4：模型的统计评估**

若要实现对模型参数的最优估计，需要什么假设？数据或模型满足这些假设吗？另外，模型充分描述了数据吗？如果答案是肯定的，那么进行步骤 5，否则退回到步骤 1 至步骤 3。这时，要么重新构建模型，搜集更多的数据，要么另行选择对数据要求没有那么严格的其他估计技术。

**步骤 5：从理论角度评估模型**

参数估计值的大小和符号是否符合步骤 1 中的理论或直觉？如果答案是肯定的，则继续进行步骤 6，否则退回至步骤 1 至步骤 3。

**步骤 6：模型应用**

最终，当研究人员对模型感到满意后，可以运用该模型检验步骤 1 中的理论，并开展预测或提出政策建议。这种政策建议可以针对个人（例如“如果通货膨胀水平和 GDP 增速都在上升，那就买入某个行业的股票”），也可以作为政府制定政策的依据（例如“当股市下跌时，程序交易会导致过度波动，因此应该被禁止”）。

需要特别注意的是，构建一个稳健的实证模型是一个需要不断反复的过程，因此它肯定不是一门精确的科学。通常情况下，最终得到的模型与最开始提出的模型之间往往会存在非常大的差异，而其他研究人员运用同样的数据和基础理论也可能会得出完全不同的模型。从这个意义上讲，最终模型并不具有唯一性。

## 1.4 阅读实证金融文献时需要注意的几个要点

如前所述，相对于该领域中的其他著作，本书的一个显著特点就是使用已经公开发表过的学术研究成果作为各种计量经济技术的应用案例。这样做的原因是多方面的。首先，在笔者看来，这些研究工作是对本书所涵盖的各种技术在金融领域中的清晰而具体的运用。其次，这些研究成果发表在需要同行评审的期刊上，所以很容易获得。

在我的学生时代，我曾一度认为研究是非常纯粹的科学。现在，当我拥有了理论和实践研究方面的亲身体验之后，我知道事实并非如此。研究人员经常走捷径，他们倾向于夸大自己研究结果的强度和结论的重要性，而且也懒得去检验模型是否得到了充分拟合，并掩盖或直接删掉那些不符合他们期望的结果。因此，在考察学术文献时，对论文抱有一个审慎的态度是非常重要的——就像一位审稿人评判一篇论文是否可以发表在一本学术期刊上那样。专栏 1.2 概括了在阅读学术论文时应该经常问自己的一些问题。

**▶专栏 1.2◀**

### 阅读一篇已公开发表的论文时应该考虑的要点

(1) 论文是否发展了现有的理论模型？还是仅仅为现有的某项技术寻求应用，从而导致整个研究的动机不够充分？

(2) 数据质量是否足够高？来源是否可靠？对于所要完成的模型估计来说，样本规模是否足够大？

(3) 相关技术是否得到了有效的应用？是否已对模型估计中可能发生的违背假定的情况进行了检验？

(4) 是否对模型估计结果做出了合理的解释？估计结果的强度是否被夸大？估计结果是否与作者提出的所要研究的问题相关？其他研究人员能够复制这一结果吗？

(5) 从估计结果中得到的结论是否恰当？论文研究结果的重要性是否被夸大了？

在阅读本书中所给出的论文的概要时，请牢记以上这些问题。如果有可能，最好自己找到原文并亲自阅读。

接下来，本章将开始介绍金融计量学的基本数理框架。这部分内容可以为过去曾学习过这些知识但需要重新回忆的读者提供复习资料，而第一次学习这些概念的学生会发现，除了这些内容之外，类似 Renshaw（2016）或 Swift 和 Piff（2014）这样的对相关技术进行更彻底介绍的整本著作也很有用，这些著作一般介绍的都很详细，而且也很容易获得。

## 1.5 函数

### 1.5.1 函数简介

计量经济学的终极目的是要构建一个模型，这个模型可以被认为是两个或者多个变量之间真实关系的一个简化版本，并且这种关系可以通过函数进行描述。简单来说，函数不过是一个（或一组）输入变量与一个输出变量之间的映射或关系而已。我们常常用 $y$ 表示函数 $f$ 的输出变量，对应的输入变量用 $x$ 表示，即 $y=f(x)$。需要说明的是，$f(\cdot)$ 只是一种表示 $y$ 在某种程度上与 $x$ 相关的一般性表述方法，另一种表述方法是 $f$ 提供了 $y$ 和 $x$ 之间关系的一个映射，它告诉我们，对于 $x$ 的每个特定值，$y$ 的对应值应该是多少。由于 $f$ 是唯一的（1∶1）映射，所以对于 $x$ 的每个值来说，只有一个 $y$ 值与其对应。

$x$ 的定义域指的是该变量可以取到的一组值，值域是指 $y$ 可以取到的一组对应值。通常情况下，如果定义域和值域都没有被指定，那么就可以假定它们可以取任何实值。

### 1.5.2 直线

$y$ 可以是 $x$ 的一个线性函数，这意味着两者的关系在图形上可以表示为一条直线。当然，$y$ 也可以是 $x$ 的一个非线性函数。如果是后者，两者之间的关系在图形上表示为一条曲线。假设 $y$ 和 $x$ 的关系是线性的，那么我们可以用下列方程来描述这条直线：

$$y=a+bx \tag{1.1}$$

其中，$y$ 和 $x$ 被称为变量，$a$ 和 $b$ 是参数，其中 $a$ 被称为直线的截距，$b$ 是直线的斜率或梯度。截距是直线与 $y$ 轴的交点，而斜率则衡量了该直线倾斜的程度。请注意，尽管 $x$ 和 $y$ 可能有很多值，但 $a$ 和 $b$ 只可能有一个值。当然，$a$ 和 $b$ 可以是正值、负值和零的任意组合。

为对上述内容做进一步说明，现在假设我们正在通过建立模型来刻画学生的平均绩

点 $y$（用百分数表达）与他们一年中总学习小时数 $x$ 之间的关系。进一步，我们假设这一关系可以用线性函数 $y=25+0.05x$ 表示。

很明显，假定成绩和学习小时数之间的关系可以用一条直线来描述并不现实，但现在姑且就先这么假设。我们看到，这条直线的截距 $a$ 是 25，斜率 $b$ 为 0.05。这个方程表示什么意思呢？实际上，该方程意味着如果一个学生不花任何时间去学习（即 $x=0$），他可以预期自己将获得 25%的平均绩点。花在学习上的时间每多一个小时，能够提高的平均绩点数为 0.05%。换句话说，每年多花 100 个小时学习，可以使平均绩点提高 5%。

假定某位同学希望获得最高的 100%平均绩点，那么他需要学习多少小时？要完成这个计算，需要令 $y=100$，然后解方程 $100=25+0.05x$，得到 $x=1\,500$ 小时。我们可以用许多不同的 $x$ 值与其对应的 $y$ 值建立一个表格（表 1.1），并且将这一对应关系画在图 1.2 中。

**表 1.1　学习小时数与成绩之间的样本数据**

| 学习小时数（$x$） | 平均绩点（%，$y$） |
|---|---|
| 0 | 25 |
| 100 | 30 |
| 400 | 45 |
| 800 | 65 |
| 1 000 | 75 |
| 1 200 | 85 |

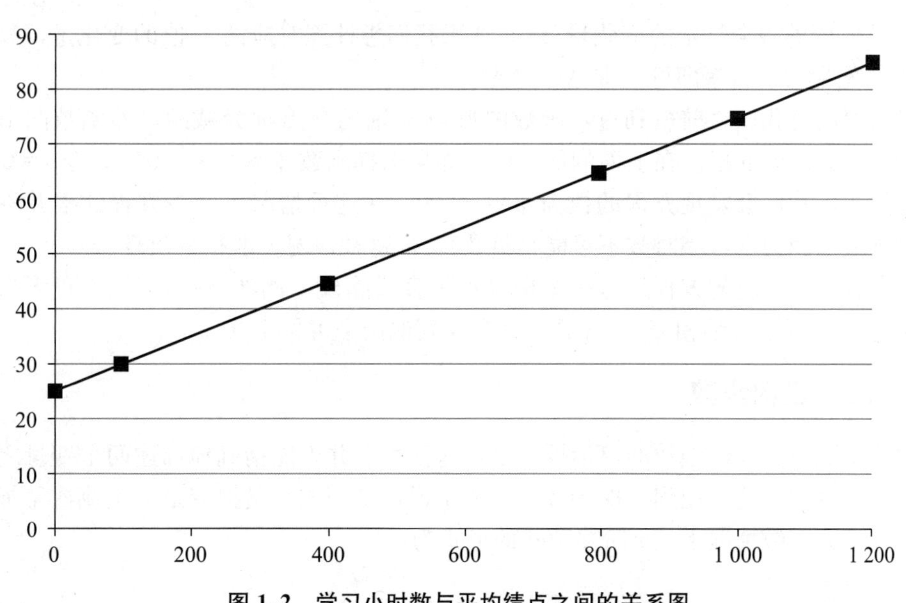


**图 1.2　学习小时数与平均绩点之间的关系图**

可以看到，这条直线的斜率为正（即其从左向右逐渐向上延伸）。需要注意的是，对于直线而言，斜率在整条直线上都是不变的。用直线上任意两点间 $y$ 值的变化除以这

两点间 $x$ 值的变化，即可计算出该直线的斜率。

通常情况下，我们用大写的 delta（$\Delta$）来表示变量的变化值。例如，假设我们选取的两点分别为 $x=100$，$y=30$ 和 $x=1\ 000$，$y=75$。在本例中，我们可以用坐标法（$x$，$y$）来表示这两个点，即将其表示为（100，30）和（1 000，75）。这样，这条直线的斜率就可以通过下式计算：

$$\frac{\Delta y}{\Delta x}=\frac{75-30}{1\ 000-100}=0.05 \tag{1.2}$$

由此，我们确认这条直线的斜率确实是 0.05（尽管在这个例子中我们一开始就知道这一点）。图 1.3 给出了直线图的另外两个例子。直线的斜率不仅可以为 0，也可以为负，而不是为正。如果斜率为 0，那么图形将会是一条水平线。在这种情况下，我们可以将方程写为 $y=25+0x$，这意味着无论 $x$ 取什么值，$y$ 的值都会保持不变（等于 25）。

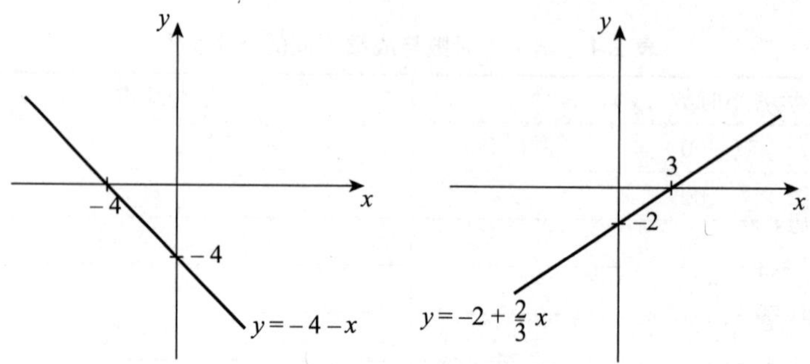


**图 1.3　不同类型的直线图**

对于 $x$ 值的一个特定的变化量 $\Delta x$，如果我们想计算对应的 $y$ 值的变化量，只需要将 $x$ 的变化量乘以斜率即可，即 $\Delta y=b\Delta x$。

最后，注意我们之前提到过，函数图形与 $y$ 轴的交点称为截距，而函数图形与 $x$ 轴的交点称为函数的根。在上面的例子中，如果选择函数 $y=25+0.05x$，令 $y=0$ 并重新整理等式，我们会发现方程的根为 $x=-500$。在这种情况下，该方程的根并不具有实际的含义（因为学习小时数不可能是负数），但这种情况一般很少出现。

一条直线所对应的方程只有一个根（水平直线除外，例如 $y=4$，该方程无根，原因在于它不可能与 $x$ 轴相交）。计算方程根的其他例子可见 1.5.3 节。

### 1.5.3　二次函数

通常情况下，线性函数的灵活性不足，这使得它并不能精确地描述两个变量之间的关系，这时我们可能会用到二次函数。一般来说，多项式只是把变量 $x$ 的高次幂加到函数中。在绝大多数情况下，$n$ 阶多项式的形式为：

$$y=a+b_1x+b_2x^2+b_3x^3+\cdots+b_nx^n \tag{1.3}$$

如果 $n=2$，就可以得到一个二次函数；如果 $n=3$，就可以得到一个三次函数；如果 $n=4$，就可以得到一个四次函数；以此类推。如果 $y$ 以非线性形式唯一取决于某个变量 $x$，我们就可以用多项式进行描述。图 1.4 给出了一个多项式函数图形的一般性例子。

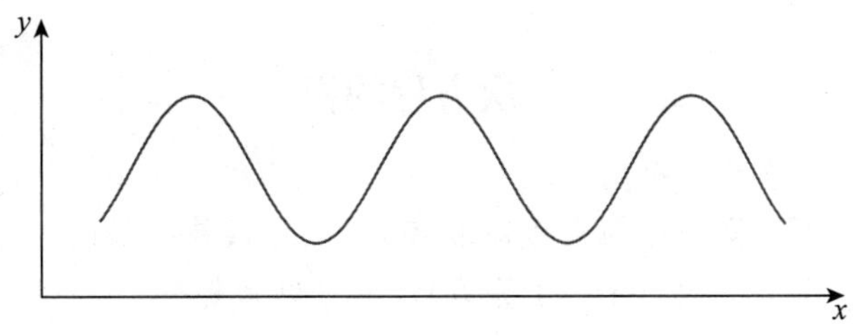


**图 1.4 一个多项式函数的一般性例子**

一般来说，多项式的阶数越高，$y$ 和 $x$ 之间的关系就越复杂，图 1.4 中曲线的弯曲之处也就越多。不过，在大多数情况下，一个二次函数（$n=2$）就足够了。因为对于一个实数序列 $y$ 来说，它不太可能反复呈现出先随着 $x$ 上升然后再随着 $x$ 下降的态势（这一态势要通过高阶多项式来描述）。

二次函数的一般表达式写为：

$$y=a+bx+cx^2 \tag{1.4}$$

其中，$x$ 和 $y$ 仍然是变量，$a$、$b$、$c$ 是用来描述函数形状的参数。注意，为了使式（1.4）简洁起见，我们稍微改变了一下式（1.3）中的参数符号，即这里的斜率参数用的是 $b$ 和 $c$，而不再是 $b_1$ 和 $b_2$。不过，只要我们自己清楚并能够对其含义进行解释，其实这两种符号都是可以接受的。

线性函数只有 2 个参数（截距 $a$ 和斜率 $b$），而二次函数有 3 个参数，因此二次函数能够描述 $y$ 和 $x$ 之间更复杂的关系。实际上，线性函数只是二次函数中 $c=0$ 时的一个特例。如前所述，截距 $a$ 定义了函数与 $y$ 轴的交点，参数 $b$ 和 $c$ 确定了函数图形的形状。

二次函数的形状可以是 U 形或者倒 U 形。当 $x$ 值非常大时，$x^2$ 这一项在很大程度上决定了 $y$ 的取值，这时参数 $c$ 决定了二次函数的形状。图 1.5 展示了两个二次函数的例子，其中第一个图形中的参数 $c$ 为正值，所以曲线为 U 形，第二个图形中的参数 $c$ 为负值，所以曲线为倒 U 形。我们之前提到过，方程的根就是曲线与 $x$ 轴相交的点。接下来，专栏 1.3 讨论了二次方程根的特点，并介绍了其计算方法。

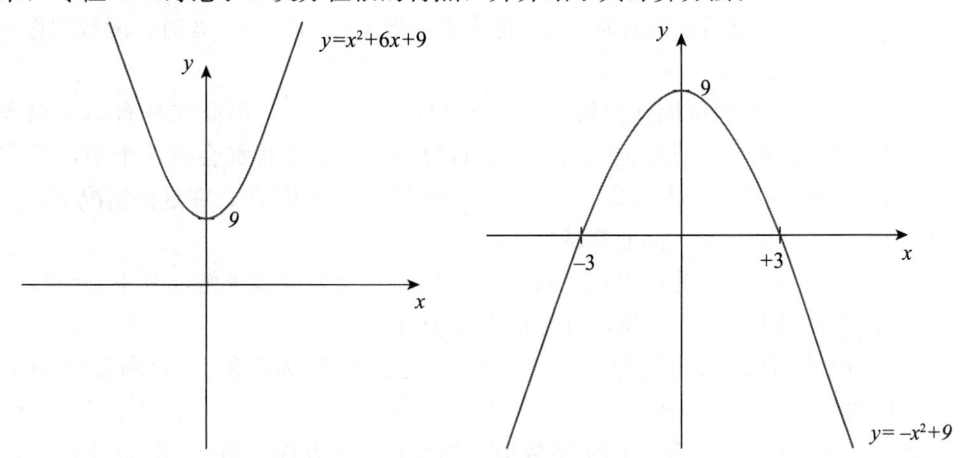


**图 1.5 二次函数的两个例子**

▶专栏 1.3◀

## 二次方程的根

- 一个二次方程有两个根。
- 两个根可以不一样（即两个根不相等），也可以是一样的（即重复根）；可以是实数（如 1.7、−2.357、4 等等），也可以是复数。
- 通过对方程进行因式分解，可以得到该方程的根。也就是说，通过配方法将等式分解到两个括号中去，或者运用下面的公式计算得到：

$$x=\frac{-b\pm\sqrt{b^2-4ac}}{2c} \tag{1.5}$$

- 如果 $b^2>4ac$，则方程有两个不同的根，且其图形与 $x$ 轴有两个不同的交点；如果 $b^2=4ac$，则方程有两个相同的根，且其图形与 $x$ 轴只有一个交点；如果 $b^2<4ac$，则方程没有实数根（只有复数根），其图形与 $x$ 轴没有交点，且函数图形始终位于 $x$ 轴上方。

**例 1.1** 计算下列方程的根：

1. $y=x^2+x-6$
2. $y=9x^2+6x+1$
3. $y=x^2-3x+1$
4. $y=x^2-4x$

**解：** 我们可以令上述等式为 0 来求解方程。当然，我们也可以运用式（1.5）来对上述方程进行求解，但在通常情况下更快的方法是首先确定方程是否可以进行因式分解（具体可见专栏 1.3）。

1. $x^2+x-6=0$ 可以因式分解为 $(x-2)(x+3)=0$，因此它的根就是 2 和 −3，即当 $x=2$ 或 $x=-3$ 时原函数的值为 0。换句话说，当 $x=2$ 和 $x=-3$ 时，函数图像与 $x$ 轴相交。

2. $9x^2+6x+1=0$ 可以因式分解为 $(3x+1)(3x+1)=0$，因此它具有两个相等的根，均为 −1/3。这就是所谓的重复根——尽管每一个二次方程都会有两个根，但在这里两个根是相同的。我们把表达式 $9x^2+6x+1$ 叫作“完全平方”，在这种情况下，$y$ 的图形会在 $x=-1/3$ 处触碰（而非穿越）$x$ 轴。

3. $x^2-3x+1=0$ 无法进行因式分解，因此只能利用公式法求解，其中 $a=1$，$b=-3$，$c=1$，精确到小数点后两位，可得根为 0.38 和 2.62。

4. $x^2-4x=0$ 可以因式分解为 $x(x-4)=0$，因此它的根为 0 和 4。该函数在（0，0）和（4，0）两个点上与 $x$ 轴相交。

注意，这里所有的方程都有两个实数根。如果有一个方程，如 $y=3x^2-2x+4$，该方程不能进行因式分解，并且由于 $b^2<4ac$，该方程将会有复数根。图 1.5 中的左图描

述了类似的情况，该图中的函数线与 $x$ 轴没有交点。

### 1.5.4 数字或变量的幂

数字或变量的幂只是一种重复相乘运算的简单写法。例如，求 $x$ 的 2 次幂就是对其求平方（即 $x^2=x\times x$）；求 $x$ 的 3 次幂等于求其立方（$x^3=x\times x\times x$）；以此类推。对数字或变量求幂的次数称为指数（index），对于 $x^3$ 而言，3 就是指数。专栏 1.4 给出了一些处理幂及其指数的规则。

▶专栏 1.4◀

**处理幂及其指数的规则**

- 任何数字或变量的一次幂都是该数字或变量本身，例如，$3^1=3$，$x^1=x$，等等。
- 任何数字或变量的零次幂都等于 1，例如，$5^0=1$，$x^0=1$，等等，注意 $0^0$ 没有定义（即不存在）。
- 如果指数为负，意味着求该数字或变量正指数幂的倒数，例如，$x^{-3}=\frac{1}{x^3}=\frac{1}{x\times x\times x}$。
- 如果要将特定变量的不同幂相乘，可以将其指数相加，例如，$x^2\times x^3=x^2x^3=x^{2+3}=x^5$。一般规则为 $x^a\times x^b=x^{a+b}$。
- 如果要对变量的幂求幂（即幂的幂），可以通过将指数相乘得到，例如，$(x^2)^3=x^{2\times 3}=x^6$。一般规则为 $(x^a)^b=x^{a\times b}$。
- 如果要用某个变量的幂除以它的另一个幂，则应该用第一个指数减去第二个指数，例如，$\frac{x^3}{x^2}=x^{3-2}=x$。一般规则为$\frac{x^a}{x^b}=x^{a-b}$。
- 如果要用一个变量的幂除以另一个变量的同次幂，则以下等式成立：$\left(\frac{x}{y}\right)^n=\frac{x^n}{y^n}$。
- 乘积的幂等于每个乘数的幂的乘积，例如，$(x\times y)^3=x^3\times y^3$。
- 需要强调的是，幂的指数不一定为整数。例如，$x^{1/2}$ 表示 $x$ 的平方根，有时也写为$\sqrt{x}$。其他的非整数次幂也可能出现，但是很难手工计算（例如 $x^{0.76}$，$x^{-0.27}$ 等等）。一般地，$x^{1/n}=\sqrt[n]{x}$。

### 1.5.5 指数函数

在某些情形下，指数函数能够为两个变量之间的关系提供最佳描述——例如，当一个变量按照与其当前值成固定比例的速度增加（或减少）时，就可以记作 $y=e^x$，其中 $e$ 为数字 2.718 28…。实际上，$e$ 可以通过令下式中的 $n$ 趋于无穷得到：

$$e\approx\left(1+\frac{1}{n}\right)^n \tag{1.6}$$

或者，我们可以将 $e$ 定义为以下无穷和的结果：

$$e=\sum_{i=0}^{\infty}\frac{1}{i!}=\frac{1}{1}+\frac{1}{1}+\frac{1}{6}+\frac{1}{24}+\cdots \tag{1.7}$$

其中，！表示阶乘。(例如，4！＝4×3×2×1。)

指数函数具有许多有用的性质，例如它是它自身的导数（见 1.6.1 节），所以函数 $e^x$ 在任意一点上的斜率仍然是 $e^x$。另外，该函数在计算一定数量资金的复利收益时也十分有用。最后，指数函数永远不可能为负，所以当 $x$ 为负时，$y$ 趋近于 0 但仍然为正。该函数的图形与 $y$ 轴在 $y=1$ 处相交，且从左至右其斜率不断增大，如图 1.6 所示。

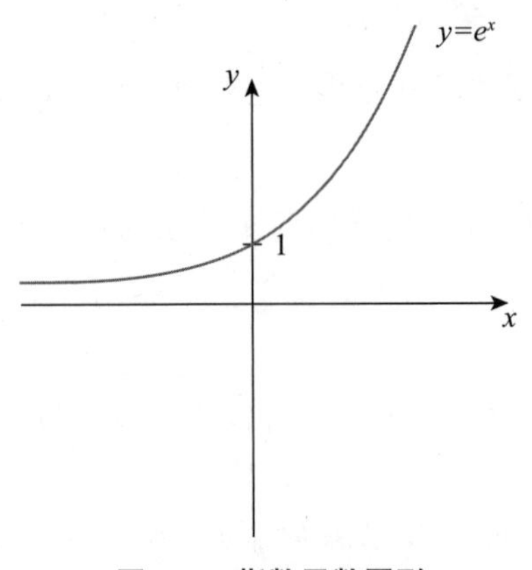


**图 1.6　指数函数图形**

### 1.5.6　对数

在计算机和袖珍计算器被广泛运用于对烦琐计算的简化之前，人们发明了对数，因为指数可以做加减法，这比对原始数字做乘除法更简单。当前，尽管纯粹为了计算简便而进行对数变换已经没有太大必要，但其在代数和数据分析中仍然具有重要作用。特别是对于数据分析来说，至少有以下三个原因可以说明为什么对数变换仍然非常有用。第一，取对数通常可以对数据的标度进行重新设定，从而使其方差更为恒定，进而克服异方差这样一个常见的统计问题，具体可见第 5 章中的详细讨论；第二，对数变换有助于将一个正偏斜分布转换为近似正态分布；第三，对数变换还可以将变量之间的非线性乘法关系转换为线性的加法关系。第 5 章将会详细讨论这些问题。

为了解释对数的作用机制，现在考虑幂关系 $2^3=8$。运用对数，我们可以将该式写为 $\log_2 8=3$，或者“以 2 为底的 8 的对数是 3”。因此我们可以说，如果一个底数的幂要等于一个给定的数值，那么对数就被定义为这个幂的次数。一般地，如果 $a^b=c$，则有 $\log_a c=b$。

自然对数，也就是以 $e$ 为底的对数，比以其他数字为底的对数更为常见，在数学上也更为有用。以 $e$ 为底的对数就是所谓的自然对数或纳氏对数，用符号表示为 $\ln(y)$ 或

$\log(y)$。取自然对数是取指数的逆运算，所以指数函数有时也被称为逆对数。如果一个数小于1，其对数将为负，例如 $\ln(0.5)\approx-0.69$。另外，负值不能取对数。[例如，$\ln(-0.6)$ 是不存在的。] 对数函数的性质（即“对数法则”）描述了处理对数或运用对数处理表达式的方式，具体可见专栏1.5。

▶专栏1.5◀

**对数法则**

对于变量 $x$ 和 $y$

- $\ln(xy)=\ln(x)+\ln(y)$
- $\ln(x/y)=\ln(x)-\ln(y)$
- $\ln(y^c)=c\ln(y)$
- $\ln(1)=0$
- $\ln(1/y)=\ln(1)-\ln(y)=-\ln(y)$
- $\ln(e^x)=e^{\ln(x)}=x$

如果我们对对数函数 $y=\ln(x)$ 作图，它将在 $x=1$ 处与 $x$ 轴相交，如图1.7所示。可以看到，随着 $x$ 的增加，$y$ 也在增加，但是增速放缓。而指数函数恰好相反，在指数函数中，随着 $x$ 的增加，$y$ 增加得越来越快。

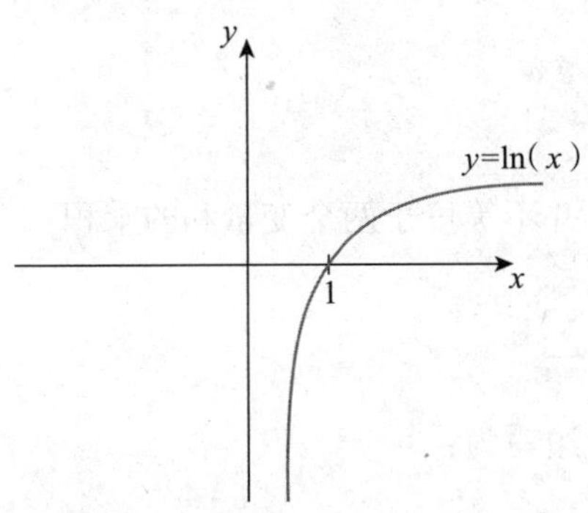


图1.7　对数函数图形

## 1.5.7　逆函数

$x=f^{-1}(y)$ 被称作函数 $y=f(x)$ 的“逆函数”。这里举一个线性函数的简单例子，比如对于函数 $y=6x-3$，要得到它的逆函数，那么可以对其进行重整，从而得到 $x=(y+3)/6$。对于 $n$ 阶多项式来说，至多有 $n$ 种可能的逆函数，但逆函数也并不总是存在。

## 1.5.8　求和符号

如果我们要将很多数字（或变量的观测值）加总，sigma 或求和运算符 $\sum$ 将会非常有用。$\sum$ 表示“将后面的所有元素加总”。例如，$\sum(1, 2, 3)=1+2+3=6$。在对变量观测值求和这方面，它在添加“限制条件”时是很有帮助的。(需要指出的是，在限制条件的意义十分明显时，可能并不需要利用求和符号来将其写出。) 举个例子，

$$\sum_{i=1}^{4} x_i$$

其中，下标 $i$ 也被称为指数，1 是求和下限，4 是求和上限，这个式子表示对从 $x_1$ 到 $x_4$ 的所有 $x$ 值求和。

在某些情况下，上下限中的一个或两个可能不是特定的数值——例如，$\sum_{i=1}^{n} x_i$ 表示 $x_1+x_2+\cdots+x_n$。另外，我们有时会将“对所有 $x_i$ 求和”直接简单地记为 $\sum_i x_i$。当然，我们还可以对一个更复杂的变量组合求和，例如 $\sum_{i=1}^{n} x_i z_i$，这里 $x_i$ 和 $z_i$ 是两个不同的随机变量。

注意到求和符号的几个特点非常重要。例如，变量 $x$ 的观测值的和与另一变量 $z$ 的观测值的和相加，等价于先将 $x$ 和 $z$ 的对应观测值相加之后再求和：

$$\sum_{i=1}^{n} x_i + \sum_{i=1}^{n} z_i = \sum_{i=1}^{n} (x_i + z_i) \tag{1.8}$$

每个观测值都乘以一个常数 $c$ 之后再求和，等价于先对观测值求和之后再乘以常数 $c$：

$$\sum_{i=1}^{n} c x_i = c \sum_{i=1}^{n} x_i \tag{1.9}$$

不过，两个变量乘积的和，并不等价于两个变量和的乘积：

$$\sum_{i=1}^{n} x_i z_i \neq \sum_{i=1}^{n} x_i \sum_{i=1}^{n} z_i \tag{1.10}$$

我们可以将式 (1.10) 的左边写为：

$$\sum_{i=1}^{n} x_i z_i = x_1 z_1 + x_2 z_2 + \cdots + x_n z_n \tag{1.11}$$

将式 (1.10) 的右边写为：

$$\sum_{i=1}^{n} x_i \sum_{i=1}^{n} z_i = (x_1 + x_2 + \cdots + x_n)(z_1 + z_2 + \cdots + z_n) \tag{1.12}$$

可以看到，式 (1.11) 和式 (1.12) 是不一样的。后者包括很多像 $x_1 z_2$、$x_3 z_6$、$x_9 z_2$ 等等之类的交叉乘积，而前者没有这些。

如果对 $n$ 个相同的元素求和 (也就是说，将一个给定的数字相加 $n$ 次)，可以得到这个数字的 $n$ 倍：

$$\sum_{i=1}^{n} x = x + x + \cdots + x = nx \tag{1.13}$$

假设将序列 $x_i$ 中的 $n$ 个观测值相加——例如 $x_i$ 可以是股票的日收益率（不完全相等），那么可以得到：

$$\sum_{i=1}^{n} x_i = x_1 + x_2 + \cdots + x_n = n\bar{x} \tag{1.14}$$

所以，从均值的定义上来说，所有观测值之和等于观测值的数量乘以该数据序列的均值 $\bar{x}$。注意，式（1.14）和之前的式（1.13）之间的区别在于式（1.14）中的观测值各不相同，而式（1.13）中的所有观测值都是一样的（所以无需下标）。

最后需要指出的是，我们可以进行多重求和，并且求和顺序无任何限制，例如

$$\sum_{i=1}^{n} \sum_{j=1}^{m} x_{ij}$$

表示对所有 $x_{ij}$ 项求和。在这种情况下，我们既可以在每一个下标 $i$ 下先对所有下标为 $j$ 的项求和，也可以在每一个下标 $j$ 下先对所有下标为 $i$ 的项求和。通常情况下，都是从内而外地进行求和（在本例中，就是对每一个不同的 $i$，先对所有不同的 $j$ 项求和）。

### 1.5.9 连乘符号

与 $\sum$ 代表求和运算类似，运算符 pi（$\Pi$）表示连续相乘。例如

$$\prod_{i=1}^{n} x_i = x_1 x_2 \cdots x_n \tag{1.15}$$

表示“对于所有上下限之间的 $i$ 值，将所有 $x_i$ 相乘”。该式也服从

$$\prod_{i=1}^{n} (c x_i) = c^n \prod_{i=1}^{n} x_i$$

例如，

$$\prod_{i=1}^{4} i^2$$

等于 $1^2 \times 2^2 \times 3^2 \times 4^2 = 1 \times 4 \times 9 \times 16 = 576$。

有些时候，我们需要计算一个序列的几何平均值。如果该序列包含 $n$ 个元素，这意味着要对其乘积取 $n$ 次方根。例如，我们在第 2 章中将会看到，假设某项投资在第 $i$ 期（假定为一年）的收益率为 $r_i$，那么 $n$ 年持有期内的总收益率为

$$\prod_{i=1}^{n} (1 + r_i) = (1 + r_1)(1 + r_2) \cdots (1 + r_n)$$

如果要计算每年的平均收益率，可以先对上式取几何平均，即求其 $n$ 次方根

$$\sqrt[n]{\prod_{i=1}^{n} (1 + r_i)}$$

然后减去 1。第 2 章中的 2.6 节对此进行了详细的阐述。

### 1.5.10 多元函数

到现在为止，我们在本节中所考察的所有示例都属于“$y$ 是单一变量的函数”的情

形，但实际上，$y$ 也可能是多个变量的函数。在上文讲过的例 1.1 中，我们可以假定成绩（$y$）同时取决于学习时间（$x_1$）和补习时间（$x_2$），即：

$$y=a+b_1x_1+b_2x_2 \tag{1.16}$$

其中，$a$ 仍可被解释为"截距"，但这里的"斜率"有两个：$b_1$ 度量了 $x_1$ 的变化引起的 $y$ 变化的程度，$b_2$ 度量了 $x_2$ 的变化引起的 $y$ 变化的程度。这一函数关系的绘制需要用到三维图形。在后面的章节中，当我们检验多变量之间的关系时，这种表示方式将会非常有用，我们可以根据变量数量的不同继续以完全相同的方式对该模型进行扩展。

## 1.6 微分

在数学上，一个变量的变化率对另一个变量变化率的影响用导数来衡量。如果两个变量之间的关系可以用一条曲线来描述，那么这条曲线的斜率就是这个变化率。如果将变量 $y$ 记为变量 $x$ 的函数，即 $y=f(x)$，则 $y$ 关于 $x$ 的导数记为：

$$\frac{dy}{dx}=\frac{df(x)}{dx}$$

有时也写为

$$\frac{dy}{dx}=f'(x)$$

它衡量的是 $y$ 关于 $x$ 的瞬时变化率。也就是说，是因为 $x$ 的一个无限小的变化所带来的影响。注意符号 $\Delta y$ 和 $dy$ 之间的区别，$\Delta y$ 指的是 $y$ 的任何规模的变化，而 $dy$ 特指 $y$ 的一个无限小的变化。

### 1.6.1 微分基础

微分的基本规则如下：

1. 任何常数的导数都等于零。

例如，如果 $y=10$，那么$\frac{dy}{dx}=0$。

这是因为 $y=10$ 代表了 $y-x$ 坐标轴上的一条水平线，所以该函数的斜率为 0。

2. 线性函数的导数就是它的斜率：

例如，如果 $y=3x+2$，那么$\frac{dy}{dx}=3$。

对于非线性函数来说，曲线上每一点的斜率都不一样。实际上，任意一点上的斜率都等于这个点上切线的斜率，如图 1.8 所示。注意，在曲线变化的方向由正转负或由负转正的点上，斜率将为零——这个点就是所谓的**转折点**（turning point）或**驻点**（stationary point）。

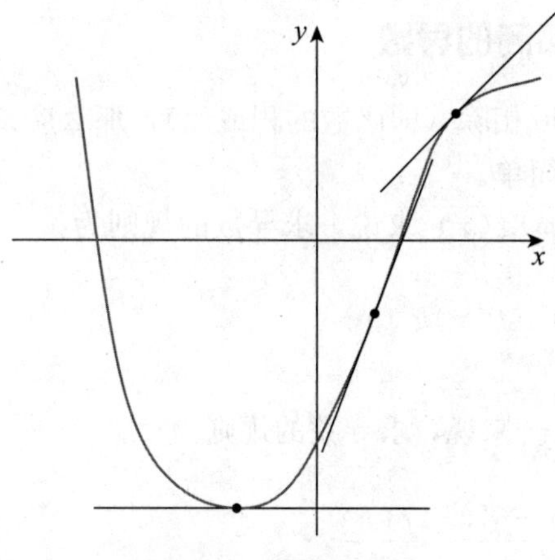


**图 1.8　曲线的切线**

3. 幂函数 $x^n$ 的导数，即 $y=cx^n$ 的导数为$\frac{dy}{dx}=cnx^{n-1}$。

例如，若 $y=4x^3$，则 $\frac{dy}{dx}=(4\times3)x^2=12x^2$；若 $y=\frac{3}{x}=3x^{-1}$，则$\frac{dy}{dx}=[3\times(-1)]x^{-2}=-3x^{-2}=\frac{-3}{x^2}$。

4. 函数幂（即$[f(x)]^n$）的导数为$\frac{dy}{dx}=n[f(x)]^{n-1}f'(x)$。

例如，如果 $y=(6x+x^4)^3$，则$\frac{dy}{dx}=3(6x+x^4)^2(6+4x^3)$。

5. 和的导数等于每一部分导数的和。类似地，差的导数等于每一部分导数的差。

例如，如果 $y=f(x)+g(x)$，则$\frac{dy}{dx}=f'(x)+g'(x)$；如果 $y=f(x)-g(x)$，则$\frac{dy}{dx}=f'(x)-g'(x)$。

6. $x$ 的对数的导数等于 $1/x$，即$\frac{d(\ln(x))}{dx}=\frac{1}{x}$。

7. 对函数的对数求导，等于该函数的导数除以该函数，即

$$\frac{d(\ln(f(x)))}{dx}=\frac{f'(x)}{f(x)}$$

例如，$\ln(x^3+2x-1)$ 的导数为$\frac{d(\ln(x^3+2x-1))}{dx}=\frac{3x^2+2}{x^3+2x-1}$。

8. $x$ 的指数的导数是它本身，即如果 $y=e^x$，则$\frac{dy}{dx}=e^x$。

更一般地，指数函数的导数等于函数的导数乘以函数的指数，即如果 $y=e^{f(x)}$，则$\frac{dy}{dx}=f'(x)e^{f(x)}$。

例如，如果 $y=e^{3x^2}$，那么$\frac{dy}{dx}=6xe^{3x^2}$。

### 1.6.2 函数的积和商的导数

假设有两个函数相乘或相除（即函数的积或商），那么应该如何对其微分呢？其实，两种情况下求微分都非常简单。

对于函数的积 $y=f(x)g(x)$ 来说，求导数的规则为

$$\frac{dy}{dx}=f'(x)g(x)+f(x)g'(x)$$

对于函数的商 $y=\frac{f(x)}{g(x)}$来说，求导数的规则为

$$\frac{dy}{dx}=\frac{f'(x)g(x)-g'(x)f(x)}{g(x)^2}$$

来举两个简单的例子。假设 $y=(3x^3+7x^2)(-2x^2-6)$，我们可以将其看作是两个函数相乘，即 $y=f(x)g(x)$。接下来，我们可以先对第一部分 $f(x)$ 求导，再乘以第二部分 $g(x)$，然后对第二部分 $g(x)$ 求导，再乘以第一部分 $f(x)$，即

$$\frac{dy}{dx}=(9x^2+14x)(-2x^2-6)+(3x^3+7x^2)(-4x)$$

当然，该式还可以进一步简化，不过我们将其留作练习。

现在，假设要对下面商形式的函数进行微分

$$y=\frac{6x^4-x}{3x^3-2x^2+4}$$

按照对函数的商进行微分的规则，可以求得

$$\frac{dy}{dx}=\frac{(24x^3-1)(3x^3-2x^2+4)-(9x^2-4x)(6x^4-x)}{(3x^3-2x^2+4)^2}$$

### 1.6.3 高阶导数

我们可以对一个函数进行不止一次的微分来求其二阶导、三阶导、……、$n$ 阶导。二阶导数的符号（常常被称为二阶导，这也是本书中所涉及的最高阶的导数）如下：

$$\frac{d^2y}{dx^2}=f''(x)=\frac{d\left(\frac{dy}{dx}\right)}{dx}$$

为了计算二阶导，我们可以先将函数对 $x$ 求微分，然后对所得结果再求微分。例如，假设有如下函数

$$y=4x^5+3x^3+2x+6$$

其一阶导是

$$\frac{dy}{dx}=\frac{d(4x^5+3x^3+2x+6)}{dx}=f'(x)=20x^4+9x^2+2$$

其二阶导是

$$\frac{d^2y}{dx^2}=f''(x)=\frac{d\left(\frac{d(4x^5+3x^3+2x+6)}{dx}\right)}{dx}=\frac{d(20x^4+9x^2+2)}{dx}=80x^3+18x$$

二阶导数可以被解释为一个函数斜率的斜率，即斜率的变化率。

上面提到，函数在拐点处的斜率为零。那么我们如何判断一个特定的拐点是极大值点还是极小值点呢？换句话说，函数的形状是U形还是倒U形呢？要回答这一问题，我们需要考察函数的二阶导数。如果函数在某点处达到极大值，其二阶导数为负；如果是极小值，其二阶导数为正。

例如，考虑二次函数 $y=5x^2+3x-6$。由于该函数二阶项的系数为正（即该系数为5，而非−5），实际上我们已经知道，函数的图形将是U形而非倒U形，所以函数有极小值而没有极大值。不过，我们这里还是通过求导来证明这一点

$$\frac{dy}{dx}=10x+3,\ \frac{d^2y}{dx^2}=10$$

由于二阶导为正，所以函数确实有极小值，因为斜率的变化率为正。也就是说，斜率在最小值的左边为负，在最小值处为零，而在最小值右边为正。

我们可以通过将函数的一阶导数设为0，并解出 $x$ 来求得这个极小值点的位置。具体来说，我们令 $10x+3=0$，进而有 $x=-\frac{3}{10}=-0.3$。当 $x=-0.3$ 时，$y$ 的对应值可以通过将 $x=-0.3$ 代入原函数求得，即 $y=5x^2+3x-6=5\times(-0.3)^2+3\times(-0.3)-6=-6.45$。因此，这个函数的极小值点为（−0.3，−6.45）。

对于某个特定的 $x$ 来说，如果其所对应的函数二阶导为零会发生什么情况？在这种情况下，函数处于拐点。转折点和拐点都是驻点。在拐点处，函数图形既不是U形，也不是倒U形，更像是一个S形。

为了解释这一点，考虑函数 $y=(x+6)^3-5$，其一阶导为 $f'(x)=3(x+6)^2$，二阶导为 $f''(x)=6(x+6)$。假定我们想知道当 $x=-6$ 时函数的形状，注意此时 $y=-5$，$f'(x)=0$，$f''(x)=0$，所以该点是一个拐点。我们将原始函数 $y=f(x)$、一阶导 $y=f'(x)$ 和二阶导 $y=f''(x)$ 绘制于图1.9中。

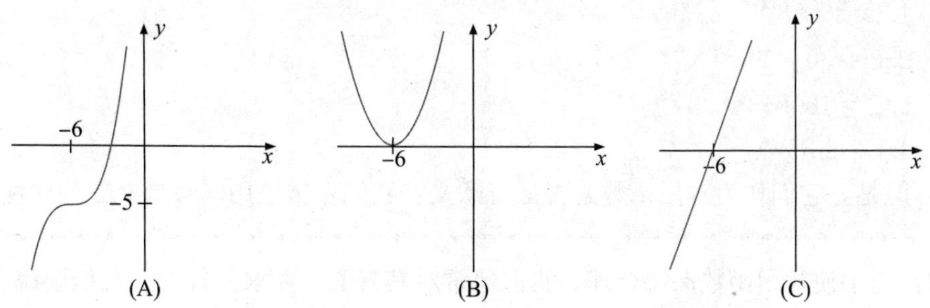


**图1.9　$x=-6$ 处的 $y=f(x)$ 及其一阶导和二阶导**

### 1.6.4 用链式法则对复合函数进行微分

上一小节介绍了如何对函数的幂和函数的对数进行微分。其实，这些只是对复合函数 $y=f(g(x))$ 进行微分的一种特例。对复合函数进行微分，需要分两步进行：先将 $y$ 对 $g$ 微分，再乘以 $g$ 对 $x$ 的微分，即

$$\frac{dy}{dx}=\frac{dy}{dg}\frac{dg}{dx}$$

可以很容易地看出，上述方法为何被称为链式法则。这里再用一个例子进行说明，假定我们想对函数 $y=(4x^3-6x+4)^4$ 进行微分，我们可以将该函数视为 $g(x)=4x^3-6x+4$ 和 $y=g^4$。其中，$y$ 对 $g$ 的导数为

$$\frac{dy}{dg}=4g^3$$

$g$ 对 $x$ 的导数为

$$\frac{dg}{dx}=12x^2-6$$

将上述两部分组合到一起，就可以得到 $y$ 对 $x$ 的导数

$$\frac{dy}{dx}=\frac{dy}{dg}\frac{dg}{dx}=(4g^3)(12x^2-6)=4(4x^3-6x+4)^3(12x^2-6)$$

该函数还可以进一步简化，但我们这里仍将其保留为因式分解的形式。

**例 1.2 效用函数**

在经济学中，效用衡量的是消费者从其所购买的商品或服务中所获得的满足程度。在金融学中，这个概念通常被用来衡量满足感是如何随着（最终，亦即期末）财富的不同水平或风险与收益的不同组合而变化的。实际上，效用是一个有用的例子，很好地说明了函数和微分的概念是如何应用于金融领域的。

接下来，我们先把效用看作是财富的函数，这时我们可以把效用函数写为 $U=f(W)$。这一函数可以有很多不同的具体形式，例如

1. $U=5+8W$
2. $U=30-30e^{0.5W}$
3. $U=100W+0.5W^2$
4. $U=\ln(W)$

但是，它们作为效用函数是否都有意义？我们希望效用函数具有哪些属性？

**解**：为了使效用函数保持合理，我们通常对其有两个要求。首先，我们要确保投资者对财富具有正的边际效用。换句话说，效用总是随着财富的增长而上升。在数学上，这意味着 $dU/dW>0$。另外，我们通常认为投资者是风险厌恶的，即他们会拒绝一场公平的赌局，或者宁愿少冒险而不愿多冒险。当效用是财富的函数时，投资者风险厌恶

这一条件就转化为 $d^2U/dW^2<0$。当然，这个条件还意味着边际效用会随着财富的增加而降低。换句话说，我拥有的财富越多，我得到的效用就越大，但每增加一个财富单位，我得到的额外满足就越少。这一点应该是符合直觉的。

为了完整起见，请注意风险中性的投资者对赌局既不偏好，也不厌恶，这类投资者关于财富的效用函数的二阶导满足 $d^2U/dW^2=0$。如果某个投资者宁愿冒更多的风险而不愿冒更少的风险，并因此而接受公平赌局，这样的投资者可以被称为具有“风险偏好”特征，其效用函数的二阶导数大于零，$d^2U/dW^2>0$。

讲到这里，我们可以知道，为了评估上面 4 个效用函数的合理性，我们需要对它们进行两次微分，并确定一阶导数是否为正，二阶导数是否为负。具体情况如下：

1. $U=5+8W$，$dU/dW=8$，$d^2U/dW^2=0$

2. $U=30-30e^{0.5W}$，$dU/dW=-15e^{0.5W}$，$d^2U/dW^2=-7.5e^{0.5W}$

3. $U=100W+0.5W^2$，$dU/dW=100+W$，$d^2U/dW^2=1$

4. $U=\ln(W)$，$dU/dW=1/W$，$d^2U/dW^2=-1/W^2$

效用函数 1 是一个向上倾斜的线性方程。它的一阶导数对 $W$ 的所有值都是正的，因此具有此效用函数的投资者将具有正的财富边际效用，但二阶导数为零，因此此类投资者具有风险中性特征。

效用函数 2 的一阶导数是负的（即该投资者偏好更少的财富），并且由于 $e^{ax}$ 对于所有（正的和负的）$a$ 值都为正，所以对 $W$ 的所有值来说，该效用函数的二阶导数总是为负，即该投资者是风险厌恶的。

对于超过 $-100$ 的财富水平来说，效用函数 3 的一阶导数为正。另外，该效用函数的二阶导数也总是为正，说明该投资者喜欢冒险。

最后，当 $W$ 为正时，效用函数 4 的一阶导数也为正，并且无论 $W$ 为正或为负，其二阶导数总是为负。由此我们可以得出结论：在描述一个典型投资者的 4 个效用函数中，效用函数 4 是最合适的，因为它是唯一一个具有正的一阶导数和负的二阶导数的效用函数。

### 1.6.5 偏微分

当 $y$ 是多个变量的函数［即 $y=f(x_1,x_2,\cdots,x_n)$］时，我们可能想知道每一个 $x$ 变量对 $y$ 的影响。保持其他变量不变，$y$ 对其中每一个自变量 $x$ 的微分称为**偏微分**(partial differentiation)。其中，$y$ 对变量 $x_1$ 的偏微分通常记为：

$$\frac{\partial y}{\partial x_1}$$

上面讲过的所有微分规则在这里同样适用，而且函数右边的每一个自变量都有一个（一阶）偏微分。我们在假定其他变量保持不变的前提下，一次计算其中一个偏微分。为了解释这一点，假设有函数 $y=3x_1^3+4x_1-2x_2^4+2x_2^2$，其中 $y$ 关于 $x_1$ 的偏微分是：

$$\frac{\partial y}{\partial x_1}=9x_1^2+4$$

$y$ 关于 $x_2$ 的偏微分是：

$$\frac{\partial y}{\partial x_2}=-8x_2^3+4x_2$$

在第3章中，普通最小二乘（OLS）估计量给出了能够使残差平方和 $L=\sum_t(y_t-\hat{\alpha}-\hat{\beta}x_t)^2$ 最小化的参数公式，残差平方和 $L$ 的最小值即是通过将该函数对 $\hat{\alpha}$ 和 $\hat{\beta}$ 进行偏微分并将其设为零求得。因此，偏微分在导出计量经济学中参数估计的主要方法时发挥着关键作用——对这项应用的证明请见附录3.1。

### 1.6.6 无法微分的函数

在金融领域中，我们所感兴趣的绝大多数函数都是可以进行微分的。从这一点上说，我们确实很幸运，但是否确实存在无法计算斜率的函数呢？答案是，当某个函数不连续，也就是包含（向上或向下）跳跃的时候，确实存在一定的困难。例如，如果有某个函数 $y=f(x)$，当 $x$ 为正或零时，它以某种形式存在，当 $x$ 为负时，它以另一种形式存在，即

$$y=\begin{cases}2x+4 & \text{若 } x\geqslant 0\\ -x+3 & \text{若 } x<0\end{cases}\tag{1.17}$$

这类函数就是分段线性模型，它是无法进行微分的，因为每一段（$\geqslant 0$ 和 $<0$）都是 $x$ 的线性函数，但总体上它是一个非线性函数。第10章会详细讨论这类模型。

### 1.6.7 导数在金融中的应用

我们使用微分的目的究竟是什么？应该说，一个关键的应用与边际这一概念有关，即"$x$ 的一个无穷小的变化对 $y$ 的影响是什么"，而这正是"函数在 $x$ 某个特定值处的斜率"的含义。不过，在现实中，我们通常都是不太严格地说，$y$ 关于 $x$ 的导数可以用来度量 $x$ 的单位变化对 $y$ 的影响。这是一个非常有用的概念，它被广泛用于衡量边际效用和当收入变化时的边际储蓄倾向等。例如，当财富出现一单位的变动时，对投资者效用的影响是什么？

微分将 $x$ 的单位变化与 $y$ 的单位变化联系起来，但有的时候我们感兴趣的并不是 $x$ 的单位变化，而是 $x$ 每变化1%会对 $y$ 产生何种影响，这一点可以用弹性来衡量。具体来讲，$y$ 对 $x$ 的弹性可以由下式计算

$$\text{弹性}=\frac{dy}{dx}\frac{x}{y}\tag{1.18}$$

**例1.3** 假设对在线股票经纪账户的需求由下列函数给出

$$q=100\ 000-500p$$

其中，$q$ 是每月的在线交易数量，$p$ 是对每笔交易收取的费用。如果 $p=20$ 英镑，请计算在线交易需求的价格弹性。

**解**：为了求解需求的价格弹性，我们首先需要计算 $q$ 对 $p$ 的导数。上面的函数是线性函数，所以导数的计算很简单：$dq/dp=-500$。接下来，需要计算与问题中的 $p$ 值 (20) 相对应的 $q$ 值。当 $p=20$ 时，$q=100\,000-500\times20=90\,000$，因此

$$弹性=\frac{dq}{dp}\frac{p}{q}=-500\times\frac{20}{90\,000}=-0.111$$

这意味着，交易费用每增加 1%，将会导致在线交易数量下降 0.111%。由于该弹性小于 1，因此我们的结论是，客户对在线经纪服务的需求缺乏弹性，因此公司可以尝试通过提高价格来增加收入和利润。

### 1.6.8 积分

**积分**（integration）是微分的逆运算。如果我们对一个函数进行积分然后再对结果进行微分，就得到了原函数。回忆一下，导数可以用于计算函数曲线的斜率，而积分可以用于计算函数曲线下（两点之间）的面积。需要说明的是，从所有计量方法的使用角度来说，数学技术并不是必需的，所以对积分规则做进一步的详细讨论已经超出本书的范围，不过熟悉一下有关基本概念还是非常有帮助的。想要进一步了解的读者可以参阅 Renshaw（2016）第 18 章中的内容。

## 1.7 矩阵

在学习矩阵之前，需要对以下术语进行定义，以便区分标量、向量和矩阵：

- **标量**（scalar）是一个数字（但不一定是整数），例如 3、−5、0.5 等。
- **向量**（vector）是一个一维数组（见下面的例子）。
- **矩阵**（matrix）是一个二维数据集或数组，矩阵的大小由其行数和列数给出。

矩阵非常有用，它是将数据集整合到一起的重要方式。用矩阵对数据集进行操作或转换，要比对构成矩阵的各个元素分别进行处理简单得多。在计量经济学与金融学中，为了得到关键的结果并利用简洁的公式进行表述，矩阵被广泛地应用于求解线性方程组。这里需要说明的是，尽管有时粗体字被用来指代某个向量或矩阵（例如 **A**），但本书不采用这样的处理方式——在本书中，不管是标量、向量还是矩阵，要么是可以非常明显地看出来，要么对其已经有了清晰的表述。下面介绍了一些有用的关于矩阵的特征，以及如何使用这些特征。

- 矩阵的维数表示为 $R\times C$，即行数乘以列数。
- 矩阵中的每一个元素的位置用下标来表示。例如，假设一个矩阵 $M$ 有两行四列，那么矩阵中第二行第三列的元素应该记为 $m_{23}$，即 $m_{ij}$ 指的是位于第 $i$ 行第 $j$ 列的元素。例如，一个 2×4 的矩阵有以下元素：

$$\begin{bmatrix} m_{11} & m_{12} & m_{13} & m_{14} \\ m_{21} & m_{22} & m_{23} & m_{24} \end{bmatrix}$$

- 向量，是指矩阵中只有一列或只有一行的特殊情况。

- 如果一个矩阵只有一行，则称为**行向量**（row vector），其维数为 $1\times C$，其中 $C$ 为列数。例如：

$$\begin{bmatrix}2.7 & 3.0 & -1.5 & 0.3\end{bmatrix}$$

- 如果一个矩阵只有一列，则称为**列向量**（column vector），其维数为 $R\times 1$，其中 $R$ 为行数。例如：

$$\begin{bmatrix}1.3\\-0.1\\0.0\end{bmatrix}$$

- 当行数和列数相等时（即 $R=C$），该矩阵为方阵。例如，下面是一个 $2\times 2$ 的方阵：

$$\begin{bmatrix}0.3 & 0.6\\-0.1 & 0.7\end{bmatrix}$$

- 所有元素为零的矩阵称为零矩阵，例如：

$$\begin{bmatrix}0 & 0 & 0\\0 & 0 & 0\end{bmatrix}$$

- **对称阵**（symmetric matrix）是一种特殊的方阵，这种方阵以主对角线（从左上角穿过矩阵直到右下角的线）为轴呈对称形式。例如：

$$\begin{bmatrix}1 & 2 & 4 & 7\\2 & -3 & 6 & 9\\4 & 6 & 2 & -8\\7 & 9 & -8 & 0\end{bmatrix}$$

- 对角矩阵是指主对角线上有非零元素，而其他所有元素均为零的方阵。例如：

$$\begin{bmatrix}-3 & 0 & 0 & 0\\0 & 1 & 0 & 0\\0 & 0 & 2 & 0\\0 & 0 & 0 & -1\end{bmatrix}$$

- 主对角线上的元素均为 1，而其他元素均为 0 的对角矩阵称为**单位阵**（identity matrix），用 $I$ 表示。由定义可知，单位阵一定是对称的（因此也一定是方阵）。例如：

$$\begin{bmatrix}1 & 0 & 0 & 0\\0 & 1 & 0 & 0\\0 & 0 & 1 & 0\\0 & 0 & 0 & 1\end{bmatrix}$$

- 本质上，单位阵等同于数字 1。任何特定类型的矩阵与单位阵相乘都必然得到初始矩阵，不会有任何改变。也就是说，对于任意矩阵 $M$ 来说，均有：

$$MI=IM=M$$

### 1.7.1 矩阵的运算

矩阵的运算（例如加法、减法或乘法）只能在可乘矩阵间进行，不同运算所要求的矩阵维数也不同。

- 矩阵的加法和减法要求参与运算的矩阵具有相同的阶数（即两者要有相同的行数和列数），且运算是在不同矩阵的对应元素上逐个进行。例如：

  如果 $A=\begin{bmatrix} 0.3 & 0.6 \\ -0.1 & 0.7 \end{bmatrix}$，$B=\begin{bmatrix} 0.2 & -0.1 \\ 0 & 0.3 \end{bmatrix}$

  则 $A+B=\begin{bmatrix} 0.3+0.2 & 0.6-0.1 \\ -0.1+0 & 0.7+0.3 \end{bmatrix}=\begin{bmatrix} 0.5 & 0.5 \\ -0.1 & 1.0 \end{bmatrix}$

  $A-B=\begin{bmatrix} 0.3-0.2 & 0.6-(-0.1) \\ -0.1-0 & 0.7-0.3 \end{bmatrix}=\begin{bmatrix} 0.1 & 0.7 \\ -0.1 & 0.4 \end{bmatrix}$

- 矩阵乘以或者除以一个标量（即某个数字）意味着矩阵中的每一个元素都乘以或除以该数字。例如：

  $$2A=2\begin{bmatrix} 0.3 & 0.6 \\ -0.1 & 0.7 \end{bmatrix}=\begin{bmatrix} 0.6 & 1.2 \\ -0.2 & 1.4 \end{bmatrix}$$

- 更一般地，对于两个具有相同行数和列数的矩阵 $A$、$B$ 以及标量 $c$ 来说，以下结果成立：

  $$A+B=B+A$$
  $$A+0=0+A=A$$
  $$cA=Ac$$
  $$c(A+B)=cA+cB$$
  $$A0=0A=0$$

- 两个矩阵相乘，要求第一个矩阵的列数必须等于第二个矩阵的行数。需要特别指出的是，矩阵相乘的顺序很重要，一般情况下 $AB\neq BA$。矩阵相乘后，所得结果矩阵的规模为第一个矩阵的行数×第二个矩阵的列数。例如，如果令某个 $(3\times2)$ 矩阵乘以某个 $(2\times4)$ 矩阵，将会得到一个 $(3\times4)$ 矩阵，即 $(3\times2)\times(2\times4)=(3\times4)$。这一法则使得第一个矩阵的列数和第二个矩阵的行数看起来好像被消去了。① 当然，该法则还可以扩展到更一般的情况，比如 $(a\times b)\times(b\times c)\times(c\times d)\times(d\times e)=(a\times e)$。
- 两个矩阵相乘是通过将第一个矩阵每一行中的元素与第二个矩阵每一列中的元素相乘实现的。例如：

① 当然，并不是说矩阵中的元素真的被消除了，这只是一种用于判断结果矩阵阶数的简单经验法则。

$$\begin{bmatrix}1 & 2\\7 & 3\\1 & 6\end{bmatrix}\begin{bmatrix}0 & 2 & 4 & 9\\6 & 3 & 0 & 2\end{bmatrix}$$
$$(3\times 2)\quad(2\times 4)$$
$$=\begin{bmatrix}1\times 0+2\times 6 & 1\times 2+2\times 3 & 1\times 4+2\times 0 & 1\times 9+2\times 2\\7\times 0+3\times 6 & 7\times 2+3\times 3 & 7\times 4+3\times 0 & 7\times 9+3\times 2\\1\times 0+6\times 6 & 1\times 2+6\times 3 & 1\times 4+6\times 0 & 1\times 9+6\times 2\end{bmatrix}$$
$$(3\times 4)$$
$$=\begin{bmatrix}12 & 8 & 4 & 13\\18 & 23 & 28 & 69\\36 & 20 & 4 & 21\end{bmatrix}$$
$$(3\times 4)$$

- 一般情况下，矩阵之间不可相除。不过，我们可以通过乘以逆矩阵实现除法运算。具体请见下文。
- 转置矩阵（记为$A'$或$A^{T}$）是将某个矩阵的行和列进行转置（或转换）所得到的矩阵。例如：

  如果 $A=\begin{bmatrix}1 & 2\\7 & 3\\1 & 6\end{bmatrix}$，那么 $A'=\begin{bmatrix}1 & 7 & 1\\2 & 3 & 6\end{bmatrix}$。

  如果 $A$ 的维数为 $R\times C$，那么 $A'$ 的维数是 $C\times R$。

### 1.7.2 矩阵的秩

矩阵的**秩**（rank）是指一个矩阵中所包含的线性独立的行（或列）的最大数量。例如，

$$\mathrm{r}\begin{bmatrix}3 & 4\\7 & 9\end{bmatrix}=2$$

因为该矩阵的两行和两列之间都是线性无关的。不过

$$\mathrm{r}\begin{bmatrix}3 & 6\\2 & 4\end{bmatrix}=1$$

这是因为第二列和第一列不是线性无关的（第二列是第一列的 2 倍）。像第一个例子那样，一个秩与维数相等的矩阵称为**满秩矩阵**（matrix of full rank）。低于满秩的矩阵称为**降秩矩阵**（short rank matrix），也被称为**奇异矩阵**（singular）。

这里，有与矩阵的秩相关的三个重要结论：

- $\mathrm{r}(A)=\mathrm{r}(A')$；
- $\mathrm{r}(AB)\leqslant\min(\mathrm{r}(A),\ \mathrm{r}(B))$；
- $\mathrm{r}(A'A)=\mathrm{r}(AA')=\mathrm{r}(A)$。

### 1.7.3 矩阵的逆

如果某矩阵在左乘或右乘矩阵 $A$ 后得到单位阵，则该矩阵为 $A$ 的逆矩阵，记为

$A^{-1}$，即：

$$AA^{-1}=A^{-1}A=I$$

一个矩阵的逆矩阵只有在该矩阵是方阵且非奇异的时候才存在。也就是说，只有满秩矩阵才有逆矩阵。例如，2×2 非奇异矩阵

$$\begin{bmatrix} a & b \\ c & d \end{bmatrix}$$

的逆矩阵为：

$$\frac{1}{ad-bc}\begin{bmatrix} d & -b \\ -c & a \end{bmatrix}$$

该表达式中左边的分母部分（$ad-bc$）是矩阵的**行列式**（determinant），它是一个标量。如果某个矩阵的行列式为零，则该矩阵是奇异的，它不满秩，所以逆矩阵不存在。例如，矩阵

$$A=\begin{bmatrix} 1 & 6 \\ 2 & 12 \end{bmatrix}$$

的行列式为 $ad-bc=12-12=0$，所以该矩阵是奇异矩阵，因为第二列是第一列的 6 倍（或者换个角度，第二行是第一行的 2 倍）。通常情况下，我们会把矩阵的行列式写为$|\cdot|$（与变量的绝对值符号是一样的），如 $|A|$ 表示矩阵 $A$ 的行列式。

**例 1.4** 矩阵

$$\begin{bmatrix} 2 & 1 \\ 4 & 6 \end{bmatrix}$$

的逆矩阵为：

$$\frac{1}{8}\begin{bmatrix} 6 & -1 \\ -4 & 2 \end{bmatrix}=\begin{bmatrix} \frac{3}{4} & -\frac{1}{8} \\ -\frac{1}{2} & \frac{1}{4} \end{bmatrix}$$

作为检验，现在将上述两个矩阵相乘就会得到单位阵——等价于 1 的矩阵（可以类比为 $3\times\frac{1}{3}=1$），即

$$\begin{bmatrix} 2 & 1 \\ 4 & 6 \end{bmatrix}\times\frac{1}{8}\begin{bmatrix} 6 & -1 \\ -4 & 2 \end{bmatrix}=\frac{1}{8}\begin{bmatrix} 8 & 0 \\ 0 & 8 \end{bmatrix}=\begin{bmatrix} 1 & 0 \\ 0 & 1 \end{bmatrix}=I$$

与预期结果保持一致。

当 $N$ 大于 2 时，计算一个 $N\times N$ 矩阵的逆矩阵比较复杂。对于大型矩阵来说，对其求逆的两种常用方法是**行列式法**（method of determinants）和**高斯-约旦消元法**

(Gauss-Jordan elimination method)。这些内容超出了本书的范围，感兴趣的读者可以参阅 Wisniewski (2013)。

最后，我们可以将矩阵的逆的特点概括如下：

- $I^{-1}=I$；
- $(A^{-1})^{-1}=A$；
- $(A')^{-1}=(A^{-1})'$；
- $(AB)^{-1}=B^{-1}A^{-1}$。

### 1.7.4 矩阵的迹

方阵的迹是其主对角线上的所有元素之和。例如，矩阵

$$A=\begin{bmatrix}3 & 4\\7 & 9\end{bmatrix}$$

的迹记为 $\mathrm{Tr}(A)$，计算方式为 $\mathrm{Tr}(A)=3+9=12$。关于矩阵迹的一些重要性质包括：

- $\mathrm{Tr}(cA)=c\,\mathrm{Tr}(A)$；
- $\mathrm{Tr}(A')=\mathrm{Tr}(A)$；
- $\mathrm{Tr}(A+B)=\mathrm{Tr}(A)+\mathrm{Tr}(B)$；
- $\mathrm{Tr}(I_N)=N$。

### 1.7.5 矩阵的特征值

在运用第 8 章所介绍的约翰森协整检验考察序列之间的长期关系时，矩阵特征值的概念尤为重要。令$\Pi$表示 $p\times p$ 方阵，$c$ 表示 $p\times 1$ 的非零向量，$\lambda$ 表示一组标量，如果下式成立，

$$\underset{p\times p}{\Pi}\quad\underset{p\times 1}{c}=\underset{p\times 1}{\lambda c}$$

那么可以称 $\lambda$ 为矩阵的一个**特征根**（characteristic root）或特征根集。

上述等式也可以写为：

$$\Pi c=\lambda I_p c$$

这里 $I_p$ 是一个单位阵，因此，

$$(\Pi-\lambda I_p)c=0$$

根据定义，$c\neq 0$，因此上述方程组若要有非零解，矩阵（$\Pi-\lambda I_p$）必须是奇异的（即其行列式为零）：

$$|\Pi-\lambda I_p|=0$$

例如，令$\Pi$为 $2\times 2$ 矩阵：

$$\Pi=\begin{bmatrix}5 & 1\\2 & 4\end{bmatrix}$$

那么其特征方程是：

$$
\begin{aligned}
&|\Pi-\lambda I_p| \\
&=\left|\begin{bmatrix}5 & 1\\ 2 & 4\end{bmatrix}-\lambda\begin{bmatrix}1 & 0\\ 0 & 1\end{bmatrix}\right|=0 \\
&=\begin{vmatrix}5-\lambda & 1\\ 2 & 4-\lambda\end{vmatrix}=(5-\lambda)(4-\lambda)-2=\lambda^2-9\lambda+18
\end{aligned}
$$

解得 $\lambda=6$ 和 $\lambda=3$。特征根又称为**特征值**（eigenvalue），特征向量就是与特征值相对应的 $c$ 值。对于任意方阵 $A$，其特征值具备以下性质：

- 特征值的和等于矩阵的迹；
- 特征值的积等于该矩阵的行列式；
- 非零特征值的个数等于矩阵的秩。

为了对最后一条性质做进一步的解释，现在考虑矩阵

$$\Pi=\begin{bmatrix}0.5 & 0.25\\ 0.7 & 0.35\end{bmatrix}$$

其特征方程为：

$$\left|\begin{bmatrix}0.5 & 0.25\\ 0.7 & 0.35\end{bmatrix}-\lambda\begin{bmatrix}1 & 0\\ 0 & 1\end{bmatrix}\right|=0$$

整理可得：

$$\begin{vmatrix}0.5-\lambda & 0.25\\ 0.7 & 0.35-\lambda\end{vmatrix}=0$$

该行列式也可以写为$(0.5-\lambda)(0.35-\lambda)-0.7\times0.25=0$，或者：

$$0.175-0.85\lambda+\lambda^2-0.175=0$$

或者：

$$\lambda^2-0.85\lambda=0$$

该式可被因式分解为$\lambda(\lambda-0.85)=0$，因此特征根为 0 和 0.85。因为其中一个特征值为零，所以很显然矩阵$\Pi$不可能是满秩的。实际上，仅仅通过观察$\Pi$就可以知道这一点，因为其第二列正好是第一列的 1/2。

## 核心概念

本章给出了定义及解释的核心概念包括：

- 函数
- 根
- 转折点
- 导数和微分
- 链式法则
- 函数的积和商

- 幂
- 指数
- 指数函数
- 多项式
- 求和符号和连乘符号
- 对数
- 二次方程
- 可乘矩阵
- 矩阵的逆
- 矩阵的秩
- 特征值
- 特征向量

## 自测题

1. (a) 如果 $f(x)=3x^2-4x+2$，求 $f(0)$，$f(2)$，$f(-1)$。

   (b) 如果 $f(x)=4x^2+2x-3$，求 $f(0)$，$f(3)$，$f(a)$，$f(3+a)$。

   (c) 基于上面两个小题的答案，判断是否可以得出 $f(a)+f(b)=f(a+b)$ 的一般性结论，并解释原因。

2. 尽可能简化以下各式：

   (a) $4x^5\times 6x^3$；

   (b) $3x^2\times 4y^2\times 8x^4\times(-2y^4)$；

   (c) $(4p^2q^3)^3$；

   (d) $6x^5\div 3x^2$；

   (e) $7y^2\div 2y^5$；

   (f) $\dfrac{3(xy)^3\times 6(xz)^4}{2(xy)^2x^3}$；

   (g) $(xy)^3\div x^3y^3$；

   (h) $(xy)^3-x^3y^3$。

3. 求解下列各式：

   (a) $125^{1/3}$；

   (b) $64^{1/3}$；

   (c) $16^{1/4}$；

   (d) $9^{3/2}$；

   (e) $9^{2/3}$；

   (f) $81^{1/2}+64^{1/2}+64^{1/3}$。

4. 将下列各项都写为一个质数的幂的形式：

   (a) 9；

   (b) 625；

   (c) $125^{-1}$。

5. 解下列方程：

   (a) $3x-6=6x-12$；

   (b) $2x-304x+8=x+9-3x+4$；

   (c) $\dfrac{x+3}{2}=\dfrac{2x-6}{3}$。

6. 写出下列各式的所有项并计算结果：

(a) $\sum_{j=1}^{3} j$；

(b) $\sum_{j=2}^{5} (j^2 + j + 3)$；

(c) $\sum_{i=1}^{n} x$，$n=4$，$x=3$；

(d) $\prod_{j=1}^{3} x$，$x=2$；

(e) $\prod_{i=3}^{6} i$。

7. 为下列各条线写出其各自所对应的方程：

(a) 斜率＝3，截距＝－1；

(b) 斜率＝－2，截距＝4；

(c) 斜率＝1/2，在 $y=3$ 处与 $y$ 轴相交；

(d) 斜率＝1/2，在 $x=3$ 处与 $x$ 轴相交；

(e) 截距为 2 且通过点（3，1）；

(f) 斜率为 4 且通过点（－2，－2）；

(g) 穿过点（4，2）和点（－2，6）。

8. 将下列函数对 $x$ 微分两次：

(a) $y=6x$；

(b) $y=3x^2+2$；

(c) $y=4x^3+10$；

(d) $y=\frac{1}{x}$；

(e) $y=x$；

(f) $y=7$；

(g) $y=6x^{-3}+\frac{6}{x^3}$；

(h) $y=3\ln x$；

(i) $y=\ln(3x^2)$；

(j) $y=\frac{3x^4-6x^2-x-4}{x^3}$。

9. 将下列函数分别对 $x$ 和 $y$ 求偏微分：

(a) $z=10x^3+6y^2-7y$；

(b) $z=10xy^2-6$；

(c) $z=6x$；

(d) $z=4$。

10. 对下列各式进行因式分解：

(a) $x^2-7x-8$；

(b) $5x-2x^2$；

(c) $2x^2-x-3$；

(d) $6+5x-4x^2$；

(e) $54-15x-25x^2$。

11. 将下列各式写为对数形式：

(a) $5^3=125$；

(b) $11^2=121$；

(c) $6^4=1\ 296$。

12. 计算下列各式（不能使用计算器）：

(a) $\log_{10}10\ 000$；

(b) $\log_2 16$；

(c) $\log_{10}0.01$；

(d) $\log_5 125$；

(e) $\log_e e^2$。

13. 用幂的形式表示下列对数：

(a) $\log_5 3\ 125=5$；

(b) $\log_{49}7=\frac{1}{2}$；

(c) $\log_{0.5}8=-3$。

14. 将下列各式尽可能写为质数的对数之和：

(a) ln60；

(b) ln300。

15. 尽可能地简化下式：

(a) ln27－ln9＋ln81；

(b) ln8－ln4＋ln32。

16. 解下列方程：

(a) $\ln x^4-\ln x^3=\ln 5x-\ln 2x$；

(b) $\ln(x-1)+\ln(x+1)=2\ln(x+2)$；

(c) $\log_{10}x=4$。

17. 已知 ln(8) 约等于 2.1，估算下列各式（不能使用计算器）：

(a) ln(16)；

(b) ln(64)；

(c) ln(4)。

18. 使用对数方法和计算器求解下列方程：

(a) $4^x=6$；

(b) $4^{2x}=3$；

(c) $3^{2x-1}=8$。

19. 求下列函数的最小值，并指出函数取最小值时 $x$ 取何值：

(a) $y=6x^2-10x-8$；

(b) $y=(6x^2-8)^2$。

20. 举一个本书中没有用过的例子，证明对于两个可相乘的矩阵 $A$ 和 $B$，有 $(AB)^{-1}=B^{-1}A^{-1}$。

21. 假设有以下四个矩阵：

$$A=\begin{bmatrix}1 & 6\\ -2 & 4\end{bmatrix},\ B=\begin{bmatrix}-3 & -8\\ 6 & 4\end{bmatrix},\ C=\begin{bmatrix}1 & 2 & 3\\ 4 & 5 & 6\end{bmatrix},\ D=\begin{bmatrix}6 & -2\\ 0 & -1\\ 3 & 0\end{bmatrix}$$

(a) 哪几对矩阵可以相乘？对可以相乘的矩阵做乘法。

(b) 计算 $2A$，$3B$，$D/2$。

(c) 计算 $\mathrm{Tr}(A)$，$\mathrm{Tr}(B)$，$\mathrm{Tr}(A+B)$，证明 $\mathrm{Tr}(A)+\mathrm{Tr}(B)=\mathrm{Tr}(A+B)$。

(d) 矩阵 $A$ 的秩是多少？

(e) 计算矩阵 $(A+B)$ 的特征值。

(f) 12 阶单位矩阵的迹是多少？

22. 计算

(a) $\begin{bmatrix}2 & -1\\ -7 & 4\end{bmatrix}+\begin{bmatrix}-3 & 0\\ 7 & -4\end{bmatrix}$；

(b) $\begin{bmatrix}2 & -1\\ -7 & 4\end{bmatrix}-\begin{bmatrix}-3 & 0\\ 7 & -4\end{bmatrix}$；

(c) $\begin{bmatrix}3 & -1\\ -4 & 2\end{bmatrix}$的逆；

(d) 下列矩阵的逆矩阵是否存在？为什么？

$$\begin{bmatrix}3 & 2\\ 3 & 2\end{bmatrix}$$

23. 某研究者认为，美元/英镑汇率是美国利率和英国利率的函数。

(a) 写出该函数。

(b) 函数中参数的预期符号是什么？为什么？

(c) 举出一个参数值示例，使得美国利率对汇率的影响是英国利率的 3 倍。

24. 举一个不能被微分的函数示例，并解释为什么不能对该函数微分。

# 第 2 章

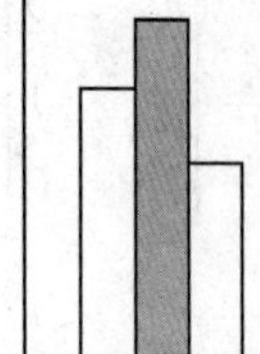

# 统计基础和数据处理

## 学习目标

在本章，你要学会：

- 构建最小方差投资组合和均值-方差有效的投资组合
- 计算一个数据序列的描述性统计量
- 运用期望、方差和协方差等统计量处理表达式
- 比较名义序列与真实序列
- 对某一时间序列进行平减，以便考虑通货膨胀的影响
- 区分不同类型的数据
- 区分复合现金流和贴现现金流
- 计算现值和终值
- 运用标准公式评估股票和债券
- 计算资产收益率

本章涵盖了理解本书后续内容所需要的统计学基础知识，介绍了随机变量的基本知识，以及如何处理金融数据并总结其特征，还讲解了如何处理贴现现金流、计算现值，以及如何使用离散复利和连续复利计算名义回报和实际回报。

## 2.1 概率和概率分布

本节讨论随机变量的均值和方差，并提出一个理论表达式。所谓**随机变量**（random variable)，是指可以在某个给定的集合中任意取值，且（至少）其中一部分取值具有随机性的变量。基于这种自身性质，随机变量是不可能被完全预测的。尽管经济和金融中的数据序列可能由于具备某种潜在的可测结构导致其并非完全随机，但大多数序列最好是按照随机变量来考虑。

通常情况下，我们会将这些序列设想为由两个部分构成，其中一部分是固定部分(可以对其进行建模预测)，另一部分是纯随机部分，这一部分无法预测。

在建立经济模型时，我们使用的数据有时来自实验，但更多的时候来自对“真实世界”的观察。通常情况下，实验获得的数据可能局限于某些特定的数值，也就是说，它们是**离散随机变量**（discrete random variable）。例如，掷两个骰子得到的点数之和只可能处于2（掷出两个1）和12（掷出两个6）之间。我们可以计算每一个可能的点数之和出现的概率，并将其在图中绘出（如图2.1所示），就可以得到所谓的**概率分布函数**(probability distribution function)，它显示了各种可能的结果以及每种结果发生的可能性。

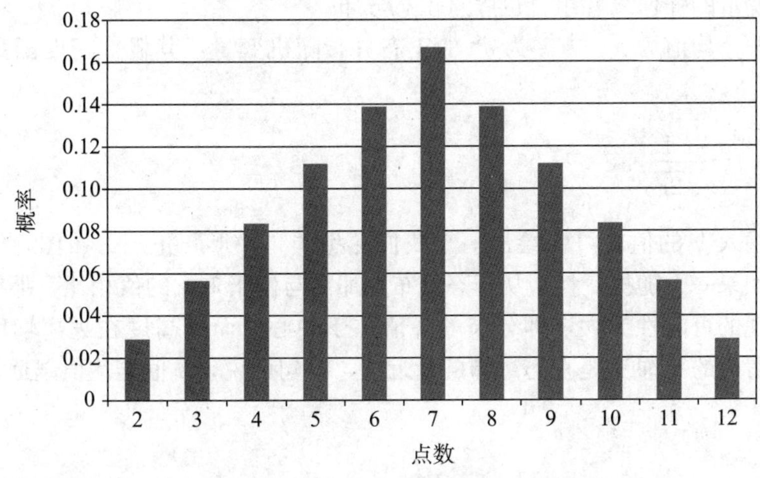


**图2.1　两个骰子点数之和的概率分布函数**

**概率**（probability）是指某一特定事件发生的可能性。比如，我们可以计算明天下雨的概率，或者掷两个骰子得到的点数之和为7的概率。所有概率必定位于0和1之间，概率为0说明事件不可能发生，而概率为1说明事件必然发生。注意，在图2.1中所有概率之和总是为1。

大多数情况下，我们在金融领域中所处理的更多的是连续变量而非离散变量，这时上面的图就变成**概率密度函数**（probability density function，pdf），而不是概率分布函数。一个连续随机变量可以取任意值（可能只在给定的范围内），比如游泳运动员游完一段距离所用的时间，或股票指数的收益率等等。游泳运动员所用的时间可以是任何正值，这取决于他们的速度。股票指数的收益率可以取任何大于－100%的值，换句话说，在股票市场上，投资者的最大损失是其投入的全部本金（－100%），但他们所能获得的收益却是没有上限的。至少在理论上，价格可以翻两倍、四倍、五倍等。在这两种情况下，变量取值可以精确到任意水平。也就是说，游泳运动员游完一定距离所花的时间可以是31秒、31.2秒、31.17秒等等。因此，对于一个连续随机变量，根据其定义，它恰好等于某一特定数的概率为零，因为该变量可以取任意值。

连续分布（密度）函数的形式有很多种。最简单的是均匀分布，即所有可能结果发生的机会相等。在这种情况下，概率密度函数是一条水平直线。虽然概念上简单，但是均匀分布并不是很有用，因为它很难描述我们在经济和金融领域中感兴趣的变量分布。

刻画随机变量特征最常用的分布形式是正态分布或高斯（Gaussian）分布（这两个名称是等价的）。正态分布易于使用，因为它是对称的，是单峰的（即只有一个峰值），并且要完全确定一个正态分布只需要知道它的均值和方差即可，这一点将在第 5 章中讨论。另外，正态分布非常有用的原因还包括许多自然产生的序列都服从该分布——比如，在给定样本中人们的身高、体重以及智商水平一般都大致服从正态分布。

正态分布还有很多有用的数学性质。例如，服从正态分布的随机变量的任何线性变换也服从正态分布。所以，如果有 $y \sim N(\mu, \sigma^2)$，即 $y$ 服从均值为 $\mu$ 方差为 $\sigma^2$ 的正态分布，那么有 $a+by \sim N(a+b\mu, b^2\sigma^2)$，其中 $a$ 和 $b$ 是标量。进一步，服从正态分布的独立随机变量的任何线性组合也服从正态分布。

假设有一个均值为 $\mu$、方差为 $\sigma^2$ 的正态分布随机变量，其概率密度函数 $f(y)$ 的表达式为：

$$f(y)=\frac{1}{\sqrt{2\pi\sigma}}e^{-(y-\mu)^2/2\sigma^2} \tag{2.1}$$

在表达式中输入 $y$ 的值就可以绘出一个我们熟悉的“钟形”正态分布图，如图 2.2 所示。注意，如果一个随机变量服从正态分布，那么与位于末端的值相比，那些接近序列均值的值出现的可能性更大，即分布的峰值位于中心，而其高度在远离均值处逐渐下降。左边和右边的 $x$ 轴都是正态分布的渐近线，换句话说，$x$ 值离均值越远，它就越接近 $x$ 轴。

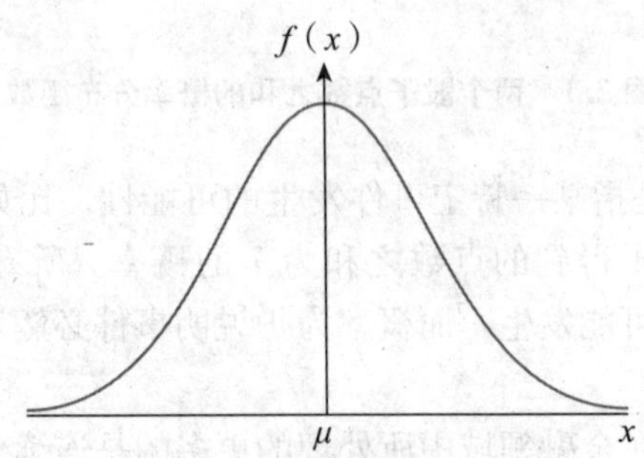


**图 2.2　正态分布的概率密度函数**

概率密度函数下面的区域用来测度概率。因为所有事件发生的概率之和为 1，所以概率密度函数以下的区域面积之和为 1。注意，对于一个连续型随机变量，我们只能讨论它在某个特定范围内取值的概率（例如，$y$ 位于 1 和 2 之间的概率），而不能讨论 $y$ 等于某个数的概率（比如 2）。请记住，$y$ 恰好等于某个精确值的概率为零，因为 $y$ 可以将任意值取到任一精度（比如，2.000 1，2.000 000 1，等等）。

将任一正态分布变量减去其均值并除以其标准差（方差的平方根），即可得到一个服从标准正态分布的随机变量。我们一般用 $Z$ 表示这一类随机变量：

$$Z=\frac{y-\mu}{\sigma}\sim N(0,\ 1) \tag{2.2}$$

通常情况下，在标准形式下处理一个正态分布变量更容易，并且只有标准正态分布才有分布表。(因为有无数个具有不同均值和方差的正态分布，我们不可能全部为其制表。)

分布在统计学中很重要，因为它们和概率有关。如果我们知道（或者可以假设）一个序列服从某一特定分布，那么我们就可以计算出这个序列取值落在某一区间内的可能性（概率）。例如，如果我们假设一个序列 $y$ 服从标准正态分布，那么我们就可以计算出 $y$ 的取值落在大于等于这个区间内的概率。这一概率可以由**累积密度函数**（cumulative density function）计算得出，有时也叫**累积分布函数**（cumulative distribution function，cdf)，记为 $F(y)$。对于服从正态分布的随机变量来说，其累积分布函数的图形会呈现出如图 2.3 所示的 $S$ 形。

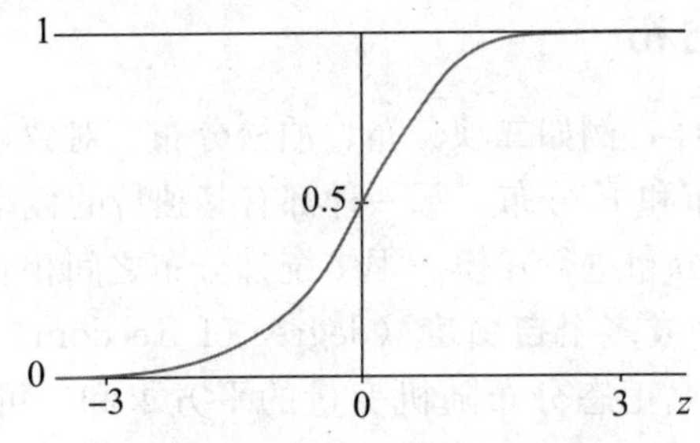


**图 2.3　正态分布的累积密度函数**

更具体地说，我们可以利用该累积分布函数去计算一个随机变量的取值落在某个特定区间内的概率——比如说，$y$ 位于 0.2 和 0.3 之间的概率是多少？这等价于，在服从正态分布的概率密度函数下 0.2 和 0.3 之间的区域的面积是多大？为了得到结果，我们可以将 $y=0.2$ 和 $y=0.3$ 分别代入累积分布函数方程，再计算出每种情况下对应的 $f(y)$ 值，这两个 $f(y)$ 值之差就是我们要的答案。

其实，更常见的情况是，相对于要确定一个随机变量在某个特定区间内取值的概率，我们更想知道的是随机变量取值小于某个特定数值（或大于某个特定数值）的概率。比如，$y$ 小于 0.4 的概率是多少？对于这个问题，我们实际上想要知道的是 $y$ 在 $-\infty$ 和 0.4 之间取值的概率。因此，$y$ 小于（或小于等于）某些特定值（例如 $y_0$）的概率就等于当 $y=y_0$ 时累积分布函数的值，即：

$$P(y\leqslant y_0)=F(y_0) \tag{2.3}$$

注意，正态分布表还有以不同方式呈现信息的其他版本。这种版本给出的是 $Z_\alpha$ 值及其相应的 $\alpha$ 值。也就是说，对于一个给定的 $Z$ 值（如 1.5），该表给出一个服从标准正态分布的随机变量的取值大于［而不是像式（2.3）一样小于］该数的概率。本书附录 2 中的表 A2.1 给出了正态分布临界值表。如果我们对其中第二行 $Z_\alpha$ 的值标出第一行 $\alpha$ 的值，就可以绘制出累积密度函数的图形。

观察表格，如果 $\alpha=0.1$，则 $Z_\alpha=1.281\ 6$，所以正态分布中 10%（0.1 的比例）的取值位于 1.281 6 的右边。也就是说，一个标准正态分布的随机变量取值大于 1.281 6 的概率为 10%。类似地，取值大于 3.090 2 的概率为 0.1%（即 0.001)。我们知道，标准正态分布是关于 0 值对称的，因此，如果 $P(Z \geqslant 1.2816)=0.1$，那么 $P(Z \leqslant -1.2816)=0.1$。

### 2.1.1 中心极限定理

如果一个规模为 $N$ 的随机样本 $y_1$，$y_2$，$y_3$，…，$y_N$ 是取自一个均值为 $\mu$、方差为 $\sigma^2$ 的正态分布总体，那么样本均值 $\bar{y}$ 同样服从均值为 $\mu$、方差为 $\sigma^2/N$ 的正态分布。

实际上，一个重要的统计学法则——**中心极限定理**（central limit theorem）——说的是随着样本规模趋于无穷，观测值的任何随机样本均值的抽样分布都会趋向于正态分布，且其均值等于总体均值 $\mu$。这是一个非常有力的结论，因为它说明了即便原始观测值（$y_1$，$y_2$，$y_3$，…，$y_N$）不服从正态分布，样本均值 $\bar{y}$ 也会服从正态分布。这意味着我们可以使用正态分布作为检验假设条件的一个基准，这一点将在第 3 章详细说明。

### 2.1.2 其他统计分布

统计分布形式多种多样，例如二项分布、泊松分布、对数正态分布、正态分布、指数分布、$t$ 分布、卡方分布和 $F$ 分布，每一种都有其独特的概率密度函数。不同种类的随机变量最好使用不同的分布进行建模。很多统计分布之间相互关联，而且大多数分布（除了正态分布）都有一个或多个**自由度**（degree of freedom）参数来决定分布的位置和形状。例如，通过对独立正态分布随机变量的平方求和，可以得到卡方分布（记作 $\chi^2$)。如果是 $n$ 个独立正态分布变量的平方之和，那么所得到的卡方分布的自由度为 $n$。不过，因为卡方分布是由平方和构成，因此它只能取正值。另外，与正态分布不同的是，卡方分布关于均值并不是对称的。

$F$ 分布包含两个自由度参数，它是两个独立的卡方分布分别除以它们各自自由度之后的比值。假设 $y_1 \sim \chi^2(n_1)$，$y_2 \sim \chi^2(n_2)$ 是两个独立的卡方分布，自由度分别为 $n_1$ 和 $n_2$，那么下面的比值服从自由度为（$n_1$，$n_2$）的 $F$ 分布：

$$\frac{y_1/n_1}{y_2/n_2} \sim F(n_1, n_2)$$

最后，或许在计量经济学中也是最重要的一个分布是 $t$ 分布。需要注意的是，正态分布是 $t$ 分布的一个特例。用一个正态分布随机变量 $Z$ 除以一个独立卡方分布随机变量 $y_1$ 与其自由度 $n_1$ 比值的平方根，即可得到 $t$ 分布，即：

$$\frac{Z}{\sqrt{y_1/n_1}} \sim t(n)$$

$t$ 分布关于零值是对称的，形状看起来类似于正态分布，不过比正态分布更平更宽一些。

我们能用统计分布做什么呢？实际上，正态分布、$F$ 分布、$t$ 分布、卡方分布主要都是用于从样本推断总体，这意味着我们可以从样本值中得出相应的不可观测的总体值的可能值。这种思想将在第 3 章进行深入讨论。

## 2.2 贝叶斯统计和经典统计

全书采用的建模方法和其他大多数著作一样，都是经典的统计学方法。在经典的统计学方法下，研究人员首先会提出一个理论，然后估计模型来检验这个理论。具体来说，是在第 2 章到第 5 章所发展起来的经典假设检验的框架下，通过所估计的模型来实现对理论的检验，然后根据实证结果得出理论是被数据所反对还是得到其支持的结论。

不过，有一种截然不同的方法也可以用来进行模型的构建、估计及推断，这就是所谓的**贝叶斯统计**（Bayesian statistics）。在贝叶斯统计中，理论和实证模型之间的联系更为紧密。首先，研究人员对现有的知识或认识进行评估，从而形成一系列概率；其次，通过似然函数将这些先验信息与所观察到的实际数据联系在一起；再次，这些认识和概率将会通过模型估计得以更新，从而得到一系列的后验概率。随着可用数据越来越多，这些概率也会不断地得到更新。在最基础的层面上，将先验信息与似然函数结合起来的核心机制就称为**贝叶斯法则**（Bayes' rule）。

最近，在金融计量经济学领域中的若干重要研究工作都应用了贝叶斯方法进行估计和推断，特别是在波动率建模［具体可参见 Bauwens and Laurent（2002）和 Vrontos et al.（2000）以及其中的参考文献］、资产配置（Handa and Tiwari，2006）以及资产组合评价（Baks et al.，2011）等领域。

虽然涉及的数学知识比较复杂，但贝叶斯机制在直觉上还是非常具有吸引力的。许多经典统计学家不喜欢贝叶斯理论中的先验概率，因为其部分依赖于直觉判断。基于此，如果研究人员设置了非常强的先验概率，那么就需要大量的相反证据来拒绝这一认识。而经典统计学允许数据自由地决定一个理论是应该得到支持还是应该被拒绝，其中不会有研究人员的主观判断起作用。

## 2.3 描述性统计

当我们在对某个包含了多个观测值的序列进行分析时，一个非常有用的办法是利用少量的概括性指标来描述这个序列最重要的特征。本节所要讨论的是描述金融与经济序列最常用的相关指标，即所谓的**汇总性统计**（summary statistics）或**描述性统计**（descriptive statistics）。描述性统计一般是通过样本数据计算得出，而非基于理论推演。不过，在讨论处理金融数据最重要的描述性统计之前，我们先来定义**总体**（population）和**样本**（sample）的概念，它们在统计学中的精确含义列示于专栏 2.1 中。

▶**专栏 2.1**◀

**总体和样本**

- 总体，是需要研究的对象的总和。例如，当我们要研究英国股票的风险与收益的关系时，这里的总体就是在伦敦证券交易所（London Stock Exchange，

LSE）挂牌的所有股票的所有时间序列观测值。

- 总体可以是有限的，也可以是无限的，而样本是选择总体中的一部分元素所构成的一个集合。如果一个总体包含了固定数量的元素，那么它就是有限的。一般来说，要么是不可能获得整个总体的所有观测值，要么是总体观测值的数量太多以至于无法对其全部进行研究，这时就需要从总体中抽取样本进行分析。
- 样本通常是随机的，并且它对于我们所感兴趣的总体应该具有代表性。注意，总体中的每一个元素被抽取的概率要相等，这样产生的样本才是一个随机样本。
- 当总体被分成不同的**层**（strata）时，这时抽取的样本是**分层样本**（stratified sample），其中样本每一层中的观测值数量应该设定为与总体中每一层元素的对应数量相匹配。
- **样本规模**（size of the sample），是指在估计模型参数时可用观测值的数量，或者研究者决定使用的数量。

## 2.3.1 数据集中趋势测度

序列的平均值有时也被称为它的**位置测度**（measure of location）或是**集中趋势测度**（measure of central tendency）。通常情况下，人们认为平均值测度了序列的“典型”值。平均值的计算方法有很多种，其中最常见的是算术平均（通常被叫做“均值”）。具体来说，长度为 $N$ 的序列 $r_i$ 的均值 $\bar{r}_A$ 可以由序列中所有元素的和除以样本值数量得到：

$$\bar{r}_A=\frac{1}{N}\sum_{i=1}^{N}r_i \tag{2.4}$$

**例 2.1** 计算下列数字的均值：2，4，－6，7，1，0，20。

该序列有 $N=7$ 个元素，均值为：

$$\bar{r}_A=(2+4-6+7+1+0+20)/7=4$$

另外两种计算序列平均值的方法是**众数**（mode）和**中位数**（median）。众数是某个序列中出现频率最高的那个值，这个值有时候被认为比均值更具代表性，而中位数是当序列按照升序排列时位置在正中间的那个数。[①] 如果序列中的数值总数是偶数，那么严格来说应该有两个中位数。举例来说，考虑一个取值分别为｛3，7，11，15，22，24｝的变量，它的中位数就分别为 11 和 15。有时候我们也会取两个中位数的平均值，即中位数为（11＋15）/2＝13。

① 对于中位数更为精确和完整的定义非常复杂。但对于本书的目的而言，这里没有必要对其再进行更进一步的阐述。

平均值的每一种测度方法都有其优点和缺点，接下来对其进行详细讨论。

- 大多数研究者对均值最为熟悉。它最容易用于代数公式中（见下面关于期望值的讨论），并且具有令人满意的计量经济学性质。（最值得注意的是，在某些假设下，它是无偏的、有效的。我们将在第 3 章对此进行详细说明。）但是它会受到异常值（通常称为离群值）的过度影响，从而可能很难代表大多数数据。对于例 2.1 来说，序列均值为 4，此外，最后这个数据点如果是 −2 而不是 20，均值就会降低到 0.86，因此，仅仅一个数据点的改变就会对一个序列的均值产生重要的影响。
- 众数可能是最容易获得的，但它不适用于连续数据、非整数数据（例如回报或收益率）以及具有两个及以上峰值的分布（分别称为双峰分布和多峰分布）。与平均值的另外两种测度方法不同，众数的优势在于它一定是观测值中的一个值。为什么众数是有用的？一个常用的例子是，鞋匠需要知道每种尺寸的鞋的生产数量，于是让他（她）的学徒给他（她）一个能代表人们脚的大小的数字。在这种情况下，均值是没有用的。例如，知道平均鞋码是 8.9 有什么用呢？但是，如果我们知道鞋码的众数是 7，这至少告诉我们 7 是最常见的尺码。当然，在其他一些情况下，尤其是当我们感兴趣的变量呈偏态分布（见下文）时，众数就没那么有用了。例如，如果我们想了解学生每个月“平均”会向慈善机构捐赠多少钱，众数为 0 并不会告诉我们太多信息。
- 中位数通常被认为是序列“典型”值的一个有用代表，并且它不受离群值的影响。如果这些离群值不是我们所感兴趣的值，那么这个特点对我们来说将非常有价值。但是，中位数的缺点在于它的计算实际上仅仅基于一个观测值。因此，如果我们有一个包含十个观测值的序列，现在将后三个数据变为原来的两倍，此时中位数不会有任何改变。比如，数据点集合｛1，1，1，1，100，100，100｝的中位数是 1，集合｛1，1，1，1，200，200，200｝的中位数也是 1。

**几何平均值**

还有其他用于估计序列平均值的方法，即所谓的**几何平均值**（geometric mean）。我们在第 1 章曾简要提及过，几何平均值需要计算 $N$ 个数乘积的 $N$ 次方根。换句话说，如果想要得到 6 个数的几何平均值，我们先将这 6 个数相乘，然后取结果的 6 次方根（即取乘积的 1/6 次幂）。

在金融中，我们常常需要处理的是收益率或百分比变化（可能是正值，也可能是负值或零），而非价格或实际值。但由于上述计算几何平均值的方法不能处理零或负值，所以在这种情况下我们需要使用稍微不太一样的方法。具体来说，为了计算 $N$ 个收益率[①]的几何平均值，我们用比例［即标度为（−1，1）］而非百分数［即标度为（−100，100）］来表示这些收益率，然后使用如下公式：

$$\bar{R}_G=[(1+r_1)(1+r_2)\cdots(1+r_N)]^{1/N}-1 \tag{2.5}$$

① 此处，$N$ 代表观测值的个数，即样本量。为了与时间序列文献中的标准记号保持一致，在后面的章节中，我们将其记为 $T$。

其中，$r_1$，$r_2$，…，$r_N$ 是单个资产或者资产组合在每个时间点 $N$ 上的收益率，$\bar{R}_G$ 是所计算的几何平均值。具体来说，我们要为每个收益率加 1，然后将所得到的结果相乘，再将乘积取 $1/N$ 次幂，最后再将结果减 1。有关收益率计算的内容将在 2.6 节进行详细讨论。

到底应该使用哪种方法来计算平均收益率（算术或平均）呢？和往常一样，答案仍是"看情况"。几何平均收益率给出了与某资产或资产组合实际表现相匹配的固定回报，但算术平均收益率无法做到这一点。换句话说，如果你假设每年都从该资产或资产组合中获取算术平均收益率，最后你将无法得到该资产或资产组合正确的期末价值。这其中的原因在于复利效应：第二年用于投资的钱是初始本金与第一年所赚（或所亏）的钱之和，这意味着每年的投资金额不是相互独立的（即使年度收益率是独立的）。因此，如果你在零时期投资 1 000 英镑，但基金表现不佳，第一年损失了 20%，那么第二年你只有 800 英镑，需要 25%的正回报才能收回最初的投资。算术平均隐蔽地忽略了这种复利效应，并假设你在每年年初总是按照初始本金进行投资。

请注意，如果年度收益率已经是用连续复利计算的（如对数收益率，具体可见专栏 2.3），那么使用算术平均而非几何平均计算资产的整体表现将会更合适，因为对数收益率已将复利效应考虑进去了。我们将在 2.6 节对复利及其影响进行详细讨论。把单利收益率 $R_t$ 和连续复利收益率 $r_t$ 联系起来的公式很简单：

$$R_t = e^{r_t} - 1 \tag{2.6}$$

如果将一些数字代入到这个等式中，会看到连续复利收益率比单利收益率略小。而对于更大的收益率，两者之间的差异会更大。比如，如果连续复利收益率 $r_t$ 是 2，那么等价的单利收益率是 2.02；如果 $r_t$ 是 10，那么 $R_t$ 将是 10.52；如果 $r_t = -4$，那么 $R_t = -3.92$；如果 $r_t = -20$，那么 $R_t = -18.13$；等等。

不过，也可以证明，几何平均收益率总是会小于或等于算术平均收益率，所以几何平均收益率是对未来收益率的一个下偏预测。因此，如果我们的目的是对资产的历史表现进行总结，那么使用几何平均收益率更好。但如果是想预测未来的收益率，那么最好使用算术平均收益率。值得注意的是，与算术平均值相比，几何平均值显然不够直观，也没那么常用，但是它受到异常值的影响要小于算术平均值。另外，如果计算时使用的是同一个收益率序列，那么算术平均值和几何平均值之间存在如下近似关系：

$$\bar{R}_G \approx \bar{r}_A - \frac{1}{2}\sigma^2 \tag{2.7}$$

其中，$\bar{R}_G$ 和 $\bar{r}_A$ 分别是几何平均值和算术平均值，$\sigma^2$ 是收益率的方差。从这个公式中我们可以看出，算术平均值比几何平均值更大，除非波动率为 0。因此，基金经理通常报告算术平均收益率也就不足为奇了！另外还可以看到，收益率的波动性越高，两种测算平均收益的方法之间的差异就越大，算术平均值就越会夸大投资者的体验以及他（她）的钱在一段时间内增值的幅度。

### 2.3.2 数据离散趋势测度

通常情况下，仅凭序列的平均值还不足以充分描述一个数据序列的特征，因为两个序列可能有同样的平均值，但是轮廓大不一样，这是由于其中一个序列的观测值围绕均值的散布比另一个序列要宽得多。因此，对序列特征进行描述的另一个重要方面是考察它的值是如何围绕均值分布的。举例来说，在金融理论中，如果某资产的收益率序列围绕其均值分布越广，那么我们通常认为其风险越大。

**分布的百分位数**

通过考察分布的百分位数（有时也称为分位数），可以知道某个特定的观测值在包含所有值的有序集合中处于何种位置。例如，人们通常会将婴儿的体重与其他所有婴儿的体重进行比较，而父母可能会被告知，他们婴儿的体重处于体重分布的第 80 百分位。这意味着这个婴儿比数据库中 80%的婴儿更重。换句话说，如果我们把所有的婴儿按照他们的体重排成一行，体重最轻的放在左边，最重的放在右边，那么将会有 80%的婴儿在这个婴儿的左边。再如，如果婴儿的体重是在第 5 百分位，这就意味着他/她只比 5%的婴儿更重（或者换句话说，95%的婴儿比他/她更重）。

很明显，根据定义，中位数是第 50 个百分位数。除此之外，真实数据经验分布的其他百分位数也可以为我们提供关于其形状的有用信息。例如，根据定义，第 0 个百分位数和第 100 个百分位数分别是数据集的最小值和最大值，而第 1 个和第 5 个百分位数在金融风险管理中有特定用途，因为我们通常会关注某资产已经实现了的最低的 1%或 5%的历史收益率。

两个百分位数的差可以用来测度分布的离散趋势，最简单的测度方法或许就是**极差**(range)，即用最大的观测值减去最小的观测值。极差有很多用途，但它作为衡量离散趋势的标准存在一个致命缺陷，那就是它很容易受到极端观测值的影响，因为它的计算仅仅基于序列中最小与最大的两个值，而忽略了其他数据点所提供的信息。

尽管没有被数量分析师广泛采用，但**半四分间距**（semi-interquartile range）是对离散趋势更可靠的一种测度，它有时也被称为**四分位差**（quartile deviation）。要计算这个指标，需要先将数据进行排序，然后将样本分为数量相等的四个部分（四分位）①，其中第二个四分位数将会位于中点，也就是上面所说的中位数。但是四分间距关注的是第一个和第三个四分位数，即位于排序后的序列中 1/4 位置和 3/4 位置上的数据点，其计算方式分别为：

$$Q_1 = \text{第}\frac{N+1}{4}\text{位置上的值} \tag{2.8}$$

和

$$Q_3 = \text{第}\frac{3}{4}(N+1)\text{位置上的值} \tag{2.9}$$

$Q_3$ 和 $Q_1$ 之差即是四分间距：

$$IQR = Q_3 - Q_1 \tag{2.10}$$

通常认为，$IQR$ 这一衡量离散趋势的指标较极差更优，因为它受一两个异常值影

① 计算四分位数的方法不止一种，但它们之间只是形式略有不同，计算结果也只是稍有差别。

响的程度没有那么严重。按照定义，极值刚好位于排序后的序列的末尾，因此必然会影响到极差。不过，和极差一样，半四分间距也只使用了整个样本中的两个观测值。

**方差和标准差**

我们非常熟悉的另一个衡量数据离散趋势的指标——**方差**（variance）——使用非常广泛，它的定义是每个数据点关于均值离差平方的平均值。计算变量 $y$ 的样本方差通常使用的公式如下：

$$\sigma^2=\frac{\sum(y_i-\bar{y})^2}{N-1} \tag{2.11}$$

标准差是另一种衡量离散趋势的指标，它是对方差公式（2.11）求平方根：

$$\sigma=\sqrt{\frac{\sum(y_i-\bar{y})^2}{N-1}} \tag{2.12}$$

采用与均值离差的平方而不是离差本身，可以确保正的离差和负的离差（分别位于平均值之上和之下的数据点）不会彼此抵消。

尽管没有太多理由说方差和标准差哪个更好，但是有时我们更偏爱后者，原因在于它与需要衡量离散趋势的变量具有相同的单位，而方差的单位则是该变量单位的平方。比如，如果 $y_i$ 是对某一特定地区房价的观测值，单位为千英镑，那么 $\sigma^2$ 的单位是价格单位的平方（也就是百万英镑），而 $\sigma$ 的单位还是千英镑，因此解释起来更为直观。

虽然方差和标准差也会受到异常值的很大影响（但是比极差受到的影响程度低），但它们共同的优点在于能利用全部可用数据点的信息，而极差和四分位差却难以做到这一点。所以，当我们用中位数衡量序列的平均值时，四分位差或许是一个测度离散趋势的合适指标，但当我们采用算术平均值来作为集中趋势的衡量指标时，使用方差或标准差应该更为合适。

在继续展开后续内容之前，有必要讨论一下为什么方差和标准差公式中的分母是 $N-1$ 而不是样本规模 $N$。从可得的样本数目中减去 1，这一做法叫做**自由度校正**（degrees of freedom correction）。这一处理是有必要的，因为离散趋势是相对于序列均值来计算的，而这个均值已经被估计出来了，因此上述离散趋势测度指标被称为样本方差和样本标准差。如果我们观测的是全部总体数据而不是仅仅从中抽取一个样本，那么这个公式就不必进行自由度调整，即分母就应该是 $N$ 而不是 $N-1$。

另外一个测度离散趋势的指标是**负半方差**（negative semi-variance），由其也可以进一步推导出**负半标准差**（negative semi-standard deviation）。这些指标使用的公式与上述计算方差与标准差的公式相同，但在计算它们的值时，仅对那些满足 $y_i<\bar{y}$ 的观测值进行求和，而且现在的 $N$ 指代这些观测值的数目。当观测值关于均值不对称时（例如当分布是负偏的时——见下一节）①，这个指标就会很有用，并且由于它们忽略了高于平均值的离差，所以有时被用来测度下行风险。

---

① 当然，我们也可以通过仅对那些满足 $y_i>\bar{y}$ 的观测值进行求和来定义正半方差。

**变异系数**

最后一个用来衡量数据离散趋势的统计量是**变异系数**（coefficient of variation）$CV$，该指标是用标准差除以序列的算术平均值求得（通常乘以 100 表示成百分比）：

$$CV=\frac{\sigma}{\bar{y}} \tag{2.13}$$

当我们要在不同的序列之间做比较时，$CV$ 非常有用。因为标准差与被调查的序列具有相同的单位，因此它将与此序列成比例。举例来说，假设我们想要比较伦敦和曼彻斯特两地的公寓每月租金的离散趋势，如果使用标准差作为衡量标准，我们将会受到误导，因为伦敦的平均租金要高得多。但将标准差正常化后，变异系数就是一个无量纲的衡量离散趋势的指标，因此更适用于比较具有不同单位的序列。

### 2.3.3 高阶矩

如果某个特定数据集的观测值服从正态分布，那么使用均值和方差就完全可以描述这个序列的全部特征。换句话说，不可能有两个不同的正态分布具有相同的均值与方差。不过，大多数数据样本并不服从正态分布，因此我们需要使用所谓的**"高阶矩"**（higher moments）来对序列的特征进行更为全面的描述。均值和方差分别是分布的一阶矩和二阶矩，（标准化的）三阶矩和四阶矩就是所谓的**偏度**（skewness）和**峰度**（kurtosis）。

偏度决定了分布的形状，测度了分布关于均值不对称的程度。如果分布是对称且单峰（即仅有一个峰值而不是多个）的，三种计算样本平均值的方法（均值、众数和中位数）等价。如果分布是正偏（具有长长的右尾且大多数数据都集中在左边）的，三种计算平均值的方法之间的顺序关系是均值＞中位数＞众数。反之，如果分布是负偏（具有长长的左尾且大多数数据都集中在右边）的，那么三者的顺序关系刚好相反。正态分布的偏度为零（对称的）。

峰度度量了序列分布尾部的厚度以及在均值处的尖峰程度。根据定义，正态分布的峰度系数为 3。我们可以定义超额峰度系数，它等于峰度系数减去 3。如此一来，正态分布的超额峰度系数就为零。正态分布是**常峰态的**（mesokurtic）。

若观测值序列 $y_i$ 的方差为 $\sigma^2$，则其偏度与峰度由下面两个式子计算得到①：

$$\text{偏度}=\frac{\frac{1}{N-1}\sum(y_i-\bar{y})^3}{(\sigma^2)^{3/2}} \tag{2.14}$$

和

$$\text{峰度}=\frac{\frac{1}{N-1}\sum(y_i-\bar{y})^4}{(\sigma^2)^2} \tag{2.15}$$

---

① 计算偏度（和峰度）的方法多种多样，由上面公式所计算出的偏度有时被称为偏度的矩系数（moment coefficient of skewness）。不过，偏度和峰度也可以用均值和中位数之间的标准化偏差或者数据的分位数来测度。不幸的是，这意味着不同的软件包所计算的偏度和峰度系数会略有不同。同样地，一些软件包会像上面两个公式一样进行"自由度校正"。但需要注意的是，如果没有进行校正，等式中的分母是 $N$ 而不是 $N-1$。

需要注意的是，根据它们的计算公式，偏度可以为正或为负，但是峰度只能为正（或零），就像方差不能为负一样。

为了解释一下序列偏离正态分布后看起来会是什么样的，考虑图 2.4 和图 2.5。正态分布关于其均值是对称的，而有偏分布则不是，其一边的尾部比另一边更长（图 2.4）。

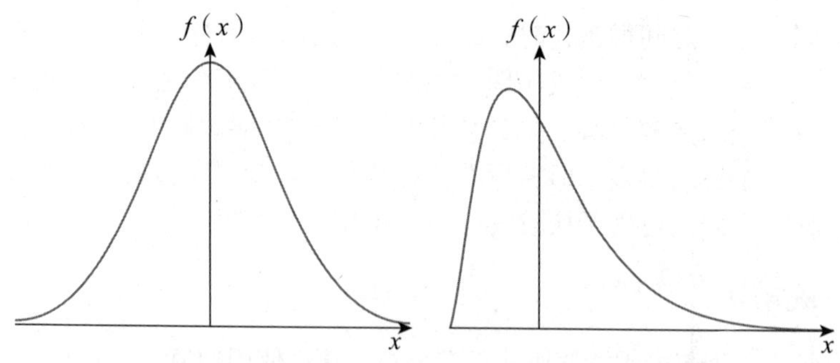


图 2.4　正态分布与有偏分布

相对于具有相同均值和方差的正态分布而言，尖峰分布的尾部更厚且在均值处的峰值更高。相反，扁峰分布在尾部更薄且在均值处的峰值更低，但在分布的肩部比正态分布更高。在实际应用中，尖峰分布很适合用来描述房地产（和经济）时间序列和时间序列模型残差的特征。在图 2.5 中，实曲线代表尖峰分布，虚曲线代表正态分布。第 5 章将会描述和讨论对正态性的一个正式检验。

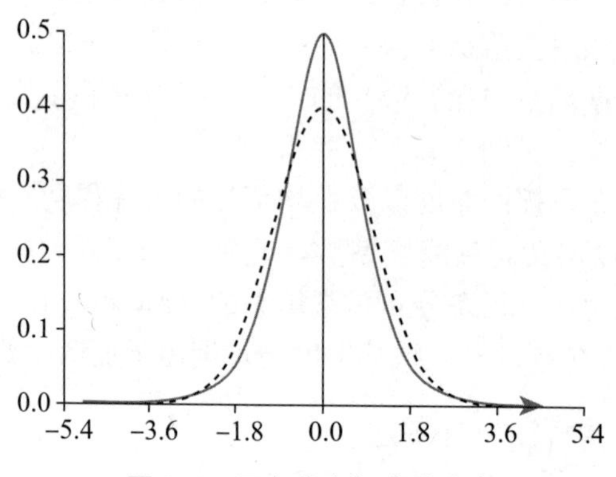


图 2.5　正态分布与尖峰分布

### 2.3.4　关联性测度

迄今为止，我们所考察的上述指标都是在独立地观察每一个序列。不过，我们常常也会对变量之间的关联性感兴趣。有两个关键的描述性统计量可以用来测度序列之间的关系：协方差和相关性。

**协方差**

**协方差**（covariance）是对两个变量之间线性关系的一种度量，也是列举变量之间关系最简单也最常用的方式。它衡量的是两个变量平均来说是同向变化（正协方差），是反向变化（负协方差），还是没有任何关联性（零协方差）。计算两个序列 $x$ 和 $y$ 的协方差 $\sigma_{x,y}$ 的公式如下：

$$\sigma_{x,y}=\frac{\sum(x_i-\bar{x})(y_i-\bar{y})}{N-1} \tag{2.16}$$

**相关性**

作为衡量关联性的指标，协方差存在的一个根本问题在于它与两个序列的标准差成比例，所以它的单位与 $x\times y$ 相同。这个问题会造成一些后果，例如，将序列 $y$ 的值全部乘以 10，那么协方差将会变为原来的 10 倍，但这并没有真正增加两个序列之间真实的关联性，因为与 $y$ 的标度被改变之前相比，它们的相关性并没有增强。这一点的含义在于，协方差具体取值多少并没有太多意义，故其用处有限。因此，**相关性**（correlation）应用了协方差，并且对其进行了标准化或正常化，所以它是没有单位的。标准化处理的结果是相关性的上下限处于区间（−1，1）内，相关性为 1（−1）表示序列之间呈现完全的正（负）相关。相关性测度，即通常所说的**相关系数**（correlation coefficient），常被记为 $\rho_{xy}$，其计算公式为：

$$\rho_{xy}=\frac{\sum(x_i-\bar{x})(y_i-\bar{y})}{(N-1)\sigma_x\sigma_y}=\frac{\sigma_{x,y}}{\sigma_x\sigma_y} \tag{2.17}$$

其中，$\sigma_x$ 和 $\sigma_y$ 分别是 $x$ 和 $y$ 的标准差。

从严格意义上说，这个指标被称为**皮尔逊积矩相关系数**（Pearson's product moment correlation）。为了有效地计算皮尔逊相关系数，序列之间必须是线性相关的，并且任何涉及这一相关系数的正式假设检验都要求所研究的两个序列是正态分布的。当这种情况不适用时，我们可以采用**斯皮尔曼秩相关系数**（Spearman's rank correlation）。顾名思义，使用这种度量方法需要计算两个独立序列中每个元素的秩，然后以通常的方式计算两个序列秩之间的相关性。斯皮尔曼秩相关系数是非参数检验的一个例子，因为它不要求有效应用任何分布假设（如正态性）。

**copula**

协方差和相关性提供了对序列之间关联性的简单测度。然而，众所周知，因为它们是线性测度且灵活性较差，从而不足以对现实中金融序列之间的关系提供全面的描述，因此其作用有限。特别是新型的资产和金融结构导致了日益复杂的相依关系，从而很难使用这些简单的测度框架来获得令人满意的建模结果。**连接函数**（copula）提供了一种替代性方式，它将序列的单个（边缘）分布连接在一起，从而对其联合分布进行建模。copula 的一个很有吸引力的特点在于，它可以将单个序列的任何边缘分布连接在一起。最常用的 copula 函数是高斯（Gaussian）copula 和克莱顿（Clayton）copula，在为序列的尾部关系建模时，它们都特别有用，而且还可以应用于压力测试和模拟分析。对这一领域的介绍及其在金融和风险管理中的应用，可以参见 Nelsen（2006）和 Embrechts 等(2013)。

### 2.3.5 计算汇总性统计量的示例

现在我们举一个例子，将上述计算汇总性统计量的所有指标整合在一起。假设我们手上有 Risky Ricky 和 Safe Steve 两位基金经理 13 年（2005—2017 年）来的年度业绩数据（年收益率以百分数计，见表 2.1），他们在同一家公司工作。由于出现了一些涉及该公司的丑闻，投资者撤走了大量资金，所以不幸的是，为了节约成本，其中一位基金经理必须被解雇。那么，我们想知道，这两位基金经理中谁表现得更为出色，从而该被留下来呢？

**表 2.1　两只基金的年度表现**

| 年份 | Risky Ricky | Safe Steve | Ricky 排名 | Steve 排名 |
|---|---|---|---|---|
| 2005 | 24 | 9 | 2 | 3 |
| 2006 | 18 | 7 | 3 | 4 |
| 2007 | 4 | 5 | 7 | 6 |
| 2008 | −23 | −8 | 13 | 13 |
| 2009 | −12 | −3 | 11 | 12 |
| 2010 | 1 | 3 | 8 | 8 |
| 2011 | 7 | 4 | 6 | 7 |
| 2012 | 12 | 2 | 5 | 10 |
| 2013 | −6 | 3 | 9 | 8 |
| 2014 | −14 | 6 | 12 | 5 |
| 2015 | −7 | 2 | 10 | 10 |
| 2016 | 56 | 19 | 1 | 1 |
| 2017 | 14 | 12 | 4 | 2 |

注：除年份外，前两列中数字是两位基金经理在 13 年样本期间内的年度业绩表现（以百分数计），后两列数字是其每年的业绩表现在 13 年间的排位情况。

观察表 2.1，它显示了两位基金经理所负责的资产组合的年度投资收益（除年份外的前两列）。很明显，Ricky 的收益更不稳定。也就是说，其业绩表现的波动更大。但是，仅通过看这些数字，我们很难判断在所有年份中到底哪一位基金经理表现得更好。接下来，请暂时忽略表中的最后两列排序。

图 2.6 中的上图是两位经理年度业绩的时间序列图，下图显示了两位经理收益率的散点图，其中 Ricky 在 $x$ 轴上，Steve 在 $y$ 轴上，这样我们就可以看到他们是否大致在一条直线上。在进行更复杂的分析之前，先大概看一看数据的情况，这称为**探索性数据分析**（exploratory data analysis）。注意，在建立任何模型之前，对数据进行绘图和总结是很重要的，因为初步分析通常可以为更复杂模型的建立提供信息，并且可以避免研究人员直接进入“自动驾驶”时可能出现的各种错误。

我们用上面的公式来计算汇总性统计量。我们可以手动输入数据然后用便携式计算器来计算，也可以用电子表格，当然也可以用计量经济软件包。如果我们使用 Excel 电子表格，将 Ricky 的年度表现数据放在 C4 到 C16 的单元格中，我们就可以用下面 4 个 Excel 内置函数计算年度收益的均值、标准差、偏度和峰度，并分别将其放置于 C17 到 C20 单元格中：

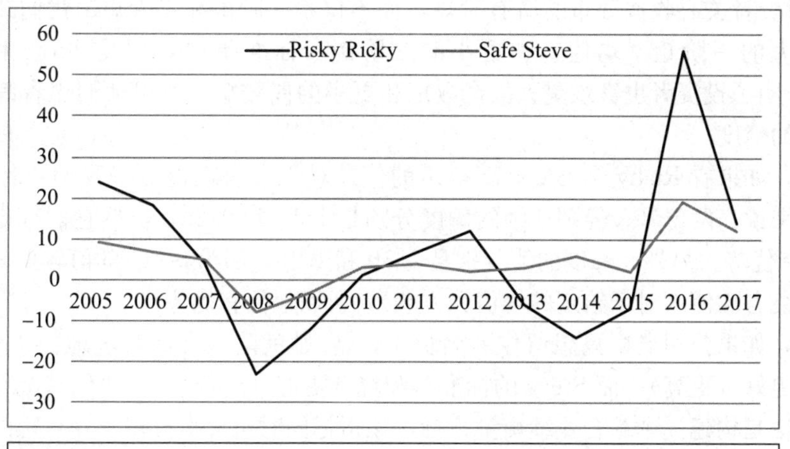


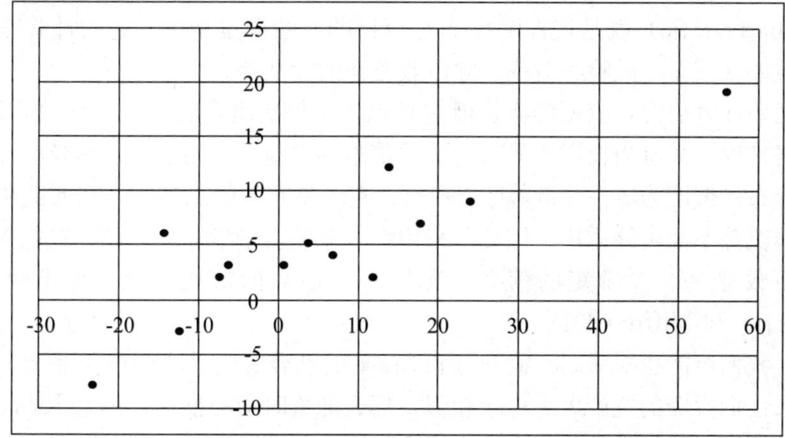


**图 2.6　两位基金经理业绩表现的时间序列图和散点图**

＝AVERAGE(C4:C16)
＝STDEV(C4:C16)
＝SKEW(C4:C16)
＝KURT(C4:C16)

接下来，如果 Steve 的年收益在 D 列的第 4 到第 16 个单元格中，我们可以将上述平均值、标准差、偏度和峰度四个计算结果从 C 列拖到 D 列，从而计算 Steve 的上述统计量。请注意，上面的公式将计算算术平均值，而不是几何平均值。本章前面曾讨论过，该计算方法是否正确，取决于原始年度收益数据是如何计算的。Excel 有一个函数"＝GEOMEAN"，可以用来计算序列的几何平均值，但该函数只适用于序列中的数都是正数的情形，因为它使用了与式（2.5）不同的计算方式。

如果我们看平均收益率，可以看到 Ricky 的收益率要高出整整一个百分点（5.69 相对于 4.69，所有数都保留到小数点后两位）。但是 Ricky 的平均收益率较高是以更高的标准差为代价的。从图 2.6 的曲线可以清楚地看出，他的业绩波动性要大得多：年景好的时候表现得更好，年景不好的时候表现得更差。

如果同时考虑高阶矩，会出现什么情况？可以证明的是（Scott and Horvath,

1980)，投资者关心收益分布的所有阶矩，而不仅是一阶矩和二阶矩。我们知道投资者更喜欢更大的一阶矩（均值）和更小的二阶矩（标准差）①，但是 Scott 和 Horvath (1980) 证明了投资者也喜欢更大的奇数矩和更小的偶数矩，所以他们想青睐更大的偏度和更小的峰度。

然而，如果看 Ricky 和 Steve 高阶矩的值，对于谁表现得更好我们仍然无法下定论。具体来说，两位基金经理业绩的偏度分别是 1.12 和 0.29，虽然它们都是正的，但 Ricky 更有优势。另外，峰度的值分别是 2.10 和 1.46，因为 Steve 的值较低，其分布更紧密地围绕着均值（对于给定的均值和方差），所以他更有优势。

因此，如果公司老板只想留住一名员工，他/她就陷入了两难境地：Ricky 的平均值和偏度更好（更高），而 Steve 的标准差和峰度更好（更低）。从两位基金经理中挑选一位的方法是构建一个综合业绩衡量指标，该指标同时包含来自多个分布矩的信息。**夏普比率**（Sharpe ratio）就是这样一种非常流行的业绩衡量指标，它的计算方法是基金的平均收益率（减去无风险收益率）除以收益率的标准差。

夏普比率计算简便，应用广泛，但它只包含了投资组合收益分布前两阶矩的信息。因此，严格来说，只有当投资者只关心前两阶矩（即他们忽略了偏度和峰度）或者收益服从正态分布（偏度为零，峰度等于 3）时，它才是有效的。然而，在实践中，这两种受限制的情况都不太可能适用。因此，采用综合业绩衡量指标会更好，它包含了来自整个分布而不仅是一、二阶矩的信息，比如一个适当的效用函数，更多讨论请参考 Brooks，Cerny 和 Miffre (2012)。

此外，我们可能也对 Ricky 的基金和 Steve 的基金的收益之间的关系感兴趣。具体来说，如果他们投资的资产大类比较相似，那么随着时间的推移，尽管 Ricky 的波动性更大，但这两个投资组合的价值会不会倾向于同向移动？对于这一点，我们可以通过计算两组收益之间的相关程度来了解。

在 Excel 中，我们可以通过函数＝COVAR(C4:C16,D4:D16) 和＝CORREL(C4:C16,D4:D16) 分别得到协方差和相关系数。正如上文所讨论的，协方差与两个序列的标准差成比例（单位与 $x \times y$ 相同），因此很难去解释，但相关系数位于＋1 和－1 之间。实际上，Ricky 和 Steve 两组收益的皮尔逊相关系数是 0.87，非常接近 1，这意味着，随着时间的推移，这两个序列确实非常紧密地结合在一起。从图 2.6 下边的散点图也可以看出这一点，图中每个配对收益点都位于一条向右上方倾斜的直线附近。

出于兴趣，我们还计算了斯皮尔曼秩相关系数。这是通过计算两个收益序列的每个元素的秩来实现的——比如，为了计算 Ricky 序列第一个观测值的秩，我们将使用函数＝RANK(C4,C$4:C$16)，然后把命令沿着这一列向下拖，就能计算出所有观测值的秩。将命令横着拖到下一列，就能为 Steve 的收益计算一个类似的秩的集合。表 2.1 中的最后两列分别是 Ricky 和 Steve 的秩。可以看出，这些秩是高度相关的。最后，为了计算秩相关系数，我们对这两列秩使用 CORREL 公式，计算结果为 0.76，这比皮尔逊相关系数略低，但仍表明这两个序列在很大程度上是一起移动的。

① 严格地说，方差才是二阶矩，而不是标准差。

### 2.3.6 均值、方差和协方差的实用代数

有一些非常简单的方程对于处理期望运算、方差运算和协方差运算都很有用，这些方程显示了如何对随机变量均值、方差和协方差的表达式进行处理。其中，随机变量 $y$ 的均值也被称为期望值，记作 $E(y)$，其性质在计量经济学中被广泛使用，下面一一列出：

- 一个常数（或者一个非随机变量）的期望值是一个常数，也就是说，$E(c)=c$。
- 常数与随机变量乘积的期望值等于该常数与该随机变量期望值的乘积：$E(cy)=cE(y)$。也可以说 $E(cy+d)=cE(y)+d$，其中 $d$ 是常数。
- 对于两个独立的随机变量 $y_1$ 和 $y_2$，有 $E(y_1y_2)=E(y_1)E(y_2)$。

随机变量 $y$ 的方差通常记作 $\mathrm{var}(y)$。“方差运算” $\mathrm{var}(y)$ 的性质有：

- 随机变量 $y$ 的方差的计算公式是 $\mathrm{var}(y)=E[y-E(y)]^2$。
- 一个常数的方差是零，即 $\mathrm{var}(c)=0$。
- 若 $c$ 和 $d$ 是常数，则有 $\mathrm{var}(cy+d)=c^2\ \mathrm{var}(y)$。
- 对于两个独立的随机变量 $y_1$ 和 $y_2$，有 $\mathrm{var}(cy_1+dy_2)=c^2\mathrm{var}(y_1)+d^2\mathrm{var}(y_2)$。

两个随机变量 $y_1$ 和 $y_2$ 之间的协方差可以写为 $\mathrm{cov}(y_1, y_2)$。协方差运算的性质有：

- $\mathrm{cov}(y_1,y_2)=E[(y_1-E(y_1))(y_2-E(y_2))]$。
- 对于两个独立的随机变量 $y_1$ 和 $y_2$，有 $\mathrm{cov}(y_1,y_2)=0$。
- 对于常数 $c$，$d$，$e$ 和 $f$，有 $\mathrm{cov}(c+dy_1, e+fy_2)=df\mathrm{cov}(y_1, y_2)$。

## 2.4 数据类型和数据聚合

在对金融问题的数量化分析中，一般会用到三类数据，即时间序列数据、横截面数据和面板数据。接下来我们会依次对每一类数据进行讨论，但首先值得一提的是要注意数据的一个重要特性：**聚合程度**（degree of aggregation）。具体来说，许多数据一开始是单独的观测值，但由于各种原因被聚合。例如，我们可以测量某条特定街道上的某幢房屋每次出售时的价格，并观察它是如何随时间变化的，以及变化的原因是什么。但通常情况下，某幢特定的房屋基本上五年或者十年才会被转卖一次。这时，人们通常会计算房价指数，用来衡量在特定时间段（如一个月）内房屋出售价格的“平均”值。因此，许多房屋特定的销售价格将以某种方式结合（聚合）起来并转化为指数。房价可以加总到街道一级、城镇一级、县级或国家级。通过聚合许多不同房屋的销售信息，所有这些指数都可以用来解决某幢特定房屋不常出售的问题。然而，无论是在对同类房屋进行比较方面，还是以某种方式调整数据以便解释所出售房屋类型的变化，并由此产生有时被称为**恒定质量房价指数**（constant quality house price indices）的数据方面，构建指数的研究者都需要非常谨慎。

有时候，我们可能会对整个国家的状况比较感兴趣，在这种情况下我们需要一个国家指数。举例来说，我们可能想知道是什么因素导致整个英国的房价在特定时期内下降，这时个别房产的价格或某个特定城镇的房价就无关紧要了。

注意，通过对数据进行聚合，我们可以看到“大局”，但失去了很多细节。例如，整个英国的平均价格可能上升了，但如果观察英格兰、苏格兰、威尔士和北爱尔兰的分地区数据，我们可能会发现，实际上只有英格兰的价格在上升，而其他地区的价格都在下降。但由于英格兰的房屋销售量比其他地方大，所以总体均值是上升的。

### 2.4.1 时间序列数据

顾名思义，**时间序列数据**（time-series data）是指一个或多个变量在某段时间内的数据，这类数据与数据的观测频率或收集频率有关。当然，这种频率可能只是对数据收集或记录的时间间隔的一种测度，抑或是对数据收集或记录的规则的一种测度。专栏 2.2 列示了一些时间序列数据的例子。

对于专栏 2.2 中的“当交易发生时”有必要多说几句。许多金融数据并不是以均匀的时间间隔产生的。例如，无论何时，只要当金融信息记录器记录有新的交易或报价时，某公司的普通股价格记录就可能会改变。这样的记录在时间上几乎不太可能是均匀分布的——例如，从下午 5 点收盘到第二天早上 8：30 重新开盘这段时间内，市场也许没有交易发生；同样地，在开盘后和收盘前的一段时间内以及午餐前后，市场的交易活动也会比较少。虽然有很多方法可以对这一问题进行处理，但通常使用的一个简单方法是选择一个恰当的频率，并将这一时间段内的最后一笔主要交易的成交价作为该时段的观测值。

**▶专栏 2.2◀**

**时间序列数据**

| 序列 | 频次 |
| --- | --- |
| 工业产值 | 月度或季度 |
| 政府预算赤字 | 年度 |
| 货币供给 | 周 |
| 股票价值 | 当交易发生时 |

此外，同一模型中的所有数据一般都具有相同的观测频率。例如，在估计**套利定价模型**（arbitrage pricing model）时，尽管可以获得每日、每周的股票收益率数据，但如果宏观经济因子使用的是月度观测值，那么股票收益率也必须使用月度观测值。

时间序列数据可以是定量的（如汇率、价格、流通股数量），也可以是定性的（如一周内的某一天、对某段时间内私人购买金融产品的调查、某个信用评级等）。

运用时间序列数据可以研究以下问题：

- 一国的股票指数如何随着该国宏观经济基本面的变化而变化；
- 当一家公司宣布自己的股利数额时，该公司的股票价格如何变化；
- 一国贸易赤字上升对该国汇率的影响。

很明显，在上面这些例子中，时间维度是最重要的，可以运用变量在一段时间内的数据展开分析。

### 2.4.2 横截面数据

**横截面数据**（cross-sectional data）是一个或多个变量在某个特定时点上的数据。例如：

- 对互联网证券交易服务使用情况的问卷调查；
- 纽约证券交易所股票收益率的横截面数据；
- 对英国某些银行债券进行信用评级的一个样本。

运用横截面数据可以解决以下问题：

- 公司规模与其股票收益率之间的关系；
- 一国的 GDP 水平与其主权债务违约概率之间的关系。

### 2.4.3 面板数据

**面板数据**（panel data）（有时也称纵向数据）同时具有时间序列维度和横截面维度。举例来说，过去两年中若干蓝筹股每天的股价就是这样一类数据。对面板回归模型的估计是一个有趣的新兴领域，我们会在第 11 章中详细讨论这一话题。

事实上，计量经济学中所有的标准技术和分析对时间序列数据和横截面数据同样有效。对于时间序列数据来说，通常用指标 $t$ 来表示单个的样本观测值，用 $T$ 表示可用于分析的所有观测值的总数。对于横截面数据来说，单个样本观测值通常用 $i$ 表示，所有可用于分析的观测值总数用 $N$ 表示。注意，与时间序列数据不同，在横截面数据样本中，观测值不是自然排序的。例如，观测值 $i$ 可能是某个特定时点上不同公司的债券价格，这些价格按照公司名称的字母顺序排序。因此，在使用银行信用评级的横截面数据时，Barclays 排列于 Banco Santander 之后这一现象并不包含任何有用的信息，因为这仅仅是由于这两家银行的名字碰巧都以字母“B”开头。但在使用时间序列数据时，数据的排列顺序是有意义的，因为它们通常是按照时间先后顺序排列的。

注意，在本书中，无论回归方程使用的是横截面数据还是时间序列数据，我们都用 $T$ 来表示样本观测值总数。

最后一种数据类型是横截面和时间序列的混合数据，它和上述任何一种数据都略有不同。当感兴趣的变量同时具有时间序列和横截面维度时，由于某种原因，我们不使用这些特征，只要将所有的观测值简单组合在一起，就会产生这种数据类型。例如，假设我们手上有 6 个不同交易员 10 年的月度利润数据，如果我们忽略数据的时间顺序，也忽略哪些交易者产生了哪些利润，只是将所有利润数据放入一个无序的列中，这就是一个混合样本。需要注意的是，这并不是面板数据，因为我们无法观察每个交易员在不同月份的表现。实际上，混合数据通常会被当作一个更大的横截面样本来处理。

### 2.4.4 连续型数据和离散型数据

就像可以将数据划分为时间序列数据和横截面数据一样，我们还可以将数据划分为连续型数据和离散型数据。连续型数据可以取任何值，而不是限定在某些特定的数字上。当然，连续型数据会受到精确度的限制。例如，某个资产的租金收益率可能是 6.2%、6.24%或者 6.238%等等。与此不同的是，离散型数据只能取某些特定的值，这些值通常是整数，并且通常是用来计数的数字[①]，例如地铁车厢中的人数，或者一天中股票的交易数量。在这些情况下，说有“86.3 名乘客”或者“5 857 $\frac{1}{2}$ 只股票被交易”是没有意义的。最简单的离散变量的例子是一个服从伯努利（Bernoulli）分布或者二项分布的随机变量，它只能取 0 或 1。举例来说，如果我们重复抛一枚硬币，可以用 0 表示正面，用 1 表示反面。

### 2.4.5 基数数据、序数数据和名义数据

另外一种对数据进行分类的方式是将其划分为**基数数据**（cardinal numbers）、**序数数据**（ordinal numbers）和**名义数据**（nominal numbers）。基数数据表示某个变量所取的实际数值是有意义的，并且数值间的间隔相同，但序数数据只能被解释为一个位置或者排序。例如，如果是基数数据，数字 12 就是数字 6 的 2 倍。例如，基数数据可以是某只股票或者某栋楼房的价格，或者是一条街上房屋的数量。然而，在序数数据的范畴中，数字 12 可以被看作“好于”数字 6，但并不能解释为数字 6 的 2 倍。序数的例子可以是赛跑者在比赛中的排位（例如，第 2 名比第 4 名要好，但是说“第 2 名是第 4 名的 2 倍”是没什么道理的），或者是电脑游戏中所能达到的等级。

最后一种可能会遇到的数据类型并没有自然的排序，因此数字 12 只是和数字 6 不同，但是不能认为 12 就比 6 更好或者比 6 更差。当数值被任意分配时往往就会出现这种数据，比如电话号码或者对定性数据的编码（例如，在描述美国的证券交易所时，可能用“1”代表纽约证券交易所，用“2”代表纳斯达克，用“3”代表美国证券交易所）。有些时候，这些变量被称为名义变量。需要注意的是，基数、序数和名义这三种不同的变量要求运用不同的建模方法，或者至少要区别对待，这部分内容在接下来的章节中会有详细说明。

## 2.5 算术序列和几何序列

按照某种特定顺序排列的一列数字就叫做**数列**（a series or a sequence）。算术数列，也叫**等差级数**（arithmetic progression），是在前一项的基础上加上一个固定数从而得到后一项的数列，这个固定数也被称为**公差**（common difference）。例如，

$$2,5,8,11,\cdots$$
$$-10,-30,-50,\cdots$$

第一个数列是初始值为 2 且每次都在前一个数的基础上加 3 从而得到下一个数据的等差级数；第二个数列是初始值为 −10 且公差为 −20 的等差级数。等差级数在金融领域中的用处不大，所以我们就不进一步讨论了。

几何数列（**等比级数**，geometric progression）是在前一项的基础上乘以一个固定

① 离散型数据并不一定非要是整数。例如，除非是十进制的报价方式，许多金融资产都按照最接近 1/16 美元或 1/32 美元的价格进行报价。

的数（公比），而不是加上一个固定数，从而得到下一项。例如，

$$4,8,16,32,\cdots$$

$$2,1,0.5,0.25,\cdots$$

第一个数列是初始值为 4 且公比为 2 的等比级数，第二个数列是初始值为 2 且公比为 0.5 的等比级数。等比级数在金融领域非常有用，因为它描述了投资一笔钱在每个时期内所赚取的一定百分比利息的情况。

如果用符号来表示的话，令 $a$ 表示一个等比级数的初始值（从第 0 项开始，到第 $n-1$ 项结束），令 $d$ 代表公比，那么我们可以写出一个包含 $n$ 项的等比级数

$$a, ad, ad^2, ad^3, \cdots, ad^{n-1}$$

我们用 $S_n$ 表示数列（从 $a$ 到 $ad^{n-1}$）前 $n$ 项的和：

$$S_n=\frac{a(1-d^n)}{1-d} \tag{2.18}$$

比如，如果一个等比级数从 2 开始，公比是 3，则前 8 项的和是：

$$S_n=\frac{2\times(1-3^8)}{1-3}=6\ 560 \tag{2.19}$$

读者可以自己做一个练习，计算该数列的前 8 项，并确认它们的总和是否确实是 6 560。

等比级数的无穷和用 $S_\infty$ 表示，这一符号在金融学中有特定的用途。当 $n$ 趋于无穷时，$d^n$ 会趋于 0（只要 $0<d<1$），所以上述公式将简化为，

$$S_\infty=\frac{a}{1-d} \tag{2.20}$$

此时，即使数列中有无穷个数值，它们的和也是有限的。注意，如果 $d\geqslant 1$，序列将不会“收敛”（也就是说，连续项将不会越来越小），因此这时候的和将是无限的。

## 2.6 终值和现值

经济学和金融学中的一个基本概念是货币具有**时间价值**（time value）。这就意味着，对于一定数量的货币来说，如果收到的时间不同，其价值也会不同。一般来说，货币具有正的时间价值。举例来说，今天收到的 100 英镑就比下周收到的 100 英镑更值钱，下周收到的 100 英镑比明年收到的 100 英镑更值钱。之所以存在这种情况，有以下几个原因：首先，人们认为将来的现金流具有更大的风险（因为需要更长的时间，所以可能会出错！）；其次，通货膨胀会减少未来收到的固定数量货币的价值；最后，人们具有**正的时间偏好**（positive time preference），这意味着他们的耐心有限，即宁愿现在拥有也不愿意等到将来。

由于货币具有时间价值，所以如果在不同的时间点收到现金流，我们不能简单地将其原始值纳入金融计算中。而要确保不同时期的现金流可以比较，就要将不同时点的现

金流转换为它们都在相同时间点被收到时的价值。因此，我们要么将所有的现金流转换为它们在未来某个特定时间点的价值（终值），要么将所有的未来现金流转换为如果是今天收到时的等价价值（现值）。如果我们将当前价值转换为终值，就是在做**复利**（compounding）；而如果我们将未来价值转换为当前价值，就是在做**贴现**（discounting）。接下来我们依次来看这两个概念以及它们的具体用法。

### 2.6.1 终值

假设我们将 100 英镑存入一个银行储蓄账户，为期 5 年，年利率为 2%。到期时账户中的金额将是

$$P_T = P_0 \times (1+r)^T \tag{2.21}$$

其中，$P_T$ 代表账户的期末值（终值），$r$ 是利率（以小数而非百分比来表示，如 0.02），$P_0$ 是现在存入账户的金额，$T$ 是货币投资的时期数。

在这个例子中，这笔投资在第一年末的终值是 $P_T=100$ 英镑$\times(1+0.02)=102$ 英镑，在第二年末将增长到 $P_T=100$ 英镑$\times(1+0.02)^2=102$ 英镑$\times(1+0.02)=104.04$ 英镑。在未来，这笔储蓄的余额将会继续以这种方式增长，在第五年末将达到 $P_T=100$ 英镑$\times(1+0.02)^5=110.41$ 英镑。

在这种情况下，我们说利息是以年来复利的，换句话说，今年支付的利息是以今年年末储蓄的总价值为基础的，它包括去年的储蓄价值和去年利息的总和。因此，在第一年之后，储户从他们以前的利息和投资额中继续赚取利息，这就是为什么储户在第一年赚了 2 英镑，第二年却赚了 2.04 英镑，因为第二年额外的 4 便士是第一年赚取的 2 英镑所带来的额外利息。

我们可以将式（2.21）中的终值公式重新排列，使 $r$ 成为研究对象，从而能够计算出在给定初始投资 $P_0$ 的条件下，保证一个特定未来值 $P_T$ 所需的利率：

$$r = \left[\frac{P_T}{P_0}\right]^{1/T} - 1 \tag{2.22}$$

例如，如果我们进行 1 000 英镑的初始投资，而不再进行进一步投资，并且我们将这些资金保留 10 年，那么我们需要一个怎样的利率才能在 10 年后到期时获得 1 500 英镑？计算如下：

$$r = \left[\frac{1\,500}{1\,000}\right]^{1/10} - 1 = 0.041\,4 \tag{2.23}$$

所以大约需要 4.14%的年利率。

对式（2.21）和式（2.22）进行重新排列，也可以使投资期限 $T$ 成为研究对象，

$$T = \frac{\ln(P_T/P_0)}{\ln(1+r)} \tag{2.24}$$

例如，如果我们最初投资 1 000 英镑，并且希望在未来能增值到 2 000 英镑。假设利率是 10%（我们应该为这个利率水平感到很幸运！），那么我们需要等多少年呢？

$$T=\frac{\ln(2\ 000/1\ 000)}{\ln(1+0.1)}=7.273 \tag{2.25}$$

注意，我们可以使用式（2.24）来确定一项投资增加到 $Z$ 倍需要花多少年：

$$T=\frac{\ln(Z)}{\ln(1+r)} \tag{2.26}$$

其中，$P_T=ZP_0$。所以，如果我们想把初始投资增加至 3 倍，假设利率仍是 10%，那么所需要的时间为：

$$T=\frac{\ln 3}{\ln(1+0.1)}=11.527 \tag{2.27}$$

即大约需要 11 年半的时间。显然，这是很长的一段时间，除非我们能把利率提高到一个新的水平。

上面的例子都是假设利息是在每年年末支付的。现在假设年利率是 2%，但是每六个月支付一次（也就是说，每六个月支付 1%）。现实中，许多公司和债券都是半年分红或派息一次，所以这一假设具有实际意义。在这种情况下，复利的频率将是半年而不再是一年，这样我们会在每年后六个月收到前六个月所付利息所产生的额外利息，所以我们的境况会变得更好。在利率很低的情况下这个影响会非常小，但是我们现在可以以六个月为一期来计算一下本小节第一个例子中的终值，即利率是 1%，期数是 10 期（六个月为一期，一共 10 期）：$P_T=100$ 英镑 $\times(1+0.01)^{10}=110.46$ 英镑。可以看到，在该例中，复利频率提高到六个月一次并没有产生多少令人兴奋的额外利息。

进一步，如果利息按月支付（复利），终值将是 $P_T=100$ 英镑 $\times[1+(0.02/12)]^{60}=110.51$ 英镑。我们可以看到，在给定名义利率 2%的情况下，复利频率越高，实际上会收到越多利息。我们将所有这些离散发生的复利情况称为**简单利息计算**（simple interest calculation）。

在上面的例子中，每年的**名义利率**（nominal interest rate）是 2%，但是如果利息的复利频率更高，我们收到的实际利率，即**有效利率**（effective interest rate）也会更高。我们可以简单地按年计算这个利率：

$$\text{实际利率}=\left[1+\frac{r}{n}\right]^{n}-1 \tag{2.28}$$

其中，$r$ 是名义利率，$n$ 是每年的复利期数。

**例 2.2** 如果名义利率 $r$ 为 2%且利息按月（$n=12$）复利计算，那么对应的实际利率是多少？

$$\text{实际利率}=(1+0.02/12)^{12}-1=2.02\%\text{（保留到小数点后两位）}$$

另一个很有用的公式是计算当原始投资为 $P_0$，年利率为 $r$，每年分 $n$ 次支付，一共付 $T$ 年时这项投资的终值 $P_T$：

$$P_T = P_0\left[1+\frac{r}{n}\right]^{nT} \tag{2.29}$$

在极限处，当复利频率增加时，时间周期越来越短（也就是说，我们从年复利到月复利、周复利、日复利再到小时复利等等），最终时间周期将变得无穷小，我们将之称为**连续复利**（continuous compounding）。如果按照年利率 $r$ 计算连续复利的利息，则：

$$P_T = P_0 e^{rT} \tag{2.30}$$

其中，$e$ 是在第 1 章 1.5.5 小节讨论过的指数。如果 $T=5$，$r=2\%$，按照连续复利计算，终值 $P_T=100$ 英镑 $\times e^{0.02\times 5}=110.52$ 英镑。这与利息按月支付时的终值几乎没什么不同，但如果 $r$ 较高，差异将会比较明显，如表 2.2 中的示例所示。

**表 2.2　不同复利频率对实际利率和终值的影响**

| 复利频率 | 期数 | 等价的年利率和终值 | | | | | |
|---|---|---|---|---|---|---|---|
| | 每年（$n$） | $r=5\%$ | | $r=10\%$ | | $r=20\%$ | |
| | | EAR | $P_T$ | EAR | $P_T$ | EAR | $P_T$ |
| 年 | 1 | 5.00% | 105.00 | 10.00% | 110.00 | 20.00% | 120.00 |
| 季 | 4 | 5.09% | 105.09 | 10.38% | 110.38 | 21.55% | 121.55 |
| 月 | 12 | 5.12% | 105.12 | 10.47% | 110.47 | 21.94% | 121.94 |
| 周 | 52 | 5.12% | 105.12 | 10.51% | 110.51 | 22.09% | 122.09 |
| 天 | 365 | 5.13% | 105.13 | 10.52% | 110.52 | 22.13% | 122.13 |
| 连续 | ∞ | 5.13% | 105.13 | 10.52% | 110.55 | 22.14% | 122.14 |

类似于式（2.22）和式（2.24）的简单利息计算，我们可以将式（2.30）重新排列，将连续复利作为研究对象：

$$r=\frac{1}{T}\ln\left[\frac{P_T}{P_0}\right] \tag{2.31}$$

也可以将投资年限作为研究对象：

$$T=\frac{1}{r}\ln\left[\frac{P_T}{P_0}\right] \tag{2.32}$$

表 2.2 显示了在不同利率情况下，复利频率对 100 英镑投资的终值的影响，从中可以得出两个结论：第一，名义利率越高，复利的影响越大，因为在这种情况下，提前获得利息支付然后再投资所带来的额外收益更大；第二，不断提高复利频率所带来的增量效应逐渐减少，比如从年复利到季度复利所带来的影响比从季度复利到连续复利所带来的影响更大。

### 2.6.2　现值

上面的内容介绍了一笔放在银行账户赚取利息的钱的终值的计算过程，如果将这一过程反过来，就是计算在未来某个时间点将收到的一笔钱的现值。计算现值时，需要用到**贴现率**（discount rate），它是我们将未来现金流折算成现值的利率，而不是我们计算终值时的利率。

$$P_0=\frac{P_T}{(1+r)^T} \tag{2.33}$$

其中，$P_0$ 是现值，$r$ 是贴现率，$P_T$ 是需要支付的现金流的总和或未来将收到的现金流的总和，$T$ 是未来支付现金流或收到现金流时所经过的时期数。

**例 2.3** 如果贴现率是 2%，5 年后收到 100 英镑的现值是多少?

将是 $P_0=100$ 英镑$/(1+0.02)^5=90.57$ 英镑，这意味着 5 年后的 100 英镑在今天值 90.57 英镑。这种现值计算是大多数金融估值模型的基础，因为投资者现在购买资产，在未来才能收到现金流，然后需要将现金流转换成今天的值（即折算成现值），使得现在为购买资产所支付的金额和未来收到的回报金额在同等条件下具有可比性。

**例 2.4** 假设我们有一张债券，每年支付 5 英镑的息票，下一次息票马上支付，债券还有 5 年到期，届时将以面值 100 英镑赎回，恰当的贴现率为 10%，那么我们今天需要支付多少钱才能买到这张债券呢?

债券价格应该等 6 张息票支付（现在 1 张，接下来的 5 年每年有 1 张）的贴现金额加上债券面值的贴现金额。用 $P_0$ 表示债券的合理价格，则：

$$\begin{aligned}P_0=&5+\frac{5}{1+0.1}+\frac{5}{(1+0.1)^2}+\frac{5}{(1+0.1)^3}+\frac{5}{(1+0.1)^4}\\&+\frac{5}{(1+0.1)^5}+\frac{100}{(1+0.1)^5}\end{aligned} \tag{2.34}$$

我们可以把息票的现值看成是一个等比级数，即在上一项的基础上乘以 $1/(1+0.1)$ 从而得到下一项。息票总额［注意，因为有一张息票马上到期，所以 $n=6$ 而不是 5，$d=1/(1+0.1)$］是

$$S_n=\frac{a(1-d^n)}{1-d}=\frac{5[1-(1/1.1)^6]}{1-(1/1.1)}=23.95(\text{英镑}) \tag{2.35}$$

然后我们需要计算赎回金额的现值，即 100 英镑$/(1.1)^5=62.09$ 英镑，因此债券合理的价格为 $P_0=23.95$ 英镑$+62.09$ 英镑$=86.04$ 英镑。

实际上，债券的息票支付是**年金**（annuity）的一个例子。所谓年金，指的是一种在固定时间内每期支付固定金额的金融产品。许多人选择（或法律要求）用他们的养老金去购买一种特定类型的年金，这类年金包含了一些保险成分在内，它保证在这个人活着的时候持续支付固定金额给他（从而为个人的长寿和可能的穷困提供了保险），而且在年金支付期间，支付的金额也可能会随着通货膨胀水平的增加而增加。假设贴现率是 $r$，每期支付的固定金额是 $a$，共支付 $T$ 期，则年金现值的计算公式是：

$$P_0=\frac{a}{r}\left[1-\frac{1}{(1+r)^T}\right] \tag{2.36}$$

为了证明这个公式是有效的，我们可以计算上述债券例子中息票支付所代表的年金现值，并证明它确实是 23.95 英镑。

$$P_0=\frac{5}{0.1}\times\left[1-\frac{1}{(1+0.1)^5}\right]+5=23.95(\text{英镑}) \tag{2.37}$$

注意，该公式隐含地假定第一期支付是在第一期期末进行的。因为这里一共有 5 期支付需要贴现，所以我们还需要加上第一期立即支付的 5 英镑，它是不需要进行贴现的。

如果所研究的债券是不可撤销的（像股票一样是无限期的），我们需要使用 $S_\infty$ 公式 (2.20) 来计算其现值。举个例子，如果一张永久（不可撤销）债券每 6 个月支付 5 英镑的息票，未来现金流的贴现率是 4%且下一次息票立即支付，那么投资者今天愿意支付多少钱购买该债券呢？在这种情况下，我们用 6 个月的贴现率 2%对每期现金流进行贴现，从而可以写作以 5 英镑开始的无穷数列：

$$5,\ \frac{5}{(1+0.02)},\ \frac{5}{(1+0.02)^2},\ \frac{5}{(1+0.02)^3},\ \frac{5}{(1+0.02)^4},\ \cdots$$

注意，这里的公比是 1/(1+0.02)，所以现值是

$$S_\infty=\frac{5\text{ 英镑}}{1-[1/(1+0.02)]}=255\text{ 英镑} \tag{2.38}$$

注意，如果第一张息票要等到第一期期末才支付，也就是说，是六个月后而不是立即支付，则数列将是：

$$\frac{5}{(1+0.02)},\ \frac{5}{(1+0.02)^2},\ \frac{5}{(1+0.02)^3},\ \frac{5}{(1+0.02)^4},\ \cdots$$

这一数列的现值是

$$S_\infty=\frac{a}{r}=\frac{5\text{ 英镑}}{0.02}=250\text{ 英镑} \tag{2.39}$$

也就是说，立即收到的那 5 英镑现在消失了，并且因为该现金流是不需要进行贴现的，所以使得现值减少了 5 英镑。在英国，永久性政府债券有时也被称为**统一公债**（consols）。

在某些情况下，支付的金额可能会随时间的推移而发生变化。比如，如果我们购买某公司的股票，股利通常是随时间增长的。如果我们假设股利价值的增长率是某个恒定比例 $g$，这会使得对公司的估值容易得多。因此，如果我们现在购买公司的一股股票，我们将在每一时期（假设是一年，且股利 $D$ 的第一次支付恰好在一年后到期）获得永久性（即永远都有的）股利，因此现值公式将是

$$P_0=\frac{D}{1+r}+\frac{D(1+g)}{(1+r)^2}+\frac{D(1+g)^2}{(1+r)^3}+\frac{D(1+g)^3}{(1+r)^4}+\cdots \tag{2.40}$$

检查这个公式，可以看到股利的价值以 $g$ 的速度增长，但以 $r$ 的速度减少（贴现）。如

果 $g>r$，那么未来股利的现值就会随着时间的推移而增长，该股票将有无限价值。因此，为了使和是收敛的且股票价值是有限的，我们要求 $g<r$。在这种情况下，我们可以用式（2.20）计算无穷和：

$$P_0=\frac{\frac{D}{1+r}}{1-\frac{1+g}{1+r}}=\frac{D}{r-g} \tag{2.41}$$

这就是著名的股票估值**戈登增长模型**（Gordon growth model），它是以对未来股利的预期为基础的。

最后，为了使这部分更为完整，我们还应该注意到，类似于连续复利，现金流也可以被连续贴现，计算公式是

$$P_0=P_T\times e^{-rT} \tag{2.42}$$

比如，我们可以计算 5 年后收到的 100 英镑的现值，年贴现率是 2%且连续贴现，则

$$P_0=100\text{ 英镑}\times e^{-0.02\times 5}=90.48\text{ 英镑}$$

### 2.6.3 内部收益率

有时候，我们知道一组特定现金流的现值，也知道所有的未来现金流，但是我们不知道贴现率。换句话说，我们不知道的是，如果我们今天购买了该金融产品，它将为我们提供的利率是多少。所谓**内部收益率**（internal rate of return，IRR），就是如果我们购买某资产，今天要为其支付的金额 $P_0$ 与我们未来收到的所有现金流的现值相等时的利率。我们可以通过求解上述 $r$ 的年金公式来计算。更一般地，如果未来的现金流支付不是固定的，而是随着时间而变化的，我们将有一个更灵活的公式：

$$P_0=a_0+\frac{a_1}{1+r}+\frac{a_2}{(1+r)^2}+\frac{a_3}{(1+r)^3}+\frac{a_4}{(1+r)^4}+\cdots+\frac{a_T}{(1+r)^T} \tag{2.43}$$

所以，目前的情况是，我们知道 $P_0$、所有 $a_i(i=1,\cdots,T)$ 以及 $T$ 的值，但是我们想知道 $r$ 是多少。一般来说，这个等式会有多个解。换句话说，$r$ 有多个值可以使等式的左边和右边相等。如果 $T=1$ 或 2，我们会分别得到一个线性方程或二次方程来求解 $r$，这时可以用第 1 章 1.5 节中所学的关于函数的公式进行分析。但当 $T$ 大于 2 时，就要用数值方法求解。

**例 2.5　用 Excel 计算内部收益率**

使用最新版本的 Microsoft Excel 计算内部收益率非常简单。一种方法是在电子表格程序中列出现金流，用特定的利率 $r$ 计算其贴现值，然后使用求解程序（Solver）估计内部收益率。另一种方法是使用 Excel 中内置的内部收益率函数。比如，假设我们花 110 英镑买了一份 5 年后到期的债券，届时将它以 100 英镑的面值赎回而且每年还提供 5 英镑的息票。该债券投资的内部收益率（实际上是债券的到期收益率）是多少呢？

我们首先建立电子表格，并将下面各项列示于单元格 A1 到 B7 中：

| 年份 | 现金流 |
|---|---|
| 0 | −107 |
| 1 | 5 |
| 2 | 5 |
| 3 | 5 |
| 4 | 5 |
| 5 | 105 |

然后在另外一个单元格中输入命令：

=IRR(B2:B7,0.1)

其中，括号中的第二项 0.1 是对预期利率的初步猜测。如果存在多个内部收益率，则需要进行初步猜测，以便 Excel 能从中选择最合理的值。然后，点击 ENTER 键使 Excel 计算内部收益率，在本例中为 3.45%。

如果在项目周期内现金流符号多次发生变化，就可能出现多个内部收益率。在刚才的例子中，现金流只有在 0 期时是负的（流出），之后一直都是正的（现金流入）。但是如果在项目周期内还有现金流出，那么内部收益率就不是唯一的。具体来说，内部收益率的个数将和现金流符号改变的次数相等。例如，假设我们有一个产生如下现金流的项目：

| 年份 | 现金流 |
|---|---|
| 0 | −100 |
| 1 | 240 |
| 2 | −143 |

该项目在第 0 年和第 2 年有现金流出，第 1 年有现金流入。我们仍像上面一样使用公式，只是减少单元格范围，对预期利率的初步猜测仍保持为 0.1，即

=IRR(B2:B4,0.1)

可以发现利率是 10.00%。但是，如果我们的初始猜测值是 0.5 [即输入=IRR(B2:B4, 0.5)]，那么最终得到的利率是 30.00%。这里两个利率值都可以使方程成立，并且使项目的净现值（NPV）为 0，所以 Excel 会收敛到最接近初始值的答案。更一般地说，所计算的一个或多个内部收益率也可能出现负值。

## 2.7 金融模型中的收益率

许多有趣的金融问题都是从价格的时间序列开始——比如记录 200 天内福特 (Ford) 公司在每天下午 4 点时的股票价格。出于统计上的种种原因，一般不直接使用价格序列，而是将原始价格序列转换为收益率序列。此外，收益率还具有无量纲这一优点。如果某项投资的年收益率是 10%，那么投资者就知道年初投资 100 英镑，年末会得到 110 英镑，或者年初投资 1 000 英镑，年末会得到 1 100 英镑，以此类推。

从价格序列中可以计算两种不同的收益率：**简单收益率**（simple return）和**连续复利收益率**（continuously compounded return），具体计算公式如下：

简单收益率：

$$R_t=\frac{p_t-p_{t-1}}{p_{t-1}}\times 100\% \tag{2.44}$$

连续复利收益率：

$$r_t=100\%\times\ln\left(\frac{p_t}{p_{t-1}}\right) \tag{2.45}$$

其中，$R_t$ 表示 $t$ 时刻的简单收益率，$r_t$ 表示 $t$ 时刻的连续复利收益率，$P_t$ 表示 $t$ 时刻的资产价格，ln 表示取自然对数。

随着数据抽样频率的增加，时间间隔会越来越小，在极限处，简单收益率和连续复利收益率将会趋于一致。

如果所考虑的资产是一只股票或是由多只股票所构成的组合，那么持有股票的总收益是在持有期间内的**资本利得**（capital gain）和**已付股利**（dividends paid）之和。持有时间通常是一年，但也可以是其他任何时间。不过，研究人员通常会忽略已付股利，但这会低估投资者所获得的总收益。对于很短的持有期来说，这样做或许没什么太大问题，但是对于多年投资的累计收益来说，忽略股利将会产生严重的后果。除此之外，忽略股利还会扭曲股票收益率的横向差异。例如，如果股利被忽略，那么具有较高资本利得的"成长型"股票将受到过度青睐，而那些可以获得高额股利的"收入型"股票（例如某些公用事业或成熟产业的股票）则会被冷落。

对上述问题的一个解决办法是对股票价格序列进行调整，以便加入股利并产生一个**总收益指数**（total return index）。如果用 $p_t$ 代表总收益指数，那么由式（2.44）和式（2.45）中的任何一个所计算出的收益率都是在 $t$ 时期内资产持有者所获得的累计总收益率。

在金融学术文献中，通常采用对数收益率（因为它是本期与上期价格之比的对数，所以又称为对数价格的相对数）。专栏 2.3 说明了使用对数收益率的两个主要原因。

▶专栏 2.3◀

### 对数收益率

(1) 对数收益率有良好的性质，它可以被解释为连续复利收益率。这时，收益率的复利频率并不重要，由此我们可以更容易地对不同资产的收益率进行比较。

(2) 连续复利收益率具有时间上的可加性。比如，我们如果想要得到一个周收益率序列，假设已经计算了这周内 5 天的每日对数收益率，即 $r_1$、$r_2$、$r_3$、$r_4$、$r_5$，分别代表星期一至星期五的收益率，现在将这 5 天的日收益率简单加总就能得到一周的收益率，即：

周一的收益率　$r_1=\ln(p_1/p_0)=\ln p_1-\ln p_0$

周二的收益率　$r_2=\ln(p_2/p_1)=\ln p_2-\ln p_1$

周三的收益率　$r_3=\ln(p_3/p_2)=\ln p_3-\ln p_2$

周四的收益率　$r_4=\ln(p_4/p_3)=\ln p_4-\ln p_3$

周五的收益率　$r_5=\ln(p_5/p_4)=\ln p_5-\ln p_4$

---

一周的收益率　$\ln p_5-\ln p_0=\ln(p_5/p_0)$

但是，对数收益率也有缺点。举例来说，资产组合的简单收益率是单个资产简单收益率的加权平均数：

$$R_{pt}=\sum_{i=1}^{N}w_iR_{it} \tag{2.46}$$

但是这一处理方式并不适用于连续复利收益率，所以连续复利收益率对于不同的资产是不可加的。出现这一问题的根本原因在于取对数是一个**非线性变换**（non-linear transformation），和的对数并不等于对数的和。如果使用连续复利收益率，那么在计算资产组合的收益率时必须先估计每一时期的资产组合价值，再来确定加总以后的资产组合价值的收益率。或者，我们假设在 $t-K$ 时刻以 $p_{t-k}$ 的价格买入某项资产，然后在 $K$ 期以后以价格 $p_t$ 卖出，如果这时每一期的简单收益率分别为 $R_t$，$R_{t+1}$，…，$R_K$，那么 $K$ 期的加总收益率就是：

$$\begin{aligned}R_{Kt}&=\frac{p_t-p_{t-K}}{p_{t-K}}=\frac{p_t}{p_{t-K}}-1=\left[\frac{p_t}{p_{t-1}}\times\frac{p_{t-1}}{p_{t-2}}\times\cdots\times\frac{p_{t-K+1}}{p_{t-K}}\right]-1\\&=[(1+R_t)(1+R_{t-1})\cdots(1+R_{t-K+1})]-1\\&=\left[\prod_{i=0}^{K-1}(1+R_{t-i})\right]-1\end{aligned} \tag{2.47}$$

这就是持有期收益率，其中最后一行用第 1 章 1.5.9 节的Ⅱ符号表示。将式（2.47）开 $K$ 次方根后再减 1，就可以得到持有期内的年化收益率（记为 $R_H$），即：

$$1+R_H=(R_{Kt}+1)^{1/K}\quad 或\quad R_H=(R_{Kt}+1)^{1/K}-1 \tag{2.48}$$

**例 2.6** 根据下表数据，计算在 2012 年 12 月 31 日以 100 便士的价格购买并持有 4 年的股票的每股年收益率，然后计算持有期间的总收益率和年化收益率。

| 日期 | 价格 | 股利 |
|---|---|---|
| 2012 年 12 月 31 日 | 100 便士 | — |
| 2013 年 12 月 31 日 | 120 便士 | 10 便士 |
| 2014 年 12 月 31 日 | 130 便士 | 10 便士 |
| 2015 年 12 月 31 日 | 140 便士 | 10 便士 |
| 2016 年 12 月 31 日 | 167 便士 | 10 便士 |

**解** 这里假设我们使用简单收益率而非连续复利收益率。第一步是分别计算 2013 年（2012 年 12 月 31 日—2013 年 12 月 31 日）、2014 年、2015 年和 2016 年的年收益率。用 $R_{13}$ 代表 2013 年的收益率，以此类推：

$$R_{13}=100\times(120-100+10)/100=30\%$$
$$R_{14}=100\times(130-120+10)/120=16.7\%$$
$$R_{15}=100\times(140-130+10)/130=15.4\%$$
$$R_{16}=100\times(167-140+10)/140=26.4\%$$

接下来，我们计算 4 年持有期内的总收益率，

$$\begin{aligned}1+R_{K,t}&=(1+R_{13})(1+R_{14})(1+R_{15})(1+R_{16})\\&=1.30\times1.167\times1.154\times1.264=2.213\end{aligned}$$

所以持有期收益率 $R_{K,t}$ 是 2.213－1＝1.213 或者 121.3%。将这个数加上 1 再开四次方根然后减 1 就可以得到年化收益率，其实就是计算单个收益序列的几何平均值：

$$1+R_H=(1+R_{K,t})^{1/N}=(2.213)^{0.25}=1.219\ 68\approx1.22$$

$R_H$ 是持有期年收益率，大约是 0.22 或 22%。

### 2.7.1 比较实际变量和名义变量并对名义变量进行平减

报纸的头条说："房价以最快的速度上涨了十几年。一套三居室的房子现在卖 280 000 英镑，而在 2005 年才卖 120 000 英镑。"这里需要强调的是这些数值都是名义的。也就是说，这篇文章说的是在这些特定时点上房子的实际价格。世界上绝大多数国家的价格水平都有一个普遍上涨的趋势，因此我们需要确保是在同一个基准上进行价格比较。我们可以认为房价上涨的一部分原因是住房需求的增加，而另一部分原因是所有商品和服务的价格都在上涨。如果能够将这两种因素的影响区分开来，并对"当移除通货膨胀的影响后，房价上涨了多少?"或者"如果按照 1990 年的情况，这些房子的价格将会是多少?"这样两个同等的问题做出回答，将会是非常有意义的。这里，我们可以通过对名义的房价序列进行**平减**（deflating）以便产生一个真实的房价序列来达到上述

目的，这样的序列被称为经过通货膨胀调整后的序列或者价格不变序列。

对一个序列进行平减非常简单。除了需要被平减的序列之外，所需要的仅仅是一个**价格平减指数序列**（price deflator series），该序列度量了经济中的整体价格水平。通常使用的价格平减指数序列包括消费者价格指数（CPI）、生产者价格指数（PPI）或者GDP隐性价格平减指数（GDP Implicit Price Deflator）。详细讨论使用哪种指数最为合理超出了本书的范围，但如果研究人员只是对实际价格的概貌感兴趣而不要求非常高的精确度，其实选择哪种平减指数并不是一个太大的问题。

实际价格序列由名义价格序列除以平减指数再乘以100得到（基于平减指数的基期值等于100的假设）：

$$\text{实际价格序列}_t=\frac{\text{名义价格序列}_t}{\text{平减指数}_t}\times 100 \tag{2.49}$$

需要指出的是，平减方法只适用于以货币形式表示的序列。有的序列是基于数量的，比如交易股数，还有的序列是以比例或百分比形式表示的（如股票收益率）。对于这样基于数量的序列来说，对其进行平减操作是没有意义的。

**例 2.7　对房价进行平减**

我们用英国2006—2018年每年的平均房价序列来举个例子，详见表2.3的第2列。表中第3列是以CPI衡量的一般价格水平。首先，假设我们想把这些价格转换为固定（真实）价格。假定2009年是基期（也就是说，该年的CPI为100），最简单的方法就是用$t$时期的名义房价除以相应的CPI值以后再乘以100，如式（2.49）所示。这样就得到表中第4列的数据。

如果我们想把房价转换成以某年为基期的值，我们可以应用式（2.49），但是那一年的CPI值不再是100。假设我们想把名义房价表达成以2018年为基期的值（这样的处理很有趣，因为它是表中最后一个观测值），我们可以使用式（2.49）的下列变形：

$$\text{实际价格序列}_t=\frac{\text{名义价格序列}_t}{\text{CPI}_t}\times \text{CPI}_{\text{参考年}} \tag{2.50}$$

例如，为了得到以2018年为基期的2006年的房价数据（即$t$为2006年）105 681，应该将2006年的名义房价83 450除以2006年的CPI（97.6），然后乘以2018年的CPI（即参考年的CPI 123.6），从而得到105 681[=(83 450/97.6)×123.6]。

**表 2.3　如何由一个名义价格序列来构造实际价格序列**

| 年份 | 名义房价 | CPI（2009年的价格水平） | 房价（按照2009年的价格水平） | 房价（按照2018年的价格水平） |
|---|---|---|---|---|
| 2006 | 83 450 | 97.6 | 85 502 | 105 681 |
| 2007 | 93 231 | 98.0 | 95 134 | 117 585 |

续表

| 年份 | 名义房价 | CPI（2009 年的价格水平） | 房价（按照 2009 年的价格水平） | 房价（按照 2018 年的价格水平） |
|---|---|---|---|---|
| 2008 | 117 905 | 98.7 | 119 458 | 147 650 |
| 2009 | 134 806 | 100.0 | 134 806 | 166 620 |
| 2010 | 151 757 | 101.3 | 149 810 | 185 165 |
| 2011 | 158 478 | 102.1 | 155 218 | 191 850 |
| 2012 | 173 225 | 106.6 | 162 500 | 200 850 |
| 2013 | 180 473 | 109.4 | 164 966 | 203 898 |
| 2014 | 150 501 | 112.3 | 134 017 | 165 645 |
| 2015 | 163 481 | 116.7 | 140 086 | 173 147 |
| 2016 | 161 211 | 119.2 | 135 244 | 167 162 |
| 2017 | 162 228 | 121.1 | 133 962 | 165 577 |
| 2018 | 162 245 | 123.6 | 131 266 | 162 245 |

注：所有价格都用英镑表示；房价数据和 CPI 的数据只是为了举例子。

## 2.8 基于矩阵代数的资产组合理论



矩阵代数在金融中最重要的应用可能就是用来解决资产组合配置问题。尽管相较于矩阵代数，用求和符号来解决这个问题更令人满意，但是使用矩阵代数可以使得表达式更为简洁，而且在组合中包含两个以上的资产时可以更容易地进行求解。这里，我们不会详细介绍资产组合选择理论本身，感兴趣的读者可以参考 Bodie，Kane 和 Marcus（2014）或者其他一些已有的投资学教材。本节的主要目的在于介绍矩阵代数在实际中是如何应用的，并且将第 1 章的内容和本章所学的均值、方差以及协方差的计算结合起来。

既然我们已经学过均值、方差、协方差和收益率的构造，那就从第 1 章 1.7 节的内容开始学习。首先假设某资产组合 $P$ 中包含 $N$ 只股票，其权重分别为 $w_1$，$w_2$，…，$w_N$，进一步假设这 $N$ 只股票的期望收益分别为 $E(r_1)$，$E(r_2)$，…，$E(r_N)$。我们可以将权重和期望收益都写为 $N\times1$ 的向量，即 $w$ 和 $E(r)$：

$$w=\begin{bmatrix}w_1\\w_2\\\cdots\\w_N\end{bmatrix},\ E(r)=\begin{bmatrix}E(r_1)\\E(r_2)\\\cdots\\E(r_N)\end{bmatrix}$$

举例来说，其中 $w_3$ 和 $E(r_3)$ 分别代表第 3 只股票的权重及其期望收益。资产组合的期望收益 $E(r_P)$ 可以通过 $E(r)'w$ 来计算，即将期望收益向量转置后再乘以权重向量。

接下来，我们需要建立收益率的方差—协方差矩阵，并将其记为$V$。这个矩阵中主对角线上的元素表示组合中每个资产收益率的方差，而除主对角线上元素外的其他元素则表示它们之间的协方差，我们将会在本书第4章中讲授回归方程参数估计时再对这样的矩阵进行详细讨论。这里，收益率的方差—协方差矩阵可以写为：

$$V=\begin{bmatrix}\sigma_{11} & \sigma_{12} & \sigma_{13} & \cdots & \sigma_{1N}\\ \sigma_{21} & \sigma_{22} & \sigma_{23} & \cdots & \sigma_{2N}\\ \vdots & & & \vdots & \\ \sigma_{N1} & \sigma_{N2} & \sigma_{N3} & \cdots & \sigma_{NN}\end{bmatrix}$$

$V$主对角线上的元素是每一只成分股票收益率的方差——例如，$\sigma_{11}$是股票1收益率的方差，$\sigma_{22}$是股票2收益率的方差，以此类推。非主对角线上的元素是对应的协方差——例如，$\sigma_{12}$是股票1和股票2收益率的协方差，$\sigma_{58}$是股票5和股票8收益率的协方差，以此类推。注意，因为$\text{cov}(a,b)=\text{cov}(b,a)$（其中$a$和$b$都是随机变量），所以该矩阵一定是关于主对角线对称的，因此我们可以写为$\sigma_{12}=\sigma_{21}$，等等。

为了建立一个方差—协方差矩阵，首先我们需要设置一个包含所有股票实际收益率（不是期望收益率）观测值的矩阵，其中收益率的均值$\bar{r}_i(i=1,\cdots,N)$都已从每个序列$i$中消去。我们将此矩阵记为$R$，并将其写为：

$$R=\begin{bmatrix}r_{11}-\bar{r}_1 & r_{21}-\bar{r}_2 & r_{31}-\bar{r}_3 & \cdots & r_{N1}-\bar{r}_N\\ r_{12}-\bar{r}_1 & r_{22}-\bar{r}_2 & r_{32}-\bar{r}_3 & \cdots & r_{N2}-\bar{r}_N\\ \vdots & & & \vdots & \\ r_{1T}-\bar{r}_1 & r_{2T}-\bar{r}_2 & r_{3T}-\bar{r}_3 & \cdots & r_{NT}-\bar{r}_N\end{bmatrix}$$

该矩阵中，每一列都代表了一只股票的收益率与其均值的差，每一行都代表了在某个特定时点上所有经过均值调整的收益率的观测值。一般地，$r_{ij}$指的是第$i$只股票在第$j$个时间点上的观测值。这样，方差—协方差矩阵即可通过$V=(R'R)/(T-1)$这一简单计算得到，其中$T$为每一个序列中所有观测值的总数。

假设我们想知道资产组合$P$收益率的方差（是一个标量，记为$V_P$），可以这样计算：

$$V_P=w'Vw \tag{2.51}$$

现在我们来检查一下矩阵$V_P$的维度。其中，$w'$的维度是$1\times N$，$V$的维度是$N\times N$，$w$的维度是$N\times 1$，所以$V_P$的维度是$1\times N\times N\times N\times N\times 1$，即$1\times 1$，与预期保持一致。

类似地，我们可以定义收益率的相关性矩阵$C$：

$$C=\begin{bmatrix}1 & C_{12} & C_{13} & \cdots & C_{1N}\\ C_{21} & 1 & C_{23} & \cdots & C_{2N}\\ \vdots & & & \vdots & \\ C_{N1} & C_{N2} & C_{N3} & \cdots & 1\end{bmatrix}$$

该矩阵主对角线上的所有元素均为1（因为任何变量与其自身的相关性都为1），非主对角线上的元素代表了某两个收益率之间的相关系数——例如，$C_{35}$ 代表股票 3 和股票 5 收益率之间的相关性。再次注意，类似于方差—协方差矩阵，相关性矩阵关于主对角线也总是对称的，所以有 $C_{31}=C_{13}$ 等等。如果采用相关性矩阵而非方差—协方差矩阵，那么式（2.51）中资产组合的方差可以写为：

$$V_P = w'SCSw \tag{2.52}$$

其中，$C$ 是相关性矩阵，$w$ 仍然是资产组合权重向量，$S$ 是一个对角矩阵，其中每一个元素都是资产组合收益率的标准差。

**选择权重以构建最小方差组合**

在理论上，尽管投资者可以通过选择有效前沿上的最优资产组合来获得一个更优的结果，但在实际中，运用样本外数据进行检验时，一个方差最小化的资产组合通常会表现得很不错，这样我们可能要选择适当的资产组合权重 $w$ 以便最小化资产组合的方差 $V_P$。如果用矩阵符号表示就是：

$$\min_{w} w'Vw$$

这里，我们需要稍微仔细地施加一个限制条件，即投资者要倾其所有财富来进行投资（$\sum_{i=1}^{N} w_i = 1$），否则这个最小化问题可以通过将所有权重设为零从而使得组合方差为零来轻易地解决。所有的权重加总后等于 1 这一限制条件用矩阵代数可以写为 $w' \cdot 1_N = 1$，其中 $1_N$ 是一个长度为 $N$ 且所有元素均为 1 的列向量。①

这个最小化问题的解为：

$$w_{MVP} = \frac{1_N V^{-1}}{1_N' V^{-1} 1_N} \tag{2.53}$$

其中，$MVP$ 表示最小方差组合。

**选择最优组合权重**

为了描绘出均值—方差有效前沿，我们将会反复求解这个最小化问题，但是每一次都会令组合的期望收益等于一个不同的目标值 $\bar{R}$。例如，设 $\bar{R}=0.1$ 并求解出能够最小化 $V_P$ 的权重，然后设 $\bar{R}=0.2$ 并同样求解出能够最小化 $V_P$ 的权重，以此类推。实际上，我们可将这一问题记为：

$$\min_{w} w'Vw \quad \text{满足} \quad w' \cdot 1_N = 1,\ w'E(r) = \bar{R}$$

这一问题有时也被称作**马科维茨资产组合配置问题**（Markowitz portfolio allocation problem），该问题可以运用上面的方法得到解析解。也就是说，我们可以利用矩阵运算获得一个精确解。但是，通常情况下我们会为这个最优化问题施加更多的限制条件——例如，我们可能要限制组合中任一资产的权重都不能超过投资到该组合上的总财富的 10%，或者我们可能要限制它们必须为正（即只允许做多，不允许卖空）。在这些情况下，马科维茨资产组合配置问题可能会没有解析解，因此必须使用如 Excel 中的

① 注意 $w' \cdot 1_N$ 的维度是 1×1，即它是一个标量。

Solver 函数这样的数值程序。

注意，也可以通过另外一种方式来重新表述马科维茨问题，即在一定的最大目标方差水平下选择恰当的权重，从而使得资产组合的期望收益率最大化。

对不同的目标收益率重复上述步骤就可以画出有效前沿。为了找到有效前沿与资本市场线的切点，需要求解下面的问题：

$$\max_{w}\frac{w'E(r)-r_f}{(w'Vw)^{\frac{1}{2}}} \quad \text{满足} \quad w'\cdot 1_N=1$$

如果对于股票的权重没有其他限制条件，上述问题可以很简单地求解出来：

$$w=\frac{V^{-1}[E(r)-r_f\cdot 1_N]}{1_N'V^{-1}[E(r)-r_f\cdot 1_N]} \tag{2.54}$$

### 2.8.1 Excel 中的均值—方差有效前沿

本节介绍如何运用 Excel 软件对由 3 只股票所构成的资产组合建立有效前沿并绘出其资本市场线。我们假设读者都了解 Excel 的标准功能——如果需要补习相关内容的话，请参考 Benninga（2017）的优秀著作。

文件“efficient. xls”包含了最终的结果——有效前沿和资本市场线的图形。不过，建议读者从一个空白的表格入手，再一次复制原始数据并重新构建公式，这样才能明白具体的操作步骤。

具体来说，第一步是构造收益率。表中第 2 列至第 6 列列示的是原始价格和短期国债的收益率。我们将会假设一个由 3 只股票所构成的资产组合。不过，下面列出的所有原理也可以很容易且直观地拓展到组合中包含更多项资产的情况。

因为我们是在处理资产组合问题，所以使用简单收益率而非连续复利收益率可能更好一些。首先，H 列到 J 列是由福特、通用电气和微软股票价格所构建的三个收益率序列。在这三列的首行，我们分别将其命名为“FORDRET”、“GERET”和“MSOFTRET”。K 列包含了这三只股票在资产组合中的权重，但这些权重是变化的。为了做到这一点，我们设置三个包含权重的单元格。在一开始的时候，我们对这三个记录权重的单元格进行主观赋值，然后允许 Solver 函数对它们的值进行最优化选择。具体来说，我们分别在单元格 N12 到 N14 中写入 0. 33、0. 33 和 0. 34，并在单元格 N15 中将三个权重值加总以便检查权重之和是否为 1，由此检验是否已将所有财富都投资到了这三只股票上。现在，我们在 K 列中建立了（等权重的）资产组合收益率（命名为“PORTRET”）。接下来，在 K2 单元格中，输入“＝H3* ＄N＄12＋I3* ＄N＄13＋J3* ＄N＄14”，然后将该公式复制到 K 列全部的单元格中，一直到第 137 行。

接下来的一步是构建方差—协方差矩阵，即前述的矩阵 $V$。首先，点击 Data 和 Data Analysis，然后在菜单中选择 Covariance。接下来，按照屏幕截图 2. 1 所示进行输入，即将输入范围设定为＄H＄3：＄J＄137，将输出范围设定为＄M＄3：＄P＄6，然后点击 OK。

下一步是将协方差拷贝到方差—协方差矩阵的上三角区域，并将“列 1”之类的文

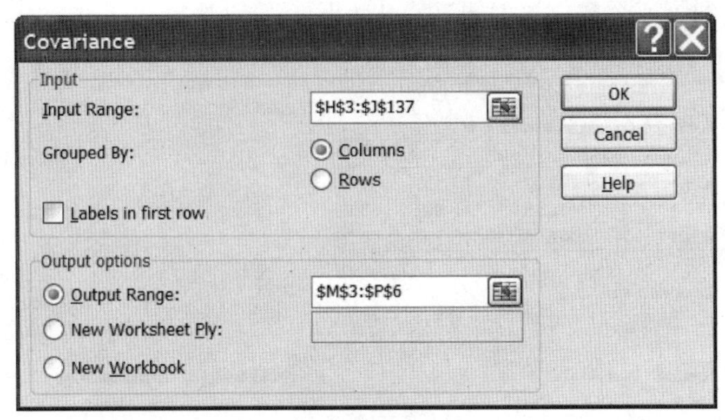


**屏幕截图 2.1　在 Excel 中设置方差—协方差矩阵**

字用三只股票的名字代替。

现在，我们要计算每一只股票的平均收益率（我们已经在方差—协方差矩阵的主对角线上得到了它们的方差），所以要在单元格 M9 到 O9 中输入"=AVERAGE(H3:H137)"、"=AVERAGE(I3:I137)"和"=AVERAGE(J3:J137)"。

下一步，我们可以计算资产组合收益率的描述性统计量。这里有几种途径，其中一种是直接计算 K 列中资产组合月收益率的均值、方差和标准差。不过，接下来可以看看如何通过 Excel 中的矩阵代数来实现。为了计算资产组合的平均收益率，在单元格 N18 中键入公式"=MMULT(M9:O9,N12:N14)"，这一公式可以将 M9 到 O9 中的收益率向量［我们将其记为 $E(r)'$］与 N12 到 N14 中的权重向量相乘。

在单元格 N19 中，我们要计算资产组合的方差，即上文中的 $w'Vw$。在 Excel 中，可以通过公式"=MMULT(MMULT(Q13:S13, N4:P6),N12:N14)"来计算。*

实际上，这里我们进行了两步乘法运算。第一步，括号内的 MMULT 函数将位于单元格 Q13 到 S13 的转置权重向量 $w'$ 与位于单元格 N4 到 P6 的方差—协方差矩阵 $V$ 相乘。第二步，我们又将第一步乘法运算的结果与位于单元格 N12 到 N14 的权重向量 $w$ 相乘。最后，在单元格 N20 中计算单元格 N19 中的资产组合收益率方差的平方根，即得到资产组合收益率的标准差。

现在，花几分钟来检查一下描述性统计量和方差—协方差矩阵。很明显，福特股票的波动性最大，它的年度方差达到了 239，而微软股票的波动性最小，年度方差只有 50 左右。等权重资产组合的方差为 73.8。福特股票的平均收益率也是最高的。现在我们拥有了建立均值—方差有效前沿所需要的全部要素，这时你的电子表格的右边部分应该如屏幕截图 2.2 所示。

接下来，我们首先计算最小方差资产组合。点击包含资产组合方差公式的单元格 N19，然后点击 Data 标签并选择 Solver。① 这时会显示一个窗口，要输入的内容如屏幕截图 2.3 所示，即我们想要通过改变单元格 \$N\$12:\$N\$14 中的权重来最小化单元格 \$N\$19，限制条件为所有权重之和等于 1(\$N\$15=1)，然后点击 Solve。Solver

* 单元格 Q13:S13 中是转置后的 N12:N14 权重矩阵。——译者注

① 注意，你可能要加载 Solver 外接程序。有关如何在你的 Excel 版本和平台上实现这一点，请参阅联机微软支持。

函数会告诉你找到了一个解，这时再次点击 OK。

| M | N | O | P | Q | R | S | T |
|---|---|---|---|---|---|---|---|
| | | | | | | | |
| *Variance-Covariance matrix, V* | | | | | | | |
| | **FORD** | **GE** | **MSOFT** | | | | |
| **FORD** | 293.02 | 61.55 | 42.90 | | | | |
| **GE** | 61.55 | 66.90 | 25.79 | | | | |
| **MSOFT** | 42.90 | 25.79 | 50.05 | | | | |
| | | | | | | | |
| *Stock Returns* | | | | | | | |
| 1.31 | 0.24 | 0.39 | | | | | |
| | | | | | | | |
| *Portfolio Weights, w* | | | | *Portfolio weights transposed, w'* | | | |
| **FORD** | 0.33 | | | **FORD** | **GE** | **MSOFT** | |
| **GE** | 0.33 | | | 0.33 | 0.33 | 0.34 | |
| **MSOFT** | 0.34 | | | | | | |
| | 1.00 | <<< sum of weights | | | | | |
| | | | | | | | |
| *Portfolio Statistics* | | | | | | | |
| **Mean** | 0.64 | | | | | | |
| **Variance** | 73.80 | | | | | | |
| **Std Dev.** | 8.59 | | | | | | |

屏幕截图 2.2　构建有效前沿的电子表格

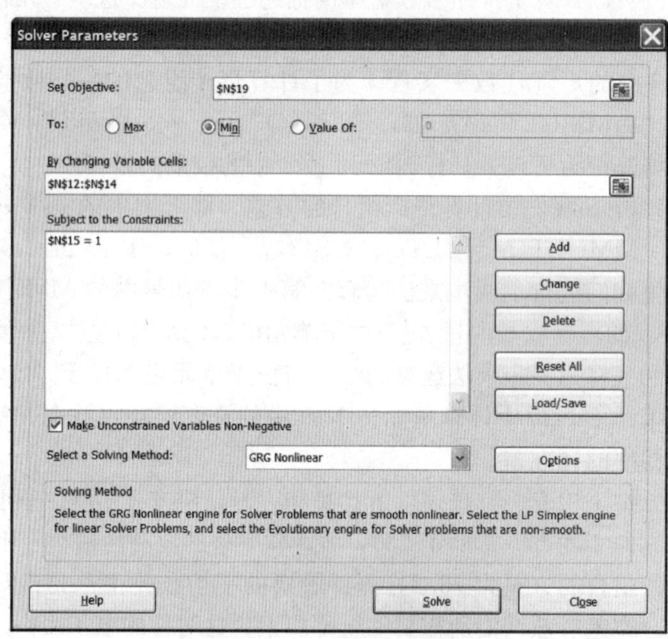


屏幕截图 2.3　完成 Solver 窗口

需要注意的是，在不施加其他限制条件时，严格来说不需要使用 Solver 函数来求解该问题，但如果我们想要添加权重非负或关于权重的其他限制条件，我们无法计算出权重的解析解，此时就需要使用 Solver 函数了。位于单元格 N12 到 N14 中的权重会自动更新，位于单元格 N18 到 N20 中的描述性统计量也是如此。计算结果显示，能够使得资产组合方差最小化的权重为福特占比 0（即不对其进行配置）、通用电气占比 37%、微软占比 63%，这一配置方式所产生的资产组合的方差为每月 41（标准差为 6.41%），每月的平均收益率为 0.33%。

现在，我们找到了有效前沿上的一个点（最左边的那个点），随后可以重复这一过程来获得有效前沿上的其他点。具体来说，我们设定一个目标方差，然后寻找合适的权重使得资产组合在收益率最大化的同时满足这个目标方差水平。所以，我们在单元格 N25 到 N40 中设定目标标准差，数值从 6.5 到 17，每次增加 0.5。这些数字设定得有些主观，但根据经验，为了得到一个比较美观的有效前沿，我们需要将最大标准差（17）设置为最小值（6.5）大约 3 倍的水平。这里，我们肯定知道不能将目标标准差设置为低于 6.41 的数值，因为 6.41 是这三只股票所能达到的最小标准差。

点击单元格 N18，再次从 Data 标签中选择 Solver，然后输入和之前一样的内容，当然这里我们要选择 Max 选项并且施加额外的限制条件 $N$20＝$N$25，这样资产组合的标准差就会等于我们想要的那个数值，即单元格 N25 中的 6.5。点击 Solver，就会找到新的解。现在新的权重是福特占比 4%、通用电气占比 30%、微软占比 66%，这一权重下资产组合的平均收益率是 0.38%，标准差是 6.5%。然后，对 6.5 到 17 之间的其他标准差不断重复这一步骤，每次都记录下相应的均值（当然，你也可以记录下权重）。你会发现，如果试图找到一个标准差为 17.5 的资产组合，Solver 函数将无法求解，因为由这三只股票所构成的任何组合都不具备如此高的标准差值。实际上，有效前沿左上角的那个点就是能够获得最高收益率的组合，这个组合将会 100%投资于收益率最高的股票（在这个例子中是福特）。

现在我们可以画出有效前沿，其中平均收益率在 $y$ 轴，而标准差在 $x$ 轴。如果我们还想得到下半部分的均值—方差机会集（曲线在底部反向弯曲的部分），我们仍然可以重复上述过程，即将标准差设定为 6.5，7，…，但是这次我们不再是将收益率最大化，而是将其最小化。可以看到，在将全部资金都投入到通用电气上时所获得的收益率最低，这一最低收益率为 0.24。由此所作出的图像如屏幕截图 2.4 所示。该曲线看起来有一点起伏不定，这是因为所选择的点不够细密。如果我们将从 6.5 到 17 之间的标准差间距设定为 0.2 而不是 0.5，那么所作出的图形将会光滑很多。

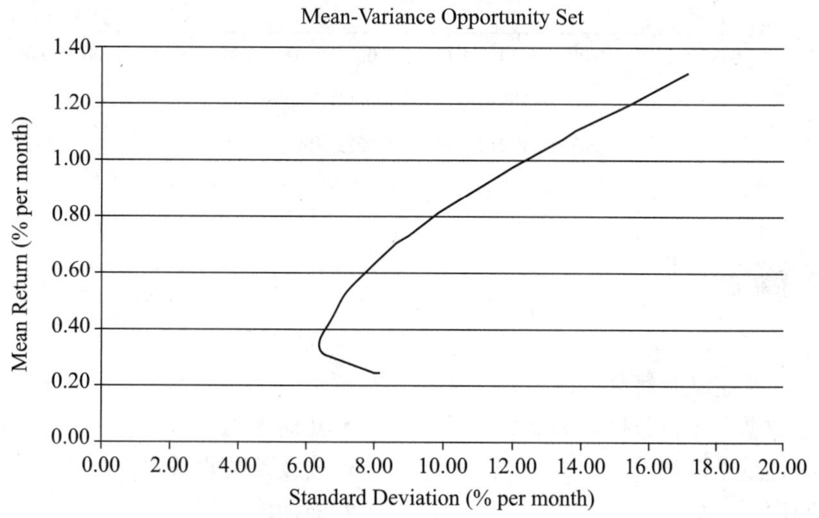


**屏幕截图 2.4　一个完整的有效前沿**

最后一步是在图上作出资本市场线（CML），为此我们需要找到切点，在该点上资产组合的夏普比率得以最大化。首先，我们需要计算国库券序列的平均收益率（将其除以 12 以获得月收益率，从而可以和股票月度收益率相比较），并将其放在单元格 N55 内。然后，在单元格 N56 中计算风险溢价，即用单元格 N18 中的风险组合收益率减去单元格 N55 中的无风险利率。最后，在单元格 N57 中计算夏普比率，即用单元格 N56 中的风险溢价除以单元格 N20 中资产组合的标准差，然后用 Solver 函数在权重之和为 1 的限制条件下最大化单元格 N57 的值（不需要其他限制条件）。

在切点上，平均收益率正好为每月 1%，标准差为 12.41%，而配置在福特、通用电气、微软三只股票上的比例分别为 66%、0%和 34%。接下来，我们需要一系列的点来绘出 CML——其中一个点位于 $y$ 轴上，该点处的风险为零且收益率等于平均无风险利率（每月 0.14%）；另一个点是我们刚刚得到的那个切点。为了得到其他的点，回忆一下 CML 是一条直线，其方程为“收益率＝无风险利率＋夏普比率×标准差”，所以我们需要做的是算出一系列标准差各自对应的收益率——注意这里我们已知无风险利率为 0.14，夏普比率为 0.069 4。最小方差机会集和 CML 如屏幕截图 2.5 所示。

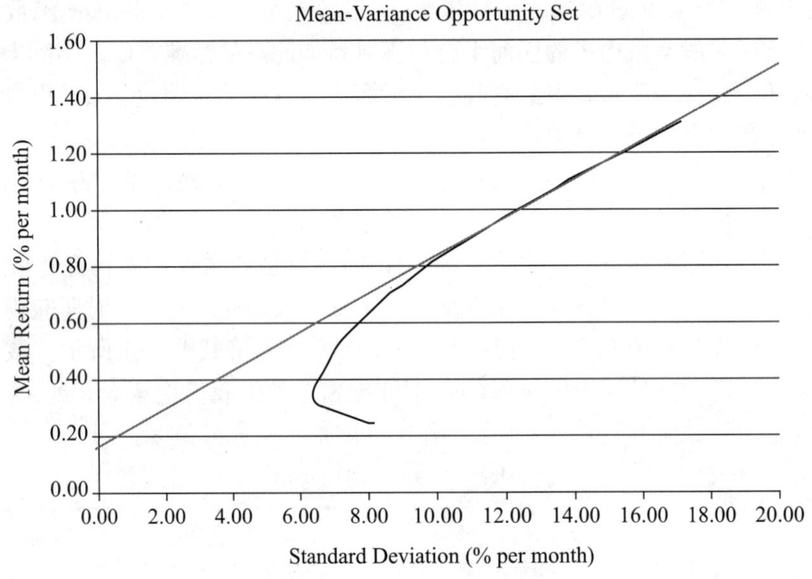


**屏幕截图 2.5　资本市场线和有效前沿**

## 核心概念

本章给出了定义及解释的核心概念包括：

- 基数数据，序数数据，名义数据
- 金融计量经济学
- 时间序列数据
- 面板数据
- 几何平均
- 连续复利收益率
- 横截面数据
- 混合数据

- 连续型数据
- 实际价格序列，名义价格序列
- 分位数
- 等差级数
- 均值
- 偏度
- 协方差
- 总体
- 现值
- 内部收益率
- 离散型数据
- 平减指数
- 变异系数
- 等比级数
- 方差
- 峰度
- 相关性
- 样本
- 终值

## 自测题

1. 尽可能地扩展下列各表达式：

   (a) $E(ax+by)$，其中 $x$，$y$ 是变量，$a$，$b$ 是标量。

   (b) $E(axy)$，其中 $x$，$y$ 是独立变量，$a$ 是标量。

   (c) $E(axy)$，其中 $x$，$y$ 是具有相关性的变量，$a$ 是标量。

2. (a) 解释概率密度函数和累积分布函数的区别。

   (b) 服从正态分布随机变量的概率密度函数和累积分布函数分别是什么形状？

3. 什么是中心极限定理？为什么它在统计学中很重要？
4. 解释均值、众数和中位数的区别。哪一个最常用？为什么？
5. 在衡量股票收益率的集中趋势时，哪个指标更有用——算术平均还是几何平均？为什么？
6. 如果两个变量的协方差为 0.99，那么它们的相关性是否很强？为什么？
7. 解释下列术语的区别：

   (a) 连续型数据和离散型数据；

   (b) 序数数据和名义数据；

   (c) 时间序列数据和面板数据；

   (d) 有噪声的数据和无噪声的数据；

   (e) 简单收益率和连续复利收益率；

   (f) 名义价格序列和实际价格序列；

   (g) 贝叶斯统计和经典统计。

8. 分别运用时间序列回归、横截面回归和面板数据提出并解释一个问题。
9. 资产收益率序列的主要特点是什么？
10. 下表给出了每年年末的债券价格和消费者价格指数（CPI）：

| 年度 | 债券价格 | CPI |
|---|---|---|
| 2011 | 36.9 | 108.0 |

续表

| 年度 | 债券价格 | CPI |
|---|---|---|
| 2012 | 39.8 | 110.3 |
| 2013 | 42.4 | 113.6 |
| 2014 | 38.1 | 116.1 |
| 2015 | 36.4 | 118.4 |
| 2016 | 39.2 | 120.9 |
| 2017 | 44.6 | 123.2 |
| 2018 | 45.1 | 125.4 |

(a) 计算简单收益率；

(b) 计算连续复利收益率；

(c) 计算以 2018 年为基期的债券价格；

(d) 计算实际收益率。

11. 用以下公式计算实际利率：

$$X=\left[1+\frac{r}{T}\right]^{T}$$

假设利率 $r$ 是 10%，当 $T=1$，2，5，10，20，50，100，200，500，1 000，5 000 时，计算对应的 $X$ 值，并以 $X$ 为 $y$ 轴、$T$ 为 $x$ 轴画出图像。当 $X$ 增加时你能发现什么？当 $X$ 增加至无穷时你又能发现什么？

12. 假设我今天在储蓄账户中放入 1 000 英镑，每年支付 3%的利息，不追加投资。

(a) 如果我想让我的钱变为原来的 2 倍，需要多少年？

(b) 如果我把钱放入一个每年支付 5%利息的账户，需要多少年我的钱才能变为原来的 2 倍？

(c) 如果年利率为 5%，我想让我的钱变为原来的 3 倍，又需要多少年？

(d) 如果 5%是连续支付的，需要多少年我的钱才能变为原来的 2 倍？

13. 一个储户有两种账户可以选择：一个是年复利 12%，另一个是月复利 11%，他/她应该选择哪一种账户，为什么？

14. (a) 假设我的投资以每年 5%的速度增长且按年复利计算，那么从现在开始，我每个月储蓄 200 英镑，在我有生之年我会变成一个百万富翁吗？

(b) 假设我每个月储蓄 500 英镑，我可能变成百万富翁吗？

(c) 假设我每个月储蓄 500 英镑，但是通货膨胀使我的投资的实际增长率为 2%，以现值计算，我会成为百万富翁吗？

# 第 3 章

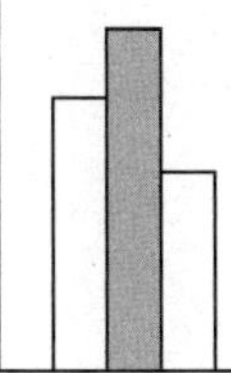

# 古典线性回归模型概要

**学习目标**

在本章，你要学会：

- 推导 OLS 模型，并估计其参数和标准误
- 解释一个优良的估计量所应该具有的理想性质
- 讨论影响标准误大小的因素
- 通过显著性检验和置信区间方法来检验假设
- 解释 $p$ 值的含义

## 3.1 什么是回归模型?

几乎可以肯定地说，在计量经济学家那里，回归分析是最重要的工具。但是，什么是回归分析呢？概括地讲，回归被用来描述和估计某个特定变量与一个或更多其他变量之间的关系。更具体地讲，回归分析试图对由一个或多个变量的变化所引起的另一个特定变量的变化提供解释。

为了使阐述更加具体，我们用 $y$ 表示其变化需要用回归来解释的变量，$x_1$，$x_2$，…，$x_k$ 表示用于解释这些变化的变量。因此，在这样一个相对简单的设定下，我们可以说 $k$ 个变量（即 $x$）的变化引起了其他某个变量 $y$ 的变化。本章内容仅限于模型中只有一个被解释变量 $y$ 的情况（第 7 章会取消这一限定）。

对于 $y$ 和 $x$ 来讲，它们各自都有多种名称可以使用。在本书中，所有这些名称都是作为同义词来使用的（见专栏 3.1）。

▶专栏 3.1◀

**回归模型中 $y$ 和 $x$ 的名称**

| $y$ 的名称 | $x$ 的名称 |
| --- | --- |
| 因变量 | 自变量 |
| 回归子 | 回归元 |
| 结果变量 | 原因变量 |
| 被解释变量 | 解释变量 |

## 3.2 回归与相关

如第 2 章中所述，两个变量之间的相关性度量了它们之间线性相关的程度。如果说 $y$ 和 $x$ 是相关的，这意味着我们可以以一种完全对称的方式来处理 $y$ 和 $x$。当然，这并不是在说 $x$ 的变化会引起 $y$ 的变化，或者 $y$ 的变化会引起 $x$ 的变化。相反，它只是在说有证据表明两个变量之间存在线性关系，这两个变量变化的平均相关程度由相关系数给出。

在回归模型中，对因变量 $y$ 和自变量 $x$ 的处理与相关分析中大不相同。变量 $y$ 被假定为带有某种形式的随机性，即有一个概率分布。但是，在重复抽样中自变量 $x$ 则被假定为是固定的（非随机的）。① 当然，与相关性比起来，回归是一种更灵活也更强大的工具。

## 3.3 简单回归

为简单起见，现在假设 $y$ 仅依赖于一个 $x$ 变量。当然，这一假定是非常严格的，下一章我们将考虑存在更多解释变量的情况。下面是我们所感兴趣的这种关系的 3 个例子：

- 资产收益率如何随其市场风险水平的变化而变化；
- 度量股票价格和股利之间的长期关系；
- 构建最优套期保值比率。

假设某研究者认为两个变量 $y$ 和 $x$ 之间存在着某种关系，并且金融理论认为 $x$ 的增加将导致 $y$ 的增加，那么第一步就作出它们之间的散点图是非常明智的做法。这里，我们假设所作出的散点图如图 3.1 所示。

在这个例子中，$x$ 和 $y$ 之间似乎具有近似为正的线性关系，即 $x$ 的增加通常伴随着 $y$ 的增加，并且我们可以用一条直线来对这种关系进行大致的刻画。当然，我们可以在

① 严格来说，$x$ 非随机这一假定比所需要的假设程度更强，第 5 章会更为详细地讨论这一问题。

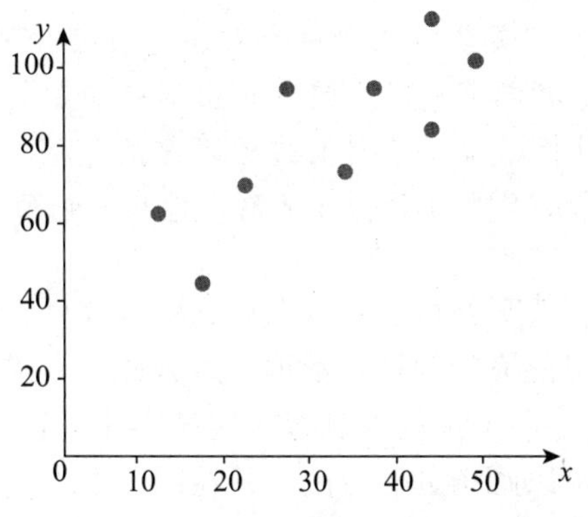


**图 3.1　两个变量 y 和 x 之间的散点图**

图上用手绘出一条线来拟合这些数据点，直线的截距和斜率可以通过目测大概画出来。然而，实际中这种方法非常费力，并且结果也不够精确。

实际上，我们现在感兴趣的是确定这一关系在多大程度上能被一个方程所描述，并且该方程可以通过非常明确的步骤进行估计。这里，可以考虑使用描述直线的一般性方程

$$y=\alpha+\beta x \tag{3.1}$$

从而得到能够对数据进行最优拟合的直线。接下来，研究者就要想办法找出参数或系数 $\alpha$ 和 $\beta$ 的值，使得由其所确定的直线尽可能地靠近所有的数据点。

不过，$y=\alpha+\beta x$ 是一个非常精确的方程。假设该方程是恰当的，如果 $\alpha$ 和 $\beta$ 的值已经求出，这时给定一个 $x$ 的值，就可以非常确定地得到 $y$ 的值。想象一下，一个模型表明，给定其他变量的任何值竟然都可以非常确定地得到某个变量的对应值!

显然，这样的模型是不现实的。从统计上说，它所对应的是模型能够对所有数据进行完美拟合的情况，也就是说，所有的数据点都精确地位于一条直线上。为了使模型更符合实际，我们在方程中加入一个随机扰动项 $u$，即

$$y_t=\alpha+\beta x_t+u_t \tag{3.2}$$

其中，下标 $t$（$t=1, 2, 3, \cdots$）表示不同的观测值。随机扰动项可以捕捉到一些特征（见专栏 3.2）。

▶**专栏 3.2**◀

## 模型中包含随机扰动项的原因

- 尽管通常情况下模型中会不止一个解释变量，但实际上总有一些 $y_t$ 的决定因素会被模型忽略。例如，这可能是由于影响 $y$ 的因素太多，从而不可能在一个模型中全部列出，也可能是由于 $y$ 的某些影响因素无法被观测或者无法被度量。
- 在对 $y$ 进行测量时，可能存在一些模型中无法体现的误差。

- 一定存在某些无法在模型中体现但会对 $y$ 产生影响的外部随机因素。例如，恐怖袭击、飓风或者电脑故障，这些都会影响金融资产的收益率，但这些因素无法通过模型捕捉，也无法对其进行可靠的预测。类似地，许多研究者还认为人类行为本身就具有某种内在的随机性和不可预测性。

如何确定合适的 $\alpha$ 和 $\beta$ 值呢？可以令数据点到所拟合直线的（纵向）距离最小化来得到，这样才能使直线尽可能靠近地拟合数据。以这样的方式选择参数，就可以使得数据点到所拟合直线之间的全部（纵向）距离达到最小化。这一点可以通过肉眼观察得到，对于每一组 $y$ 和 $x$，可以画出其散点图，并在图上用手绘出一条看起来能够为数据提供最优拟合的直线，如图 3.2 所示。

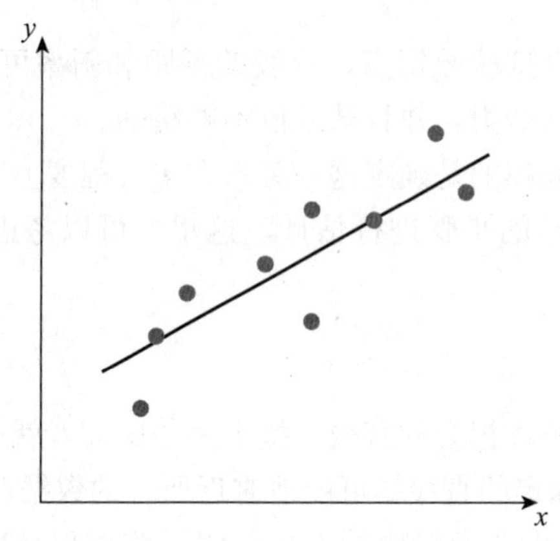


**图 3.2　带有用肉眼作出的最优拟合直线的两个变量的散点图**

需要注意的是，通常都是最小化纵向距离而非横向距离或者垂直于这条直线的距离。由于我们假定 $x$ 在重复抽样中是固定的，所以现在问题就变成：给定观测值 $x$，如何确定 $y$ 的适当模型。

如果只是需要大致的结果，上述这种依赖肉眼观察的步骤或许是可以接受的，但这种方法非常单调乏味，并且很可能也不够精确。实际上，用直线来拟合数据最常用的方法就是所谓的**普通最小二乘**（ordinary least squares，简记为 OLS）方法。这一方法构成了计量经济模型估计中最重要的内容，我们将在本章和接下来的章节中对其展开详细的讨论。

另外还有两种替代性的估计方法（用于确定 $\alpha$ 和 $\beta$ 的适当值），分别是**矩估计法**（method of moments）和**极大似然估计法**（method of maximum likelihood）。另外，由 Hansen（1982）所提出的一种广义矩估计法也很受欢迎，但其内容超出了本书的范围。当然，极大似然估计方法的使用也很广泛，我们将在第 9 章中对其进行详细讨论。

为了便于解释，现在假设数据样本中仅有 5 个观测值。OLS 方法要求求取每一个数据点到这条线的纵向距离，然后对其进行平方，最后将平方数加总并使其最小化（因此得名“最小二乘”），如图 3.3 所示。从图中可以看出，这就等于最小化图中各个正方形的面积之和，其中正方形的边长为各数据点到拟合线的纵向距离。

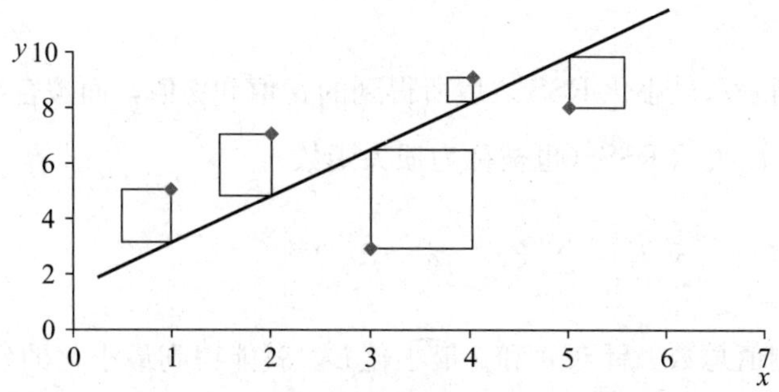


**图 3.3　通过最小化残差平方和为数据拟合直线的 OLS 方法**

这里要强调一下符号，$y_t$ 表示第 $t$ 次实际观测的数据点，$\hat{y}_t$ 表示从回归线中得到的拟合值。换句话说，给定第 $t$ 次所观测到的 $x$ 的值，$\hat{y}_t$ 是由模型所估计得到的 $y$ 的值。注意，顶上标有符号“^”的变量或参数表示模型的估计值。最后，$\hat{u}_t$ 表示残差，即 $y$ 的实际值与拟合值之差（$y_t - \hat{y}_t$）。这些符号显示在图 3.4 第 $t$ 次观测的情形中。

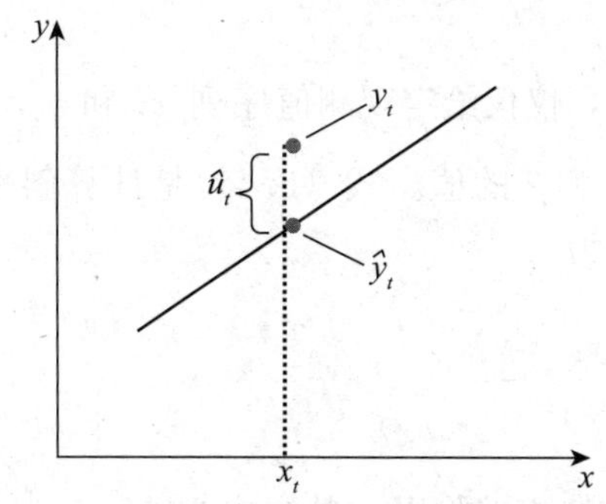


**图 3.4　包括最优拟合线、残差和拟合值在内的单个观测值的图形**

前述所有工作都是为了最小化 $\hat{u}_t^2$ 之和。使距离的平方和最小而不是使 $\hat{u}_t$ 的总和尽可能接近于零的理由在于：因为一些数据点位于拟合线的上方，一些数据点位于拟合线的下方，这样在使 $\hat{u}_t$ 的总和尽可能接近于零时，在拟合线上方的点到该线的距离为正数，而在下方的点到该线的距离为负数，这样大部分的残差（距离）就会互相抵消，这意味着我们所找到的拟合线将是使得线上方的点的距离总和等于线下方的点的距离总和的直线。如果是这样，所估计的系数将没有唯一解。事实上，任何通过观测值平均值点（即 $\bar{x}$，$\bar{y}$）的拟合线都会使得 $\hat{u}_t$ 之和为零。然而，取距离的平方能够确保进入计算的所有离差都是正数，这样就不会相互抵消。

将距离的平方和最小化，也就是最小化 $\hat{u}_1^2 + \hat{u}_2^2 + \hat{u}_3^2 + \hat{u}_4^2 + \hat{u}_5^2$，或者最小化

$$\sum_{t=1}^{5} \hat{u}_t^2$$

这一总和即为**残差平方和**（residual sum of squares，简记为 RSS）或平方残差和。但 $\hat{u}_t$ 是什么呢？它是 $y$ 的实际值与拟合值之差（$y_t - \hat{y}_t$）。所以，最小化 $\sum_t \hat{u}_t^2$ 等同于最

小化 $\sum_t (y_t - \hat{y}_t)^2$。

设 $\hat{\alpha}$ 和 $\hat{\beta}$ 分别表示最小化 RSS 之后所得到的 $\alpha$ 值和 $\beta$ 值，而拟合线由方程 $\hat{y}_t = \hat{\alpha} + \hat{\beta}x_t$ 给出。现在令 $L$ 表示 RSS（也被称为损失函数）：

$$L = \sum_{t=1}^{T}(y_t - \hat{y}_t)^2 = \sum_{t=1}^{T}(y_t - \hat{\alpha} - \hat{\beta}x_t)^2 \tag{3.3}$$

其中，$T$ 表示观测值总数。针对 $\hat{\alpha}$ 和 $\hat{\beta}$ 最小化 $L$，就能得到最小化的残差平方和，并得出最接近实际数据的拟合线的 $\alpha$ 值和 $\beta$ 值。所以，将 $L$ 对 $\hat{\alpha}$ 和 $\hat{\beta}$ 求导，并令一阶导数等于零。在本章的附录 3.1 中，我们给出了 OLS 估计量的推导。这里直接给出斜率系数 $\hat{\beta}$ 和截距系数 $\hat{\alpha}$ 的估计量：

$$\hat{\beta} = \frac{\sum x_t y_t - T\bar{x}\bar{y}}{\sum x_t^2 - T\bar{x}^2} \tag{3.4}$$

$$\hat{\alpha} = \bar{y} - \hat{\beta}\bar{x} \tag{3.5}$$

式（3.4）和式（3.5）表明，仅仅给定观测值序列 $x_t$ 和 $y_t$，就可以计算出能够为数据提供最佳拟合的两个参数 $\hat{\alpha}$ 和 $\hat{\beta}$ 的值。式（3.4）是计算斜率估计量的最简易的形式，不过该式还可以更直观地写为：

$$\hat{\beta} = \frac{\sum (x_t - \bar{x})(y_t - \bar{y})}{\sum (x_t - \bar{x})^2} \tag{3.6}$$

该式等于 $x$ 和 $y$ 之间的样本协方差除以 $x$ 的样本方差。

这里再次重申，这种求最优值的方法即 OLS 方法。基于 OLS 方法，我们能够得到可以对样本数据提供最优拟合的参数值。换句话说，任何其他参数值的拟合效果都比 OLS 估计量更差，而且会导致更高的 RSS。图 3.5 对此进行了说明，它显示了 RSS 如何随着 $\beta$ 的改变而改变。在 $\hat{\beta}$ 处，RSS 取得最小值。读者自己可以做一个练习：建立一个电子表格，通过式（3.5）和例 3.1 中的样本数据来计算 RSS，生成一个类似于图 3.5 的图像，证明 $\beta$ 的任何其他值都会导致更大的 RSS 值。

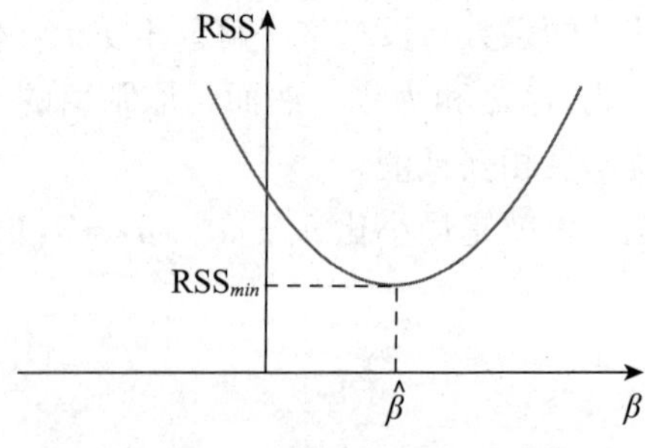


**图 3.5　RSS 如何随着 $\beta$ 的变化而变化**

另外值得注意的是，由 $\hat{\alpha}$ 的方程可知，回归线将穿过观测值的平均值，即点（$\bar{x}$，$\bar{y}$）一定位于回归线上。

**例 3.1** 假设我们收集到了某个基金经理所管理的资产组合（基金 XXX）的超额收益数据，同时还有市场指数的超额收益，具体请见表 3.1。

**表 3.1 用于 OLS 估计的基金 XXX 的抽样数据（%）**

| 年份 $t$ | 基金 XXX 的超额收益率 $=r_{XXX,t}-rf_t$ | 市场指数的超额收益率 $=rm_t-rf_t$ |
|---|---|---|
| 1 | 17.8 | 13.7 |
| 2 | 39.0 | 23.2 |
| 3 | 12.8 | 6.9 |
| 4 | 24.2 | 16.8 |
| 5 | 17.2 | 12.3 |

基金经理凭直觉感到这一基金的 $\beta$ 值（在 CAPM 框架下）应该是正的，因此她想知道在给定这些数据的前提下，$x$ 和 $y$ 之间是否存在某种关系。如前所述，第一步是绘制这两个变量的散点图（见图 3.6）。

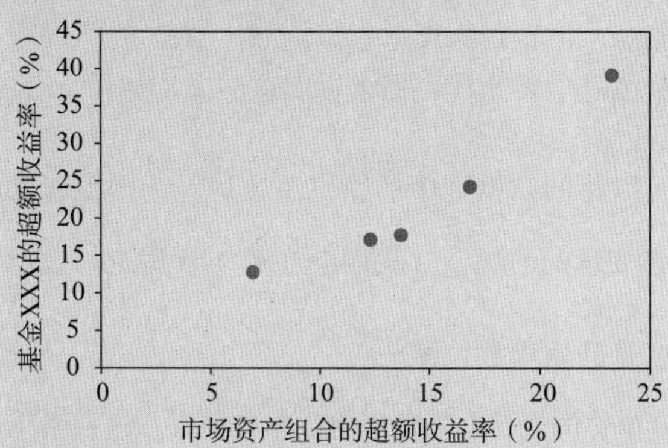


**图 3.6 基金 XXX 的超额收益率与市场组合超额收益率之间的散点图**

显然，尽管所用数据不多，但 $x$ 和 $y$ 还是呈现出一种近似的正线性关系。将这 5 个数据分别代入式（3.5）和式（3.4），可以得到 $\hat{\alpha}=-1.74$ 和 $\hat{\beta}=1.64$。由此，拟合得到的直线可以写为：

$$\hat{y}_t=-1.74+1.64x_t \tag{3.7}$$

其中，$x_t$ 为市场资产组合相对于无风险收益率的超额收益率（即 $rm-rf$），即**市场风险溢价**（market risk premium）。

### 3.3.1 $\hat{\alpha}$ 和 $\hat{\beta}$ 的用途

$\hat{\alpha}$ 和 $\hat{\beta}$ 的用途究竟是什么？通过提出另外一个问题，我们可以得出这个问题的最佳

第3章 古典线性回归模型概要

答案。这个问题就是，如果一个分析师告诉你，她预计明年的市场收益率将会比无风险收益率高 20%，那么据你估计，基金 XXX 的收益率将会是多少？

因为 $y$ 的预期值＝－1.74＋1.64×$x$ 的值，所以把 $x$＝20 代入式（3.7）可得：

$$\hat{y}_t=-1.74+1.64\times 20=31.06 \tag{3.8}$$

因此，给定市场风险溢价的预期值为 20%，并给定其风险程度，即可测算出基金 XXX 的收益率会比无风险收益率高大约 31%。在这样的设定下，回归模型中的 $\beta$ 就是 CAPM 中的 $\beta$ 值，所以在本例中基金 XXX 的 $\beta$ 值为 1.64，这意味着该基金具有比较大的风险。另外，在估计了这些 OLS 系数值之后，本例中的残差平方和达到其最小值 30.33。

尽管道理非常明显，但这里还是有必要强调一下：仅用 5 个观测值进行回归分析是不可取的！因此，这里所列出的结果仅仅是对这一技术的演示性说明，我们将在第 5 章对回归分析中合适的样本规模展开进一步的讨论。

“$\beta$ 的估计值为 1.64”可以这样解释：如果 $x$ 增加 1 单位，在其他条件不变时，预计 $y$ 将增加 1.64 单位。当然，如果 $\hat{\beta}$ 为负，那么平均来讲，$x$ 的上升将会引起 $y$ 的下降。截距系数估计值 $\hat{\alpha}$ 可以被认为是当自变量 $x$ 取值为 0 时因变量 $y$ 的取值。注意，这里的“单位”一词是指 $x_t$ 和 $y_t$ 的测度单位。例如，假设 $\hat{\beta}$＝1.64，其中 $x$ 的测度单位为百分比，$y$ 的测度单位以千美元计，那么可以这样说，如果 $x$ 上升 1%，预计 $y$ 将平均增加 1.64 千美元（或 1 640 美元）。

在数学上，我们可以将回归模型中的斜率系数解释为因变量相对于自变量的导数，即 $\hat{\beta}=\frac{dy}{dx}$。在有多个自变量的情况下（我们会在第 4 章讨论），这个系数可以解释为因变量相对于每个解释变量的偏导数，即 $\frac{\partial y}{\partial x}$。

注意，$y$ 和 $x$ 测度单位的变化并不会影响到整个结果，这是由于系数估计值也会由于补偿因子而同样发生变化，从而使得 $y$ 和 $x$ 之间的整个关系保持不变（证明请见 Gujarati，2003，pp. 169－173）。因此，如果 $y$ 的测度单位改为以百美元计，而不再是以千美元计，同时其他条件保持不变，那么斜率系数的估计值将变为 16.4，从而 $x$ 增加 1%会导致 $y$ 增加 16.4 百美元（或 1 640 美元），计算结果与 $y$ 的测度单位改变前保持一致。下面将要讨论的 OLS 估计量的所有其他性质都不会因数据测度单位的改变而改变。

然而，我们要慎重考虑常数项估计值的可靠性。虽然在上文中我们的确对截距项进行了严格的解释，但在实际中，样本里常常没有接近于零的 $x$ 值。在这种情况下，截距的估计值是不可靠的。例如，图 3.7 就说明了没有任何靠近 $y$ 轴的点的情况。

在图 3.7 所示的情况下，由于样本中的所有信息都反映出 $x$ 要比零大得多，所以当 $x$ 等于零时，我们不能指望所得到的 $y$ 的估计值非常可靠。

与此类似，在对 $y$ 进行预测时，如果所使用的 $x$ 值远远超出样本中 $x$ 值的取值范围，我们应该特别慎重。在例 3.1 中，样本中 $x$ 的取值范围为 7%～23%。如果预计市场的超额收益率为 1%或 30%或－5%（即预计市场将出现下跌），那么使用这一模型来确定基金的预期超额收益率将是不可行的。

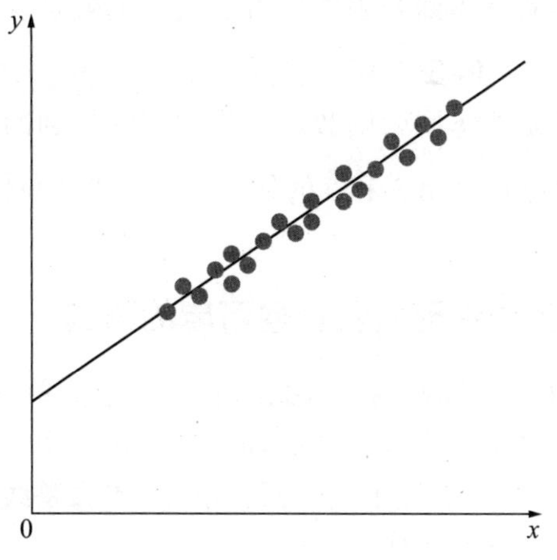

图 3.7　没有接近 y 轴的观测值

## 3.4　一些专门术语

### 3.4.1　数据生成过程、总体回归函数和样本回归函数

**总体回归函数**（population regression function，简记为 PRF）是对生成实际数据并表现变量之间真实关系的模型的描述，也被称为**数据生成过程**（data generating process，简记为 DGP）。总体回归函数包含了 $\alpha$ 和 $\beta$ 的真实值，可以表示为：

$$y_t = \alpha + \beta x_t + u_t \tag{3.9}$$

需要注意的是，这个方程里有一个扰动项，这意味着即使有可供使用的 $x$ 和 $y$ 的观测值总体，一般来说仍然不可能得到对数据进行完全拟合的直线。在一些教科书里，总体回归函数（描述 $x$ 和 $y$ 之间的真实关系）和数据生成过程（描述实际观测值 $y$ 的产生方式）之间是有一些区别的，但本书将这两个名词作为同义语使用。

**样本回归函数**（sample regression function，简记为 SRF）是使用样本观测值来估计变量之间关系的模型，通常表示为：

$$\hat{y}_t = \hat{\alpha} + \hat{\beta} x_t \tag{3.10}$$

注意，在式（3.10）中没有误差项或残差项。这个方程是说，给定一个特定的 $x$ 值，用它乘以 $\hat{\beta}$，再加上 $\hat{\alpha}$，就可以得到模型所拟合或所预期的 $y$ 值，并用 $\hat{y}$ 表示。也可以用下式表示这一关系：

$$y_t = \hat{\alpha} + \hat{\beta} x_t + \hat{u}_t \tag{3.11}$$

式（3.11）将观测值分为两个部分：来自模型的拟合值和残差项。

样本回归函数用于推断总体回归函数的可能值。也就是说，根据已知的数据样本，我们可以构建估计值 $\hat{\alpha}$ 和 $\hat{\beta}$，但我们真正感兴趣的是 $x$ 和 $y$ 之间的真实关系。换句话说，我们真正想要得到的是总体回归函数，但我们实际得到的是样本回归函数。因此，我们要做的是用给定的数据计算出 $\hat{\alpha}$ 和 $\hat{\beta}$ 的估计值，并检查总体参数有多大可能取这些特定的估计值。

### 3.4.2 回归函数的线性形式和其他可能的形式

OLS 方法要求模型必须是线性的，这意味着在一个简单的二元情况下，在图中可以用一条直线表示 $x$ 和 $y$ 之间的关系。更具体地讲，在模型中，参数（$\alpha$ 和 $\beta$）必须是线性的，但变量（$x$ 和 $y$）并不一定非要是线性的。"参数是线性的"，意思是参数之间不能进行乘、除、平方、立方等运算。

不过，通过适当的转换或操作，变量为非线性的模型也可以变为线性形式。例如，考虑下面的指数回归模型：

$$Y_t = AX_t^{\beta} e^{u_t} \tag{3.12}$$

两边取对数，并运用对数法则将方程右边重新进行排列可得：

$$\ln Y_t = \ln(A) + \beta \ln X_t + u_t \tag{3.13}$$

其中 $A$ 和 $\beta$ 是待估参数。现在设 $\alpha = \ln(A)$，$y_t = \ln Y_t$，$x_t = \ln X_t$，于是有：

$$y_t = \alpha + \beta x_t + u_t \tag{3.14}$$

由于 $Y$ 是依照 $X$ 的某个指数（幂）函数变化，所以这一方程被称为**指数回归模型**（exponential regression model）。事实上，当回归方程是"双对数形式"（即因变量和自变量都是自然对数）时，系数估计值可以被解释为弹性（严格来说，它们指的是在对数标度上的单位变化）。

弹性是有用的，因为它们是无量纲的，也就是说，它们不是因变量或自变量测度单位的函数。在数学上，就像前面所说的，线性回归（非对数形式）估计的斜率参数可以解释为 $y$ 对 $x$ 的导数，这就是**边际倾向**（marginal propensity）。弹性也可以这样计算：

$$\frac{dy}{dx} \times \frac{x_0}{y_0} = \frac{\dfrac{dy}{y_0}}{\dfrac{dx}{x_0}}$$

换句话说，就是导数（即回归的斜率）乘以 $x_0$ 与相应的 $y_0$ 的比值。我们可以从表达式的左边看到为什么它们是无量纲的：$x$ 和 $y$ 的单位都被消去了。从表达式的左边，我们还可以看到，弹性测度的是比例的变化率，即 $y$ 的变化量 $dy$ 在其实际值 $y_0$ 中的比例除以 $x$ 的变化率 $dx$ 在其实际值 $x_0$ 中的比例。

因此，举例来说，式（3.13）或式（3.14）中 $\hat{\beta}$ 系数的估计值为 1.2 表示"平均来讲，在其他条件不变的情况下，$x$ 上升 1%将导致 $y$ 上升 1.2%"。相反，如果 $x$ 和 $y$ 是水平值［如式（3.9）］而非对数值，那么如前所述，系数所表示的就是单位变化。

与此类似，如果有理论显示 $y$ 和 $x$ 之间成反比，且形如下式：

$$y_t = \alpha + \frac{\beta}{x_t} + u_t \tag{3.15}$$

那么按照下列设定就可以运用 OLS 方法来估计该回归方程：

$$z_t = \frac{1}{x_t}$$

这时的模型就是 $y$ 对一个常数和 $z$ 的回归。很显然，通过对变量进行适当的变换，就可以运用 OLS 方法来估计这个变化了的模型。但另一方面，一些模型从本质上来讲就是非线性的，如：

$$y_t = \alpha + \beta x_t^r + u_t \tag{3.16}$$

这种模型就不能用 OLS 方法来估计，但或许可以运用非线性估计方法进行估计（见第 9 章）。

### 3.4.3 估计式及估计值

估计式是用来计算系数的公式［如式（3.4）和式（3.5）］，而估计值则是从样本中所计算得到的系数值。

## 3.5 古典线性回归模型下的假定

上面所推导的模型 $y_t = \alpha + \beta x_t + u_t$ 和下面所列出的一系列假定一起被称为**古典线性回归模型**（classical linear regression model，简记为 CLRM）。在该模型中，数据 $x_t$ 是可以观测到的，但由于 $y_t$ 还依赖于 $u_t$，因此有必要确定 $u_t$ 是如何产生的。专栏 3.3 列出了一组关于不可观测的误差项或扰动项 $u_t$ 的假定。注意，这些假定没有一条是关于 $\hat{u}_t$ 的对应物，即可观测的误差项或扰动项（亦即所估计的模型残差）的。

**▶专栏 3.3◀**

**关于扰动项的假设和解释**

| 技术符号 | 解释 |
|---|---|
| 1. $E(u_t)=0$ | 误差项的均值为零 |
| 2. $\mathrm{var}(u_t)=\sigma^2<\infty$ | 对于所有的 $x_t$ 值，误差项的方差是一个有限的常数 |
| 3. $\mathrm{cov}(u_i, u_j)=0$ | 误差项彼此之间不存在线性相关性 |
| 4. $\mathrm{cov}(u_t, x_t)=0$ | 误差项与同期的 $x$ 变量之间不相关 |
| 5. $u_t \sim N(0, \sigma^2)$ | 误差项 $u_t$ 服从正态分布 |

专栏 3.3 中，只要假定 1 成立，假定 4 就等同于 $E(x_t u_t)=0$，这两个公式的意思是回归自变量与误差项是正交的，即两者不相关。对于假定 4，还有另外一个可替代

的假定，即在重复抽样中 $x$ 是非随机的或固定的，但这一假定比假定 4 更严格，它意味着 $x_t$ 不存在抽样变化，它的值是由模型之外的因素决定的。

另外，要从由有限数据所估计出的样本参数（$\hat{\alpha}$ 和 $\hat{\beta}$）中合理推断出总体参数（$\alpha$ 和 $\beta$），还需要假定 5，即误差项服从正态分布。

## 3.6 OLS 估计量的性质

如果假定 1 至假定 4 成立，那么由 OLS 所决定的估计量 $\hat{\alpha}$ 和 $\hat{\beta}$ 就具备一些非常理想的性质，由此可被称为是**最佳线性无偏估计量**（best linear unbiased estimators，简记为 BLUE）。最佳线性无偏估计量的含义是：

- "估计量"——$\hat{\alpha}$ 和 $\hat{\beta}$ 是真实值 $\alpha$ 和 $\beta$ 的估计量；
- "线性"——$\hat{\alpha}$ 和 $\hat{\beta}$ 是线性估计量，这意味着 $\hat{\alpha}$ 和 $\hat{\beta}$ 的表达式是随机变量（如 $y$）的线性组合；
- "无偏"——平均来讲，$\hat{\alpha}$ 和 $\hat{\beta}$ 的实际值等于它们的真实值；
- "最佳"——OLS 估计量 $\hat{\beta}$ 在一组线性无偏估计量中具有最小方差。高斯-马尔科夫定理表明，通过考察任意一个其他线性无偏估计量，都可以得出 OLS 估计量是最佳的，而且该定理还显示，在任何情况下，都不存在比 OLS 估计量的方差更小的方差。

在上述假定 1 至假定 4 下，OLS 估计量显示出具有一致性、无偏性、有效性等非常理想的性质。前文已经对无偏性和有效性开展过一些讨论，一致性是另外一个理想的性质。现在我们依次讨论这三个性质。

### 3.6.1 一致性

最小二乘估计量 $\hat{\alpha}$ 和 $\hat{\beta}$ 具有一致性。对于 $\hat{\beta}$ 的这种性质，可以用数学符号表示如下（对于 $\hat{\alpha}$，需要做一些明显的修正）：

$$\lim_{T\to\infty}\Pr[|\hat{\beta}-\beta|>\delta]=0 \quad \forall\delta>0 \tag{3.17}$$

这一技术性的表述是指对于所有正值 $\delta$ 来说，随着样本规模趋于无穷，$\hat{\beta}$ 与其真实值的偏离大于某个任意固定距离 $\delta$ 的概率趋于零。因此，$\beta$ 是 $\hat{\beta}$ 的概率极限。在极限情况下（即观测值的数量无限大），估计量不等于真实值的概率为零。也就是说，随着样本规模趋于无穷大，估计量将收敛于它们的真实值。因此，一致性是一个大样本性质，或者叫"渐近性质"。如果某个估计量不是一致的，那么即使我们的数据量无限，也不能确定参数的估计值会接近其真实值。所以，一致性有时被认为是一个估计量最重要的性质。注意，$E(x_tu_t)=0$ 和 $E(u_t)=0$ 是导出 OLS 估计量一致性的充分条件。

### 3.6.2 无偏性

$\hat{\alpha}$ 和 $\hat{\beta}$ 的最小二乘估计量是无偏的，即：

$$E(\hat{\alpha})=\alpha \tag{3.18}$$

和

$$E(\hat{\beta})=\beta \tag{3.19}$$

上述两式表明，平均来讲，系数的估计值等于它们的真实值。说得更确切些，就是不存在对系数真实值的系统性高估或低估。为了证明这一点，同样需要假定 $\text{cov}(u_t, x_t)=0$。很明显，由于无偏性对于小样本和大样本（即对所有样本规模）都成立，所以无偏性是一个比一致性更严格的条件。显然，一个一致性估计量在小样本下仍然可能是有偏的，但是不是所有的无偏估计量都是一致的呢？答案是否定的。实际上，只有当样本规模增加时方差下降，一个无偏估计量才是一致的。

### 3.6.3 有效性

如果没有其他估计量的方差比 $\hat{\beta}$ 的方差更小，那么可以说参数 $\beta$ 的估计量 $\hat{\beta}$ 具有有效性。一般来讲，如果这个估计量是有效的，那么它偏离真实值 $\beta$ 的概率是最小的，或者更简单地说，在将当前样本替换为总体的其他样本时，该参数估计量的变化是最小的。再换句话说，如果这个估计量是最佳的，那么在这一类线性无偏估计量中，与估计相关的不确定性是最小的。用专业术语来说，就是有效估计量在真实值周围的狭小区间内有一个概率分布。

### 3.6.4 关于无偏性和有效性的更多内容

如上所述，高斯-马尔科夫定理表明，在这一类线性无偏估计量中，OLS 估计量的方差最小。为了更好地理解这些概念的含义，有必要对其进行更详细的探讨。我们可能会找到比 OLS 估计量具有更小方差的估计量，但它一定不是线性的、无偏的。一个明显的例子就是一个固定估计量，如 $\hat{\beta}=2$，无论数据是多少，估计的斜率都固定为 2。这个估计量显然比 OLS 估计量具有更小的方差，实际上，它的方差为 0，因为基于所有样本来估计的时候，它的估计值都不会发生变化，即它总是为 2，但显然它是有偏的且不一致的。也就是说，当我们增加样本量时，它不会收敛于真实的总体值 $\beta$，并且估计值 2 和真实值之间的误差总是在同一个方向上，因此是有偏的。

更一般地，可以使用其他（非 OLS）估计量，但这些估计量要么是非线性的，要么是有偏的，要么比 OLS 估计量具有更高的方差。因此，在无偏性和方差之间往往存在一种权衡，以至于改善其中一个就意味着使另一个变得更糟。图 3.8 描述了这种情况，该图描绘了两个不同估计量的分布，它们都显示了从总体中选择不同样本可能出现的斜率参数的估计范围。以 $\hat{\beta}$ 为中心的分布代表 OLS 估计量——真实值（$\beta$）是其中心最常见的估计值，因此是无偏的，但它的方差比其他估计量大，因为它更平坦，尾部分布更厚，中心分布更薄。而另一种分布，即图 3.8 中右边的分布，它的值更多地集中在均值处（即 $\tilde{\beta}$），这个估计量的方差更小但是是有偏的，因为它的中心不在真实值 $\beta$ 上。在一定程度上，有偏性通常被认为是比方差更严重的问题，因此 OLS 估计量作为构建计量经济模型的核心而被广泛运用。

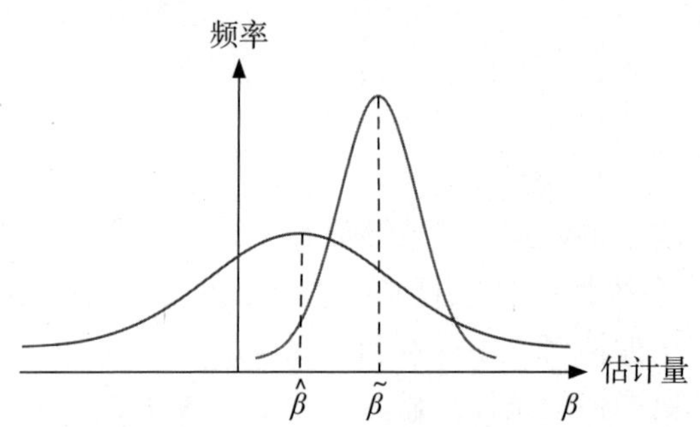


**图 3.8　选择估计量时有偏性和方差的权衡**

## 3.7　精确性和标准误

任何一组估计值 $\hat{\alpha}$ 和 $\hat{\beta}$ 对于估计它们所使用的样本来说都是独一无二的。换句话说，如果从同一总体中抽取的数据样本不同，那么数据点（$x_t$ 和 $y_t$）也将不同，从而导致 OLS 估计值也会有所不同。

现在，我们回过头来看看由式（3.4）和式（3.5）所给出的 OLS 估计量（$\hat{\alpha}$ 和 $\hat{\beta}$）。我们希望在对估计量（$\hat{\alpha}$ 和 $\hat{\beta}$）的可靠性和精确性进行一些测试后，能够知道 $\alpha$ 和 $\beta$ 的这些估计值到底有多"好"。为此，我们有必要知道估计值是否可以有置信度，以及这种置信度是否会因为从给定总体中抽取样本的不同而发生较大的变化。样本的变异性以及估计值的精确度只能从可以得到的数据样本中计算，其中，对精确性的估计由其**标准误**（standard error）给出。给定上述假定 1 至假定 4，标准误的有效估计量由下面的式子计算：

$$SE(\hat{\alpha})=s\sqrt{\frac{\sum x_t^2}{T\sum(x_t-\bar{x})^2}}=s\sqrt{\frac{\sum x_t^2}{T\left[\left(\sum x_t^2\right)-T\bar{x}^2\right]}} \tag{3.20}$$

$$SE(\hat{\beta})=s\sqrt{\frac{1}{\sum(x_t-\bar{x})^2}}=s\sqrt{\frac{1}{\sum x_t^2-T\bar{x}^2}} \tag{3.21}$$

其中，$s$ 是残差估计的标准差（参见下文）。本章附录 3.1 给出了这些公式的推导过程。

值得注意的是，标准误仅仅是回归参数的可能精确度的一个一般性描述，它们并不能说明一组特定的系数估计值有多么精确。如果标准误比较小，就说明平均来讲系数可能是精确的，但并不能说明对于这个特定的样本来说系数估计值有多么精确。因此，标准误实际上是给出了对系数估计值**不确定性程度**（degree of uncertainty）的一种度量，它们可以被看作是解释变量的实际观测值 $x$、样本规模 $T$ 和另一项 $s$ 的函数，这里的 $s$ 是扰动项方差的估计值，扰动项的实际方差通常记为 $\sigma^2$。那么应该如何获得 $\sigma^2$ 的估计值 $s$ 呢？

### 3.7.1 估计误差项的方差（$\sigma^2$）

由基础统计学知识可以知道，随机变量 $u_t$ 方差的表达式为：

$$\operatorname{var}(u_t)=E[(u_t)-E(u_t)]^2 \tag{3.22}$$

CLRM 的假定 1 实际上是在说误差的期望值（或预期值）等于零。在这一假定下，式（3.22）可以简化为：

$$\operatorname{var}(u_t)=E[u_t^2] \tag{3.23}$$

所以，现在要做的就是估计 $u_t^2$ 的平均值，具体可以由下式计算：

$$s^2=\frac{1}{T}\sum u_t^2 \tag{3.24}$$

遗憾的是，由于 $u_t$ 是一系列无法观测到的总体扰动项，所以式（3.24）并不可行。于是，我们使用 $u_t$ 的样本替代物 $\hat{u}_t$：

$$s^2=\frac{1}{T}\sum \hat{u}_t^2 \tag{3.25}$$

但是，上述估计量是 $\sigma^2$ 的有偏估计量。$\alpha^2$ 的无偏估计量 $s^2$ 由下式给出：

$$s^2=\frac{1}{T-2}\sum \hat{u}_t^2 \tag{3.26}$$

其中，$\sum \hat{u}_t^2$ 是残差平方和。对式（3.26）开方即可得到 $s$ 的公式：

$$s=\sqrt{\frac{1}{T-2}\sum \hat{u}_t^2} \tag{3.27}$$

$s$ 也被称为**回归的标准误**（standard error of regression）或估计的标准误，有时被用来对回归方程的拟合程度进行粗略度量。在其他条件不变的前提下，标准误越小，拟合线对实际数据的拟合就越紧密。

### 3.7.2 关于标准误的一些评注

我们当然也可以运用代数知识中的一些基本原理推导出系数估计值标准误的公式，不过，我们将这些内容放在本章的附录 3.1 中。现在，读者可能有一些关于标准误的一般性直觉，例如为什么式（3.20）和式（3.21）中要包含那些项？为什么那些项又要以那样的形式来呈现？专栏 3.4 提供了对这些问题的解释，专栏中的内容基本上是来自 Hill，Griffiths 和 Judge（1997）的教科书，他们所提供的解释是笔者看到过的最佳解释。

▶专栏 3.4◀

## 标准误估计量

(1) 样本规模 $T$ 越大，系数的标准误就越小。$T$ 的大小对 $SE(\hat{\alpha})$ 的影响是显而易见的，但对 $SE(\hat{\beta})$ 的影响就不太明显，不明显的原因在于 $\sum(x_t-\bar{x})^2$ 是从 1 到 $T$。至少从现在来说，本条结论的原因很简单：假设在这一序列中每一个观测值都表示一份有助于决定系数估计值的有用信息，那么样本规模越大，我们用来估计参数的信息就会越多，从而估计值的可信度也就越高。

(2) $SE(\hat{\alpha})$ 和 $SE(\hat{\beta})$ 都依赖于 $s^2$（或者 $s$）。由前述内容可知，$s^2$ 是误差项方差的估计值。该值越大，残差分布就越离散，模型的不确定性就越大。如果 $s^2$ 特别大，数据点就会大幅度地偏离拟合线。

(3) 在式 (3.20) 和式 (3.21) 中都出现了 $x$ 与其均值离差的平方和 $\sum(x_t-\bar{x})^2$。因为该式出现在分母上，所以该式的数值越大，系数的方差越小。图 3.9 和图 3.10 分别说明了 $\sum(x_t-\bar{x})^2$ 较小及较大时会出现的情况。

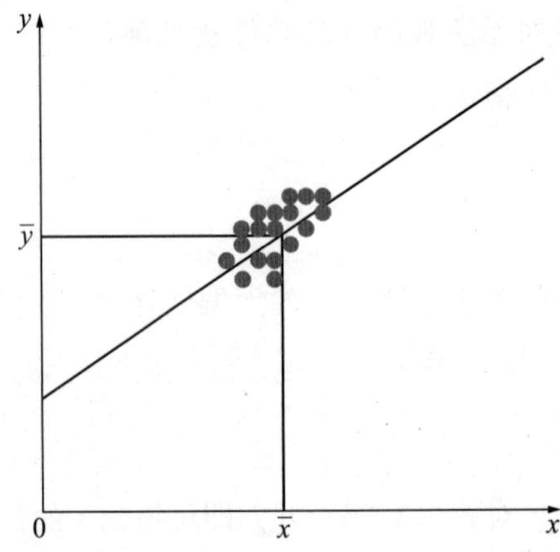


**图 3.9　$x_t-\bar{x}$ 的分布较窄时对系数估计值标准误的影响**

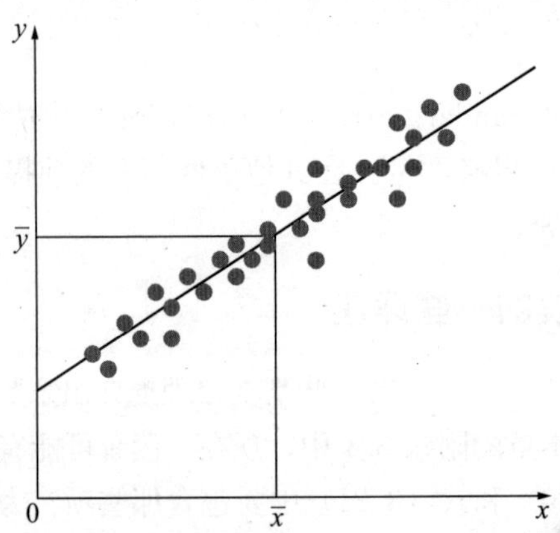


**图 3.10　$x_t-\bar{x}$ 的分布较宽时对系数估计值标准误的影响**

一方面，在图 3.9 中，数据点紧靠在一起，所以 $\sum(x_t-\bar{x})^2$ 比较小。要准确地说出这条拟合线应该处于什么位置是非常困难的。另一方面，在图 3.10 中，数据点沿着直线延伸离散分布，所以在这种情况下得出的估计值更为可信。

(4) $\sum x_t^2$ 项只影响截距的标准误，但不影响斜率的标准误，原因在于 $\sum x_t^2$ 所测度的是数据点偏离 $y$ 轴的程度，具体请见图 3.11 和图 3.12。

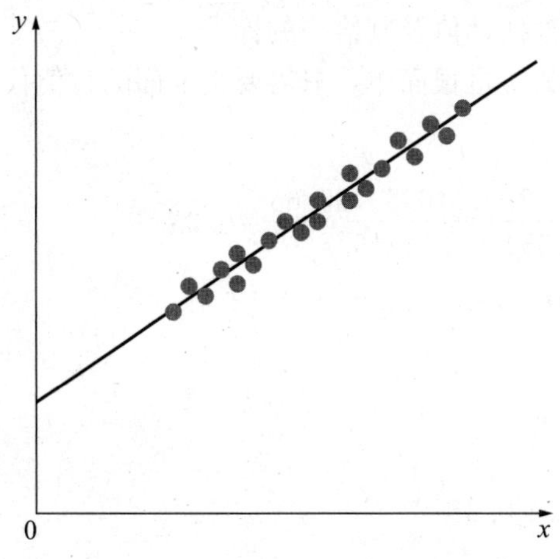


**图 3.11　$x_t^2$ 较大时对标准误的影响**

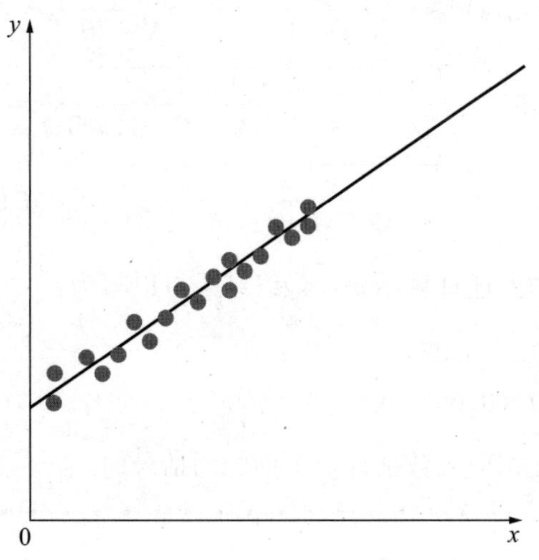


**图 3.12　$x_t^2$ 较小时对标准误的影响**

在图 3.11 中，所有数据点都远离 $y$ 轴，因此比较难确定拟合线与 $y$ 轴相交的点(截距)。但在图 3.12 中，数据点更靠近 $y$ 轴，因此更容易确定拟合线与 $y$ 轴实际的交点。需要注意的是，只有在本例这样所有 $x_t$ 均为正的情况下才可以运用这种直观判断。

**例 3.2** 假设下面是使用了 22 个观测值并将 $y$ 对单一变量 $x$ 和一个常数进行回归之后所得到的结果：

$$\sum x_t y_t = 830\ 102,\ T=22,\ \bar{x}=416.5,\ \bar{y}=86.65,$$

$$\sum x_t^2 = 3\ 919\ 654,\ RSS=130.6$$

那么应该如何确定系数估计值及其恰当的标准误？

要回答这一问题其实也很简单，只需要将上面的数值代入前述公式即可，具体计算过程如下：

$$\hat{\beta}=\frac{830\ 102-22\times 416.5\times 86.65}{3\ 919\ 654-22\times 416.5^2}=0.35$$

$$\hat{\alpha}=86.65-0.35\times 416.5=-59.12$$

所以样本回归函数可以写为：

$$\hat{y}_t=\hat{\alpha}+\hat{\beta}x_t$$

$$\hat{y}_t=-59.12+0.35x_t$$

现在再来计算标准误。首先需要计算误差项的标准差 $s$：

$$SE(regression),\ s=\sqrt{\frac{1}{T-2}\sum \hat{u}_t^2}=\sqrt{\frac{130.6}{20}}=2.55$$

$$SE(\hat{\alpha})=2.55\times\sqrt{\frac{3\ 919\ 654}{22\times(3\ 919\ 654-22\times 416.5^2)}}=3.35$$

$$SE(\hat{\beta})=2.55\times\sqrt{\frac{1}{3\ 919\ 654-22\times 416.5^2}}=0.007\ 9$$

考虑到标准误的上述计算结果，最终结果可以写为：

$$\begin{aligned}\hat{y}_t&=-59.12+0.35x_t\\ &\quad\ (3.35)\quad (0.007\ 9)\end{aligned}\qquad(3.28)$$

注意标准误通常放在相应系数估计值下面的圆括号内。

## 3.8 统计推断导论

金融理论常常会指出某些系数应该取一些特定的值，或者在某个特定的范围内取值。我们的研究兴趣之一，就在于检验金融理论所预期的这种关系是否会得到现有数据的支持。目前，虽然我们可以从样本中获得 $\alpha$ 和 $\beta$ 的估计值，但这并不是我们所感兴趣的，我们更感兴趣的是能够描述变量之间真实关系却永远不可能得到的总体值。退一步来说，我们要做的是从基于现有数据样本所估计的回归参数中推断出它们有多大的可能就是总体值。在这个过程中，我们的目的在于从统计意义上确定实际获得的系数估计值与金融理论的预期值之间存在多大的差异。

**例 3.3** 假设有以下回归结果：

$$\hat{y}_t = 20.3 + 0.5091x_t \qquad (3.29)$$
$$(14.38)\,(0.2561)$$

$\hat{\beta}=0.5091$ 是未知的总体参数 $\beta$ 的单一（点）估计值。如前所述，点估计值的可靠性是由系数的标准误来衡量的。从一个或多个样本系数及其标准误中所获得的信息可以用来对总体参数进行推断。所以，这里的斜率系数的估计值 $\hat{\beta}=0.5091$，但显然这个数值很可能会随着样本的改变而改变。实际上，我们所感兴趣的是这一类问题："给定这一估计值，真实的总体参数等于 0.5 合理吗？等于 1 合理吗？"如此等等。我们可以通过**假设检验**（hypothesis testing）来回答这些问题。

### 3.8.1 假设检验：一些概念

在假设检验的框架内，总有两个互相伴随的假设，即**零假设**（null hypothesis，用 $H_0$ 表示，偶尔也用 $H_N$）和**备择假设**（alternative hypothesis，用 $H_1$ 表示，有时也用 $H_A$）。零假设是实际上被检验的表述或统计假设，而备择假设代表其余可能的结果。

例如，假设给出例 3.3 中的回归结果，我们的兴趣在于检验"$\beta$ 的真实值等于 0.5"这一假设。为此，需要以下标识符号：

$H_0$：$\beta=0.5$
$H_1$：$\beta\neq0.5$

这表明，相对于 $\beta$ 不等于 0.5 的备择假设，我们要检验的是 $\beta$ 的真实值等于 0.5 的未知假设。由于 $\beta<0.5$ 和 $\beta>0.5$ 都属于备择假设的范畴，所以这一检验被称为**双侧检验**（two-sided test）。

有时，我们可以在事前得到一些信息。举例来说，依据这些信息我们可以预期 $\beta>0.5$，而不是 $\beta<0.5$。在这种情况下，我们不再对 $\beta<0.5$ 感兴趣，因此要使用**单侧检验**（one-sided test）：

$H_0$：$\beta=0.5$
$H_1$：$\beta>0.5$

这里，相对于 $\beta$ 大于 0.5 的备择假设，我们要检验的是"$\beta$ 的真实值等于 0.5"这一假设。

另外，我们还可以设想这样一种情况，即依据事前信息我们预期 $\beta<0.5$。例如，假设一家投资银行购买了一套新的风险管理软件，用于更好地追踪其交易员账簿中的

内在风险，而之前某个风险测度 $\beta$ 的取值为 0.5。显然，这时候预期风险将会上升是讲不通的，即应该预期 $\beta<0.5$。在这种情况下，零假设和备择假设分别是：

$$H_0: \beta=0.5$$
$$H_1: \beta<0.5$$

需要强调的是，事前的信息应该来自我们在研究问题中所涉及的金融理论，而非对系数估计值的考察。另外，要注意零假设总是要以等式的形式来表示，所以在零假设下，不能设定如 $\beta<0.5$ 这样的不等式。

有两种对假设检验进行操作的方法：**显著性检验**（test of significance）方法和**置信区间**（confidence interval）方法，这两种方法的核心都是对系数估计值进行统计比较并将它的值置于零假设之下。一般来说，如果估计值远离假设值，那么零假设很可能会被拒绝；如果零假设中的值与估计值非常接近，那么零假设就不太可能被拒绝。举个例子，如前所述，当 $\hat{\beta}=0.5091$ 时，$\beta$ 的真实值等于 5 的假设比起 $\beta$ 的真实值等于 0.5 的假设更有可能被拒绝。不过，现在我们需要一套正式的**统计决策规则**（statistical decision rule）以便开展正式的假设检验。

### 3.8.2 最小二乘估计量的概率分布

为了检验假设，要用到 CLRM 中的假定 5，即 $u_t \sim N(0, \sigma^2)$，亦即误差项服从正态分布。由于正态分布只涉及两个参数（均值和方差），所以使用起来较为方便，并且这也会使得统计推断中所用到的代数知识相较于其他分布更为简单。由于 $y_t$ 部分依赖于 $u_t$，因此如果 $u_t$ 服从正态分布，那么 $y_t$ 也将服从正态分布。

进一步，由于最小二乘估计量是随机变量的线性组合，即 $\hat{\beta}=\sum w_t y_t$（$w$ 是有效权重），又因为正态分布随机变量的加权之和也服从正态分布，因此可以说系数估计量也将是正态分布的，即：

$$\hat{\alpha} \sim N(\alpha, var(\hat{\alpha})) \quad 和 \quad \hat{\beta} \sim N(\beta, var(\hat{\beta}))$$

这里，有一个问题是：如果误差项不服从正态分布，这些系数估计量仍然服从正态分布吗？简单来讲，只要 CLRM 的其他假定成立并且样本规模足够大，根据中心极限定理，答案通常是肯定的。至于在非正态条件下如何对其进行检验及其后果如何，我们将在第 5 章作进一步的讨论。

通过减去均值，然后除以方差的平方根，我们可以由 $\hat{\alpha}$ 和 $\hat{\beta}$ 构造服从标准正态分布的变量：

$$\frac{\hat{\alpha}-\alpha}{\sqrt{\mathrm{var}(\hat{\alpha})}} \sim N(0, 1) \quad 和 \quad \frac{\hat{\beta}-\beta}{\sqrt{\mathrm{var}(\hat{\beta})}} \sim N(0, 1)$$

系数方差的平方根就是标准误。遗憾的是，在总体回归函数下系数真实值的标准误永远是未知的。也就是说，我们所能获得的只是其所对应的样本估计值，以及从样本中计算出的系数估计值的标准误 $SE(\hat{\alpha})$ 和 $SE(\hat{\beta})$。①

用样本误差的估计值来代替标准误的真实值会带来新的不确定性，并且还意味着标准化的统计量服从一个自由度为 $T-2$ 的 $t$ 分布而非正态分布，即：

$$\frac{\hat{\alpha}-\alpha}{SE(\hat{\alpha})} \sim t_{T-2} \quad 和 \quad \frac{\hat{\beta}-\beta}{SE(\hat{\beta})} \sim t_{T-2}$$

这里不再提供对这一结果的正式证明，相关内容可以参见 Hill，Griffiths 和 Judge（1997，pp. 88－90）。

### 3.8.3 对 $t$ 分布和正态分布的注解

前文中的图 2.2 呈现了正态分布概率密度函数的图形，其形状为钟形，并且关于均值（标准正态分布的均值为零）是对称的。需要注意的是，任何服从正态分布的变量都可以通过减去其均值并除以其标准差转换为具有零均值和单位方差的变量。另外，$t$ 分布和标准正态分布之间具有某种特定的关系，并且 $t$ 分布还有另外一个参数——自由度。

那么 $t$ 分布的形状又是怎样的呢？如图 3.13 所示。其实它看起来类似于正态分布，不过其尾部更厚，在均值处的峰也更低。

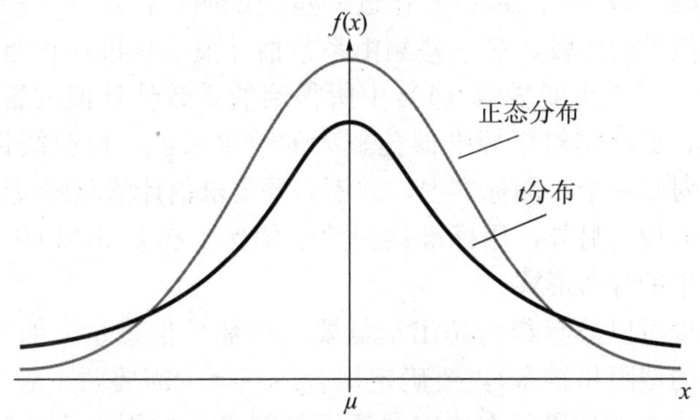


**图 3.13　$t$ 分布与正态分布**

表 3.2 给出了正态分布和 $t$ 分布百分位数的一些例子，这些数字取自分布表（这两种分布的临界值在本书末尾附录 2 的表 A2.1 和表 A2.2 中给出）。在进行假设检验时，这些百分位数就成为临界值。注意，表 3.2 中列出的值是在给定显著性水平下适用于单侧检验的临界值。

可以看到，随着 $t$ 分布自由度的数目从 4 增加到 40，临界值在显著下降。在图 3.13 中，这一点表示为随着自由度数量的增加，$t$ 分布中心处的高度在不断上升，而两个尾部的厚度在逐渐下降。在极限状态下，具有无穷自由度的 $t$ 分布就是标准正态分布，即 $t_{\infty}=N(0, 1)$，所以正态分布可以被视为是 $t$ 分布的特例。

---

① 严格来说，这两个符号表示的是以参数估计值为条件的对标准误的估计值，因此应该被记为 $\hat{SE}(\hat{\alpha})$ 和 $\hat{SE}(\hat{\beta})$。不过，因为其含义从上下文来看是非常明显的，所以这里将额外的“∧”略去。

表 3.2 标准正态分布和 $t$ 分布的临界值

| 显著性水平（%） | $N(0, 1)$ | $t_{40}$ | $t_4$ |
|---|---|---|---|
| 50 | 0 | 0 | 0 |
| 5 | 1.64 | 1.68 | 2.13 |
| 2.5 | 1.96 | 2.02 | 2.78 |
| 0.5 | 2.57 | 2.70 | 4.60 |

除了极限情况（$t_\infty$）外，$t$ 分布临界值的绝对值都大于标准正态分布临界值的绝对值。因此，由于在估计误差方差时不确定性的增加，当使用 $t$ 分布时，对给定的统计量而言，如果需要找出能够拒绝零假设的同等数量的可靠证据，其临界值的绝对值必须大于正态分布下临界值的绝对值。

如上所述，在回归分析中，大体上存在两种检验假设的方法：显著性检验法和置信区间法。下面我们分别讨论这两种方法。

### 3.8.4 显著性检验法

假定回归方程的形式为 $y_t=\alpha+\beta x_t+u_t(t=1, 2, \cdots, T)$，专栏 3.5 列出了进行显著性检验的具体步骤。

这里需要对步骤（2）至步骤（7）作进一步的说明。在步骤（2）中，将 $\beta$ 的估计值与零假设中的 $\beta$ 值进行比较，这一差额由系数估计值的标准误进行标准化或单位化。回忆一下，标准误是用来测度步骤（1）中所得到的系数估计值的置信度如何。所以，如果标准误比较小，那么相对于标准误比较大的情况来说，检验统计量的值就会比较大。进一步来说，对于一个小的标准误，并不需要要求估计值和假设值之间存在比较大的差异才能拒绝零假设。另外，用标准误去除也确保了在 CLRM 的 5 个假定下，检验统计量服从分布表中的分布形式。

在这里，自由度可以被解释为超出最低要求的额外信息量。如果是估计两个参数（$\alpha$ 和 $\beta$，即拟合线的截距和斜率），要确定拟合线就至少需要两个观测值。随着自由度数目的增加，分布表中的临界值在绝对量上不断降低，原因在于这时候不需要太过谨慎，而且对结果的适当性也应该更有信心。

**▶专栏 3.5◀**

**进行一项显著性检验**

（1）按照正常的方式估计 $\hat{\alpha}$、$\hat{\beta}$、$SE(\hat{\alpha})$ 和 $SE(\hat{\beta})$。

（2）按照下面的公式计算检验统计量：

$$\text{检验统计量}=\frac{\hat{\beta}-\beta^*}{SE(\hat{\beta})} \tag{3.30}$$

其中，$\beta^*$ 是零假设下的 $\beta$ 值。这里的零假设为 $H_0$：$\beta=\beta^*$，备择假设是 $H_1$：$\beta\neq\beta^*$（用于双侧检验）。

(3) 选定分布表，以便对所估计的检验统计量和临界值进行比较。注意，以上面的方式导出的检验统计量服从自由度为 $T-2$ 的 $t$ 分布。

(4) 选择一个"显著性水平"，通常将其记为 $\alpha$（不是回归的截距系数）。通常选用 5%的显著性水平。

(5) 给定显著性水平，就可以确定**拒绝域**（rejection region）和**非拒绝域**（non-rejection region)。如果选定的是 5%的显著性水平，那么就意味着总分布的 5%（曲线下面 5%的面积）将位于拒绝域中。拒绝域既可以位于 $y$ 轴的两侧（双侧检验)，也可以位于 $y$ 轴的同一侧（单侧检验)。

如图 3.14 所示，对于双侧检验来说，5%的拒绝域被分成面积相等的两部分，分别位于两侧尾部。

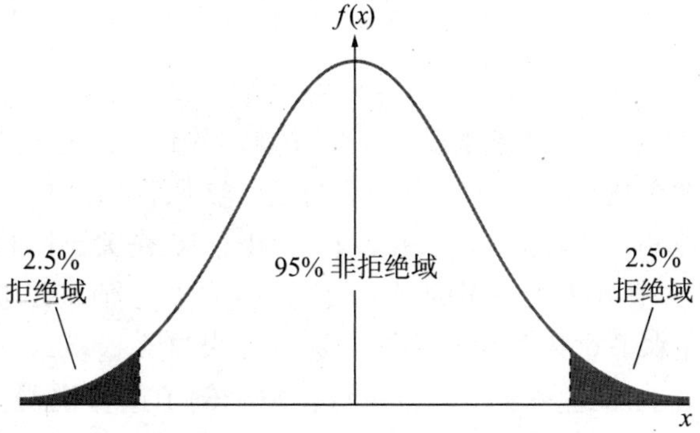


**图 3.14　5%的双侧检验所对应的拒绝域**

如图 3.15 和图 3.16 所示，对于单侧检验来说，5%的拒绝域全部位于分布的一侧尾部，两幅图分别代表备择假设是"小于"还是"大于"的形式。

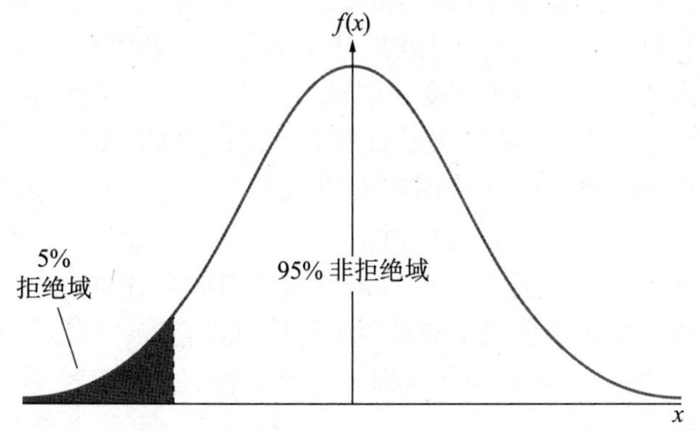


**图 3.15　形式为 $H_0$：$\beta=\beta^*$，$H_1$：$\beta<\beta^*$ 的单侧检验下的拒绝域**

(6) 在 $t$ 分布表中查得临界值，并将临界值与检验统计量的值做比较。这里，临界值是使得拒绝域正好等于 5%的 $x$ 值。

(7) 最后，完成检验。如果检验统计量位于拒绝域内，那么就拒绝零假设($H_0$)，否则就不能拒绝 $H_0$。

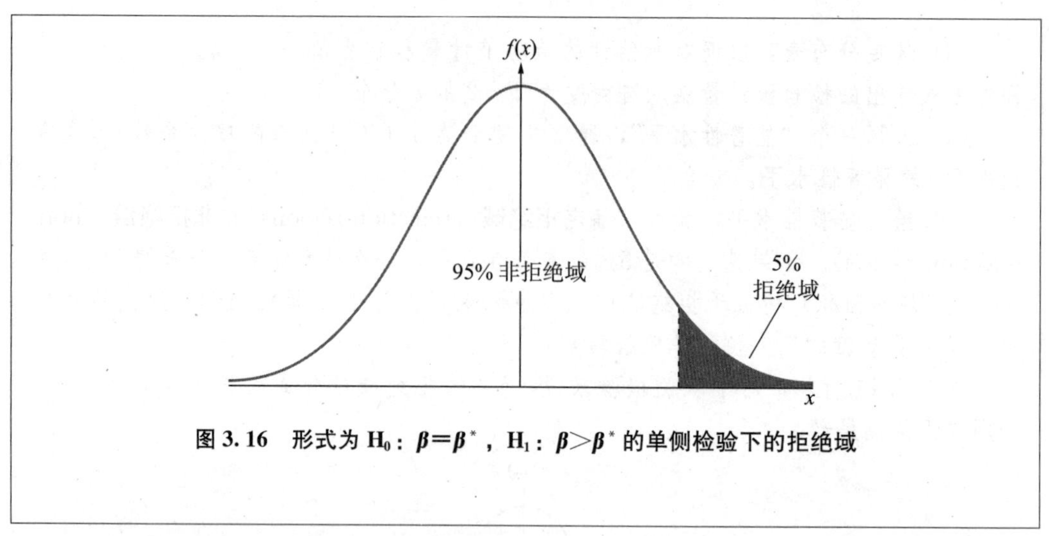


**图 3.16　形式为 $H_0$：$\beta=\beta^*$，$H_1$：$\beta>\beta^*$ 的单侧检验下的拒绝域**

显著性水平有时也被称为**检验规模**（size of the test），注意这与**样本规模**（size of the sample）完全是两个概念。检验规模决定的是一项假设检验中零假设能够被拒绝或不能被拒绝的区域的大小。回忆一下，图 3.14～图 3.16 是关于随机变量的分布图，一个随机变量能取到异常值（不管是正的极大值还是负的极小值）是非常偶然的情况。具体来讲，5%的显著性水平意味着我们预期像这一结果这么极端或比其更极端的结果出现的可能性只有 5%。为了进一步解释这一点，举个例子进行说明。某个单侧检验 5%的临界值为 1.68，这意味着我们预期检验统计量只有 5%的机会大于这一临界值。这一检验没什么神秘的——所有要做的就是为检验统计量任意指定一个**截断值**（cutoff value），然后决定零假设是应该被拒绝还是不能被拒绝。最常使用的是 5%的检验规模，不过 10%和 1%也比较常用。

然而，使用固定的检验规模存在一个潜在的问题，那就是如果样本规模足够大，任何零假设都可以被拒绝。这一问题在金融学中更加令人感到困扰，因为金融学研究经常会用到成千上万甚至更多的观测值数据。当样本规模增大时，标准误会减小，从而导致 $t$ 检验统计量的值增大。这一问题在实证研究中经常被忽略，但一些计量经济学家建议较低（例如 1%）的检验规模应该使用较大的样本，对这一问题感兴趣的读者可参阅 Leamer（1978）中关于这一问题的详细讨论。

另外，还需要注意假设检验中一些术语的使用方式，比如我们说零假设要么被拒绝，要么不能被拒绝。如果零假设不能被拒绝，这时说它被“接受”是错误的（尽管实际应用中经常出现这一错误），而且永远都不能说备择假设被接受或者被拒绝。不能说零假设被“接受”的原因之一在于，我们不可能知道零假设是否确实是真实的！其实，在很多特定的情形下，零假设都不会被拒绝。例如，假定 $H_0$：$\beta=0.5$ 和 $H_0$：$\beta=1$ 分别相对于其所对应的双侧备择假设进行检验，并且两个零假设都没有被拒绝。显然，由于 $\beta$ 的真实值不可能同时为 0.5 和 1，所以这时说“接受零假设 $H_0$：$\beta=0.5$”和“接受零假设 $H_0$：$\beta=1$”没什么意义。因此，总而言之，判断零假设能否被拒绝必须是以可得到的证据为依据的。

### 3.8.5 置信区间方法（专栏 3.6）

举个例子，我们对参数 $\hat{\beta}$ 的估计值可能是 0.93，或者其“95%的置信区间”为（0.77，1.09）。这意味着在多次重复抽样中，其中 95%的情况都是 $\beta$ 值落在这一区间内。虽然理论上也可以构造单侧区间，但置信区间几乎从来都是以双侧的形式进行估计。注意，构造 95%的置信区间等同于使用 5%显著性水平的检验。

> **▶专栏 3.6◀**
>
> **运用置信区间方法开展假设检验**
>
> （1）按照正常的方式估计 $\hat{\alpha}$，$\hat{\beta}$，$SE(\hat{\alpha})$ 和 $SE(\hat{\beta})$。
>
> （2）选择一个置信水平 $\alpha$（这里再次选定 5%），这等于选择一个 $(1-\alpha)\times100\%$ 的置信区间，即：5%的显著性水平＝95%的置信区间。
>
> （3）查 $t$ 分布表，找到恰当的临界值，自由度为 $T-2$。
>
> （4）$\beta$ 的置信区间为：
>
> $$(\hat{\beta}-t_{crit}\cdot SE(\hat{\beta}),\hat{\beta}+t_{crit}\cdot SE(\hat{\beta}))$$
>
> 注意，当两个量相乘时，有时候用中心点（·）来代替乘号（×）。
>
> （5）完成检验：如果 $\beta$ 的假设值（即 $\beta^*$）落在置信区间之外，那么就拒绝零假设 $\beta=\beta^*$，否则就不能拒绝零假设。

### 3.8.6 显著性检验方法和置信区间方法的结论相同

在显著性检验方法中，如果检验统计量位于非拒绝域内，$\beta=\beta^*$ 的零假设就不会被拒绝，即下列条件成立：

$$-t_{crit}\leqslant\frac{\hat{\beta}-\beta^*}{SE(\hat{\beta})}\leqslant+t_{crit}$$

对该式做一下变换，得：

$$-t_{crit}\cdot SE(\hat{\beta})\leqslant\hat{\beta}-\beta^*\leqslant+t_{crit}\cdot SE(\hat{\beta})$$

上式还可以进一步变换为：

$$\hat{\beta}-t_{crit}\cdot SE(\hat{\beta})\leqslant\beta^*\leqslant\hat{\beta}+t_{crit}\cdot SE(\hat{\beta})$$

该式正是置信区间方法下的非拒绝条件。由此看来，对于一个给定的显著性水平，通过进行适当的处理，显著性检验和置信区间检验总能得到相同的结论，原因在于其中的任意一种检验方法就是对另一种方法进行简单的代数变换所得到的。

**例 3.4** 给定前文中的回归结果：

$$\hat{y}_t = 20.3 + 0.5091 x_t \quad T=22 \qquad (3.31)$$
$$(14.38)\ (0.2561)$$

分别运用显著性检验方法和置信区间检验方法对 $\beta=1$ 的零假设进行双侧检验。我们对这个假设比较感兴趣，因为解释变量的单位系数暗含了 $x$ 和 $y$ 的变化之间呈现 1∶1 的对应关系。由此，零假设和备择假设分别为：

$$H_0: \beta=1$$
$$H_1: \beta \neq 1$$

两种方法的检验结果列于专栏 3.7 中。

▶专栏 3.7◀

### 显著性检验方法和置信区间检验方法的比较

**显著性检验**

$$\text{检验统计量} = \frac{\hat{\beta}-\beta^*}{SE(\hat{\beta})} = \frac{0.5091-1}{0.2561} = -1.917$$

找到 $t_{crit} = t_{20;5\%} = \pm 2.086$

因为检验统计量位于非拒绝域中，所以不能拒绝零假设。

**置信区间检验**

找到 $t_{crit} = t_{20;5\%} = \pm 2.086$

$$\hat{\beta} \pm t_{crit} \cdot SE(\hat{\beta}) = 0.5091 \pm 2.086 \times 0.2561 = (-0.0251, 1.0433)$$

因为 1 位于置信区间内，所以不能拒绝零假设。

这里有几点关于专栏 3.7 的评注。

首先，上述步骤中 $t$ 分布的临界值是基于 20 个自由度和 5%的显著性水平。这意味着总分布的 5%将位于拒绝域中。由于该检验属于双侧检验，所以每一个尾部的拒绝域是总分布的 2.5%。因为 $t$ 分布关于零是对称的，所以上尾和下尾临界值的绝对值应该相等，但两者的符号相反，如图 3.17 所示。

如果研究者想对零假设 $H_0$：$\beta=0$ 或 $H_0$：$\beta=2$ 进行检验会发生什么情况呢？为了使用显著性方法对这两个零假设进行检验，必须重新计算检验统计量，但临界值保持不变。不过，如果采用置信区间方法，就无须做这些额外的工作了，因为事实上置信区间方法容许对无限多个假设值进行检验。举个例子，假定研究者想检验：

$$H_0: \beta=0$$

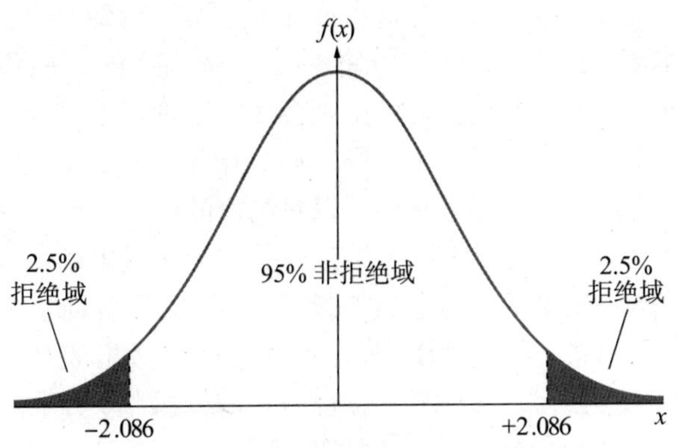


**图 3.17 $t_{20;5\%}$ 的临界值和拒绝域**

备择假设为：

$$H_1: \beta \neq 0$$

以及：

$$H_0: \beta = 2$$

备择假设为：

$$H_1: \beta \neq 2$$

在第一种情况中，因为 0 位于 95%的置信区间内，所以零假设（$\beta=0$）不会被拒绝。基于同样的理由，即因为 2 位于所估计的置信区间之外，所以第二个零假设（$\beta=2$）将会被拒绝。

其次，注意截至目前我们只考虑了 5%检验规模下的结果。不过，在边缘情况下（例如 $H_0$：$\beta=1$，这时检验统计量和临界值非常接近），如果使用不同的检验规模，可能会得出完全不一样的结论，这时采用显著性检验方法会更为合适。

例如，假设现在采用 10%的检验规模来检验例 3.4 中的零假设。运用显著性检验方法：

$$\text{检验统计量} = \frac{\hat{\beta} - \beta^*}{SE(\hat{\beta})} = \frac{0.509\,1 - 1}{0.256\,1} = -1.917$$

这里，仅有 $t$ 分布的临界值发生了改变。在 10%的水平下（对于双侧检验，每一个尾部的拒绝域是总分布的 5%），所需要的临界值为 $t_{20;10\%} = \pm 1.725$。所以，现在检验统计量位于拒绝域内，零假设 $H_0$ 将会被拒绝。对于置信区间检验来说，因为临界值内嵌于置信区间的计算中，所以为了在置信区间方法下使用 10%的检验水平，必须重新估计置信区间。

总的来说，显著性检验方法和置信区间检验方法各有其优缺点。在置信区间方法下，对多个不同的假设进行检验更容易一些。不过在显著性方法下，我们可以更容易地理解检验规模对结论的影响。

还需要特别强调的是，在边缘情况（即零假设刚好被拒绝或刚好不能被拒绝的情况）下做决定一定要非常慎重。因为在这种情况下，所能得到的恰当结论为“结果是边缘的”，而且不管怎样都无法做出强有力的推断。一个周密的实证分析应该包括对结果的敏感性分析，以便决定不同的检验规模是否会使得结论发生改变。这里有必要重申一下，常用的检验规模包括10%、5%和1%，如果结论（即“拒绝”或“不能拒绝”）对于检验规模的变化是稳健的，那么我们可以对结论的恰当性更有信心。如果改变检验规模后，检验结果发生了质的变化，那么结论就是“无法做出结论”!

同样需要指出的是，如果某个给定的零假设在1%的显著性水平下被拒绝，那么它也将自动在5%的水平下被拒绝，所以不需要再对后者做出表述。Dougherty（1992，p. 100）将这一道理类比为跳高：如果一名跳高运动员能跳过2米，那么他显然也能够跳过1.5米。1%的显著性水平就有如一根比5%的显著性水平更高的栏杆。类似地，如果零假设在5%的显著性水平下不会被拒绝，那么显然在更严格的显著性水平下（如1%）它也不会被拒绝。这种情况可以类比为如果跳高运动员无法跳过1.5米的高度，那么他（她）肯定也跳不过2米。

### 3.8.7 更多术语

如果零假设在5%的水平下被拒绝，那么就可以说检验结果具有“统计显著性”。如果零假设不能被拒绝，那么应该说检验结果“不具有显著性”或是“不显著”的。如果零假设在1%的水平下被拒绝，那么可以说结果具有“高度的统计显著性”。

然而需要注意的是，一个在统计上显著的结果可能并没有什么实际意义。例如，在CAPM回归下所估计的某股票的$\beta$值等于1.05，并且$\beta=1$的零假设被拒绝，那么该结果具有统计上的显著性。但在这种情况下，稍微高一点的$\beta$值并不会影响到投资者是否会购买该股票的决策。在这种情况下，我们可以说检验结果具有统计上的显著性，但没有金融意义或者实际意义上的显著性。

### 3.8.8 假设检验中的错误分类

如果在所选择的显著性水平下检验统计量具有统计上的显著性，则$H_0$会被拒绝。这里我们可能会犯以下两类错误：

（1）$H_0$为真，但我们拒绝了它——这被称为**第一类错误**（type Ⅰ error）。

（2）$H_0$实际上是错误的，但我们并没有拒绝它——这被称为**第二类错误**（type Ⅱ error）。

表3.3总结了可能出现的几种情况。第一类错误的概率刚好等于$\alpha$，即选择的检验规模或显著性水平。为了理解这一点，不妨回想一下5%水平下“显著性”的意义：这种结果出现的可能性仅有5%。换句话说，当零假设事实上为真时，仅有5%的可能性会被拒绝。

注意，天下没有免费的午餐！如果检验规模变小（比如从5%降低到1%），将会发生什么情况呢？犯第一类错误的可能性会降低……以致零假设被拒绝的概率降低了，而犯第二类错误的概率却相应地增大了。专栏3.8显示了减小检验规模的两种冲突效应。

表 3.3　有关假设检验错误的分类及正确结论

| | | 真实情况 | |
|---|---|---|---|
| | | $H_0$ 为真 | $H_0$ 为假 |
| 检验结果 | 显著<br>（拒绝 $H_0$） | 第一类错误$=\alpha$ | √ |
| | 不显著<br>（不能拒绝 $H_0$） | √ | 第二类错误$=\beta$ |

▶专栏 3.8◀

**第一类错误和第二类错误**

减小检验规模（比如从 5%到 1%）→ 对拒绝有更严格的判别准则 → 拒绝零假设的可能性减小 → 错误地拒绝的可能性减小 → 犯第一类错误的概率减小；错误地不拒绝的可能性加大 → 犯第二类错误的概率加大

因此，在选择一个显著性水平时，总会面临在第一类错误和第二类错误之间的权衡。减少这两类错误的唯一方法就是增加样本规模或者选择包含更多变化的样本，这样可增加导出假设检验结果所需要的信息量。实践中，在一定程度上，通常认为第一类错误更为严重，所以通常会选择一个比较小的检验规模（最常见的是 5%或 1%）。

前面已经说过，犯第一类错误的概率就是错误地拒绝一个正确的零假设的概率，这一概率也等于检验规模。与这一问题密切相关的另一个重要术语是**检验效能**（power of a test），它是指（恰当地）拒绝一个错误零假设的概率，等于 1 减去犯第二类错误的概率。

除了所选择的显著性水平和样本规模，统计检验的效能还取决于：与真实值相比，零假设提出的值的"错误程度"有多大。比如，假设某个参数 $\beta$ 的真实值是 3，如果零假设下 $\beta^*$ 的值为 1 而不是 2，那么检验效能会更高（即我们更可能拒绝零假设）。最后，有时还可以用几种不同的方法去检验一个特定的零假设，例如在第 8 章我们会看到，基于不同形式的检验统计量，对单位根我们将会有几种不同的检验，而且不同的检验可能会有不同的效能。

一项最优检验将是这样一项检验：它的实际检验规模与名义规模相匹配，并且有尽可能高的效能。这种检验意味着使用 5%的显著性水平将会导致零假设有 5%的机会被拒绝，而不正确的零假设几乎有 100%的可能性会被拒绝。

## 3.9　特殊类型的假设检验：$t$ 比率

回忆一下，在显著性检验方法下，对斜率参数进行 $t$ 检验的公式：

$$检验统计量=\frac{\hat{\beta}-\beta^*}{SE(\hat{\beta})} \tag{3.32}$$

以及对上式进行一定的调整后所进行的对截距的假设检验。这里，如果假设是：

$H_0:\beta=0$

$H_1:\beta\neq 0$

即这是一个对总体参数为 0 的零假设所进行的双侧检验，这样的检验被称为 $t$ 比率检验。因为 $\beta^*=0$，所以式（3.32）退化为：

$$检验统计量=\frac{\hat{\beta}}{SE(\hat{\beta})} \tag{3.33}$$

这一表达式中的系数与其标准误的比率即是 **$t$ 比率**（$t$-ratio）或者 **$t$ 统计量**（$t$-statistics）。

**例 3.5** 假设我们已经计算了截距和斜率的估计值（分别为 1.10 和 −19.88）及其各自的标准误（分别为 1.35 和 1.98），那么截距和斜率系数的 $t$ 值分别为：

| | $\hat{\alpha}$ | $\hat{\beta}$ |
|---|---|---|
| 系数 | 1.10 | −19.88 |
| $SE$ | 1.35 | 1.98 |
| $t$ 值 | 0.81 | −10.04 |

注意，如果系数是负的，那么其 $t$ 比率也一定是负的。为了分别检验零假设 $\alpha=0$ 和 $\beta=0$，要将检验统计量的值与 $t$ 分布表中合适的临界值进行比较。在本例中，自由度的数量应该是 $T-k$，即 $15-2=13$。这一双侧检验 5%的临界值（每个尾部分别为 2.5%）是 2.16，1%的临界值（每个尾部分别为 0.5%）是 3.01。给定这些 $t$ 比率和临界值，下面的零假设是否会被拒绝？

$H_0:\alpha=0$?（不会被拒绝）

$H_0:\beta=0$?（会被拒绝）

如果 $H_0$ 被拒绝，那么可以说检验统计量是显著的。如果变量不“显著”，就意味着尽管系数估计值并不严格等于零（例如上面的 1.10），但系数与零在统计上是没有区别的。如果在所拟合的方程中将估计值替换为零，这就意味着无论解释变量的值发生任何变化，因变量都不会受影响。进一步来说，这意味着该变量无助于解释变量 $y$，因此可以从回归方程中移除。例如，如果与 $x$ 有关的 $t$ 比率是 −1.04 而不是 −10.04（假设标准误的数值不变），那么这一变量将被视为是不显著的（即从统计上讲无异于零）。现在，上述回归中唯一不显著的是截距项。不过，即使截距项不显著，在统计上还是有很多理由应该将其保留在回归式中，具体原因请见第 5 章。

值得注意的是，当自由度大于 25 时，5%水平下的双侧临界值近似等于±2。所以，根据经验法则（即大致的准则），如果 $t$ 统计量的绝对值大于 2，就可以拒绝零假设。

一些学者选择将 $t$ 比率而非标准误放在其所对应的系数估计值下面的括号内。因此，我们需要对每一具体应用中所使用的习惯用法进行仔细检查，并且在展示估计结果时所用的表述必须足够清楚。

接下来会介绍两个金融研究中的案例，涉及二元线性回归模型的估计以及 $t$ 比率的构建和解释。

## 3.10 对金融理论进行简单的 $t$ 检验——美国共同基金能跑赢市场吗？

Jensen（1968）是第一位对共同基金的业绩进行系统性研究的学者，他重点考察了共同基金是否能够“跑赢市场”。Jensen（1968）所用的样本由 115 个共同基金资产组合的年度收益率构成，时间跨度是 1945—1964 年。这 115 只基金中的每一个都分别使用下列形式的 OLS 时间序列回归进行估计：

$$R_{jt}-R_{ft}=\alpha_j+\beta_j(R_{mt}-R_{ft})+u_{jt} \tag{3.34}$$

其中，$R_{jt}$ 是资产组合 $j$ 在 $t$ 时刻的收益率，$R_{ft}$ 是无风险收益率代理变量的收益率（即 1 年期政府债券的收益率），$R_{mt}$ 是市场资产组合代理变量的收益率，$u_{jt}$ 是误差项，$\alpha_j$ 和 $\beta_j$ 是待估参数。因为参数 $\alpha_j$ 定义了基金是能够跑赢市场指数还是落后于市场指数，所以我们感兴趣的是该参数的显著性如何，因此这里的零假设就是 $H_0$：$\alpha_j=0$。对于某个特定的基金来说，一个显著为正的 $\alpha_j$ 说明该基金能够取得超过给定风险水平下市场必要收益率的超额收益率。因此，该系数就是著名的“詹森 $\alpha$”（Jensen's alpha）。表 3.4 给出了用式（3.34）对 115 只基金进行估计所得回归结果的简要统计。

**表 3.4 对式（3.34）进行估计所得回归结果的描述性统计**

| 项目 | 均值 | 中位数 | 异常值 | |
|---|---|---|---|---|
| | | | 极小值 | 极大值 |
| $\hat{\alpha}$ | −0.011 | −0.009 | −0.080 | 0.058 |
| $\hat{\beta}$ | 0.840 | 0.848 | 0.219 | 1.405 |
| 样本规模 | 17 | 19 | 10 | 20 |

资料来源：Jensen（1968）. Reprinted with the permission of Blackwell Publishers.

如表 3.4 中的结果所示，平均来讲（不管是用平均值还是用中位数），基金并不能“跑赢”市场，即在两种不同方法下 $\alpha$ 平均值的计算结果都是负值。不过，确实有基金取得了超过给定风险水平下期望收益率的超额收益率，其中表现最佳基金的 $\alpha$ 值为 0.058。有趣的是，所有基金平均的 $\beta$ 值在 0.85 左右，这说明用 CAPM 的观点来看，大多数基金比市场指数的风险更小。之所以会出现这样的结果，可能与基金主要投资于（成熟的）蓝筹股而非小盘股有关。

呈现这一结果的最直观的方式是对系数 $\alpha$ 作图，标示出在每一个 $t$ 比率下共同基金的数量。图 3.18 和图 3.19 分别表示考虑到总交易成本和净交易成本时的情况。

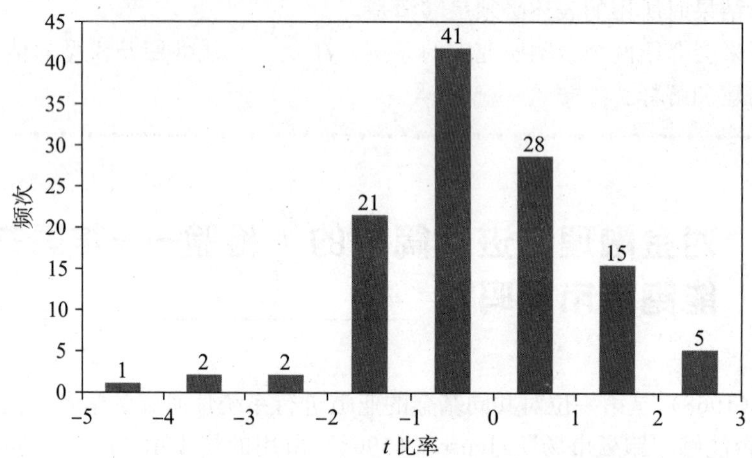


**图 3.18　共同基金 $\alpha$ 的 $t$ 比率的频次分布（总交易成本）**

资料来源：Jensen（1968）. Reprinted with the permission of Blackwell Publishers.

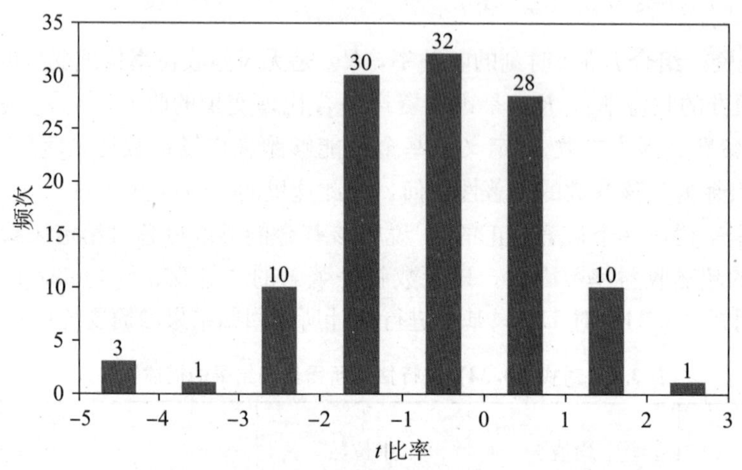


**图 3.19　共同基金 $\alpha$ 的 $t$ 比率的频次分布（净交易成本）**

资料来源：Jensen（1968）. Reprinted with the permission of Blackwell Publishers.

对 $\alpha_j=0$ 进行双侧检验时，合适的临界值大约是 2.10（假定有 20 年的年度数据，这样就有 18 个自由度）。可以看出，仅有 5 只基金的 $t$ 比率估计值大于 2，因此如果不考虑交易成本，它们可以取得超过市场水平的业绩。有趣的是，还有 5 只基金的业绩明显低于市场水平，其 $t$ 比率为 $-2$ 或更低。

进一步观察图 3.19 可以发现，如果考虑交易成本因素，那么在 115 只基金中，只有 1 只基金可以显著地跑赢市场，而显著落后于市场的基金数量达到 14 只。使用显著性水平为 5%的双侧检验，可以预期偶尔会有两三只基金会“显著地跑赢市场”。因此，我们得到的结论是：在样本期间内，美国的基金经理们似乎并不能系统性地获得正的超额收益。

## 3.11 英国的单位信托经理们能打败市场吗?

詹森的研究之所以重要，原因在于他提出了一个对基金经理的业绩进行实证检验的方法。但是，他的研究在某些方面也遭到了批评。在本书看来，其中最重要的一个批评就是他在每个回归中只使用了 10～20 个观测值。基于有效检验步骤背后的渐近理论可以认为，如此少的观测值确实是不充分的。

现在我们通过考虑英国市场中 76 个股权单位信托的月度收益率来估计詹森检验的一个变形形式。数据所覆盖的区间是从 1979 年 1 月到 2000 年 5 月（每只基金有 257 个观测值），表 3.5 报告了这些基金的一些简要统计量。

**表 3.5 1979 年 1 月—2000 年 5 月单位信托收益率的简要统计量**

| | 均值（%） | 最小值（%） | 最大值（%） | 中位数（%） |
|---|---|---|---|---|
| 平均月度收益率（1979—2000） | 1.0 | 0.6 | 1.4 | 1.0 |
| 这一期间收益率的标准差 | 5.1 | 4.3 | 6.9 | 5.0 |

由这些简要的统计量可以看出，连续复利月度收益率的平均值为 1%，不过最令人感兴趣的特征还是基金之间的业绩存在非常大的差异。在 20 年间，表现最差的基金每个月的平均收益率为 0.6%，而表现最好的基金每个月的收益率可以达到 1.4%。图 3.20 进一步说明了这一差异，该图描绘了如果在 1979 年 1 月在每只基金上投资 100 英镑，其价值是如何随时间的推移而发生变化的。

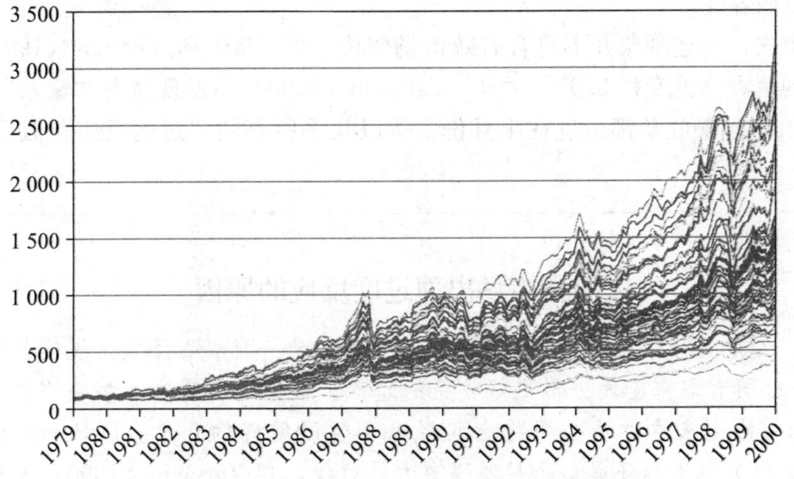


**图 3.20 1979—2000 年间英国单位信托的表现**

现在我们用上述英国数据估计回归式（3.34），并将估计结果汇总于表 3.6 中。这一回归结果中的若干特点值得进一步讨论：首先，和上面那个例子中的情况一样，大多数基金的 $\beta$ 值都小于 1。这可能表明：从历史上看基金管理者都属于风险厌恶型，或者将大部分资金都投入到了成熟行业中的蓝筹股公司上。第二，关于总交易成本，76 只基金构成的样本中有 9 只基金的 $\alpha$ 值显著为正，说明它们取得的业绩显著跑赢了市场，而另外 7 只基金的 $\alpha$ 值显著为负。平均来讲（不管是用均值还是用中位数），相对于任何给定风险水平下的必要收益率来说，基金都不能赚得超过这一必要收益率的超额收益率。

**表 3.6　1979 年 1 月—2000 年 5 月单位信托的 CAPM 回归结果**

| 估计值 | 均值 | 最小值 | 最大值 | 中位数 |
|---|---|---|---|---|
| $\alpha$（%） | −0.02 | −0.54 | 0.33 | −0.03 |
| $\beta$ | 0.91 | 0.56 | 1.09 | 0.91 |
| $\alpha$ 的 $t$ 比率 | −0.07 | −2.44 | 3.11 | −0.25 |

## 3.12　过度反应假设和英国股票市场



### 3.12.1　动机

DeBondt 和 Thaler（1985，1987）所开展的两项研究结果显示，当一些股票经历了 3～5 年的业绩低迷期之后，随后往往会跑赢此前表现相对较好的股票。这一结果说明，平均来讲，在收益率方面是“输家”的股票接下来很可能会变成“赢家”，反之亦然。我们现在要考察由 Clare 和 Thomas（1995）所完成的一篇类似的论文，该论文中使用的样本数据为 1955 年 1 月到 1990 年（36 年）间在伦敦证券交易所上市的所有英国公司股票的月度收益率。

乍看上去，上述现象并不符合有效市场假说，但 Clare 和 Thomas（1995）提出了两个可能的解释（见专栏 3.9）。另外，Zarowin（1990）还发现持有“输家”股票的投资者其 80%的超额收益都出现在 1 月份，所以几乎所有的“过度反应”似乎都发生在年初。

**▶专栏 3.9◀**

**股票市场出现过度反应的原因**

（1）“过度反应效应”只是“规模效应”的另外一种表现形式。规模效应是指平均来讲小公司有取得比大公司更好收益的趋势。根据这一观点，如果“输家”是小公司，那么接下来这些小公司将会取得比大公司更好的业绩。DeBondt 和 Thaler（1985，1987）认为这不是一个足够强有力的解释，但 Zarowin（1990）发现将公司规模因素纳入考虑范围确实降低了“输家”公司随后的收益率。

(2) 运气的反转反映了**均衡必要收益率**（equilibrium required returns）的变化。研究者一般认为，“输家”股票具有更高的 CAPM $\beta$ 值，这反映了投资者认为这些股票的风险更大。不过，$\beta$ 值肯定会随着时间的推移而发生变化，如果某个公司的股票价格出现大幅下跌（即“输家”），那么将会导致其**杠杆比率**（leverage ratio）上升，进而十有八九会导致该股票的预期风险上升。因此，投资者在“输家”股票上所要求的必要收益率就会比较高，它们在事后的表现就会更好。Ball 和 Kothari (1989) 就曾发现“输家”股票的 CAPM $\beta$ 值比“赢家”股票的 CAPM $\beta$ 值高出很多。

### 3.12.2 方法

Clare 和 Thomas（1995）随机抽取了 1 000 个公司组成样本。针对每个公司，分别计算其股票 $i$ 在 12 个月、24 个月或 36 个月内相对于市场的月度超额收益率，即：

$$U_{it}=R_{it}-R_{mt} \quad t=1,\cdots,n; \quad i=1,\cdots,1\,000; \quad n=12,24 \text{ 或 } 36 \tag{3.35}$$

接下来，计算每只股票 $i$ 在前 12 个月、24 个月或 36 个月内的平均月度收益率：

$$\bar{R}_i=\frac{1}{n}\sum_{t=1}^{n}U_{it} \tag{3.36}$$

然后，按照平均收益率从高到低进行排列，由此构造 5 个资产组合，再在每个资产组合中赋予所有股票相等的权重来计算资产组合收益率（见专栏 3.10）。

**▶专栏 3.10◀**

**股票排序并构造资产组合**

| 资产组合 | 排序情况 |
|---|---|
| 组合 1 | 业绩最好的 20%的公司 |
| 组合 2 | 业绩其次的 20%的公司 |
| 组合 3 | 业绩再其次的 20%的公司 |
| 组合 4 | 业绩较差的 20%的公司 |
| 组合 5 | 业绩最差的 20%的公司 |

接下来，需要监测每一个资产组合在同样的样本长度 $n$ 中的表现。举例来说，如果某个资产组合的构造期间为 1 年、2 年或 3 年，那么后面对资产组合进行追踪监测的期间也分别是 1 年、2 年或 3 年。然后又是下一个资产组合构造期间，以此类推，直至样本期结束。那么长度为 $n$ 的样本一共会有多少个呢？注意 $n$ 分别等于 1 年、2 年或 3 年。这里，我们首先假设 $n$ 等于 1 年，专栏 3.11 展示了所采用的具体步骤。

▶专栏 3.11◀

## 监测资产组合

估计第 1 年的 $\bar{R}_i$

监测资产组合第 2 年的表现

估计第 3 年的 $\bar{R}_i$

……

监测资产组合第 36 年的表现

按照专栏 3.11 中的步骤，如果 $n=1$，那么将会有 18 个独立（非重叠）的观测期间和 18 个独立的追踪期间。与此类似，如果 $n=2$，将会有 9 个独立期间；如果 $n=3$，将会有 6 个独立期间。在期间 18、9 和 6 中的赢家组合和输家组合（即在资产组合构造期间内收益最高的 20%的公司和收益最低的 20%的公司）每个月的平均收益率分别记为 $\bar{R}_{pt}^{W}$ 和 $\bar{R}_{pt}^{L}$，并定义两者之差为 $\bar{R}_{Dt}=\bar{R}_{pt}^{L}-\bar{R}_{pt}^{W}$。

接下来要做的第一个回归是将输家组合相对于赢家组合的超额收益率对一个常数进行回归：

$$\bar{R}_{Dt}=\alpha_1+\eta_t \tag{3.37}$$

其中，$\eta_t$ 是误差项。该式是要检验常数 $\alpha_1$ 是否显著为正。需要指出的是，一个显著为正的 $\alpha_1$ 值并不是确认存在过度反应效应的充分条件，因为我们可以将输家组合较高的必要收益率归因于输家股票具有比较大的风险。Clare 和 Thomas（1995）认为，对这一问题的解决办法应该是通过对市场风险溢价进行回归来考虑两类组合的风险差别，即：

$$\bar{R}_{Dt}=\alpha_2+\beta(R_{mt}-R_{ft})+\eta_t \tag{3.38}$$

其中，$R_{mt}$ 是《金融时报》全股票（FTA All-Share）指数的收益率，$R_{ft}$ 是英国 3 个月期国库券的收益率。表 3.7 列出了这两个回归的结果。

**表 3.7　英国股票市场中存在过度反应吗？**

| A 组：所有月份 | | | |
|---|---|---|---|
| | $n=12$ | $n=24$ | $n=36$ |
| 输家的收益率 | 0.003 3 | 0.001 1 | 0.012 9 |
| 赢家的收益率 | 0.003 6 | −0.000 3 | 0.011 5 |
| 隐含的年化收益率之差 | −0.37% | 1.68% | 1.56% |
| 式（3.37）的系数 $\hat{\alpha}_1$ | −0.000 31<br>(−0.29) | 0.001 4**<br>(2.01) | 0.001 3*<br>(1.55) |
| 式（3.38）的系数 $\hat{\alpha}_2$ | −0.000 34<br>(−0.30) | 0.001 47**<br>(2.01) | 0.001 3<br>(1.41) |
| 式（3.38）的系数 $\hat{\beta}$ | −0.022<br>(−0.25) | 0.010<br>(0.21) | −0.002 5<br>(−0.06) |

续表

| A组：所有月份 | | | |
|---|---|---|---|
| B组：除去1月的所有月份 | | | |
| 式（3.37）的系数 $\hat{\alpha}_1$ | −0.000 7<br>（−0.72） | 0.001 2*<br>（1.63） | 0.000 9<br>（1.05） |

注：括号内的数字是 $t$ 值；* 和**分别表示在 10%和 5%水平下是显著的。

资料来源：Clare and Thomas (1995). Reprinted with the permission of Blackwell Publishers.

通过对表 3.7 前两行中输家收益率和赢家收益率进行比较可以知道，12 个月的时间长度并不足以使得输家变为赢家。但是，在 2 年的追踪期间，输家成为赢家，3 年的情况与此类似。这一转换使得输家在 2 年内的平均年化收益率比赢家高 1.68%，在 3 年内高 1.56%。回忆一下，在一个变量仅对一个常数进行的回归中，系数的估计值就等于变量的平均值。还可以看到，每一期间上常数项的系数估计值刚好等于输家与赢家之间的收益率之差。这一系数在 2 年期间上具有统计上的显著性，在 3 年期间上也具有边缘显著性。

在第 2 个回归中，$\hat{\beta}$ 代表赢家组合和输家组合的市场 $\beta$ 值之差。注意，没有一个 $\beta$ 系数估计值是接近显著的。另外，回归式中包含风险项实际上并不会使得截距项的估计值或显著性出现什么明显的差异。

在样本中剔除 1 月份的收益率会降低输家组合后面取得超额收益的程度，而且 $\hat{\alpha}_1$ 的显著性也有所降低。因此，可以认为只有一部分的过度反应现象出现在 1 月份。Clare 和 Thomas（1995）检验了过度反应效应与公司规模是否相关，这里不再展示相关结果。

### 3.12.3 结论

Clare 和 Thomas（1995）的主要研究结论是：

（1）和美国市场一样，英国股票市场中同样存在过度反应的证据；

（2）这些过度反应与 CAPM $\beta$ 值无关；

（3）后来可以变为赢家的那些输家公司往往都是小公司，因此英国市场上大多数的过度反应都可以归因于规模效应。

## 3.13 确切的显著性水平

确切的显著性水平也就是通常所说的 $p$ 值，它给出了一个**边缘显著性水平**（marginal significance level）。在这个水平上，我们可以不用关心零假设是否可以被拒绝。如果检验统计量的绝对值比较大，那么其 $p$ 值就会比较小，反之亦然。例如，假设一个检验统计量服从自由度为 62 的 $t$ 分布（即 $t_{62}$），并且其值为 1.47，那么是否可以拒绝零假设？实际上，这要视检验规模而定。现在假设已经计算出这一检验的 $p$ 值为 0.12，那么

- 在 5%水平下，零假设会被拒绝吗？不会。

- 在 10%水平下，零假设会被拒绝吗？不会。
- 在 20%水平下，零假设会被拒绝吗？会。

再具体一点，零假设在 12%或更高的水平下会被拒绝。为了理解这一点，考虑进行一系列检验，检验规模分别是 0.1%，0.2%，0.3%，0.4%，…，1%，…，5%，…，10%，…。最终，临界值和检验统计量将会相遇，这时就得到了 $p$ 值。几乎所有的软件包都可以自动提供 $p$ 值，一定要注意它们是非常有用的！它们提供了进行一项假设检验所必需的所有信息，而无需研究者去计算统计量或从分布表中找出临界值——这两项工作在软件包计算 $p$ 值的过程中已经自动完成了。另外，$p$ 值之所以有用，还在于它避免了去任意指定一个显著性水平（$\alpha$）。此外，显著性水平对结论的敏感性分析也是自动生成的。

通俗地说，$p$ 值也经常被认为是零假设被错误拒绝的概率。因此，举例来说，如果一个 $p$ 值为 0.05 或更小，从而导致研究者拒绝了零假设（等于 5%的显著性水平），这等于是在说如果错误拒绝零假设的概率超过 5%，就不能拒绝零假设。因此，$p$ 值也被称为零假设的“合理性”，即 $p$ 值越小，零假设越不合理。

## 核心概念

本章给出了定义及解释的核心概念包括：

- 回归模型
- 扰动项
- 总体
- 样本
- 线性模型
- 一致性
- 无偏性
- 有效性
- 标准误
- 统计推断
- 零假设
- 备择假设
- $t$ 分布
- 置信区间
- 检验统计量
- 拒绝域
- 第一类错误
- 第二类错误
- 检验规模
- 检验效能
- $p$ 值
- 渐近性

## 附录 3.1　CLRM 结果的数学推导

### 3A.1　二元情况下 OLS 系数估计量的推导

$$L=\sum_{t=1}^{T}(y_t-\hat{y}_t)^2=\sum_{t=1}^{T}(y_t-\hat{\alpha}-\hat{\beta}x_t)^2 \tag{3A.1}$$

为了找到 $\alpha$ 和 $\beta$ 的值以使得拟合线尽可能地靠近数据，现在有必要将 $L$ 关于 $\hat{\alpha}$ 和 $\hat{\beta}$ 进行最小化。因此，现在将 $L$ 对 $\hat{\alpha}$ 和 $\hat{\beta}$ 进行微分，并设一阶导数为零，即：

$$\frac{\partial L}{\partial \hat{\alpha}}=-2\sum_{t}(y_t-\hat{\alpha}-\hat{\beta}x_t)=0 \tag{3A.2}$$

$$\frac{\partial L}{\partial \hat{\beta}}=-2\sum_{t}x_t(y_t-\hat{\alpha}-\hat{\beta}x_t)=0 \tag{3A.3}$$

下一步是重写式（3A.2）和式（3A.3）以便得到 $\hat{\alpha}$ 和 $\hat{\beta}$ 的表达式。由式（3A.2）可得：

$$\sum_{t}(y_t-\hat{\alpha}-\hat{\beta}x_t)=0 \tag{3A.4}$$

将括号中的内容展开，并且和是从 1 加到 $T$，所以 $\hat{\alpha}$ 一共是 $T$ 项，可以得到：

$$\sum y_t-T\hat{\alpha}-\hat{\beta}\sum x_t=0 \tag{3A.5}$$

因为有 $\sum y_t=T\bar{y}$ 和 $\sum x_t=T\bar{x}$，所以式（3A.5）可以写为：

$$T\bar{y}-T\hat{\alpha}-T\hat{\beta}\bar{x}=0 \tag{3A.6}$$

或者

$$\bar{y}-\hat{\alpha}-\hat{\beta}\bar{x}=0 \tag{3A.7}$$

由式（3A.3）：

$$\sum_{t}x_t(y_t-\hat{\alpha}-\hat{\beta}x_t)=0 \tag{3A.8}$$

由式（3A.7）：

$$\hat{\alpha}=\bar{y}-\hat{\beta}\bar{x} \tag{3A.9}$$

将式（3A.9）代入式（3A.8）可得：

$$\sum_{t}x_t(y_t-\bar{y}+\hat{\beta}\bar{x}-\hat{\beta}x_t)=0 \tag{3A.10}$$

$$\sum_{t}x_ty_t-\bar{y}\sum x_t+\hat{\beta}\bar{x}\sum x_t-\hat{\beta}\sum x_t^2=0 \tag{3A.11}$$

$$\sum_{t}x_ty_t-T\bar{x}\bar{y}+\hat{\beta}T\bar{x}^2-\hat{\beta}\sum x_t^2=0 \tag{3A.12}$$

重写式（3A.12），得：

$$\hat{\beta}(T\bar{x}^2-\sum x_t^2)=T\bar{x}\bar{y}-\sum x_ty_t \tag{3A.13}$$

对上式两边同时除以 $(T\bar{x}^2-\sum x_t^2)$ 可得：

$$\hat{\beta}=\frac{\sum x_t y_t - T\bar{x}\bar{y}}{\sum x_t^2 - T\bar{x}^2} \quad 和 \quad \hat{\alpha}=\bar{y}-\hat{\beta}\bar{x} \tag{3A.14}$$

## 3A.2 二元情况下对截距项和斜率项标准误的推导

回顾一下，随机变量 $\hat{\alpha}$ 的方差可以写为：

$$\text{var}(\hat{\alpha})=E(\hat{\alpha}-E(\hat{\alpha}))^2 \tag{3A.15}$$

因为 OLS 估计量是无偏的，所以有：

$$\text{var}(\hat{\alpha})=E(\hat{\alpha}-\alpha)^2 \tag{3A.16}$$

采用类似的处理方式，可以将斜率项的方差估计量写为：

$$\text{var}(\hat{\beta})=E(\hat{\beta}-\beta)^2 \tag{3A.17}$$

首先来看式（3A.17），将式中的 $\hat{\beta}$ 用其 OLS 估计量来替换，可得：

$$\text{var}(\hat{\beta})=E\left(\frac{\sum(x_t-\bar{x})(y_t-\bar{y})}{\sum(x_t-\bar{x})^2}-\beta\right)^2 \tag{3A.18}$$

在上式中，用 $\alpha+\beta x_t+u_t$ 代替 $y_t$，用 $\alpha+\beta\bar{x}$ 代替 $\bar{y}$，可得：

$$\text{var}(\hat{\beta})=E\left(\frac{\sum(x_t-\bar{x})(\alpha+\beta x_t+u_t-\alpha-\beta\bar{x})}{\sum(x_t-\bar{x})^2}-\beta\right)^2 \tag{3A.19}$$

在式（3A.19）中消去 $\alpha$ 并在右边括号中最后一个 $\beta$ 上乘以 $\frac{\sum(x_t-\bar{x})^2}{\sum(x_t-\bar{x})^2}$，可得：

$$\text{var}(\hat{\beta})=E\left(\frac{\sum(x_t-\bar{x})(\beta x_t+u_t-\beta\bar{x})-\beta\sum(x_t-\bar{x})^2}{\sum(x_t-\bar{x})^2}\right)^2 \tag{3A.20}$$

对上式进行整理，可得：

$$\text{var}(\hat{\beta})=E\left(\frac{\sum(x_t-\bar{x})\beta(x_t-\bar{x})+\sum u_t(x_t-\bar{x})-\beta\sum(x_t-\bar{x})^2}{\sum(x_t-\bar{x})^2}\right)^2 \tag{3A.21}$$

$$\text{var}(\hat{\beta})=E\left(\frac{\beta\sum(x_t-\bar{x})^2+\sum u_t(x_t-\bar{x})-\beta\sum(x_t-\bar{x})^2}{\sum(x_t-\bar{x})^2}\right)^2 \tag{3A.22}$$

在式（3A.22）中可以消去 $\beta$ 项：

$$\text{var}(\hat{\beta})=E\left(\frac{\sum u_t(x_t-\bar{x})}{\sum(x_t-\bar{x})^2}\right)^2 \tag{3A.23}$$

现在，用 $x_t^*$ 指代经过均值调整的 $x_t$ 的观测值 $x_t-\bar{x}$，于是式（3A.23）可以写为：

$$\operatorname{var}(\hat{\beta})=E\left(\frac{\sum u_t x_t^*}{\sum x_t^{*2}}\right)^2 \tag{3A.24}$$

在 $x$ 为固定或非随机的假设下，可以将式（3A.24）中的分母从期望值的符号中单独提出来，即：

$$\operatorname{var}(\hat{\beta})=\frac{1}{\left(\sum x_t^{*2}\right)^2}E\left(\sum u_t x_t^*\right)^2 \tag{3A.25}$$

将式（3A.25）中最后一项求和符号展开，可得：

$$\operatorname{var}(\hat{\beta})=\frac{1}{\left(\sum x_t^{*2}\right)^2}E(u_1x_1^*+u_2x_2^*+\cdots+u_Tx_T^*)^2 \tag{3A.26}$$

现在将式（3A.26）期望值括号中的平方项展开：

$$\operatorname{var}(\hat{\beta})=\frac{1}{\left(\sum x_t^{*2}\right)^2}E(u_1^2x_1^{*2}+u_2^2x_2^{*2}+\cdots+u_T^2x_T^{*2}+\text{交叉乘积项}) \tag{3A.27}$$

式（3A.27）中的交叉乘积项指代所有的 $u_ix_i^*u_jx_j^*(i\neq j)$ 项。这些交叉乘积项也可以被写为 $u_iu_jx_i^*x_j^*$（$i\neq j$），并且在误差项互不相关的假设下其期望值为零。因此，式（3A.27）中的“交叉乘积项”就可以被消除。回忆一下，前述内容中曾讲过 $E(u_t^2)$ 是误差项的方差，并可以通过 $s^2$ 进行估计，所以有：

$$\operatorname{var}(\hat{\beta})=\frac{1}{\left(\sum x_t^{*2}\right)^2}(s^2x_1^{*2}+s^2x_2^{*2}+\cdots+s^2x_T^{*2}) \tag{3A.28}$$

该式还可以被写为：

$$\operatorname{var}(\hat{\beta})=\frac{s^2}{\left(\sum x_t^{*2}\right)^2}(x_1^{*2}+x_2^{*2}+\cdots+x_T^{*2})=\frac{s^2\sum x_t^{*2}}{\left(\sum x_t^{*2}\right)^2} \tag{3A.29}$$

上式最右边的分子分母可以同时消去 $\sum x_t^{*2}$ 项。由于 $x_t^*=x_t-\bar{x}$，从而可得斜率系数的方差为：

$$\operatorname{var}(\hat{\beta})=\frac{s^2}{\sum(x_t-\bar{x})^2} \tag{3A.30}$$

取上式的平方根，就可以得到斜率系数的标准误：

$$SE(\hat{\beta})=s\sqrt{\frac{1}{\sum(x_t-\bar{x})^2}} \tag{3A.31}$$

现在我们来看对截距项标准误的推导，这比对斜率项标准误的推导要困难得多。实际上，如果使用下面所示的矩阵运算，那么情况就要简单很多。因此，接下来对截距项标准误的推导过程会比较简略。我们可以将 $\hat{\alpha}$ 表示为真实 $\alpha$ 和扰动项 $u_t$ 的函数：

$$\hat{\alpha}=\alpha+\frac{\sum u_t\left[\sum x_t^2-x_t\sum x_t\right]}{\left[T\sum x_t^2-\left(\sum x_t\right)^2\right]} \tag{3A.32}$$

将所有有中括号的内容表示为 $g_t$，那么式（3A.32）可以表示为：

$$\hat{\alpha}-\alpha=\sum u_t g_t \tag{3A.33}$$

由式（3A.15）可知，截距项的方差可以写为：

$$\operatorname{var}(\hat{\alpha})=E\left(\sum u_t g_t\right)^2=\sum g_t^2 E(u_t^2)=s^2\sum g_t^2 \tag{3A.34}$$

将 $g_t^2$ 代入式（3A.34），并展开括号中各项：

$$\operatorname{var}(\hat{\alpha})=\frac{s^2\left[T\left(\sum x_t^2\right)^2-2\sum x_t\left(\sum x_t^2\right)\sum x_t+\left(\sum x_t^2\right)\left(\sum x_t\right)^2\right]}{\left[T\sum x_t^2-\left(\sum x_t\right)^2\right]^2} \tag{3A.35}$$

该式看起来相当复杂，不过幸运的是，如果我们将分子中的 $\sum x_t^2$ 提到方括号外面，那么剩余的分子部分可以消去分母中的公因式部分，并由此得到所需要的结果：

$$SE(\hat{\alpha})=s\sqrt{\frac{\sum x_t^2}{T\sum(x_t-\bar{x})^2}} \tag{3A.36}$$

## 自测题

1. (a) 为什么在 OLS 估计中所取的是点到直线的纵向距离而非其横向距离？
   (b) 为什么在将纵向距离加总前要先进行平方？
   (c) 为什么要用纵向距离的平方而不是绝对值？
2. 请解释样本回归函数和总体回归函数在使用中的不同之处。
3. 什么是估计量？OLS 估计量比其他所有估计量更优吗？请解释原因。
4. 在古典线性回归模型中关于不可观测的误差项的 5 个假设是什么？简要介绍每个假设的含义。为什么要做出这样的假设？
5. 下面这些模型中哪个可以使用最小二乘（OLS）方法进行估计（如果有必要可以进行适当的变换）？其中 $x$，$y$，$z$ 是变量，而 $\alpha$，$\beta$，$\gamma$ 是待估参数（提示：模型中的参数应该是线性的）。

$$y_t=\alpha+\beta x_t+u_t \tag{3.39}$$

$$y_t = e^{\alpha} x_t^{\beta} e^{u_t} \tag{3.40}$$

$$y_t = \alpha + \beta\gamma x_t + u_t \tag{3.41}$$

$$\ln(y_t) = \alpha + \beta\ln(x_t) + u_t \tag{3.42}$$

$$y_t = \alpha + \beta x_t z_t + u_t \tag{3.43}$$

6. 资本资产定价模型（CAPM）的形式为：

$$E(R_i) = R_f + \beta_i[E(R_m) - R_f] \tag{3.44}$$

运用 CAPM 时，第一步是用市场模型估计股票的 $\beta$ 值。市场模型可以写为：

$$R_{it} = \alpha_i + \beta_i R_{mt} + u_{it} \tag{3.45}$$

其中，$R_{it}$ 是股票 $i$ 在时刻 $t$ 的超额收益率，$R_{mt}$ 是市场资产组合的代理变量在时刻 $t$ 的超额收益率，$u_t$ 是独立同分布的随机扰动项。在这种情况下，$\beta$ 系数即为证券 $i$ 的 CAPM $\beta$ 值。

假定现在已经估计了式（3.45），发现某股票的 $\beta$ 估计值为 1.147，其标准误 $SE(\hat{\beta})$ 的估计值为 0.054 8。

现在某分析师告诉你这只股票和市场表现紧密相关，但是平均而言其风险并不比市场风险更大。这一点可以通过对 $\beta=1$ 的零假设进行检验来验证。假设该模型使用 62 个日观测值来估计，请在 5%水平下对上述假设进行单尾检验，备择假设为该股票具有比市场更大的风险。请写下零假设和备择假设。最终你会得到什么结论？分析师的话可以通过实证检验来验证吗？

7. 分析师还告诉你，Chris Mining 股份有限公司的股票没有系统性风险。换言之，该公司股票的收益率和市场的变动完全无关，其 $\beta$ 值及其标准误的估计值分别为 0.214 和 0.186。该模型是用 38 个季度观测值进行估计的。请写下零假设和备择假设，并对零假设进行双尾检验。

8. 运用问题 7 中的数据，分别构建并解释 $\beta$ 值 95%和 99%的置信区间。

9. 所检验的假设是关于系数的真实值（即 $\beta$）还是系数的估计值（即 $\hat{\beta}$）？为什么？

第 4 章

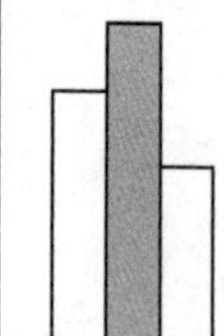

# 对古典线性回归模型的进一步探讨

学习目标

在本章，你要学会：

- 使用多个解释变量构建模型
- 运用 $F$ 检验对多个假设进行检验
- 判断模型对数据的拟合度
- 构建有约束的回归模型
- 运用矩阵代数推导出普通最小二乘法的参数和标准误的估计值
- 构建并解释分位数回归模型

## 4.1 从简单模型推广到多元线性回归模型

前面的内容中，我们曾经使用过如下形式的模型：

$$y_t = \alpha + \beta x_t + u_t \quad t=1,2,\cdots,T \tag{4.1}$$

式（4.1）是一个简单的二元回归模型，即我们假定因变量的变化由单一解释变量 $x$ 的变化来解释。但如果被要求检验的金融理论或金融思想表明，因变量不只受一个独立变量的影响，我们又该如何构建模型呢？举例来说，对资本资产定价模型（CAPM）的简单估计和检验可以运用如式（4.1）形式的方程来实现，但套利定价模型假定影响股票收益率的因素不止一个。实际上，股票收益率可能取决于它们对如下变量超预期变化的敏感性：

（1）通货膨胀；

(2) 长期债券收益率和短期债券收益率之间的差异；

(3) 工业产值；

(4) 违约风险。

在这种情况下，只用一个自变量并不能对因变量提供很好的解释。当然，我们可以对上面 4 个解释变量中的每一个变量都单独进行回归，但我们对在一个回归方程中同时加入多个解释变量，并检验所有解释变量对被解释变量的综合解释效果会更感兴趣。实际上，这样的处理方式也更为有效。

可以非常容易地将简单模型推广到具有 $k$ 个回归量（自变量）的模型，即将方程 (4.1) 扩展为：

$$y_t=\beta_1+\beta_2 x_{2t}+\beta_3 x_{3t}+\cdots+\beta_k x_{kt}+u_t \quad t=1,2,\cdots,T \tag{4.2}$$

其中，变量 $x_{2t}$，$x_{3t}$，…，$x_{kt}$ 是我们认为可能对 $y$ 有影响的 $k-1$ 个解释变量，系数 $\beta_1$，$\beta_2$，…，$\beta_k$ 是一组参数，用来量化每一个解释变量对 $y$ 的影响程度。与简单回归相比，多元回归中对系数的解释只有很小的变化。具体来说，多元回归式中的每一个系数都是偏回归系数，它表示在所有其他解释变量保持不变的情况下，或排除了所有其他解释变量的影响后，某一解释变量对被解释变量的局部解释作用。例如，在消除了 $x_3$，$x_4$，…，$x_k$ 的影响后，$\hat{\beta}_2$ 度量的是 $x_2$ 对 $y$ 的影响。换句话说，在保持其他所有自变量都取其平均值这一常数的前提下，每个系数衡量的都是这一特定自变量的单位变化所带来的因变量的平均变化。

## 4.2 常数项

在式 (4.2) 中，细心的读者可能已经注意到解释变量的编号是从 $x_2$ 开始的，而不是 $x_1$。那么，$x_1$ 在哪里？实际上，$x_1$ 是一个常数项，通常是用 $T$ 个 1 所组成的一列来表示，即：

$$x_1=\begin{bmatrix}1\\1\\\vdots\\1\end{bmatrix} \tag{4.3}$$

因此，在 $\beta_1$ 后面实际上隐藏着一个变量，它是一列单位向量，长度与样本观测值的个数保持一致。$x_1$ 在回归方程中通常不写出来，这与一单位 $p$ 和两单位 $q$ 相加通常被写为 "$p+2q$" 而非 "$1p+2q$" 的道理是一样的。$\beta_1$ 是常数项的系数，在前面的章节也记为 $\alpha$。这个系数也可以称作截距项，代表的是所有解释变量取零值时 $y$ 的平均值。

讲到这里，也许非常有必要对解释变量的个数 $k$ 下一个更为严格的定义。在本书中，$k$ 被定义为包含常数项的"解释变量"或"回归量"的个数，它也等于回归方程中待估参数的数量。严格来说，将常数项称为解释变量有点不太合理，因为它不能解释任何东西并且取值不变。然而为表述方便起见，本书就采用上述对 $k$ 的定义。

对式（4.2）来说，用如下矩阵形式来表达会更加简洁：

$$y = X\beta + u \tag{4.4}$$

其中，$y$ 的维度为 $T\times 1$；

$X$ 的维度为 $T\times k$；

$\beta$ 的维度为 $k\times 1$；

$u$ 的维度为 $T\times 1$。

和式（4.2）相比，式（4.4）将被解释变量的全部时间观测值放在了一个向量里，并使每个不同解释变量的数据构成 $X$ 矩阵中的一列。这样的表示方式可能看起来比较复杂，但实际上更为紧凑和方便。例如，如果 $k=2$，即有两个回归量，其中一个是常数项（相当于简单回归 $y_t=\alpha+\beta x_t+u_t$），那么用矩阵形式就可以写为：

$$\underset{T\times 1}{\begin{bmatrix} y_1 \\ y_2 \\ \vdots \\ y_T \end{bmatrix}} = \underset{T\times 2}{\begin{bmatrix} 1 & x_{21} \\ 1 & x_{22} \\ \vdots & \vdots \\ 1 & x_{2T} \end{bmatrix}} \underset{2\times 1}{\begin{bmatrix} \beta_1 \\ \beta_2 \end{bmatrix}} + \underset{T\times 1}{\begin{bmatrix} u_1 \\ u_2 \\ \vdots \\ u_T \end{bmatrix}} \tag{4.5}$$

矩阵 $X$ 中的元素 $x_{ij}$ 代表第 $i$ 个变量在 $j$ 时刻的观测值。值得注意的是，用这种形式表示的矩阵是可以相乘的。换句话说，在方程右边可以有效地运用矩阵乘法和加法法则。

上述表达式是时间序列计量经济学文献中表示矩阵的标准形式，但指标的排列与数学中矩阵代数的元素排列有所不同（正如本书第 1 章所提到的那样）。在矩阵代数中，$x_{ij}$ 表示的是处在第 $i$ 行第 $j$ 列的元素，但本书使用的记号是另一种形式。

## 4.3 在多元回归中如何计算参数（β 向量中的元素）？

在前文讲过的一元回归中，计算参数估计值的方法是将残差平方和（$\sum \hat{u}_i^2$）相对于 $\alpha$ 和 $\beta$ 最小化。在多元回归中，要想获得参数 $\beta_1$，$\beta_2$，…，$\beta_k$ 的估计值，就需要将 $RSS$ 相对于 $\beta$ 中的所有元素最小化。现在，残差可以写为一个向量：

$$\hat{u} = \begin{bmatrix} \hat{u}_1 \\ \hat{u}_2 \\ \vdots \\ \hat{u}_T \end{bmatrix} \tag{4.6}$$

$RSS$ 仍然是相应的损失函数，用矩阵形式表示为：

$$L = \hat{u}'\hat{u} = [\hat{u}_1 \hat{u}_2 \quad \cdots \quad \hat{u}_T] \begin{bmatrix} \hat{u}_1 \\ \hat{u}_2 \\ \vdots \\ \hat{u}_T \end{bmatrix} = \hat{u}_1^2 + \hat{u}_2^2 + \cdots + \hat{u}_T^2 = \sum \hat{u}_t^2 \tag{4.7}$$

运用一种类似于简单二元回归的方法，即将相应的表达式代入式（4.7），并用$\hat{\beta}$表示待估参数向量，则各个系数的估计值可以通过如下公式计算（参见本章附录 4.1）：

$$\hat{\beta}=\begin{bmatrix}\hat{\beta}_1\\\hat{\beta}_2\\\vdots\\\hat{\beta}_k\end{bmatrix}=(X'X)^{-1}X'y \tag{4.8}$$

如果我们检验一下式（4.8）等号右边部分的维度，可以发现其维度为$k\times 1$。因为$\hat{\beta}$的公式中有$k$个参数需要估计，所以具有这一维度也是必然。

但是，系数估计值的标准差又该如何计算呢？在一元回归中，为估计误差的方差$\sigma^2$，要用到由$s^2$所表示的估计量：

$$s^2=\frac{\sum \hat{u}_t^2}{T-2} \tag{4.9}$$

式（4.9）中的分母是$T-2$，它是一元回归模型的自由度（即观测值个数减去 2）。在估计一元回归模型的两个参数（即推导$\alpha$和$\beta$的估计值）时，有效地“损失”了两个观测值。在多个解释变量加一个常数项的情况下，运用矩阵符号，式（4.9）将被修正为：

$$s^2=\frac{\hat{u}'\hat{u}}{T-k} \tag{4.10}$$

其中，$k$等于包含常数项在内的回归量的个数。在这种情况下，由于要估计$k$个参数，所以会“损失”$k$个观测值，从而剩下$T-k$个自由度。下面给出参数估计值的方差—协方差矩阵（见本章附录 4.1）：

$$\mathrm{var}(\hat{\beta})=s^2(X'X)^{-1} \tag{4.11}$$

上述矩阵中，主对角线上的元素给出了系数的方差，而其他元素给出了参数估计值间的协方差。也就是说，主对角线上的第一个元素即为$\hat{\beta}_1$的方差，第二个元素为$\hat{\beta}_2$的方差，即对角线上的第$k$个元素是$\hat{\beta}_k$的方差。计算出方差—协方差矩阵后，取主对角线上每个元素的平方根，就可以得到系数估计值的标准误。

## 4.4 检验多重假设：F 检验

我们知道，$t$检验被用来检验单个假设，即假设中只包含一个系数，但如果我们感兴趣的是同时检验多个系数呢？举例来说，假设一个研究者想要确定是否可以施加“$\beta_2$和$\beta_3$的系数值均为 1”的约束，以考察“$x_2$和$x_3$中任意一个增加 1 单位都将使得$y$增加 1 个单位”这一假设，这时又该如何处理呢？显然，$t$检验框架的一般性不足以解决这类假设。因此，我们需要 $F$ 检验这样一种更为全面的检验框架。在 $F$ 检验的框架下，存在无约束和有约束两种形式的回归。在无约束回归中，系数是由数据自由决定的，就像我们之前构造的回归一样。在**有约束回归**（restricted regression）中，系数将会受到约束，即我们对多个 $\beta$ 值施加了一些约束条件。因此，出于这一明显的原因，假设检验的 $F$ 检验法也被称为有约束的最小二乘法。

**例 4.1** 用 15 个观测值来估计下面具有 3 个回归变量的模型（包含常数项，所以 $k=3$）：

$$y=\beta_1+\beta_2x_2+\beta_3x_3+u \tag{4.12}$$

由原始数据 $x$ 计算出如下结果：

$$(X'X)^{-1}=\begin{bmatrix}2.0 & 3.5 & -1.0\\ 3.5 & 1.0 & 6.5\\ -1.0 & 6.5 & 4.3\end{bmatrix},\ (X'y)=\begin{bmatrix}-3.0\\ 2.2\\ 0.6\end{bmatrix},\ \hat{u}'\hat{u}=10.96$$

接下来计算系数估计值及其标准误：

$$\hat{\beta}=\begin{bmatrix}\hat{\beta}_1\\ \hat{\beta}_2\\ \vdots\\ \hat{\beta}_k\end{bmatrix}=(X'X)^{-1}X'y=\begin{bmatrix}2.0 & 3.5 & -1.0\\ 3.5 & 1.0 & 6.5\\ -1.0 & 6.5 & 4.3\end{bmatrix}\times\begin{bmatrix}-3.0\\ 2.2\\ 0.6\end{bmatrix}=-\begin{bmatrix}1.10\\ -4.40\\ 19.88\end{bmatrix} \tag{4.13}$$

为了计算标准差，需要计算 $\sigma^2$ 的估计值 $s^2$：

$$s^2=\frac{RSS}{T-k}=\frac{10.96}{15-3}=0.91 \tag{4.14}$$

$\hat{\beta}$ 的方差—协方差矩阵为：

$$s^2(X'X)^{-1}=0.91(X'X)^{-1}=\begin{bmatrix}1.82 & 3.19 & -0.91\\ 3.19 & 0.91 & 5.92\\ -0.91 & 5.92 & 3.91\end{bmatrix} \tag{4.15}$$

如前所述，系数估计值的方差在对角线上。现在，对每一个系数估计值的方差取平方根就可以得到其标准误：

$$\text{var}(\hat{\beta}_1)=1.82 \qquad SE(\hat{\beta}_1)=1.35 \tag{4.16}$$

$$\text{var}(\hat{\beta}_2)=0.91\Leftrightarrow \quad SE(\hat{\beta}_2)=0.95 \tag{4.17}$$

$$\text{var}(\hat{\beta}_3)=3.91 \qquad SE(\hat{\beta}_3)=1.98 \tag{4.18}$$

最终估计得到的方程的具体形式如下：

$$\hat{y}=1.10-4.40x_2+19.88x_3$$
$$(1.35)\quad(0.95)\quad(1.98) \tag{4.19}$$

幸运的是，在实际操作中所有的计量经济学软件包都可以直接估计出系数值及其标准误。但是很明显，在这里弄清楚这些估计值是如何得到的也是大有裨益的。

现在，确定上述两个不同回归的残差平方和，然后在检验统计量中比较这两个残差平方和，即对系数估计值进行多重假设检验的 $F$ 检验统计量为：

$$\text{检验统计量}=\frac{RRSS-URSS}{URSS}\times\frac{T-k}{m} \tag{4.20}$$

式中的符号表示：

$URSS$＝无约束回归的残差平方和；

$RRSS$＝有约束回归的残差平方和；

$m$＝约束条件的个数；

$T$＝观测值数量；

$k$＝无约束回归中包括常数项在内的回归量的个数。

在这个检验统计量中，需要理解的最重要的内容是分子的表达式 $RRSS-URSS$。为了弄清为什么这个检验围绕着“将有约束回归和无约束回归的残差平方和进行比较”来进行，不妨回顾一下在没有施加约束的情况下选择能最小化残差平方和的最小二乘估计。这里的重点在于，在对模型施加约束后，如果残差平方和并没有比无约束模型中的残差平方和大多少，那么我们就可以认为约束得到了数据的支持。另外，如果在施加了约束之后，残差平方和急剧增大，那么就可以得出约束不受数据支持的结论，因此该假设应该被拒绝。

我们这里可以对 $RRSS\geqslant URSS$ 做进一步的阐述。其实，只有在一系列非常极端的情况下，有约束模型和无约束模型的残差平方和才会正好相等。在这种情况下，约束条件已经体现在了数据中，因此这并不是真正的约束（也就是说，该约束“不具备约束力”，即它不会使得参数估计值发生任何变化）。举例来说，如果零假设是 $H_0$：$\beta_2=1$ 和 $\beta_3=1$，那么只有在无约束回归的系数估计值同时为 $\hat{\beta}_2=1$ 和 $\hat{\beta}_3=1$ 的情况下，$RRSS$ 才会等于 $URSS$。当然，这样的情况在实际中极少发生。

值得注意的是，$F$ 检验统计量有时也写成另一种形式，其实就是对式（4.20）的简单变形：

$$F\text{ 检验统计量}=\frac{(RRSS-URSS)/m}{URSS/(T-k)}$$

有时，$m$ 被称为分子的自由度，$T-k$ 是分母的自由度，为什么要这样写 $F$ 检验统计量的公式是显而易见的。

在零假设下，检验统计量服从 $F$ 分布，该分布有两个自由度参数（回忆一下，$t$ 分

布只有一个等于 $T-k$ 的自由度参数）。具体来说，$F$ 检验的自由度参数值为 $m$ 和 $T-k$，两者分别为施加在模型上的约束条件的个数和无约束回归中的观测值数量减去回归量的个数。需要特别注意的是，这两个自由度参数的先后顺序非常重要。合适的临界值可以从 $F$ 分布表中第 $m$ 列和第 $T-k$ 行的交叉处查到。

**例 4.2** 为方便起见，去除时间下标，假设某个一般性的回归为：

$$y=\beta_1+\beta_2 x_2+\beta_3 x_3+\beta_4 x_4+u \tag{4.21}$$

同时，假设待检验的约束条件为 $\beta_3+\beta_4=1$。（这一假设来自理论或其推论。换句话说，该理论认为这一表达式所揭示的变量之间的关系就是我们想要验证的假设。）式（4.21）实际上就是无约束回归方程，但有约束的回归方程是什么呢？其实，有约束的回归方程可以写为：

$$y=\beta_1+\beta_2 x_2+\beta_3 x_3+\beta_4 x_4+u \quad 满足\ \beta_3+\beta_4=1 \tag{4.22}$$

将约束条件 $\beta_3+\beta_4=1$ 代入回归式，从而可以自然而然地对数据形成约束。实现的方式是将式（4.22）中的 $\beta_3$ 都由 $\beta_4$ 表示，或者将 $\beta_4$ 由 $\beta_3$ 表示。例如：

$$\beta_3+\beta_4=1 \Rightarrow \beta_4=1-\beta_3 \tag{4.23}$$

将上式代入式（4.21），替换掉 $\beta_4$，从而有：

$$y=\beta_1+\beta_2 x_2+\beta_3 x_3+(1-\beta_3)x_4+u \tag{4.24}$$

式（4.24）已经是一种有约束的回归形式，但并不是一种能由电脑软件包来估计的形式。为了能使用 OLS 估计模型，软件包通常要求公式右边的每一个变量只与一个系数相乘，因此这里需要再进行一点代数运算。首先，展开式（4.24）括号中的 $1-\beta_3$，即：

$$y=\beta_1+\beta_2 x_2+\beta_3 x_3+x_4-\beta_3 x_4+u \tag{4.25}$$

然后，把每个 $\beta_i$ 都整合在一起并重新排列，可以得到：

$$(y-x_4)=\beta_1+\beta_2 x_2+\beta_3(x_3-x_4)+u \tag{4.26}$$

注意，在这里任何没有系数的变量［如式（4.25）中的 $x_4$］都要放置在方程的左边，和 $y$ 合并。式（4.26）是有约束的回归。它实际上是通过构建两个新变量来进行估计的，这两个新变量分别为 $P=y-x_4$ 和 $Q=x_3-x_4$，所以我们真正要估计的回归方程是：

$$P=\beta_1+\beta_2 x_2+\beta_3 Q+u \tag{4.27}$$

如果在式（4.23）中被替换的是 $\beta_3$，即 $\beta_3$ 要从原始方程中被剔除，情况将会是什么样呢？其实，虽然由此所要估计的方程和式（4.27）不一样，但这两个模型（两个施加了相同约束的模型）残差平方和的值将是一样的。

### 4.4.1 $t$ 分布和 $F$ 分布的关系

任何一个能应用 $t$ 检验的假设都可以应用 $F$ 检验，但反过来并不成立。因此，包含一个系数的单一假设可以用 $t$ 检验或者 $F$ 检验进行检验，但多个假设只能用 $F$ 检验。例如，考虑如下假设：

$$H_0:\beta_2=0.5$$
$$H_1:\beta_2\neq 0.5$$

这个假设可以用平常的 $t$ 检验：

$$\text{检验统计量}=\frac{\hat{\beta}_2-0.5}{SE(\hat{\beta}_2)} \tag{4.28}$$

或者也可以用上面的 $F$ 检验框架进行检验。需要注意的是，这两种检验通常会给出一致的结论，因为 $t$ 分布只不过是 $F$ 分布的一个特例。为了说明这一点，考虑任意一个随机变量 $Z$，它服从自由度为 $T-k$ 的 $t$ 分布，现在对 $Z$ 求平方，这一服从 $t$ 分布的变量的平方就服从某种特定形式的 $F$ 分布：

$$Z^2\sim t^2(T-k)\text{也就是 }Z^2\sim F(1,T-k)$$

因此，上式说明，一个服从自由度为 $T-k$ 的 $t$ 分布的随机变量的平方就服从自由度为 1 和 $T-k$ 的 $F$ 分布。注意，$t$ 分布和 $F$ 分布之间总是存在这一关系——这可以从统计表中取一些例子进行验证。

$F$ 分布只可能取正值，并且是不对称的。因此，只有在检验统计量超出 $F$ 临界值的时候才能拒绝零假设。另外，尽管该检验是一个双侧检验，但在某种程度上只有在 $\hat{\beta}_2$ 显著大于 0.5 或者显著小于 0.5 的时候，拒绝零假设的情况才可能发生。

### 4.4.2 约束数量 $m$ 的确定

在每种不同的情况下，应该如何确定最合适的 $m$ 值呢？不太正式地讲，约束的数量就等于“零假设中等号的数量”。例如：

| $H_0$:假设 | 约束的数量 $m$ |
|---|---|
| $\beta_1+\beta_2=2$ | 1 |
| $\beta_1=1$ 且 $\beta_3=-1$ | 2 |
| $\beta_2=0$ 且 $\beta_3=0$ 且 $\beta_4=0$ | 3 |

乍一看，你会以为第一种情况中约束条件的数量应该是 2。但实际上，它只是一个包含了两个系数的约束。在后面的两个例子中，约束的数量十分明显，分别为 2 和 3。

上面三个例子中的最后一个尤其重要。如果模型是：

$$y=\beta_1+\beta_2x_2+\beta_3x_3+\beta_4x_4+u \tag{4.29}$$

同时零假设

$$H_0: \beta_2=0 \quad 且 \quad \beta_3=0 \quad 且 \quad \beta_4=0$$

由回归的 $F$ 统计量所检验，它检验的零假设是除去截距项之外所有的系数全为零。这个检验有时也被称为“无用回归”（junk regression）检验，理由在于如果不能拒绝零假设，就意味着模型中的任何一个自变量都不能解释 $y$ 的变化。

需要注意的是，当约束不止一个时，联合检验的备择假设形式为：

$$H_0: \beta_2\neq 0 \quad 或 \quad \beta_3\neq 0 \quad 或 \quad \beta_4\neq 0$$

换句话说，“且”应该出现在零假设中，“或”应该出现在备择假设中，所以作为一个整体，只要零假设中有一部分是错误的，那么整个零假设就会被全部拒绝。

### 4.4.3 既不能用 $F$ 检验也不能用 $t$ 检验进行检验的假设

当假设的形式是非线性或者是乘积形式时，就不能用 $F$ 检验或者 $t$ 检验的框架进行假设检验了。例如，$H_0$：$\beta_2\beta_3=2$ 或者 $H_0$：$\beta_2^2=1$ 就不能被检验。

### 4.4.4 关于样本规模和渐近理论的注记

计量经济学的初学者通常都会问一个问题：模型估计中最合适的样本规模是多少？这个问题虽然没有一个明确的答案，但应该注意的是计量经济学中的检验过程大多依赖于渐近理论。也就是说，只有存在无穷多的观测值时，理论上的结果才存在。在实践中，有无穷多的观测值是不可能的，但幸运的是，实际运用渐近理论时并不需要无穷多个观测值。换句话说，只要样本规模足够大，就可以获得检验统计量的渐近估计值。所以在一般情况下，应该尽可能多地使用观测值（当然，这个说法还涉及“结构稳定性”问题，不过我们将这些内容放在第 5 章中讨论）。因为对于所有研究者来说，所有可处理的只有数据样本，他们将依据这些数据来估计参数值，并推断可能对应的总体。由于抽样误差的存在，一个样本可能很难提供确切的总体数值。即使样本是从总体中随机抽取的，也总有一些运气的成分使得某些样本相对而言更能代表总体的特性。因此，增加样本规模可以最小化抽样误差，因为样本规模越大，抽到的数据不能代表总体的可能性越小。

**例 4.3** 假设一位研究者想检验一家公司股票的收益率（$y$）是否对所考虑的三个因素中的两个（因素 $x_2$ 和因素 $x_3$）具有单位敏感度。他用 144 个月度观测值进行回归，回归方程如下：

$$y=\beta_1+\beta_2x_2+\beta_3x_3+\beta_4x_4+u \tag{4.30}$$

现在的问题是：

（1）有约束回归和无约束回归的形式各是什么？

（2）如果两个 $RSS$ 分别是 436.1 和 397.2，完成这一检验。

对因素 $x_2$ 和 $x_3$ 的单位敏感度意味着这一回归的约束应该是这两个变量的系数为 1，所以应该是 $H_0$：$\beta_2=1$ 且 $\beta_3=1$。无约束的回归已经由式（4.30）给出。为了推导出有约束的回归，这里首先给出约束条件：

$$y=\beta_1+\beta_2x_2+\beta_3x_3+\beta_4x_4+u \quad \text{满足} \quad \beta_2=1 \text{ 和 } \beta_3=1 \tag{4.31}$$

将零假设条件下 $\beta_2$ 和 $\beta_3$ 的值代入

$$y=\beta_1+x_2+x_3+\beta_4x_4+u \tag{4.32}$$

重新整理，可得：

$$y-x_2-x_3=\beta_1+\beta_4x_4+u \tag{4.33}$$

定义 $z=y-x_2-x_3$，于是有约束的回归变为 $z$ 对一个常数和 $x_4$ 进行回归：

$$z=\beta_1+\beta_4x_4+u \tag{4.34}$$

$F$ 检验统计量的计算公式由式（4.20）给出。在本例中，公式中各项的数值分别为：$T=144$，$k=4$，$m=2$，$RRSS=436.1$，$URSS=397.2$。将这些值代入 $F$ 检验统计量的计算公式，可以得到 $F$ 检验统计量的值为 6.86。现在，要将这个统计量和临界值 $F(m, T-k)$ ［很明显，在这个例子中是 $F(2,140)$］进行比较。其中，5%显著性水平和 1%显著性水平下的临界值分别为 3.07 和 4.79。这里要注意，$F$ 分布临界值表中没有包含 140 那一行，所以我们使用临近的 120，而不是∞。显然，检验统计量超过了这两个显著性水平下的临界值，因此我们应该拒绝零假设，于是可以得出结论：约束没有得到数据的支持。

## 4.5 数据挖掘和真实的检验规模

我们在前面讲过，检验规模等于拒绝一个正确零假设的可能性，通常被记为 $\alpha$。它建立在假定检验统计量服从随机分布的基础上，因此有时只是会碰巧取到落在拒绝域中的异常值。这意味着如果有足够多的被检测变量，那么就总能在变量间找到统计上显著的关系。例如，假设有一个因变量 $y_t$ 和独立产生的 20 个服从正态分布的解释变量 $x_{2t}$，…，$x_{21t}$（不含常数项），现在将这 20 个解释变量中的每一个变量和 1 个常数项对 $y$ 进行回归，并检验回归中每个解释变量的显著性。如果将这个实验重复多次，平均来讲，每 20 次回归中就会有 1 次在每次实验中的斜率系数在 5%的显著性水平下都是显著的。这也说明对任何回归来说，如果回归中的解释变量足够多，通常会有 1 个或者更多的解释变量碰巧会是显著的。更具体地说，如果采用的检验规模是 $\alpha$%，那么平均来说每 $100/\alpha$ 个回归中就有一个会碰巧出现斜率系数是显著的情况。

不基于金融或经济理论来选择备择变量，而是直接在回归中不断尝试许多不同变量的方法就是我们通常所说的**“数据挖掘”**（data mining）或者“数据探测”。在这种情况下，真正的显著性水平将比名义上的显著性水平大得多。例如，现在分别独立进行 20 次回归，其中 3 次回归中包含了一个统计显著的回归量，假设名义的显著性水平是 5%，那么实际的显著性水平将高很多（如 25%）。因此，如果研究者得到的结果是包含最终 3 个方程的回归，并且说它们在 5%的水平下是显著的，那么这个结果中关于变量的显著性水平就是不准确的。

为确保列入模型中的回归变量是基于金融或经济理论，另一种避免数据挖掘的方法是检验模型对样本外其他数据的预测效果（见第 6 章）。这一方法的核心思想在于使用一部分数据进行模型估计，并将其余数据用作模型检验。在估计阶段观察到的相关性仅仅是数据挖掘的结果，可能出现错误，也很可能对样本外的期间不再适用。因此，运用数据挖掘所得到的模型很可能对数据拟合得很差，从而不能对样本外期间给出一个比较准确的预测。

## 4.6 定性变量

在建立计量经济模型时，有很多情况下我们希望捕捉定性信息的影响。例如，我们可能对模拟信用评级感兴趣，或者想比较男女交易员的表现，以便确定平均来讲谁承担了更多风险。在这两种情况下，一开始并不存在与定性信息（信用评级和交易员性别）相关联的数字。我们将定性信息转化为可纳入模型的定量变量的方法是通过构造一个或多个**哑变量**（dummy variable），这一类变量通常被指定为在一个小范围的整数值内取一个值，大多数情况下取 0 和 1。

哑变量可用于横截面回归或时间序列回归，并且在任意一种回归中的使用方式与其他解释变量都是相同的。特别地，哑变量的系数可以被解释为：在模型中所有其他因素给定时，每个类别的因变量值的平均变化。比如，假设我们有数据，然后估计下面的回归模型：

$$salary_i=\beta_1+\beta_2 age_i+\beta_3 sex_i+\beta_4 location_i+\beta_5 edu_i+u_i \tag{4.35}$$

其中，$salary_i$ 是交易员 $i$ 的平均工资（单位是美元）；$age$ 是他（或她）的年龄；$sex$ 是他（或她）的性别（1=男性，0=女性）；如果交易员在纽约，则 $location=0$，如果在伦敦，则 $location=1$，如果在巴黎，则 $location=2$；如果交易员有学士学位或更高学位，则 $edu=1$，否则为 0。

在这种情况下，模型中的所有 4 个解释变量都是哑变量，其中 3 个变量只取 0 和 1。对于后者，哑变量的系数很容易被解释为具有此特征的交易员与不具有此特征的交易员之间平均工资的差异。例如，假设 $\hat{\beta}_3=2\,850$，这意味着男性交易员（哑变量值为 1）的平均年收入比同等的女性交易员高出 2 850 美元。同样地，如果 $\beta_5$ 的估计值 $\hat{\beta}_5=8\,500$，这表明拥有至少一个学位的交易员平均每年比没有学位的交易员多挣 8 500 美元。

位置（*location*）哑变量的含义比较难解释。严格来说，以这样的方式设置哑变量可能是不合适的，原因在于该哑变量有 3 个取值，且存在数字意义上的排序，而且这一处理可能不是有意的。实际上，假设样本中的交易员位于这些地点中的一个，而不是其他地点，那么我们应该设立 2 个或 3 个单独的 0－1 哑变量。比如，可以设定一个 $NY_i$ 哑变量，如果交易员在纽约，$NY_i=1$，否则为 0；类似地，还可以设立伦敦哑变量和巴黎哑变量。其实，回归中要么包括 3 个哑变量（回归方程中不包括截距），要么就只包括 2 个哑变量并且保留截距项。如果我们同时包含 3 个哑变量和截距，就无法估计回归模型，这就是著名的**哑变量陷阱**（dummy variable trap）——详见第 10 章 10.3 节。

上述所有变量称为**截距哑变量**（intercept dummy），因为实际上它们改变了每种情况下的截距（例如，与女性相比，男性有不同的截距，也就是不同的平均工资），但是它们没有改变因变量和其他自变量之间的关系——后者被称为**斜率哑变量**（slope dummy variable），这一部分内容也将在第 10 章 10.3 节讨论。

很明显，通过这一简要介绍可以看到，哑变量是非常有用的。在本书的其他部分，尤其是在第 5 章考虑异常值、在第 10 章考虑季节性以及在第 12 章研究受限因变量时都会广泛运用哑变量。

## 4.7 拟合优度统计量

### 4.7.1 $R^2$

我们希望有一些测度方法可以用来判断回归模型对数据的拟合程度。换句话说，我们非常希望能够回答这样的问题——包含解释变量的模型能在多大程度上解释因变量的变化。当前，一种被称为**拟合优度统计量**（goodness of fit statistics）的统计工具可以用来测试样本回归函数对数据的拟合度，即拟合出来的回归线与所有数据的“接近”程度。注意，我们并不能说样本回归函数对总体回归函数的拟合效果有多好，也就是说，因为变量之间真正的关系永远是未知的，所以不能将估计的模型与变量之间真正的关系作比较。

那么，哪些测量方法可以作为拟合优度统计量的合理备选方案呢？对于这个问题，我们可能首先想到的是残差平方和（*RSS*）。OLS 选择了使残差平方和最小的系数估计值，所以 *RSS* 值越小，模型对数据的拟合度越好。使用 *RSS* 确实是个不错的选择。但从前文来看，*RSS* 是无边界的（严格地说，由前文来看，*RSS* 受到总平方和的约束，具体可参阅下文），即它可以是任意（非负）值。举例来说，在 OLS 估计中的 *RSS* 值为 136.4，它的真正含义是什么呢？好像很难确定。因此，如果仅仅观察这一数字本身，其实我们很难说这条回归线对数据的拟合效果如何。在很大程度上，*RSS* 的值依赖于因变量的测量单位。因此，将所有的观测值除以 10 是减小 *RSS* 的一种方法，但这没有任何意义。

实际上，我们常常使用尺度化了的残差平方和。最常见的拟合优度统计量是 $R^2$，定义 $R^2$ 的方法之一是将它表述为 $y$ 和 $\hat{y}$ 相关系数的平方，即因变量的值和模型拟合值之间相关系数的平方。根据定义，相关系数的值必须在－1 和＋1 之间。因为以这种方法定义的 $R^2$ 是相关系数的平方，因此它的值也一定在 0 和 1 之间。如果相关系数很大，说明模型对数据的拟合度很好。反之，如果相关系数很小（接近 0），就说明这个模型无法对数据进行较好的拟合。

$R^2$ 的另外一种定义要求我们思考什么才是模型所试图解释的东西。实际上，模型试图解释的是 $y$ 相对于其平均值 $\bar{y}$ 的变化。更确切地说，$\bar{y}$ 这个量是 $y$ 的无条件均值，它好像一个基准。也就是说，如果研究者没有关于 $y$ 的模型，那么就没有比 $y$ 只对一个常数进行回归更糟糕的了。事实上，在只对常数进行回归时，系数估计值就是 $y$ 的均值。所以，在下列回归中

$$y_t = \beta_1 + u_t \tag{4.36}$$

系数估计值 $\hat{\beta}_1$ 就是 $y$ 的均值，即 $\bar{y}$。因变量的所有观测值相较于均值的总变化量称为**总平方和**——$TSS$（total sum of squares），其计算公式为：

$$TSS = \sum_t (y_t - \bar{y})^2 \tag{4.37}$$

$TSS$ 可以被分为两个部分，即可由模型解释的部分（即“回归平方和”，explained sum of squares，简记为 $ESS$）和不能由模型解释的部分（即“残差平方和”，residual sum of squares，简记为 $RSS$），即

$$TSS = ESS + RSS \tag{4.38}$$

$$\sum_t (y_t - \bar{y})^2 = \sum_t (\hat{y}_t - \bar{y})^2 + \sum_t \hat{u}_t^2 \tag{4.39}$$

残差平方和也可以表示为：

$$\sum_t (y_t - \hat{y}_t)^2$$

由于观测值 $t$ 的残差可以定义为实际观测值和拟合值之差，所以拟合优度统计量可以由回归平方和与总平方和的比率给出：

$$R^2 = \frac{ESS}{TSS} \tag{4.40}$$

由于 $TSS = ESS + RSS$，因此式（4.40）也可以写为：

$$R^2 = \frac{ESS}{TSS} = \frac{TSS - RSS}{TSS} = 1 - \frac{RSS}{TSS} \tag{4.41}$$

$R^2$ 的取值一定在 0 和 1 之间（假定回归中有常数项），这一直觉来源于上面从相关系数角度所给出的对 $R^2$ 的有关解释，但除此之外还有另外一种解释。假设我们考虑两个极端情况：

$$RSS = TSS \quad 即\ ESS = 0 \quad 因此 \quad R^2 = \frac{ESS}{TSS} = 0$$

$$ESS = TSS \quad 即\ RSS = 0 \quad 因此 \quad R^2 = \frac{ESS}{TSS} = 1$$

在第一种情况下，模型不能解释 $y$ 相较于其均值的任何变化，因此残差平方和与总平方和相等，这种情况只会发生在系数估计值正好全部等于零的时候。在第二种情况下，模型能解释 $y$ 相较于其均值的所有变化，这意味着残差平方和等于零，这种情况只会发生在所有的观测值都正好落在拟合线上的时候。当然在现实中，这两种情况几乎都不可能发生，但它们能表明 $R^2$ 的值必然介于 0 和 1 之间。在其他情况相同的前提下，

$R^2$ 值越大说明模型的拟合度越好。

总而言之，判断线性回归是否能较好地拟合数据的一个简单（但略显粗略，接下来会解释其原因）方法就是看其 $R^2$ 值。$R^2$ 值接近 1 表明模型几乎解释了因变量相较于其均值的所有变化，而 $R^2$ 值接近 0 则说明模型对数据的拟合程度很差。图 4.1 和图 4.2 展示了简单二元回归的两种极端情况，即 $R^2=0$ 和 $R^2=1$。

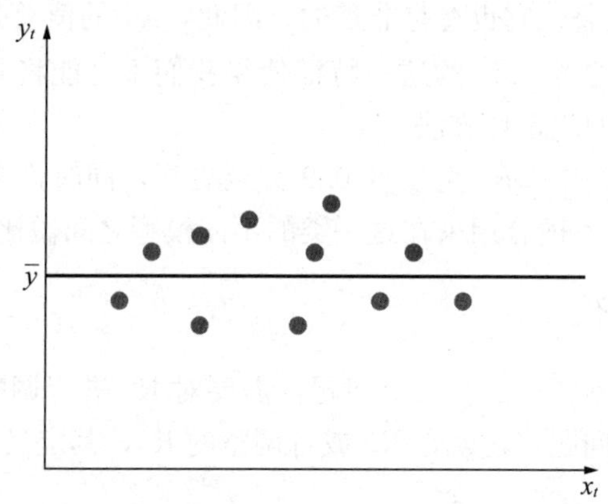


**图 4.1　用水平拟合线表示 $R^2=0$，即斜率系数为零**

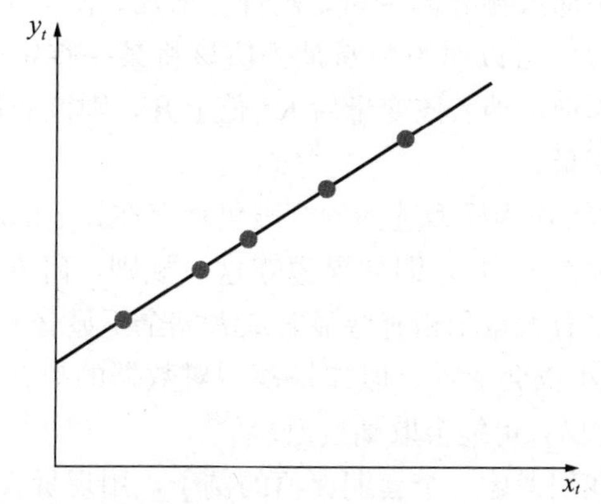


**图 4.2　所有的数据恰好在拟合线上，即 $R^2=1$**

## 4.7.2　$R^2$ 作为拟合优度的一种测度方法所存在的问题

$R^2$ 计算简单，凭直觉就可以理解，还可以概括性地说明模型对数据的拟合效果。但是，将 $R^2$ 作为拟合优度的测度指标仍然存在以下很多问题：

(1) $R^2$ 定义为 $y$ 相较于其均值的变异性，因此如果将一个模型再参数化（将其重新排列）从而改变因变量，那么 $R^2$ 将会改变。即使第二个模型只是第一个模型的简单再排列并且两者具有相同的 $RSS$，$R^2$ 也会发生改变。因此，比较具有不同因变量模型的 $R^2$ 值是没有意义的。

(2) 如果在回归中加入更多的自变量，$R^2$ 值绝对不会下降。举例来说，考虑如下两个模型：

回归方程 1：$y=\beta_1+\beta_2x_2+\beta_3x_3+u$ (4.42)

回归方程 2：$y=\beta_1+\beta_2x_2+\beta_3x_3+\beta_4x_4+u$ (4.43)

回归方程 2 的 $R^2$ 至少与回归方程 1 的 $R^2$ 一样大。而且只有当新加入变量的系数估计值恰好为零，即 $\hat{\beta}_4=0$ 时，回归方程 2 的 $R^2$ 才会和回归方程 1 的 $R^2$ 正好相等。实际上，即便 $\hat{\beta}_4$ 不那么显著，它也总是非零的。因此，$R^2$ 的值总是会随着模型中变量的不断增加而持续增大。注意，$R^2$ 的这一特征使得我们不可能将其作为确定是否应该将某个特定变量纳入模型的决定性方法。

(3) 在时间序列回归中，$R^2$ 可以取 0.9 甚至更高，同时许多模型通常会有大致相同的 $R^2$ 值，因此 $R^2$ 并不适合用来在这一类的不同模型之间做比较判断。

### 4.7.3 调整的 $R^2$

为了解决上述三个问题中的第二个问题，需要对 $R^2$ 进行调整，即考虑在加入额外变量之后自由度的损失问题。这就是 $\bar{R}^2$ 或者调整的 $R^2$，其定义如下：

$$\bar{R}^2=1-\left[\frac{T-1}{T-k}(1-R^2)\right] \tag{4.44}$$

按照上式，如果在模型中加入额外的变量，$k$ 将会增加，除非 $R^2$ 的增加能抵消它，否则 $\bar{R}^2$ 将会减小。因此，$\bar{R}^2$ 可以作为判断是否应该将某一特定变量纳入模型的决策工具。其规则是：如果在模型中纳入该变量后 $\bar{R}^2$ 值上升，则该变量应该被引入；如果 $\bar{R}^2$ 下降，则不应该引入该变量。

然而，将最大化的 $\bar{R}^2$ 作为模型选择的标准仍然存在如下问题：

首先，这是一条“软性规则”，即如果遵守这一规则，研究者最终会得到一个规模非常大的模型，其中包含有大量稍稍有些显著或者完全不显著的变量。同时，如果在回归中包含截距项，$R^2$ 最小也会取零，但如果模型对数据的拟合度极差，即使回归中有截距项，可调整的 $R^2$ 也仍有可能会取到负值。

举几个例子，如果我们考虑一个套期保值的例子，用现货收益率对期货收益率进行回归，回归方程的 $R^2$ 值为 0.99，这说明几乎所有现货收益率的变化都可以由期货收益率来解释。然而，用超额股票收益率对超额市场收益率进行 CAPM 回归的拟合度并不好，例如假设 $R^2=0.35$（即大约 35%），得到的结论是在股票的样本区间内大约只有三分之一的月超额收益变动能由以标准普尔 500 指数所代表的市场收益变动所解释。

下面的内容给出了 OLS 方法的另外一个应用，包括对 $t$ 比率和 $R^2$ 的阐释。

## 4.8 幸福定价模型

幸福定价模型是对计量经济学技术的一个应用，其系数在直觉上有着极具吸引力的解释。**幸福定价模型**（hedonic pricing model）主要用于对不动产尤其是房产进行定价，它把资产视为代表了一系列特征的事物，每一个特征对消费者来说要么有效用要么没效用。给定资产的特征（如住所的大小、卧室的个数、地理位置、卫生间的数量等），我们常用幸福定价模型对资产进行评估和定价。在这些模型中，系数估计值就代表了“特征的价格”。

Des Rosiers 和 Thériault（1996）给出了幸福定价模型的一个应用。在这个应用中，他们考察了加拿大魁北克地区 5 个地下商场的建筑物和公寓的租赁价值的幸福效应。在解释了影响租赁价值（例如家具、照明或热水是否都包含在租赁价格里）的“特定合同”的特征效应后，他们所得到的用加元表示的每月租金（因变量）的模型是由 9～14 个变量（取决于所考察的区域）所组成的函数。这项研究使用了 1990 年魁北克市区的数据，共 13 378 个观测值，其中 12 个解释变量是：

LnAGE　房产外观年龄的对数值
NBROOMS　卧室的数量
AREABYRM　每个房间的面积（以平方米计算）
ELEVATOR　哑变量＝如果建筑物有电梯取 1，否则取 0
BASEMENT　哑变量＝如果房间位于地下取 1，否则取 0
OUTPARK　室外停车位的数量
INDPARK　室内停车位的数量
NOLEASE　哑变量＝如果这一单元没有租赁合同，其值为 1，否则为 0
LnDISTCBD　房屋到中央商务区（CBD）距离（以公里计）的对数
SINGLPAR　建筑物所在区域单亲家庭所占的百分比
DSHOPCNTR　与最近的购物中心的距离（以公里计）
VACDIFF1　房产数据与人口普查数据之间的空房差异

这一列表中包含了几个哑变量，包括 ELEVATOR，BASEMENT，OUTPARK，INDPARK，NOLEASE。在下面探讨输出的结果时，我们会讨论这些哑变量的系数。Des Rosiers 和 Thériault（1996）对 5 个不同的地区做了详细的报告，并给出了与模型相关的不同变量的结果，如表 4.1 所示。

**表 4.1　1990 年加拿大魁北克市房屋租赁价值的幸福模型（因变量：加元/月）**

| 变量 | 系数 | $t$ 比率 | 预期符号 |
|---|---|---|---|
| 截距 | 282.21 | 56.09 | ＋ |
| LnAGE | －53.10 | －59.71 | － |
| NBROOMS | 48.47 | 104.81 | ＋ |
| AREABYRM | 3.97 | 29.99 | ＋ |
| ELEVATOR | 88.51 | 45.04 | ＋ |
| BASEMENT | －15.90 | －11.32 | － |
| OUTPARK | 7.17 | 7.07 | ＋ |
| INDPARK | 73.76 | 31.25 | ＋ |
| NOLEASE | －16.99 | －7.62 | － |
| LnDISTCBD | 5.84 | 4.60 | － |
| SINGLPAR | －4.27 | －38.88 | － |

续表

| 变量 | 系数 | $t$ 比率 | 预期符号 |
|---|---|---|---|
| DSHOPCNTR | −10.04 | −5.97 | − |
| VACDIFF1 | 0.29 | 5.98 | − |

注：经调整的 $R^2=0.651$；回归 $F$ 统计量$=2\ 082.27$。

资料来源：Des Rosiers and Thériault (1996). Reprinted with the permission of the American Real Estate Society.

经调整的 $R^2$ 表明租赁价格相较于其均值变化的65%能由该模型所解释。对于一个横截面回归来说，这个值是相当高的。此外，所有的变量在0.01%或者更低的水平下显著，回归 $F$ 统计量强有力地拒绝了解释变量系数全部为0的零假设。值得注意的是，回归 $F$ 统计量和 $R^2$ 之间有一种相关关系，如专栏4.1所示。

**▶专栏 4.1◀**

## 回归 F 统计量和 $R^2$ 之间的关系

一个回归 $R^2$ 和回归 $F$ 统计量之间存在某种特定关系，$F$ 统计量所检验的是"所有斜率参数同时为零"的零假设。我们称包含所有解释变量的无约束回归的残差平方和为 $RSS$，而有约束的回归是 $y_t$ 只对常数进行回归：

$$y_t=\beta_1+u_t \tag{4.45}$$

因为模型中没有斜率参数，任何 $y_t$ 相较于其均值的变化都不能被模型所解释。因此，式（4.45）的残差平方和 $RSS$ 实际上就是 $y_t$ 的总平方和 $TSS$。我们可以将检验所有斜率参数是否联合为零的 $F$ 统计量的方程写为如下形式：

$$F\text{ 统计量}=\frac{TSS-RSS}{RSS}\times\frac{T-k}{k-1} \tag{4.46}$$

式中限制条件的个数（$m$）等于斜率参数的个数（$k-1$）。已知 $TSS-RSS=ESS$，将式（4.46）的分子分母同时除以 $TSS$，可得：

$$F\text{ 统计量}=\frac{ESS/TSS}{RSS/TSS}\times\frac{T-k}{k-1} \tag{4.47}$$

式（4.47）中左侧部分的分子即为 $R^2$，分母为 $1-R^2$，所以 $F$ 统计量也可写作

$$F\text{ 统计量}=\frac{R^2(T-k)}{(1-R^2)(k-1)} \tag{4.48}$$

注意，$F$ 统计量和 $R^2$ 之间的这种关系只在包含这种零假设的检验中成立，在其他情况下并不成立。

正如上述内容中所提到的，评估经济模型的方法之一就是看它与理论是否相符。这个案例中没有可用的真实理论，但是我们有这样一种认知——所有的变量都会在某个方向上对租赁价格产生影响。表4.1中的最后一列给出了系数值的预期符号（由作者确定），可以将其与系数的实际符号作比较。可以看到，除了两个变量（到CBD距离的对

数值和空房差异）以外，其他所有变量的符号都和预期符号保持一致。Des Rosiers 和 Thériault（1996）认为“到 CBD 距离”系数的符号也可能为正，因为虽然在其他条件都相同的情况下，人们通常会愿意住在离城市中心比较近的地方，但在本例中大多数最不理想的居住区到市中心的距离都比较近。

系数估计值说明了住所每一个特征的租赁价格（加元/月）。下面对此做进一步的说明，NBROOMS 的值为 48（经四舍五入处理，下同），表明在其他条件都相同的情况下，增加一个卧室将使得每月租金平均增加 48 加元。BASEMENT 的系数为－16，说明位于地下室的租金比位于地面上相同类型房间的租金平均少 16 加元。最后，室外停车位的系数显示每增加一个室外停车位可以使房租平均增加 7 加元，而每增加一个室内停车位可以使房租平均增加 74 加元，等等。从理论上讲，截距项衡量的是房产在所有特征值都为零时的租金。如前所述，这个例子说明常数项上的系数通常没有实际意义，我们可以将其看作是房屋刚刚建成、没有卧室、没有停车位、没有租赁合同、恰好在 CBD 和购物中心上等等条件下的房租价格。

这里，值得一提的是这项研究的局限性——它假定不同类型房产的每一个特征的隐含价格都是相同的，而且这些特征可以无限制供应，永远都不会饱和。换句话说，它的隐含假定是如果对一处房产无限制地增加更多的卧室和室外停车位，它的月租金每次会分别增加 48 加元和 7 加元。在现实中，这样的假设不可能成立，所以这将使得估计出来的模型只适用于“平均”意义上的房产。举例来说，豪华住宅增加一个室内停车位的价值比普通住宅增加一个室内停车位的价值大得多。与此类似，如果当前住宅有一个卧室，增加一个额外的卧室就比在已经有 10 个卧室的住宅中再增加一个卧室的边际价值更大。要解决这个难题，一个可行的方法就是在回归中运用具有固定效应的哑变量，本书第 11 章将会解释其原因。

## 4.9 对于非嵌套假设的检验

到目前为止，本书所进行的假设检验都是在“嵌套”模型下完成的。这意味着在每种情况下，检验都含有对原始模型的一些限制，并由此得到有限制的模型形式，这一形式可能是模型原始的一个子集，也可能本身就是嵌套于原始模型中的。

然而，对不同的非嵌套模型进行比较有时也是很有趣的。例如，假设两个研究人员独立工作，他们分别用不同的金融理论来解释某变量 $y_t$ 的变化。假设两个研究者所挑选的模型分别如下面两式所示：

$$y_t=\alpha_1+\alpha_2 x_{2t}+u_t \tag{4.49}$$

$$y_t=\beta_1+\beta_2 x_{3t}+v_t \tag{4.50}$$

其中，$u_t$ 和 $v_t$ 是独立同分布的误差项。模型（4.49）包含变量 $x_2$ 不包含 $x_3$，而模型（4.50）包含变量 $x_3$ 不包含 $x_2$。在这种情况下，没有哪个模型可以被视为是另外一个模型的限制形式。那么，应该如何比较这两个模型，从而决定哪个模型能更好地拟合数

据 $y_t$ 呢？在 4.7 节的讨论中，一个显而易见的答案就是比较模型间的 $R^2$ 或者经调整的 $R^2$。由于这两个回归模型等号右端的变量个数相同，因此比较 $R^2$ 和经调整的 $R^2$ 的效果是一样的。经调整的 $R^2$ 甚至可以用于两个模型间变量个数不同的情况，这是由于它使用了惩罚项（penalty term）来对解释变量数量的增加做出补偿。不过，经调整的 $R^2$ 是基于一个特定的惩罚函数（即 $T-k$ 以一种特定的方式出现在方程中），而这个惩罚函数的形式未必就是最优的。并且，如前所述，经调整的 $R^2$ 是一个软性规则，总的来说，我们运用经调整的 $R^2$ 来选择模型可能会更倾向于选择那些包含更多解释变量的模型。其实，我们还可以有其他几个类似的准则，并且每一个准则都或多或少有一些严格的惩罚项，我们将它们统称为**"信息准则"**（information criteria）。第 6 章对此会有详细的解释，但现在我们完全可以说在许多情况下，对惩罚项的不同设定会导致模型选择的倾向性有所不同。

另一个比较不同非嵌套模型的方法是估计一个复合或者混合模型。在式（4.49）和式（4.50）的例子中，相应的混合模型为：

$$y_t=\gamma_1+\gamma_2 x_{2t}+\gamma_3 x_{3t}+w_t \tag{4.51}$$

其中，$w_t$ 为误差项。方程（4.51）包含了式（4.49）和式（4.50），两者分别是 $\gamma_3=0$ 和 $\gamma_2=0$ 的特殊情形。因此，可以通过检验模型（4.51）中 $\gamma_2$ 和 $\gamma_3$ 的显著性来判断最佳模型，这一判断可能会出现以下四种结果（专栏 4.2）。

**▶专栏 4.2◀**

## 在不同模型之间进行选择

（1）$\gamma_2$ 在统计上显著而 $\gamma_3$ 不显著。在这种情况下，式（4.51）就变成式（4.49），后者是更优的模型。

（2）$\gamma_3$ 在统计上显著而 $\gamma_2$ 不显著。在这种情况下，式（4.51）就变成式（4.50），后者是更优的模型。

（3）$\gamma_3$ 和 $\gamma_2$ 在统计上均显著。这表示 $x_2$ 和 $x_3$ 对 $y$ 都有递增的解释力，在这种情况下，这两个变量都应该保留。模型（4.49）和模型（4.50）都应该被抛弃，模型（4.51）是更优的模型。

（4）$\gamma_3$ 和 $\gamma_2$ 在统计上均不显著。在这种情况下，这些模型都不能被抛弃，必须运用其他方法在两个模型中做出选择。

然而，使用复合回归模型来进行非嵌套模型的选择也有一些局限性。其中最重要的是，即使在模型（4.49）和模型（4.50）中包含等式右边的自变量有着坚实的理论依据，它们的混合模型可能也没有任何意义。举例来说，金融理论可能认为 $y$ 服从模型（4.49）或模型（4.50），但是模型（4.51）却是不合理的。

此外，如果具有竞争性质的解释变量 $x_2$ 和 $x_3$ 之间具有高度的相关性（即它们几乎呈现共线性），那么将会出现这样的情况：如果模型中包含这两个变量，则 $\gamma_2$ 和 $\gamma_3$ 在统计上都会是不显著的，然而它们在各自的回归（4.49）和（4.50）中都是显著的，详情请参阅第 5 章中的多重共线性部分。

另一种判断方法是 Davidson 和 MacKinnon（1981）提出的 $J$ 复合检验，感兴趣的读者可以参阅他们的作品或者阅读 Gujarati（2003，pp. 533－536）以了解更多的详细内容。

## 4.10 分位数回归

### 4.10.1 背景和动机

标准回归方法可以有效地为因变量的（条件）均值建模，也就是说，它们能在给定所有解释变量均值的条件下捕获 $y$ 的均值。当然，我们也可以根据拟合回归线计算出在解释变量取任何值的情况下 $y$ 的取值，但这从本质上来说只是将 $y$ 和 $x$ 之间均值意义上的关系行为向其余数据进行的外推而已。

上述方法通常被认为是次优的。原因何在呢？下面给出一个例子来说明这个问题。假设我们现在对捕捉不同国家对银行的监管力度和国内生产总值（GDP）之间的横截面关系感兴趣。我们从一个监管力度很小（或者没有监管）的情况开始。监管力度的增大很可能会带来经济活动的增加，因为随着金融环境变得越来越诚信和稳定，银行系统的作用也就发挥得越来越好。然而，有可能出现这样一个临界点，即在超过这一临界点之后，监管力度的增大将会因为扼杀创新而阻碍经济发展，同时也会对银行业响应其所服务的其他产业的需求造成阻碍。因此，我们认为监管力度和 GDP 增长之间存在非线性（倒 U 形）关系。如果对这种非线性关系用标准线性回归模型进行估计，那么将会导致对这一关系的认识出现严重误导，因为它会将极少监管和极多监管的积极影响和消极影响都进行平均化。

当然，在这种情况下，我们可以在回归模型中包含非线性（即多项式）项（例如，在方程中对监管力度项取平方、立方、……）。但是由 Koenker 和 Bassett（1978）所创立的**分位数回归**（quantile regression）通过对条件分位数函数的模型进行估计，给出了一种更自然和灵活的方式来捕捉变量之间内在关系的复杂性。分位数回归可以用于时间序列回归和横截面回归中，但在后者中的应用更为普遍。该方法通常假设因变量，也就是分位数回归文献中常说的**响应变量**（response variable）是独立同分布的且具有相同的方差。当然，也可以放松这些假设，但这将额外增加模型的复杂性。分位数回归是一种分析一系列变量相关关系的综合性方法。正如当分布受几个非常大的异常值影响从而呈现明显的有偏分布时，中位数比均值更能刻画平均或者“典型”行为一样，分位数回归比 OLS 回归对异常值和非正态性的刻画更为精确。需要注意的是，因为分位数回归没有对参数的最优估计量施加分布假设，所以它是一种非参数方法。

分位数回归建模中常用的符号和方法与大家所熟知的金融计量中所使用的符号和方法有些不同，这或许限制了分位数回归方法的早期使用，但它在历史上仍然被广泛地运用在了其他学科中。其中，劳动经济学上对这一方法的大量运用就是最好的例子。随着相关计量经济学软件包越来越容易获得，以及学者们对序列“尾部行为”建模的兴趣愈加浓烈，分位数回归方法在金融学中开始得到了广泛的应用。对分位数回归方法的最常见的应用是对**在险价值**（value at risk，简记为 VaR）进行建模。这是很自然的，因为 VaR 模型就建立在对可能损失分布的分位数进行估计的基础上——相关内容可以参阅 Chernozhukov 和 Umantsev（2001）的研究以及 Engle 和 Manganelli（2004）① 所进一步发展的 CaViaR 模型。

用 $\tau$ 来表示的分位数代表在一个已经排好序的序列 $y$ 中某个观测值所处的位置——例如，中位数恰好是处于中间的观测值，而（低于）10%的分位数就是使 10%的观测值都低于它的数值（即 90%的观测值在该分位数之上），等等。更精确地，我们可以定义具有累积分布 $F(y)$ 的随机变量 $y$ 的第 $\tau$ 个分位数 $Q(\tau)$ 为：

$$Q(\tau)=\inf y: F(y)\geqslant\tau \tag{4.52}$$

其中，inf 是下确界，或者"最大下界"，即满足不等式的最小 $y$ 值。根据定义可知，分位数一定位于 0 和 1 之间。

分位数回归进一步发展了分位数的概念，同时能在给定解释变量的情况下更有效地对 $y$ 的整个条件分布建模（而不仅仅是 OLS 的均值）。因此，分位数回归不仅能够检验自变量对 $y$ 的分布的位置和规模的影响，也可以检验自变量对其分布形状的影响。所以，我们可以对解释变量是如何影响了 $y$ 的分布的 5%、90%的分位数或者 $y$ 的中位数等进行判定。

### 4.10.2 分位数方程的估计

和普通最小二乘法是在寻找能够使得残差平方和达到最小的平均值一样，最小化残差绝对值之和可以得到中位数。根据定义，绝对值函数是对称的，因此大于中位数和小于中位数的个数相等。但如果将残差的绝对值依残差正负号的不同而设定为具有不同的权重，那么我们就可以计算分布的分位数。为了估计第 $\tau$ 个分位数，我们将正的观测值的权重设为 $\tau$，这是我们关心的分位数，那么负的观测值的权重就是 $1-\tau$。我们可以挑选我们所感兴趣（或软件能实现）的分位数，但通常的选择是 0.05、0.1、0.25、0.5、0.75、0.9 和 0.95。当 $\tau$ 值太接近它的异常值（即 0 和 1）时，数据拟合可能不是最优的，所以建议不要选择这样的值。

我们可以将一系列分位数回归参数 $\hat{\beta}_\tau$ 最小化的问题写成如下形式，其中每一个元素都是 $k\times 1$ 的向量：

$$\hat{\beta}_\tau=\operatorname{argmin}_\beta\Big(\sum_{i: y_i>\beta x_i}\tau|y_i-\beta x_i|+\sum_{i: y_i<\beta x_i}(1-\tau)|y_i-\beta x_i|\Big) \tag{4.53}$$

这个方程阐明了权重是如何被纳入最优化的。如前所述，对于中位数来说，$\tau$ 值为 0.5，权重是对称的，但是对于其他分位数来说，权重将是非对称的。我们将使用单纯形法（simplex algorithm）所代表的线性规划或者矩框架下的广义方法来解决上述最优化问题。

① 在有关分位数回归的相关文献中，Koenker 和 Hallock（2001）简洁易懂地介绍了分位数回归及其应用。如果想学习得更加透彻，可以参阅 Koenker（2005）这一著作。

有的读者可能会想，能否通过分割数据然后对每一个数据区间分别进行回归来代替分位数回归。例如，去掉 $y$ 中前 90%的观测值及其所对应的各个 $x$ 的值，然后对剩下的数据进行回归。然而，这个过程就相当于截断了因变量，这完全是错误的，同时还可能会导致严重的样本选择偏差，这一部分的具体内容将在本书第 12 章中讨论，或者参阅 Heckman（1976）。实际上，分位数回归并没有分割数据——在每一个分位数上都运用了所有的观测值进行参数估计。

一个非常有用的做法是，将每个分位数 $\tau$（从 0 到 1）与其参数估计值 $\hat{\beta}_{i,\tau}$（$i=1$，…，$k$）在坐标图上绘出，这样我们就可以审视估计值是否会随着分位数的变化而变化，还是基本保持不变。有时候图中也包含±2 的标准误边界，随着 $\tau$ 逐渐达到其极限值，标准误区域会扩宽。不幸的是，从概念上来讲，产生这些分位数回归参数的标准误比仅仅估计参数本身更为复杂，这部分内容超出了本书的范围。在某些假设下，Koenker（2005）证明了分位数回归参数是渐近正态分布的。另外，估计参数的方差—协方差矩阵的方法有很多，其中一种是基于所谓的**“自举法”**（bootstrap）——请见第 13 章中的详细讨论。

### 4.10.3 分位数回归的应用：基金业绩评估

Bassett 和 Chen（2001）提出了一种评估共同基金业绩（与标准普尔 500 指数相比）中投资类型贡献度的分析方法。为了检验不同投资类型下投资组合头寸随绩效的变化，他们采用了分位数回归的方法。

通过某种特定投资类型下的观测数据来有效评估共同基金经理的业绩是很困难的。举例来说，价值股和小盘股往往能产生比整体股票市场更高的收益。与此相对应的是，Fama 和 French（1993）等提出的因子模型早已被用来消除这些特征的影响——详见第 14 章。这种模型的使用也确保了基金经理挑选高业绩股票的技能不会与随机投资价值股和小盘股相混淆，而后者在长期内会跑赢大盘。例如，如果基金经理的投资组合中大部分是小公司股票，因为公司的规模效应，我们预期将会看到高于平均水平的收益率。

Bassett 和 Chen（2001）通过将基金收益率对大型成长股组合的收益率、大型价值股组合的收益率、小型成长股组合的收益率和小型价值股组合的收益率进行回归来对不同投资类型进行分析，这些不同类型组合的收益率以罗素（Russell）类型指数为基础。在这种方式下，这些类型模仿式资产组合收益率中的每一个参数估计值都衡量了基金对于某一特定投资类型的敞口程度。因此，在我们对基金持股情况一无所知的时候，仅仅根据事后收益和它们与类型指数收益率的关系，就可以确定一个基金的实际投资类型。表 4.2 展示了标准 OLS 回归和 $\tau$ 分别为 0.1、0.3、0.5（即中位数）、0.7 和 0.9 的分位数回归结果。样本数据是从 1992 年 12 月到 1997 年 12 月，标准差的计算采用了自举法。

值得注意的是，一个特定回归的类型参数值之和通常是 1（除了四舍五入）。为节约篇幅，我们只展示了 Magellan 主动型基金而非标准普尔 500 的结果——后者对于不同分位数估计结果的变化极小。OLS 的结果（第二列）表明平均收益率对于大型价值类股票的敞口是最大的（参数估计值在统计上也是显著的），接下来依次是小型成长股、大型成长股和小型价值股。将分别基于均值（OLS）和中位数［即 $Q(0.5)$］的结果进行比较是一件非常有趣的事情，后者表明中位数收益率对大型价值股的敞口最大，接下来是小型成长股，对大型成长股的敞口几乎为零。

**表 4.2 Magellan 基金的 OLS 回归和分位数回归结果**

| | OLS | $Q(0.1)$ | $Q(0.3)$ | $Q(0.5)$ | $Q(0.7)$ | $Q(0.9)$ |
|---|---|---|---|---|---|---|
| 大型成长股 | 0.14 | 0.35 | 0.19 | 0.01 | 0.12 | 0.01 |
| | (0.15) | (0.31) | (0.22) | (0.16) | (0.20) | (0.22) |
| 大型价值股 | 0.69 | 0.31 | 0.75 | 0.83 | 0.85 | 0.82 |
| | (0.20) | (0.38) | (0.30) | (0.25) | (0.30) | (0.36) |
| 小型成长股 | 0.21 | −0.01 | 0.10 | 0.14 | 0.27 | 0.53 |
| | (0.11) | (0.15) | (0.16) | (0.17) | (0.17) | (0.15) |
| 小型价值股 | −0.03 | 0.31 | 0.08 | 0.07 | −0.31 | −0.51 |
| | (0.20) | (0.31) | (0.27) | (0.29) | (0.32) | (0.35) |
| 常数项 | −0.05 | −1.90 | −1.11 | −0.30 | 0.89 | 2.31 |
| | (0.25) | (0.39) | (0.27) | (0.38) | (0.40) | (0.57) |

注：圆括号中的数字是标准误。

资料来源：Bassett and Chen (2001). Reprinted with the permission of Springer-Verlag.

同样地，考察系数估计值随着分位数从左 [$Q(0.1)$] 到右 [$Q(0.9)$] 的移动而变化的情况也是相当有意思的。可以看到，随着分位数从 0.1 移动至 0.9，大型成长股组合的系数估计值从 0.31 [在 $Q(0.1)$ 处] 到 0.01 [在 $Q(0.9)$ 处] 单调递减，而大型价值股组合和小型成长股组合的系数估计值呈现大幅递增态势。小型价值股组合的系数估计值从 0.31 [在 $Q(0.1)$ 处] 下降到−0.51 [在 $Q(0.9)$ 处]。对这些结果的另一种解读（笔者本人的解读）是当基金在历史上表现不佳时，对大型价值股、大型成长股和小型成长股的敞口将从超额配置变为均衡配置。另一方面，当基金在历史上表现良好的时候，对大型价值股和小型成长股的敞口变大，而对小型价值股的敞口变小。显而易见的是，随着分位数从左往右变化，截距项的估计值（常数项系数）是单调递增的，这是因为分位数回归能够有效地对平均业绩进行分类，而截距项就是在基金对所有类型的敞口都为 0 时的业绩。

## 核心概念

本章给出了定义及解释的核心概念包括：

- 多元回归模型
- 方差—协方差矩阵
- 有约束回归
- $F$ 分布
- 残差平方和
- 总平方和
- 多元假设检验
- 非嵌套检验
- $R^2$
- $\bar{R}^2$

- 幸福定价模型
- 数据挖掘
- 哑变量
- 复合回归
- 分位数回归
- 定性数据

## 附录 4.1 CLRM 结果的数学推导

### 对多元回归中 OLS 系数估计量的推导

在多元回归中，为了获得参数估计值 $\beta_1$，$\beta_2$，…，$\beta_k$，要求关于 $\beta$ 所有元素的残差平方和最小。残差表示为如下向量形式：

$$\hat{u}=\begin{bmatrix}\hat{u}_1\\ \hat{u}_2\\ \vdots\\ \hat{u}_T\end{bmatrix} \tag{4A.1}$$

残差平方和 $RSS$ 仍然是相应的损失函数，可以以矩阵的形式表示为

$$L=\hat{u}'\hat{u}=[\hat{u}_1\ \hat{u}_2\cdots\ \hat{u}_T]\begin{bmatrix}\hat{u}_1\\ \hat{u}_2\\ \vdots\\ \hat{u}_T\end{bmatrix}=\hat{u}_1^2+\hat{u}_2^2+\cdots+\hat{u}_T^2=\sum\hat{u}_t^2 \tag{4A.2}$$

记待估参数向量为 $\hat{\beta}$，上式可以表示为

$$L=\hat{u}'\hat{u}=(y-X\hat{\beta})'(y-X\hat{\beta})=y'y-\hat{\beta}'X'y-y'X\hat{\beta}+\hat{\beta}'X'X\hat{\beta} \tag{4A.3}$$

$\hat{\beta}'X'y$ 是 $(1\times k)\times(k\times T)\times(T\times 1)=1\times 1$，同样，$y'X\hat{\beta}$ 也是 $(1\times T)\times(T\times k)\times(k\times 1)=1\times 1$，所以实际上 $\hat{\beta}'X'y=y'X\hat{\beta}$。因此式（4A.3）也可以写为：

$$L=\hat{u}'\hat{u}=(y-X\hat{\beta})'(y-X\hat{\beta})=y'y-2\hat{\beta}'X'y+\hat{\beta}'X'X\hat{\beta} \tag{4A.4}$$

为了找到使残差平方和达到最小的参数值，将表达式对 $\hat{\beta}$ 求微分，并令其等于零。即

$$\frac{\partial L}{\partial\hat{\beta}}=-2X'y+2X'X\hat{\beta}=0 \tag{4A.5}$$

因为 $y'y$ 对 $\hat{\beta}$ 的导数为零，$\hat{\beta}'X'X\hat{\beta}$ 相当于 $X\hat{\beta}$ 的平方（微分是 $2X'X\hat{\beta}$），将式（4A.5）重新整理为

$$2X'y=2X'X\hat{\beta} \tag{4A.6}$$

$$X'y=X'X\hat{\beta} \tag{4A.7}$$

在式（4A.7）等号两侧同时乘以 $X'X$ 的转置，有

$$\hat{\beta}=(X'X)^{-1}X'y \tag{4A.8}$$

因此，$k$ 个参数的 OLS 估计值向量为

$$\hat{\beta}=\begin{bmatrix}\hat{\beta}_1\\ \hat{\beta}_2\\ \vdots\\ \hat{\beta}_k\end{bmatrix}=(X'X)^{-1}X'y \tag{4A.9}$$

## 对多元回归中 OLS 系数标准误的推导

随机变量 $\hat{\beta}$ 的方差为 $E[(\hat{\beta}-\beta)(\hat{\beta}-\beta)']$。因为 $y=X\beta+u$，给定式（4A.9），方差也就可以表示为

$$\hat{\beta}=(X'X)^{-1}X'(X\beta+u) \tag{4A.10}$$

将圆括号展开，有

$$\hat{\beta}=(X'X)^{-1}X'X\beta+(X'X)^{-1}X'u \tag{4A.11}$$

$$\hat{\beta}=\beta+(X'X)^{-1}X'u \tag{4A.12}$$

因此，$\hat{\beta}$ 的方差也可表示为

$$E[(\hat{\beta}-\beta)(\hat{\beta}-\beta)']=E[(\beta+(X'X)^{-1}X'u-\beta)(\beta+(X'X)^{-1}X'u-\beta)'] \tag{4A.13}$$

将每个括号内的 $\beta$ 消去，有

$$E[(\hat{\beta}-\beta)(\hat{\beta}-\beta)']=E[((X'X)^{-1}X'u)((X'X)^{-1}X'u)'] \tag{4A.14}$$

将式（4A.14）右边的括号展开为

$$E[(\hat{\beta}-\beta)(\hat{\beta}-\beta)']=E[(X'X)^{-1}X'uu'X(X'X)^{-1}] \tag{4A.15}$$

$$E[(\hat{\beta}-\beta)(\hat{\beta}-\beta)']=(X'X)^{-1}X'E[uu']X(X'X)^{-1} \tag{4A.16}$$

现在，$E[uu']$ 可以通过 $s^2I$ 估计，所以

$$E[(\hat{\beta}-\beta)(\hat{\beta}-\beta)']=(X'X)^{-1}X's^2IX(X'X)^{-1} \tag{4A.17}$$

其中，$I$ 是 $k\times k$ 单位矩阵，进一步整理为

$$E[(\hat{\beta}-\beta)(\hat{\beta}-\beta)']=s^2(X'X)^{-1}X'X(X'X)^{-1} \tag{4A.18}$$

将 $X'X$ 和最后的 $(X'X)^{-1}$ 约掉，有

$$\text{var}(\hat{\beta})=s^2(X'X)^{-1} \tag{4A.19}$$

这就是参数的方差—协方差矩阵的表达式，$s^2(X'X)^{-1}$ 即为系数的方差—协方差矩阵的估计值。主对角线上的元素给出了所估计的系数的方差，非对角线中的元素给出了所估计的参数间的协方差。正如本章正文中所讨论的那样，$\hat{\beta}_1$ 的方差是对角线的第一个元素，$\hat{\beta}_2$ 的方差是主对角线的第二个元素，……，$\hat{\beta}_k$ 的方差是主对角线的第 $k$ 个元素，等等。

## 附录 4.2　对因子模型和主成分分析法的简单介绍

当大量的变量之间存在着非常紧密的关系，或者想要考虑所有变量的主要影响时，常常使用因子模型来降低维度。因子模型将序列的结构分解为所有序列共有的因子和每个序列特有的部分（异方差）。这样的模型主要有两类，大体可以分为宏观经济因子模型和数学因子模型。两者间的主要区别在于前者的因子是可观测的，而后者的因子是潜在（不可观测）的。可观测的因子模型包括 Ross（1976）的 APT 模型，最常见的数学因子模型是**主成分分析**（principal components analysis，简记为 PCA）。当解释变量紧密相关时（例如，在近乎多重共线性的情况下），PCA 是一种十分有用的方法。具体来讲，如果模型中有 $k$ 个解释变量，PCA 能将它们转化为 $k$ 个不相关的新变量。

为了进一步说明这一点，假设原来的解释变量由 $x_1$，$x_2$，…，$x_k$ 表示，而主成分由 $p_1$，$p_2$，…，$p_k$ 表示。注意，这些主成分是原始数据的独立线性组合：

$$\begin{aligned}
p_1&=\alpha_{11}x_1+\alpha_{12}x_2+\cdots+\alpha_{1k}x_k\\
p_2&=\alpha_{21}x_1+\alpha_{22}x_2+\cdots+\alpha_{2k}x_k\\
&\cdots\cdots\\
p_k&=\alpha_{k1}x_1+\alpha_{k2}x_2+\cdots+\alpha_{kk}x_k
\end{aligned} \tag{4A.20}$$

其中，$\alpha_{ij}$ 是待估参数，代表在第 $i$ 个主成分上第 $j$ 个解释变量的系数。这些系数也称为**因子载荷**（factor loading）。注意，如果每一个解释变量上有 $T$ 个观测值，那么每一个主成分也有 $T$ 个观测值。

此外，还要求每一个主成分系数的平方和都等于 1，即：

$$\begin{aligned}
&\alpha_{11}^2+\alpha_{12}^2+\cdots+\alpha_{1k}^2=1\\
&\cdots\cdots\\
&\alpha_{k1}^2+\alpha_{k2}^2+\cdots+\alpha_{kk}^2=1
\end{aligned} \tag{4A.21}$$

上述要求可以用加总符号来表示：

$$\sum_{j=1}^{k}\alpha_{ij}^2=1 \quad \forall i=1,\cdots,k \tag{4A.22}$$

构造成分是在约束最优化下的纯数学处理，因此对变量的结构、分布或者其他性质并不做任何假设。

主成分是按照重要性的递减次序推导出来的。虽然有与解释变量的个数一致的 $k$ 个主成分，但如果原来的解释变量之间存在一些共线性，那么就可能存在一些主成分（最后少数几个）对变量缺乏解释力，从而可以将这些主成分删除。然而，如果所有的原始解释变量之间根本不存在相关关系，那么尽管在这种情况下首先使用主成分分析的动机和理由不足，所有的成分也都必须保留。

主成分还可以理解为 $X'X$ 的特征值，其中 $X$ 是原始变量观测值的矩阵。因此，特征值的个数就等于变量的个数 $k$。如果用 $\lambda_i(i=1, \cdots, k)$ 表示排序后的特征值，那么比率

$$\phi_i = \frac{\lambda_i}{\sum_{i=1}^{k} \lambda_i}$$

将给出由主成分 $i$ 所能解释的原有数据总变化的比率。假设仅前面 $r(0<r<k)$ 个主成分就能充分解释 $X'X$ 的变化，我们将其保留，并去掉其余 $k-r$ 个成分。这样形成主成分后，待估计的回归就是 $y$ 对 $r$ 个主成分的回归：

$$y_t = \gamma_0 + \gamma_1 p_{1t} + \cdots + \gamma_r p_{rt} + u_t \tag{4A.23}$$

在这种方式下，主成分被认为保留了原始解释变量中大多数的重要信息，尽管它们是正交的。再次强调，这一点对于具有紧密相关关系的解释变量来说可能会特别有效。尽管删除多余的信息使得主成分比 OLS 估计量更为有效，但主成分估计值（$\hat{\gamma}_i$，$i=1, \cdots, r$）是有偏的。实际上，如果用 $\hat{\beta}$ 表示 $y$ 对 $x$ 初始回归的 OLS 估计量，可以知道：

$$\hat{\gamma}_r = P_r'\hat{\beta} \tag{4A.24}$$

其中，$\hat{\gamma}_r$ 表示主成分的系数估计值，$P_r$ 是前 $r$ 个主成分的矩阵，因此主成分系数的估计值仅仅是原 OLS 估计值的线性组合。

### 对利率的主成分分析

大量经济或金融模型都以这样或那样的形式将利率作为独立变量。为反映投资者所面临的投资机会的变化，研究者可能希望包含大量不同资产的利率。然而，人们通常认为，不同的市场利率之间并不是完全独立的，这就使得在计量经济模型中引入一些利率成为统计上的一个敏感问题。对这一问题进行考察的一种方法是对几个相关的利率序列使用主成分分析，以判断它们在历史上某个时期内的运动是否为相互独立的。

Fase（1973）进行了这样一项研究，他使用了从 1962 年 1 月到 1970 年 12 月（108 个月）的荷兰月度市场利率。他同时检验了货币市场和资本市场，但在这里我们仅简要讨论货币市场的结果。在 Fase（1973）的研究中，以下货币市场工具都被纳入了研究范围：

- 活期存款；
- 3 个月期国库券；
- 1 年期国库券；
- 2 年期国库券；
- 3 年期国库券；

- 5 年期国库券；
- 对当地政府的贷款：3 月期；
- 对当地政府的贷款：1 年期；
- 欧洲美元存款；
- 荷兰银行官方贴现率。

在分析之前，通过使用“减去均值并除以标准差”的方法使每一个序列标准化，从而使其有零均值和单位方差。表 4A.1 给出了 10 个特征值中最大的 3 个。

**表 4A.1　1962—1970 年间荷兰利率主成分排序后的特征值**

| | 月度数据 | | | 季度数据 |
|---|---|---|---|---|
| | 1962 年 1 月—1970 年 12 月 | 1962 年 1 月—1966 年 6 月 | 1966 年 7 月—1970 年 12 月 | 1962 年 1 月—1970 年 12 月 |
| $\lambda_1$ | 9.57 | 9.31 | 9.32 | 9.67 |
| $\lambda_2$ | 0.20 | 0.31 | 0.40 | 0.16 |
| $\lambda_3$ | 0.09 | 0.20 | 0.17 | 0.07 |
| $\phi_1$ | 95.7% | 93.1% | 93.2% | 96.7% |

资料来源：Fase（1973）. Reprinted with the permission of Elsevier.

表 4A.1 给出了整个样本期间的月度数据、两个子样本的月度数据和整个样本期间的季度数据的结果。表中内容清楚地显示了，第一主成分能充分描述这些荷兰利率序列的共同变化。另外，表 4A.1 的最后一行还显示，第一主成分能解释所有 4 个例子中 90%以上的变化。显然，估计的特征值在整个样本期间都相对稳定，并且不随样本数据抽样频率的变化而变化。表 4A.2 给出了前两个排序后成分的因子载荷（系数估计值）。

如表 4A.2 所示，构成第一主成分的每一个因素的因子载荷都为正。因为每一个标准化后的序列都有零均值和单位方差，所以系数 $\alpha_{j1}$ 和 $\alpha_{j2}$ 分别表示利率 $j$ 与第一主成分和第二主成分之间的相关系数。由于第一主成分中每一个利率序列的因子载荷都接近 1，因此 Fase（1973）认为仅第一主成分就可以解释为所有市场利率的等权重加权组合。第二主成分对利率变化的解释能力弱了许多，并且显示出与国债有关的因子载荷都呈现正值，而与其他序列有关的则是负值或者几乎为零。Fase（1973）认为这归因于荷兰国债工具的特点：它们很少换手并且交易成本低，因此对利率变动的敏感度小。此外，它们不存在类似于欧洲美元存款那样的违约风险。因此，第二主成分大体上可以理解为与违约风险和交易成本相关。

**表 4A.2　1962—1970 年间荷兰利率第一主成分和第二主成分的因子载荷**

| $j$ | 债务工具 | $\alpha_{j1}$ | $\alpha_{j2}$ |
|---|---|---|---|
| 1 | 活期存款 | 0.95 | −0.22 |
| 2 | 3 个月期国库券 | 0.98 | 0.12 |
| 3 | 1 年期国库券 | 0.99 | 0.15 |
| 4 | 2 年期国库券 | 0.99 | 0.13 |
| 5 | 3 年期国库券 | 0.99 | 0.11 |

续表

| $j$ | 债务工具 | $\alpha_{j1}$ | $\alpha_{j2}$ |
|---|---|---|---|
| 6 | 5 年期国库券 | 0.99 | 0.09 |
| 7 | 对当地政府的贷款：3 月期 | 0.99 | −0.08 |
| 8 | 对当地政府的贷款：1 年期 | 0.99 | −0.04 |
| 9 | 欧洲美元存款 | 0.96 | −0.26 |
| 10 | 荷兰银行官方贴现率 | 0.96 | −0.03 |
|  | 特征值，$\lambda_i$ | 9.57 | 0.20 |
|  | 由特征值 $i$ 解释的变化比例，$\phi_i$（%） | 95.7 | 2.0 |

资料来源：Fase (1973). Reprinted with the permission of Elsevier.

主成分分析法在某些情况下是很有用的，但以下原因会限制它的运用：

- $x$ 测量单位的改变将导致主成分的改变。因此在运用主成分分析之前，通常将所有变量都转化为零均值和单位方差的形式。
- 主成分通常没有所谓理论上的动机或解释。
- 从原有 $k$ 个主成分中保留下来的 $r$ 个主成分能解释 $x$ 的大多数变化，但这些成分或许对解释 $y$ 并没有太大作用。

## 自测题

1. 使用相关统计表格中的例子，解释 $t$ 分布和 $F$ 分布之间的关系。

   对问题 2～5，假设计量模型如下：

$$y_t=\beta_1+\beta_2 x_{2t}+\beta_3 x_{3t}+\beta_4 x_{4t}+\beta_5 x_{5t}+u_t \tag{4.54}$$

2. 下列关于系数的哪个假设能运用 $t$ 检验进行检验？哪一个能使用 $F$ 检验？列出每种情况下约束条件的个数。

   (a) $H_0: \beta_3=2$

   (b) $H_0: \beta_3+\beta_4=1$

   (c) $H_0: \beta_3+\beta_4=1$ 且 $\beta_5=1$

   (d) $H_0: \beta_2=0$ 且 $\beta_3=0$ 且 $\beta_4=0$ 且 $\beta_5=0$

   (e) $H_0: \beta_2\beta_3=1$

3. 上述哪些零假设能构成式（4.54）中的回归 $F$ 统计量？无论研究什么样的回归关系，为什么我们总是对这个零假设最感兴趣？在这种情况下，如何形成备择假设？
4. 无约束的残差平方和与有约束的残差平方和哪个更大？为什么？
5. 除去（c），探究问题 2 中零假设之间的关系。哪些能形成有约束的回归？假定回归使用了 96 个季度观测值，有约束回归和无约束回归的残差平方和分别为 102.87 和 91.41，完成检验，并给出你的结论。
6. 你估计了由式（4.55）所给出的回归，以评估不同公司的特定因素对公司样本收益率的影响。这一回归是用200个公司所进行的横截面回归。

$$r_i=\beta_0+\beta_1 S_i+\beta_2 MB_i+\beta_3 PE_i+\beta_4 BETA_i+u_i \tag{4.55}$$

其中，$r_i$ 代表股票的年收益率百分数；

$S_i$ 代表以销售收入衡量的公司 $i$ 的规模；

$MB_i$ 代表公司的市场价值与账面价值比率；

$PE_i$ 代表公司的价格/收益比（市盈率）；

$BETA_i$ 代表股票的CAPM $\beta$ 系数。

回归得到了如下结果（括号中的数字为标准差）：

$$\bar{r}_i=0.080+0.801S_i+0.321MB_i+0.164PE_i-0.084BETA_i$$
$$(0.064)(0.147)\quad(0.136)\quad(0.420)\quad(0.120) \tag{4.56}$$

现在，计算 $t$ 值并回答如下问题：每个变量对证券收益率有什么样的影响？基于你的结论，你认为哪些变量可以从回归式中删除？如果股票的 $\beta$ 值从1增长到1.2，这将对股票的收益率产生什么样的影响？$\beta$ 的符号和你预期的一致吗？请解释你对上述每一种情况所给出的答案。

7. 某研究者要估计包含一个滞后因变量的下列计量经济模型

$$y_t=\beta_1+\beta_2 x_{2t}+\beta_3 x_{3t}+\beta_4 y_{t-1}+u_t \tag{4.57}$$

$$\Delta y_t=\gamma_1+\gamma_2 x_{2t}+\gamma_3 x_{3t}+\gamma_4 y_{t-1}+v_t \tag{4.58}$$

其中，$u_t$ 和 $v_t$ 是独立同分布的扰动项。

这些模型将会有相同的（a）残差平方和（$RSS$），（b）$R^2$，（c）经调整的 $R^2$ 吗？请解释你对上述每一种情况所给出的答案。

8. 研究者将估计如下两个计量经济模型

$$y_t=\beta_1+\beta_2 x_{2t}+\beta_3 x_{3t}+u_t \tag{4.59}$$

$$y_t=\beta_1+\beta_2 x_{2t}+\beta_3 x_{3t}+\beta_4 x_{4t}+v_t \tag{4.60}$$

其中，$u_t$ 和 $v_t$ 是独立同分布的扰动项，$x_{3t}$ 是一个不进入 $y_t$ 数据生成过程的无关变量。第二个模型中的（a）$R^2$，（b）经调整的 $R^2$ 是否会高于第一个模型？解释你的答案。

9. $R^2$ 的单位是什么？

10. 什么是分位数回归？这一方法为何有用？

11. 某研究者想检验在资产B价格急剧下跌时，资产A和资产B收益率之间的关系。他依据资产B价格的变化对数据进行了排序，并去除了前80%的有序观测值。然后他运用余下的最后20%的观测值进行了资产A收益率对资产B收益率的回归。这是一个好的回归方式吗？为什么？

第 5 章

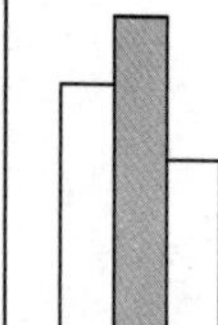

# 古典线性回归模型的假设和诊断检验

**学习目标**

在本章，你要学会：

- 阐述对回归残差进行异方差检验和自相关检验的步骤
- 解释异方差和自相关性对普通最小二乘法参数和标准差估计最优性的影响
- 区分德宾-沃森和布罗施-戈弗雷两种自相关检验方法
- 了解动态模型的优点和缺点
- 检验模型所使用的函数形式是否合理
- 确定回归模型残差的分布是否显著有别于正态分布
- 检验模型的参数是否稳定
- 对构建计量经济学模型的不同理念进行评价

## 5.1 引言

回顾一下，在第 3 章中，我们对古典线性回归模型（CLRM）做出了 5 个相关假定。这些假定使得估计方法——普通最小二乘方法具有了许多理想的性质，也使得与系数估计值有关的假设检验能够有效地进行。具体来讲，这些假定包括：

(1) $E(u_t)=0$;

(2) $\mathrm{var}(u_t)=\sigma^2<\infty$;

(3) $\mathrm{cov}(u_i,u_j)=0$;

(4) $\mathrm{cov}(u_t,x_t)=0$;

(5) $u_t \sim N(0, \sigma^2)$。

现在，我们需要进一步研究这些假定，尤其是要从以下几个方面着手：

- 怎样才能发现假定被违反了呢?
- 在实践中，最有可能导致违反假定的原因是什么?
- 如果假定被违反，但这一事实却被忽略，且研究人员继续进行估计和推断，那么将会出现什么后果?

概括地讲，对上述最后一个问题的回答是，模型将遇到下面三个问题中的一个或多个：

- 系数估计值 $\hat{\beta}$ 有误。
- 相关的标准误估计有误。
- 对检验统计量分布的假定是不恰当的。

进一步，当数据不支持（一个或多个）假定时，我们需要采用一些比较实用的方法去“解决”这些问题，以达到以下目的：

- 使假定不再被违反；
- 避开这些问题，以便仍然能够有效地使用其他可供选择的技术。

## 5.2 诊断检验中的统计分布



下面所讨论的各种回归诊断检验（错误设定）都基于所计算的检验统计量。有若干不同的方法都可以用来构建这些检验，而构造检验统计量的具体方法将取决于其（被假定为）所服从的分布类型。

一般来说，通常有两种特定的方法可供使用——拉格朗日乘子（Lagrange multiplier，简记为 LM）检验和瓦尔德（Wald）检验，它们的结果可由统计软件包给出，第 9 章将对这些过程进行进一步的讨论。就目前而言，读者需要了解的是这里所提出的诊断检验中的 LM 检验统计量，它服从一个卡方（$\chi^2$）分布，该分布的自由度等于给模型所施加的约束条件的个数（用 $m$ 表示）。与 LM 检验统计量不同的是，瓦尔德检验统计量服从一个自由度为（$m$，$T-k$）的 $F$ 分布。尽管在小样本下这两个检验的结果会稍有不同，但在大样本中是渐近一致的。由于 $\chi^2$ 分布和 $F$ 分布有着直接关系，所以随着样本无限增加，这两个检验统计量也将会是相等的。具体来说，在大样本下，$F$ 检验统计量渐近等价于 $\chi^2$ 检验统计量除以其自由度，即：

$$F(m, T-k) \rightarrow \frac{\chi^2(m)}{m} \quad \text{当 } T \rightarrow \infty$$

尽管下面的例子将仅用这两个检验中的其中一个进行说明，但计算机软件包一般都会报告出基于这两种方法的全部结果。通常情况下，这两种方法会给出相同的结论。但是，需要指出的是，如果它们所给出的结论有所不同，那么对于有限样本来说，$F$ 检验通常是更好的选择，因为它对样本更为敏感（它的一个自由度参数依赖于样本大小），而 $\chi^2$ 检验则不是这样。

## 5.3　假定 1：$E(u_t)=0$

所需要的第一个假定是误差的均值等于零。事实上，如果回归方程中包含了一个常数项，这个假定将永远不可能被违反。但是，如果金融理论显示，对于某个特定的实例来说，模型中不应该有（能够使得回归线一定通过原点的）截距项，那么会出现什么情况呢？实际上，如果回归方程中不包含截距项，误差的平均值就不等于零，这就会出现一些我们不愿意看到的后果。首先，定义为 $ESS/TSS$ 的 $R^2$ 值可以出现负值，这意味着样本均值 $\bar{y}$ 比解释变量更能“解释” $y$ 的变化。其次，也更重要的是，没有截距参数的回归会导致斜率系数估计值存在潜在的严重偏差。为了说明这一点，参考图 5.1。

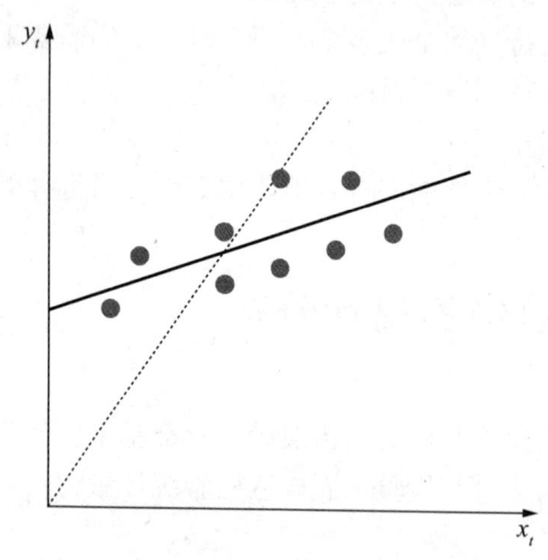


**图 5.1　回归线中没有截距项的影响**

如图所示，实线是包含了常数项的估计回归线，而虚线则显示了没有常数项（即将常数项设为零）的情况。在没有截距项的情况下，估计线将被迫通过原点，所以斜率系数的估计值（$\hat{\beta}$）会出现偏差。另外还有一点需要注意，在这种情况下，$R^2$ 和 $\bar{R}^2$ 通常没有实际意义，这是因为如果回归方程中没有常数项，因变量的均值 $\bar{y}$ 就不等于模型拟合值的均值，即 $\hat{y}$ 的均值。

## 5.4　假定 2：$\text{var}(u_t)=\sigma^2<\infty$

到目前为止，我们都在假定误差项的方差是常数 $\sigma^2$——这被称为**同方差假定**（assumption of homoscedasticity）。如果这一假定被违反，也就是说，如果误差项的方差不是常数，那么我们就将其称为具有**异方差**（heteroscedastic）特征。接下来，我们来看一个关于异方差的例子。假设我们已经估计出了回归模型并计算出了残差 $\hat{\mu}_t$，图 5.2 画出了 $\hat{\mu}_t$ 和解释变量之一 $x_{2t}$ 的关系图。

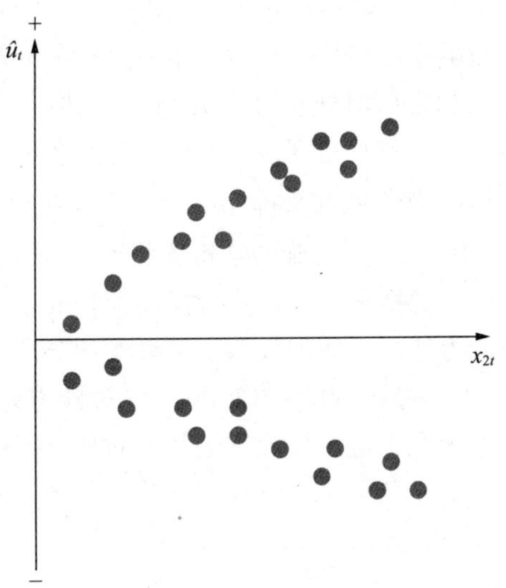

图 5.2　异方差的图示说明

很明显，图 5.2 的误差具有异方差特性。也就是说，尽管它们的均值应该是一个常数，但方差却随着 $x_{2t}$ 的增大而呈现出系统性增大的趋势。

### 5.4.1　对异方差的检验

怎样才能知道误差项是不是具有异方差特征呢？一种可能的方法就是使用上述的图示法。但遗憾的是，我们很少知道异方差产生的原因和具体形式，所以图示法可能也说明不了什么问题。举例来说，如果误差的方差是 $x_{3t}$ 的一个增函数，而研究者画出的是残差与 $x_{2t}$ 的关系图，那么他就不可能看出有任何的异方差模式，从而他会得出误差项有一个常数方差的错误结论。另一种可能是误差的方差随着时间的推移而发生变化，而不是随着一个解释变量的变化呈现系统性的变化，这种现象就是所谓的"ARCH"，我们将在第 9 章中对此问题进行介绍。

不过，幸运的是，针对异方差的问题有许多正式的统计检验，其中最简单的一种方法是戈德菲尔德-匡特（Goldfeld-Quandt，1965）检验。这种检验方法将长度为 $T$ 的总样本分成长度分别为 $T_1$ 和 $T_2$ 的两个子样本，然后分别在这两个子样本下对回归模型进行估计，并且按照 $s_1^2=\hat{u}_1'\hat{u}_1/(T_1-k)$ 和 $s_2^2=\hat{u}_2'\hat{u}_2/(T_2-k)$ 分别计算两个残差的方差。该检验的零假设是两个扰动项的方差相等，即 $H_0: \sigma_1^2=\sigma_2^2$。该检验统计量被称为 $GQ$ 统计量，它等于上述两个残差方差相除，其中较大的方差必须作为分子（假设 $s_1^2$ 是来自长度为 $T_1$ 的样本的残差的方差，并且比 $s_2^2$ 更大，那么即使长度为 $T_1$ 的样本是第二个子样本，$GQ$ 统计量仍然表示为）：

$$GQ=\frac{s_1^2}{s_2^2} \tag{5.1}$$

在零假设下，$GQ$ 检验统计量服从自由度为（$T_1-k$，$T_2-k$）的 $F$ 分布。如果该检验统计量的值超过临界值，则拒绝方差为常数的零假设。

虽然 $GQ$ 检验很容易实施，但其结论在很大程度上取决于对样本怎样进行分割，而有时候这一分割可能会比较随意。显然，在对样本所进行的分割有理论基础的时候（例如，以某一结构性事件之前和之后对样本进行分割），该检验才可能较为有效。假如我们认为扰动项的方差与某个可观测的变量 $z_t$ 有关（注意该变量可能是解释变量，但也可能不是），那么按照 $z_t$ 的值将样本重新排序（而不是根据时间先后排序），然后将重新排序后的样本划分为 $T_1$ 和 $T_2$，再实施 $GQ$ 检验将更加合理。

另外，为了加强 $GQ$ 检验的推断力度，同时提高检验的效能，有时可以采取删除位于样本中心的某些观测值的方法，以便加大两个子样本的分离度。

当然，更为流行的检验方法是 White（1980）针对异方差问题所进行的一般性检验。这种检验特别有用，原因在于这一检验方法并未对异方差的可能形式做出任何先入为主的假定。接下来，专栏 5.1 列示了进行这种检验的具体步骤。

**▶专栏 5.1◀**

## 怀特（White）异方差检验的具体步骤

（1）假定所估计的回归模型是线性的，如：

$$y_t=\beta_1+\beta_2 x_{2t}+\beta_3 x_{3t}+u_t \tag{5.2}$$

为了检验 $\text{var}(u_t)=\sigma^2$，首先对上述模型进行估计，并获得残差 $\hat{u}_t$；

（2）进行辅助回归（auxiliary regression）：

$$\hat{u}_t^2=\alpha_1+\alpha_2 x_{2t}+\alpha_3 x_{3t}+\alpha_4 x_{2t}^2+\alpha_5 x_{3t}^2+\alpha_6 x_{2t} x_{3t}+v_t \tag{5.3}$$

其中，$v_t$ 是服从正态分布且独立于 $u_t$ 的扰动项。这一回归是残差的平方对常数、原解释变量、解释变量的平方及其交叉乘积项的回归。为了理解为什么残差平方是一个我们感兴趣的量，现在回过头来看看随机变量 $u_t$ 的方差：

$$\text{var}(u_t)=E[(u_t-E(u_t))^2] \tag{5.4}$$

在 $E(u_t)=0$ 的假定下，

$$\text{var}(u_t)=E[u_t^2] \tag{5.5}$$

我们不可能知道总体扰动项的平方 $u_t^2$，所以这里再次用其所对应的样本残差的平方来代替。

采用这种形式的辅助回归的理由在于，它非常适合用来考察残差的方差（包含在 $\hat{u}_t^2$ 里）是否会随着与模型有关的任何已知变量的变化而出现系统性的变化。具体来说，与模型有关的已知变量包括原解释变量、它们的平方以及它们的交叉乘积。还要注意的是，即使原来的回归中没有常数项，辅助回归中也应该包括一个常数项。这是因为存在这样一个事实：即使 $\hat{u}_t$ 是零均值的，$\hat{u}_t^2$ 也总会有非零的均值。

（3）如上所述，给定辅助回归，接下来可以用两种不同的方法进行检验。首先，我们可以运用第 4 章所描述的 $F$ 检验框，具体步骤如下：先将式（5.3）作为不受约束的回归方程，然后进行 $\hat{u}_t^2$ 仅对常数项的有约束回归，再将不同模型中的 $RSS$ 代入标准的 $F$ 检验公式。

在众多诊断检验中，还有一种不需要对第二个（有约束的）回归进行估计的方法。这种方法被称为拉格朗日乘子（LM）检验，它主要围绕着辅助回归中的 $R^2$ 值进行。如果式（5.3）中有一个或多个系数呈现出统计上的显著性，那么这一方程的 $R^2$ 值将会比较高。但是如果没有一个变量呈现出统计上的显著性，$R^2$ 值就会比较低。为此，LM 检验将从辅助回归中获得 $R^2$，然后乘以观测值数量 $T$，其具体形式如下式所示：

$$TR^2 \sim \chi^2(m)$$

其中，$m$ 是辅助回归中自变量的个数（不包括常数项），它也等于必须置于 $F$ 检验方法下的约束的个数。

（4）该检验是一个零假设为 $\alpha_2=0$，$\alpha_3=0$，$\alpha_4=0$，$\alpha_5=0$，$\alpha_6=0$ 的联合假设检验。对 LM 检验来说，若来自步骤（3）的 $\chi^2$ 检验统计量大于对应统计表中的值，那么就拒绝误差具有同方差特征的零假设。

**例 5.1** 假设估计式（5.2）时使用了 120 个观测值，辅助回归（5.3）的 $R^2$ 是 0.234。那么，检验统计量就等于 $TR^2=120\times0.234=28.08$，它遵循零假设下的 $\chi^2(5)$ 分布。由 $\chi^2$ 表可知，5%的临界值是 11.07。这里，检验统计量值大于临界值，因此拒绝零假设，结论是“有异方差显著存在的证据”，所以在这种情况下，我们没有理由假定误差的方差是一个常数。

### 5.4.2 存在异方差时使用 OLS 的后果

假定误差项具有异方差特征，但如果这一事实被研究者所忽略，继续进行估计和推断的话，会出现什么后果呢？实际上，在这种情况下，OLS 估计量仍然可以给出无偏（也是一致）的系数估计值，但是它们不再是最佳线性无偏估计量（BLUE），即它们在一系列的无偏估计量中不再具有最小方差。原因在于，在对估计量一致性和无偏性的证明中，误差项的方差 $\sigma^2$ 不发挥作用，但 $\sigma^2$ 一定会出现在系数（估计值）方差的计算公式中。因此，如果误差项是异方差的，系数标准误的公式将不再成立。对于异方差问题所可能造成的后果，Hill，Griffiths 和 Judge（1997，pp. 217－218）给出了一个非常容易理解的代数处理，有兴趣的读者可以参阅这一资料。

所以，我们的结论是，如果在存在异方差的情况下仍然使用 OLS，则标准误将是有误的，由此所做出的任何推断都具有误导性。一般来讲，当误差项具有异方差特性时，对于截距项来讲，OLS 所估计的标准误将会非常大，而异方差对斜率系数标准误的影响将依赖于它的形式。例如，如果误差项的方差与某个解释变量的平方呈正相关关系（实践中常常出现这种情况），那么这一变量斜率系数的 OLS 标准误将会非常小。反之，当误差的方差与某个解释变量呈反向关系时，其斜率系数的 OLS 标准误将会非常大。

### 5.4.3 对异方差的处理

如果我们已经明确知道异方差的具体形式（即其产生的原因），那么就可以考虑使用一种被称为**“广义最小二乘法”**（generalised least squares，简记为 GLS）的估计方法。例如，假设误差方差与 $z_t$ 的关系由下式表示：

$$\mathrm{var}(u_t)=\sigma^2 z_t^2 \tag{5.6}$$

要去除异方差，所要做的就是在回归方程两边同时除以 $z_t$：

$$\frac{y_t}{z_t}=\beta_1 \frac{1}{z_t}+\beta_2 \frac{x_{2t}}{z_t}+\beta_3 \frac{x_{3t}}{z_t}+v_t \tag{5.7}$$

其中，$v_t=\dfrac{u_t}{z_t}$是误差项。

现在，对于已知的 $z$ 来说，因为有 $\mathrm{var}(u_t)=\sigma^2 z_t^2$，所以

$$\mathrm{var}(v_t)=\mathrm{var}\left(\frac{u_t}{z_t}\right)=\frac{\mathrm{var}(u_t)}{z_t^2}=\frac{\sigma^2 z_t^2}{z_t^2}=\sigma^2$$

因此，式（5.7）中的扰动项将是同方差的。注意，由于 $\beta_1$ 与 $1/z_t$ 相乘，所以后面这个回归式中并不包含常数项。实际上，我们可以把广义最小二乘法视为对数据进行变化以满足 OLS 假设的 OLS。另外需要说明的是，广义最小二乘法也被称为**加权最小二乘法**（weighted least squares，简记为 WLS），这是由于在广义最小二乘法下是加权的残差平方和被最小化，而在 OLS 下是没有加权的残差平方和被最小化。

不过需要指出的是，一般情况下，研究者无法确定产生异方差的确切原因，因此在实践中上述方法往往并不可行。那么还有其他方法可用吗？专栏 5.2 给出了其他两种对异方差问题可能的“解决”办法。

**▶专栏 5.2◀**

**对异方差问题的“解决”办法**

（1）将变量变换成对数形式或用一些其他“尺度”减小变量，这将会产生“紧缩”极大观测值的效果。然后，回归将在自然对数或已经变换了的数据上进行。除此之外，取对数这一处理还会产生将一开始的乘法模型（multiplicative model）变为具有可加项模型的效果，就像前面讨论的指数模型（具有乘法误差项）一样。然而，当一个变量是零或负值时，这时变量就不能取对数，因为这种情况下对数没有定义。

（2）运用异方差一一致性标准误估计。大多数标准计量经济软件包都有一个选项（通常是“robust”之类的名称），该选项允许用户使用经过修正的标准误估计量，这一修正是按照 White（1980）的思路来进行的，以便考虑异方差性。运用修正标准误估计量所产生的效果是，如果误差的方差与一个解释变量的平方呈正相关关系，斜率系数的标准误相对于通常的 OLS 标准误来说就会增大，从而使得假设检验更为“保守”，进而导致需要更多对零假设不利的证据才能拒绝零假设。

Fabozzi 和 Francis（1980）给出了单一指数市场模型异方差检验的例子，他们的研究结果充分说明了异方差的存在性。除此之外，他们还对可能构成异方差形式的多种因素进行了考察。

## 5.5 假定 3：对于 $i \neq j$，$\text{cov}(u_i, u_j) = 0$

假定 3 是由古典线性回归模型的扰动项构成，它是指误差项在时间维度上或横截面维度上（具体要视原始数据类型而定）的协方差为零。换句话讲，它假设误差项之间是不相关的。如果误差项不是不相关的，那么就可以说它们之间存在“自相关”或“序列相关”。因此，接下来需要对这个假定进行检验。

这里再次强调，我们是无法观测到总体扰动项的，因此对自相关性的检验只能针对残差 $\hat{u}$ 进行。在进行正式的检验之前，我们需要对变量的滞后值给出定义。

### 5.5.1 滞后值的概念

一个变量（可能是 $y_t$，$x_t$ 或 $u_t$）的**滞后值**（lagged value）是指该变量在前期的取值。例如，我们可以通过将一个工作表中的所有观测值向前移动一期来得到 $y_t$ 滞后一期的值 $y_{t-1}$，表 5.1 阐释了这一情况。

**表 5.1 构建滞后值和一阶差分序列**

| $t$ | $y_t$ | $y_{t-1}$ | $\Delta y_t$ |
|---|---|---|---|
| 2006*M*09 | 0.8 | — | — |
| 2006*M*10 | 1.3 | 0.8 | 1.3−0.8=0.5 |
| 2006*M*11 | −0.9 | 1.3 | −0.9−1.3=−2.2 |
| 2006*M*12 | 0.2 | −0.9 | 0.2−(−0.9)=1.1 |
| 2007*M*01 | −1.7 | 0.2 | −1.7−0.2=−1.9 |
| 2007*M*02 | 2.3 | −1.7 | 2.3−(−1.7)=4.0 |
| 2007*M*03 | 0.1 | 2.3 | 0.1−2.3=−2.2 |
| 2007*M*04 | 0.0 | 0.1 | 0.0−0.1=−0.1 |
| ⋮ | ⋮ | ⋮ | ⋮ |

所以，举例来说，表 5.1 中位于第 2006*M*10 行和第 $y_{t-1}$ 列的值表示 $y_t$ 取前一期（即 2006*M*09）的值 0.8。表 5.1 最后一列还显示了与 $y$ 有关的另一个变量，我们称之为**一阶差分**（first difference）。$y$ 的一阶差分，即所谓的 $y$ 的变化量，用 $\Delta y_t$ 表示，它是用 $y$ 的当前值减去前一期的值计算出来的，其计算公式如下：

$$\Delta y_t = y_t - y_{t-1} \tag{5.8}$$

注意，在将一个变量滞后一期或对其进行一阶差分计算之后，就失去了第一个观测值。因此，如果用上表中的数据完成对 $\Delta y_t$ 的回归，那么数据是从 2006 年 10 月开始的。当然，我们还可以生成滞后二期、滞后三期等数据，这一工作很容易完成。

### 5.5.2 对自相关性的图示检验

为检验自相关性，有必要研究 $\hat{u}$ 的当期值 $\hat{u}_t$ 与其前期值 $\hat{u}_{t-1}$、$\hat{u}_{t-2}$、…之间是否存在某种联系。这里，我们所要做的第一步是用图示法来观察当期残差 $\hat{u}_t$ 和最近的前一期残差 $\hat{u}_{t-1}$ 之间可能的关系。因此，现在我们画出 $\hat{u}_t$ 与 $\hat{u}_{t-1}$ 之间的关系图以及 $\hat{u}_t$ 随时间推移而变化的图形。我们可以通过这两个图形发现残差的一些固定模式，下文将就此展开讨论。

图 5.3 和图 5.4 显示出残差之间存在**正向自相关**（positive autocorrelation）关系，并且随着时间的推移，这一关系呈现周期性变化。这意味着，一般来讲，如果 $t-1$ 时刻的残差为正，那么在 $t$ 时刻它很可能也为正；与此类似，如果在 $t-1$ 时刻残差为负，那么在 $t$ 时刻它很可能也为负。图 5.3 显示大多数代表观测值的点都落在了第一象限和第三象限，而图 5.4 显示呈正向自相关的残差序列并没有频繁地来回跨越水平时间轴。

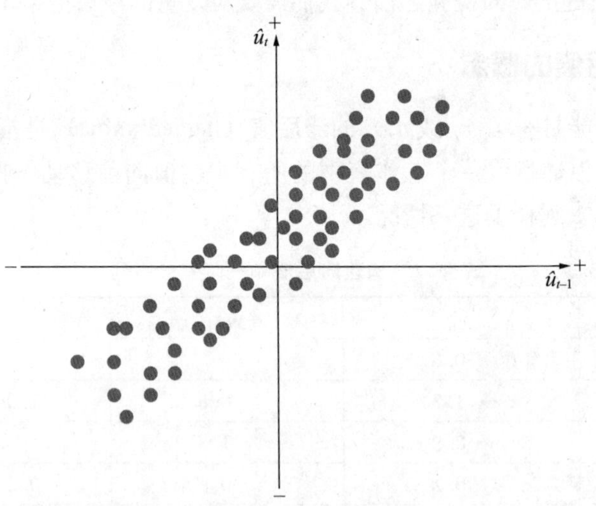


**图 5.3　$\hat{u}_t$ 与 $\hat{u}_{t-1}$ 之间的关系图，显示两者之间存在正向自相关**

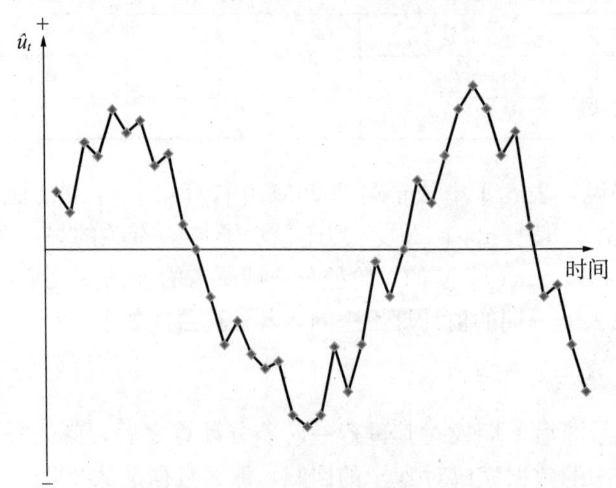


**图 5.4　$\hat{u}_t$ 随时间推移而变化的图形，显示前后值之间存在正向自相关**

图 5.5 和图 5.6 显示了残差之间的**负向自相关**（negative autocorrelation）关系，这是残差之间关系的另一种模式。一般来讲，如果在 $t-1$ 时刻残差为正，那么在 $t$ 时刻它很可能为负；与此类似，如果在 $t-1$ 时刻残差为负，那么在 $t$ 时刻它很可能为正。这种关系被称为负向自相关。图 5.5 显示出观测值的大多数点都落在了第二象限和第四象限，而图 5.6 显示呈负向自相关的残差序列比它们呈随机分布时更频繁地来回跨越水平时间轴。

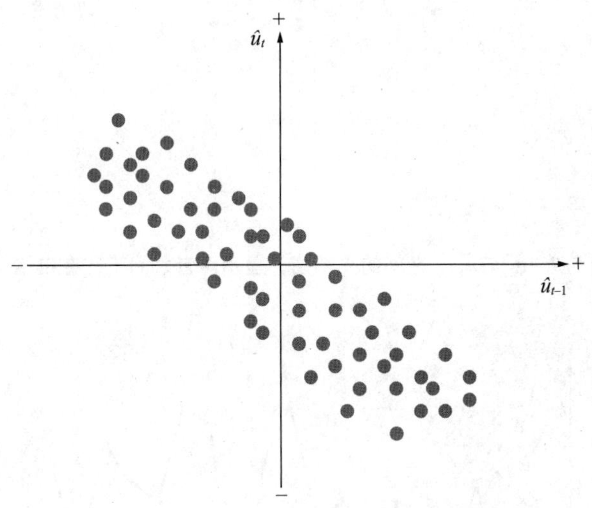


**图 5.5　$\hat{u}_t$ 与 $\hat{u}_{t-1}$ 之间的关系图，显示两者之间存在负向自相关**

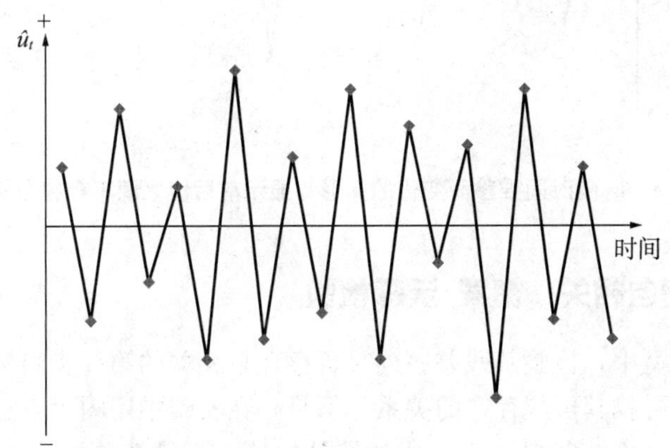


**图 5.6　$\hat{u}_t$ 随时间推移而变化的图形，显示前后值之间存在负向自相关**

最后，图 5.7 和图 5.8 显示出残差之间完全不存在任何关系模式，而这正是我们所希望看到的情况。在同一坐标图中画出 $\hat{u}_t$ 与 $\hat{u}_{t-1}$ 的关系图（图 5.7），这些点随机分布在所有的四个象限中。除此之外，由图 5.8 还可以看到，残差的时间序列图来回跨越水平轴的次数不是太多，但也不是太少。

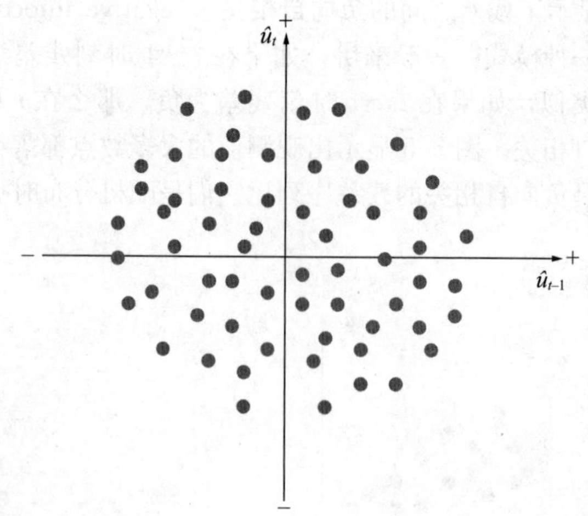


**图 5.7　$\hat{u}_t$ 与 $\hat{u}_{t-1}$ 之间的关系图，显示两者之间不存在自相关**

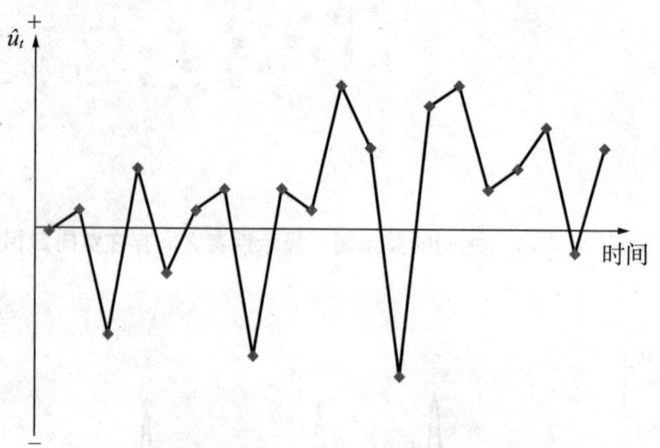


**图 5.8　$\hat{u}_t$ 随时间推移而变化的图形，显示前后值之间不存在自相关**

### 5.5.3　检测自相关：德宾-沃森检验

在所估计的模型中，检验其残差序列是否存在自相关的第一步当然是画出如上面所示的残差图，以便寻找其可能存在的关系。但是，在实践中用图示方法来对自相关性进行解释是很困难的，因此需要使用正式的统计检验，而最简单的检验方法是由 Durbin 和 Watson（1951）提出的。

德宾-沃森（Durbin-Watson，DW）方法用来检验残差是否存在一阶自相关，即它仅检验一个误差项与其临近的前一期值之间的关系。执行该检验以及对检验统计量进行解释的一种方式是将 $t$ 时刻的误差对它的前期值进行回归：

$$u_t=\rho u_{t-1}+v_t \tag{5.9}$$

其中，$v_t \sim N(0, \sigma_v^2)$。$DW$ 检验统计量的零假设和备择假设为：

$$H_0:\rho=0 \text{ 和 } H_1:\rho\neq 0$$

因此，在零假设下，$t-1$ 时刻和 $t$ 时刻的误差是相互独立的。如果这一零假设被拒绝，就证明在临近的残差之间存在某种关系。事实上，我们并不需要估计由式（5.9）给出的回归，因为我们可以直接使用从初始回归估计中得到的数值来计算该检验统计量，即：

$$DW=\frac{\sum_{t=2}^{T}(\hat{u}_t-\hat{u}_{t-1})^2}{\sum_{t=2}^{T}\hat{u}_t^2} \tag{5.10}$$

式（5.10）的分母其实很简单，就是"（观测值数量－1）×残差的方差"。要理解这一点，考虑如果残差的平均值等于零，那么就会有：

$$\text{var}(\hat{u}_t)=E(\hat{u}_t^2)=\frac{1}{T-1}\sum_{t=2}^{T}\hat{u}_t^2$$

从而

$$\sum_{t=2}^{T}\hat{u}_t^2=\text{var}(\hat{u}_t)\times(T-1)$$

式（5.10）的分子"比较"了 $t-1$ 时刻和 $t$ 时刻的误差值。如果误差项之间存在正的自相关，分子上的差就会相对较小；而如果存在负的自相关，误差项符号的改变就会非常频繁，分子也将相对比较大。如果没有自相关，分子的值将会介于比较大的值和比较小的值之间。

我们还可以将 $DW$ 统计量近似表示为 $\rho$ 的估计值的函数：

$$DW\approx 2(1-\hat{\rho}) \tag{5.11}$$

其中，$\hat{\rho}$ 是从式（5.9）的估计中所获得的相关系数的估计值。为了对此加以说明，我们将式（5.10）中的分子写为：

$$\sum_{t=2}^{T}(\hat{u}_t-\hat{u}_{t-1})^2=\sum_{t=2}^{T}\hat{u}_t^2+\sum_{t=2}^{T}\hat{u}_{t-1}^2-2\sum_{t=2}^{T}\hat{u}_t\hat{u}_{t-1} \tag{5.12}$$

现在考察式（5.12）等号右边前两项的构成。其中，第一项是：

$$\sum_{t=2}^{T}\hat{u}_t^2=\hat{u}_2^2+\hat{u}_3^2+\hat{u}_4^2+\cdots+\hat{u}_T^2$$

第二项是：

$$\sum_{t=2}^{T}\hat{u}_{t-1}^2=\hat{u}_1^2+\hat{u}_2^2+\hat{u}_3^2+\cdots+\hat{u}_{T-1}^2$$

因此，这两项的唯一差别就是总和中的第一项和最后一项不同。$\sum_{t=2}^{T}\hat{u}_t^2$ 包含 $\hat{u}_T^2$ 但不包含 $\hat{u}_1^2$，而 $\sum_{t=2}^{T}\hat{u}_{t-1}^2$ 包含 $\hat{u}_1^2$ 但不包含 $\hat{u}_T^2$。随着样本规模 $T$ 趋于无穷大，这两项的差异就显

得微不足道了。因此，作为式（5.10）的分子，式（5.12）可近似表示为：

$$2\sum_{t=2}^{T}\hat{u}_t^2-2\sum_{t=2}^{T}\hat{u}_t\hat{u}_{t-1}$$

把这一表达式代入到式（5.10）中去，可以得到：

$$DW\approx\frac{2\sum_{t=2}^{T}\hat{u}_t^2-2\sum_{t=2}^{T}\hat{u}_t\hat{u}_{t-1}}{\sum_{t=2}^{T}\hat{u}_t^2}=2\left(1-\frac{\sum_{t=2}^{T}\hat{u}_t\hat{u}_{t-1}}{\sum_{t=2}^{T}\hat{u}_t^2}\right) \tag{5.13}$$

$u_t$ 与 $u_{t-1}$ 之间的协方差可写成 $E[(u_t-E(u_t))(u_{t-1}-E(u_{t-1}))]$。在 $E(u_t)=0$［因此 $E(u_{t-1})=0$］的假定下，协方差是 $E(u_t u_{t-1})$。对于样本残差，这一协方差是：

$$\frac{1}{T-1}\sum_{t=2}^{T}\hat{u}_t\hat{u}_{t-1}$$

因此，式（5.13）右边的分子表达式的总和可看成 $T-1$ 乘以 $\hat{u}_t$ 与 $\hat{u}_{t-1}$ 之间的协方差，而根据前面的说明，式（5.13）右边的分母表达式的总和也可以看作 $T-1$ 乘以 $\hat{u}_t$ 的方差，所以有：

$$DW\approx2\left[1-\frac{(T-1)\mathrm{cov}(\hat{u}_t,\hat{u}_{t-1})}{(T-1)\mathrm{var}(\hat{u}_t)}\right]=2\left[1-\frac{\mathrm{cov}(\hat{u}_t,\hat{u}_{t-1})}{\mathrm{var}(\hat{u}_t)}\right]$$
$$=2[1-\mathrm{corr}(\hat{u}_t,\hat{u}_{t-1})] \tag{5.14}$$

于是，$DW$ 检验统计量近似地等于 $2(1-\hat{\rho})$。由于 $\hat{\rho}$ 是相关系数，它的取值范围为 $-1\leqslant\hat{\rho}\leqslant1$，即 $\hat{\rho}$ 必然介于 $-1$ 和 $+1$ 之间。把 $\hat{\rho}$ 的上下限代入式（5.11），根据相应的极限值计算出的 $DW$ 值的取值范围为 $0\leqslant DW\leqslant4$。现在，我们分别来考虑 $DW$ 取 3 个重要的值（0、2 和 4）时的具体含义：

- $\hat{\rho}=0$，$DW=2$：这种情况下残差之间不存在自相关性。简单地说，如果 $DW$ 值接近于 2，零假设就不会被拒绝，即几乎不存在有自相关的证据。
- $\hat{\rho}=1$，$DW=0$：这种情况下残差之间存在完全的正向自相关关系。
- $\hat{\rho}=-1$，$DW=4$：这种情况下残差之间存在完全的负向自相关关系。

$DW$ 检验统计量并不遵循 $t$、$F$ 或 $\chi^2$ 这样标准的统计分布。$DW$ 有两个临界值：上限临界值（$d_U$）和下限临界值（$d_L$），还有一个既不能拒绝也不能不拒绝无自相关假设的中间区域。拒绝、不能拒绝和无法做出结论的区域分别表示在图 5.9 的数值线上。

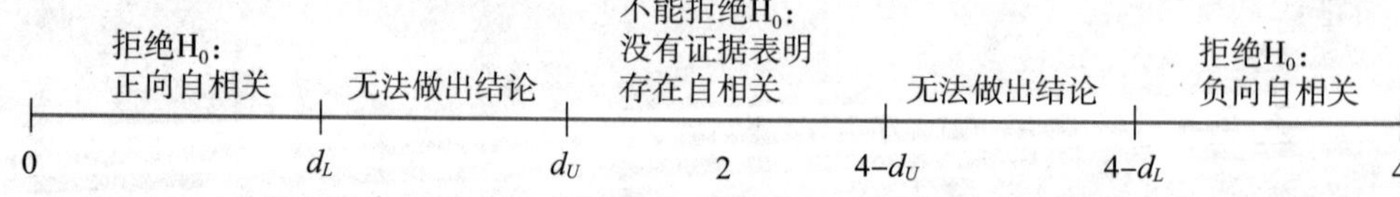


**图 5.9　DW 检验的拒绝域和非拒绝域**

这里再次强调：如果 $DW$ 值小于下限临界值 $d_L$，那么就拒绝零假设，且误差项之间存在正向自相关；如果 $DW$ 值大于 $4-d_L$，那么也拒绝零假设，且误差项之间存在负向自相关；如果 $DW$ 值介于上限临界值 $d_U$ 与 $4-d_U$ 之间，那么就不能拒绝零假设，即误差项之间不存在显著的自相关性。

**例 5.2** 一位研究者希望对某线性回归中残差的一阶序列相关问题进行检验，他所计算的 $DW$ 检验统计量的值是 0.86。这一回归使用了 80 个季度观测值，回归方程的具体形式如下：

$$y_t=\beta_1+\beta_2x_{2t}+\beta_3x_{3t}+\beta_4x_{4t}+u_t \tag{5.15}$$

与该检验有关的一些临界值（参阅本书末附录中的统计分布表 A2.6）包括：$d_L=1.42$，$d_U=1.57$，所以 $4-d_U=2.43$，$4-d_L=2.58$。检验统计量明显低于下限临界值，因此拒绝无自相关的零假设，从而得到模型残差存在正向自相关的结论。

### 5.5.4 *DW* 成为有效检验所必须满足的条件

为了保证 $DW$ 检验在实际应用中是有效的，回归必须满足专栏 5.3 中所列示的三个条件。

**▶专栏 5.3◀**

**$DW$ 成为有效检验的条件**

（1）回归方程中必须有常数项。

（2）如 CLRM 下的假定 4 所示，回归中的自变量必须是非随机的（参阅第 7 章）。

（3）在回归方程中不能有因变量的滞后量（参阅 5.5.8 节）。

如果检验中存在因变量的滞后量或随机的自变量，检验统计量就会出现偏差，使 $DW$ 趋近于 2，从而导致无自相关的零假设在应该被拒绝的情况下无法被拒绝。

### 5.5.5 对自相关的另一种检验方法：布罗施-戈弗雷检验

回顾一下前面的知识，我们可以知道 $DW$ 方法仅能检验邻近的误差项之间是否相关。因此，在其条件不满足的时候不仅不能应用 $DW$ 方法，而且还存在许多 $DW$ 无法检测到的残差自相关的具体形式。例如，如果 $\text{corr}(\hat{u}_t,\hat{u}_{t-1})=0$，但 $\text{corr}(\hat{u}_t,\hat{u}_{t-2})\neq0$，根据前面的定义，$DW$ 并不能发现任何自相关性的存在。对于这一问题，一种可能的解决方法是用 $\hat{u}_{t-2}$ 替换式（5.10）中的 $\hat{u}_{t-1}$，然而，分别进行（$\hat{u}_t$，$\hat{u}_{t-1}$），（$\hat{u}_t$，$\hat{u}_{t-2}$），（$\hat{u}_t$，$\hat{u}_{t-3}$），…，这样两两一组的相关性检验不仅在实践中会让人感到冗长乏味，而且计量经济软件包一般也没有对此专门编制相关代码。实际上，一般情况下软件包仅有用于检验滞后一期的 $DW$ 程序。此外，式（5.11）中的近似关系也会随着两个时期之间间隔的增加而减弱。所以，在这些情况下，我们需要对临界值进行修正。

具体来说，我们希望考察一个对自相关性的联合检验，它可以同时考察 $\hat{u}_t$ 与它的几个滞后值之间的关系。布罗施-戈弗雷检验是对 $r$ 阶自相关性的一个更一般性的检验。在该检验下，误差项的模型是：

$$u_t=\rho_1 u_{t-1}+\rho_2 u_{t-2}+\rho_3 u_{t-3}+\cdots+\rho_r u_{t-r}+v_t,\ v_t\sim N(0,\sigma_v^2) \tag{5.16}$$

零假设和备择假设分别为：

$$\mathrm{H}_0:\rho_1=0\text{ 且 }\rho_2=0\text{ 且}\cdots\text{且 }\rho_r=0$$
$$\mathrm{H}_1:\rho_1\neq 0\text{ 或 }\rho_2\neq 0\text{ 或}\cdots\text{或 }\rho_r\neq 0$$

所以，可以看出，在零假设下，当期的误差项与它前 $r$ 期的任何值都不相关。专栏 5.4 给出了具体的检验步骤：

▶专栏 5.4◀

**布罗施-戈弗雷检验的具体步骤**

（1）用 OLS 估计线性回归方程，获得残差 $\hat{u}_t$。

（2）将 $\hat{u}_t$ 对第一阶段的所有回归自变量（$x$）和 $\hat{u}_{t-1}$，$\hat{u}_{t-2}$，…，$\hat{u}_{t-r}$ 进行回归。回归方程为：

$$\begin{aligned}\hat{u}_t=&\gamma_1+\gamma_2 x_{2t}+\gamma_3 x_{3t}+\gamma_4 x_{4t}+\rho_1\hat{u}_{t-1}+\rho_2\hat{u}_{t-2}+\rho_3\hat{u}_{t-3}\\&+\cdots+\rho_r\hat{u}_{t-r}+v_t,\ v_t\sim N(0,\sigma_v^2)\end{aligned} \tag{5.17}$$

估计后，从该辅助回归中获得 $R^2$。

（3）如果用 $T$ 表示观测值的数量，那么检验统计量为：$(T-r)R^2\sim\chi_r^2$。

需要注意的是，在自相关检验统计量中是 $T-r$ 乘以 $R^2$ 而不像在异方差检验中是 $T$ 乘以 $R^2$，出现这种情况是由于为了获得检验回归中 $r$ 期的滞后值，样本中前 $r$ 期的观测值实际上已经丢失了，即只剩下 $T-r$ 个观测值来估计辅助回归。如果检验统计量大于来自 $\chi^2$ 统计量中的临界值，那么就应该拒绝无自相关性的零假设。值得注意的是，与其他任何联合检验一样，部分零假设被拒绝就会导致整个零假设被拒绝。所以，即使是 $t$ 时刻的误差仅与样本中前 $r$ 期的一个误差存在显著相关，那也将拒绝无自相关性的零假设。这个检验比 $DW$ 检验更具一般性，因为它并没有像 $DW$ 检验那样对第一阶段的回归施加限制，所以它的适用性更广。

然而，运用布罗施-戈弗雷检验的一个潜在困难在于不好确定检验中残差的滞后阶数 $r$。对于这一问题，并没有非常明显的答案，典型的做法是用一定范围内的值分别进行试验，或者运用数据的频率来决定。例如，如果数据是月度数据或季度数据，则可以将 $r$ 分别设为 12 或 4，这样做的理由在于我们预期任何给定时期的误差只与前一年中的这些误差相关。很显然，如果这种模型具有统计上的充分性，那么无论选择什么样的 $r$ 值，都不会发现残差中有自相关性存在的证据。

### 5.5.6 忽略自相关的后果

如果存在自相关而又将其忽略，后果与忽略异方差的后果类似。这时，运用 OLS

推导的系数估计值仍然是无偏的，但却是无效的。也就是说，即使是在大样本下，它们也不是 BLUE，从而导致对标准误的估计是错误的。因此，这可能会进而导致对“一个变量是否对 $y$ 的变化起重要决定作用”这一问题做出错误的推断。其中，在残差间存在正的序列相关的情况下，OLS 中标准的误差估计量会相对于真实的标准误产生一个向下的偏差，即 OLS 将会低估它们真实的变化幅度，这将会导致犯第一类错误的概率增加，即会更倾向于拒绝一个本来是正确的零假设。另外，如果自相关性存在但被忽略了，$R^2$ 很可能大于其“正确”值，这是由于残差之间的自相关性将会导致对真实误差方差的低估（对于正向自相关而言）。

### 5.5.7 处理自相关

如果自相关的形式已知，我们可以运用 GLS 方法。除此之外，还有一种方法曾经得到过广泛的运用，我们称之为科克伦-奥克特（Cochrane-Orcutt）过程（参阅专栏 5.5）。这些方法是通过假定某种特定的自相关结构来运作的（通常为一阶自回归过程，可参阅第 6 章中对这些模型的一般性描述）。其中，模型的具体形式如下：

$$y_t=\beta_1+\beta_2 x_{2t}+\beta_3 x_{3t}+u_t,\ u_t=\rho u_{t-1}+v_t \tag{5.18}$$

注意，由于 $E(u_t)=0$，所以在误差的设定中不需要常数项。如果这一模型在 $t$ 时刻成立，同时假定其在 $t-1$ 时刻也成立，则将式（5.18）滞后一期后所得到的模型可以写为：

$$y_{t-1}=\beta_1+\beta_2 x_{2t-1}+\beta_3 x_{3t-1}+u_{t-1} \tag{5.19}$$

用 $\rho$ 乘以式（5.19）得：

$$\rho y_{t-1}=\rho\beta_1+\rho\beta_2 x_{2t-1}+\rho\beta_3 x_{3t-1}+\rho u_{t-1} \tag{5.20}$$

用式（5.18）减去式（5.20），得：

$$y_t-\rho y_{t-1}=\beta_1-\rho\beta_1+\beta_2 x_{2t}-\rho\beta_2 x_{2t-1}+\beta_3 x_{3t}-\rho\beta_3 x_{3t-1}+u_t-\rho u_{t-1} \tag{5.21}$$

分解因式，注意 $v_t=u_t-\rho u_{t-1}$，得：

$$y_t-\rho y_{t-1}=(1-\rho)\beta_1+\beta_2(x_{2t}-\rho x_{2t-1})+\beta_3(x_{3t}-\rho x_{3t-1})+v_t \tag{5.22}$$

设 $y_t^*=y_t-\rho y_{t-1}$，$\beta_1^*=(1-\rho)\beta_1$，$x_{2t}^*=x_{2t}-\rho x_{2t-1}$，$x_{3t}^*=x_{3t}-\rho x_{3t-1}$，则式（5.22）可写成：

$$y_t^*=\beta_1^*+\beta_2 x_{2t}^*+\beta_3 x_{3t}^*+v_t \tag{5.23}$$

由于式（5.23）最后一项包含了无自相关性的误差项，所以可以直接对它运用 OLS。实际上，这一过程就是 GLS 的应用。当然，构建 $y_t^*$ 等变量需要 $\rho$ 为已知，所以在运用式（5.23）前，必须先估计 $\rho$。

一个简单的方法就是将式（5.11）所给出的 $DW$ 统计量方程进行变换以获得 $\rho$。然而，正如式（5.11）中的代数形式所示，这仅仅是一个近似值。特别地，在小样本情况下，近似值不能很好地逼近真实值。

专栏 5.5 给出了一种可供选择的科克伦-奥克特过程的操作步骤。

▶专栏 5.5◀

## 科克伦-奥克特过程的操作步骤

(1) 假定一般模型的形式如式 (5.18) 所示，运用 OLS 估计式 (5.18)，并忽略残差之间的自相关性。

(2) 获得回归残差，然后继续运行下列回归：

$$\hat{u}_t=\hat{\rho}u_{t-1}+v_t \tag{5.24}$$

(3) 获得 $\hat{\rho}$，并用 $\hat{\rho}$ 这一估计值构建 $y_t^*$ 等变量。

(4) 对式 (5.23) 进行 GLS 回归。

至此，这一过程便完成了。但是，科克伦和奥克特认为反复运行上述步骤 (2) 至步骤 (4) 能够获得更好的估计，即给定新的系数估计值 $\beta_1^*$，$\beta_2$，$\beta_3$ 等，再一次构建残差，并将它对其前期值进行回归，以获得新的 $\hat{\rho}$ 的估计值，然后再用它来构建新的变量值 $y_t^*$，$x_{2t}^*$，$x_{3t}^*$ 并对式 (5.23) 进行估计。将这一过程重复进行，直到某一次迭代与下一次迭代之间 $\rho$ 的变化量小于某一个固定值（比如 0.01)。在实践中，少量的几次迭代（不大于 5）通常就能满足这一条件。

然而，科克伦-奥克特过程和其他类似的方法需要对自相关模型的形式做出特别的假定。这里，我们再次考虑式 (5.22)，其实还可以把 $\rho y_{t-1}$ 放在等式右边，即：

$$y_t=(1-\rho)\beta_1+\beta_2(x_{2t}-\rho x_{2t-1})+\beta_3(x_{3t}-\rho x_{3t-1})+\rho y_{t-1}+v_t \tag{5.25}$$

去掉解释变量中的括号，得：

$$y_t=(1-\rho)\beta_1+\beta_2 x_{2t}-\rho\beta_2 x_{2t-1}+\beta_3 x_{3t}-\rho\beta_3 x_{3t-1}+\rho y_{t-1}+v_t \tag{5.26}$$

现在假设有一个方程要用 OLS 估计，该方程中所包含的变量与式 (5.26) 中的变量一模一样：

$$y_t=\gamma_1+\gamma_2 x_{2t}+\gamma_3 x_{2t-1}+\gamma_4 x_{3t}+\gamma_5 x_{3t-1}+\gamma_6 y_{t-1}+v_t \tag{5.27}$$

可以看到，式 (5.26) 是式 (5.27) 的有约束形式。所施加的约束包括式 (5.26) 中 $x_{2t}$ 的系数乘以 $y_{t-1}$ 系数的负值等于 $x_{2t-1}$ 的系数，$x_{3t}$ 的系数乘以 $y_{t-1}$ 系数的负值等于 $x_{3t-1}$ 的系数。因此，式 (5.27) 变成式 (5.26) 的约束条件为：

$$\gamma_2\gamma_6=-\gamma_3 \quad 和 \quad \gamma_4\gamma_6=-\gamma_5$$

这被称为**共同因子约束** (common factor restrictions)，它们应该在实施科克伦-奥克特过程或其他类似过程之前就受到检验。如果约束成立，科克伦-奥克特过程便能得到有效应用。然而，如果约束不成立，科克伦-奥克特过程和类似的方法就是不恰当的，这时可以采取适当的步骤直接运用 OLS 来估计如式 (5.27) 那样的方程。注意，一般来讲，在回归中对每一个解释变量（常数项除外）$x_{2t}$，$x_{3t}$，…，$x_{kt}$ 都有共同因子约束。Hendry 和 Mizon (1978) 认为在现实中约束很可能是无效的，因此应该使用考虑了 $y$ 的结构的动态模型而不是对静态模型的残差进行修正，对此也可参阅 Hendry (1980)。

当方程估计的残差存在异方差但不存在序列相关时，运用怀特方差—协方差系数矩阵较为适合（即运用怀特异方差修正来计算标准误）。Newey 和 West（1987）发展了一种方差—协方差估计量，该估计量在同时具有异方差性和自相关性时仍然是一致的。所以，另一种处理残差自相关性的方法是运用合适的修正标准误估计量。

如前所述，尽管用来处理异方差性的怀特标准误修正方法不需要用户进行任何输入，但尼威-韦斯特（Newey-West）过程需要对滞后长度的截断进行设定，以确定用于估计自相关的滞后残差的数量。例如，EViews 软件就使用了 INTEGER$[4(T/100)^{2/9}]$ 命令来实现这一目的。

就自相关性来说，一种更为“现代”的观点是认为它代表着一种机会而不是一个问题。Sargan，Hendry 和 Mizon（1978）等人就持有这种观点，他们认为误差中存在的序列相关性是“对动力学机制进行错误设定”的结果。当然，对于为什么会有这种观点还有一种解释。回顾一下，在前面的内容中我们可以将因变量表示为可以由模型解释的部分与不能由模型解释的部分（残差）之和，即：

$$y_t=\hat{y}_t+\hat{u}_t \tag{5.28}$$

其中，$\hat{y}_t$ 是来自模型（$=\hat{\beta}_1+\hat{\beta}_2x_{2t}+\hat{\beta}_3x_{3t}+\cdots+\hat{\beta}_kx_{kt}$）的拟合值。残差中存在的自相关性常常是由 $y$ 中没有被模型所刻画的动态结构所引起的，所以它不能被拟合值捕捉到。换句话说，因变量 $y$ 存在一个更为丰富的结构，在样本中有关这个结构的更多信息并没有被先前估计的模型所完全捕捉，因此我们所需要的就是能够刻画 $y$ 的这种“额外”结构的动态模型。

### 5.5.8 动态模型

到目前为止，我们所考虑的模型从性质上来讲都是静态的，如：

$$y_t=\beta_1+\beta_2x_{2t}+\beta_3x_{3t}+\beta_4x_{4t}+\beta_5x_{5t}+u_t \tag{5.29}$$

换句话说，这些模型仅考虑变量之间同时期的关系，因此在 $t$ 时刻一个或多个解释变量的变化会立即引起 $t$ 时刻因变量的变化。不过，我们还可以很容易地将这种分析扩展到 $y_t$ 的当前值不仅依赖于 $y$ 的前期值而且依赖于一个或多个解释变量的前期值的情况，比如：

$$y_t=\beta_1+\beta_2x_{2t}+\beta_3x_{3t}+\beta_4x_{4t}+\beta_5x_{5t}+\gamma_1y_{t-1}+\gamma_2x_{2t-1}+\cdots+\gamma_kx_{kt-1}+u_t \tag{5.30}$$

当然，我们还可以通过加入更前期的滞后值，如 $x_{2t-2}$，$y_{t-3}$ 等来对上述模型进行扩展。包含解释变量滞后值（但不包含被解释变量滞后值）的模型被称为**分布滞后模型**（distributed lag models），而同时包含解释变量滞后值和被解释变量滞后值的模型被称为**自回归分布滞后模型**（autoregressive distributed lag model，简记为 ADL）。

有哪些变量的滞后值和多少期的滞后值应该包含在一个动态回归模型中呢？这是一个比较复杂的问题，我们希望金融理论能够有助于回答这一问题（关于另一个问题请参阅 5.14 节）。

另外一个“医治”残差自相关问题的潜在方法是把模型转换成一阶差分形式而不是水平形式。如前所述，$y_t$ 的一阶差分是 $y_t - y_{t-1}$，用 $\Delta y_t$ 表示。与此类似，我们可以为每一个解释变量都构建一系列的一阶差分，如 $\Delta x_{2t} = x_{2t} - x_{2t-1}$，等等。当然，可以表示为下式形式的这一处理方式还有很多其他有用的特征（详见第 8 章）：

$$\Delta y_t = \beta_1 + \beta_2 \Delta x_{2t} + \beta_3 \Delta x_{3t} + u_t \tag{5.31}$$

有时，除了解释变量的变化以外，$y$ 的变化还依赖于 $y$ 的前期水平值或者 $x_i$（$i=2$，…，$k$）本身：

$$\Delta y_t = \beta_1 + \beta_2 \Delta x_{2t} + \beta_3 \Delta x_{3t} + \beta_4 x_{2t-1} + \beta_5 y_{t-1} + u_t \tag{5.32}$$

### 5.5.9 为什么回归中可能需要滞后值?

解释变量的滞后值或因变量的滞后值（或两者）也许能捕捉因变量中由大量因子所造成的重要的动态结构。在金融中存在两种可能的相关情况，具体如下：

- 因变量的惯性作用。在金融中，通常情况下，某个解释变量的变化不会在一个时期内立刻对因变量产生直接影响，而是滞后一期或 $n$ 期才会产生影响。例如，市场微观结构或政府政策的变化所产生的影响可能需要在后面几个月或更长时间内才会显现。这一现象的出现有很多原因，例如代理人也许最初并不能确定这些因素对资产定价的影响等。总体来讲，在经济和金融中，许多变量仅仅是在缓慢地发生变化。当然，这种现象也可能部分是由纯粹的心理因素所引起的。例如，在金融市场上，代理人也许不能直接充分理解某个特定新闻所产生的效应，甚至不相信这一新闻，他们反应的速度和程度取决于他们认为这一变量的变化是永久的还是暂时的。另外，反应的延迟还可能是技术或制度因素所致。例如，技术上的速度将限制投资者的买入订单或卖出订单被执行的速度。与此类似，许多投资者已有储蓄计划或其他“已被锁定”的金融产品，因此无法在一个特定的时期内有所行动。另外还值得注意的是，数据观测值的频率越高，动态结构就很可能越强和越普遍。
- 过度反应。理论界一度认为金融市场会对好消息或者坏消息做出过度反应。例如，如果一家公司发出利润警报，这意味着在该年后面的正式公告中，它的利润很可能会下降，从而市场会预期这家公司的价值将小于其先前被认为的价值，因此该公司的股票价格将会下跌。如果存在过度反应，在后来回升到新的价格水平（尽管低于公告前的最初水平）之前，该价格会下降到低于传出坏消息的公司应有的价值水平。

从纯粹静态模型转换到包含滞后效应的模型很可能会减少（或消除）静态模型残差之间的序列相关性。然而，回归中的其他问题也可能会导致无自相关性的零假设被拒绝，而且不能通过在模型中加入滞后变量使之得到解决。这些问题包括：

- 遗漏了一些相关变量，而这些变量具有自相关性。换句话说，如果存在某个变量对 $y$ 的变化有重要影响，并且该变量是自相关的，但是却没有被纳入解释变量当中，那么就会引起所估计的模型残差出现序列相关。为了理解金融市场上何时会发生这种现象，通常假定投资者在评估某只股票向前一步的期望收益率时采用如下式所示的线性关系式：

$$r_t = \alpha_0 + \alpha_1 \Omega_{t-1} + u_t \tag{5.33}$$

其中，$\Omega_{t-1}$ 是一组滞后的信息变量（例如，$\Omega_{t-1}$ 是一组变量在 $t-1$ 期的观测值向量）。然而，由于我们并不知道现实中投资者用来评估预期收益率的信息集是什么，所以式（5.33）是无法估计的。因此，这里我们假定存在实际信息集 $\Omega_{t-1}$ 的某一子集 $Z_{t-1}$，并用其代替实际信息集 $\Omega_{t-1}$。例如，在很多流行的套利定价设定中，模型中所采用的信息集包括工业产值的非预期变化、利率期限结构、通货膨胀率和违约风险溢价。这样的模型势必会忽略一些投资者在现实中用来形成预期收益率的信息变量，并且如果这些被忽略的变量是自相关的，那么就会导致所估计的模型残差也存在自相关。

- 未被参数化的季节性因素导致的自相关。如果因变量的变化包含季节性或周期性模式，那么某些特征就会定期出现。例如，手套的销售就是这样一个例子，它在秋天和冬天就比在春天和夏天卖得多。除非季节性因素在模型中有所反映，否则这种现象很可能会导致残差呈现周期性的正向自相关，如图 5.4 所示。本书中，对季节性的讨论和处理可以参阅第 10 章。
- 如果对模型形式的设定是错误的，那么误差就是因为使用了不恰当的函数形式而产生。例如，如果 $y$ 与解释变量之间的关系是非线性的，而研究者设定了一个线性回归模型，这同样可能会造成模型估计的残差出现序列相关。

### 5.5.10 长期静态均衡解

一旦建立起如式（5.32）所给出的一般模型形式，就很难从理论角度进行解释，因为里面包含许多差分项和滞后项。例如，如果 $x_2$ 的值在 $t$ 时刻增加，那么在 $t$，$t+1$，$t+2$ 以及随后的其他时刻，它将对 $y$ 产生什么样的影响呢？不过，动态模型的一个有趣的性质就是能计算出它的长期或静态均衡解。

关于“均衡”，本书的定义是，如果变量达到某个稳定状态值并不再变化，我们就说这个系统达到了均衡，比如，如果 $y$ 和 $x$ 处于均衡状态，那么就可以写成：$y_t = y_{t+1} = \cdots = y$ 和 $x_{2t} = x_{2t+1} = \cdots = x_2$，等等。因此，由于变量的值不再发生变化，所以有：

$$\Delta y_t = y_t - y_{t-1} = y - y = 0,\ \Delta x_{2t} = x_{2t} - x_{2t-1} = x_2 - x_2 = 0，\text{等等}$$

对于式（5.32）这样给定的经验模型来说，从中获得长期静态解的方法是：

（1）从变量中剔除所有时间下标；

（2）设误差项的值等于其零期望值，即 $E(u_t)=0$；

（3）剔除所有差分项（如 $\Delta y_t$）；

（4）把包含 $x$ 的项和包含 $y$ 的项分别放在一起；

（5）如有必要，重新排列结果方程，从而把因变量 $y$ 放在方程式左边并将其表示为自变量的函数。

**例 5.3** 计算下列模型的长期均衡解：

$$\Delta y_t = \beta_1 + \beta_2 \Delta x_{2t} + \beta_3 \Delta x_{3t} + \beta_4 x_{2t-1} + \beta_5 y_{t-1} + u_t \tag{5.34}$$

执行上述方法中的步骤（1）～(3)，从而可以得到下列静态解：

$$0 = \beta_1 + \beta_4 x_2 + \beta_5 y \tag{5.35}$$

重新整理式（5.35），并把 $y$ 放在等式左边，得：

$$\beta_5 y = -\beta_1 - \beta_4 x_2 \tag{5.36}$$

最后，等式两边同除以 $\beta_5$，得到

$$y = -\frac{\beta_1}{\beta_5} - \frac{\beta_4}{\beta_5} x_2 \tag{5.37}$$

式（5.37）是式（5.34）的长期静态解。注意，方程中并不包含 $x_3$，这是由于唯一包含 $x_3$ 的项是其一阶差分，所以 $x_3$ 并不影响 $y$ 的长期均衡解。

### 5.5.11 通过加入滞后回归项来"医治"自相关所导致的问题

在许多情况下，将静态模型转换为动态模型可以消除残差自相关。不过，在一个回归模型中运用滞后变量会带来一些其他问题：

- 将因变量的滞后值包含在模型内违反了解释变量必须是非随机的这一假定（CLRM 的假定 4）。原因在于，由定义可以知道，$y$ 值中的一部分是由随机误差项决定的，因此它的滞后值不可能是非随机的。在小样本中，包含因变量的滞后值会导致有偏的系数估计值。不过，它们仍然是一致的，这意味着随着样本规模趋近于无穷，偏差将会逐渐消失。
- 包含大量滞后变量方程的真实含义是什么呢？一个包含许多滞后量的模型也许能解决统计上的问题（残差的自相关性），却是以该模型不好解释为代价的（包含许多滞后项或差分项的经验模型是难以解释的，并且也可能无法对回归分析所基于的金融理论进行检验）。

注意，如果包含滞后变量的模型残差中仍然具有自相关性，那么 OLS 估计量甚至可能不具有一致性。为了说明发生这种情况的原因，我们不妨考察下列回归模型：

$$y_t = \beta_1 + \beta_2 x_{2t} + \beta_3 x_{3t} + \beta_4 y_{t-1} + u_t \tag{5.38}$$

其中，误差项 $u_t$ 遵循一阶自回归过程：

$$u_t = \rho u_{t-1} + v_t \tag{5.39}$$

把式（5.39）中的 $u_t$ 代入式（5.38），得到：

$$y_t = \beta_1 + \beta_2 x_{2t} + \beta_3 x_{3t} + \beta_4 y_{t-1} + \rho u_{t-1} + v_t \tag{5.40}$$

显然，$y_t$ 现在依赖于 $y_{t-1}$。现在，取式（5.38）的滞后一期（即将每一个事件下标都减去 1）形式：

$$y_{t-1}=\beta_1+\beta_2 x_{2t-1}+\beta_3 x_{3t-1}+\beta_4 y_{t-2}+u_{t-1} \tag{5.41}$$

从式（5.41）中可知，由于 $y_{t-1}$ 和 $u_{t-1}$ 出现在同一个方程中，所以它们之间是相关的。因此，式（5.41）并不满足 $E(X'u)=0$ 的假定，因而式（5.38）也不满足。这样一来，OLS 估计量将不是一致的，而且即使有无穷的数据，系数的估计值也会是有偏的。

### 5.5.12　横截面数据中的自相关性

自相关性这一问题出现在时间序列回归中的可能性是显而易见的。然而，某些类型的横截面数据中也可能会出现自相关性。例如，假设某横截面数据包括美国不同地区的银行利润，如果模型没有考虑影响银行利润的区域性因素，那么自相关也许会以空间的形式出现。也就是说，来自同一区域的银行或邻近区域的银行的残差也许是相关的。在这种情况下，对自相关性的检验就比在时间序列情况下更为复杂，这将涉及一个方形且对称的**"空间相邻矩阵"**（spatial contiguity matrix）或**"距离矩阵"**（distance matrix）的构建问题。这两个矩阵的阶数都是 $N\times N$，其中 $N$ 是样本规模。其中，"空间相邻矩阵"由 0 和 1 构成。对于某银行 $i$ 来讲，其观测值如果发生在与银行 $j$ 为同一区域或非常接近的区域时，元素（$i$，$j$）取值为 1，否则取值为 0（$i$，$j=1$，…，$N$）。而在距离矩阵中，其元素是由银行 $i$ 和银行 $j$ 之间的距离（或距离的倒数）测度数据所构成。要在这类模型的残差中发现自相关性，一种可能的方法是运用包含滞后结构的模型。这种类型的滞后一般被称为**"空间滞后"**（spatial lag），详见 Anselin（1988）。

## 5.6　假定 4：$x_t$ 非随机

幸运的是，即使存在随机的回归自变量，只要回归自变量与方程中的误差项不相关，那么 OLS 估计量仍将是一致的和无偏的。为了说明这一点，我们现在回顾一下：

$$\hat{\beta}=(X'X)^{-1}X'y \quad 和 \quad y=X\beta+u \tag{5.42}$$

因此，有：

$$\hat{\beta}=(X'X)^{-1}X'(X\beta+u) \tag{5.43}$$

$$\hat{\beta}=(X'X)^{-1}X'X\beta+(X'X)^{-1}X'u \tag{5.44}$$

$$\hat{\beta}=\beta+(X'X)^{-1}X'u \tag{5.45}$$

取期望值，并假定 $X$ 和 $u$ 相互独立[①]，有：

---

① 本书第 7 章会详细讨论 $X$ 和 $u$ 之间不独立时的情况。

$$E(\hat{\beta})=E(\beta)+E[(X'X)^{-1}X'u] \tag{5.46}$$

$$E(\hat{\beta})=\beta+E[(X'X)^{-1}X']E(u) \tag{5.47}$$

因为 $E(u)=0$，所以上式右边第二项也等于零。因此，在 $X$ 和 $u$ 相互独立的假定下，即使在回归自变量是随机的情况下，估计量仍然是无偏的。

然而，如果一个或者多个解释变量同时与扰动项相关，那么 OLS 估计甚至将不再是一致的。这种情况下的估计结果将赋予自变量额外的解释能力，然而事实上这种解释能力是由误差项与 $y_t$ 之间的相关性引起的。为了说明问题，现在假设 $x_{2t}$ 和 $u_t$ 正相关。注意，当扰动项取较大值时，$y_t$ 同样也会取较大值（因为 $y_t=\beta_1+\beta_2 x_{2t}+\cdots+u_t$）。但如果 $x_{2t}$ 与 $u_t$ 是正相关的，那么 $x_{2t}$ 同样将取较大的值。因此，OLS 估计会错误地将 $y_t$ 取较大的值归因于 $x_{2t}$ 取了较大的值，然而实际上却是因为 $u_t$ 的取值较大。这将导致参数估计有偏并且非一致，而且还会生成一条似乎更能刻画数据特点的拟合线。

## 5.7 假定 5：扰动项服从正态分布

回顾前文，为了构建对模型参数的单一或联合假设，必须有扰动项服从正态分布的假定 [$u_t \sim N(0, \sigma^2)$]。

### 5.7.1 对不服从正态分布的检验

进行正态性检验的最常用的一种方法是贝拉-雅克（Bera-Jarque，简记为 BJ）检验。该检验运用了正态分布随机变量的性质，即整个分布可以由其前两阶矩（均值和方差）来刻画。回顾一下第 2 章中所讲过的内容，一个分布的标准化三阶矩和四阶矩分别称为偏度和峰度。正态分布是无偏的，并且峰度系数为 3。我们可以通过将峰度系数减去 3 来定义超额峰度系数，因此正态分布的超额峰度系数为零。Bera 和 Jarque（1981）通过检验偏度系数和超额峰度系数是否联合为零形成了他们的观点。如果用 $u$ 表示误差项，用 $\sigma^2$ 表示方差，就可以分别得出偏度系数和峰度系数的表达式：

$$b_1=\frac{E(u^3)}{(\sigma^2)^{3/2}} \quad 和 \quad b_2=\frac{E[u^4]}{(\sigma^2)^2} \tag{5.48}$$

正态分布的峰度为 3，所以它的超额峰度 $b_2-3$ 等于 0。

下面给出贝拉-雅克检验统计量的表达式：

$$W=T\left[\frac{b_1^2}{6}+\frac{(b_2-3)^2}{24}\right] \tag{5.49}$$

其中，$T$ 为样本规模。在序列分布是对称且常峰态（即超额峰度为零）分布的零假设下，检验统计量渐近服从 $\chi^2(2)$ 分布。

我们可以从 OLS 回归的残差中估计出 $b_1$ 和 $b_2$。在零假设是正态分布的条件下，如果从模型中得到的残差是显著的偏斜分布或尖峰/低峰分布（或两者都是），那么零假设将被拒绝。

### 5.7.2 如果发现了非正态性的证据我们应该做些什么?

其实，对此我们还不能明确说应该做些什么！我们当然可以运用一种没有对残差施加正态性假定的估计方法，但是这种方法实施起来可能会比较困难，而且我们对它的性质也没有太大把握。如果可能的话，我们还是坚持运用 OLS，因为它在各种环境下的性质已经被我们所熟知。实际上，只要样本规模足够大，对正态性假定的违反就没那么重要。借助于中心极限定理我们可以知道，即使在误差项不服从正态分布的情况下，检验统计量仍将渐近地服从其恰当的分布。①

对因变量进行对数变换可能有助于使残差的分布更接近正态分布。如果数据强烈正偏态，这可能有用。例如，如果我们有横截面数据，我们想要对公司规模进行建模，这很可能是正向倾斜的，大多数公司具有一定的规模，少数公司比其他公司大得多。

在经济或金融模型中，经常会出现一两个非常极端的残差，这会导致正态性假定被拒绝。这些观测值多出现于分布的尾端，因此它们将导致峰度公式中的 $u^4$ 特别大。这样的观测值与数据其他部分的模式不相匹配，因此被称为**异常值**（outlier）。在这种情况下，一种改善误差正态性的方法就是运用哑变量或其他方法有效剔除这些观测值。

在时间序列的情况下，假设已经估计出从 1980 年到 1990 年的资产月度收益率模型，并画出了残差图，而且还可以观察到 1987 年 10 月出现了一个非常大的异常值，如图 5.10 所示。

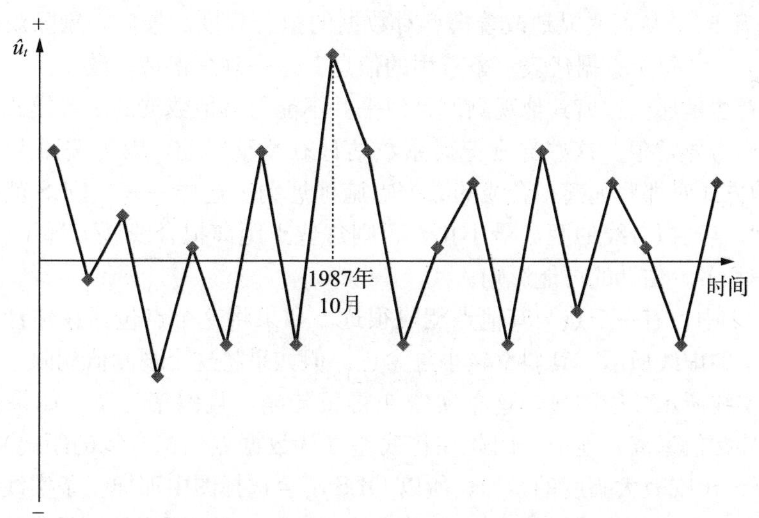


**图 5.10 对股票收益率数据进行回归后的残差，1987 年 10 月出现一个极大异常值**

这里，我们这样定义一个名为 $D87M10_t$ 的新变量：在 1987 年 10 月，$D87M10_t=1$，在其他时候，$D87M10_t=0$。专栏 5.6 列出了该哑变量的取值。

① 大数定律指出，样本（其实是一个随机变量）平均值会收敛到其总体均值（该值是固定不变的）；中心极限定理指出，样本平均值会收敛于正态分布。

▶专栏 5.6◀

## 哑变量的观测值

| 时间 | 哑变量 $D87M10_t$ 的值 |
|---|---|
| 1986 年 12 月 | 0 |
| 1987 年 1 月 | 0 |
| ⋮ | ⋮ |
| 1987 年 9 月 | 0 |
| 1987 年 10 月 | 1 |
| 1987 年 11 月 | 0 |
| ⋮ | ⋮ |

在回归模型中，对哑变量的使用与其他所有变量是一样的：

$$y_t = \beta_1 + \beta_2 x_{2t} + \beta_3 x_{3t} + \beta_4 D87M10_t + u_t \tag{5.50}$$

注意，这种仅将某个观测值取 1 的哑变量等同于通过设定这个观测值的残差为 0 从而将这一观测值从样本中剔除，而所估计的这一哑变量的系数值就等于没有包含该哑变量时这一观测值所对应的残差值。

不过，许多计量经济学家认为，用于剔除非正常残差的哑变量会人为改善这个模型的特征——这是从本质上改变其结果。另外，剔除非正常观测值将减小标准误，进而减小 *RSS*，提升 $R^2$，从而明显地改善模型对数据的拟合程度。最后，剔除观测值也很难与统计学上关于“每个数据代表一条有用的信息”这一理念保持一致。

另一种看法是那些远离其他观测值且似乎并不能与其他数据的一般模式相匹配的观测值才可以称为异常值。这些异常值对系数估计有严重影响，因为按照定义，OLS 以增加 *RSS* 的方式对那些远离拟合线的数据点施加惩罚。这样一来，OLS 就要付出额外的努力将这些点到拟合线的距离最小化，否则这些点距离拟合线就太远了。图 5.11 显示了异常值对 OLS 估计的可能影响。

在图 5.11 中，有一个点与其他点相隔很远。如果将这个点包括在估计样本中，拟合线将如图中的虚线所示，其斜率较小且为正。但如果将这个观测值剔除，那么拟合线就如图中的实线所示。很明显，这条实线变得很陡峭，且斜率为负。如果包含了异常值，由于该异常值远离其他值，因此在将残差（从数据点到拟合线的距离）取平方后，将会导致 *RSS* 出现较大幅度的增加，所以 OLS 不会选择图中那样一条实线。需要注意的是，只有在二元回归的情况下才能通过画出 $y$ 对 $x$ 的坐标图来检测异常值，但在有许多解释变量的情况下，就需要（如图 5.10 所示）画出残差随时间推移而变化的图形，这样才能更容易地识别出异常值。

由此可见，一方面要剔除过分影响到 OLS 估计和引起非正态性的异常值，另一方面又要保证每一个数据点代表一则有用的信息，这二者之间确实存在着一个潜在的权衡问题，而后者又伴随着随意去除观测值可以人工改善模型的拟合程度这样一个事实。一个较合理的方法是，只有当在统计上有进行这样处理的必要，并在理论上证明了引入哑

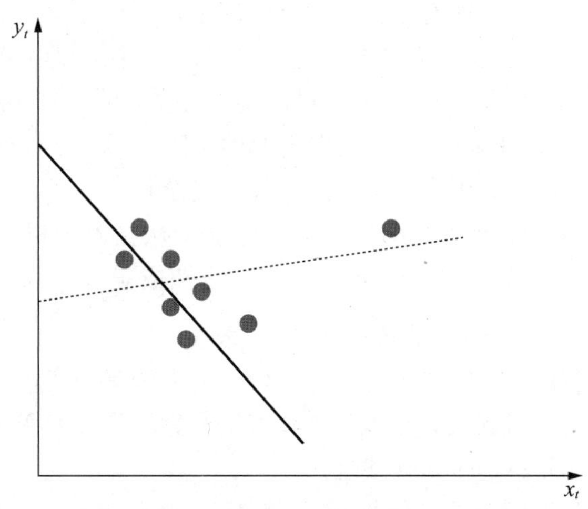


**图 5.11　异常值对 OLS 估计的可能影响**

变量的合理性时，才将哑变量引入模型。正常情况下，对引入哑变量合理性的证明来源于研究者对与因变量和模型有关的历史事件的认识，这些历史事件发生在估计所涉及的样本期间之内。实际上，哑变量用于剔除“只发生这一次”或在很大程度上不太可能再重复出现的极端观测值，以及其所蕴含的信息内容与作为整体的数据并不相关的情况下也许才比较合理，这样的例子包括股市崩溃、金融恐慌、政府危机等等。

一种被称为 ARCH 的特定类型的异方差也会造成金融数据的非正态性，这部分内容具体可参阅第 9 章。在这种情况下，非正态性对所有数据来说都是固有的，因此在这样的模型中剔除异常值并不能使残差具有正态性。

哑变量的另一个重要应用是对金融数据中的季节性进行建模以及解释所谓的“日历异象”（calendar anomalies），比如周内效应（day-of-the-week effect）和周末效应（weekend effect）等等。我们将在第 10 章就这一问题展开讨论。

## 5.8　多重共线性

在运用 OLS 估计方法时，其实就已经隐含了一个解释变量之间不存在相关性的假定。如果解释变量之间不存在任何关系，我们就说它们彼此之间是正交的。如果各解释变量间是正交的，那么在回归方程中加入或减少一个变量将不会引起其他变量的系数值发生变化。

在现实情况中，解释变量之间的关系不可能为零，但这一般不被认为是太严重的问题，因为解释变量之间程度较轻的相关性总是存在，但这并不会使得估计的精确度损失多少。然而，当解释变量之间存在非常高的相关性时，问题就出现了，这一问题被称为**多重共线性**（multicollinearity）。这里有必要区分两种多重共线性：第一种是所谓的**完全多重共线性**（perfect multicollinearity），第二种是**近似多重共线性**（near multicollinearity）。

当两个或多个变量之间存在精确的关系时，完全多重共线性就出现了。在这种情况下，我们不可能估计模型中的所有系数。通常情况下，只有当同一个变量在回归中被粗心大意地使用了两次时才会观测到有完全多重共线性的存在。为了解释这一点，假设在回归方程中使用了两个变量，其中一个变量的值总是等于另一个变量值的两倍（比如说，这里假设 $x_3=2x_2$）。如果在同一个回归方程中把 $x_2$ 和 $x_3$ 都作为解释变量，那么就无法估计此模型的参数。原因在于，这两个变量完全相关，所以把它们放在一起仅能够获得对一个参数而不是两个参数进行估计的信息。从技术上讲，问题发生在对矩阵 $X'X$ 进行逆运算时它不是满秩的（两列之间相互线性依赖），从而导致 $X'X$ 的逆阵不存在，进而无法计算其 OLS 估计量 $\hat{\beta}=(X'X)^{-1}X'y$。

在现实中，近似多重共线性更为常见。当两个或多个解释变量之间的关系不是完全的却又不可忽略时，这一问题就会出现。需要特别注意的是，因变量与某个解释变量之间所存在的高度相关性并不是多重共线性。

完全多重共线性与近似多重共线性的区别如下：假设变量 $x_{2t}$ 和 $x_{3t}$ 是高度线性相关的，这时如果我们生成一个 $x_{2t}$ 和 $x_{3t}$ 的散点图，完全多重共线性是所有的点都位于同一条直线上，而近似多重共线性是所有的点都位于这条线附近，并且这些点越靠近直线，两者之间的共线性越强。

### 5.8.1 测度近似多重共线性

对多重共线性进行检验极为困难，所以这里给出的方法是最容易检验“近似多重共线性是否存在”的一种简单方法。这种方法只涉及对单个变量之间相关性矩阵的考察。假设某回归方程中有三个解释变量（加上一个常数项），这些变量两两之间的相关关系如下：

| 相关性 | $x_2$ | $x_3$ | $x_4$ |
|---|---|---|---|
| $x_2$ | — | 0.2 | $\underline{0.8}$ |
| $x_3$ | 0.2 | — | 0.3 |
| $x_4$ | $\underline{0.8}$ | 0.3 | — |

显然，如果存在多重共线性，最有可能出现在具有较高相关系数的 $x_2$ 和 $x_4$ 之间。当然，如果这种关系涉及三个或更多变量之间的共线性，如 $x_2+x_3\approx x_4$，那么这样的多重共线性是非常难以探测的。

一种更为正式的测量多重共线性程度的方法是计算**方差膨胀系数**（variance inflation factor，简记为 VIF），它所衡量的是由于解释变量存在相关性导致参数估计的方差增加的程度。例如，如果一个特定变量的 $VIF$ 是 4，这意味着参数估计值的方差是解释变量相互独立时的 4 倍（因此标准误是无相关性时标准误的两倍，即 4）的平方根。变量 $i$ 的 $VIF$ 可以由下式计算

$$VIF=\frac{1}{1-R_i^2} \tag{5.51}$$

其中，$R_i^2$ 为所考察的解释变量 $i$ 对原模型中其余解释变量做（包含截距项的）回归分析所得到的 $R^2$ 值。

$VIF$ 越大，被测解释变量与模型中其他变量的共线性越严重。由式（5.51）可知，

由于（在某些假设条件下）$R^2$ 为正，$VIF$ 的最小值为 1。也就是说，如果所研究的变量独立于所有其他解释变量，则 $VIF$ 的最小值为 1。根据经验，通常如果 $VIF$ 低于 5，多重共线性通常被认为是可以忽略的，而如果 $VIF$ 大于或等于 5，那么问题就足够严重，需要采取一些补救措施。当然，也有一些研究者使用 10 而不是 5 作为阈值来表示多重共线性是否大到足以引起关注。

### 5.8.2 忽略近似多重共线性会导致的问题

首先，$R^2$ 可能很高但单个系数却有比较大的标准差，以致回归从整体上“看起来不错”，但单个变量却并不显著①，这是因为解释变量之间存在的紧密相关性使得我们很难观测到每一个变量对总的回归拟合的单独贡献。

其次，在模型形式方面即使做出很小的改变，回归也会变得非常灵敏，从而导致增加或剔除一个解释变量会导致其他变量的系数值或显著性发生非常大的变化。

最后，近似多重共线性将使参数的置信区间变得非常大，显著性检验也许因此会得出不恰当的结论，以致难以做出一个明确的推断。

### 5.8.3 多重共线性问题的解决办法

在存在多重共线性的情况下有大量可供选择的估计技术，例如岭回归或主成分分析。在本章的附录中，我们将对主成分分析做一些简单的讨论。然而，由于这些方法比较复杂，而且它们的性质比 OLS 更加难以理解，所以这些技术并未得到研究者们的普遍使用。更为重要的是，计量经济学家们认为多重共线性更多的是一个数据问题而非模型或估计方法问题。

除此之外，对可能存在的近似多重共线性进行处理的其他特定方法包括：

- 直接将其忽略，前提是这个模型的其他方面都是恰当的，即在统计上和就每一个系数而言，估计值的大小都比较合理，而且符号也比较恰当。有时候，多重共线性的存在并不能实质性地减小变量的 $t$ 比率，因为这些比率本来就具有较高的显著性，多重共线性的存在并不会使它们变得不显著。这里有必要指出，近似多重共线性的存在并不影响 OLS 估计量的 BLUE 性质，即它们仍然是一致的、无偏的和有效的，这是因为近似多重共线性的存在并不违反 CLRM 假定 1 至假定 4 中的任何一个。但是，在存在近似多重共线性的情况下，很难获得比较小的标准差。另外，如果建模的目的是运用估计模型进行预测，这时近似多重共线性问题并不重要，原因在于只要解释变量之间的这种关系在预测样本中仍然成立，那么近似多重共线性的存在就不会影响到预测的效果。
- 去除一个共线性变量，从而使共线性这一问题消失。然而，如果先验理论有充分的理由支持模型中应该包含所有变量，那么对于研究者来讲这一处理方式也许是不可接受的。另外，如果去除的变量与 $y$ 的数据生成过程有关，那么就会出现“遗漏变量”这一偏差（这部分内容可参阅 5.10 节）。
- 把高度相关的变量转换成比率，并在回归中仅包含这一比率，而不包含构成这一

① 注意，多重共线性并不会对回归中的 $R^2$ 值造成影响。

比率的单个变量。当然，如果有金融理论认为因变量的变化是由个体解释变量引起的，而不是因为它们的比率而发生，那么这种想法或许也是不能被接受的。

- 最后，如前所述，多重共线性更多地被认为是一个数据问题而非模型问题，所以才会导致在样本数据中没有充分的信息来获得对所有系数的估计。这就是为什么在小样本的情况下，近似多重共线性一定会导致系数估计值有比较大的标准误的原因所在。通常情况下，增加样本量会增加系数估计的精确性，进而会减小系数的标准误，从而使模型能够较好地分析各个解释变量对被解释变量的影响。因此，研究者或许应该收集更多的数据，例如取更长时间的数据，或转换到更高频率的样本。当然，如果所有可得数据都已经被全部使用了，那么这种增加样本规模的方法也是不可行的。另一种通过增加可用数据量来纠正近似多重共线性的潜在方法是使用**混合样本**（pooled sample），这就会涉及同时使用横截面数据和时间序列数据的问题（关于这部分内容，可参阅第 11 章）。

## 5.9 函数形式错误

古典线性回归模型还有一个隐含的假定，即线性形式是恰当的“函数形式”，这意味着“模型关于参数是线性的”才是正确的。以二元回归为例，这一隐含假定意味着 $y$ 和 $x$ 之间的关系可由一条直线表示。然而，这一假定并不总是成立。我们可以用 Ramsey（1969）的 RESET 检验来对模型是否为线性形式进行正式的检验，这一检验是对错误设定函数形式的一般性检验。从本质上来说，这种方法是在辅助回归中使用拟合值（如 $\hat{y}_t^2$，$\hat{y}_t^3$ 等）的高阶项进行判定。至于辅助回归，它是将初始回归的因变量 $y_t$ 对其拟合值的幂及初始回归中的解释变量进行的回归：

$$y_t=\alpha_1+\alpha_2\hat{y}_t^2+\alpha_3\hat{y}_t^3+\cdots+\alpha_p\hat{y}_t^p+\sum\beta_i x_{it}+v_t \tag{5.52}$$

其中，$y$ 的拟合值的高次幂可以捕捉各种非线性关系，这是因为它包含了初始回归中解释变量的高次幂和交叉乘积，例如：

$$\hat{y}_t^2=(\hat{\beta}_1+\hat{\beta}_2x_{2t}+\hat{\beta}_3x_{3t}+\cdots+\hat{\beta}_kx_{kt})^2 \tag{5.53}$$

我们感兴趣的是检验“$\alpha_2=0$，$\alpha_3=0$，…，$\alpha_p=0$”。注意，在某些实际应用中会将式（5.52）分为两个阶段：首先进行标准的线性回归，并记录残差 $\hat{u}_t$（按照传统的记法称之为残差）。然后，将 $\hat{u}_t$ 作为第二阶段回归的被解释变量，而解释变量为拟合值（$\hat{y}_t^2$，$\hat{y}_t^3$）等。这样，辅助回归中的自变量就只包括拟合值和一个常数：

$$\hat{u}_t=\alpha_1+\alpha_2\hat{y}_t^2+\alpha_3\hat{y}_t^3+\cdots+\alpha_p\hat{y}_t^p+v_t \tag{5.54}$$

在这两种不同的处理方式下，辅助回归中的残差 $\hat{v}_t$ 都是一样的。从回归方程（5.52）中获得 $R^2$ 的值，从而可以计算检验统计量 $TR^2$，该统计量渐近服从 $\chi^2(p-1)$ 分布。注意，这个检验的自由度是 $p-1$ 而不是 $p$。原因在于，$p$ 是辅助回归中所使用的 $y$ 的拟合值的最高阶项，因此检验将仅包括 $p-1$ 项，其中一项为拟合值的平方项、一项为拟合值的三次方项、……、一项为拟合值的 $p$ 次幂项。如果检验统计量的值大于 $\chi^2$ 分布的临界值，就拒绝函数形式是正确的零假设。

### 5.9.1 发现函数形式不恰当应该做些什么？

一种可能的做法是把模型转换成非线性形式，但是 RESET 检验并没有为用户指出哪种模型形式才更为恰当。另外，如果模型中的参数为非线性形式，那么就肯定不能再使用 OLS，而需要使用非线性估计技术。当然，如果某些非线性模型中的参数仍然是线性的，也可以运用 OLS 进行估计。例如，如果真实的模型形式为：

$$y_t=\beta_1+\beta_2x_{2t}+\beta_3x_{2t}^2+u_t \tag{5.55}$$

这是一个关于 $x$ 的二阶多项式。这时如果研究者假定 $y_t$ 和 $x_t$ 之间的关系是线性的，即 $x_{2t}^2$ 和 $x_{3t}^2$ 在模型设定中被遗漏了，那么这就是一个遗漏变量的特殊例子，这里面存在一些通常会遇到的典型问题（参阅 5.10 节）和通用的解决办法。

有时，方程的二次形式［如式（5.55）］是有用的，因为它考虑了这样一种关系：$y$ 随着 $x_2$ 的增加以递增的速度增加，或者 $y$ 最初随 $x$ 的增加而增加，但随后增加的速度降低，并最终随着 $x$ 的增加而减小。这两种情况如图 5.12 所示。在左边的图形中，$y$ 以递增的速度递增（至少在图中 $x$ 的取值范围内），$\beta_2$ 和 $\beta_3$ 都是正的。不同的是，右图显示的是 $\beta_2$ 为正但 $\beta_3$ 为负的情况。正如我们在第 3 章中所看到的，在这种情况下，我们将得到倒 U 形曲线，因为随着 $x$ 的增加，平方项将主导函数的整体走势。一个典型的例子是：已经有研究文献表明人的年龄和对风险的态度之间的关系是非线性的，即风险承受能力会随年龄的增长而在一定范围内增大（例如 18～40 岁），之后呈下降趋势。我们可以利用一个二次函数刻画这一现象，其中 $x$ 代表年龄，$y$ 代表某个能够衡量风险承受能力的指标。

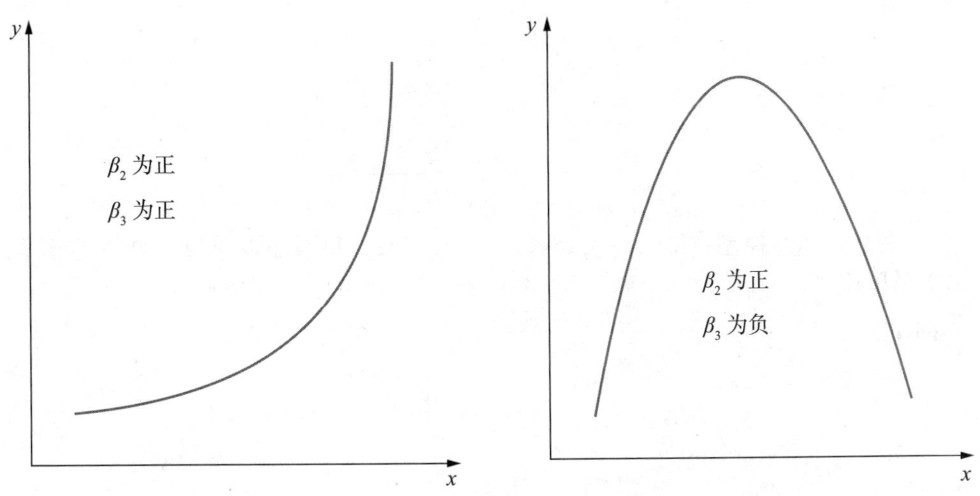


**图 5.12 在 $\beta_2$ 和 $\beta_3$ 取不同值的情况下，$y$ 和 $x_2$ 的二次项回归关系**

当然，我们也可以继续在式（5.55）中加入更高阶的项，比如立方项（$x_{2t}^3$）或四次项（$x_{2t}^4$），其中包含立方项的函数形式可能有助于捕捉包含拐点这样的情况，在拐点

处 $x$ 和 $y$ 之间的关系达到驻点。不过，我们一般很难证明函数形式中应该包含任何比二次项更高阶的项。

另一种可能性是，真实的模型可能是非线性的，或者变量之间存在某个更复杂的关系，不能通过简单地将解释变量的高次幂添加到回归模型中来对其进行刻画。在这种情况下，一种可能的解决办法是将数据转换为对数形式。这种线性化方法可以将先前乘法形式的模型转换为加法形式的模型。例如，这里再次考虑指数增长模型：

$$y_t = \beta_1 x_t^{\beta_2} u_t \tag{5.56}$$

对上式取对数，可得：

$$\ln(y_t) = \ln(\beta_1) + \beta_2 \ln(x_t) + \ln(u_t) \tag{5.57}$$

或者写成：

$$Y_t = \alpha + \beta_2 X_t + v_t \tag{5.58}$$

其中，$Y_t = \ln(y_t)$，$\alpha = \ln(\beta_1)$，$X_t = \ln(x_t)$，$v_t = \ln(u_t)$。由此，一个简单的对数转换就可以使得这一模型转换成为可以用 OLS 估计的标准二元线性回归方程。

参照 Stock 和 Watson（2011）的做法，下面列出了具有四种不同函数形式的模型，包含了线性模型或者本来不是线性模型但可以通过对一个或多个解释变量或被解释变量进行对数变换使其变为线性形式的模型。为简单起见，我们这里仅研究二元模型。注意，在解释每个模型回归系数值的含义时要多加小心。

（1）线性模型：$y_t = \beta_1 + \beta_2 x_{2t} + u_t$。$x_{2t}$ 每增加 1 单位，会使得 $y_t$ 增加 $\beta_2$ 单位。

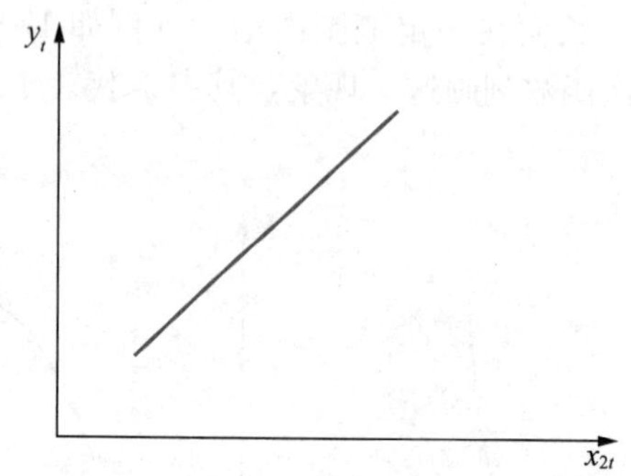


（2）对数—线性模型：$\ln(y_t) = \beta_1 + \beta_2 x_{2t} + u_t$。$x_{2t}$ 每增加 1 单位，会使得 $y_t$ 增加 $100 \times \beta_2\%$单位。

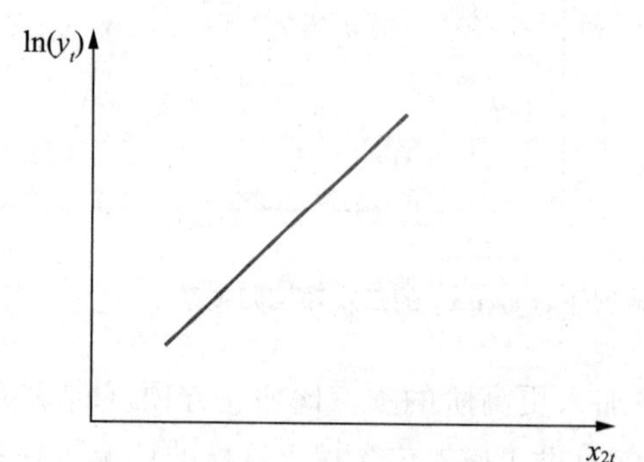


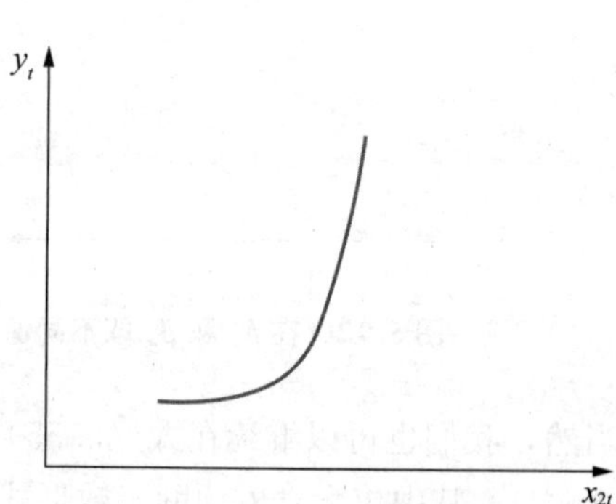

(3) 线性—对数模型：$y_t = \beta_1 + \beta_2 \ln(x_{2t}) + u_t$。$x_{2t}$ 每增加 1%，会使得 $y_t$ 增加 $0.01 \times \beta_2$ 单位。

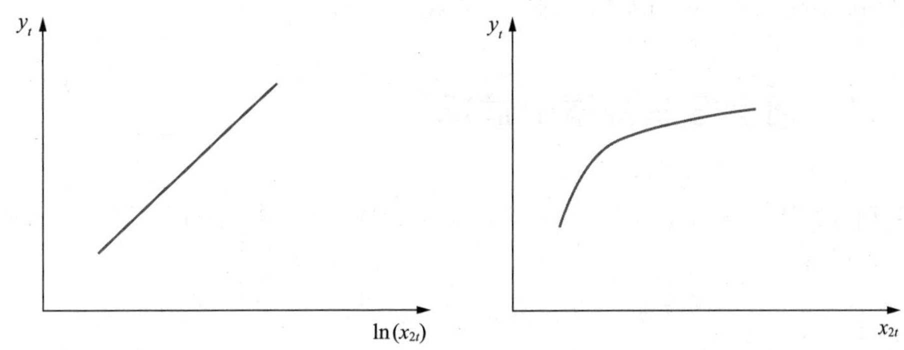


(4) 双对数模型：$\ln(y_t) = \beta_1 + \beta_2 \ln(x_{2t}) + u_t$。$x_{2t}$ 每增加 1%，会使得 $y_t$ 增加 $\beta_2$%。注意，如果是将 $y$ 和 $x_2$ 画在坐标图中，因为图形会依赖于 $\beta_2$ 的规模，所以会变得非常复杂。

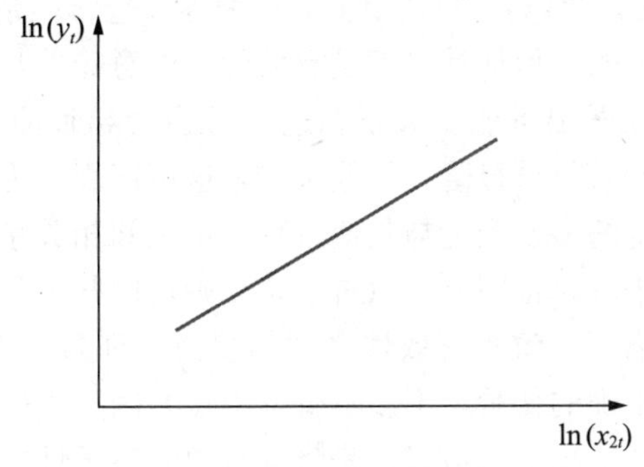


注意，由于一些模型中的被解释变量不同，所以我们不能用 $R^2$ 或者经调整的 $R^2$ 来判断这四种模型中的哪一种才是最恰当的模型。

## 5.10 忽略重要变量所带来的问题

从要估计的回归方程中剔除一个对因变量起决定作用的解释变量会产生什么样的影响呢？例如，假设下式是一个真实但又未知的数据生成过程：

$$y_t = \beta_1 + \beta_2 x_{2t} + \beta_3 x_{3t} + \beta_4 x_{4t} + \beta_5 x_{5t} + u_t \tag{5.59}$$

但研究者估计的模型是：

$$y_t = \beta_1 + \beta_2 x_{2t} + \beta_3 x_{3t} + \beta_4 x_{4t} + u_t \tag{5.60}$$

也就是说，所估计的模型中遗漏了变量 $x_{5t}$。如果出现这种情况，除非被遗漏的变量与所有未被遗漏的变量之间不相关，否则将这一重要变量遗漏会导致其他所有变量的系数估计都是有偏的和不一致的。退一步讲，即使上述条件得到满足，对常数项的估计系数也将是有偏的，这意味着由所估计出的模型所做出的任何预测都是有偏的。另外，标准误也是有偏（偏大）的，从而导致假设检验可能会产生不恰当的推断。Dougherty (1992, pp. 168－173) 对此提供了进一步的直观分析。

## 5.11 包含多余变量的情况

本节假设研究者犯了一个与 5.10 节相反的错误。具体来说，假定下式表示真实的数据生成过程：

$$y_t=\beta_1+\beta_2x_{2t}+\beta_3x_{3t}+\beta_4x_{4t}+u_t \tag{5.61}$$

但是研究者估计的模型是：

$$y_t=\beta_1+\beta_2x_{2t}+\beta_3x_{3t}+\beta_4x_{4t}+\beta_5x_{5t}+u_t \tag{5.62}$$

该式包含了多余的或者叫无关的变量 $x_{5t}$。尽管在实际估计中，$\beta_5$ 的估计值很可能不为零，但由于 $x_{5t}$ 是多余的，所以 $\beta_5$ 的期望值应该为零。包含多余变量的后果是：系数估计量仍然是一致的和无偏的，但估计量不是有效的。这意味着与没有包含多余变量的情况相比，此时系数的标准误很可能变大了。这很可能会导致原先具有边际显著性的变量，在模型中有多余变量时不再显著。一般来讲，这可以表述为，有效性损失的程度会正向依赖于模型中所包含的多余变量与其他解释变量之间相关系数的绝对值。

总结一下上面两个小节，很明显可以看出，在确定回归中是应该包含较多变量还是较少变量的时候，会面临不一致和有效性之间的权衡。许多学者认为，在理想情况下，模型会精准地包含所有正确的变量，不多不少。不过，因为不一致性问题比有效性问题更为严重，因此在大多数情况下，最好还是将具有边际显著性的变量包含在模型中。

## 5.12 参数稳定性检验

到目前为止，我们已经估计了如下形式的回归：

$$y_t=\beta_1+\beta_2x_{2t}+\beta_3x_{3t}+u_t \tag{5.63}$$

该回归中有一个隐含假定，即参数（$\beta_1$，$\beta_2$ 和 $\beta_3$）在整个样本期间内都是常数，这既包括用于估计模型的数据期间，也包括用于构建预测的后续数据期间。

我们可以用参数稳定性检验来对这一隐含假定进行检验，检验的本质思想是把数据期间分为两个子区间，然后估计三个模型，包括在两个子区间上和整个样本期间上的模型估计，然后再“比较”每个模型的 *RSS*。这种检验有两种类型，一种是邹至庄检验 (Chow test)（方差分析），另一种是**预测失败检验** (predictive failure test)。

### 5.12.1 邹至庄检验

专栏 5.7 报告了邹至庄检验的具体步骤。注意，还可以使用哑变量方法进行邹至庄检验和预测失败检验。具体来说，在邹至庄检验中，在无约束回归中可以对截距项和所有的斜率系数都设置哑变量（请参阅第 10 章）。例如，假设回归形式为：

$$y_t = \beta_1 + \beta_2 x_{2t} + \beta_3 x_{3t} + u_t \tag{5.64}$$

如果总的观测值已被分成分别包含 $T_1$ 和 $T_2$ 个观测值的子样本（$T_1 + T_2 = T$），那么无约束的回归式就由下式给出：

$$y_t = \beta_1 + \beta_2 x_{2t} + \beta_3 x_{3t} + \beta_4 D_t + \beta_5 D_t x_{2t} + \beta_6 D_t x_{3t} + v_t \tag{5.65}$$

其中，对于 $t \in T_1$，$D_t = 1$，在其他情况下 $D_t = 0$。也就是说，$D_t$ 对第一个子样本的观测值取 1，对第二个子样本的观测值取 0。在这种方法下，邹至庄检验是对联合约束 $H_0$：$\beta_4 = 0$ 且 $\beta_5 = 0$ 且 $\beta_6 = 0$ 的标准 $F$ 检验，其中式（5.64）和式（5.65）分别是无约束回归和有约束回归。

**▶专栏 5.7◀**

## 进行邹至庄检验

（1）把数据分为两个子区间。在整个样本期间和两个子区间上分别估计回归式（一共做三次回归），进而得到每个回归的 $RSS$。

（2）现在，有约束回归是在整个样本期间上所进行的回归，而“无约束回归”包含两个部分，即分别在每个子区间上所进行的回归。因此，我们基于 $RSS$ 之间的差异可以来构造 $F$ 检验，检验统计量为：

$$\text{检验统计量} = \frac{RSS - (RSS_1 + RSS_2)}{RSS_1 + RSS_2} \times \frac{T - 2k}{k} \tag{5.66}$$

其中，$RSS$ = 整个样本期间内的残差平方和；

$RSS_1$ = 子样本 1 的残差平方和；

$RSS_2$ = 子样本 2 的残差平方和；

$T$ = 观测值的数量；

$2k$ = “无约束回归”中自变量的数量（由于它来自两个子区间）；

$k$ =（每一个）“无约束回归”中自变量的数量。

无约束回归就是不对模型施加约束的回归。因为此处的约束为“两个子样本的系数相等”，所以有约束回归就是在整个样本期间所进行的单个回归。因此，邹至庄检验其实就是在测度全样本的残差平方和（$RSS$）比两个子样本的残差平方和之和（$RSS_1 + RSS_2$）多多少。如果系数在不同样本之间变化并不太大，那么残差平方和就不会因为施加了约束而增加太多。

这样的话，式（5.66）的检验统计量可以看成是对第 4 章所讨论的标准 $F$ 检验公式的一个直接应用。式（5.66）中，受约束的残差平方和是 $RSS$，而不受约束的残差平方和是（$RSS_1 + RSS_2$）。约束的数量等于每一个回归所要估计的系数数量 $k$。由于无约束回归分为两个部分，每一部分有 $k$ 个回归自变量，所以无约束回归中自变量的数量（包括常数）是 $2k$。

（3）完成检验。如果检验统计量的值大于 $F$ 分布中的临界值 $F(k, T-2k)$，就拒绝"随着时间的推移，参数保持稳定"这一零假设。

**例 5.4** 假设现在是 1993 年 1 月。考虑对股票收益率所进行的下列标准 CAPM $\beta$ 回归：

$$r_{gt}=\alpha+\beta r_{Mt}+u_t \tag{5.67}$$

其中，$r_{gt}$ 和 $r_{Mt}$ 分别是 Glaxo 公司股票的超额收益率和市场组合的超额收益率。假设你打算使用从 1981 年到 1992 年的月度数据来估计 $\beta$ 系数以期对股票选择决策有所帮助，而另一位研究者关注的是 1987 年 10 月的股市崩溃是否从根本上改变了风险—收益关系。现在运用邹至庄检验来对这一推测进行检验，每个子区间的模型如下：

1981 年 1 月—1987 年 10 月：

$$\hat{r}_{gt}=0.24+1.2r_{Mt} \quad T=82 \quad RSS_1=0.0355 \tag{5.68}$$

1987 年 11 月—1992 年 12 月：

$$\hat{r}_{gt}=0.68+1.53r_{Mt} \quad T=62 \quad RSS_2=0.00336 \tag{5.69}$$

1981 年 1 月—1992 年 12 月：

$$\hat{r}_{gt}=0.39+1.37r_{Mt} \quad T=144 \quad RSS=0.0434 \tag{5.70}$$

零假设是：

$$H_0: \alpha_1=\alpha_2 \quad 且 \quad \beta_1=\beta_2$$

其中，下标 1 和下标 2 分别表示第一个子样本和第二个子样本的参数。给出检验统计量：

$$检验统计量=\frac{0.0434-(0.0355+0.00336)}{0.0355+0.00336}\times\frac{144-4}{2}=7.698 \tag{5.71}$$

检验统计量应与 5%水平下的临界值 $F(2, 140)=3.06$ 进行比较。因为检验统计量的值大于临界值，所以 $H_0$ 在 5%置信水平下被拒绝，因此我们的结论是："两个时期的系数是相同的"这一约束不能被接受。相应地，在估计与 1993 年初投资决策有关的 CAPM $\beta$ 系数时，比较恰当的模型应该是只采用第二部分数据的模型。

### 5.12.2 预测失败检验

邹至庄检验存在的一个问题是它必须有足够的数据来做两个子样本的回归，即必须有 $T_1 \gg k$，$T_2 \gg k$。在可获得的总观测值较少的情况下，这一要求可能难以得到满足。

甚至更可能出现的情况是，研究者试图通过在接近样本起点和样本终点处对样本进行分割来考察这样做的效果如何。因此，接下来我们考察模型稳定性检验的另一种方法：预测失败检验，它仅需要估计整个样本和一个子样本。具体来说，预测失败检验通过估计在一个“长”子区间（即包含大多数数据）上的回归，并使用这些系数估计值来预测其他时期的 $y$ 值，然后再将对 $y$ 的这些预测值与实际值进行比较。虽然这一检验的零假设可能有多种不同的表达方式，但归根结底是所有预测值的期望误差为零。

这一检验的实施步骤如下：

- 对全样本进行回归（有约束回归），并获得 $RSS$。
- 对“大”的子样本进行回归并获得其 $RSS$（这里将其称为 $RSS_1$）。注意，在本书中，较长子样本区间内的观测值用 $T_1$ 表示（即使它是第二个子样本区间）。给出检验统计量：

$$\text{检验统计量}=\frac{RSS-RSS_1}{RSS_1}\times\frac{T_1-k}{T_2} \tag{5.72}$$

其中，$T_2$＝模型试图“预测”的观测值的数量，该检验统计量服从 $F(T_2, T_1-k)$ 分布。

为了对预测失败检验中的检验统计量公式给出直观的解释，现在考虑另一种通过运用包含哑变量的回归来进行预测失败检验的方法，这种方法需要对预测样本中的每一个观测值运用一个单独的哑变量。这样，无约束回归就是一个包含哑变量的回归，它将使用所有观测值进行估计，并一共有 $k+T_2$ 个回归自变量（原来有 $k$ 个解释变量，每个预测观测值有一个哑变量，共计 $T_2$ 个哑变量）。因此，式（5.72）最后一项的分子是总观测值的数量 $T$ 减去无约束回归中的自变量数量 $k+T_2$。还要注意，由于 $T_1+T_2=T$，所以 $T-(k+T_2)=T_1-k$，这就是式（5.72）中最后一项的分子。于是，有约束回归就是原先包含解释变量但不包含哑变量的回归，约束的数量也就是预测样本期间内观测值的数量，它也等于无约束回归中所包含的哑变量的数量 $T_2$。

为了对此做进一步的解释，现在假设再一次对式（5.64）进行回归，并将样本中的最后 3 个观测值用于预测失败检验。由此，无约束回归将包括 3 个哑变量，即 $T_2$ 的每一个观测值对应一个哑变量。

$$r_{gt}=\alpha+\beta r_{Mt}+\gamma_1 D1_t+\gamma_2 D2_t+\gamma_3 D3_t+u_t \tag{5.73}$$

其中，对于观测值 $T-2$，$D1_t=1$，否则为 0；对于观测值 $T-1$，$D2_t=1$，否则为 0；对于观测值 $T$，$D3_t=1$，否则为 0。在这种情况下，$k=2$，$T_2=3$。这个回归中预测失败检验的零假设是所有哑变量的系数都为零（即 $H_0$：$\gamma_1=0$，$\gamma_2=0$，$\gamma_3=0$）。需要指出的是，这里所介绍的进行预测失败检验的两种方法中，尽管基于哑变量回归的方法可能更花时间一些，但两种方法的效果是一样的。

不过，对于邹至庄检验和预测失败检验来讲，哑变量方法有一个重要的优点，即能为研究者提供更多的信息。这一优点来自这样一个事实，即该方法可以使研究者单独考虑每个哑变量系数的显著性，从而可以观察到对联合零假设哪一部分的拒绝造成了其被整体拒绝。

例如，在邹至庄回归中，两个子样本的回归结果之间是截距系数显著不同还是斜率系数显著不同？而在预测失败检验中，哑变量方法的运用可以显示哪个（或哪些）时期的预测误差与零有显著差异。

### 5.12.3 向后预测失败检验和向前预测失败检验

有两种类型的预测失败检验——向前检验和向后检验。其中，向前预测失败检验是把最后几个观测值留着以进行预测检验。例如，假设我们可以获得 1980 年第 1 季度—2013 年第 4 季度的观测值。向前预测失败检验可以运用 1980 年第 1 季度—2012 年第 4 季度期间的数据来进行模型估计，并对 2013 年第 1 季度—2013 年第 4 季度期间的观测值进行预测。向后预测失败检验试图"回溯"最初的几个观测值。比如，如果可以获得 1980 年第 1 季度—2013 年第 4 季度的数据，那么就在 1981 年第 1 季度—2013 年第 4 季度内估计模型，并回溯至 1980 年第 1 季度—1980 年第 4 季度。这两种类型的检验可以为全样本期间回归关系的稳定性提供更多的证据。

**例 5.5** 假设研究者计划运用例 5.4 中最后两年的观测值来进行预测失败检验，以确定全样本期间内股票收益率模型的稳定性如何。

为此需要估计下列模型：

1981 年 1 月—1992 年 12 月（全样本）：

$$\hat{r}_{gt}=0.39+1.37r_{Mt} \quad T=144 \quad RSS=0.043\,4 \tag{5.74}$$

1981 年 1 月—1990 年 12 月（大的子样本）：

$$\hat{r}_{gt}=0.32+1.31r_{Mt} \quad T=120 \quad RSS_1=0.042\,0 \tag{5.75}$$

这个回归能充分地"预测"最后两年的值吗？为了回答这一问题，计算如下检验统计量：

$$\text{检验统计量}=\frac{0.043\,4-0.042\,0}{0.042\,0}\times\frac{120-2}{24}=0.164 \tag{5.76}$$

把检验统计量与在 5%水平下的临界值 $F(24,118)=1.66$ 相比较。可以看出，检验统计量的值小于临界值，所以"该模型能对最后几个观测值进行充分预测"的零假设不会被拒绝。因此我们也可以得出结论，即认定模型对 1991 年 1 月—1992 年 12 月期间所进行的预测不会失败。

### 5.12.4 如何确定恰当的子样本区间?

作为经验法则，下列方法中的一部分或全部方法都可用于对全样本的分割：

- 画出因变量的时间序列图（如图 5.13 所示），在图中序列出现明显的结构变化处进行分割。如图 5.13 所示，$y$ 值在第 175 个观测值周围出现了大幅下降，这有可能导致其行为发生变化。因此，可以用以这一观测值为分割点的样本来进行邹至庄检验。
- 根据任何已知的重要历史事件来分割数据（如股市崩溃、市场微观结构变化、选举

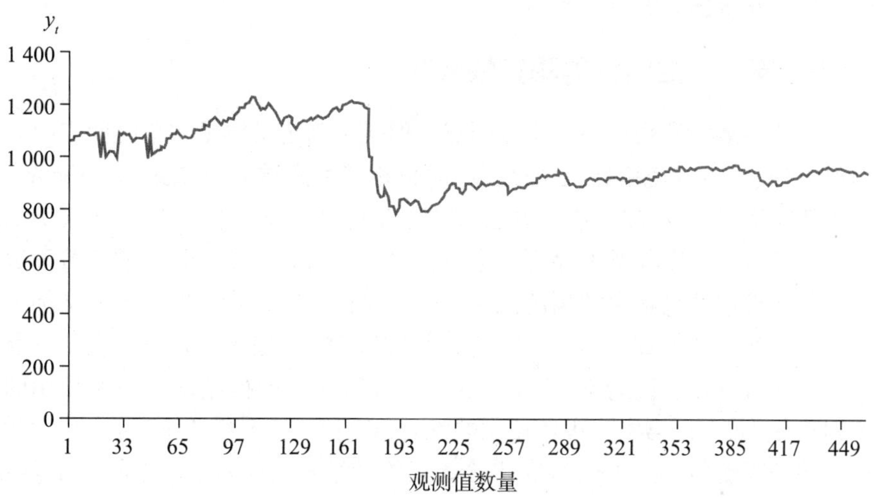


**图 5.13 在某个时期有结构变化的变量图**

产生新政府等等)。这样做的原因在于，在这样的潜在环境下，所测度的 $y$ 值的变化更可能会引起模型参数发生结构性变化，而不是一个相当微不足道的小变化。

- 运用除了最后几个观测值外的所有其他观测值进行向前预测失败检验。
- 运用除了最前面几个观测值之外的所有其他观测值进行向后预测失败检验。

如果一个模型是好的，那么无论时间截断点在何处，它都能通过邹至庄检验或预测失败检验。当然，如果模型无法通过邹至庄检验或预测失败检验，可以采取两种方法。一种是对模型进行重新设定，例如增加额外的变量，或者就在每一个子样本上分别进行估计等。另外，如果邹至庄检验和预测失败检验均不能被拒绝，那么从经验上来讲，在一个单一回归中将所有数据混合在一起也是有效的。相对于单独使用子样本的情形，这样可以增加样本规模，从而增加自由度。

### 5.12.5 QLR 检验

在金融时间序列中，如果发生截断的时间点很明确，那么邹至庄检验和预测失败检验的运行效果将会令人满意。但在大多数情况下，研究者一开始并不知道截断点发生的具体时间，或者说仅仅知道它处在样本区间的某一特定子区间内。在这种情况下，我们可以使用以 Quandt（1960）命名的匡特似然比（Quandt likelihood ratio，QLR）检验，它对邹至庄检验进行了改进。具体来说，该检验在不同的截断点下自动重复计算邹至庄检验的 $F$ 统计量，然后选择能够取得最大 $F$ 统计量的那个截断点。该统计量是 $F$ 统计量的变形，它服从某一非标准的分布而非 $F$ 分布，原因在于该变量是我们从大量的 $F$ 统计量中选出的最大值，而非某个单一的 $F$ 统计量。

需要指出的是，只有当可能的截断点距离整个样本的最后一个观测值足够远时，QLR 检验才会有不错的效果。因此，通常需要对样本两端各 15%的样本观测值进行“裁剪”。为了便于说明，假设整个样本由 200 个观测值组成，那么我们将在第 31 个样本到第 170 个样本之间进行截断点检验。该检验的临界值取决于被“裁剪”的样本观测值的数量、零假设下的约束数量（即初始回归中自变量的数量，因为这实际上就是一个邹至庄检验）以及所选取的置信水平。

### 5.12.6 基于递推估计的稳定性检验

当研究者认为某个序列存在一个截断点，但是不确定具体是哪个时间点时，除了使用 QLR 检验外，还可以使用递推估计，有时也称其为**递推最小二乘法**（recursive least square，简记为 RLS）。不过，这一方法只适用于已经以某种恰当的方式（例如，按照市值大小排列的股票年度收益率序列）进行排序以后的时间序列数据或横截面数据。在开始的时候，递推估计只是在数据的一个子样本上估计回归式，然后每次增加一个样本观测值并进行重新估计，直至包含所有的样本观测值。一般来说，第一次估计所使用的观测值的数量非常少，假设为 $k+1$ 个。这样，在第一步的模型估计中所使用的观测值为第 1 个到第 $k+1$ 个；第二步中所使用的观测值为第 1 个到第 $k+2$ 个，以此类推；最后一步所使用的观测值为第 1 个到第 $T$ 个。最终的结果为回归模型中每一个参数 $T-k$ 次独立估计值的乘积。

可以预料的是，在递推过程一开始的时候，参数估计值会非常不稳定，因为这些估计值是由很少的样本观测值计算出来的。但问题的关键在于，随着样本数量的不断增加，它们在整个样本期间内是逐渐趋于稳定还是持续波动。如果是后者，那就说明参数应该是不稳定的。

很显然，RLS 本身并不是对参数稳定性的一种统计检验，但是它提供了可以在图形中绘制出来的定性信息，因此可以很直观地告诉我们参数的稳定性如何。由递推估计的残差（即所谓的“递推残差”），我们可以导出两种很重要的稳定性检验，它们被称为 CUSUM 检验和 CUSUMSQ 检验。① 其中，CUSUM 统计量是基于对残差累计求和之后再进行标准化（即单位化）得出的，在参数完全稳定的零假设下，不管累计求和中包含多少残差值，CUSUM 统计量都应该为 0（因为扰动项的期望值为 0）。由一系列 $\pm 2$ 倍的标准误所构成的区间带通常被绘制在零值附近，任何统计量的取值如果超出该范围都会被视为是参数不稳定的证据。

另外，CUSUMSQ 统计量是基于对残差的平方累计求和之后再进行标准化而得出的。在参数稳定的零假设下，CUSUMSQ 统计量将从 0 开始，并在样本期间结束时取值为 1。同样地，由一系列 $\pm 2$ 倍的标准误所构成的区间带通常被绘制在零值附近，任何统计量的取值如果超出该范围都会被视为是参数不稳定的证据。

## 5.13 测量误差

如前所述，古典线性回归模型的假设之一是解释变量是非随机的。违反这一假设的一种方式是解释变量和被解释变量之间存在双向的因果关系，我们将会在第 7 章中讨论

① 严格来说，CUSUM 和 CUSUMSQ 统计量是基于对误差的向前一步预测得出的。也就是说，它们是基于 $y_t$ 与其预测值之差，而该预测值是基于第 $t-1$ 期的参数估计。有关此内容的完整技术细节请参见 Greene（2002，第 7 章）。

这种情况（联立方程式有偏）。除此之外，还有另一种违反假设的情况，即当一个或多个解释变量中存在**测量误差**（measurement error）时，"解释变量非随机"的假设就不再适用，有时这也被称为**"变量中的误差"**（errors-in-variables）问题。许多情况下都可能会发生测量误差问题——举例来说，由于大部分有关信息都是来自公司账目，所以宏观经济变量几乎都是估计出来的数量（GDP、通货膨胀等）。同样地，个别时候我们可能无法观测或获得我们所需要的变量的数据，所以这就需要使用**代理变量**（proxy variable）。例如，许多模型都包含预期值（如通胀预期），但因为我们通常无法对预期进行衡量，所以在这种情况下我们就需要使用代理变量。一般来说，因变量和自变量中都可能存在测量误差。下面几个小节将具体讨论上述情况。

### 5.13.1 解释变量中的测量误差

为简单起见，假设我们希望估计一个仅包含一个解释变量 $x_t$ 的模型：

$$y_t=\beta_1+\beta_2 x_t+u_t \tag{5.77}$$

其中，$u_t$ 是随机扰动项。现在，进一步假设 $x_t$ 中存在测量误差，于是我们观测到的是一个有噪声的值，而不是 $x_t$ 的真实值。令新变量 $\tilde{x}_t$ 代表真实的 $x_t$ 加上额外的噪声 $v_t$，$v_t$ 独立于 $x_t$ 和 $u_t$：

$$\tilde{x}_t=x_t+v_t \tag{5.78}$$

将式（5.78）代入式（5.77）从而替换 $x_t$，可以得到：

$$y_t=\beta_1+\beta_2(\tilde{x}_t-v_t)+u_t \tag{5.79}$$

将综合误差项 $u_t-\beta_2 v_t$ 单独写出来，从而可以将式（5.79）改写为：

$$y_t=\beta_1+\beta_2\tilde{x}_t+(u_t-\beta_2 v_t) \tag{5.80}$$

由式（5.78）和式（5.80）可以看到，由于都依赖于 $v_t$，所以含有误差的解释变量 $\tilde{x}_t$ 和综合误差项 $u_t-\beta_2 v_t$ 之间是线性相关的。因此，这里"解释变量非随机"的假设不成立，而这将导致参数估计是不一致的。可以证明的是，参数估计值中的偏差是 $x_t$ 中噪声的方差占扰动项全部方差的比例的函数。还可以进一步证明，当 $\beta_2$ 为正时，偏差将是负的，而当 $\beta_2$ 为负时，偏差将是正的。换句话说，由于测量噪声的存在，参数估计值总是向着靠近零值这个方向有偏。

当解释变量中含有测量误差时，这种有偏估计的影响是一个非常重要的问题，特别是在对资产定价模型进行检验的时候这一问题就显得更为严重。举个例子，由 Fama 和 MacBeth（1973）所开创的 CAPM 检验的标准方法包含两个阶段（第 14 章将会对此进行详细讨论）。第一阶段是对每个企业都单独进行时间序列回归，从而估计出其各自的 $\beta$ 值；第二阶段是将股票收益率对其 $\beta$ 值进行横截面回归。这里，由于 $\beta$ 是在第一阶段中被估计出来的，而不是直接观察到的，所以 $\beta$ 值一定会包含测量误差。在金融文献中，这种问题的后果有时被称为**衰减偏误**（attenuation bias）。对资本资产定价模型的早期检验表明，$\beta$ 和收益率之间的关系是正向的，但比预期的小，而这恰恰是 $\beta$ 包含测量误差所导致的结果。解决这个问题的方法已经有很多，其中最常见的是在第二阶段使

用资产组合的 $\beta$ 值代替单个股票的 $\beta$ 值，希望由此来对 $\beta$ 的估计误差进行平滑。Shanken（1992）提出了另一种方法，即对第二阶段回归中的标准误进行修正，从而直接调整 $\beta$ 的测量误差。有关这一问题的更多讨论请见第 15 章。

### 5.13.2 被解释变量中包含测量误差

被解释变量中包含测量误差的后果没有那么严重。回想一下，在回归模型中列入扰动项的动机就是可以用它来捕获 $y$ 中的测量误差。因此，当被解释变量包含测量误差时，模型中的扰动项实际上是正常的扰动项和测量误差中噪声的扰动之和。在这样的情况下，参数估计仍然是一致和无偏的，计算标准误的公式仍然是恰当的。唯一的后果是，额外的噪声意味着这时的标准误会比 $y$ 中没有测量误差时的标准误更大。

## 5.14 构建计量经济学模型的策略以及对建模理念的探讨

许多计量经济学建模练习的目标，是建立统计上充分的经验模型，这些模型满足 CLRM 假定，形式简洁，在理论上可以进行恰当的解释，而且具有正确的“形式”（即所有系数的符号和大小都是“正确的”）。

但是研究者怎样才能达到这样一个目标呢？一种常用的方法是所谓的“LSE”或者叫“从一般到特殊”（general-to-specific）的方法，该方法与萨金（Sargan）和亨德利（Hendry）这两位学者有关。这种方法的基本理念在于，从一个在统计上是充分的大模型开始，对其施加约束，并重新排列模型形式，直至形成一个形式简洁的最终模型。亨德利（Gilbert，1986）认为，一个好的模型与数据和理论应该是一致的。除此之外，还应该将竞争性的模型包含其中，这意味着它能够解释竞争性模型所能解释的一切甚至更多。亨德利方法还建议广泛运用诊断检验，以确保模型在统计上的充分性。

在亨德利的研究之前，另一种计量经济学建模理念是从一个最简单的模型开始，然后不断地增加变量，使其逐渐成为一个更复杂却能对现实提供更好描述的模型。这种方法主要与 Koopmans（1937）有关，它有时被称为“从特殊到一般”或者“自下而上”的建模方法。由于大多数计量经济工作都遵循这一路径来完成，Gilbert（1986）就把这种方法命名为**“平均经济回归”**（average economic regression）。

亨德利和他的合作者严厉地批评了这一方法，批评的主要理由在于即使诊断检验有效，也几乎都是事后诸葛，而且检验形式有限。然而，如果不进行诊断检验，或仅在建模过程的最后进行，那么所有的早期推断都很可能是无效的。进一步来讲，如果某个特定的模型在一开始就被错误设定了，那么在揭示问题的来源时诊断检验本身也未必是可靠的。例如，如果最初设定的模型遗漏了本身就存在自相关性的一些变量，那么对于一个显著的 $DW$ 检验统计量来说，这时在模型中引入已有变量的滞后值并不是一个恰当的补救方法。因此，在从特殊到一般的方法下，最终选择的模型应该是次优的，因为基于从一般到特殊方法所选择的模型也许能更好地对数据进行描述。在亨德利的方法中，应该首先对模型在统计上的充分性进行诊断检验，直到发现统计上具有充分性的模型之后，再对从模型中导出金融理论的推断进行考察。

按照 Hendry 和 Richard（1982）的观点，一个最终可接受的模型应该满足一些准则（这里稍微有所改动），即这些模型：

- 在逻辑上应该是可信的；
- 应该与基础金融理论保持一致，包括要满足对有关参数的任何约束；
- 具有与误差项不相关的回归自变量；
- 在整个样本期间内参数估计是稳定的；
- 残差为白噪声（即呈现出完全的随机性，不存在任何特定的模式）；
- 能够解释所有竞争性模型所能解释的结果，甚至还有所超越。

最后一项称为**涵盖准则**（encompassing principle）。如果某个模型内嵌了一个较小的模型，那么该模型总是会涵盖这一较小的模型。但是，如果一个较小的模型能够解释一个较大模型的全部结果，我们就更偏爱这个较小的模型，这被称为**简约涵盖**（parsimonious encompassing）。

从一般到特殊方法的优点在于，其在统计上是合理的，并且模型所依据的理论通常不会与这一模型的滞后结构发生矛盾。因此，并入到最终模型中的滞后结构在很大程度上是由数据本身决定的。更进一步讲，没有包含有关变量的统计后果通常被认为比包含无关变量的统计后果要严重得多。

从一般到特殊方法的步骤如下：首先，在等式右边形成一个包含许多变量的“大”模型，这称为**广义无约束模型**（generalised unrestricted model，简记为 GUM）。注意，这一模型应该由金融理论导出，而且应该包含我们认为对因变量有影响的所有变量。在这一步中，研究者必须确定这一模型满足 CLRM 的所有假定。如果违反假定，就应当采取恰当的措施加以处理，如取对数、增加滞后值、增加哑变量等等。

在进行假设检验之前，完成上述步骤很重要。另外还需要注意的是，应该将上面提及的诊断检验小心地解释为一般性检验而不是特定检验。换句话讲，一个特定诊断检验的零假设被拒绝应该被解释为模型存在某种错误。例如，RESET 检验或怀特检验都显示拒绝零假设，但如果我们认为这时应该分别为不恰当的函数形式或残差中的异方差找到解决办法才是当下最恰当的反应的话，那我们就错了。实际上，模型中常常出现的情况是一个问题会引起几个假定同时被违反。例如，忽略某个变量会引起 RESET 检验、异方差检验和自相关检验都出现失败。同样，少数较大的异常值也会同时引起非正态性、残差自相关（如果异常值在样本中几乎同时发生的话）以及异方差（如果异常值出现在解释变量的一个狭窄范围内的话）问题。更进一步，在存在其他类型的错误设定的情况下，诊断检验本身也不会运行得很好，这是因为在本质上它假定模型在所有其他方面的设定都是正确的。例如，如果存在残差自相关，那么我们就不清楚异方差检验是否会取得良好的效果。

一旦获得了满足 CLRM 假定的模型，它就很可能是一个包含许多滞后变量和自变量的大型模型。因此，下一步就是通过淘汰极不显著的回归自变量来对模型进行再参数化。此外，一些系数相互之间并没有什么显著差异，这样就可以把它们合并在一起。但是需要记住的是，在每一步中都应该检查一下 CLRM 假定是否依然成立。如果答案是肯定的，那么研究者就可以获得在统计上具有充分性的经验模型，从而将其用于检验潜在的金融理论、预测因变量的未来值以及制定政策。

然而，毫无疑问的是，从一般到特殊方法也有它的不足。对于小规模或中等规模的样本来说，使用这一方法可能是不现实的。在这种情况下，过多的解释变量意味着自由度的数目比较少。这可能导致没有一个变量是显著的，特别是当它们之间存在高度自相关性时更是如此。如果情况真是这样，那么我们在原来一长串的候选回归自变量中就不能确定到底应该将哪一个变量剔除。此外，剔除任何变量的决策对模型的最后设定都会产生深远的影响。例如，如果剔除的不是系数不显著的变量，而是其他变量，那么这一原来不显著的变量在后面的步骤中可能会变得显著。

从理论上讲，模型的最终形式对剔除变量的各种方案都具有敏感性，而我们应该对这些敏感性进行仔细的检查。但是，这意味着要检查许多（也许多达几百个）可能的模型设定。这也许会导致最后出现几个最终模型，它们中间没有一个明显地优于其他模型。

不过，如果我们扎实地把从一般到特殊方法进行到底，就有希望获得一个统计上有效的模型，这一模型能够通过所有的诊断检验并且仅包含统计上显著的回归自变量。然而，最后的模型也许是一个缺少理论支撑的怪异形式。对于这样的模型来说，它也许紧密地拟合了现有的数据样本，但是由于它没有理论基础，因此在将它运用到其他样本时，结果可能会非常糟糕。

现在，我们举一个在金融中运用古典线性回归模型的例子。该例子基于 Cantor 和 Packer（1996）对主权信用评级的决定因素所进行的检验。

## 5.15 确定主权信用评级

### 5.15.1 背景

主权信用评级用来评估由政府发行的债务工具的风险，评级结果体现了评级机构对债务人违约概率的估计。在美国有两个著名的评级机构——穆迪（Moody's）和标准普尔（Standard and Poor's，简记为 S&P），它们提供对很多政府的评级结果。虽然这两个机构使用不同的符号来说明一个特定借款人的特定风险，但这两个机构的评级是有可比性的，它们所评出的等级分为两大类：**投资级**（investment grade）和**投机级**（speculative grade）。投资级债务工具的发行人有良好或充分的偿付能力，而投机级债务工具的发行人要么在是否做出偿付方面有较高程度的不确定性，要么是已经出现违约状况。对于偿付能力，这些机构给出的最高等级是“3A”级，穆迪用“Aaa”表示，标准普尔用“AAA”表示。Cantor 和 Packer（1996）在样本中所选用的最低级别是“B3”（穆迪）和“B−”（标准普尔）。因此，在他们的样本中，政府评级从最高级别到最低级别共有 16 个等级。

Cantor 和 Packer（1996）文章的核心目的是试图解释和揭示这些机构是如何进行评级的。这一动机来源于这样一个事实：虽然信用评级结果可以公开获得，但进行评级的模型或方法却是保密的。此外，这些机构也几乎不对构成评级的因子的相对权重提供任何解释。因此，主权信用评级的决定模型对评级机构的评级结果是否合理具有一定的应用价值。同时，这一模型也可以用来对那些以前未被评级的主权国家以及那些需要再评级的主权国家进行评级。除此之外，这篇文章还考虑了评级中是否加入了可获得的公开信息，以及到底是什么因素影响到了主权债务收益率对评级公告的反应。

### 5.15.2 数据

Cantor 和 Packer（1996）获得了 49 个国家主权债务的评级样本，时间截至 1995 年 9 月，评级的范围如前所述。评级变量被数量化，即样本中最高信用等级（Aaa/AAA）的得分为 16，而最低信用等级（B3/B－）的得分为 1，这些分数构成因变量。用来解释评级等级分数变化的因素是宏观经济变量，所有这些变量都代表着可能影响政府偿债能力和意愿的不同因素。在理想情况下，模型还应该包括社会和政治因素的代理变量，但是从客观上来讲这些因素很难被测定，所以没有将其包含在模型内。不过，这篇文章并没有说明这些数据取自何处。论文中所包含的变量及其测度单位如下：

- 人均收入（以 1994 年的美元计，单位为千美元）。Cantor 和 Packer（1996）认为人均收入决定税基，而税基会影响到接下来政府获取收入的能力。
- GDP 增长率（1991—1994 年间的平均增长率，%）。作者认为这一指标可以衡量政府未来的收入覆盖偿债成本的难易程度。
- 通货膨胀率（1992—1994 年间的平均通货膨胀率，%）。Cantor 和 Packer（1996）认为比较高的通货膨胀率意味着当政府不愿意或者无法通过税收体系获得必要的收入时，可以通过通货膨胀进行货币融资以偿付债务。
- 财政余额（1992—1994 年间政府年度预算盈余的平均数占 GDP 的比例，%）。同样地，比较大的财政赤字表明政府在进一步提高收入和覆盖偿债成本方面的能力较差。
- 外部余额（1992—1994 年间经常项目年度盈余的平均数占 GDP 的比例，%）。Cantor 和 Packer（1996）认为持续的经常项目赤字会导致外部债务的增加，这种情况不可能长期维持下去。
- 外部债务（1994 年以外币计的债务占出口的比例，%）。其理由与上述“外部余额”中的理由相同（其实就是外部债务随时间的动态变化）。
- 有关经济发展的哑变量（按国际货币基金组织分类，发达国家为 1，否则为 0）。之所以对国家之间的差别进行考虑，是因为 Cantor 和 Packer（1996）认为信用评级机构已经意识到除了上面列出的所有因素外，发展中国家还具有更大的风险。
- 有关违约记录的哑变量（如果一国曾有过违约记录则为 1，否则为 0）。这一观点说明先前有违约记录的国家，其信用评级会被大大降低。

现在，我们把收入和通货膨胀变量转换成对数形式，以保证模型形式是线性的并且可以用 OLS 估计。具有一些计量经济学知识的读者会注意到，当因变量仅能取一组有限值的时候（在这里是 1，2，3，…，16），从严格意义上讲 OLS 并不是一种合适的估计技术。在这种情况下，像排序 probit（ordered probit，本书未讨论）这样的技术通常更为适合。但是，Cantor 和 Packer（1996）认为，考虑到较小的样本规模（49）和较大的评级分类（16），除了 OLS 之外的任何其他方法都是不可行的。

表 5.2 报告了评级分数对上面所列出的各种宏观经济变量的回归结果。

Cantor 和 Packer（1996）一共进行了 4 个回归，每个回归都有相同的自变量，但因变量有所不同。表 5.2 的第（4）列和第（5）列分别给出了对每一个评级机构的评级分数进行回归的结果。对于同一个国家，不同的评级机构可能会偶尔给出不同的评级结果——例如，穆迪对意大利的评级为"A1"，在所设置的 1～16 的评级分数等级体系中，这一评级得分为 12，而标准普尔对意大利的评级为"AA"，这一评级得分为 14，比穆迪的评级得分高 2 个等级。表 5.2 中也报告了对两家评级机构平均评分的回归结果，还有对两家机构评分之差的回归结果，这两项结果分别报告于表 5.2 中的第（3）列和第（6）列。

**表 5.2　主权信用评级的决定因素**

| 解释变量（1） | 预期符号（2） | 因变量 | | | |
|---|---|---|---|---|---|
| | | 平均评级得分（3） | 穆迪的评级（4） | 标准普尔的评级（5） | 穆迪和标准普尔评级得分之差（6） |
| 截距 | ? | 1.442<br>(0.663) | 3.408<br>(1.379) | −0.524<br>(−0.223) | 3.932**<br>(2.521) |
| 人均收入 | + | 1.242***<br>(5.302) | 1.027***<br>(4.041) | 1.458***<br>(6.048) | −0.431***<br>(−2.688) |
| GDP 增长率 | + | 0.151<br>(1.935) | 0.130<br>(1.545) | 0.171**<br>(2.132) | −0.040<br>(0.756) |
| 通货膨胀率 | − | −0.611***<br>(−2.839) | −0.630***<br>(−2.701) | −0.591***<br>(−2.671) | −0.039<br>(−0.265) |
| 财政余额 | + | 0.073<br>(1.324) | 0.049<br>(0.818) | 0.097*<br>(1.71) | −0.048<br>(−1.274) |
| 外部余额 | + | 0.003<br>(0.314) | 0.006<br>(0.535) | 0.001<br>(0.046) | 0.006<br>(0.779) |
| 外部债务 | − | −0.013***<br>(−5.088) | −0.015***<br>(−5.365) | −0.011***<br>(−4.236) | −0.004***<br>(−2.133) |
| 有关经济发展的哑变量 | + | 2.776***<br>(4.25) | 2.957***<br>(4.175) | 2.595***<br>(3.861) | 0.362<br>(0.81) |
| 有关违约记录的哑变量 | − | −2.042***<br>(−3.175) | −1.63**<br>(−2.097) | −2.622***<br>(−3.962) | 1.159***<br>(2.632) |
| 经调整的 $R^2$ | | 0.924 | 0.905 | 0.926 | 0.836 |

注：括号中的数字为 $t$ 值；*、**、***分别代表在 10%、5%和 1%水平下显著。

资料来源：Cantor and Packer (1996). Reprinted with permission from *Institutional Investor*.

### 5.15.3　解释模型

由于还没有进行诊断检验，因此很难按照统计上的充分性来解释该模型。不过，三个评级回归中每一个经调整的 $R^2$ 值都超过 90%，而横截面回归中经调整的 $R^2$ 值也很高，这表明模型对整个样本内不同评级关于其均值的所有变化几乎都能做出全面的解释。这似乎不需要再进行论文中所报告的再参数化，所以我们假设作者是在经过几番搜寻后才得到了这组模型。

在这一特定的应用中，残差被认为是评级的实际值与拟合值之差。实际评级是取从 1 到 16 的整数，但回归的拟合值可以取任何实数，因此残差也可以取任何实数值。但因为此例中的残差均不大于 3，所以拟合评级与实际评级之间的出入不超过 3 个等级，同时，只有 4 个国家的残差超过了 2 个等级，由此 Cantor 和 Packer（1996）认为模型运作良好。此外，对 70%的国家的评级所做的预测完全准确（即残差的绝对值小于 0.5）。

现在，我们再从金融的角度解释一下这些模型，目的在于调查系数的符号和大小是否符合预期。表 5.2 中的第（2）列给出了第（3）列至第（5）列中回归系数的预期符号（由论文作者决定）。从表中可知，虽然在所有三个例子里，只有财政余额和外部余额变量并非十分显著或者只是边际显著，但所有系数的符号都与预期中的符号保持一致。这些系数可以被解释为自变量一个单位的变化所导致的评级分数的平均变化。例如，按照穆迪的标准，人均收入上升 1 000 美元，评级等级将增加 1 个单位，而按照标准普尔的标准则会增加 1.5 个单位。另外，有关经济发展的哑变量表明，一般情况下，发达国家比其他条件都相同的发展中国家高 3 个等级。同样地，在其他条件都相同的情况下，过去有违约记录的国家比没有违约记录的国家低 2 个等级。

概括地讲，因为表 5.2 第（4）列和第（5）列中的系数值在大小和显著性上非常接近，因此我们认为这两家评级机构给每一个变量所赋予的权重都是非常接近的。表 5.2 中第（6）列是对这一认识进行正式检验的结果，该回归中的因变量是穆迪和标准普尔评级得分之间的差额。该回归结果显示，其中只有 3 个变量是显著的，这说明这两家评级机构在这 3 个变量上所赋予的权重是不一样的。其中，标准普尔公司给人均收入和违约记录这两个变量赋予了更高的权重，而穆迪更强调外部债务因素。

### 5.15.4 评级和收益率之间的关系

在论文这一部分的内容中，Cantor 和 Packer（1996）打算确定除了那些蕴含于公众可得的宏观经济数据中的信息之外，评级中是否还存在一些有助于解释主权债务收益率横截面变化的额外信息。所以，现在的因变量是收益率之差的对数，即：

ln(主权债券的收益率－美国国债的收益率)

也许有人认为对收益率差的这种测定是不精确的。原因在于，他们认为信用溢价应该由整条信用质量曲线来定义，而不是只用到该曲线上的两个点。但这里我们暂时先不考虑这一争议，而是先来讨论一下表 5.3 中的结果。

表 5.3 中展示了 3 个回归的结果，并分别将其记为回归（1）、(2)、(3)。第一个回归是将 ln(收益率差)只对一个常数和平均评级进行回归［第（1）列］，结果显示评级对收益率差有一个高度显著的负向影响。回归（2）是将 ln(收益率差）对前述分析中的宏观经济变量进行回归，每个系数的预期符号位于表中的第 2 列。可以看到，尽管在这一回归中，只有外部债务变量和两个哑变量的系数在统计上是显著的，但所有系数的符号都与预期保持一致。回归（3）是将平均评级和宏观经济变量都包含在模型中。结果显示，当把平均评级也考虑进来的时候，所有的宏观经济变量都变得不再显著——只有平

均评级的系数在统计上显著不为零。这一现象也可以用经调整的 $R^2$ 来描述：只包含平均评级的回归具有最高的 $R^2$ 值，而同时包含宏观经济变量和平均评级的回归 $R^2$ 稍低一些。另外，我们还可以观察到，在回归（3）中，人均收入、GDP 增长率和通货膨胀率这 3 个变量的系数符号出现了错误。实际上，这永远都不是什么问题，因为如果某个系数在统计上不显著，那么在假设检验中它与零就没有区别，这时不管它是正的不显著还是负的不显著都不重要。只有当系数同时出现符号错误且统计显著时，我们才认为这意味着回归中存在问题。

**表 5.3　信用评级增加了公开信息吗？**

| 变量 | 预期符号 | 因变量：ln(收益率差) | | |
|---|---|---|---|---|
| | | (1) | (2) | (3) |
| 截距 | ? | 2.105*** (16.148) | 0.466 (0.345) | 0.074 (0.071) |
| 平均评级得分 | − | −0.221*** (−19.175) | | −0.218*** (−4.276) |
| 人均收入 | − | | −0.144 (−0.927) | 0.226 (1.523) |
| GDP 增长率 | − | | −0.004 (−0.142) | 0.029 (1.227) |
| 通货膨胀率 | + | | 0.108 (1.393) | −0.004 (−0.068) |
| 财政余额 | − | | −0.037 (−1.557) | −0.02 (−1.045) |
| 外部余额 | − | | −0.038 (−1.29) | −0.023 (−1.008) |
| 外部债务 | + | | 0.003*** (2.651) | 0.000 (0.095) |
| 有关经济发展的哑变量 | − | | −0.723*** (−2.059) | −0.38 (−1.341) |
| 有关违约记录的哑变量 | + | | 0.612*** (2.577) | 0.085 (0.385) |
| 经调整的 $R^2$ | | 0.919 | 0.857 | 0.914 |

注：括号中的数字为 $t$ 值；*、**、*** 分别代表在 10%、5%和 1%水平上显著。

资料来源：Cantor and Packer (1996). Reprinted with permission from *Institutional Investor*.

因此，从论文的这部分内容中我们可以得出结论：与评级中所包含的信息相比，可以公开获得的宏观经济变量中并没有什么额外信息可以用于对收益率差的预测。也就是说，评级中的信息已经包含了宏观经济变量中的信息。

### 5.15.5　什么决定了市场对评级公告的反应？

Cantor 和 Packer (1996) 还提出是否有可能建立一个模型，该模型可以根据评级公告所引起的收益率差的变化结果来预测市场将对评级公告做出什么样的反应。在这种情况下，一系列回归中的因变量就是相对收益率差的对数［即 log((主权债券的收益率－国债收益率)/国债收益率)］在评级公告发布两日之内的变化幅度。用于估计的样本包括 1987—1994 年间每一次评级变动的公告，18 个国家中一共有 79 次这样的公告。在这 79 次公告中，有 39 次是由一个或多个评级机构所做出的关于实际评级变化的公告，其他 40 次涉及在不久的将来评级可能出现变化的情况。穆迪将这样的情况称为“关注”（watchlist），而标准普尔将这样的情况叫做“展望”（outlook）。模型中的解释变量主要是以下一些哑变量：

- 是否为正面公告，即是否将评级上调；
- 是当前评级的一个实际变动，还是仅仅是对未来等级可能出现变动的一种展望；
- 债券是投资级还是投机级；
- 评级公告发布前的 60 天内是否有其他评级公告；
- 公告所给出的评级与其他机构所给出的评级之间的差异。

除此之外，模型还包括下面的一个主要变量：

- 评级公告发布前 60 天内收益率差的变化。

回归结果列于表 5.4 中。在这里，我们只列出了包含所有上述变量的最终回归的估计结果（请参见 Cantor and Packer，1996，exhibit 11）。

**表 5.4　对评级公告做出反应的决定因素是什么?**

| 因变量：相对收益率差的对数 | |
|---|---|
| 自变量 | 系数（$t$ 比率） |
| 截距 | −0.02<br>(−1.4) |
| 是否为正面公告 | 0.01<br>(0.34) |
| 评级变化 | −0.01<br>(−0.37) |
| 穆迪的公告 | 0.02<br>(1.51) |
| 投机级 | 0.03**<br>(2.33) |
| 评级公告发布前 60 天内收益率差的变化 | −0.06<br>(−1.1) |
| 评级差异 | 0.03*<br>(1.7) |
| 评级公告发布前 60 天内是否有其他评级公告 | 0.05**<br>(2.15) |
| 经调整的 $R^2$ | 0.12 |

注：* 和** 分别代表在 10%和 5%水平上显著。

资料来源：Cantor and Packer (1996). Reprinted with permission from *Institutional Investor*.

从表 5.4 中可以看出，就市场会如何对评级公告做出反应这一点来说，该模型似乎表现得不太好。其中，经调整的 $R^2$ 只有 12%，而且该值在作者所检验的 5 个不同模型中还是最高的。此外，在模型的 7 个自变量中，只有 2 个是显著的，1 个有边际的显著性。通过观察表 5.4 中的回归结果，我们可以说，在评级公告发布后，投机级债券收益率差的变化要显著高于投资级债券收益率差的变化。另外，在评级公告发布之时如果评级机构之间有协议的话，评级的变化会对收益率差产生更大的冲击。进一步，比起在 60 天内没有其他评级公告的情况，在评级公告发布之前的 60 天内如果有其他公告发布，收益率的变化会显著加大。不过，无论公告的评级是上升还是下降，是实际等级变化还是仅列为展望，是由穆迪公告还是由标准普尔公告，以及过去 60 天内相对收益率差的数量变化了多少，这些因素对市场如何对评级公告做出反应都没有任何显著的影响。

### 5.15.6 结论

- 在决定主权信用风险方面起较大作用的因素有 6 个：收入、GDP 增长率、通货膨胀率、外债、是否工业化和是否有违约记录。
- 评级所提供的有关债券收益率的信息比其他所有宏观经济因素加在一起还要多。
- 在确认究竟是什么因素决定了市场对评级公告所做出的反应这方面，目前还没有十足的把握。



## 核心概念

本章给出了定义及解释的核心概念包括：

- 同方差
- 异方差
- 自相关
- 动态模型
- 均衡解
- 稳健标准误
- 偏度
- 峰度
- 异常值
- 函数形式
- 多重共线性
- 遗漏变量
- 无关变量
- 参数稳定性
- 递归最小二乘法
- 从一般到特殊方法
- 测量误差

## 自测题

1. 对回归所做出的假定是关于无法观测的误差项 $u_t$ 的，还是关于其所对应的样本误差项 $\hat{u}_t$ 的？为什么？
2. 研究者所希望看到的残差图的模式是什么样的？为什么？
3. 某研究者估计了下列关于股票市场收益率的一个模型，但认为其中可能存在一个问题。通过计算 $t$ 比率并考虑其显著性，以及考察一下 $R^2$ 值或其他方面，指出这一问题可能是什么，以及如何解决。

$$\hat{y}_t = 0.638 + 0.402x_{2t} - 0.891x_{3t} \quad R^2 = 0.96 \quad \bar{R}^2 = 0.89 \tag{5.81}$$
$$(0.436) \quad (0.291) \quad (0.763)$$

4. (a) 用代数符号来表述并解释关于 CLRM 误差项具有同方差的假设。
   (b) 对于一个回归模型来说，如果误差项不具有同方差，那么将会出现什么后果？
   (c) 如果发现（b）中的情况确实存在，你将如何处理？
5. (a) 你对“自相关”是如何理解的？
   (b) 某位计量经济学家怀疑他所估计的模型残差中存在自相关。请说明基于 $DW$ 检验来对这一问题进行检验的具体步骤。
   (c) 该计量经济学家按照你在（b）中所说明的步骤，计算出 $DW$ 统计量的值为 0.95。该回归使用了 60 个季度观测值，有 3 个解释变量（还有一个常数项）。完成这一检验，并给出检验结论。
   (d) 考虑到所存在的自相关性，该计量经济学家决定使用下列带有一个常数的一阶差分模型：

$$\Delta y_t = \beta_1 + \beta_2 \Delta x_{2t} + \beta_3 \Delta x_{3t} + \beta_4 \Delta x_{4t} + u_t \tag{5.82}$$

   给出这一模型的长期解，并由此指出完全用一阶差分来估计模型可能会遇到什么样的问题。
   (e) 该计量经济学家最后设定了一个包含一阶差分和变量水平值的滞后项的模型：

$$\Delta y_t = \beta_1 + \beta_2 \Delta x_{2t} + \beta_3 \Delta x_{3t} + \beta_4 \Delta x_{4t} + \beta_5 x_{2t-1} + \beta_6 x_{3t-1} + \beta_7 x_{4t-1} + v_t \tag{5.83}$$

   在这种情况下 $DW$ 检验仍然有效吗？
6. 计算下列动态计量经济模型的长期静态均衡解：

$$\Delta y_t = \beta_1 + \beta_2 \Delta x_{2t} + \beta_3 \Delta x_{3t} + \beta_4 y_{t-1} + \beta_5 x_{2t-1} + \beta_6 x_{3t-1} + \beta_7 x_{3t-4} + u_t \tag{5.84}$$

7. 拉姆齐的 RESET 检验有何用途？如果发现 RESET 检验失败，我们能做些什么？
8. (a) 为什么必须假定回归模型的扰动项服从正态分布？
   (b) 实际运用计量经济模型时，应该如何解决残差不服从正态分布这一问题？
9. (a) 请解释“参数结构稳定性”这一术语。
   (b) 一位金融计量经济学家认为 1987 年 10 月的股市崩溃从根本上改变了由 CAPM 方程给出的风险与收益之间的关系。他决定用邹至庄检验来对这一认识进行检验。待估计的模型运用了从 1981 年 1 月到 1995 年 12 月的月度数据，然后在股市崩溃前后两个子区间上分别进行两次单独的回归。模型是：

$$r_t = \alpha + \beta r_{mt} + u_t \tag{5.85}$$

   所以，式（5.85）表示的是某只证券在 $t$ 时刻的超额收益率对市场资产组合代

理变量在 $t$ 时刻超额收益率的回归。对于某只特定的股票来说，所估计的三个模型的结果如下：

1981 年 1 月—1995 年 12 月：

$$r_t = 0.021\,5 + 1.491 r_{mt} \quad RSS = 0.189 \quad T = 180 \tag{5.86}$$

1981 年 1 月—1987 年 10 月：

$$r_t = 0.016\,3 + 1.308 r_{mt} \quad RSS = 0.079 \quad T = 82 \tag{5.87}$$

1987 年 11 月—1995 年 12 月：

$$r_t = 0.036\,0 + 1.613 r_{mt} \quad RSS = 0.082 \quad T = 98 \tag{5.88}$$

(c) 这里所要检验的关于 $\alpha$ 和 $\beta$ 的零假设和备择假设各是什么？

(d) 完成检验，并说明检验结论是什么。

10. 对上述同样的模型，假设有下列结果，现在分别进行向前和向后预测失败检验：

1981 年 1 月—1995 年 12 月：

$$r_t = 0.021\,5 + 1.491 r_{mt} \quad RSS = 0.189 \quad T = 180 \tag{5.89}$$

1981 年 1 月—1994 年 12 月：

$$r_t = 0.021\,2 + 1.478 r_{mt} \quad RSS = 0.148 \quad T = 168 \tag{5.90}$$

1982 年 1 月—1995 年 12 月：

$$r_t = 0.021\,7 + 1.523 r_{mt} \quad RSS = 0.182 \quad T = 168 \tag{5.91}$$

基于以上结果，你能得出什么结论？

11. 为什么计量经济学家希望从回归方程中剔除不显著的变量？

12. 为什么在运用邹至庄检验来对参数稳定性进行检验时，不能在回归模型中包含有关异常值的哑变量？如果是运用预测失败检验，这一问题还会存在吗？为什么？

13. (a) 解释“测量误差”。

(b) 测量误差是怎样出现的？

(c) 回归中是因变量出现测量误差的后果更严重，还是自变量出现测量误差的后果更严重？为什么？

(d) 在对 CAPM 的检验中，测量误差所可能产生的影响是什么？对这一问题可能的解决方案是什么？

# 第6章 单变量时间序列建模与预测

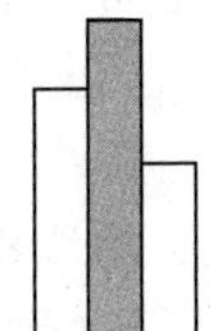



## 学习目标

在本章，你要学会：

- 解释各种随机过程的主要特点
- 对给定的数据序列，识别出合适的时间序列模型
- 导出自回归移动平均模型和指数平滑模型的预测值
- 用多种方法评价预测的准确性

## 6.1 引言

**单变量时间序列模型**（univariate time-series model）是研究者试图仅用金融变量的过去值或当前值以及误差项的过去值中所包含的信息来对其进行建模和预测的一系列模型。与这一类模型形成鲜明对照的是**结构模型**（structural model），这类模型在本质上是多元模型，即试图通过其他（解释）变量当前值或过去值的变化来解释某个变量（因变量）的变化。时间序列模型通常是非理论的，这意味着它们的构建及使用并不是建立在有关变量行为的潜在理论模型的基础上。实际上，时间序列模型尝试从所观测的数据中实证性地提取其有关特征，这些特征可能来自许多不同（但并不是特定）的结构模型。一类重要的时间序列模型是**自回归单整移动平均模型**（autoregressive integrated moving average model，简记为ARIMA模型），这类模型通常与Box和Jenkins（1976）有关。注意，在结构模型不适用的场合，时间序列模型可能很有用。举例来说，假设有一些变量 $y_t$，某研究者想要解释它的变化，而那些被认为造成 $y_t$ 变化的变量可能是无

法观测或测量的，抑或这些起作用的变量观测值的测度频率都小于 $y_t$。举个例子，$y_t$ 可能是一系列的股票日收益率，而解释变量可能是月度频率的宏观经济预测指标。此外，正如在本章后续内容中会看到的，结构模型对样本外预测通常不是很有效。具有上述特点的观测值激发了学者们对纯时间序列模型的思考，而这正是本章的核心内容所在。

我们为这一专题所安排的讲述路径如下。首先，为了识别、估计和使用 ARIMA 模型，需要对这一术语进行界定，并定义一些重要的概念。随后，本章将考虑来自 ARIMA 族的许多特定模型的性质和特点。实际上，本书致力于回答："对于某个给定参数值的特定时间序列模型来说，其区别于其他模型的主要特点是什么?"接下来，我们可以将这个问题反过来，即现在来问这样一个问题："给定一组已经明确了其特征的数据，用什么样的模型来描述这组数据才是合理的?"

## 6.2 术语和概念

接下来的小节定义并描述了时间序列分析中的一些重要概念，我们将在本章后续内容中阐释并使用这些概念。其中，第一个概念是关于一个序列是否**平稳**（stationary)。需要强调的是，决定一个序列是否平稳很重要，因为平稳与否会极大地影响其行为和性质。关于平稳性的更详细的介绍及其检验和内涵并没有在这里给出，但在第 8 章中会有更进一步的介绍。

### 6.2.1 严平稳过程

一个**严平稳过程**（strictly stationary process）是指对于任意的 $t_1$，$t_2$，…，$t_T \in Z$，$k \in Z$ 和任意的 $T=1, 2, \cdots$，有

$$F y_{t_1}, y_{t_2}, \cdots, y_{t_T}(y_1, \cdots, y_T) = F y_{t_1+k}, y_{t_2+k}, \cdots, y_{t_T+k}(y_1, \cdots, y_T) \tag{6.1}$$

其中，$F$ 表示这一系列随机变量的联合分布函数（Tong，1990，p. 3）。我们可以将上式表述为：对于 $\forall k$（"$\forall k$"是指"任意的 $k$ 值"），序列 $\{y_t\}$ 的概率测度与序列 $\{y_{t+k}\}$ 的概率测度相同。换句话说，在时间变化的过程中，如果一个序列的分布保持不变，这个序列就是严格平稳的，这意味着在过去或未来的任意时刻，$y$ 下降一个特定幅度的概率都是相等的。

### 6.6.2 弱平稳过程

对于 $t=1, 2, \cdots, \infty$，如果某个序列满足式（6.2）～式（6.4)，则称其为**弱平稳**（weakly stationary）或者**协方差平稳**（covariance stationary)：

$$E(y_t) = \mu \tag{6.2}$$

$$E(y_t - \mu)(y_t - \mu) = \sigma^2 < \infty \tag{6.3}$$

$$E(y_{t_1} - \mu)(y_{t_2} - \mu) = y_{t_2 - t_1} \quad \forall t_1, t_2 \tag{6.4}$$

上面这 3 个方程的意思分别是一个平稳过程的均值和方差都应该是常数，且**自协方差结构**（autocovariance structure）保持不变。读者可能都非常熟悉随机变量均值和方差的定义，但对于自协方差结构却未必了解很多。

其实，自协方差决定着 $y$ 值如何与其前期值相关。对于一个平稳序列来说，其自协方差仅依赖于 $t_1$ 和 $t_2$ 之差，所以 $y_t$ 和 $y_{t-1}$ 之间的协方差与 $y_{t-10}$ 和 $y_{t-11}$ 之间的协方差是一样的，以此类推。矩

$$E[y_t-E(y_t)][y_{t-s}-E(y_{t-s})]=\gamma_s \quad s=0,1,2,\cdots \tag{6.5}$$

即是所谓的**自协方差函数**（autocovariance function）。当 $s=0$ 时，我们就得到了滞后阶数为零的自协方差，即 $y_t$ 和 $y_t$ 之间的自协方差，也就是 $y$ 的方差。因为这些协方差 $\gamma_s$ 是 $y$ 与其自身前期值的协方差，所以也被称为自协方差。不过，在衡量 $y$ 与其前期值的关系这方面，自协方差并不是一个特别有用的测度工具，因此对它们的取值也并没有特别直接的解释。

实际上，使用自相关系数更方便。自相关系数就是通过除以方差进行标准化后的自协方差，即：

$$\tau_s=\frac{\gamma_s}{\gamma_0} \quad s=0,1,2,\cdots \tag{6.6}$$

现在，序列 $\tau_s$ 具有相关系数的标准性质，其取值介于 $-1$ 和 $+1$ 之间。在本例中，$s=0$，所以可以得到滞后阶数为零的自相关系数，即 $y_t$ 和 $y_t$ 之间的自相关系数，其值为 1。如果令 $s=0$，1，2，…并作出 $\tau_s$ 的图形，那么该图形即是所谓的**自相关函数**（autocorrelation function，简记为 acf）图，也叫做**相关图**（correlogram）。

### 6.2.3 白噪声过程

大致来讲，所谓**白噪声**（white noise）过程就是没有任何可识别的结构的过程。下面给出了白噪声过程的具体定义：

$$E(y_t)=\mu \tag{6.7}$$

$$\text{var}(y_t)=\sigma^2 \tag{6.8}$$

$$\gamma_{t-r}=\begin{cases}\sigma^2 & \text{若 } t=r \\ 0 & \text{否则}\end{cases} \tag{6.9}$$

因此，白噪声过程的均值和方差都是常数，并且除了滞后阶数为零的自协方差外，其他自协方差都为零。对上面 3 个条件中最后一个条件的另一种表述是“每个观测值都与序列中的其他观测值无关”，因此白噪声过程的自相关函数为零。当然，当 $s=0$ 时，自相关函数有唯一的峰值 1。特别地，如果 $\mu=0$，并且上述 3 个条件成立，那么这一过程就被称为**零均值白噪声**（zero mean white noise）过程。

如果进一步假定 $y_t$ 服从正态分布，那么样本自相关系数同样近似服从正态分布，即：

$$\hat{\tau}_s \sim approx.N(0,\ 1/T)$$

其中，$T$ 为样本规模，$\hat{\tau}_s$ 是从样本中估计得到的滞后阶数为 $s$ 的自相关系数。上述结果可以用于构造所估计的自相关系数的**非拒绝域**（non-rejection region，类似于一个置信区间），从而实现对自相关系数的显著性检验，以便确定其与零之间是否存在显著差异。例如，对于 $s\neq0$，95%的非拒绝域应该是：

$$\pm1.96\times\frac{1}{\sqrt{T}}$$

对于给定的 $s$ 值，如果样本自相关系数 $\hat{\tau}_s$ 落在拒绝域的外面，那么就可以拒绝 $s$ 阶自相关系数的真实值为零的零假设。

同样地，我们也可以运用 Box 和 Pierce（1970）所构建的 $Q$ 统计量对所有 $m$ 个相关系数 $\tau_k$ 同时为零的零假设进行联合检验。其中，$Q$ 统计量的形式为：

$$Q=T\sum_{k=1}^{m}\hat{\tau}_k^2 \tag{6.10}$$

其中，$T$ 为样本量，$m$ 为最大滞后阶数。

式（6.10）中，样本相关系数被取平方，因此其正负值就不会相互抵消。我们知道，服从标准正态分布的独立变量的平方和服从 $\chi^2$ 分布，且其自由度等于求和运算中平方项的数目，所以在所有 $m$ 个自相关系数同时为零的零假设下，$Q$ 统计量渐近服从 $\chi_m^2$ 分布。需要特别指出的是，对于这一联合假设检验来说，只要有一个自相关系数在统计上是显著的，就可以拒绝整个零假设。

不过，博克斯-皮尔斯检验（Box-Pierce test）在小样本情况下表现得不太理想。也就是说，对于小样本来说，运用该检验经常会得出错误的结论。目前，博克斯-皮尔斯检验的一个变形形式已经被开发出来，它具有更好的小样本性质，这种变形后的检验方法被称为杨-博克斯（Ljung-Box，1978）检验。作为对博克斯-皮尔斯统计量的一种修正，杨-博克斯（1978）统计量的具体形式为：

$$Q^*=T(T+2)\sum_{k=1}^{m}\frac{\hat{\tau}_k^2}{T-k}\sim\chi_m^2 \tag{6.11}$$

由这一统计量的形式可以很明显地看出，随着样本量 $T$ 的增加并逐渐趋近于无穷大，公式中的 $T+2$ 项和 $T-k$ 项就可以被消除，从而使得该统计量在渐近意义上就等于博克斯-皮尔斯检验统计量。在对时间序列中的线性相依性进行混成（一般性）检验时，杨-博克斯统计量是非常有用的。

**例 6.1** 假设某研究者已经运用一个包含 100 个观测值的序列完成了对前 5 个自相关系数的估计，并且发现它们分别为：

| 滞后阶数 | 1 | 2 | 3 | 4 | 5 |
|---|---|---|---|---|---|
| 自相关系数 | 0.207 | −0.013 | 0.086 | 0.005 | −0.022 |

现在，请检验每一个自相关系数的显著性，并且分别运用博克斯-皮尔斯检验和杨-博克斯检验对所有这 5 个自相关系数进行联合检验。

**解**：对于每个自相关系数，都可以运用下式构造其 95%的置信区间：

$$\pm 1.96\times\frac{1}{\sqrt{T}}$$

本例中，$T=100$。这样，对于某一个特定的相关系数为零的零假设来说，能够将其拒绝的决策规则就是该自相关系数落在区间（−0.196，+0.196）之外。通过计算可以发现，在本例中，只有第一个相关系数在 5%的水平下显著不为零。

现在来考虑联合检验，所有前 5 个自相关系数都为零的零假设可以写为：

$$H_0:\tau_1=0,\tau_2=0,\tau_3=0,\tau_4=0,\tau_5=0$$

博克斯-皮尔斯检验和杨-博克斯检验的检验统计量分别为：

$$\begin{aligned}Q&=100\times[0.207^2+(-0.013)^2+0.086^2+0.005^2+(-0.022)^2]\\&=5.09\end{aligned}\tag{6.12}$$

$$\begin{aligned}Q^*&=100\times102\times\left[\frac{0.207^2}{100-1}+\frac{(-0.013)^2}{100-2}+\frac{0.086^2}{100-3}+\frac{0.005^2}{100-4}+\frac{(-0.022)^2}{100-5}\right]\\&=5.26\end{aligned}\tag{6.13}$$

对于自由度为 5 的 $\chi^2$ 分布来说，其在 5%水平下的临界值为 11.1，在 1%水平下的临界值为 15.1。因此，很明显，前 5 个自相关系数同时为零的联合零假设在两种检验下都无法被拒绝。值得注意的是，在本例中，单个检验所得到的拒绝与否的结论与联合检验不同。这一结果出乎意料，很可能是由对自相关系数进行单个检验时，5 个单独检验中的 4 个都不显著，从而联合检验的效能较低所导致的。也就是说，本来是显著的自相关系数的效果在联合检验中被不显著的自相关系数稀释了。另外，相对于金融领域中通常可用的样本规模而言，在本例中所用到的样本规模是比较适中的。

## 6.3 移动平均过程

最简单的时间序列模型是**移动平均过程**（moving average process）。令 $u_t$（$t=1$，2，3，…）代表一个白噪声过程，且其均值 $E(u_t)=0$，方差 $\text{var}(u_t)=\sigma^2$，那么

$$y_t=\mu+u_t+\theta_1u_{t-1}+\theta_2u_{t-2}+\cdots+\theta_qu_{t-q}\tag{6.14}$$

就是一个 **$q$ 阶移动平均模型**（$q$th order moving average model），记为 MA($q$)。这一模型也可以用加总符号表示为：

$$y_t=\mu+\sum_{i=1}^{q}\theta_iu_{t-i}+u_t\tag{6.15}$$

移动平均模型只是白噪声过程的线性组合，所以 $y_t$ 取决于一个白噪声扰动项的当前值和前期值。我们在后面还会对式（6.15）进行处理，其实引入**滞后算子**（lag operator）符号来实现这一处理过程是最容易的。所谓滞后算子，就是用 $Ly_t=y_{t-1}$ 来指代 $y_t$ 的一阶滞后值。因此，对 $y_t$ 的 $i$ 阶滞后值就可以表示为 $L^iy_t=y_{t-i}$。注意，在某些著作和

研究中，滞后算子也被称为**“后移算子”**（backshift operator），并用 $B$ 表示。这里，我们运用滞后算子符号，可以将式（6.15）改写为：

$$y_t=\mu+\sum_{i=1}^{q}\theta_i L^i u_t+u_t \tag{6.16}$$

或者

$$y_t=\mu+\theta(L)u_t \tag{6.17}$$

其中，$\theta(L)=1+\theta_1 L+\theta_2 L^2+\cdots+\theta_q L^q$。

后文中，大多数情况下我们会将上述方程中的常数 $\mu$ 省略，这会使得方程的代数表达式变得更为简单，且不失一般性。为了了解这一点，考虑由序列的一些观测值所组成的一个样本 $z_t$，其均值为 $\bar{z}$。现在，只需要在每一个观测值 $z_t$ 中减去其均值 $\bar{z}$，我们就可以构造一个具有零均值的序列 $y_t$。

上述 $q$ 阶移动平均过程具有如下性质：

(1) $E(y_t)=\mu$ (6.18)

(2) $\text{var}(y_t)=\gamma_0=(1+\theta_1^2+\theta_2^2+\cdots+\theta_q^2)\sigma^2$ (6.19)

(3) $\text{covariances}\gamma_s=\begin{cases}(\theta_s+\theta_{s+1}\theta_1+\theta_{s+2}\theta_2+\cdots+\theta_q\theta_{q-s})\sigma^2 & \text{对于 } s=1,2,\cdots,q \\ 0 & \text{对于 } s>q\end{cases}$ (6.20)

所以，移动平均过程的均值、方差都为常数，而且除了从 1 阶到 $q$ 阶的自协方差不为零之外，后面各个阶数上的所有自协方差都为零。上面的这些结果都会在下文中给出推导过程。

**例 6.2** 考虑如下式所示的 MA(2) 过程：

$$y_t=u_t+\theta_1 u_{t-1}+\theta_2 u_{t-2} \tag{6.21}$$

其中，$u_t$ 是一个零均值且方差为 $\sigma^2$ 的白噪声过程。

(1) 计算 $y_t$ 的均值和方差；

(2) 推导这一过程的自相关函数（即将自相关系数 $\tau_1$，$\tau_2$，…表示为参数 $\theta_1$ 和 $\theta_2$ 的函数）；

(3) 如果 $\theta_1=-0.5$，$\theta_2=0.25$，画出 $y_t$ 的图形。

**解**：(1) 如果 $E(u_t)=0$，那么对于 $\forall i$，有 $E(u_{t-i})=0$。 (6.22)

所以，所有时刻上误差项的期望值都为 0。现在，对式（6.21）两边取期望，得：

$$\begin{aligned}E(y_t)&=E(u_t+\theta_1 u_{t-1}+\theta_2 u_{t-2})\\&=E(u_t)+\theta_1 E(u_{t-1})+\theta_2 E(u_{t-2})=0\end{aligned} \tag{6.23}$$

$$\text{var}(y_t)=E[y_t-E(y_t)][y_t-E(y_t)] \tag{6.24}$$

由于 $E(y_t)=0$，即式（6.24）中右边两个方括号中的期望值项都为零，所以可以将式

(6.24) 化简为：

$$var(y_t)=E[(y_t)(y_t)] \tag{6.25}$$

将式（6.21）所示的 $y_t$ 的表达式代入式（6.25），得：

$$var(y_t)=E[(u_t+\theta_1 u_{t-1}+\theta_2 u_{t-2})(u_t+\theta_1 u_{t-1}+\theta_2 u_{t-2})] \tag{6.26}$$

$$var(y_t)=E[u_t^2+\theta_1^2 u_{t-1}^2+\theta_2^2 u_{t-2}^2+\text{交叉乘积项}] \tag{6.27}$$

对于 $s\neq 0$，有 $cov(u_t, u_{t-s})=0$，所以有 $E[\text{交叉乘积项}]=0$。因为“交叉乘积项”代表的就是那些 $u$ 中具有不同下标的项，比如 $u_{t-1}u_{t-2}$ 或者 $u_{t-5}u_{t-20}$ 等等，所以这里再次强调，我们不需要担心这些交叉乘积项，它们实际上是 $u_t$ 的自协方差。由于 $u_t$ 是一个**随机误差过程**（random error process），而随机误差过程的自协方差为零（滞后阶数为零的自协方差除外），所以按照定义，这些自协方差都为零。基于这一点，可以得到：

$$var(y_t)=\gamma_0=E[u_t^2+\theta_1^2 u_{t-1}^2+\theta_2^2 u_{t-2}^2] \tag{6.28}$$

$$var(y_t)=\gamma_0=\sigma^2+\theta_1^2\sigma^2+\theta_2^2\sigma^2 \tag{6.29}$$

$$var(y_t)=\gamma_0=(1+\theta_1^2+\theta_2^2)\sigma^2 \tag{6.30}$$

上面的 3 个式子中，$\gamma_0$ 也可以被解释为滞后阶数为零的自协方差。

（2）现在来计算 $y_t$ 的自相关函数。首先要确定自协方差，然后通过将自协方差除以方差得到自相关系数。

滞后阶数为 1 的自协方差为：

$$\gamma_1=E[y_t-E(y_t)][y_{t-1}-E(y_{t-1})] \tag{6.31}$$

$$\gamma_1=E[y_t][y_{t-1}] \tag{6.32}$$

$$\gamma_1=E[(u_t+\theta_1 u_{t-1}+\theta_2 u_{t-2})(u_{t-1}+\theta_1 u_{t-2}+\theta_2 u_{t-3})] \tag{6.33}$$

再次忽略所有交叉乘积项，从而可以将式（6.33）写为：

$$\gamma_1=E[(\theta_1 u_{t-1}^2+\theta_1\theta_2 u_{t-2}^2)] \tag{6.34}$$

$$\gamma_1=\theta_1\sigma^2+\theta_1\theta_2\sigma^2 \tag{6.35}$$

$$\gamma_1=(\theta_1+\theta_1\theta_2)\sigma^2 \tag{6.36}$$

滞后阶数为 2 的自协方差为：

$$\gamma_2=E[y_t-E(y_t)][y_{t-2}-E(y_{t-2})] \tag{6.37}$$

$$\gamma_2=E(y_t)(y_{t-2}) \tag{6.38}$$

$$\gamma_2=E[(u_t+\theta_1 u_{t-1}+\theta_2 u_{t-2})(u_{t-2}+\theta_1 u_{t-3}+\theta_2 u_{t-4})] \tag{6.39}$$

$$\gamma_2=E[(\theta_2 u_{t-2}^2)] \tag{6.40}$$

$$\gamma_2=\theta_2\sigma^2 \tag{6.41}$$

滞后阶数为 3 的自协方差为：

$$\gamma_3=E[y_t-E(y_t)][y_{t-3}-E(y_{t-3})] \tag{6.42}$$

$$\gamma_3=E(y_t)(y_{t-3}) \tag{6.43}$$

$$\gamma_3=E[(u_t+\theta_1 u_{t-1}+\theta_2 u_{t-2})(u_{t-3}+\theta_1 u_{t-4}+\theta_2 u_{t-5})] \tag{6.44}$$

$$\gamma_3=0 \tag{6.45}$$

所以，对于所有的 $s>2$，均有 $\gamma_s=0$，即 MA(2) 过程中所有 2 阶以上的自协方差都为零。

由此，滞后阶数为 0 的自相关系数为：

$$\tau_0=\frac{\gamma_0}{\gamma_0}=1 \tag{6.46}$$

滞后阶数为 1 的自相关系数为：

$$\tau_1=\frac{\gamma_1}{\gamma_0}=\frac{(\theta_1+\theta_1\theta_2)\sigma^2}{(1+\theta_1^2+\theta_2^2)\sigma^2}=\frac{\theta_1+\theta_1\theta_2}{1+\theta_1^2+\theta_2^2} \tag{6.47}$$

滞后阶数为 2 的自相关系数为：

$$\tau_2=\frac{\gamma_2}{\gamma_0}=\frac{\theta_2\sigma^2}{(1+\theta_1^2+\theta_2^2)\sigma^2}=\frac{\theta_2}{1+\theta_1^2+\theta_2^2} \tag{6.48}$$

滞后阶数为 3 的自相关系数为：

$$\tau_3=\frac{\gamma_3}{\gamma_0}=0 \tag{6.49}$$

滞后阶数为 $s$（$s>2$）的自相关系数为：

$$\tau_s=\frac{\gamma_s}{\gamma_0}=0 \quad \forall s>2 \tag{6.50}$$

（3）将 $\theta_1=-0.5$，$\theta_2=0.25$ 代入上面的公式，可以得到前两阶的自相关系数分别为 $\tau_1=-0.476$，$\tau_2=0.190$，而 MA(2) 模型中超过 2 阶的自相关系数都为零。图 6.1 即为此例的自相关函数图。

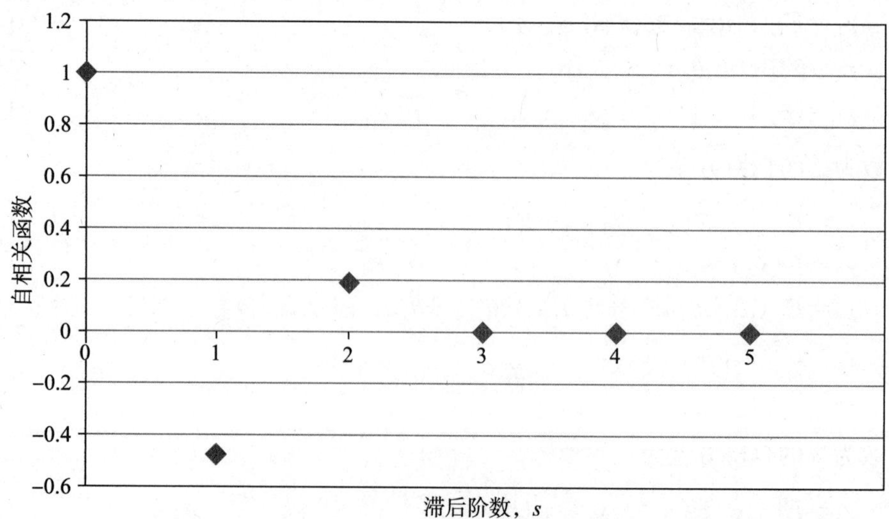


**图 6.1　MA(2) 过程的自相关函数图**

## 6.4 自回归过程

**自回归模型**（autoregressive model）中，变量 $y$ 的当前值只依赖于其前期值和误差项。例如，一个 $p$ 阶自回归模型 AR($p$) 可以表示为：

$$y_t=\mu+\phi_1 y_{t-1}+\phi_2 y_{t-2}+\cdots+\phi_p y_{t-p}+u_t \tag{6.51}$$

其中，误差项 $u_t$ 是一个白噪声过程。要证明自回归模型的一些性质，需要对式（6.51）进行处理。运用加总符号，我们可以将上述表达式更简洁地表示为：

$$y_t=\mu+\sum_{i=1}^{p}\phi_i y_{t-i}+u_t \tag{6.52}$$

或者运用滞后算子将其写为：

$$y_t=\mu+\sum_{i=1}^{p}\phi_i L^i y_t+u_t \tag{6.53}$$

或者：

$$\phi(L)y_t=\mu+u_t \tag{6.54}$$

其中，$\phi(L)=1-\phi_1 L-\phi_2 L^2-\cdots-\phi_p L^p$。

### 6.4.1 平稳性条件

对于所估计的 AR 模型来说，平稳性是一个非常理想的性质，这里有几个原因。其中一个重要原因在于不平稳的模型会表现出一些不良性质，即随着时间的推移，误差项过去的值对 $y_t$ 的现值会有非递减的影响。在许多情况下，这种性质被认为是不符合直觉也不符合经验的。第 8 章中有关于这一问题的更多讨论，这里的专栏 6.1 用代数方法定义了平稳性条件。

**▶专栏 6.1◀**

**AR($p$) 模型的平稳性条件**

设式（6.54）中的 $\mu$ 等于 0，那么一个零均值的 AR($p$) 过程就可以表示为：

$$\phi(L)y_t=u_t \tag{6.55}$$

如果可以将上式写为下列形式，那么就可以说这一过程是平稳的：

$$y_t=\phi(L)^{-1}u_t \tag{6.56}$$

其中，$\phi(L)^{-1}$ 收敛于零。这意味着随着滞后阶数的增加，自相关系数最终会下降。若将 $\phi(L)^{-1}$ 展开，可以看到式中会包含无穷多项，并可以写为 MA($\infty$)，例如 $a_1u_{t-1}+a_2u_{t-2}+a_3u_{t-3}+\cdots+u_t$。如果式（6.54）所表示的过程是平稳的，那么

MA(∞) 表达式中的系数将会随着滞后阶数的增加而最终出现下降。反过来讲，如果该过程是不平稳的，那么 MA(∞) 表达式中的系数将不会随着滞后阶数的增加而收敛于零。

对于一个一般的 AR($p$) 模型来说，检验其平稳性的条件是下列“特征方程”的根都位于单位圆外：

$$1-\phi_1 z-\phi_2 z^2-\cdots-\phi_p z^p=0 \tag{6.57}$$

之所以称上式为“特征方程”，原因在于这一方程的根决定了 $y_t$ 过程的特征——例如，某个 AR 过程的自相关函数实际上是 $z$ 的一个多项式，它依赖于这一特征方程的根。

**例 6.3** 下列模型是否平稳？

$$y_t=y_{t-1}+u_t \tag{6.58}$$

要回答这一问题，我们首先用滞后算子写出 $y_{t-1}$（即 $Ly_t$），并将所有 $y$ 项放在式（6.58）的左边，然后进行因式分解：

$$y_t=Ly_t+u_t \tag{6.59}$$

$$y_t-Ly_t=u_t \tag{6.60}$$

$$y_t(1-L)=u_t \tag{6.61}$$

由此，特征方程为：

$$1-z=0 \tag{6.62}$$

该特征方程的根为 $z=1$，并不位于单位圆外。实际上，式（6.58）所定义的 AR($p$) 模型就是所谓的**“随机游走”**（random walk）（见第 8 章），它是一个不平稳的过程。

对于具有更高滞后阶数的自回归模型也可以采用这一步骤，但在这类模型中过程的平稳性和其他特征都不太明显。例如，$y_t$ 的下列过程是平稳的吗？

$$y_t=3y_{t-1}-2.75y_{t-2}+0.75y_{t-3}+u_t \tag{6.63}$$

同样地，这里的第一步仍然是用滞后算子符号重新表示该方程式，然后将所有的 $y$ 项都放在等式的左边，从而得到：

$$y_t=3Ly_t-2.75L^2y_t+0.75L^3y_t+u_t \tag{6.64}$$

$$(1-3L+2.75L^2-0.75L^3)y_t=u_t \tag{6.65}$$

特征方程为：

$$1-3z+2.75z^2-0.75z^3=0 \tag{6.66}$$

幸运的是，该特征方程可以被因式分解为：

$$(1-z)(1-1.5z)(1-0.5z)=0 \tag{6.67}$$

进而得到它的根为 $z=1$，$z=2/3$ 和 $z=2$。这 3 个根中，只有一个是位于单位圆外的，所以由式（6.63）所描述的 $y_t$ 的过程不是一个平稳过程。

### 6.4.2 沃尔德分解定理

**沃尔德分解定理**（Wold’s decomposition theorem）是说，任何一个平稳序列都可以被分解为两个不相关的过程之和，其中一个是完全确定的部分，另一个是完全随机的部分，随机部分可以是 MA(∞)。特别地，如果是对 AR 模型进行建模，对这一定理进行表述的一种简单方式是：任何一个不包含常数项和其他项的 $p$ 阶平稳自回归过程都可被表示为一个无限阶的移动平均模型。这一结果对于推导自回归过程的自相关函数非常重要。

对于给定的 AR($p$) 模型，例如式（6.51）（为了简单起见，这里设 $\mu$ 为零），若用滞后多项式符号 $\phi(L)y_t=u_t$ 来表示该式，那么沃尔德分解为：

$$y_t=\psi(L)u_t \tag{6.68}$$

其中，$\psi(L)=\phi(L)^{-1}=(1-\phi_1 L-\phi_2 L^2-\cdots-\phi_p L^p)^{-1}$。

现在来介绍自回归过程的一些特点。例如，其（无条件）均值为：

$$E(y_t)=\frac{\mu}{1-\phi_1-\phi_2-\cdots-\phi_p} \tag{6.69}$$

自协方差和自相关函数可以通过对一组联立方程进行求解得到，这样的联立方程被称为**尤尔-沃克方程**（Yule-Walker equations）。尤尔-沃克方程将相关系数（$\tau_s$）表示为自回归系数（$\phi_s$）的一个函数：

$$\begin{aligned}
\tau_1&=\phi_1+\tau_1\phi_2+\cdots+\tau_{p-1}\phi_p\\
\tau_2&=\tau_1\phi_1+\phi_2+\cdots+\tau_{p-2}\phi_p\\
&\vdots\\
\tau_p&=\tau_{p-1}\phi_1+\tau_{p-2}\phi_2+\cdots+\phi_p
\end{aligned} \tag{6.70}$$

对于任意的平稳 AR 模型，其自相关函数都会按照几何速度衰减至零。① 自回归过程的这些特征可以通过下面的例子从第一原理中推导出来。

**例 6.4** 考虑一个简单的 AR(1) 模型

$$y_t=\mu+\phi_1 y_{t-1}+u_t \tag{6.71}$$

(1) 计算 $y_t$ 的（无条件）均值。

① 注意，$\tau_s$ 并不是一个精确的几何序列，但其绝对值却是一个几何级数序列。这意味着自相关函数不一定是单调下降的，而且其符号也可以有变化。

为简单起见，在余下问题中我们都假定常数项为零（$\mu=0$）。

(2) 计算 $y_t$ 的（无条件）方差。

(3) 推导其自相关函数。

**解**：(1) 无条件均值可以通过对表达式（6.71）取期望得出，即：

$$E(y_t)=E(\mu+\phi_1 y_{t-1}) \tag{6.72}$$

$$E(y_t)=\mu+\phi_1 E(y_{t-1}) \tag{6.73}$$

但由于

$$y_{t-1}=\mu+\phi_1 y_{t-2}+u_{t-1} \tag{6.74}$$

所以，将式（6.74）代入式（6.73）以消去 $y_{t-1}$：

$$E(y_t)=\mu+\phi_1[\mu+\phi_1 E(y_{t-2})] \tag{6.75}$$

$$E(y_t)=\mu+\phi_1\mu+\phi_1^2 E(y_{t-2}) \tag{6.76}$$

将式（6.74）再往前推一期，得：

$$y_{t-2}=\mu+\phi_1 y_{t-3}+u_{t-2} \tag{6.77}$$

再次重复以上步骤，得：

$$E(y_t)=\mu+\phi_1\mu+\phi_1^2[(\mu+\phi_1 E(y_{t-3})] \tag{6.78}$$

$$E(y_t)=\mu+\phi_1\mu+\phi_1^2\mu+\phi_1^3 E(y_{t-3}) \tag{6.79}$$

可以看到，现在出现了这样一种模式，即通过进行 $n$ 次这样的替换，可以得到：

$$E(y_t)=\mu(1+\phi_1+\phi_1^2+\cdots+\phi_1^{n-1})+\phi_1^n E(y_{t-n}) \tag{6.80}$$

只要模型是平稳的，即只要有 $|\phi_1|<1$，那么就有 $\phi_1^\infty=0$。因此，当 $n$ 趋于$\infty$时，有 $\lim_{n\to\infty}\phi_1^t E(y_{t-n})=0$，所以：

$$E(y_t)=\mu(1+\phi_1+\phi_1^2+\cdots) \tag{6.81}$$

现在，回忆一下这样一个代数法则，即对一个以几何速度无限衰减的序列来说，其有限和是通过将“序列的第一项除以（1－公差）”得到的。其中，**公差**（common difference）是一个量，将序列中的每一项乘以该量就可以得到下一项。由此，由式（6.81）得：

$$E(y_t)=\frac{\mu}{1-\phi_1} \tag{6.82}$$

因此，将一阶自回归的截距项参数除以（1－自回归系数）就可以得到其均值或期望值。

(2) 现在来计算 $y_t$ 的方差。设 $\mu$ 等于零，从而：

$$y_t=\phi_1 y_{t-1}+u_t \tag{6.83}$$

该式可以等价地写为：

$$y_t(1-\phi_1 L)=u_t \tag{6.84}$$

由沃尔德分解定理可知，AR($p$) 模型可以表示为一个 MA($\infty$) 过程：

$$y_t=(1-\phi_1 L)^{-1}u_t \tag{6.85}$$

$$y_t=(1+\phi_1 L+\phi_1^2 L^2+\cdots)u_t \tag{6.86}$$

或者：

$$y_t=u_t+\phi_1 u_{t-1}+\phi_1^2 u_{t-2}+\phi_1^3 u_{t-3}+\cdots \tag{6.87}$$

只要 $|\phi_1|<1$，也就是说，只要 $y_t$ 是一个平稳过程，式 (6.87) 所表示的和就会收敛。

对于任意的随机变量 $y$ 来说，其方差的定义为：

$$\text{var}(y_t)=E[y_t-E(y_t)][y_t-E(y_t)] \tag{6.88}$$

因为前面已经设 $\mu$ 等于零，所以 $E(y_t)=0$，进而有：

$$\text{var}(y_t)=E[(y_t)(y_t)] \tag{6.89}$$

$$\text{var}(y_t)=E[(u_t+\phi_1 u_{t-1}+\phi_1^2 u_{t-2}+\cdots)(u_t+\phi_1 u_{t-1}+\phi_1^2 u_{t-2}+\cdots)] \tag{6.90}$$

$$\text{var}(y_t)=E[u_t^2+\phi_1^2 u_{t-1}^2+\phi_1^4 u_{t-2}^2+\cdots+\text{交叉乘积项}] \tag{6.91}$$

如前所述，“交叉乘积项”可以被设为零，从而有：

$$\text{var}(y_t)=\gamma_0=E[u_t^2+\phi_1^2 u_{t-1}^2+\phi_1^4 u_{t-2}^2+\cdots] \tag{6.92}$$

$$\text{var}(y_t)=\sigma^2+\phi_1^2\sigma^2+\phi_1^4\sigma^2+\cdots \tag{6.93}$$

$$\text{var}(y_t)=\sigma^2(1+\phi_1^2+\phi_1^4+\cdots) \tag{6.94}$$

所以，只要有 $|\phi_1|<1$，式 (6.94) 的有限和就可以写为：

$$\text{var}(y_t)=\frac{\sigma^2}{1-\phi_1^2} \tag{6.95}$$

(3) 现在来计算自相关函数，首先我们需要计算自协方差。从随机变量自协方差的定义出发，采用和前面计算方差类似的代数运算就可以算出自协方差。具体地，和前面一样，1，2，3，…，$s$ 阶滞后项的自协方差由 $\gamma_1$，$\gamma_2$，$\gamma_3$，…，$\gamma_s$ 表示：

$$\gamma_1=\text{cov}(y_t,y_{t-1})=E[y_t-E(y_t)][y_{t-1}-E(y_{t-1})] \tag{6.96}$$

由于 $\mu$ 被设为等于零，所以有 $E(y_t)=0$ 和 $E(y_{t-1})=0$，进而：

$$\gamma_1=E[y_t y_{t-1}] \tag{6.97}$$

基于 $E(y_t)=E(y_{t-1})=0$，可以有：

$$\gamma_1=E[(u_t+\phi_1 u_{t-1}+\phi_1^2 u_{t-2}+\cdots)(u_{t-1}+\phi_1 u_{t-2}+\phi_1^2 u_{t-3}+\cdots)] \tag{6.98}$$

$$\gamma_1=E[\phi_1 u_{t-1}^2+\phi_1^3 u_{t-2}^2+\cdots+\text{交叉乘积项}] \tag{6.99}$$

再次将“交叉乘积项”部分忽略，所以：

$$\gamma_1=\phi_1\sigma^2+\phi_1^3\sigma^2+\phi_1^5\sigma^2+\cdots \tag{6.100}$$

$$\gamma_1=\phi_1\sigma^2(1+\phi_1^2+\phi_1^4+\cdots) \tag{6.101}$$

$$\gamma_1=\frac{\phi_1\sigma^2}{1-\phi_1^2} \tag{6.102}$$

对于二阶自协方差：

$$\gamma_2=\operatorname{cov}(y_t,y_{t-2})=E[y_t-E(y_t)][y_{t-2}-E(y_{t-2})] \tag{6.103}$$

运用与前面处理一阶自协方差时同样的规则，有：

$$\gamma_2=E[y_ty_{t-2}] \tag{6.104}$$

$$\gamma_2=E[(u_t+\phi_1u_{t-1}+\phi_1^2u_{t-2}+\cdots)(u_{t-2}+\phi_1u_{t-3}+\phi_1^2u_{t-4}+\cdots)] \tag{6.105}$$

$$\gamma_2=E[\phi_1^2u_{t-2}^2+\phi_1^4u_{t-3}^2+\cdots+\text{交叉乘积项}] \tag{6.106}$$

$$\gamma_2=\phi_1^2\sigma^2+\phi_1^4\sigma^2+\cdots \tag{6.107}$$

$$\gamma_2=\phi_1^2\sigma^2(1+\phi_1^2+\phi_1^4+\cdots) \tag{6.108}$$

$$\gamma_2=\frac{\phi_1^2\sigma^2}{1-\phi_1^2} \tag{6.109}$$

这时可以识别出其模式。按照这一模式，如果对 $\gamma_3$ 重复上述相同的步骤，可得：

$$\gamma_3=\frac{\phi_1^3\sigma^2}{1-\phi_1^2} \tag{6.110}$$

对于任意滞后期 $s$，其自协方差为：

$$\gamma_s=\frac{\phi_1^s\sigma^2}{1-\phi_1^2} \tag{6.111}$$

现在，通过将自协方差除以方差就可以得到自相关函数：

$$\tau_0=\frac{\gamma_0}{\gamma_0}=1 \tag{6.112}$$

$$\tau_1=\frac{\gamma_1}{\gamma_0}=\frac{\left(\dfrac{\phi_1\sigma^2}{1-\phi_1^2}\right)}{\left(\dfrac{\sigma^2}{1-\phi_1^2}\right)}=\phi_1 \tag{6.113}$$

$$\tau_2=\frac{\gamma_2}{\gamma_0}=\frac{\left(\dfrac{\phi_1^2\sigma^2}{1-\phi_1^2}\right)}{\left(\dfrac{\sigma^2}{1-\phi_1^2}\right)}=\phi_1^2 \tag{6.114}$$

$$\tau_3=\phi_1^3 \tag{6.115}$$

滞后 $s$ 阶的自相关系数为：

$$\tau_s=\phi_1^s \tag{6.116}$$

这意味着 $\operatorname{corr}(y_t,y_{t-s})=\phi_1^s$。注意，如果用的是尤尔-沃克（Yule-Walker）方程，也

可以得到相同的结果。

## 6.5 偏自相关函数

**偏自相关函数**（partial autocorrelation function，简记为 pacf，用 $\tau_{kk}$ 表示）测度了在控制住中间滞后项的观测值（即所有小于 $k$ 阶的滞后值）之后，$k$ 期之前的观测值与当前值之间的相关性。也就是说，它测度的是在剔除了 $y_{t-k+1}$，$y_{t-k+2}$，…，$y_{t-1}$ 的影响后 $y_t$ 与 $y_{t-k}$ 之间的相关性。举例来说，滞后 3 阶的偏自相关函数所测度的是在控制了 $y_{t-1}$ 和 $y_{t-2}$ 的影响后 $y_t$ 与 $y_{t-3}$ 之间的相关性。

滞后 1 期的自相关系数和偏自相关系数是相等的，因为在这种情况下没有中间项，即 $\tau_{11}=\tau_1$，其中 $\tau_1$ 是滞后一阶的自相关系数。

如果是滞后 2 阶，那么有：

$$\tau_{22}=(\tau_2-\tau_1^2)/(1-\tau_1^2) \tag{6.117}$$

其中，$\tau_1$ 和 $\tau_2$ 分别是滞后 1 阶和滞后 2 阶的自相关系数。对于超过 2 阶的更高滞后阶数来说，偏自相关系数的公式非常复杂，超出了本书的范围，这里不再做介绍。不过，我们这里可以对移动平均过程和自回归过程的偏自相关函数的特点做一个直观的解释。

对于 $p$ 阶自回归过程，当 $s\leqslant p$ 时，$y_t$ 和 $y_{t-s}$ 之间存在直接相关，而当 $s>p$ 时，两者之间没有直接关系。举例来说，考虑下述 AR(3) 模型：

$$y_t=\phi_0+\phi_1 y_{t-1}+\phi_2 y_{t-2}+\phi_3 y_{t-3}+u_t \tag{6.118}$$

通过这一模型，$y_t$ 和 $y_{t-1}$ 之间、$y_t$ 和 $y_{t-2}$ 之间、$y_t$ 和 $y_{t-3}$ 之间都存在直接关联，而对于 $s>3$，$y_t$ 和 $y_{t-s}$ 之间不存在直接关联。因此，在模型的滞后阶数内，偏自相关函数通常是非零的偏自相关系数，但在滞后阶数之外，偏自相关系数都为零。在模型 AR(3) 中，仅有前 3 个偏自相关系数是非零的。

对于一个移动平均过程，其偏自相关函数会是什么样的呢？为了考察 $y_t$ 和 $y_{t-k}$($k=1, 2, \cdots$) 之间是否存在直接相关，我们需要将 MA 模型转换为 AR 模型。实际上，只要 MA($q$) 过程是可逆的，它就可以表示为 AR($\infty$)。那么，什么情况下 MA($q$) 过程才是“可逆的”呢？

### 6.5.1 可逆条件

对于一个 MA($q$) 模型，其可逆条件为其特征方程 $\theta(z)=0$ 的根的绝对值大于 1。从数学上讲，这里的可逆条件与平稳性条件是一样的。但是需要注意的是，“可逆条件”是针对 MA 过程而非 AR 过程的。这一条件避免了在 AR($\infty$) 形式下模型会出现“爆炸”，所以 $\theta^{-1}(L)$ 收敛于零。专栏 6.2 展示了 MA(2) 模型的可逆条件。

**▶专栏 6.2◀**

**MA(2) 模型的可逆条件**

为了考察移动平均过程偏自相关函数的特征，考虑 $y_t$ 的下述 MA(2) 过程：

$$y_t = u_t + \theta_1 u_{t-1} + \theta_2 u_{t-2} = \theta(L) u_t \tag{6.119}$$

如果这一过程是可逆的，那么该 MA(2) 模型就可以表示为一个 AR(∞) 的形式：

$$y_t = \sum_{i=1}^{\infty} c_i y_{t-i} + u_t \tag{6.120}$$

$$y_t = c_1 y_{t-1} + c_2 y_{t-2} + c_3 y_{t-3} + \cdots + u_t \tag{6.121}$$

现在，可以很明显地看出，对于一个移动平均模型来说，$y$ 的当前值与其所有前期值之间都存在直接的关联关系。因此，一个 MA($q$) 模型的偏自相关函数是几何衰减的（decline geometrically），而不是像它的自相关函数那样，在 $q$ 阶后就变为零。因此，我们可以说，AR 模型的自相关函数与 MA 模型的偏自相关函数的基本形式是一样的，而 MA 模型的自相关函数与 AR 模型的偏自相关函数也具有相同的形式。

## 6.6 ARMA 过程

将 AR($p$) 模型和 MA($q$) 模型进行组合，就可以得到 ARMA($p$, $q$) 模型，这种模型表示序列 $y$ 的当前值线性依赖于其自身的前期值再加上一个白噪声项的当前值及其前期值，其具体形式可以写为：

$$\phi(L) y_t = \mu + \theta(L) u_t \tag{6.122}$$

其中：

$$\phi(L) = 1 - \phi_1 L - \phi_2 L^2 - \cdots - \phi_p L^p$$
$$\theta(L) = 1 + \theta_1 L + \theta_2 L^2 + \cdots + \theta_q L^q$$

或者：

$$y_t = \mu + \phi_1 y_{t-1} + \phi_2 y_{t-2} + \cdots + \phi_p y_{t-p} + \theta_1 u_{t-1} + \theta_2 u_{t-2} + \cdots + \theta_q u_{t-q} + u_t \tag{6.123}$$

且有：

$$E(u_t)=0;\ E(u_t^2)=\sigma^2;\ E(u_t u_s)=0,\ t \neq s$$

ARMA 过程的特征是其中 AR 部分和 MA 部分各自特征的组合。注意，在这种模型中，偏自相关函数特别有用。我们知道，只用自相关函数就可以区分纯粹的自回归过程和纯粹的移动平均过程。但是，ARMA 过程的自相关函数与纯粹的 AR 过程一样，也是呈几何衰减的。因此，偏自相关函数在区分 AR($p$) 和 ARMA($p$, $q$) 过程时就特别有用了——前者的自相关函数是几何衰减的，但偏自相关函数在 $p$ 阶之后就截断为零，但后者的自相关函数和偏自相关函数都呈几何衰减趋势。

现在，我们可以总结一下 AR 过程、MA 过程和 ARMA 过程各自的特点。

AR 过程：

- 自相关函数呈几何衰减；
- 偏自相关函数中非零值的个数等于模型阶数。

MA 过程：

- 自相关函数中非零值的个数等于模型阶数；
- 偏自相关函数呈几何衰减。

ARMA 过程：

- 自相关函数呈几何衰减；
- 偏自相关函数也呈几何衰减。

实际上，ARMA 序列的均值为：

$$E(y_t)=\frac{\mu}{1-\phi_1-\phi_2-\cdots-\phi_p} \tag{6.124}$$

所以，一开始的时候，ARMA 模型的自相关函数会表现出源自 AR 部分和 MA 部分的共同特点，但在 $q$ 阶之后，自相关函数的行为就只与单一的 AR($p$) 模型相同，从而使得模型中的 AR 部分在其长期趋势中占据主导地位。对 ARMA 模型的自相关函数和偏自相关函数的推导，这里留给感兴趣的读者作练习。

### 6.6.1 标准过程的样本自相关函数和偏自相关函数图

图 6.2 至图 6.8 给出了一些典型过程的例子，这些过程来自具有特定自相关函数和偏自相关函数的 ARMA 模型族。这些自相关函数和偏自相关函数值不是从这类模型的有关公式中分析得出的，而是用其扰动项的 100 000 个模拟观测值估计出来的，在模拟的时候这些观测值取自正态分布。按照前文中的方法，我们用 $(\pm 1.96/\sqrt{100\,000})=\pm 0.006\,2$ 计算了 5%的（双侧）拒绝区间，并在图中用虚线将其标出。需要注意的是，每个例子中一阶的自相关函数和偏自相关函数都是相同的。

图 6.2 中，MA(1) 模型的自相关函数只有在一阶的时候才是显著的，而偏自相关函数呈现几何衰减，并且一直在 7 阶之前都是显著的。因为这一 MA 过程中的系数为负，所以滞后一阶的自相关函数和所有的偏自相关函数都是负值。

同样地，图 6.3 中的自相关函数和偏自相关函数结构也符合预期，即只有前两阶的自相关系数是显著的，而偏自相关函数呈现几何衰减趋势。再次注意，由于这一 MA 过程中第二个滞后误差项的系数为负，所以自相关函数和偏自相关函数都是正负值交替出现。在偏自相关函数中，我们称这种正负值交替出现且呈现衰减趋势的函数为**“阻尼正弦波”**（damped sine wave）或**“阻尼正弦曲线”**（damped sinusoid）。

对于系数值非常大（接近于 1）的一阶自回归模型来说，可以预期其自相关函数的衰减速度是很慢的，这一情况可以在图 6.4 中非常清晰地观测到。同样正如预期，AR(1) 模型中只有一阶偏自相关函数系数是显著的，而其他系数都不显著，即其在本质上为零。

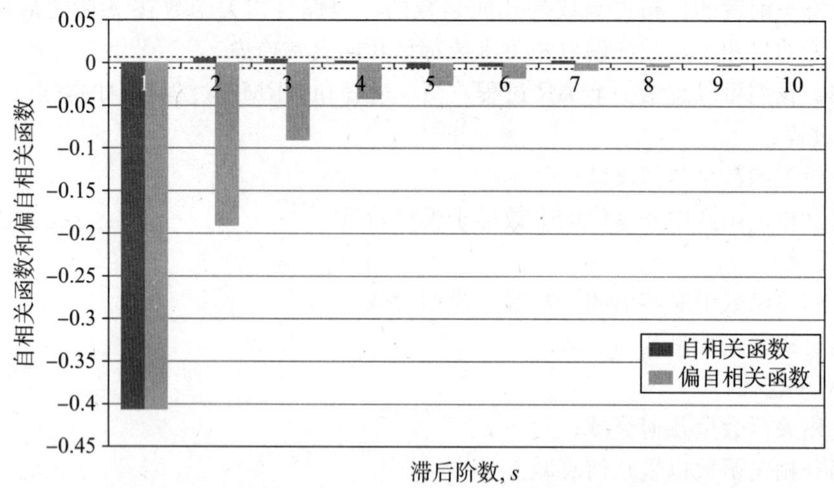


**图 6.2　MA(1) 模型 $y_t = -0.5u_{t-1} + u_t$ 的样本自相关函数和偏自相关函数**

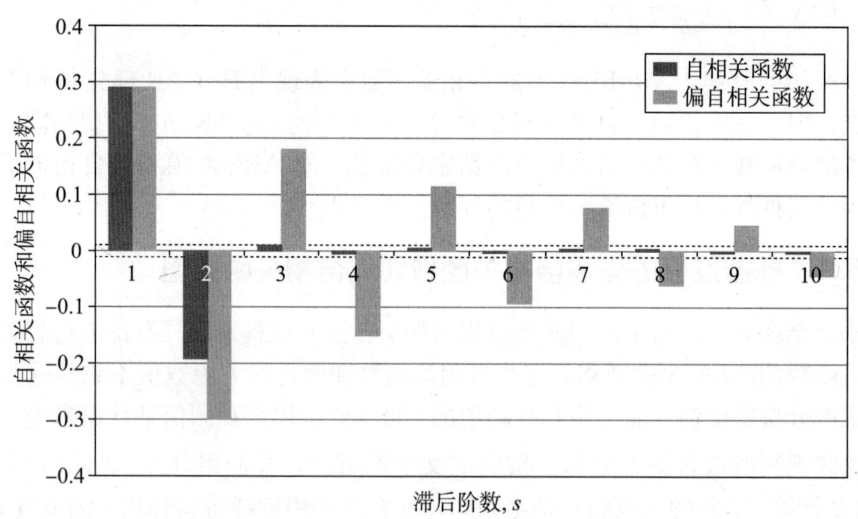


**图 6.3　MA(2) 模型 $y_t = 0.5u_{t-1} - 0.25u_{t-2} + u_t$ 的样本自相关函数和偏自相关函数**

图 6.5 所描绘的 AR(1) 过程是由相等的误差项和一个较小的自回归系数产生的。在这种情况下，自相关函数的衰减速度比前面几个例子中都快。实际上，在大约 5 阶之后自相关系数就变得不再显著了。

除了回归系数为负之外，图 6.6 显示了与图 6.5 中的 AR(1) 同一过程的自相关函数和偏自相关函数。这一函数形式使得其自相关函数以阻尼正弦曲线的模式发生变化，并且同样在 5 阶之后变得不再显著。回忆一下，这一 AR(1) 过程滞后 $s$ 阶的自相关系数等于 $(-0.5)^s$，因此当 $s$ 为偶数时其为正值，当 $s$ 为奇数时其为负值。另外，本例中，只有一阶偏自相关函数系数是显著的（且为负值）。

图 6.7 描绘了一个非平稳序列（关于这一部分的深度内容请参阅第 8 章）的自相关函数和偏自相关函数，其滞后因变量的系数为 1，这就导致对 $y$ 的冲击一直在该系统中持续，从不衰减。因此，自相关函数图即使在滞后 10 阶处也几乎没有出现下降。实际

上，定量地来说，滞后 10 阶处的自相关系数仅仅下降到了 0.998 9。在某些偶然的情况下，即使是这样的非平稳序列，由于其自身的不稳定性再加上计算机的精度有限，其自相关函数也确实会出现衰减，但不会像图 6.7 一样。不过，图 6.6 中的偏自相关函数只在一阶处显著，这表明没有移动平均项的自回归模型是最适合这一情况的模型。

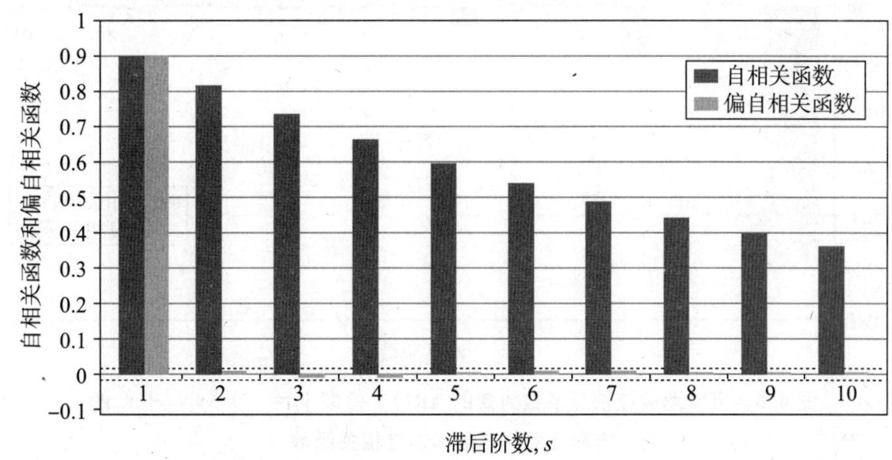


**图 6.4　衰减速度较慢的 AR(1) 模型 $y_t=0.9y_{t-1}+u_t$ 的样本自相关函数和偏自相关函数**

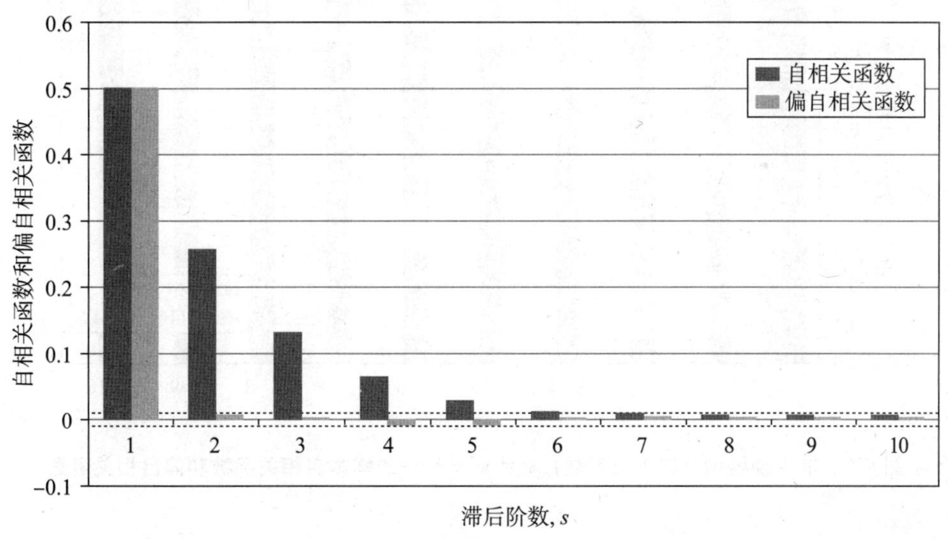


**图 6.5　衰减速度较快的 AR(1) 模型 $y_t=0.5y_{t-1}+u_t$ 的样本自相关函数和偏自相关函数**

最后，图 6.8 描绘了一个混合 ARMA 过程的自相关函数和偏自相关函数。正如我们的预期，这一过程下的自相关函数和偏自相关函数都呈现几何衰减——自相关函数是 AR 部分的结果，而偏自相关函数是 MA 部分的结果。但是，在滞后 6 阶处，AR 部分和 MA 部分的系数都已经非常小，自相关函数和偏自相关函数系数也变得不显著了。

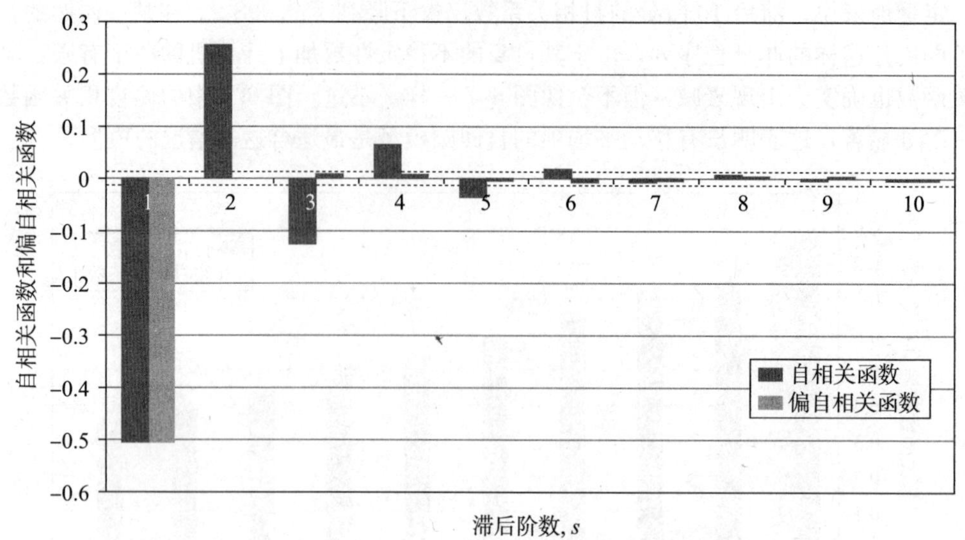


**图 6.6 衰减速度较快且系数为负的 AR(1) 模型 $y_t=-0.5y_{t-1}+u_t$ 的样本自相关函数和偏自相关函数**

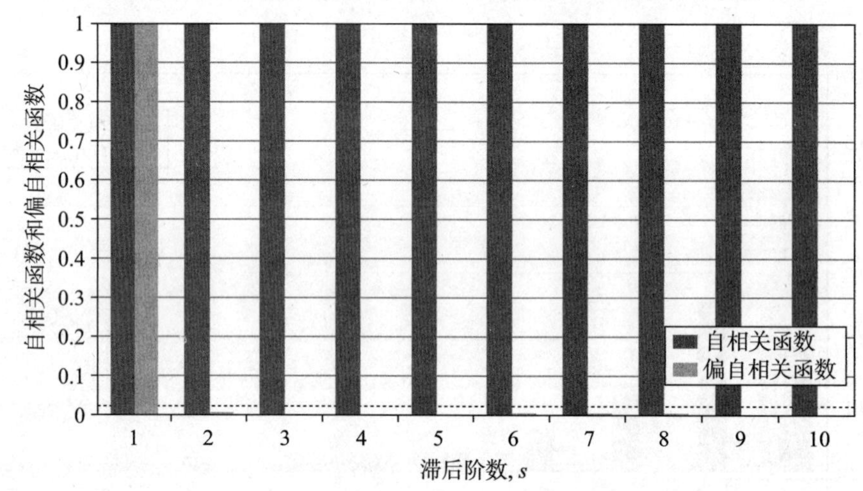


**图 6.7 非平稳模型（即单位系数）$y_t=y_{t-1}+u_t$ 的样本自相关函数和偏自相关函数**

## 6.7 建立 ARMA 模型：博克斯-詹金斯方法

虽然在 Box 和 Jenkins（1976）之前，ARMA 模型就已经存在，但他们是首次用系统性的方法来估计 ARMA 模型的学者。更重要的是，他们所提出的方法符合实际且非常有效，主要包含以下三个步骤：

（1）识别（identification）；

（2）估计（estimation）；

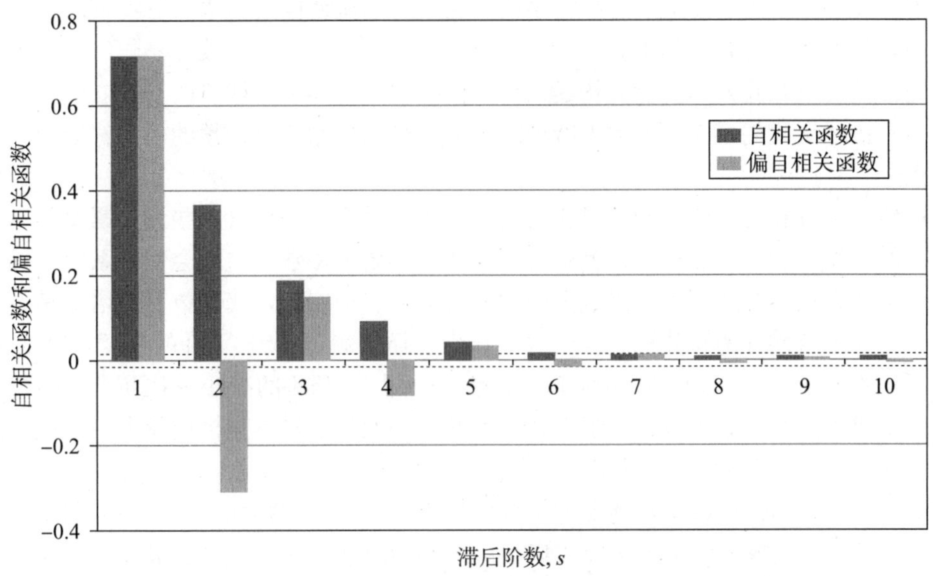


**图 6.8　ARMA(1，1) 模型 $y_t=0.5y_{t-1}+0.5u_{t-1}+u_t$ 的样本自相关函数和偏自相关函数**

(3) 诊断检验 (diagnostic checking)。

现在，我们对这三个步骤进行详细介绍。

**第 1 步**　这一步的主要内容是确定模型阶数，从而使模型能够捕捉数据中的动态特征。例如，我们可以用图示法（画出数据以及自相关函数和偏自相关函数随时间变化的图形）来确定最佳阶数。

**第 2 步**　这一步的主要内容是对第一步中所确定的模型的参数进行估计。我们采用最小二乘或其他估计方法，例如极大似然估计等，具体要视模型的不同情况而定。

**第 3 步**　这一步的主要内容是检查模型，即对模型的形式以及是否采用了合适的估计方法进行考察。Box 和 Jenkins (1976) 提出了两种方法：**过度拟合** (overfitting) 和**残差诊断** (residual diagnostics)。过度拟合是指刻意拟合一个比较大的模型，这一模型比在第一步中所识别出的用于刻画数据动力学特征所需要的模型还要大。这一方法的基本理念就在于：如果第一步中识别出的模型是充分的，那么加入到 ARMA 模型中的任何额外项都将是不显著的。另外，残差诊断是指检查残差中是否存在线性相依性的有关证据。如果有，那么就意味着最初设定的模型不足以充分捕捉数据的特征。具体来说，这里可以使用自相关函数、偏自相关函数以及杨-博克斯检验。

需要指出的是，博克斯-詹金斯方法中的"诊断检验"只涉及自相关检验，而不包含第 4 章中所列出的所有检验。另外，这种检验模型充分性的方法也只能揭示其是否存在"参数化不足"(即模型"太小")问题，而不能反映出其是否被"过度参数化"(即模型"太大")。

实际上，相对于过度拟合检验，更常用的是对残差中是否存在自相关性进行检验。之所以如此，部分原因在于对于 ARMA 模型来说，在过度拟合的模型中会存在一些共同因子，从而导致模型估计困难以及统计检验出现问题。例如，如果真实模型是 ARMA(1，1)，而我们却拟合了 ARMA(2，2)，那么就会存在一个共同因子，从而导致无法识别 ARMA(2，2）模型中的某些参数。这一问题在纯粹的 AR 模型或 MA 模型中并不存在，只存在于混合过程中。

通常情况下，我们的目标是构建一个简洁模型，即用尽可能少的参数（即一个简单的模型）描述出我们感兴趣的数据特征。为什么简洁模型才是理想的模型？原因包括以下两点：

- 残差平方和与自由度的数目成反比。如果一个模型中包含一些无关紧要的（变量的或误差的）滞后项，也就包含了一些不必要的参数，这就会使得系数的标准误增大，从而导致更难找出数据中的显著关系。很明显，变量数目的增加是否一定会导致所估计的参数标准误出现上升或下降依赖于 $RSS$ 下降的幅度，以及 $T$ 和 $k$ 之间的差异。如果 $T$ 相对于 $k$ 非常大，那么 $RSS$ 的减小就比 $T-k$ 的减小更重要，这时就会导致标准误下降。因此，一般是在样本规模比较大的时候才选择包含许多参数的"大"模型。
- 一个不太简洁的模型可能更能拟合数据中某些特定的特征，却不能应用于样本外数据。这意味着该模型可能可以很好地拟合数据，而且 $R^2$ 也很高，但在预测方面却表现得很差。借用物理学中"信号"和"噪声"这两个概念之间的区别，我们可以对这一点提供另外一种解释，即我们应该拟合一个模型来捕捉"信号"（数据中的重要特征，或者潜在的趋势和模式），而不是试图拟合一个错误模型来捕捉"噪声"（序列中完全随机的部分）。

### 6.7.1 选择 ARMA 模型的信息准则

一般来说，学者们不会用画出自相关函数或偏自相关函数的图示法来对模型进行识别，原因在于：在使用相对"杂乱"的真实数据时，它们的自相关函数和偏自相关函数很少会展现出如图 6.2 至图 6.8 中那样简单而直观的模式，而是呈现出非常难以解释的模式，从而导致要为数据设定一个模型就非常困难。不过，有另外一种技术，它可以在解释自相关函数和偏自相关函数的过程中不包含任何主观成分，我们将其称为**"信息准则"**（information criteria）。信息准则中包含两项：一项是残差平方和 $RSS$ 的一个函数，另外一项是对增加额外的参数后所引起的自由度的损失而施加的惩罚项。由此，在模型中增加一个新变量或者一个额外的滞后项会给信息准则带来两个竞争性的后果：残差平方和会下降，而惩罚项的值会上升。

在信息准则技术下，我们选择参数个数的目标就是使得信息准则值达到最小。所以，如果在模型中额外增加一项，只有当由此带来的残差平方和的下降超过惩罚项的上升时，信息准则值才会减小。当然，有很多种不同形式的信息准则，它们之间的区别在于惩罚项的严厉程度不同。最常用的 3 个信息准则是 Akaike（1974）信息准则（$AIC$）、Schwarz（1978）贝叶斯信息准则（$SBIC$）和汉南-奎因信息准则（Hannan-Quinn information criterion，$HQIC$），它们的计算方式分别为：

$$AIC=\ln(\hat{\sigma}^2)+\frac{2k}{T} \tag{6.125}$$

$$SBIC=\ln(\hat{\sigma}^2)+\frac{k}{T}\ln T \tag{6.126}$$

$$HQIC = \ln(\hat{\sigma}^2) + \frac{2k}{T}\ln[\ln(T)] \tag{6.127}$$

其中，$\hat{\sigma}^2$ 是残差的方差（也等于残差平方和除以观测值的数量 $T$），$k=p+q+1$ 是所估计的参数总数，$T$ 为样本规模。通常情况下，在对信息准则最小化时还要施加 $p\leqslant\bar{p}$ 和 $q\leqslant\bar{q}$ 的约束条件，即不仅要考虑到对移动平均项数量上限（$\bar{q}$）的设定，也要考虑到对自回归项数量上限（$\bar{p}$）的设定。

值得一提的是，就惩罚的严厉程度来说，*SBIC* 严于 *AIC*，而 *HQIC* 介于两者之间。另外，经调整的 $R^2$ 也可以被视为是一种信息准则，但它比较软性，使得它一般会选择所有模型中最大的那一个。

### 6.7.2 如果不同信息准则给出的模型阶数不同，应该选择哪个？

*SBIC* 具有非常强的一致性（但不具有有效性），而 *AIC* 不具有一致性，但通常是有效的。换句话说，*SBIC* 会渐近地给出正确的模型阶数，而依据 *AIC* 所确定的模型规模平均来讲会比较大，即使有无穷多的数据也是如此。另外，对来自同一总体的不同样本来说，依据 *SBIC* 所确定的模型阶数的平均波动会大于 *AIC*（即依据 *SBIC* 所确定的模型阶数更不稳定）。所以，总的来说，没有一个信息准则一定优于其他准则。

### 6.7.3 ARIMA 模型

ARIMA 模型与 ARMA 模型的不同之处在于其缩写字母组合中多了一个字母“I”，该字母代表“单整”，即所谓**单整自回归过程**（integrated autoregressive process），该过程的特征方程中存在位于单位圆上的根。通常情况下，这时研究者会将变量进行差分，然后在这些差分变量的基础上建立 ARMA 模型。但需要注意的是，将一个变量差分 $d$ 次以后所建立的 ARMA($p$，$q$) 模型等同于对原始数据建立一个 ARIMA($p$，$d$，$q$) 模型。在第 8 章中，我们会对这一问题进行更详细的讨论。这里需要说明的是，在本章后续内容中，用于构建模型的数据都被假定为是平稳的，或者已经通过恰当的变换转化为了平稳的，所以在后续内容中我们只考虑 ARMA 模型。

## 6.8 金融时间序列建模

### 6.8.1 抛补利率平价和无抛补利率平价

在国际金融领域的实证文献中，很多研究对如何确定以一种货币计量的另一种货币的价格这一课题给予了高度关注。其中，研究者主要检验了三种假设——**抛补利率平价**（covered interest parity，简记为 CIP）、**无抛补利率平价**（uncovered interest parity，简记为 UIP）和**购买力平价**（purchasing power parity，简记为 PPP）。本章用前两个假设作为解释性案例，PPP 会在第 8 章中做进一步的讨论。对于金融学专业的学生来说，所有这三种关系都应该掌握，因为对一个或更多平价定律的违反就意味着可能的套利空间，或者至少可以提供一些关于金融市场运行的新的认识。当然，我们这里只是对其进行简单的介绍，更为全面深入的内容请参阅 Cuthbertson 和 Nitzsche（2004）以及其中的很多参考文献。

### 6.8.2 抛补利率平价

用最简单的术语来讲，抛补利率平价是指如果金融市场是有效的，那么就不可能通过这样的方式来获取无风险收益：以无风险利率借入本国货币，然后将其按照其他（外国）货币的无风险利率进行投资，并在远期市场上卖出远期外币以便锁定未来的卖出价格，从而确保在换回本国货币时的汇率水平。因此，如果抛补利率平价成立，就可以将其写为：

$$f_t - s_t = (r - r^*)_t \tag{6.128}$$

其中，$f_t$ 和 $s_t$ 分别是在时刻 $t$ 以外币计量的本币的远期价格和现货价格的对数，$r$ 为本币利率，$r^*$ 为外币利率。这一均衡条件必须得到满足，否则就会有无风险套利的机会，并且这样的套利机会的存在会使得任何对这一条件的违反一定都无法成立。需要指出的是，抛补利率平价的隐含假设是无风险利率是真正无风险的，也就是说，违约风险为零。另外，该理论还假设没有交易成本，像经纪费用、买卖价差、印花税等，而且也不存在资本管制，这样资本就可以没有任何限制地在不同货币之间进行转换。

### 6.8.3 无抛补利率平价

无抛补利率平价除了包含抛补利率平价的所有内容之外，还额外增加了一个条件，即所谓的**"远期汇率无偏"**（forward rate unbiasedness，简记为 FRU）。这一条件的含义是远期汇率应该是对即期汇率未来价值的无偏预测值。如果这一条件无法得到满足，那么在理论上将再次出现无风险套利的机会。实际上，无抛补利率平价所要表达的意思是汇率的期望变化量应该等于每一种货币之间的无风险利率之差。这一含义用代数式可以表示为：

$$s_{t+1}^e - s_t = (r - r^*)_t \tag{6.129}$$

式中各符号的含义如前所述，$s_{t+1}^e$ 是在 $t$ 时刻对 $t+1$ 时刻即期汇率的期望值。

目前已有大量对抛补利率平价和无抛补利率平价进行检验的实证文献，足有几百篇之多。因为抛补利率平价仅是一个套利条件，所以对抛补利率平价的检验都毫不意外地倾向于无法拒绝该条件成立的假设。Taylor（1987，1989）对抛补利率平价进行了深入考察，并得出结论认为在历史上的某些时期，特别是在那些汇率受到管制的时期，是存在通过套利来盈利的机会的。

通过在式（6.129）中增加一些与直觉相关的附加项，可以实现对无抛补利率平价和远期汇率无偏的简单检验。如果无抛补利率平价成立，这些附加项就应该是不显著的。Ito（1988）采用 1973 年 1 月到 1985 年 2 月之间日元/美元汇率的 3 个月远期数据对无抛补利率平价进行了检验，该研究根据所观察到的序列结构的改变将全样本分为 3 个子样本。其中，在 1977 年之前，日本的资本流动是受到严格管制的，之后有所放松，直至 1980 年完全取消了资本管制。邹至庄检验证实了伊藤（Ito）的直觉判断，并且表明应该分别对这 3 个子样本区间进行分析，即对于 3 个子样本区间中的每个区间都要估计 2 个不同的回归方程，其中第一个回归方程是：

$$s_{t+3}-f_{t,3}=a+b_1(s_t-f_{t-3,3})+b_2(s_{t-1}-f_{t-4,3})+u_t \tag{6.130}$$

其中，$s_{t+3}$ 是在 $t+3$ 时刻的即期汇率，$f_{t,3}$ 是在 $t$ 时刻可以明确的 3 个月期远期汇率，以此类推，$u_t$ 是误差项。一个很自然的联合假设检验为 $H_0$：$a=0$ 且 $b_1=0$ 且 $b_2=0$，这一假设实际上是一组约束条件——远期汇率偏离实际汇率的平均值应该为零且显著（$a=0$），并且它还应该独立于 $t$ 时刻的所有可得信息（$b_1=0$ 且 $b_2=0$）。如果联合假设检验的这 3 个条件都得到满足，则无抛补利率平价成立。第二个回归方程为：

$$s_{t+3}-f_{t,3}=a+b(s_t-f_{t,3})+v_t \tag{6.131}$$

其中，$v_t$ 是误差项。在这一方程中，我们所感兴趣的假设是 $H_0$：$a=0$ 且 $b=0$。

式（6.130）所检验的是过去的预测误差是否包含一些有用的信息，这些信息可以用来对 $t+3$ 时刻的实际汇率和由远期汇率所得的预测值之间的差异进行预测，而式（6.131）所检验的是远期溢价对于这一差异是否具有预测能力。对 3 个子样本的估计和检验结果请见 Ito（1988，Table 3），本书将其列为表 6.1。

**表 6.1　无抛补利率平价检验结果**

| 样本区间 | 1973 年 1 月—1977 年 3 月 | 1977 年 4 月—1980 年 12 月 | 1981 年 1 月—1985 年 2 月 |
|---|---|---|---|
| A 部分：对式（6.130）的估计和假设检验 | | | |
| $S_{t+3}-f_{t,3}=a+b_1(s_t-f_{t-3,3})+b_2(s_{t-1}-f_{t-4,3})+u_t$ | | | |
| $a$ 的估计值 | 0.009 9 | 0.003 1 | 0.027 |
| $b_1$ 的估计值 | 0.020 0 | 0.240 | 0.077 |
| $b_2$ 的估计值 | −0.370 | 0.160 | −0.210 |
| $\chi^2(3)$ 联合检验 | 23.388 | 5.248 | 6.022 |
| 联合检验的 $p$ 值 | 0.000 | 0.155 | 0.111 |
| B 部分：对式（6.131）的估计和假设检验 | | | |
| $S_{t+3}-f_{t,3}=a+b(s_t-f_{t,3})+v_t$ | | | |
| $a$ 的估计值 | 0.00 | −0.05 | −0.89 |
| $b$ 的估计值 | 0.09 | 4.18 | 2.93 |
| $\chi^2(2)$ 联合检验 | 31.92 | 22.06 | 5.39 |
| 联合检验的 $p$ 值 | 0.00 | 0.00 | 0.07 |

资料来源：Ito（1988）. Reprinted with permission from MIT Press Journals.

基于表中的结果，所得到的主要结论为：在资本管制最为严格的时期，无抛补利率平价很显然是不成立的，但随着管制的放松，无抛补利率平价不成立的证据越来越少。

## 6.9 指数平滑

另外一种建模技术（并不是基于 ARIMA 方法）叫做**“指数平滑”**（exponential smoothing），它是用某序列前期值的线性组合来对该序列进行建模，并对其未来值进行预测。由于只用到了该序列中我们所感兴趣的前期值，所以该技术中唯一的问题就在于如何对每一个前期值进行赋权。理论上，在对序列的未来值进行预测时，最近的观测值应该起最大的作用。如果可以接受这一点，那么理想的模型就是为近期值所赋权重大于为远期值所赋权重的那些模型。当然，较为久远的前期值中可能仍然包含一些可以用来对序列未来值进行预测的有用信息，而中心化的移动平均模式却难以对这一特点进行有效刻画。因此，具体来说，指数平滑模型通过为不同滞后期的值赋予呈几何衰减的权重来实现这一目的，其方程形式为：

$$S_t = \alpha y_t + (1-\alpha) S_{t-1} \tag{6.132}$$

其中，$\alpha$ 为平滑常数，其值为 $0<\alpha<1$，$y_t$ 为当前的实际值，$S_t$ 为当前的平滑值。

因为有 $\alpha+(1-\alpha)=1$，所以 $S_t$ 其实就是 $y_t$ 的当前值和前期平滑值的加权平均。因此，上述模型如果用指数加权法表示就会更加清楚。具体来说，可以将式（6.132）滞后一期，进而得到下式：

$$S_{t-1} = \alpha y_{t-1} + (1-\alpha) S_{t-2} \tag{6.133}$$

再滞后一期，可得：

$$S_{t-2} = \alpha y_{t-2} + (1-\alpha) S_{t-3} \tag{6.134}$$

将式（6.132）中的 $S_{t-1}$ 代入式（6.133），得到：

$$S_t = \alpha y_t + (1-\alpha)[\alpha y_{t-1} + (1-\alpha) S_{t-2}] \tag{6.135}$$

$$S_t = \alpha y_t + (1-\alpha)\alpha y_{t-1} + (1-\alpha)^2 S_{t-2} \tag{6.136}$$

将式（6.136）中的 $S_{t-2}$ 代入式（6.134），得到：

$$S_t = \alpha y_t + (1-\alpha)\alpha y_{t-1} + (1-\alpha)^2[\alpha y_{t-2} + (1-\alpha) S_{t-3}] \tag{6.137}$$

$$S_t = \alpha y_t + (1-\alpha)\alpha y_{t-1} + (1-\alpha)^2 \alpha y_{t-2} + (1-\alpha)^3 S_{t-3} \tag{6.138}$$

重复进行 $T$ 次这样的迭代，就可以得到：

$$S_t = \left(\sum_{i=0}^{T} \alpha (1-\alpha)^i y_{t-i}\right) + (1-\alpha)^{T+1} S_{t-1-T} \tag{6.139}$$

由于 $\alpha>0$，所以随着时间和观测值向前推移，每个观测值的影响都会呈现几何衰减。当 $T\to\infty$时，有 $(1-\alpha)^{T+1} S_{t-1-T}\to 0$，因此当前的平滑值是对以前无穷多个实际值的一个几何加权平均。

对于指数平滑模型来说，其向前任意 $s$ 步的预测值都可以简单地令其等于当前值，即：

$$f_{t,s}=S_t \quad s=1,2,3,\cdots \tag{6.140}$$

指数平滑模型可以被视为是博克斯-詹金斯模型的一个特例，即它是一个 MA 项系数为 $1-\alpha$ 的 ARIMA(0，1，1）模型——具体请参阅 Granger 和 Newbold（1986，p.174）。

上面提到的技术被称为**单一指数平滑**（single exponential smoothing）或**简单指数平滑**（simple exponential smoothing），经过适当的修正后，可以把变量的趋势或季节性因素考虑进去。这里，我们不再讨论这些扩展的方法，因为还有更好的方法来对金融数据中的常见趋势（运用单位根过程——详见第 8 章）和季节性（详见第 9 章）进行建模。

与前述略显复杂的 ARMA 类模型比起来，指数平滑法具有一些优点。例如，该方法操作简单。如果我们只考虑简单指数平滑，那么根本不需要确定待估参数的数量，正因为如此，随着时间的推移，当新数据出现时也就很容易将模型进行更新。

指数平滑技术的不足之处在于其过于简单且灵活性不足。其实，指数平滑模型可以被视为（也只可以被视为）是 ARIMA 族中的一个模型，对于捕捉数据中的线性相依性来说，该模型并不一定是最优的。另外，随着观测时间长度的增加，指数平滑模型的预测值并不收敛于其长期均值，因此所考察的序列中的近期事件会过度影响长期预测值，从而使得模型只是次优的。

## 6.10 计量经济学中的预测



首先说明，尽管在有些研究中“预测”（forecasting）和“预报”（prediction）这两个词有时会存在一些区别，但在这里我们将其作为同义语使用。因此，这里如果提到预测或预报，意思就是指我们试图确定某个序列可能的取值。当然，对于横截面数据来说，预测也是有用的，所以尽管下述内容主要围绕着时间序列数据来展开，但相关内容对于横截面数据仍然适用。

确定一个模型的预测精度是检验其充分性的一个非常重要的方面。有的计量经济学家在评判模型的充分性时甚至认为，只要模型能够做出精准的预测，那么其是否违反 CLRM 假设或者其中是否包含了不显著的参数等问题都不重要。下面的几个小节讨论了为什么要做预测、怎样利用几个重要的模型进行预测，以及如何对预测效果进行评价等问题。

### 6.10.1 为什么要做预测?

之所以要做预测，是因为它们有用！在金融领域中，决策经常会涉及资源的长期配置问题，而由此带来的收益则取决于未来的情况。由此，今天所做出的决策实际上反映了对未来世界状态的预测。很明显，预测得越准，基于预测而采取的行动所能得到的效用（钱!）也就越多。

计量经济学模型所做的预测在金融领域中的几个应用案例包括：

- 预测某只股票明天的收益率；
- 基于房屋的某些特征对其价格进行预测；

- 预测某一资产组合来年的风险；
- 预测债券收益的波动率；
- 预测明天美国股票市场和英国股票市场之间协同运动的相关性；
- 预测国内贷款组合可能的违约数量。

再次强调，无论是时间序列数据还是横截面数据，都可以进行预测。因此，这里有必要对以下两种不同的预测方法进行区分：

- 计量经济（结构性）预测——将一个因变量与一个或多个自变量联系在一起。因为金融变量之间的长期关系通常来自无套利或有效市场等条件，因此这类模型通常在长期预测方面表现得比较好。可能的例子包括基于套利定价模型（arbitrage pricing model）进行收益率预测，或者基于购买力平价或无抛补利率平价理论进行长期汇率的预测。
- 时间序列预测——运用序列的前期值和/或误差项的前期值来对该序列的未来值进行预测。

这两类方法之间的界限并不是绝对的——例如，向量自回归模型就很难归入其中的某一类。

除了区分结构性预测和时间序列预测之外，还有必要区分一下点预测和区间预测。所谓**点预测**（point forecast），是指预测我们所感兴趣的变量的一个值，而**区间预测**（interval forecast）计算了一定置信水平下变量未来值的一个区间。

### 6.10.2 样本内预测和样本外预测的区别

**样本内预测**（in-sample forecast）所用的是与参数估计相同的数据集，可能会有人认为这样的“预测”在样本内的效果会比较好。但是，如果要通过考察预测精度来对模型进行评价的话，那么在估计模型参数时使用所有的观测值数据并不是一个合理的方法，而是应该将一部分数据保留不用，这部分保留下来的数据被称为“保留样本”（holdout sample），我们可以用它来构建**样本外预测**（out-of-sample forecast）。

为了解释样本内预测和样本外预测之间的差异，现在假设我们手上有 FTSE 指数 120 个月（1990 年 1 月—1999 年 12 月）的收益率数据。我们可以用所有这些数据来构建模型（并只能进行样本内预测），或者也可以将其中一些观测值保留，就像图 6.9 中所示的那样。

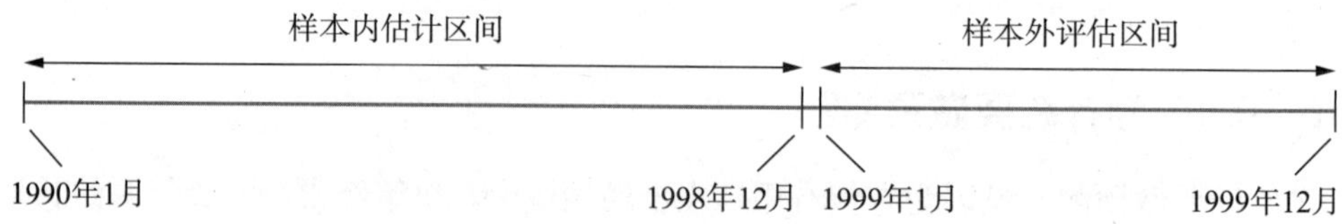


**图 6.9 利用样本内区间和样本外区间展开分析**

本例中，用 1990 年 1 月—1998 年 12 月的月度数据来估计模型参数，然后对 1999 年的观测值进行预测。当然，这里对样本内和样本外两个区间起止时刻的确定有些随意，它们都取决于研究者自己的判断。接下来，研究者可以比较 1999 年的预测值与保留样本区间内实际值之间的接近程度。因为 1999 年 1 月以后的信息没有用于估计模型参数，所以依据上述步骤所完成的模型检验要好过对模型样本内拟合程度的考察。

### 6.10.3 更多术语：向前一步预测和向前多步预测、滚动样本和递归样本

**向前一步预测**（one-step-ahead forecast）是指仅对下一期的观测值进行预测，而**向前多步预测**（multi-step-ahead forecast）则是对未来 1，2，3，…，$s$ 期的观测值进行预测，所以预测期是未来的 $s$ 期。应该采用向前一步预测还是向前多步预测主要取决于研究者感兴趣的预测范围。

现在继续使用前面例子中的 FTSE 指数数据。如果将样本内估计区间的截止时期确定为 1998 年 12 月，那么我们最多可以做向前 12 步预测，从而得到 12 个预测值，并与序列中的实际值进行比较。但按照这种方式来比较实际值和预测值其实不太理想，因为预测步长是从向前 1 步变化到了向前 12 步。举例来说，模型可能在短期预测（向前 1 步或向前 2 步）上表现很好，但在更长的预测步数上就没有那么精准了。因此，由于模型只在向前 1 步和向前 2 步的预测上表现较好，所以很难判断真实情况是否真如结果所示，而且对预测的评价需要相当大的保留样本。

对于这一问题，一个可能的解决方案是使用“递归窗口”（recursive window）或“滚动窗口”（rolling window）技术，以便对于给定的向前预测步数产生一系列的预测值。所谓**递归预测模型**（recursive forecasting model），是指初始估计日期是固定的，然后每一次预测都在估计区间上增加一个观测值。而滚动窗口是指用于估计模型的样本内区间的长度是固定的，这样每增加一个新的观测值，估计样本的起止时点都相应地向后推移一期。现在，假设我们只想进行向前 1 步、2 步、3 步预测，那么可以运用下表所示的递归和滚动窗口方法来完成。

| 目标：产生预测值 | 用于估计模型参数的数据 | |
|---|---|---|
| 所要产生的向前 1 步、2 步、3 步预测值 | 滚动窗口 | 递归窗口 |
| 1999 年 1 月，2 月，3 月 | 1990 年 1 月—1998 年 12 月 | 1990 年 1 月—1998 年 12 月 |
| 1999 年 2 月，3 月，4 月 | 1990 年 2 月—1999 年 1 月 | 1990 年 1 月—1999 年 1 月 |
| 1999 年 3 月，4 月，5 月 | 1990 年 3 月—1999 年 2 月 | 1990 年 1 月—1999 年 2 月 |
| 1999 年 4 月，5 月，6 月 | 1990 年 4 月—1999 年 3 月 | 1990 年 1 月—1999 年 3 月 |
| 1999 年 5 月，6 月，7 月 | 1990 年 5 月—1999 年 4 月 | 1990 年 1 月—1999 年 4 月 |
| 1999 年 6 月，7 月，8 月 | 1990 年 6 月—1999 年 5 月 | 1990 年 1 月—1999 年 5 月 |
| 1999 年 7 月，8 月，9 月 | 1990 年 7 月—1999 年 6 月 | 1990 年 1 月—1999 年 6 月 |
| 1999 年 8 月，9 月，10 月 | 1990 年 8 月—1999 年 7 月 | 1990 年 1 月—1999 年 7 月 |
| 1999 年 9 月，10 月，11 月 | 1990 年 9 月—1999 年 8 月 | 1990 年 1 月—1999 年 8 月 |
| 1999 年 10 月，11 月，12 月 | 1990 年 10 月—1999 年 9 月 | 1990 年 1 月—1999 年 9 月 |

在滚动窗口中，窗口的长度一直保持为 108 个观测值不变。但在递归窗口中，用于估计参数的观测值数量不断增加，直至包含所有样本。

### 6.10.4 时间序列模型和结构性模型的预测

为了理解如何进行预测，我们需要知道**条件期望**（conditional expectation）的定义。所谓条件期望，其表示形式为：

$$E(y_{t+1}|\Omega_t)$$

该式所表达的是：$y$ 在 $t+1$ 时刻的条件期望是以 $t$ 时刻之前（包含 $t$ 时刻）的所有可得信息（$\Omega_t$）为条件的，或者说，是在给定（|）$t$ 时刻及之前所有可得信息（$\Omega_t$）的基础上得到的。相反，$y$ 的无条件期望是指不以任何时刻的信息为条件的 $y$ 的期望值，即 $y$ 的无条件均值。这里，条件期望运算用于产生序列的预测值。

当然，如何对条件期望进行评价取决于所考虑的模型是什么。在本章和后面几章中，我们将讨论几类用于预测的模型族。

首先需要指出的是，按照定义，对于**零均值白噪声过程**（zero mean white noise process）的最优预测值为零，即：

$$E(u_{t+s}|\Omega_t)=0 \quad \forall s>0 \tag{6.141}$$

专栏 6.3 列示了几乎在所有情况下都会用到的两种最简单的预测方法。

▶**专栏 6.3**◀

**两种简单的预测方法**

（1）假设 $y$“无变化”，那么对于 $y$ 未来 $s$ 步的预测值 $f$ 就是 $y$ 的当前值，即：

$$E(y_{t+s}|\Omega_t)=y_t \tag{6.142}$$

如果 $y_t$ 服从一个随机游走过程，那么这样的预测是最优的。

（2）如果无法得到一个充分的模型，那么可以用序列的长期平均值作为预测值。对于所有具有“均值回归”特征的序列（即平稳序列）来说，用无条件均值作为预测值要比“无变化”预测值更好。

一般来讲，时间序列模型比结构性模型更适合用来对时间序列做预测。为了解释这一点，考虑下面的线性回归模型：

$$y_t=\beta_1+\beta_2x_{2t}+\beta_3x_{3t}+\cdots+\beta_kx_{kt}+u_t \tag{6.143}$$

为了预测 $y$，需要知道 $y$ 未来值的条件期望。我们对式（6.143）两边取条件期望，注意应将严格的条件期望加到方程（6.144）和方程（6.145）的所有变量上。

$$E(y_t|\Omega_{t-1})=E(\beta_1+\beta_2x_{2t}+\beta_3x_{3t}+\cdots+\beta_kx_{kt}+u_t) \tag{6.144}$$

由于这是总体回归函数，所以我们假定参数都是已知的，并可以通过求期望运算得到，即下一步的表达式为：

$$E(y_t|\Omega_{t-1})=\beta_1+\beta_2E(x_{2t})+\beta_3E(x_{3t})+\cdots+\beta_kE(x_{kt}) \tag{6.145}$$

但现在有一个问题，$E(x_{2t})$ 等这些项是什么？回忆一下，只有 $t-1$ 期及之前各期的信息才是可得的，因此这些值是未知的。当然也可以对其进行预测，但这就要求每一个解释变量都要有各自的预测模型。我们知道，预测解释变量很困难，甚至比预测被解释变量更困难，因此可以说这一方程几乎没什么用。这里，在缺少对解释变量的预测值的情况下，我们可以考虑使用其均值 $\bar{x}_2$ 等来代替，即：

$$E(y_t)=\beta_1+\beta_2\bar{x}_2+\beta_3\bar{x}_3+\cdots+\beta_k\bar{x}_k=\bar{y}! \tag{6.146}$$

可以看出，如果我们将解释变量的均值引入模型，那么所得到的预测值将是 $y$ 的均值。所以，运用纯时间序列模型进行预测更为普遍，因为它可以避免上述问题。

### 6.10.5 用 ARMA 模型进行预测

如果用 ARMA 模型进行预测，那么在计算条件期望时就非常简单。虽然在逻辑上具有一致性的符号都可以用，但在本书中还是按照惯例采用这样的符号：$f_{t,s}$ 指的是用 ARMA($p$，$q$）模型在时刻 $t$ 所做出的序列 $y$ 的向前 $s$ 步预测值。接下来，可以通过所谓的预测函数来计算预测值，其形式如下：

$$f_{t,s}=\sum_{i=1}^{p}a_i f_{t,s-i}+\sum_{j=1}^{q}b_j u_{t+s-j} \tag{6.147}$$

其中，$f_{t,s}=y_{t+s}$，$s\leqslant 0$；$u_{t+s}=0$，$s>0=u_{t+s}$，$s\leqslant 0$，$a_i$ 和 $b_i$ 分别是自回归项的系数和移动平均项的系数。

现在我们要给出 AR 过程和 MA 过程产生预测值的证明，这两个过程的预测值联合在一起导出了式（6.147）。

### 6.10.6 MA($q$)过程中的预测

一个移动平均过程只有 $q$ 期的记忆，这一点限制了其合理的预测范围。例如，假设我们已经估计了 MA(3) 模型如下：

$$y_t=\mu+\theta_1 u_{t-1}+\theta_2 u_{t-2}+\theta_3 u_{t-3}+u_t \tag{6.148}$$

由于我们已经假定参数在不同时期上保持不变，所以对 $y$ 而言，如果这一关系在 $t$ 时刻成立，那么在 $t+1$，$t+2$，…也会成立。因此，我们可以在式（6.148）的每一个时间下标上都加上 1、2、3 等数字，从而得到下面的式子：

$$y_{t+1}=\mu+\theta_1 u_t+\theta_2 u_{t-1}+\theta_3 u_{t-2}+u_{t+1} \tag{6.149}$$

$$y_{t+2}=\mu+\theta_1 u_{t+1}+\theta_2 u_t+\theta_3 u_{t-1}+u_{t+2} \tag{6.150}$$

$$y_{t+3}=\mu+\theta_1 u_{t+2}+\theta_2 u_{t+1}+\theta_3 u_t+u_{t+3} \tag{6.151}$$

假定直到 $t$ 时刻的所有信息都是可得的，现在进行向前 1，2，…，$s$ 步预测，也就是说，对 $y$ 在 $t+1$，$t+2$，…，$t+s$ 时刻的值进行预测。由于 $y_t$，$y_{t-1}$，…和 $u_t$ 及 $u_{t-1}$ 都是已知的，所以要产生预测值，只需要对式（6.149）取期望：

$$f_{t,1}=E(y_{t+1|t})=E(\mu+\theta_1 u_t+\theta_2 u_{t-1}+\theta_3 u_{t-2}+u_{t+1}|\Omega_t) \tag{6.152}$$

其中，$E(y_{t+1|t})$ 是 $E(y_{t+1}|\Omega_t)$ 的简写。继续有：

$$f_{t,1}=E(y_{t+1|t})=\mu+\theta_1 u_t+\theta_2 u_{t-1}+\theta_3 u_{t-2} \tag{6.153}$$

因此，$t$ 时刻 $y$ 的向前一步预测值就等于误差项的上述线性组合。注意，将这些误差项的值设为其无条件均值（0）是不合适的，原因在于我们所感兴趣的是它们的条件期望。如果直到时刻 $t$ 的信息都是已知的，那么直到 $t$ 时刻的误差项的值也就是已知的。但在 $t$ 时刻，$u_{t+1}$ 是未知的，因此有 $E(u_{t+1|t})=0$ 等。

对式（6.150）取条件期望，可以构建向前 2 步预测：

$$f_{t,2}=E(y_{t+2|t})=E(\mu+\theta_1 u_{t+1}+\theta_2 u_t+\theta_3 u_{t-1}+u_{t+2}|\Omega_t) \tag{6.154}$$

$$f_{t,2}=E(y_{t+2|t})=\mu+\theta_2 u_t+\theta_3 u_{t-1} \tag{6.155}$$

这里，因为只有 $t$ 时刻及之前的信息是已知的，所以 $u_{t+2}$ 是未知的，进而可以令 $E(u_{t+2})$ 等于零。运用同样的做法，可以得到向前 3 步，4 步，…，$s$ 步预测值：

$$f_{t,3}=E(y_{t+3|t})=E(\mu+\theta_1 u_{t+2}+\theta_2 u_{t+1}+\theta_3 u_t+u_{t+3}|\Omega_t) \tag{6.156}$$

$$f_{t,3}=E(y_{t+3|t})=\mu+\theta_3 u_t \tag{6.157}$$

$$f_{t,4}=E(y_{t+4|t})=\mu \tag{6.158}$$

$$f_{t,s}=E(y_{t+s|t})=\mu \quad \forall s\geqslant 4 \tag{6.159}$$

因为 MA(3) 过程仅有 3 期记忆，所以向前 4 步及更多步的预测值将衰减为截距项。很明显，如果 MA(3) 模型中没有常数项，那么向前 4 步和更多步的预测值将为零。

### 6.10.7 AR($p$)过程中的预测

与移动平均过程不同，自回归过程具有无限记忆。为了解释这一点，假定我们已经估计了如下形式的 AR(2) 模型：

$$y_t=\mu+\phi_1 y_{t-1}+\phi_2 y_{t-2}+u_t \tag{6.160}$$

同样地，由于存在参数稳定性假设，所以该方程在第 $t+1$ 期、第 $t+2$ 期以及更多期上都是成立的，即：

$$y_{t+1}=\mu+\phi_1 y_t+\phi_2 y_{t-1}+u_{t+1} \tag{6.161}$$

$$y_{t+2}=\mu+\phi_1 y_{t+1}+\phi_2 y_t+u_{t+2} \tag{6.162}$$

$$y_{t+3}=\mu+\phi_1 y_{t+2}+\phi_2 y_{t+1}+u_{t+3} \tag{6.163}$$

因为在 $t$ 时刻所有需要的信息都是已知的，所以要进行向前 1 步预测是非常容易的。对式（6.161）求期望，并设 $E(u_{t+1})$ 为零，可以得到：

$$f_{t,1}=E(y_{t+1|t})=E(\mu+\phi_1 y_t+\phi_2 y_{t-1}+u_{t+1}|\Omega_t) \tag{6.164}$$

$$f_{t,1}=E(y_{t+1|t})=\mu+\phi_1 E(y_t|\Omega_t)+\phi_2 E(y_{t-1}|\Omega_t) \tag{6.165}$$

$$f_{t,1}=E(y_{t+1|t})=\mu+\phi_1 y_t+\phi_2 y_{t-1} \tag{6.166}$$

运用同样的步骤，产生向前 2 步预测：

$$f_{t,2}=E(y_{t+2|t})=E(\mu+\phi_1 y_{t+1}+\phi_2 y_t+u_{t+2}|\Omega_t) \tag{6.167}$$

$$f_{t,2}=E(y_{t+2|t})=\mu+\phi_1 E(y_{t+1}|\Omega_t)+\phi_2 E(y_t|\Omega_t) \tag{6.168}$$

式（6.168）有点微妙，原因在于尽管 $E(y_{t+1})$ 实际上就是向前 1 步预测值，但它是未知的，所以继续有：

$$f_{t,2}=E(y_{t+2|t})=\mu+\phi_1 f_{t,1}+\phi_2 y_t \tag{6.169}$$

类似地，向前 3 步，4 步，…，$s$ 步预测值分别可以表示为：

$$f_{t,3}=E(y_{t+3|t})=E(\mu+\phi_1 y_{t+2}+\phi_2 y_{t+1}+u_{t+3}|\Omega_t) \tag{6.170}$$

$$f_{t,3}=E(y_{t+3|t})=\mu+\phi_1 E(y_{t+2}|\Omega_t)+\phi_2 E(y_{t+1}|\Omega_t) \tag{6.171}$$

$$f_{t,3}=E(y_{t+3|t})=\mu+\phi_1 f_{t,2}+\phi_2 f_{t,1} \tag{6.172}$$

$$f_{t,4}=\mu+\phi_1 f_{t,3}+\phi_2 f_{t,2} \tag{6.173}$$

等等。所以，实际上：

$$f_{t,s}=\mu+\phi_1 f_{t,s-1}+\phi_2 f_{t,s-2} \tag{6.174}$$

因此，AR(2) 过程的向前 $s$ 步预测值就等于截距项＋滞后一期的系数乘以第 $s-1$ 期预测值＋滞后 2 期的系数乘以第 $s-2$ 期预测值。

通过运用与上述 AR(2) 模型和 MA(3) 模型同样的步骤以及式（6.147）所示的一般性公式，可以很容易地得到 ARMA($p$，$q$) 模型的预测值。

### 6.10.8 确定预测是否精准

举例来说，如果对 FTSE 明天收益率的预测值为 0.2，而实际值是－0.4，那么这一预测是否准确？显然，我们不能仅仅通过比较一个预测值和一个实际值就决定预测模型是好还是不好。在实际操作中，我们通常会对整个样本外的区间进行预测，然后将其与所对应的实际值进行对照，再按照某种方式将两者之差进行加总。对于观测值 $i$ 来说，其预测误差的定义为其实际值与预测值之差。按照这一定义，如果预测值太小(大)，预测误差就会为正（负）。因此，不能将预测误差简单加总，因为正负值之间会相互抵消。所以，在将预测误差加总之前，一般会对其取平方或取绝对值，从而将其全部转换为正值。为了解释这一加总过程如何进行，现在来考虑表 6.2 所示的例子，该表中包含对某序列的向前 1 步到向前 5 步预测值，以及这 5 个预测值与实际值之间的比较(所有的计算结果都保留到小数点后 3 位数)。

**表 6.2 预测误差加总**

| 预测步长 | 预测值 | 实际值 | 预测误差取平方 | 预测误差取绝对值 |
|---|---|---|---|---|
| 1 | 0.20 | －0.40 | $[0.20-(-0.40)]^2=0.360$ | $\|0.20-(-0.40)\|=0.600$ |
| 2 | 0.15 | 0.20 | $(0.15-0.20)^2=0.002$ | $\|0.15-0.20\|=0.050$ |
| 3 | 0.10 | 0.10 | $(0.10-0.10)^2=0.000$ | $\|0.10-0.10\|=0.000$ |
| 4 | 0.06 | －0.10 | $[0.06-(-0.10)]^2=0.026$ | $\|0.06-(-0.10)\|=0.160$ |
| 5 | 0.04 | －0.05 | $[0.04-(-0.05)]^2=0.008$ | $\|0.04-(-0.05)\|=0.090$ |

运用表中第 4 列和第 5 列的结果，可以计算**均方误差**（mean squared error，简记为 *MSE*）和**平均绝对误差**（mean absolute error，简记为 *MAE*）：

$$MSE=(0.360+0.002+0.000+0.026+0.008)/5=0.079 \tag{6.175}$$

$$MAE=(0.600+0.050+0.000+0.160+0.090)/5=0.180 \tag{6.176}$$

单独考察 $MSE$ 和 $MAE$ 可能也得不出什么结论，原因在于上面的统计量是不受约束的（就像残差平方和 $RSS$ 一样）。不过，我们可以通过将基于同一数据和预测期间的不同模型的 $MSE$ 和 $MAE$ 进行比较，其中具有最小误差值的模型就应该是最精确的模型。

$MSE$ 实际上是一个二次损失函数，所以在那些预测误差越大问题就越严重的情况下非常有用。不过，如果是较大的误差并不会使问题变得特别严重的情况，那么这样的处理方式反而是一种缺陷。当然，这样的批评也适用于最小二乘法体系。实际上，Dielman（1986）就曾经指出，当样本中存在异常值时，应该使用最小绝对值法而非最小二乘法来确定模型参数。另外，Makridakis（1993，p. 528）认为，**平均绝对百分比误差**（mean absolute percentage error，简记为 $MAPE$）是"一个容纳了各种精确度准则的最佳特色的相对测度指标"。这里，我们再次将某变量在 $t$ 时刻的向前 $s$ 步预测值记为 $f_{t,s}$，而将 $t$ 时刻的实际值记为 $y_t$，那么 $MSE$ 就可以定义为：

$$MSE=\frac{1}{T-(T_1-1)}\sum_{t=T_1}^{T}(y_{t+s}-f_{t,s})^2 \tag{6.177}$$

其中，$T$ 为样本总规模（样本内+样本外），$T_1$ 是样本外区间的第一个观测值。因此，最初的样本内模型估计是从第 1 个观测值到第 $T_1-1$ 个观测值开始，而这时样本外估计的数据区间为第 $T_1$ 个观测值到第 $T$ 个观测值，即保留样本区间内的数据个数为 $T-(T_1-1)$。

$MAE$ 度量了**平均绝对预测误差**（average absolute forecast error），其表达式为：

$$MAE=\frac{1}{T-(T_1-1)}\sum_{t=T_1}^{T}|y_{t+s}-f_{t,s}| \tag{6.178}$$

修正的 $MAPE$（$AMAPE$）或者对称的 $MAPE$ 对实际值和预测值之间的非对称性问题进行了校正，其表达式为：

$$AMAPE=\frac{100}{T-(T_1-1)}\sum_{t=T_1}^{T}\left|\frac{y_{t+s}-f_{t,s}}{y_{t+s}+f_{t,s}}\right| \tag{6.179}$$

式（6.179）是对称的，原因在于：在该式中，预测误差（$y_{t+s}-f_{t,s}$）除以了实际值和预测值之间平均数的两倍。* 所以，举例来说，不管预测值是 0.5 实际值是 0.3，还是预测值是 0.3 实际值是 0.5，所得到的 $AMAPE$ 计算结果都是一样的。但标准的 $MAPE$ 公式却不一样，它的除数只是 $y_{t+s}$，所以不管是 $y_t$ 还是 $f_{t,s}$ 哪一个较大都会对结果产生影响：

$$MAPE=\frac{100}{T-(T_1-1)}\sum_{t=T_1}^{T}\left|\frac{y_{t+s}-f_{t,s}}{y_{t+s}}\right| \tag{6.180}$$

当然，与 $MSE$ 相比，$MAPE$ 的一个比较优越的性质是它可以被解释为误差百分

* 即 $y_{t+s}+f_{t,s}=\frac{y_{t+s}+f_{t,s}}{2}\times 2$。——译者注

比，因此它的值应该位于 0 和 100 之间。

不幸的是，如果实际值和预测值之间可以取相反的符号（例如在对收益率进行预测时），那么就不能用上述经过调整的公式，原因在于：在这种情况下，预测值和实际值可能恰好大小相等而符号相反，那么它们在分母中就可以几乎完全抵消，从而使得 *AMAPE* 的值变得异常大。在这种情况下，*MAPE* 也不能作为评价标准。例如，我们考虑下面的例子：假设某预测值 $f_{t,s}=3$，但实际值 $y_{t+s}=0.000\,1$，则这一观测值给总的 *MSE* 带来的增量为：

$$\frac{1}{391}\times(0.000\,1-3)^2=0.023\,0 \tag{6.181}$$

该例中的预测值虽然很大，但很多情况下它在数据的取值范围内，因此也是完全可行的。不过，这一观测值给总的 *MAPE* 所带来的增量就高达：

$$\frac{100}{391}\times\left|\frac{0.000\,1-3}{0.000\,1}\right|=7\,670 \tag{6.182}$$

对于对数水平上的随机游走过程（即预测值为零）来说，*MAPE* 有一个优点，即其取值为 1（或者如果将公式乘以 100 从而可以得到百分数的话，其取值就为 100，就像上面方程中的情况一样）。所以，如果一个预测模型所得到的 *MAPE* 值小于 1，那么它就优于随机游走模型。实际上，如果该序列可以取小于 1 的绝对值，那么这一准则也是不可靠的。这一点看起来很明显，但在选择预测评价准则时显然是非常重要的。

另一种非常流行的准则是泰尔（Theil，1966）的 *U* 统计量，其定义如下：

$$U=\frac{\sqrt{\sum_{t=T_1}^{T}\left(\frac{y_{t+s}-f_{t,s}}{y_{t+s}}\right)^2}}{\sqrt{\sum_{t=T_1}^{T}\left(\frac{y_{t+s}-fb_{t,s}}{y_{t+s}}\right)^2}} \tag{6.183}$$

其中，$fb_{t,s}$ 是由某个基准模型所计算得到的预测值——基准模型通常是一个简单模型，如简单或随机游走模型。*U* 统计量取值为 1 意味着所考虑的模型与基准模型具有相同的预测准确性，而 *U* 统计量小于 1 意味着所考虑的模型在预测精度上优于基准模型，反之，基准模型优于所考虑的模型。虽然这一测度的用处很明显，但正如 Makridakis 和 Hibon（1995）所说的那样，这一测度并非完美，原因在于：如果 $fb_{t,s}$ 与 $y_{t+s}$ 相等，那么这时 *U* 统计量的值将会因为分母为零而趋于无穷。另外，与 *MSE* 类似，*U* 统计量的值也会受到异常值的影响，而且其含义也不太直观。①

### 6.10.9 统计损失函数与金融或经济损失函数

许多计量经济预测研究都是运用上述若干统计损失函数来评价模型的表现。然而，某个模型可能会因为具有较小的均方预测误差而被认为是精准模型，但在实际问题中它可能并没有太多用处。有学者（Gerlow，Irwin and Liu，1993）对这一点进行了解释，

① 注意，EViews 中所报告的 *U* 统计量的公式与这里的公式有所不同。

他们的研究结果表明，在市场交易策略中采用那些根据传统的统计准则所得到的具有较高精度的预测值对获取潜在收益几乎没有指导作用，而如果将在统计上表现不好的模型用于交易的话反而产生了不错的盈利效果。

另外，研究者还发现，那些能够精准预测未来收益率的符号或者序列拐点的模型却表现出了更强的盈利能力（Leitch and Tanner，1991）。基于这一点，Pesaran 和 Timmerman（1992）以及 Refenes（1995）提出了可以用来评估模型的方向（而非大小）预测能力的两个指标，其公式分别为：

$$\text{符号正确的预测值所占的百分比}=\frac{1}{T-(T_1-1)}\sum_{t=T_1}^{T}z_{t+s} \tag{6.184}$$

其中，如果 $y_{t+s}f_{t,s}>0$，那么 $z_{t+s}=1$，否则 $z_{t+s}=0$。

$$\text{变化方向正确的预测值所占的百分比}=\frac{1}{T-(T_1-1)}\sum_{t=T_1}^{T}z_{t+s} \tag{6.185}$$

其中，如果 $(y_{t+s}-y_t)(f_{t,s}-y_t)>0$，那么 $z_{t+s}=1$，否则 $z_{t+s}=0$。

所以，上述两个指标分别给出了在某些特定的 $s$ 步预测中能够正确地预测到符号和方向变化的比例。

根据上面三个评价标准（*MSE*、*MAE* 和符号正确预测率）对从大到小的预测误差所施加的惩罚力度不同，可以按照从最轻到最重的顺序将其排列为：

符号预测→*MAE*→*MSE*

与对小预测误差的惩罚力度比起来，*MSE* 对大预测误差所施加的惩罚力度几乎重得不成比例，*MAE* 对大小预测误差所施加的惩罚力度的比例相等，而符号预测准则没有对大的预测误差施加更多的惩罚。

### 6.10.10 金融理论与时间序列分析

Chu（1978）给出了一个对商品价格的 ARIMA 模型进行识别、估计和预测的案例。他发现在短期预测方面，ARIMA 模型与结构性模型的表现相当，但在长期预测方面的精度要低于结构性模型。另外，他还观测到 ARIMA 模型在预测价格的异常运动方面能力有所不足。

Chu（1978）认为，尽管 ARIMA 模型看起来似乎完全没有理论上的动因和阐释，但或许事实并非如此。他引用了好几篇论文，并提供了另外的例子来说明，正如与某些潜在的结构性关系所对应的简化形式方程一样，设定 ARIMA 模型形式是非常自然的。因此，ARIMA 模型不仅使用方便而且易于估计，并且还具备相当坚实的金融或经济理论基础。

## 核心概念

本章给出了定义及解释的核心概念包括：

- ARIMA 模型
- MA 过程的逆
- 自相关函数
- 博克斯-詹金斯方法
- 指数平滑
- 滚动窗口
- 多步预测
- 平均绝对百分比误差
- 杨-博克斯检验
- 沃尔德分解定理
- 偏自相关函数
- 信息准则
- 递归窗口
- 样本外
- 均方误差

## 自测题

1. 请问自回归模型和移动平均模型有什么区别?
2. 为什么 ARMA 模型在金融时间序列分析中特别有用? 不使用任何方程式或数学符号，解释 AR 过程、MA 过程和 ARMA 过程之间的区别。
3. 某研究者建议可以使用下面 3 个模型来为股票市场的价格序列建模：

$$y_t = y_{t-1} + u_t$$
$$y_t = 0.5y_{t-1} + u_t$$
$$y_t = 0.8u_{t-1} + u_t$$

   (a) 请问这些模型各是什么类型?
   (b) 请问这些过程的自相关函数看起来是什么样子的?(不需要计算自相关函数，只需要考虑其形状。)
   (c) 从理论上来说，哪个模型更有可能刻画了股票市场价格的运动模式? 为什么? 如果这三个模型都能够刻画股票市场价格的运动模式，那么可以用哪个模型来对价格序列的未来值进行预测而赚钱?
   (d) 通过运用迭代法或依据你所知道的有关这三个过程的知识产生一个序列，并考虑每一种过程下股票序列的持续性如何。
4. (a) 请描述 Box 和 Jenkins (1976) 所建议的构建 ARMA 模型的步骤。
   (b) 对这一方法的批评主要集中在哪方面? 为什么?
   (c) 针对该方法被诟病之处，请提出相应的替代性步骤。
5. 假设对于某些收益率数据，我们估计得到了如下的 AR(2) 模型：

$$y_t = 0.803y_{t-1} + 0.682y_{t-2} + u_t$$

   其中，$u_t$ 是一个白噪声误差过程。现在请通过考察特征方程来确定上述模型的平稳性。
6. 某研究者正试图确定合适的 ARMA 模型阶数，以便对手头上包含 200 个观测值的实际数据进行描述。她已经得到了不同滞后阶数模型的对数残差值，如下表所示，并假设没必要采用超过 (3，3) 阶的模型。现在，最优的模型阶数是什么?

| ARMA$(p,q)$ 模型阶数 | $\ln(\hat{\sigma}^2)$ |
|---|---|
| (0, 0) | 0.932 |
| (1, 0) | 0.864 |
| (0, 1) | 0.902 |
| (1, 1) | 0.836 |
| (2, 1) | 0.801 |
| (1, 2) | 0.821 |
| (2, 2) | 0.789 |
| (3, 2) | 0.773 |
| (2, 3) | 0.782 |
| (3, 3) | 0.764 |

7. 你如何才能确定在问题6中所建议的模型阶数是恰当的？
8. "如果任何计量经济建模活动的目的都是找出能够为数据提供最优'拟合'的模型，那么只要在ARMA模型中增加更多的滞后项，几乎就一定可以进行更好的拟合，因此大型模型一定是最好的，因为它可以更好地拟合数据。"
   请对这句话进行评论。
9. (a) 假设你从包含100个实际数据观测值的样本中，计算得到了下面的样本自相关系数和偏自相关系数：

| 滞后期 | 1 | 2 | 3 | 4 | 5 | 6 | 7 | 8 |
|---|---|---|---|---|---|---|---|---|
| 自相关函数 | 0.420 | 0.104 | 0.032 | −0.206 | −0.138 | 0.042 | −0.018 | 0.074 |
| 偏自相关函数 | 0.632 | 0.381 | 0.268 | 0.199 | 0.205 | 0.101 | 0.096 | 0.082 |

   你能为这一数据识别出最合适的时间序列模型吗？
   (b) 请运用杨-博克斯 $Q^*$ 检验来确定前3个自相关系数是否联合显著不为零。
10. 对于某些时间序列数据，假设你已经估计得到如下ARMA(1, 1)模型：

$$y_t=0.036+0.69y_{t-1}+0.42u_{t-1}+u_t$$

   现在，进一步假设你已经知道滞后一期的信息：$y_{t-1}=3.4$，$\hat{u}_{t-1}=-1.3$。
   (a) 利用已经得到的ARMA模型，预测序列 $y$ 在 $t$，$t+1$，$t+2$ 时刻的值。
   (b) 如果序列 $y$ 在 $t$，$t+1$，$t+2$ 时刻的实际值为−0.032、0.961、0.203，试计算（样本外）均方误差。
   (c) 有个同事指出，一个简单的指数平滑模型对于做预测或许更为有用。现在，平滑常数的值为0.15，已知最近的平滑值 $S_{t-1}=0.030\,5$。利用这个模型来预测序列 $y$ 在 $t$，$t+1$，$t+2$ 时刻的值。
   (d) 根据你对问题(a)到(c)的回答，指出博克斯-詹金斯统计量法或指数平滑法是否给出了最精准的预测。
11. (a) 对以下各种随机过程，解释其自相关函数和偏自相关函数的形状：

- 白噪声；
- AR(2) 模型；
- MA(1) 模型；
- ARMA(2，1) 模型。

(b) 考虑如下 ARMA 过程：

$$y_t = 0.21 + 1.32y_{t-1} + 0.58u_{t-1} + u_t$$

判断其 AR 部分是否可逆。

(c) 对 (b) 中所给出的过程，对其进行向前 1 步、2 步、3 步、4 步预测。

(d) 列出两种可用于评价 (c) 中预测值精度的准则，并指出其各自不同的特点是什么。

(e) 可以用哪种方法估计 ARMA 模型？简要解释一下这一方法是如何工作的，以及为什么 OLS 方法不适合。

12. (a) 在你看来，宏观经济数据和金融数据的特点有什么区别？简要解释一下。在这些特点中，哪些方面说明应该对每种不同的数据采用不同的计量经济学工具？

(b) 利用弱平稳序列 $y_t$ 的 500 个样本观测值估计所得的自相关系数和偏自相关系数如下：

| 滞后期 | 自相关函数 | 偏自相关函数 |
|---|---|---|
| 1 | 0.307 | 0.307 |
| 2 | −0.013 | 0.264 |
| 3 | 0.086 | 0.147 |
| 4 | 0.031 | 0.086 |
| 5 | −0.197 | 0.049 |

利用简单的经验法则，判断哪些自相关函数和偏自相关函数在 5%水平上是显著的。利用博克斯-皮尔斯和杨-博克斯统计量，对前 5 个自相关函数同时为零的联合零假设进行检验。

(c) 对于问题 (b) 中的序列，你觉得最适合用哪个过程来对其进行描述？为什么？

(d) 两位研究者被要求对美元/英镑汇率的日收益率序列估计一个 ARMA 模型，研究者 A 利用 SBIC 将模型的阶数确定为 ARMA(0，1)，而研究者 B 利用 AIC 认为 ARMA(2，0) 是最优的。他们估计的模型分别为：

$$A: \hat{x}_t = 0.38 + 0.10u_{t-1}$$

$$B: \hat{x}_t = 0.63 + 0.17x_{t-1} - 0.09x_{t-2}$$

其中，$u_t$ 是误差项。

现在已知第 $z$ 天 ($t=z$) 之前的数据：

$$x_z = 0.31,\ x_{z-1} = 0.02,\ x_{z-2} = -0.16$$

$$u_z = -0.02,\ u_{z-1} = 0.13,\ u_{z-2} = 0.19$$

分别使用这两个模型做向前 1 步、2 步、3 步、4 步预测（即预测第 $z+1$，$z+2$，$z+3$，$z+4$ 天的值）。

(e) 概述 Box 和 Jenkins (1970) 所提出的两种方法，并评估问题 (d) 中模型的充分性。

(f) 假定序列 $x$ 在第 $z+1$，$z+2$，$z+3$，$z+4$ 天的实际值分别为 0.62、0.19、−0.32、0.72，判断哪个研究者的模型计算的预测值更为精确。

# 第 7 章

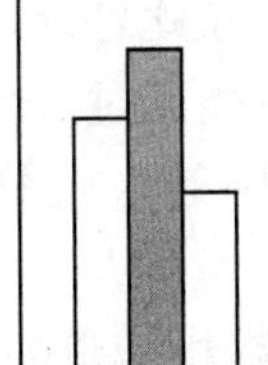

# 多元模型

**学习目标**

在本章，你要学会：

- 比较并对照一元方程与基于系统的建模方法
- 讨论联立方程偏差产生的原因、可能的后果及解决方案
- 由结构性模型推导简化形式的方程
- 描述几种联立方程模型的估计方法
- 解释 VAR 模型的相对优势和劣势
- 确定某系统中的等式是否可以识别
- 估计最优滞后长度、脉冲响应和方差分解
- 进行格兰杰因果关系检验

## 7.1 动机

到目前为止，我们所讨论的结构性模型都还是如下形式的单方程模型：

$$y = X\beta + u \tag{7.1}$$

古典线性回归模型的假定之一是解释变量是非随机的，或在重复抽样中是固定的。这一假定有许多不同的表述方式，其中一些可能更为严格，但所有这些表述在内涵的广度上都是一致的。实际上，它还可以表述为“假定矩阵 $X$ 中包含的所有变量都是外生的”，也就是说，这些变量的值都是由方程以外的因素决定的。尽管另外有几个定义也是可行的，但这是一个对所谓“外生性”所下的相当简单且可运用的定义。当然，在本章后续内容中，我们会对这一定义进行修正。除此之外，外生性的另一种表述是，该模型是以 $X$ 中的变量为“条件”的。

正如第 3 章中所述，矩阵 $X$ 被假定为不具有概率分布。除此之外，还应引起我们注意的是模型中的因果关系，即 $X$ 是原因，$y$ 是结果，而不能反过来。也就是说，是解释变量的变化导致了 $y$ 的变化，而 $y$ 的变化却不会影响解释变量。另外，$y$ 是内生变量，即 $y$ 值是由式（7.1）决定的。

本章中第一部分内容的目的是对违背（前面提到的）非随机假设的情况进行考察，然后再考虑违背该假设对 OLS 估计的影响。

为了对可能发生上述现象的情形进行说明，考虑下列描述新建住房（或其他实物资产）（国内）总供给的两个等式。

$$Q_{dt}=\alpha+\beta P_t+\gamma S_t+u_t \tag{7.2}$$

$$Q_{st}=\lambda+\mu P_t+\kappa T_t+v_t \tag{7.3}$$

$$Q_{dt}=Q_{st} \tag{7.4}$$

其中，$Q_{dt}$ 为 $t$ 时期对新建住房的需求量；

$Q_{st}$ 为 $t$ 时期新建住房的供给（建成）量；

$P_t$ 为 $t$ 时期新建住房的（平均）价格；

$S_t$ 为替代品（如旧房）的价格；

$T_t$ 为表示房屋建筑技术现状的某些变量；

$u_t$ 和 $v_t$ 为误差项。

式（7.2）描述了居民对新建住房的需求，式（7.3）描述了新建住房的供给，式（7.4）表示不存在过度需求（居民有购买新建住房的意愿和能力，却无法买到），也不存在过度供给（由于缺乏需求，新建住房竣工后被空置起来）。

我们假定房地产市场总是出清的，也就是说，房地产市场总是均衡的。现在为了简化方程，将时间下标去掉，则式（7.2）～式（7.4）可以写为：

$$Q=\alpha+\beta P+\gamma S+u \tag{7.5}$$

$$Q=\lambda+\mu P+\kappa T+v \tag{7.6}$$

将式（7.5）和式（7.6）合并在一起就构成了一个联立结构性方程或一组结构性方程。根据经济和金融理论，方程中所包含的变量相互之间是有联系的，关键点在于价格和数量是同时决定的（价格影响数量，数量影响价格）。因此，在其他条件不变的情况下，为了售出更多的新建住房，开发商就必须降低价格。同样的道理，为了使每一所新建住房都能卖出较高的价格，开发商就应该控制其所修建和出售住房的数量。所以，式中的 $P$ 和 $Q$ 是内生变量，而 $S$ 和 $T$ 是外生变量。根据式（7.5）和式（7.6），可以（分别）求解 $P$ 和 $Q$，从而得到其各自的简化方程。实际上，系统中的每一个内生变量都可以得到一个简化方程。

求解 $Q$：

$$\alpha+\beta P+\gamma S+u=\lambda+\mu P+\kappa T+v \tag{7.7}$$

求解 $P$：

$$\frac{Q}{\beta}-\frac{\alpha}{\beta}-\frac{\gamma S}{\beta}-\frac{u}{\beta}=\frac{Q}{\mu}-\frac{\lambda}{\mu}-\frac{\kappa T}{\mu}-\frac{v}{\mu} \tag{7.8}$$

整理式（7.7），得：

$$\beta P-\mu P=\lambda-\alpha+\kappa T-\gamma S+v-u \tag{7.9}$$

$$(\beta-\mu)P=(\lambda-\alpha)+\kappa T-\gamma S+(v-u) \tag{7.10}$$

$$P=\frac{\lambda-\alpha}{\beta-\mu}+\frac{\kappa}{\beta-\mu}T-\frac{\gamma}{\beta-\mu}S+\frac{v-u}{\beta-\mu} \tag{7.11}$$

将式（7.8）两边都乘以 $\beta\mu$，整理得到：

$$\mu Q-\mu\alpha-\mu\gamma S-\mu u=\beta Q-\beta\lambda-\beta\kappa T-\beta v \tag{7.12}$$

$$\mu Q-\beta Q=\mu\alpha-\beta\lambda-\beta\kappa T+\mu\gamma S+\mu u-\beta v \tag{7.13}$$

$$(\mu-\beta)Q=(\mu\alpha-\beta\lambda)-\beta\kappa T+\mu\gamma S+(\mu u-\beta v) \tag{7.14}$$

$$Q=\frac{\mu\alpha-\beta\lambda}{\mu-\beta}-\frac{\beta\kappa}{\mu-\beta}T+\frac{\mu\gamma}{\mu-\beta}S+\frac{\mu u-\beta v}{\mu-\beta} \tag{7.15}$$

式（7.11）和式（7.15）就是关于 $P$ 和 $Q$ 的简化方程，它们是根据式（7.5）和式（7.6）所给出的联立方程式求解得到的。注意，在简化方程式的右边只有外生变量。

## 7.2 联立方程偏差

式（7.5）和式（7.6）不能通过 OLS 法进行有效估计，因为两式中均含有 $P$ 和 $Q$，所以这两个方程显然是相关的，而 OLS 法只能对这两个方程分别进行估计。那么，如果研究者使用 OLS 方法分别对两式进行估计会出现什么情况呢？注意，这两个方程都依赖于 $P$。我们前面讲过，CLRM 假设之一是 $X$ 和 $u$ 是独立的（其中 $X$ 是由方程右边的所有变量构成的矩阵），并且也假设 $E(u)=0$，以及 $E(X'u)=0$，即误差项与解释变量不相关。但从式（7.11）中可以清楚地看到，$P$ 与式（7.5）和式（7.6）中的误差项显然是相关的。也就是说，$P$ 是随机的，因此它违背了 CLRM 的假定。

那么，如果忽视这种联立性，坚持用 OLS 方法对 $\hat{\beta}$ 进行估计会出现什么后果呢？回想一下：

$$\hat{\beta}=(X'X)^{-1}X'y \tag{7.16}$$

以及

$$y=X\beta+u \tag{7.17}$$

将式（7.17）中的 $y$ 代入式（7.16），得：

$$\hat{\beta}=(X'X)^{-1}X'(X\beta+u) \tag{7.18}$$

所以：

$$\hat{\beta}=(X'X)^{-1}X'X\beta+(X'X)^{-1}X'u \tag{7.19}$$

$$\hat{\beta}=\beta+(X'X)^{-1}X'u \tag{7.20}$$

两边取期望，得：

$$E(\hat{\beta})=E(\beta)+E[(X'X)^{-1}X'u] \tag{7.21}$$

$$E(\hat{\beta})=\beta+E[(X'X)^{-1}X'u] \tag{7.22}$$

如果 $X$ 是非随机的（即没有违背假定条件），则 $E[(X'X)^{-1}X'u]=(X'X)^{-1}X'E(u)=0$（也就是单方程系统中的情况），这时式（7.22）中的 $E(\hat{\beta})=\beta$，这说明 OLS 的估计量 $\hat{\beta}$ 是无偏的。

但是，如果这一方程为系统的一部分，则 $E[(X'X)^{-1}X'u]\neq 0$。一般来讲，式（7.22）中的最后一项不会被去掉，因此可以得出的结论是，把 OLS 方法应用到作为联立方程系统一部分的结构性方程中将会产生有偏的系数估计值。这就是所谓的**联立偏差**（simultaneity bias）或**联立方程偏差**（simultaneous equations bias）。

在有偏差的情况下，OLS 估计量仍然能保持一致吗？答案是否定的。实际上，估计量也是不一致的，所以即使有无穷多的数据，系数估计值仍然是有偏的。对这一内容的推导要求一定的代数水平，超出了本书的范围。

## 7.3 如何有效估计联立方程模型？

现在，将式（7.11）和式（7.15）这两个简化方程改写为：

$$P=\pi_{10}+\pi_{11}T+\pi_{12}S+\varepsilon_1 \tag{7.23}$$

$$Q=\pi_{20}+\pi_{21}T+\pi_{22}S+\varepsilon_2 \tag{7.24}$$

其中，系数 $\pi$ 是原有系数的简单组合，即：

$$\pi_{10}=\frac{\lambda-\alpha}{\beta-\mu},\ \pi_{11}=\frac{\kappa}{\beta-\mu},\ \pi_{12}=\frac{-\gamma}{\beta-\mu},\ \varepsilon_1=\frac{v-u}{\beta-\mu},$$

$$\pi_{20}=\frac{\mu\alpha-\beta\lambda}{\mu-\beta},\ \pi_{21}=\frac{-\beta\kappa}{\mu-\beta},\ \pi_{22}=\frac{\mu\gamma}{\mu-\beta},\ \varepsilon_2=\frac{\mu v-\beta u}{\mu-\beta}$$

由于方程右边包含的所有变量都是外生的，因此式（7.23）和式（7.24）可以用 OLS 方法来估计，得到的 OLS 估计量在一致性和无偏性这些一般性要求上是成立的（假定方程不存在其他方面的设定错误），由此我们可以得到 $\pi_{ij}$ 系数的估计值。但是，得到系数 $\pi$ 的数值并没有多大意义，因为我们所感兴趣的是结构性方程中的初始参数 $\alpha$，$\beta$，$\gamma$，$\lambda$，$\mu$，$\kappa$ 的值，原因在于在金融和经济理论中，正是这些参数决定了变量之间的关系。

## 7.4 可以从π中获得初始系数值吗?

对这个问题的简要回答是"有可能",具体回答则要对方程的可识别性进行分析。所谓**可识别性**(identification),是指在简化方程中的信息是否足以计算出结构性方程中的系数。现在,考虑下列供求方程:

$$Q=\alpha+\beta P \quad \text{供给方程} \tag{7.25}$$

$$Q=\lambda+\mu P \quad \text{需求方程} \tag{7.26}$$

从每一个方程的形式来看,无法区分出哪一个是供给方程,哪一个是需求方程。所以,如果仅观察到商品的销售量和售价,那就无法得到$\alpha$,$\beta$,$\lambda$和$\mu$的估计值,这是因为从方程中不可能获得足够的信息去估计这4个参数。尽管每个方程都是需求和供给参数的某种形式的组合,但利用这些组合仅能估计2个参数,所以在这个例子中,这种估计值是没有任何用处的。实际上,在这种情况下,这两个方程都是不可识别的,或者说是无法识别的和不可辨认的。注意:在式(7.5)和式(7.6)中,由于包含有不同的外生变量,就不会出现上述情况。

### 7.4.1 决定方程是否可识别的因素

专栏7.1列举了三种可能出现的情形。

**▶专栏7.1◀**

**判定方程的可识别性**

(1)方程不可识别,如方程(7.25)和(7.26)。如果存在一个不可识别的方程,无论用什么方法都不能从其简化形式的估计值中获得结构性模型的系数。

(2)方程可以被精准地识别,或者恰好识别,如方程(7.5)或方程(7.6)。如果方程可以被精准识别,那么就可以从简化方程中获得结构性模型系数的唯一估计值。

(3)方程被过度识别。如果方程被过度识别,那么由简化方程所得到的结构性系数就不是唯一的。本章后续内容会举例说明这一点。

如何判别方程的可识别性呢?一般来说,这取决于每一个结构性方程中变量的数量和类型。具体来说,判断系统中一个给定方程的可识别性有两个条件——**阶条件**(order condition)和**秩条件**(rank condition):

- 阶条件——对于一个方程的可识别性来讲,阶条件是必要而非充分条件。也就是说,即使阶条件成立,这一方程也不一定能被识别。
- 秩条件——方程可识别的充分必要条件。具体做法是,用矩阵形式表示其结构性方程,排除某一特殊方程后,计算所有变量的系数矩阵的秩来判定该方程的可识别性。检验秩条件需要本书以外的代数知识。

即使阶条件并不是判断方程可识别性的充分条件,我们在这里也不对秩条件作进一步的讨论。实际上，对于相对简单的方程组而言，这两个条件都会给出相同的结论。况且，在经济和金融领域里，大多数联立方程组通常都是过度识别的，所以在实践中不能被识别也不是一个太严重的问题。

### 7.4.2 对阶条件的说明

对阶条件的表述有很多种不同的形式，本书采用一种比较直观的定义（出自 Ramanathan，1995，p.666，有少许改动）。

令 $G$ 代表结构性方程的数量。如果某个方程中没有包含的变量数（即不包含在这一特定方程中的所有内生变量和外生变量的个数）等于 $G-1$，那么这个方程就是可以被精准（恰好）识别的。如果没有包含的变量数大于 $G-1$，那么这一方程是过度识别的；如果没有包含的变量数小于 $G-1$，那么这一方程是不可识别的。

这一规则表明，即使是同一个系统中的方程，其识别性也很可能不一样。接下来，我们将通过下面的例子作进一步的说明。

**例 7.1** 在下面的方程组中，$Y$ 是内生变量，而 $X$ 是外生变量（略去时间下标）。请判断每个方程是过度识别的、不可识别的还是恰好识别的。

$$Y_1=\alpha_0+\alpha_1 Y_2+\alpha_3 Y_3+\alpha_4 X_1+\alpha_5 X_2+u_1 \tag{7.27}$$

$$Y_2=\beta_0+\beta_1 Y_3+\beta_2 X_1+u_2 \tag{7.28}$$

$$Y_3=\gamma_0+\gamma_2 X_2+u_3 \tag{7.29}$$

本例中，$G=3$，且有 3 个内生变量。因此，如果不包含在方程中的变量数恰好等于 2，则方程是恰好可识别的；如果不包含的变量数大于 2，则方程为过度识别的；如果不包含的变量数小于 2，则方程是不可识别的。

出现在方程组中的变量有 $Y_1$，$Y_2$，$Y_3$，$X_1$，$X_2$。对式（7.27）至式（7.29）用阶条件进行判别：

- 式（7.27）：该式包含所有的变量，没有不包含的变量（即不包含的变量数等于 0），因此该方程是不可识别的。
- 式（7.28）：$Y_1$ 和 $X_2$ 不包含在方程中（即不包含的变量数等于 2），因此该方程是可以恰好识别的。
- 式（7.29）：$Y_1$、$Y_2$ 和 $X_1$ 不包含在方程中（即不包含的变量数等于 3），因此该方程是过度识别的。

## 7.5 金融学中的联立方程

在金融领域，有很多情况更适合运用联立方程模型而不是单一方程模型。本章后续内容将使用两篇金融市场微观结构领域的文献对此加以说明，现在先来讨论一个银行业方面的例子。

有关银行业竞争力的有效性问题最近在国际上（特别是英国）引起了广泛的争论。银行业出现了并购潮流，且在 20 世纪 90 年代末和 21 世纪初许多银行都获取了巨额利润。银行业日益提升的集中度引起了政府和监管部门的关注，这些部门认为：银行业之所以可以获得巨额利润，原因就在于该行业缺乏有效的竞争。然而，也有很多人（特别值得注意的是，这当然也包括银行自己！）认为：在这些利润中，一部分来自所处的时期正好是世界商业周期中的繁荣阶段（即“利润不会持久”论），另一部分来自最近的技术进步所导致的银行业成本出现大幅下降，而不是来自所谓的过度集中或反竞争活动。这些争论激发了人们对于银行业利润率和银行业竞争行为的建模兴趣，例如 Shaffer 和 DiSalvo（1994）就提出过这样一个模型，该模型讨论了宾夕法尼亚中南部的两家银行，模型的具体形式如下：

$$\ln q_{it}=a_0+a_1\ln P_{it}+a_2\ln P_{jt}+a_3\ln Y_t+a_4\ln Z_t+a_5 t+u_{i1t} \tag{7.30}$$

$$\ln TR_{it}=b_0+b_1\ln q_{it}+\sum_{k=1}^{3}b_{k+1}\ln w_{ikt}+u_{i2t} \tag{7.31}$$

其中，$i=1$，2，分别代指两家银行，$q$ 为银行的产出，$P_t$ 为 $t$ 时期产出的价格，$Y_t$ 描述的是在 $t$ 时期的总收入，$Z_t$ 指 $t$ 时期银行业务替代品的价格，变量 $t$ 代表时间趋势，$TR_{it}$ 是指在 $t$ 时期第 $i$ 家银行的总收入，$w_{ikt}$ 是指第 $i$ 家银行在 $t$ 时期投入品 $k$ 的价格（$k=1$，2，3，分别代表人力资源、银行存款和实体资产），$u$ 为不可观测的误差项。虽然这里我们没有列出系数的估计值，但已经足够充分地说明使用联立方程框架的必要性，该例中这一框架包含了对每家银行年度时间序列数据进行估计的模型在内。产出是式（7.30）右边银行价格的函数，而在式（7.31）中，总收入是方程右边产出的函数，它显然与价格有关，因此不能用 OLS 方法进行估计。这个系统中的两个方程都是过度识别的，因为只有两个方程，收入、银行业务的替代品和趋势项都不包含在式（7.31）中，而 3 个投入品的价格也不包含在式（7.30）中。

## 7.6 外生性的定义

Leamer（1985）定义，如果 $y$ 对 $x$ 的条件分布不随 $x$ 生成过程的变化而变化，那么变量 $x$ 就是外生的。需要指出的是，尽管现有的几种关于外生变量的定义之间差别不大，但还是可以将外生性分为两类——前定性和严格外生性。

- 前定变量（predetermined variable）是指独立于方程中所有同期和未来误差项的变量。
- 严格外生变量（strictly exogenous variable）是指独立于方程中所有同期、未来和过去误差项的变量。

### 7.6.1 对外生性的检验

研究者如何确定某个变量是否应该作为内生变量来处理呢？换言之，金融理论可能认为两个或多个变量之间应该存在双向关系，但在实践中又应该如何检验是否有必要使用联立方程组模型来刻画这一双向关系呢？

**例 7.2** 再来看一下式（7.27）至式（7.29）。式（7.27）包含 $Y_2$ 和 $Y_3$——但这两个变量是否需要用单独的方程来分别表示？或者，$Y_2$ 和 $Y_3$ 是否可以处理为外生变量呢？（如果是这样，它们其实也可以表示为 $X_3$ 和 $X_4$！）对此，我们可以进行豪斯曼检验（Hausman test）。检验过程请见专栏 7.2。

**▶专栏 7.2◀**

## 豪斯曼外生性检验

（1）运用以下步骤，求得式（7.27）至式（7.29）的简化方程。

将式（7.29）中的 $Y_3$ 代入式（7.28），得：

$$Y_2=\beta_0+\beta_1(\gamma_0+\gamma_1 Y_2+\gamma_2 X_2+u_3)+\beta_2 X_1+u_2 \tag{7.32}$$

$$Y_2=\beta_0+\beta_1\gamma_0+\beta_1\gamma_1 Y_2+\beta_1\gamma_2 X_2+\beta_1 u_3+\beta_2 X_1+u_2 \tag{7.33}$$

$$Y_2(1-\beta_1\gamma_1)=(\beta_0+\beta_1\gamma_0)+(\beta_2 X_1+\beta_1\gamma_2 X_2)+(u_2+\beta_1 u_3) \tag{7.34}$$

$$Y_2=\frac{\beta_0+\beta_1\gamma_0}{1-\beta_1\gamma_1}+\frac{\beta_2 X_1+\beta_1\gamma_2 X_2}{1-\beta_1\gamma_1}+\frac{u_2+\beta_1 u_3}{1-\beta_1\gamma_1} \tag{7.35}$$

式(7.35)是 $Y_2$ 的简化方程，原因在于方程右边没有内生变量。再将式(7.29)中的 $Y_3$ 代入式(7.27)，得：

$$Y_1=\alpha_0+\alpha_1 Y_2+\alpha_3(\gamma_0+\gamma_1 Y_2+\gamma_2 X_2+u_3)+\alpha_4 X_1+\alpha_5 X_2+u_1 \tag{7.36}$$

$$Y_1=\alpha_0+\alpha_1 Y_2+\alpha_3\gamma_0+\alpha_3\gamma_1 Y_2+\alpha_3\gamma_2 X_2+\alpha_3 u_3+\alpha_4 X_1+\alpha_5 X_2+u_1 \tag{7.37}$$

$$Y_1=(\alpha_0+\alpha_3\gamma_0)+(\alpha_1+\alpha_3\gamma_1)Y_2+\alpha_4 X_1+(\alpha_3\gamma_2+\alpha_5)X_2+(u_1+\alpha_3 u_3) \tag{7.38}$$

将式（7.35）中的 $Y_2$ 代入式（7.38），得：

$$Y_1=(\alpha_0+\alpha_3\gamma_0)+(\alpha_1+\alpha_3\gamma_1)\left(\frac{\beta_0+\beta_1\gamma_0}{1-\beta_1\gamma_1}+\frac{\beta_2 X_1+\beta_1\gamma_2 X_2}{1-\beta_1\gamma_1}+\frac{u_2+\beta_1 u_3}{1-\beta_1\gamma_1}\right)+\alpha_4 X_1+(\alpha_3\gamma_2+\alpha_5)X_2+(u_1+\alpha_3 u_3) \tag{7.39}$$

$$Y_1=\left[\alpha_0+\alpha_3\gamma_0+(\alpha_1+\alpha_3\gamma_1)\frac{\beta_0+\beta_1\gamma_0}{1-\beta_1\gamma_1}\right]+\frac{(\alpha_1+\alpha_3\gamma_1)(\beta_2 X_1+\beta_1\gamma_2 X_2)}{1-\beta_1\gamma_1}+\frac{(\alpha_1+\alpha_3\gamma_1)(u_2+\beta_1 u_3)}{1-\beta_1\gamma_1}+\alpha_4 X_1+(\alpha_3\gamma_2+\alpha_5)X_2+(u_1+\alpha_3 u_3) \tag{7.40}$$

$$Y_1=\left[\alpha_0+\alpha_3\gamma_0+(\alpha_1+\alpha_3\gamma_1)\frac{\beta_0+\beta_1\gamma_0}{1-\beta_1\gamma_1}\right]+\left[\frac{(\alpha_1+\alpha_3\gamma_1)\beta_2}{1-\beta_1\gamma_1}+\alpha_4\right]X_1+\left[\frac{\beta_1\gamma_2(\alpha_1+\alpha_3\gamma_1)}{1-\beta_1\gamma_1}+(\alpha_3\gamma_2+\alpha_5)\right]X_2+\left[\frac{(\alpha_1+\alpha_3\gamma_1)(u_2+\beta_1 u_3)}{1-\beta_1\gamma_1}+(u_1+\alpha_3 u_3)\right] \tag{7.41}$$

式 (7.41) 是 $Y_1$ 的简化方程。最后，为了获得 $Y_3$ 的简化方程，将式 (7.35) 中的 $Y_2$ 代入式 (7.29)，得：

$$Y_3=\left[\gamma_0+\frac{\gamma_1(\beta_0+\beta_1\gamma_0)}{1-\beta_1\gamma_1}\right]+\frac{\gamma_1\beta_2X_1+\gamma_2X_2}{1-\beta_1\gamma_1}+\left[\frac{\gamma_1(u_2+\beta_1u_3)}{1-\beta_1\gamma_1}+u_3\right] \tag{7.42}$$

于是，对应于式 (7.27) 至式 (7.29) 的简化式分别为式 (7.41)、式 (7.35) 和式 (7.42)。如前所述，我们可以用 $\pi_{ij}$ 表示这三个方程的系数：

$$Y_1=\pi_{10}+\pi_{11}X_1+\pi_{12}X_2+v_1 \tag{7.43}$$

$$Y_2=\pi_{20}+\pi_{21}X_1+\pi_{22}X_2+v_2 \tag{7.44}$$

$$Y_3=\pi_{30}+\pi_{31}X_1+\pi_{32}X_2+v_3 \tag{7.45}$$

运用 OLS 估计简化方程式 (7.43) 至式 (7.45)，得到拟合值 $\hat{Y}_1^1$，$\hat{Y}_2^1$ 和 $\hat{Y}_3^1$，它们的上标"1"表示这些值是通过对简化方程进行估计所得到的拟合值。

(2) 对式 (7.27) 进行回归，即结构性方程，在这一步不考虑任何可能的联立性。

(3) 再次对式 (7.27) 进行回归，但现在将在简化方程中所获得的拟合值 $\hat{Y}_2^1$ 和 $\hat{Y}_3^1$ 作为额外的回归自变量加入进来，即这一步所估计的模型为：

$$Y_1=\alpha_0+\alpha_1Y_2+\alpha_3Y_3+\alpha_4X_1+\alpha_5X_2+\lambda_2\hat{Y}_2^1+\lambda_3\hat{Y}_3^1+\varepsilon_1 \tag{7.46}$$

(4) 对联合约束 $\lambda_2=0$ 和 $\lambda_3=0$ 进行 $F$ 检验。如果零假设被拒绝，则 $Y_2$ 和 $Y_3$ 应该作为内生变量来处理，即如果 $\lambda_2$ 和 $\lambda_3$ 显著不为零，那么在简化方程中就存在有关 $Y_1$ 建模的重要额外信息。反之，如果零假设不能被拒绝，那么 $Y_2$ 和 $Y_3$ 应作为 $Y_1$ 的外生变量来处理。这时，对于 $Y_1$ 来讲，不可能从作为内生变量的 $Y_2$ 和 $Y_3$ 的建模中获得额外的有用信息。

接下来，对式 (7.28) 和式 (7.29) 重复应用步骤 (2) 至步骤 (4)。

## 7.7 三元系统

考虑以下方程系统，为了简化讨论，式中省略了时间下标：

$$Y_1=\beta_{10}+\gamma_{11}X_1+\gamma_{12}X_2+u_1 \tag{7.47}$$

$$Y_2=\beta_{20}+\beta_{21}Y_1+\gamma_{21}X_1+\gamma_{22}X_2+u_2 \tag{7.48}$$

$$Y_3=\beta_{30}+\beta_{31}Y_1+\beta_{32}Y_2+\gamma_{31}X_1+\gamma_{32}X_2+u_3 \tag{7.49}$$

假设 3 个方程中的误差项相互之间没有关联，那么可以用 OLS 单独估计每个方程吗？乍看起来，对该问题的答案可能是"不可以，因为这是一个联立方程系统"。但是，现在来考虑以下问题：

- 方程 (7.47)：没有包含内生变量，所以 $X_1$ 和 $X_2$ 与 $u_1$ 不相关，可以用 OLS

估计。

- 方程（7.48）：包含内生变量 $Y_1$ 及外生变量 $X_1$ 和 $X_2$。如果该式右边的所有变量都与方程的误差项无关，那么就可以用 OLS 来估计。实际上，$Y_1$ 与 $u_2$ 并不相关，因为方程（7.47）中并没有 $Y_2$ 项，再加上 $X_1$ 和 $X_2$ 为外生变量，所以其实可以用 OLS 估计方程（7.48）。
- 方程（7.49）：$Y_1$ 和 $Y_2$ 都包含其中，应该要求它们都与 $u_3$ 不相关。与上文的论证相似，方程（7.47）和方程（7.48）都不包含 $Y_3$，所以 OLS 可以用于方程（7.49）。

这组方程被称为**递归系统**（recursive system）或者**三元系统**（triangular system），它实际上是一种特殊情况：看起来像联立方程模型，但实际上不是。事实上，这里并没有联立的问题，因为每个方程都指向某一个特定的方向，所以变量间的相依关系并不是双向的。

## 7.8 联立方程系统的估计步骤

递归系统中的每个方程都可以运用 OLS 方法进行单独估计。但在实践中，具有递归系统形式的方程组并不多见，因此必须构建对真正的联立方程组进行直接估计的一般性方法。事实上，有很多可以使用的方法，其中包括这样 3 种：**间接最小二乘法**（indirect least square，简记为 ILS）、**两阶段最小二乘法**（two-stage least square，简记为 2SLS）和**工具变量法**（instrumental variable，简记为 IV）。我们将在以下内容中依次对这 3 种方法作详细的讨论。

### 7.8.1 间接最小二乘法

虽然不能直接用 OLS 对结构性方程组进行估计，但它可以对简化方程组进行有效估计。如果方程组可以被恰好识别，那么间接最小二乘法中就可以先用 OLS 对简化方程进行估计，然后将结果代回原方程以获得结构性参数。然而，尽管间接最小二乘法在原理上简单易懂，但并没有得到广泛的应用，原因在于以下两点：

（1）求解结构性参数的过程太过烦琐。对一个较大的系统来说，其方程组一般设立为矩阵形式，因此为了求解参数，可能需要对一个较复杂的矩阵进行逆运算。

（2）许多方程组都是过度识别的，而间接最小二乘法只能用于求解可以被恰好识别的方程的系数。对过度识别系统来讲，运用间接最小二乘法无法得到结构系数的唯一解。

间接最小二乘法的估计量具有一致性和渐近有效性，但通常是有偏的。因此，对于有限样本，间接最小二乘法会产生有偏的结构性估计量。简单地说，有偏性的产生是因为在间接最小二乘法估计下，结构性系数是从简化系数中转换而来的，而当我们通过取期望来检验无偏性时，简化系数（非线性）组合的期望值通常并不等于它们期望值的组合（Gujarati，2003）。

### 7.8.2 运用 2SLS 对恰好识别和过度识别的系统进行估计

两阶段最小二乘法可以对过度识别方程进行估计，而间接最小二乘法却不行。不仅如此，2SLS 还可以用于对恰好识别方程系数的估计，且得到的估计值与间接最小二乘法渐近相等。

顾名思义，两阶段最小二乘法分两步进行：

- **第一步**：用 OLS 得到并估计简化方程组，保存因变量的拟合值。
- **第二步**：用在第一步中所得到的拟合值替代结构性方程组右边的内生变量，再用 OLS 对结构性方程组进行估计。

**例 7.3** 假设需要估计方程（7.27）至方程（7.29），所采用的 2SLS 应该包括以下两个步骤：

- **第一步**：用 OLS 方法逐个估计简化方程（7.43）至方程（7.45），得到的拟合值记为 $\hat{Y}_1^1$、$\hat{Y}_2^1$ 和 $\hat{Y}_3^1$，其中的上标“1”表示它们是从第一步中所得到的拟合值。
- **第二步**：用第一步中得到的估计值替代方程组右边的内生变量，即：

$$Y_1=\alpha_0+\alpha_1\hat{Y}_2^1+\alpha_3\hat{Y}_3^1+\alpha_4X_1+\alpha_5X_2+u_1 \tag{7.50}$$

$$Y_2=\beta_0+\beta_1\hat{Y}_3^1+\beta_2X_1+u_2 \tag{7.51}$$

$$Y_3=\gamma_0+\gamma_1\hat{Y}_2^1+u_3 \tag{7.52}$$

其中，$\hat{Y}_2^1$ 和 $\hat{Y}_3^1$ 是从简化方程中得到的拟合值。此时，$\hat{Y}_2^1$ 和 $\hat{Y}_3^1$ 都与 $u_1$ 不相关，$\hat{Y}_3^1$ 与 $u_2$ 不相关，$\hat{Y}_2^1$ 与 $u_3$ 也不相关。因此，联立性问题在这里就被消除了。不过，值得注意的是，2SLS 估计量虽然是一致的却是有偏的。

尽管可以对有些检验统计量进行适当的修正以适用联立方程组，但我们仍然关心 CLRM 假设在联立方程组中是否成立。当然，许多计量经济学软件包都可以自动完成这一修正。实际上，违背 CLRM 假设的其中一个潜在后果是：如果结构性方程中的扰动项之间存在自相关，那么 2SLS 的估计量是不一致的。

另外，需要将 2SLS 计算出的标准误按照 OLS 所估计出的标准误进行修正（这一步可由计量经济学软件自动完成）。不过，一旦完成这些工作，我们就可以用 $t$ 检验来对结构性方程系数的有关假设进行检验。之所以要进行修正，是因为方程右边使用的是简化形式的拟合值而不是实际变量，这意味着对误差方差的修正是必需的。

### 7.8.3 工具变量法

大体上讲，工具变量法是另外一种可以用来估计联立方程参数的有效方法。回忆一下，之所以不能将 OLS 直接用于结构性方程组的估计，原因就在于其内生变量与误差项之间是相关的。解决这个问题的一个办法是用其他变量来代替 $Y_2$ 和 $Y_3$，这些变量应

该与 $Y_2$ 和 $Y_3$（高度）相关，但与误差项不相关——这种变量就是所谓的工具变量。现在，假定我们已为 $Y_2$ 和 $Y_3$ 找到了合适的工具变量，并将其记为 $z_2$ 和 $z_3$。需要注意的是，工具变量并不直接用于结构性方程组，而是用于如下形式方程的回归：

$$Y_2=\lambda_1+\lambda_2 z_2+\varepsilon_1 \tag{7.53}$$

$$Y_3=\lambda_3+\lambda_4 z_3+\varepsilon_2 \tag{7.54}$$

将从方程（7.53）和方程（7.54）中得到的拟合值记为 $\hat{Y}_2^1$ 和 $\hat{Y}_3^1$，并用其替代结构性方程中的 $Y_2$ 和 $Y_3$。通常情况下，一个内生变量要使用多个工具变量。另外，如果工具变量是简化方程中的变量，那么工具变量法就等价于两阶段最小二乘法，所以后者实际上可以看作是前者的一个特例。

### 7.8.4 在不必要的情况下使用 IV 或 2SLS 会有什么后果?

换句话说，这种情况指的是：我们在估计联立方程模型时把变量当作是内生的，但实际上它们之间是相互独立的。简单来说，在这种不必要的情况下使用 IV 或 2SLS，其后果和在一元 OLS 方程中包含无关变量时的后果是一样的。也就是说，这时所得的估计系数仍然是一致的，但与直接使用 OLS 估计所得的系数相比，这些系数已经不再是有效的了。

### 7.8.5 其他估计技术

当然，还有许多其他方法可以用来估计联立方程组，包括三阶段最小二乘法（three-stage least squares，简记为 3SLS）、完全信息极大似然估计法（full information maximum likelihood，简记为 FIML）和有限信息极大似然估计法（limited information maximum likelihood，简记为 LIMI）等等。其中，三阶段最小二乘法是在估计过程中存在第三步估计，在这一步中允许联立结构性方程组的误差项之间存在非零的协方差。在渐近意义上，三阶段最小二乘法较两阶段最小二乘法更为有效，因为后者忽略了有关误差项协方差的所有信息（以及其他方程中所包含的有关内生变量的所有额外信息）。另外，完全信息极大似然估计法是对系统包含的全部方程同时使用极大似然估计（参阅第 8 章对极大似然估计原理的讨论）。因此，完全信息极大似然估计法是对所有方程中的全部参数进行联合处理，从而构造并最大化一个恰当的似然函数。最后，有限信息极大似然估计法是对每个方程分别进行极大似然估计。在渐近意义上，有限信息极大似然估计法与两阶段最小二乘法是等价的。有关这些过程的详细说明，可以参阅 Greene（2002，Chapter 15）。

接下来的内容是有关联立方程组在金融领域中的应用。具体来说，我们将会使用联立方程组为标准普尔 100 指数期权市场中的买卖价差和交易活动进行联合建模。另外，Wang，Yau 和 Baptiste（1997）及 Wang 和 Yau（2000）的研究提供了有关这一技术的两个应用实例，对这两项成果进行考察也是非常有价值的。其中，第一篇文章采用一个二元系统为成交量和买卖价差建模，文中基于豪斯曼检验的结果显示两者之间确实存在着联立相关，因此都应该按照内生变量来处理并用 2SLS 来建模。第二篇文章是用三元系统为成交量、价差和日内波动率建模。

## 7.9 联立方程模型在买卖价差和交易活动建模中的应用

### 7.9.1 引言

金融实证研究中，发展最迅速的领域之一是对市场微观结构的研究，这些研究主要聚焦于金融市场中价格的形成机制、市场结构如何影响价格的运行以及买卖价差的确定等问题。George 和 Longstaff（1993）曾将联立方程模型应用到市场微观结构研究中，他们的论文考虑了如下一些问题：

- 交易活动与买卖价差的大小有关吗？
- 买卖价差在不同的期权之间如何变化，又是如何同成交量相联系的？这里，所谓“不同的期权”是指基础资产相同但到期日和执行价格不同的期权。

本章将考察 George 和 Longstaff（1993）中的模型、结果及结论。

### 7.9.2 数据

George 和 Longstaff（1993）所采用的研究样本是标准普尔 100 指数期权在 1989 年所有交易日中的价格数据。从 1983 年开始，芝加哥期权交易所（CBOE）以连续公开报价拍卖的方式交易标准普尔 100 指数期权。这篇文章将期权价格定义为买入报价和卖出报价的平均值。为避免“开盘和收盘时市场行为存在差异”等这一类的日内时间效应（time-of-day effect），每个期权的这一平均价格都是由下午 2 点到 2 点 15 分（美国中部标准时间）这一段时间内的价格计算得到。另外，为避免过时的价格数据的影响，作者在样本中剔除了下列数据：

- 在 15 分钟内没有买卖报价的期权；
- 当天交易少于 10 笔的期权。

最后，一共得到 2 456 个观测值。由于这些数据包括时间序列维度和截面维度，所以论文采用了“混合”回归。也就是说，数据包含了每个交易日中具有不同执行价和到期日的期权产品的价格，论文将这些数据排成一列进行分析。

### 7.9.3 期权价格/成交量和买卖价差的关系是怎样的?

George 和 Longstaff（1993）认为，买卖价差是由不同市场力量的交互作用决定的。由于芝加哥期权交易所中有许多做市商在交易标准普尔 100 指数期权合约，所以买卖价差应该刚好补偿边际成本。对做市商来说，成本包含三个部分：管理成本、存货的持仓成本和风险成本。由此，对于买卖价差的决定方式，George 和 Longstaff（1993）认为有以下 3 种可能：

- 对不同期权，做市商都设定相同的买卖价差。当做市商的主要成本为订单处理（管理）成本时，这种情况就可能会出现。现实情况确实如此，因为芝加哥期权交易所对每一笔期权交易向做市商所收取的费用都是相同的。具体来说，芝加哥期权交易所对每一笔期权合约（100 单位期权）所收取的费用都是 9 美分，期权清算公司收取的清算费都是 10 美分。

- 价差为期权价值的一个固定比例。当做市商的主要成本为存货持仓成本时，这种情况就可能会出现。原因在于，期权价格越高，持仓成本就越大，从而所设定的买卖价差也就会越大。
- 不论成交量大小，做市商都使不同期权的边际成本相同。当做市商所面临的最重要的成本为多余头寸的风险时，这种情况就可能会出现。通常情况下，做市商并不对市场未来的走势抱有明确的看法，只考虑从一买一卖中获利，因此他们希望能够尽快处理掉多余的仓位（不管是多头头寸还是空头头寸）。不过，交易并不是连续进行的，实际上，在 1989 年中平均的交易间隔时间大约是 5 分钟。做市商持有一个期权的时间越长，他们面临的风险就越大，因为这时价格朝不利方向出现大幅变动的可能性越大。因此，成交量少的期权就会要求比较大的价差，因为做市商持有这些期权的时间会比较长。

在定性分析中，George 和 Longstaff（1993）比较了不同到期日的期权合约后发现，买卖价差的确与到期日之间存在正比例关系，即到期时间越长，买卖价差越大，原因在于具有较长到期时间的期权的价值更大。另外，George 和 Longstaff（1993）还发现，买卖价差与期权的实值程度也存在正比例关系，即深度实值期权比浅度实值期权具有更大的买卖价差。无论是看涨期权，还是看跌期权，情况都是如此。

### 7.9.4 价格升降最小档位对价差的影响

芝加哥期权交易所限定了价格升降的最小档位（即报价时的最小间隔），这为买卖价差的规模设定了一个下限。这一最小档位为：

- 价格在 3 美元（含）以上的期权，最小档位为 1/8 美元；
- 价格在 3 美元以下的期权，最小档位为 1/16 美元。

### 7.9.5 模型和结果

直观上，买卖价差和成交量之间应该是联立相关的，因为价差越大意味着交易费用越高，这样边际投资者就会退出市场。另外，如果交易不活跃，做市商的风险就会增大，从而他们很可能会提高收费标准（价差）。鉴于此，所要设定的模型就是要为买卖价差的规模和交易时间间隔建立起联立关系。

对于看涨期权，其模型为：

$$CBA_i=\alpha_0+\alpha_1 CDUM_i+\alpha_2 C_i+\alpha_3 CL_i+\alpha_4 T_i+\alpha_5 CR_i+e_i \tag{7.55}$$

$$CL_i=\gamma_0+\gamma_1 CBA_i+\gamma_2 T_i+\gamma_3 T_i^2+\gamma_4 M_i^2+v_i \tag{7.56}$$

相应地，看跌期权的模型为：

$$PBA_i=\beta_0+\beta_1 PDUM_i+\beta_2 P_i+\beta_3 PL_i+\beta_4 T_i+\beta_5 PR_i+u_i \tag{7.57}$$

$$PL_i=\delta_0+\delta_1 PBA_i+\delta_2 T_i+\delta_3 T_i^2+\delta_4 M_i^2+w_i \tag{7.58}$$

其中，$CBA_i$ 和 $PBA_i$ 分别是看涨期权 $i$ 的买卖价差和看跌期权 $i$ 的买卖价差。

$C_i$ 和 $P_i$ 分别是看涨期权 $i$ 的价格和看跌期权 $i$ 的价格。

$CL_i$ 和 $PL_i$ 分别是看涨期权 $i$ 的交易时期间隔和看跌期权 $i$ 的交易时期间隔。

$CDUM_i$ 和 $PDUM_i$ 是关于最小报价单位的哑变量。若 $C_i$ 或 $P_i$ 小于 3 美元，其取值为 0；若 $C_i$ 或 $P_i$ 大于等于 3 美元，其取值为 1。

$T$ 为到期时间。

$T^2$ 衡量到期时间和价差之间的非线性关系。

$M^2$ 是实值程度的平方（之所以用平方，是因为平值期权的交易量较大，而虚值期权和实值期权的交易相对不太活跃）。

$CR_i$ 和 $PR_i$ 分别代表看涨期权和看跌期权的风险，分别用其 Delta 值的平方表示。

用 2SLS 先对式（7.55）和式（7.56）进行估计，然后再分别对式（7.57）和式（7.58）进行估计。结果见表 7.1 和表 7.2。

**表 7.1　看涨期权的买卖价差和成交量的回归结果**

$$CBA_i = \alpha_0 + \alpha_1 CDUM_i + \alpha_2 C_i + \alpha_3 CL_i + \alpha_4 T_i + \alpha_5 CR_i + e_i \tag{7.55}$$

$$CL_i = \gamma_0 + \gamma_1 CBA_i + \gamma_2 T_i + \gamma_3 T_i^2 + \gamma_4 M_i^2 + v_i \tag{7.56}$$

| $\alpha_0$ | $\alpha_1$ | $\alpha_2$ | $\alpha_3$ | $\alpha_4$ | $\alpha_5$ | 经调整的 $R^2$ |
|---|---|---|---|---|---|---|
| 0.083 62 | 0.061 14 | 0.016 79 | 0.009 02 | −0.002 28 | −0.153 78 | 0.688 |
| (16.80) | (8.63) | (15.49) | (14.01) | (−12.31) | (−12.52) | |
| $\gamma_0$ | $\gamma_1$ | $\gamma_2$ | $\gamma_3$ | $\gamma_4$ | 经调整的 $R^2$ | |
| −3.854 2 | 46.592 | −0.124 12 | 0.004 06 | 0.008 66 | 0.618 | |
| (−10.50) | (30.49) | (−6.01) | (14.43) | (4.76) | | |

注：括号中为 $t$ 值。

资料来源：George and Longstaff (1993). Reprinted with the permission of School of Business Administration, University of Washington.

**表 7.2　看跌期权的买卖价差和成交量的回归结果**

$$PBA_i = \beta_0 + \beta_1 PDUM_i + \beta_2 P_i + \beta_3 PL_i + \beta_4 T_i + \beta_5 PR_i + u_i \tag{7.57}$$

$$PL_i = \delta_0 + \delta_1 PBA_i + \delta_2 T_i + \delta_3 T_i^2 + \delta_4 M_i^2 + w_i \tag{7.58}$$

| $\beta_0$ | $\beta_1$ | $\beta_2$ | $\beta_3$ | $\beta_4$ | $\beta_5$ | 经调整的 $R^2$ |
|---|---|---|---|---|---|---|
| 0.057 07 | 0.032 58 | 0.017 26 | 0.008 39 | −0.001 20 | −0.086 62 | 0.675 |
| (15.19) | (5.35) | (15.90) | (12.56) | (−7.13) | (−7.15) | |
| $\delta_0$ | $\delta_1$ | $\delta_2$ | $\delta_3$ | $\delta_4$ | 经调整的 $R^2$ | |
| −2.893 2 | 46.460 | −0.151 51 | 0.003 39 | 0.013 47 | 0.517 | |
| (−8.42) | (34.06) | (−7.74) | (12.90) | (10.86) | | |

注：括号中为 $t$ 值。

资料来源：George and Longstaff (1993). Reprinted with the permission of School of Business Administration, University of Washington.

表 7.1 和表 7.2 的 4 个方程中，经调整的 $R^2 \approx 0.6$，表明所选的变量能较好地解释价差和交易时间间隔之间的关系。George 和 Longstaff（1993）认为，战略性做市商的

行为对价差也会有很大影响，但对其进行建模刻画的难度较大，这也是很难取得更大的经调整的 $R^2$ 的原因所在。

下一步要做的工作，是从系数的大小、符号和显著性来检验估计值是否符合实际。在对看涨期权和看跌期权各自价差的回归方程中，$\alpha_1$ 和 $\beta_1$ 测定的是最小报价单位对价差的约束——从统计上看两者均显著为正。$\alpha_2$ 和 $\beta_2$ 测定了期权价格对价差的影响，与所预期的一样，两个回归式中的该系数均显著为正，因为它们代表着存货成本或持仓成本。系数估计值大约都为 0.017，表示期权价格每增加 1 美元，将会使价差平均上升 1.7 美分。$\alpha_3$ 和 $\beta_3$ 测定了交易活跃程度对价差的影响。回忆一下，回归中使用的变量是交易活动的时间间隔，这一变量是对交易活跃程度的反向测度，即时间间隔越小，交易活跃度越高，因此这里的系数符号是正确的。也就是说，随着交易间隔时间的增加（即交易活跃程度趋于下降），价差在不断扩大。尽管该系数值较小，但在统计上是显著的。举例来说，在看跌期权的价差回归方程中，系数值大约为 0.009，这意味着即使交易间隔时间从 1 分钟增加到 1 小时，价差也仅增加 54 美分。$\alpha_4$ 和 $\beta_4$ 测度了到期时间对价差的影响，它们的符号均为负且显著。作者认为，这是因为到期日越近，做市的风险越大。另外，在对其做了进一步的调查之后，我们认为一个可能被作者忽略的原因在于，越是临近到期日的期权，被提前执行的可能性越大，因为这时候时间价值的损失几乎可以忽略不计。最后，$\alpha_5$ 和 $\beta_5$ 测定了风险对价差的影响，在看涨期权和看跌期权的回归方程中，两者系数均为负且具有高度的统计显著性。这一结果看起来有点奇怪，因为它似乎意味着风险越大的期权所要求的价差越小，但作者开展了许多分析工作来证明该结果是合理的。

现在再来考察交易活跃程度的回归方程，$\gamma_1$ 和 $\delta_1$ 分别测度了价差对看涨期权和看跌期权交易活跃程度的影响。两者符号均为正且显著，这表明价差扩大将导致交易的间隔时间延长，系数值则说明价差每扩大 1 美分将导致交易的间隔时间平均增加半分钟。$\gamma_2$ 和 $\delta_2$ 衡量的是到期时间增加对交易活动的影响，而 $\gamma_3$ 和 $\delta_3$ 衡量的则是到期时间的平方对交易活动的影响。在看涨期权和看跌期权的回归方程中，到期时间的系数显著为负，而到期时间平方的系数则显著为正。由于在到期时间增加时，平方项将逐渐占主导地位，因此可以得出的结论是，交易时间间隔与到期时间之间呈 U 形关系。最后，$\gamma_4$ 和 $\delta_4$ 给出了实值程度平方（即处于深度实值和深度虚值的期权）的增加对交易时间间隔的影响。对看涨期权和看跌期权的回归方程来讲，该系数值均为正且统计显著。这表明：对于不同类型的期权来说，期权价格向更为极端的方向运动（不管是深度实值方向，还是深度虚值方向）会导致交易的时间间隔增大。这与作者的预测是一致的，即处于平值状态的期权的交易最为活跃，而实值期权和虚值期权的交易活跃度要差一些。

### 7.9.6 结论

经过上述步骤，我们可以得出结论：标准普尔 100 指数期权的买卖价差和交易时间间隔（用来测度市场的流动性）可以用带有外生变量的联立方程模型很好地描述，这些外生变量可以是期权的 Delta 值、到期时间、实值程度等。

虽然这是一个运用联立方程的极佳范例，但在笔者看来仍有不足之处：第一，对估计结果没有进行诊断性检验；第二，方程显然都是过度识别的，但过度识别的约束是如何形成的并不清楚。它们是基于某些金融理论吗？比如，为什么 $CL$ 和 $PL$ 方程中没有包含变量 $CR$ 和 $PR$ 呢？为什么 $CBA$ 和 $PBA$ 方程中没有包含实值程度或到期时间的平方这些变量呢？另外，作者还应该对变量 $CBA$ 和 $CL$ 的内生性进行检验。最后，Delta 的平方这一项的系数高度显著，但符号是错的，这一点也令人感到困惑。

## 7.10 向量自回归模型

由 Sims（1980）所提出的**向量自回归模型**（vector autoregressive models，简记为 VAR 模型）是计量经济学中非常流行的方法，该类模型是对第 6 章中所讨论过的一元自回归模型的一个很自然的一般化。VAR 模型是一个系统回归模型（即模型中包含的因变量不止一个），并且可以看作是由第 6 章中所讨论的一元时间序列模型和本章前面所讲述的联立方程模型混合而成。因此，VAR 模型常常被当成大规模联立方程结构性模型的替代选择。

最容易掌握的是二元 VAR 模型，其中只有两个变量，即 $y_{1t}$ 和 $y_{2t}$，其各自的当前值都取决于这两个变量过去 $k$ 期值的不同组合再加上一个误差项，即：

$$y_{1t}=\beta_{10}+\beta_{11}y_{1t-1}+\cdots+\beta_{1k}y_{1t-k}+\alpha_{11}y_{2t-1}+\cdots+\alpha_{1k}y_{2t-k}+u_{1t} \quad (7.59)$$

$$y_{2t}=\beta_{20}+\beta_{21}y_{2t-1}+\cdots+\beta_{2k}y_{2t-k}+\alpha_{21}y_{1t-1}+\cdots+\alpha_{2k}y_{1t-k}+u_{2t} \quad (7.60)$$

其中，$u_{it}$ 是满足 $E(u_{it})=0(i=1,2)$ 且 $E(u_{1t}u_{2t})=0$ 的白噪声扰动项。

可以明显地看出，VAR 模型的一个重要特点是它具有相当程度的灵活性，而且很容易进行一般化。例如，我们可以将该模型进行扩展，使其包含移动平均误差。这样一来，模型就会变成一个多元形式的 ARMA 模型，亦即 VARMA。与只包含两个变量 $y_{1t}$ 和 $y_{2t}$ 不同，其实还可以将这个模型系统扩展为包含 $g$ 个变量 $y_{1t}$，$y_{2t}$，$y_{3t}$，…，$y_{gt}$，其中每个变量都各有一个方程。

VAR 模型的另一个有用的特点在于其形式表述的严密性。例如，考虑上面的例子在 $k=1$ 时的情形，这时每个变量都变为只依赖于 $y_{1t}$ 和 $y_{2t}$ 的过去值再加上一个误差项，即模型可以写为：

$$y_{1t}=\beta_{10}+\beta_{11}y_{1t-1}+\alpha_{11}y_{2t-1}+u_{1t} \quad (7.61)$$

$$y_{2t}=\beta_{20}+\beta_{21}y_{2t-1}+\alpha_{21}y_{1t-1}+u_{2t} \quad (7.62)$$

或：

$$\begin{bmatrix} y_{1t} \\ y_{2t} \end{bmatrix}=\begin{bmatrix} \beta_{10} \\ \beta_{20} \end{bmatrix}+\begin{bmatrix} \beta_{11} & \alpha_{11} \\ \alpha_{21} & \beta_{21} \end{bmatrix}\begin{bmatrix} y_{1t-1} \\ y_{2t-1} \end{bmatrix}+\begin{bmatrix} u_{1t} \\ u_{2t} \end{bmatrix} \quad (7.63)$$

或更简单的形式：

$$\underset{g\times 1}{y_t} = \underset{g\times 1}{\beta_0} + \underset{g\times g}{\beta_1}\,\underset{g\times 1}{y_{t-1}} + \underset{g\times 1}{u_t} \quad (7.64)$$

在模型（7.64）中，系统中有 $g=2$ 个变量。当然，如果每个方程中都包含所有变量的

第7章 多元模型

滞后 $k$ 期值，用这种符号也可以很容易地表示出来：

$$\underset{g\times 1}{y_t} = \underset{g\times 1}{\beta_0} + \underset{g\times g}{\beta_1}\underset{g\times 1}{y_{t-1}} + \underset{g\times g}{\beta_2}\underset{g\times 1}{y_{t-2}} + \cdots + \underset{g\times g}{\beta_k}\underset{g\times 1}{y_{t-k}} + \underset{g\times 1}{u_t} \tag{7.65}$$

这个模型可以进一步扩展为包含一阶差分项（first difference term）和协整关系［cointegrating relationship，即**向量误差校正模型**（vector error correction model，VECM），详见第 8 章］的情形。

### 7.10.1 VAR 模型的优点

与一元时间序列模型或联立方程结构性模型比起来，VAR 模型具有许多优点：

- 研究人员不必对变量的内生性或外生性进行设定，因为所有变量都是内生变量。这一点很重要，因为如果一个联立结构性方程组模型是可估计的，其前提条件就是系统中的每个方程都是可识别的。本质上，这一条件就是要把部分变量按照外生变量来处理，且不同方程的右边包含不同的变量。理想情况下，这种约束应该来自金融或经济理论，但实际上理论最多只能含糊地建议应该将一些变量视为外生变量，这就会使研究者对变量的分类抱有审慎的态度。由于在实践中较少使用豪斯曼检验，而要将某些变量视为外生变量需要构建用来进行识别的约束条件，因此这些将变量处理为外生变量的做法在大多数情况下都是无效的。Sims（1980）认为这些用来进行识别的约束条件是"难以置信的"，而 VAR 估计却不需要施加这些约束。
- VAR 模型允许一个变量的值不仅依赖于自身的滞后值或由白噪声项所构成的组合，所以它比一元 AR 模型更为灵活，而一元 AR 模型也可以因此被看作是有约束的 VAR 模型。也就是说，VAR 模型能提供非常丰富的模型结构，这意味着它可以捕捉到数据的更多特征。
- 如果方程等式的右边没有同期项，则问题就变得非常简单，即我们可以对每个方程分别使用 OLS 进行估计。之所以可以这样处理，原因在于在（方程右边）没有同期项的情况下，方程右边的所有变量都是可以提前确定的。也就是说，在 $t$ 时刻，它们都是已知的，这意味着方程左边的变量不可能对方程右边的变量产生影响。当然，这里可以提前确定的变量包括所有外生变量和内生变量的滞后值。
- VAR 模型在预测方面比传统的结构性模型更为准确。许多论文都曾指出（例如 Sims，1980），大型结构性模型的样本外预测精度很差。可能的原因在于，为了保证前文所述的可识别性，我们需要对结构性模型施加约束，而较差的样本外预测精度就是由这些约束的特定性质所导致。McNees（1986）的研究表明，在对美国的失业率和实际国民生产总值等变量进行预测时，VAR 模型的精度比几个不同的结构性方程组模型都更为精确。

### 7.10.2 VAR 模型存在的问题

相对于其他模型而言，VAR 模型当然也有自己的缺点和局限性，例如：

- VAR 模型缺乏理论基础（类似于 ARMA 模型）。这是因为在设定模型的时候，所使用的有关变量之间关系的理论信息是很少的。另一方面，为了保证方程的可识别性，从联立结构系统中有效去除约束条件将会使得难以对 VAR 模型进行理论分析，进而难以给出相应的政策建议。另外，在使用 VAR 方法的时候，研究者也更有可能通过数据挖掘得到一种在本质上并不真实或正确的关系。最后，很多时候我们并不清楚究竟应该对 VAR 模型系数的估计值作何解释。

- 另一个问题在于，如何合理地确定 VAR 模型的滞后阶数？当然，有几种方法可以用于处理这一问题，后面的内容将对此进行讨论。
- 参数太多！如果模型系统有 $g$ 个方程，每个方程中有 $g$ 个变量，每个变量取 $k$ 阶滞后值，这样总共就有 $g+kg^2$ 个参数需要进行估计。例如，如果 $g=3$，$k=3$，那么我们就要估计 30 个参数。这时如果样本较小，那么自由度很快就会耗尽。对于模型的系数值来说，这样必然产生较大的标准误，并且会进一步导致系数值的置信区间变宽。
- VAR 模型中的所有成分都应该是平稳的吗？显然，如果我们希望运用假设检验来考察系数的统计显著性，那么不管是单一检验还是联合检验，本质上都要求 VAR 模型中的所有成分都是平稳的。然而，很多支持 VAR 模型的研究者都建议不要为获得平稳性而使用差分方法。他们认为，估计 VAR 模型的目的纯粹是为了考察变量之间的关系，而差分会丢弃序列之间长期关系的有关信息。另外，可以将水平项和一阶差分项组合在 VECM 中——详见第 8 章。

### 7.10.3 选择 VAR 模型的最优滞后阶数

通常情况下，金融理论不会对“VAR 模型中恰当的滞后阶数是多少？”以及“变量的变化将花费多长时间才能通过系统起作用？”等问题给出明确的说法。这时，大体上有两种方法可以用来确定最优滞后阶数：**截面方程约束法**（cross-equation restriction）和信息准则法。下面的内容将对这两种方法给出详细介绍。

### 7.10.4 VAR 滞后长度选择的经验法则

类似于单变量 AR($p$) 模型，在某些情况下，可以考虑使用数据频率来决定滞后阶数。例如，对日数据选择 $p=5$，对季度数据选择 $p=4$，等等。然而，如果系统中的变量非常多，那么 $p$ 的值就会这么大，更不用说按月数据类推得出的数字了，这将很快变得不可行。在没有进一步测试的情况下，使用任意固定数量的滞后期（通常为 1、2 或 3）也是很常见的。

接下来的小节给出了两种更科学的选择滞后阶数的方法。但值得注意的是，如果系统中的变量 $g$ 太少，并且排除了对所包含变量的相关影响（也可能包括错误的变量），则可能需要较大 $p$ 值（即需要设置更大的滞后阶数）。因此，在某种意义上，研究者要在更大的 $p$ 和更大的 $g$ 之间进行权衡。在这种情况下，更好的模型很可能产生于创造性地考虑模型中要包含的其他变量（即使这些变量很难估计），而不是增加滞后阶数的长度。

### 7.10.5 选择 VAR 模型滞后阶数的截面方程约束法

在谈到确定 VAR 模型适当的滞后阶数这一问题时，许多人的第一（但是错误的）

反应都会是使用 7.12 节中所详细讨论的**分块 $F$ 检验**（block $F$-test）。但分块 $F$ 检验用在这里并不恰当，因为它只适用于单个方程滞后期的确定，而这里我们需要的是能对 VAR 模型的全部方程中一系列滞后变量的系数同时进行检验的方法。

这里需要特别指出的是，VAR 估计［例如，Sims（1980）认为，应该对模型进行设定］的核心在于，应该使模型尽可能少地受到约束。如果在某个 VAR 模型中各个方程的滞后阶数不同，那么这样的模型称为受约束的 VAR 模型。例如，考虑某个 VAR 模型，其中一个方程中两个变量的滞后阶数为 3，而另一个方程中两个变量的滞后阶数为 4。这样的模型就可以看成是一个受约束的模型，即在第一个方程中，两个变量滞后 4 阶项的系数被设定为零。

其实，我们可以先将每个方程都设定为具有相同的滞后阶数，然后按照下面的步骤确定模型的阶数。

假定存在一个包含两个变量的 VAR 模型，我们使用季度数据对其进行估计，每个方程中的两个变量都有 8 阶滞后，我们想对两个变量滞后 5 阶到滞后 8 阶的系数全部为零这一联合假设进行检验。注意，我们可以通过**似然比检验**（likelihood ratio test，简记为 LR 检验）来实现这一目的（有关这一检验的更多一般性的细节内容请见第 9 章）。这里，我们用 $\hat{\Sigma}$ 表示残差的方差—协方差矩阵（由 $\hat{u}\hat{u}'$ 给出），则联合假设检验的似然比统计量可由下式给出：

$$LR=T[\ln|\hat{\Sigma}_r|-\ln|\hat{\Sigma}_u|] \tag{7.66}$$

其中，$|\hat{\Sigma}_r|$ 是有约束模型（滞后 4 阶）残差的方差—协方差矩阵的行列式，$|\hat{\Sigma}_u|$ 是无约束模型（滞后 8 阶）残差的方差—协方差矩阵的行列式，$T$ 为样本规模。

该检验统计量渐近服从 $\chi^2$ 分布，分布的自由度为约束的总个数。上例 VAR 模型的两个方程中，每个方程中两个变量的最后 4 阶滞后都是受约束的，所以约束数量总共有 $4\times2\times2=16$ 个。一般来讲，假设一个 VAR 模型中有 $g$ 个方程，如果对方程所施加的约束为变量最后 $q$ 个滞后项的系数全部为零，那么总的约束数量就是 $g^2q$。直观上讲，对多变量的检验就等价于对施加了某个约束后 $RSS$ 增加的程度进行检验。如果 $|\hat{\Sigma}_r|$ 和 $|\hat{\Sigma}_u|$ 相差不大，那么说明该约束得到了数据的支持。

### 7.10.6 选择 VAR 模型滞后阶数的信息准则法

上面所阐释的似然比检验比较直观且易于估计，但也有其局限性。它要求 VAR 模型的两个方程之一一定是另一个的某种特殊形式，而且只能进行两两比较。例如，在上例中，假设最合适的滞后阶数是 7 甚至是 10，那么就无法从 LR 检验中得到这一结果。在这种情况下，可能的做法只能是从 VAR(10) 模型开始，一次只检验一组滞后变量。

另外，LR 检验的另外一个缺陷在于，只有在所有方程的误差项都服从正态分布这一假设下，$\chi^2$ 检验才严格地渐近有效。但对金融数据而言，这一假设很可能无法成立。在这种情况下，我们可以用信息准则法来为 VAR 模型确定恰当的滞后阶数。回忆一下，在第 6 章讲述 ARMA 模型时，我们已经对信息准则进行了定义：信息准则法并不要求误差项服从正态分布，而是考虑在每一个方程中由于加入更多的滞后项所导致的

*RSS* 减少与惩罚项值的增加之间进行权衡。单变量信息准则可以分别用于每一个方程，但是如果想要达到较好的效果，一般要求所有方程的滞后阶数都保持一致，所以这时应该使用由下面几个式子定义的多元信息准则：

$$MAIC=\ln|\hat{\Sigma}|+2k'/T \tag{7.67}$$

$$MSBIC=\ln|\hat{\Sigma}|+\frac{k'}{T}\ln(T) \tag{7.68}$$

$$MHQIC=\ln|\hat{\Sigma}|+\frac{2k'}{T}\ln[\ln(T)] \tag{7.69}$$

其中，$\hat{\Sigma}$ 仍然是残差的方差—协方差矩阵，$T$ 为观测值数量，$k'$为所有方程中自变量的总个数。对于包含 $p$ 个方程的某个 VAR 系统来说，如果每个方程中有 $p$ 个变量和一个常数项，且每个变量都有 $k$ 阶滞后项，那么自变量的总数就等于 $p^2k+p$。

如前所述，信息准则值是由 0，1，…，$\bar{k}$ 阶（直至预先设定的最大阶数 $\bar{k}$）滞后所构成，以此所选择的滞后阶数是能够使得信息准则值达到最小的阶数。

## 7.11 VAR 模型中应该包含同期项吗？

截至目前，我们都是假定 VAR 模型具有如下形式：

$$y_{1t}=\beta_{10}+\beta_{11}y_{1t-1}+\alpha_{11}y_{2t-1}+u_{1t} \tag{7.70}$$

$$y_{2t}=\beta_{20}+\beta_{21}y_{2t-1}+\alpha_{21}y_{1t-1}+u_{2t} \tag{7.71}$$

式（7.70）和式（7.71）的右边都没有**同期项**（contemporaneous term）。也就是说，在 $y_{1t}$ 方程的右边没有 $y_{2t}$ 项，在 $y_{2t}$ 方程的右边也没有 $y_{1t}$ 项。但是，如果下面的方程中含有**同期反馈项**（contemporaneous feedback term）会怎样呢？

$$y_{1t}=\beta_{10}+\beta_{11}y_{1t-1}+\alpha_{11}y_{2t-1}+\alpha_{12}y_{2t}+u_{1t} \tag{7.72}$$

$$y_{2t}=\beta_{20}+\beta_{21}y_{2t-1}+\alpha_{21}y_{1t-1}+\alpha_{22}y_{1t}+u_{2t} \tag{7.73}$$

这里，我们可以将式（7.72）和式（7.73）写成矩阵和向量的形式：

$$\begin{bmatrix}y_{1t}\\y_{2t}\end{bmatrix}=\begin{bmatrix}\beta_{10}\\\beta_{20}\end{bmatrix}+\begin{bmatrix}\beta_{11}&\alpha_{11}\\\alpha_{21}&\beta_{21}\end{bmatrix}\begin{bmatrix}y_{1t-1}\\y_{2t-1}\end{bmatrix}+\begin{bmatrix}\alpha_{12}&0\\0&\alpha_{22}\end{bmatrix}\begin{bmatrix}y_{2t}\\y_{1t}\end{bmatrix}+\begin{bmatrix}u_{1t}\\u_{2t}\end{bmatrix} \tag{7.74}$$

上述形式称为 VAR 模型的原始形式，它类似于联立方程模型的结构性形式。有些研究者认为，简化形式的 VAR 模型缺乏理论依据，这一特点使其结构性更差，也更难从理论上对其结果进行解释。他们还认为，之前给出的 VAR 模型仅仅是更一般的结构性 VAR 模型［如式（7.74）］的简化形式，而更一般的结构性 VAR 模型才是我们更感兴趣的模型。

现在，将式（7.74）中的同期项移到方程的左边，得：

$$\begin{bmatrix}1&-\alpha_{12}\\-\alpha_{22}&1\end{bmatrix}\begin{bmatrix}y_{1t}\\y_{2t}\end{bmatrix}=\begin{bmatrix}\beta_{10}\\\beta_{20}\end{bmatrix}+\begin{bmatrix}\beta_{11}&\alpha_{11}\\\alpha_{21}&\beta_{21}\end{bmatrix}\begin{bmatrix}y_{1t-1}\\y_{2t-1}\end{bmatrix}+\begin{bmatrix}u_{1t}\\u_{2t}\end{bmatrix} \tag{7.75}$$

或

$$Ay_t=\beta_0+\beta_1 y_{t-1}+u_t \tag{7.76}$$

如果在式（7.76）的两边均前乘 $A^{-1}$，可得：

$$y_t=A^{-1}\beta_0+A^{-1}\beta_1 y_{t-1}+A^{-1}u_t \tag{7.77}$$

或

$$y_t=A_0+A_1 y_{t-1}+e_t \tag{7.78}$$

上式被称为 VAR 模型的标准形式，它类似于联立方程模型的简化形式。这时，方程的右边仅包含前定变量（即在 $t$ 时期这些变量的值是已知的），因此不再有同期反馈项，由此我们可以用 OLS 方法来对这样的 VAR 模型中的方程逐一进行估计。

注意，式（7.74）所示的 VAR 模型的结构形式（或原始形式）其实是不可识别的。这是因为在两个方程的右边都包含有同样的前定（滞后）变量。为了回避这个问题，必须施加“其中一个同期项的系数为零”的约束。因此，在式（7.74）中，必须将 $\alpha_{12}$ 和 $\alpha_{22}$ 中的一个设为零，以便得到一个能进行有效估计的三角 VAR 方程组。至于应该对哪个变量施加约束，即应该将 $\alpha_{12}$ 和 $\alpha_{22}$ 中的哪个设定为零，则应该从理论的角度加以考虑。比如，如果金融理论认为 $y_{1t}$ 的当期值对 $y_{2t}$ 的当期值有影响但反之并不成立，则应当设定 $\alpha_{12}=0$，以此类推。另一种方法是对单个方程分别进行估计，并先后将 $\alpha_{12}$ 和 $\alpha_{22}$ 设为零，由此观察回归结果的总体特征是否会有较大的改变。当然，更为常见的方法是对简化的 VAR 模型进行回归，如果方程表达的变量之间的关系与金融理论不冲突，这一方法将是完全有效的。

VAR 方法的缺陷是缺乏理论基础且参数过多，从而导致难以对所估计的模型进行解释。特别地，一些变量在不同的滞后阶数上可能会有不同的符号，再加上方程之间的相互作用，就导致研究者可能很难说清楚某个特定变量的变化对系统中其他变量的未来值究竟会产生何种影响。为了解决这些问题，可以对所估计的 VAR 模型进行以下 3 种统计分析：**分块显著性检验**（block significance test）、**脉冲响应**（impulse response）和**方差分解**（variance decomposition）。当然，是否需要对模型进行清晰且直观的解释取决于构造这一模型的目的。举例来说，如果构建 VAR 模型的唯一目的是用于预测，那么可解释性也许就不那么重要了——详见专栏 7.3。

**▶专栏 7.3◀**

### 用 VAR 模型做预测

VAR 方法在建模和预测方面的一个主要优势在于它的右边只包含滞后变量，因此因变量的预测值可以只用系统内的信息来计算。因为这些预测值的计算并不以某些特定的假设值为条件，所以我们称它们为**无条件预测值**（unconditional forecast）。

不过，对于基于系统中其他变量的已知值来预测一些变量的终值来说，这些无条件预测值反而是非常有用的。例如，在其他变量值仍为未知时，这些无条件预测值可能会使得某些变量的值变为已知。在这种情况下要做预测的话，使用这些已知值所产生的预测值应该会比使用估计值所产生的预测值更为精准。进一步来说，其实这时也没有必要使用估计值，因为这反而会丢失已知的信息。

对于条件预测值来说，可以用其进行反事实分析（counter factual analysis），该分析是基于对某些情景所造成的冲击进行考察。例如，在某个包含月度股票收益率、通货膨胀率和 GDP 的三元 VAR 系统中，我们可以回答这样的问题：通货膨胀率增长 2%和 GDP 增长 1%对未来 1～6 个月的股票市场将产生什么样的影响？

通常情况下，VAR 模型的预测效果是按单方程评估的。也就是说，可以使用标准预测错误聚合工具（如 RMSE）来对这些预测值与基于其他方法［如线性回归或 AR($p$) 模型］的预测值进行比较，如第 6 章所述。实际上，通常情况下，只有来自 VAR 中单一方程的预测才是真正有意义的。

## 7.12 分块显著性检验和因果关系检验

当一个 VAR 模型中包含很多滞后变量时，我们很可能难以看清究竟哪一组变量会对每个因变量都产生显著的影响。为此，需要进行将某一特定变量的全部滞后值都设为零的检验。为便于说明，下面我们来看一个二元 VAR(3) 模型：

$$\begin{bmatrix} y_{1t} \\ y_{2t} \end{bmatrix} = \begin{bmatrix} \alpha_{10} \\ \alpha_{20} \end{bmatrix} + \begin{bmatrix} \beta_{11} & \beta_{12} \\ \beta_{21} & \beta_{22} \end{bmatrix} \begin{bmatrix} y_{1t-1} \\ y_{2t-1} \end{bmatrix} + \begin{bmatrix} \gamma_{11} & \gamma_{12} \\ \gamma_{21} & \gamma_{22} \end{bmatrix} \begin{bmatrix} y_{1t-2} \\ y_{2t-2} \end{bmatrix} + \begin{bmatrix} \delta_{11} & \delta_{12} \\ \delta_{21} & \delta_{22} \end{bmatrix} \begin{bmatrix} y_{1t-3} \\ y_{2t-3} \end{bmatrix} + \begin{bmatrix} u_{1t} \\ u_{2t} \end{bmatrix} \tag{7.79}$$

该 VAR 模型可以展开成单个方程的形式：

$$\begin{aligned} y_{1t} &= \alpha_{10} + \beta_{11} y_{1t-1} + \beta_{12} y_{2t-1} + \gamma_{11} y_{1t-2} + \gamma_{12} y_{2t-2} \\ &\quad + \delta_{11} y_{1t-3} + \delta_{12} y_{2t-3} + u_{1t} \\ y_{2t} &= \alpha_{20} + \beta_{21} y_{1t-1} + \beta_{22} y_{2t-1} + \gamma_{21} y_{1t-2} + \gamma_{22} y_{2t-2} \\ &\quad + \delta_{21} y_{1t-3} + \delta_{22} y_{2t-3} + u_{2t} \end{aligned} \tag{7.80}$$

表 7.3 给出了对所有假设以及这些假设对参数矩阵所施加的隐含约束。

假定 VAR 模型中的所有变量都是平稳的，联合假设检验可以很容易地在 $F$ 检验框架内完成，这是因为每一组约束条件所包含的参数都仅取自一个方程。具体来说，我们可以对每个方程分别用 OLS 进行估计，从而得到无约束的 $RSS$，然后再对模型施加约束后再行估计，从而得到有约束的 $RSS$，由此即可运用第 4 章中所描述的具体形式来计算 $F$ 统计量。因此，在 VAR 模型中，对变量显著性的评价总是基于对某个方程中某个特定变量所有滞后项的联合检验，而不是对单个的系数估计值进行考察。

实际上，上面所描述的检验也可以称为**“因果关系检验”**（causality test）。最初，Granger（1969）描述了这种形式的检验，而 Sims（1972）对它做了一点小的改变。具体来说，因果关系检验试图回答的是“$y_1$ 的变化会引起 $y_2$ 的变化吗？”这一类的简单问题。如果 $y_1$ 的变化会引起 $y_2$ 的变化，那么在 $y_2$ 方程中，$y_1$ 的滞后项应该是显著的。如果这一因果关系确实存在且反之并不成立，那么就可以说 $y_1$ 是 $y_2$ 的**格兰杰原因**(Granger cause)，或者说存在从 $y_1$ 到 $y_2$ 的单向因果关系。反之，如果 $y_2$ 的变化引起 $y_1$ 的变化，那么在 $y_1$ 方程中，$y_2$ 的滞后项就应该是显著的。当然，如果 $y_1$ 和 $y_2$ 的滞后项都是显著的，那么我们就说这两者之间存在"双向因果关系"或者"双向反馈"。如果我们发现只有 $y_1$ 是 $y_2$ 的格兰杰原因，而 $y_2$ 并非 $y_1$ 的格兰杰原因，那么就可以说在 $y_2$ 方程中变量 $y_1$ 具有很强的外生性。如果在两个变量各自的方程中，另一个变量的所有滞后项都不显著，那么就可以说 $y_1$ 和 $y_2$ 是相互独立的。最后需要说明的是，用"因果关系"一词并不太准确，因为格兰杰因果关系其实是指一个变量的当期值和其他变量的过去值之间存在相关性，而不是指一个变量的变化会引起另一个变量的变化。

**表 7.3　格兰杰因果关系检验及对 VAR 模型的隐含约束**

| | 假设 | 隐含约束 |
|---|---|---|
| 1 | $y_{1t}$ 的滞后值无法解释 $y_{2t}$ 的当前值 | $\beta_{21}=0$ 且 $\gamma_{21}=0$ 且 $\delta_{21}=0$ |
| 2 | $y_{1t}$ 的滞后值无法解释 $y_{1t}$ 的当前值 | $\beta_{11}=0$ 且 $\gamma_{11}=0$ 且 $\delta_{11}=0$ |
| 3 | $y_{2t}$ 的滞后值无法解释 $y_{1t}$ 的当前值 | $\beta_{12}=0$ 且 $\gamma_{12}=0$ 且 $\delta_{12}=0$ |
| 4 | $y_{2t}$ 的滞后值无法解释 $y_{2t}$ 的当前值 | $\beta_{22}=0$ 且 $\gamma_{22}=0$ 且 $\delta_{22}=0$ |

### 7.12.1　受限制的 VAR

前文提到，VAR 是完全不受限制的［如式（7.59）和式（7.60）］，并且从"系统中每个变量的滞后项都进入到每个变量的方程中去"这个角度来说，VAR 也是尽可能一般化的。然而，正如我们之前所讨论的，这可能会导致一个高度参数化的系统，即使在时间序列观测值数量相当大的情况下，其自由度也可能会少得惊人。

某些理论可能会建议一些滞后变量不应该出现在某些方程中。在这种情况下，可以形成一个受限制或不平衡且参数较少的 VAR。例如，如果我们要衡量大小经济体之间的相互作用，可以合理地假设，无论小经济体中发生了什么，都不会影响大经济体，因此我们可以在描述大经济体的方程中将小经济体的滞后项设置为零。当然，前面讲过的分块显著性检验可能也会建议将某些特定的滞后项从一个或多个方程中移除。然而，"在方程中删除某个特定变量的一些滞后项但保留其他滞后项"（例如，在包含 $y_{1t}$ 的方程中删除 $y_{2t-1}$ 和 $y_{2t-3}$ 但保留 $y_{2t-2}$）可能并没有什么意义，原因在于某个特定变量要么会影响其他变量，要么不会影响。

另一种减少 VAR 中要估计的参数数量的方法是使用贝叶斯方法，这种方法通过对 VAR 施加特定的先验分布以减少自由参数。感兴趣的读者可以参见 Doan 等（1984）或 Giannone，Lenza 和 Primiceri（2014）以及其中的参考文献，以便了解更多细节。

## 7.13　包含外生变量的 VAR 模型

考虑如下形式的 VAR(1) 模型，其中 $X_t$ 是由外生变量所构成的向量，$B$ 为其系数矩阵：

$$y_t = A_0 + A_1 y_{t-1} + BX_t + e_t \tag{7.81}$$

向量 $X_t$ 中的成分之所以被称为外生变量，是因为它们的值都是由 VAR 方程组之外的因素决定的。换句话说，VAR 模型中的所有方程都没有将 $X_t$ 中的任一变量作为因变量。这种模型通常记为 VARX，其实可以把它简单地看作是一个受约束的 VAR 模型（也就是说，对于每一个外生变量来说，都存在一个将其作为因变量的方程，但所有这些方程右边所有变量的系数都为零）。很明显，虽然这并不符合 VAR 模型的建模精神（即不对模型施加任何约束，而是“让数据为自己说话”），但有时如果理论建议应该如此，那么通常也认为这种约束是合理且必要的。

## 7.14 脉冲响应和方差分解

在 VAR 模型中，进行分块 $F$ 检验和因果关系检验可以说明模型中的哪些变量对系统中所有变量的未来值具有统计上的显著影响。但是从构造上来说，$F$ 检验的结果并不能说明这种关系的符号，或者对“这种影响需要多长时间才能起作用”提供解释。也就是说，$F$ 检验的结果不能揭示某个特定变量的变化对系统内其他变量所产生的影响是正向的还是负向的，也不能揭示这个变量需要多长时间才能通过该系统产生影响力。不过，这些信息可以通过考察 VAR 模型的脉冲响应和方差分解得到。

**脉冲响应**（impulse response）可以追踪到 VAR 方程中因变量对每个变量冲击的反应上。因此，对每个方程中的每个变量来说，如果对误差项施加一个单位冲击，那么就可得到在一段时期内该单位冲击对 VAR 系统的影响。实际上，脉冲响应就是变量（$y_{jt}$，$j=1$，…，$g$）相对于每个误差项（$u_{kt}$，$k=1$，…，$g$）的偏导数$\frac{\partial y_{jt}}{\partial u_{kt}}$。

在实践中，通常使用一个标准差冲击，而非一个单位冲击，因为在经验上，一个单位冲击可能是不可信的，但一个标准差冲击几乎总是有关联的。

由此，如果方程组中有 $g$ 个变量，那么就可以产生 $g^2$ 个脉冲响应。为此，在实践中可以将 VAR 模型表示成一个 VMA 模型，即将向量自回归模型写成向量移动平均的形式（与第 5 章中对一元自回归模型的处理方式是一样的）。如果系统是稳定的，这种冲击会逐渐消失。

为说明脉冲响应是如何进行的，考虑下面的二元 VAR(1) 模型：

$$y_t = A_1 y_{t-1} + u_t \tag{7.82}$$

其中，

$$A_1 = \begin{bmatrix} 0.5 & 0.3 \\ 0.0 & 0.2 \end{bmatrix}$$

该 VAR 模型还可以写成矩阵和向量的形式：

$$\begin{bmatrix} y_{1t} \\ y_{2t} \end{bmatrix} = \begin{bmatrix} 0.5 & 0.3 \\ 0.0 & 0.2 \end{bmatrix} \begin{bmatrix} y_{1t-1} \\ y_{2t-1} \end{bmatrix} + \begin{bmatrix} u_{1t} \\ u_{2t} \end{bmatrix} \tag{7.83}$$

在 $t=0$ 时刻对 $y_{1t}$ 施加单位冲击，则在 $t=0$，1，… 时刻的效果为：

$$y_0 = \begin{bmatrix} y_{10} \\ y_{20} \end{bmatrix} = \begin{bmatrix} u_{10} \\ u_{20} \end{bmatrix} = \begin{bmatrix} 1 \\ 0 \end{bmatrix} \tag{7.84}$$

$$y_1 = A_1 y_0 = \begin{bmatrix} 0.5 & 0.3 \\ 0.0 & 0.2 \end{bmatrix} \begin{bmatrix} 1 \\ 0 \end{bmatrix} = \begin{bmatrix} 0.5 \\ 0 \end{bmatrix} \tag{7.85}$$

$$y_2 = A_1 y_1 = \begin{bmatrix} 0.5 & 0.3 \\ 0.0 & 0.2 \end{bmatrix} \begin{bmatrix} 0.5 \\ 0 \end{bmatrix} = \begin{bmatrix} 0.25 \\ 0 \end{bmatrix} \tag{7.86}$$

等等。由此，对于 $y_{1t}$ 所经受的单位冲击来说，我们可以画出其所对应的 $y_{1t}$ 和 $y_{2t}$ 的脉冲响应函数。注意，因为在 $y_{2t}$ 的方程中变量 $y_{1t-1}$ 的系数为零，所以 $y_{1t}$ 的单位冲击对 $y_{2t}$ 的影响总是为零。

现在考虑在 $t=0$ 时刻对 $y_{2t}$ 施加单位冲击，则其影响为：

$$y_0 = \begin{bmatrix} u_{10} \\ u_{20} \end{bmatrix} = \begin{bmatrix} 0 \\ 1 \end{bmatrix} \tag{7.87}$$

$$y_1 = A_1 y_0 = \begin{bmatrix} 0.5 & 0.3 \\ 0.0 & 0.2 \end{bmatrix} \begin{bmatrix} 0 \\ 1 \end{bmatrix} = \begin{bmatrix} 0.3 \\ 0.2 \end{bmatrix} \tag{7.88}$$

$$y_2 = A_1 y_1 = \begin{bmatrix} 0.5 & 0.3 \\ 0.0 & 0.2 \end{bmatrix} \begin{bmatrix} 0.3 \\ 0.2 \end{bmatrix} = \begin{bmatrix} 0.21 \\ 0.04 \end{bmatrix} \tag{7.89}$$

以此类推。在这样一个简单的 VAR 模型中，我们可以很容易地就观察到冲击对变量的影响。当然，我们还可以将这个方法运用到包含有更多方程和更多滞后阶数的 VAR 模型中去，但那样就很难直接观察到方程之间的相互作用了。

方差分解在检查 VAR 系统的动态性时与脉冲响应略有不同。它给出了因变量在受到自身冲击时的变动比例，并将这一比例与其受到其他变量冲击时的变动比例进行对比。对第 $i$ 个变量的冲击当然会直接影响到这个变量，但也会通过 VAR 模型的动态结构将这种冲击传导到系统的其他变量上。方差分解决定了某个给定变量向前 $s$ 步（$s=1$，2，…）预测的误差方差在多大程度上可以由每一个自变量的变化所解释。在实践中，通常可以发现自身的序列冲击可以解释 VAR 序列中大部分的（预测）误差方差。在某种程度上，脉冲响应和方差分解提供的信息非常类似。

需要注意的是，变量的排序对于计算脉冲响应和方差分解非常重要。要理解其中的原因，回忆一下前述内容中曾经提到过，脉冲响应指的是“单独对一个 VAR 方程误差项的单位冲击”，这意味着 VAR 方程组中所有其他方程的误差项都保持不变。然而，由于不同方程中的误差项在一定程度上很可能是相关的，所以上述假定并不完全正确，即将误差项假定为完全独立会导致对系统动力学特征的错误描述。在实践中，误差项往往会有一个共同成分，且这一成分并非仅仅与某个单一变量相关。

解决这一难题的一般方法是生成一个正交化的脉冲响应。在二元 VAR 模型中，所有误差项的共同成分被有些随意地归因于 VAR 模型中的第一个变量。在含有两个以上变量的一般化的 VAR 模型中，虽然计算过程比较复杂，但对共同成分的解释基本相同。这种约束实际上暗含了变量的排序，使得我们应该首先估计 $y_{1t}$ 的方程，然后再估计 $y_{2t}$ 的方程，这有点类似于递归或三角系统。

尽管基于所用排序的约束条件有可能不被数据所支持，但在计算脉冲响应和方差分解时，还是有必要假定一个特定的排序。同样地，理想的情况应该是有金融理论给出一个合理的排序（换句话说，一些变量的运动可能是跟随而不是超前于其他变量）。如果提前得到某个排序较为困难，也可以先假定一个排序，然后按相反的排序重新计算脉冲响应和方差分解，由此便可观察到结果随排序变化的敏感性。同时还要注意，所估计的方程之间的残差相关性越高，变量的排序就越重要。当残差几乎不相关时，变量的排序就变得无关紧要了（Lütkepohl，1991，Chapter 2）。

Runkle（1987）认为很难精确地解释脉冲响应和方差分解，他认为应该构建脉冲响应和方差分解响应的置信区间。另外，Runkle（1987）还进一步说明，即便构建了置信区间，由于置信区间往往过宽，因此也几乎不太可能做出准确的推断。

## 7.15 VAR 模型应用实例：资产收益率和宏观经济的相互影响

### 7.15.1 背景、数据和变量

Brooks 和 Tsolacos（1999）运用 VAR 方法对英国的房地产市场和各种宏观经济变量之间的相互影响进行了分析，他们采用的样本是 1985 年 12 月到 1998 年 1 月间对数形式的月度数据。与通常见到的有关股票收益率预测的研究一样，VAR 模型选择的主要是时间序列变量。如果假定股票收益率与宏观经济情况和商业环境有关，那么在这一调查中，就可以使用那些既能捕捉宏观经济和商业环境的当前状况，也能刻画其未来发展方向的时间序列数据。

大致上，有两种方法可以计算房地产的价值——**直接测定法**（direct measure）和**基于股东权益的测定法**（equity-based measure）。其中，直接测定法是基于调查者对资产组合中实际的房地产资产进行阶段性的评价或估值，而基于股东权益的测定法则是通过股票市场中房地产公司之间的交易来间接地评估出房地产的价值。这两种数据来源都有各自的缺点，以评估为基础的计量可能会出现评估偏差，调查者往往会对一个时期的评估值进行“平滑”处理。因此，这样测定的收益率在房地产市场行情高涨时会偏低，而在行情不好时会偏高。除此之外，并不是资产组合中的每一项房地产资产在每个时期都会得到评估，这就会导致某些已经过时的价值进入到总体的价值评估中，进而提高了所记录的房地产价格序列被过度平滑的程度。对于间接的房地产价值评估方法（即与房地产业务有关的公司在股票市场上进行的交易）来说，虽然没有出现上述问题，但会受到股票市场波动的较大影响。比如，有研究者认为，上市的房地产公司股票价格变化中的四分之三是由整个股票市场层面的价格变化引起的，因此基于股东权益的房地产价值序列更多反映的是股票市场整体的观点，而非对房地产这一特定市场的观点。

Brooks 和 Tsolacos（1999）选择了基于股东权益的 FTSE 房地产总收益指数来构造房地产资产收益率。为了消除股票市场对房地产收益率的影响，通常将房地产收益率对股票指数（这里使用 FTA 综合指数）进行回归并保留残差。一般认为，这些保存下来的残差只反映了房地产收益的变化，因此可转化为对房地产市场收益率的测度指标，并用于后续分析，具体用 PROPRES 来表示。

在论文中，包含在 VAR 模型中的变量有：房地产收益率（已经消除了股票市场的影响）、失业率、名义利率、长短期利率差、超预期的通货膨胀和股票红利收益率。之所以在 VAR 模型中包含上述变量，原因在于：

- 失业率（UNEM）：可以反映宏观经济的一般状况。在对美国开展的相关研究中，研究者往往采用总消费来衡量宏观经济状况，不过总消费这一变量已经包含在了资产定价模型中，并且是作为股票收益的一个决定因素进行考察的。另外，在英国，总消费这一指标和它的替代指标（如 GDP）没有月度数据，虽然工业产值有月度数据，但目前尚无研究表明它会影响到房地产收益率，因此工业产值也没有被考虑为潜在的解释变量。
- 短期名义利率（SIR）：该变量被假定为包含了有关未来经济状况的信息，并且能够对投资机会所面临的状态进行刻画。此外，之前还有研究发现，短期利率对房地产收益率有非常显著的负向影响。
- 利差（SPREAD）：即收益率曲线，通常用长期国债（比如，10 年期或 20 年期）与 1 个月（或 3 个月）国债的利率之差表示。有研究者认为，相对于短期利率，利率曲线具有更强的预测能力，而且对预测未来 4 年的 GDP 也有帮助。另外，还有观点认为利率的期限结构同样会对房地产市场的收益率产生影响。
- 通货膨胀率：该变量也被认为是影响股票定价的重要因素之一。有研究者认为，超预期的通货膨胀率是经济风险的一种来源，因此如果公司股票对这种超预期的通货膨胀有风险暴露，那么就应该提高风险溢价。超预期的通货膨胀变量（UNINFL）被定义为实际通货膨胀率和预期通货膨胀率之差，其中实际通货膨胀率是由**零售价格指数**（retail price index，简记为 RPI）的百分比变化来计算，而预期通货膨胀率的计算方式是：运用 ARMA 模型对实际通货膨胀率序列进行拟合，并进行向前一步（月）预测，然后将样本向前滚动一期，并再次估计参数和进行向前一步预测，如此不断地进行下去。
- 股票红利收益率（DIVY）：这一指标已经在股票收益率和房地产收益率建模中得到广泛应用。之所以可以将其纳入股票收益率和房地产收益率的建模中，前提假设是红利收益率的变动和长期商业环境有关，并且它可以捕捉到收益率中一些可预测的成分。

若要对变量的滞后项进行联合显著性检验，就必须要求 VAR 模型中的所有变量都是平稳的。为了确认变量的平稳性，这里对所有变量都进行增广迪基-富勒检验（见第 8 章），结果发现在对数 RPI 和对数失业率中都包含有一个单位根。所以，对于这两个变量，可以对其进行一阶差分，然后再用于后续分析。其余 4 个变量的对数都拒绝了“存在单位根”的零假设，因此没有再对其进行一阶差分处理。

### 7.15.2 方法

由于采用了 VAR 模型的简化形式，因此可以用 OLS 对每个方程都进行有效的估计。对于一个不受约束的 VAR 方程，要求其全部方程中的所有变量都有相同的滞后阶数。鉴于此，这里采用广义多元赤池（Akaike）信息准则来确定恰当的滞后阶数。

在 VAR 方程系统的框架中，每个变量全部滞后项的显著性都采用联合 $F$ 检验。由于系统中的每个方程都包含了变量的多个滞后项，所以对于所有的滞后项来讲，个别滞后项的系数可能不显著，其符号和显著性程度也可能会随着滞后阶数的不同而不同。但不管怎样，$F$ 检验可以确定某一特定变量所有滞后项的系数是否为联合显著的。为了进一步考察宏观经济对房地产收益率指数的影响，还需要计算 VAR 模型估计式的冲击乘子（即正交脉冲响应）。基于 Doan（1984）的研究，McCue 和 Kling（1994）运用蒙特卡洛积分方法（Monte Carlo integration approach）计算出了两个标准误差区间，同时也对预测误差的方差进行了分解，以便确定房地产序列的变动比例是其自身冲击而非对其他变量进行冲击的结果。

### 7.15.3 结果

结果显示，使赤池信息准则值达到最小的滞后阶数为 14，这与 McCue 和 Kling（1994）所使用的 15 阶的滞后阶数大致相同。因此，每个方程中都有 1+14×6=85 个变量，也就是有 59 个自由度。对零假设（“特定方程中特定变量的所有滞后项都不显著”）的 $F$ 检验结果请见表 7.4。

**表 7.4 联合 $F$ 检验的边际显著性水平**

| 变量 | 滞后变量 | | | | | |
|---|---|---|---|---|---|---|
| | SIR | DIVY | SPREAD | UNEM | UNINFL | PROPRES |
| SIR | 0.000 0 | 0.009 1 | 0.024 2 | 0.032 7 | 0.212 6 | 0.000 0 |
| DIVY | 0.502 5 | 0.000 0 | 0.621 2 | 0.421 7 | 0.565 4 | 0.403 3 |
| SPREAD | 0.277 9 | 0.132 8 | 0.000 0 | 0.437 2 | 0.656 3 | 0.000 7 |
| UNEM | 0.341 0 | 0.302 6 | 0.115 1 | 0.000 0 | 0.075 8 | 0.276 5 |
| UNINFL | 0.305 7 | 0.514 6 | 0.342 0 | 0.479 3 | 0.000 4 | 0.388 5 |
| PROPRES | 0.553 7 | 0.161 4 | 0.553 7 | 0.892 2 | 0.722 2 | 0.000 0 |

注：表中所检验的假设是所有 14 阶滞后项都对 VAR 模型中的某个特定方程没有解释力。

资料来源：Brooks and Tsolacos（1999）.

与使用大量类似变量对美国进行的研究不同，这里可以看出用宏观经济因素解释英国房地产收益指数的变化是非常困难的，正如表 7.4 最后一行所示。另外，在房地产方程的所有滞后变量中，只有房地产收益率本身的滞后项是高度显著的，而股票红利收益率这一变量只在 20%的置信水平下才显著，除此之外的所有其他变量对房地产收益率均没有解释力。因此，基于这一 $F$ 检验的结果，可以得到的初步结论是：在剔除了股票市场的影响之后，房地产收益率的变化无法由这一研究中所用到的任何主要的宏观经济变量或金融变量来解释。之所以出现这样的结果，一个可能的解释是：在英国，这些变量并没有传递关于宏观经济和商业状态的有关信息，而正是这些信息决定了房地产收益率的跨期行为。反过来说，真实的情况可能是房地产收益率反映了房地产市场自身的影响，比如租金、红利或资本化率这些才是真正的影响因素，而非宏观经济变量或金融变量。不过，使用月度数据也限制了利用宏观经济变量和房地产市场变量对英国房地产收益率所进行的数量分析。

不过，房地产变量的滞后值对系统中的某些其他变量还是具有一定解释力，结果显示在表 7.4 的最后一列中。其中，房地产行业似乎有助于解释期限结构和短期利率的变化。除此之外，由于这些变量在房地产指数方程中并不显著，因此可以进一步将其表述为房地产的残差序列是短期利率和期限利差的格兰杰原因。不得不说，这是一个奇怪的结果。除此之外，房地产收益率可由自身的滞后值所解释，即相邻的数据点（观测值）之间存在着相互依存的关系，这一事实可能反映了房地产市场信息的产生方式，以及这些信息反映在房地产收益率指数中的方式。

表 7.5 给出了 VAR 模型中房地产收益率指数方程两个不同的变量排序的方差分解结果，其中向前预测步数分别为 1、2、3、4、12、24。

排序Ⅰ：PROPRES，DIVY，UNINFL，UNEM，SPREAD，SIR；

排序Ⅱ：SIR，SPREAD，UNEM，UNINFL，DIVY，PROPRES。

**表 7.5　对房地产指数残差的方差分解**

| 向前预测的月份数 | 可以提供解释的变量 | | | | | | | | | | | |
|---|---|---|---|---|---|---|---|---|---|---|---|---|
| | SIR | | DIVY | | SPREAD | | UNEM | | UNINFL | | PROPRES | |
| | Ⅰ | Ⅱ | Ⅰ | Ⅱ | Ⅰ | Ⅱ | Ⅰ | Ⅱ | Ⅰ | Ⅱ | Ⅰ | Ⅱ |
| 1 | 0.0 | 0.8 | 0.0 | 38.2 | 0.0 | 9.1 | 0.0 | 0.7 | 0.0 | 0.2 | 100.0 | 51.0 |
| 2 | 0.2 | 0.8 | 0.2 | 35.1 | 0.2 | 12.3 | 0.4 | 1.4 | 1.6 | 2.9 | 97.5 | 47.5 |
| 3 | 3.8 | 2.5 | 0.4 | 29.4 | 0.2 | 17.8 | 1.0 | 1.5 | 2.3 | 3.0 | 92.3 | 45.8 |
| 4 | 3.7 | 2.1 | 5.3 | 22.3 | 1.4 | 18.5 | 1.6 | 1.1 | 4.8 | 4.4 | 83.3 | 51.5 |
| 12 | 2.8 | 3.1 | 15.5 | 8.7 | 15.3 | 19.5 | 3.3 | 5.1 | 17.0 | 13.5 | 46.1 | 50.0 |
| 24 | 8.2 | 6.3 | 6.8 | 3.9 | 38.0 | 36.2 | 5.5 | 14.7 | 18.1 | 16.9 | 23.4 | 22.0 |

资料来源：Brooks and Tsolacos (1999).

不幸的是，在分解过程中变量的顺序是非常重要的。接下来，我们分别应用这两个恰好相反的排序进行分解，并由此考察结果对排序的敏感性。很明显，对于 2 年的预测期来说，变量的排序在大多数情况下都变得几乎无关紧要。这里有一个很有趣的结果，即对利差和超预期通货膨胀的冲击一共可以对房地产序列 50%以上的变化提供解释，而对短期利率和红利收益率的冲击仅可以解释房地产指数方差的 10%～15%。可以看到，$F$ 检验的结果和方差分解的结果之间存在一定的差异，对此一个可能的解释是：前者所测定的是因果关系，而后者实际上是外生性检验。因此，方差分解其实蕴含着更强的约束，即无论是对自变量当前值的冲击，还是对其滞后值的冲击，都不会影响房地产方程中因变量的当前值。对于这一点，另一种表述方式是：期限结构和超预期的通货膨胀率对房地产指数的影响是当期的，而非滞后的。因此，尽管 $F$ 检验并不显著，但对误差的方差分解却表明 PROPRES 与 SPREAD 和 UNINFL 之间具有同期关系。另外，不存在滞后影响说明市场对这些变量的变化做出了快速的调整。

作为示例（如上所述，由于系统中有 6 个变量，所以总共要计算 36 个脉冲响应），图 7.1 和图 7.2 分别给出了 PROPRES 对超预期通货膨胀和股票红利收益率单位冲击的脉冲响应。

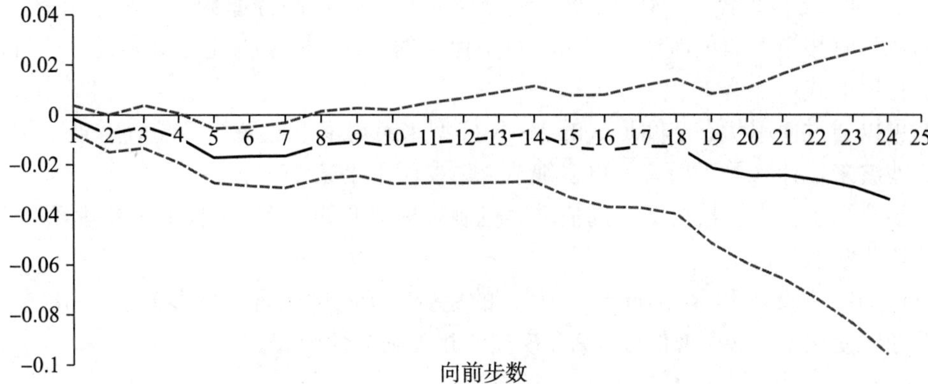


**图 7.1　超预期通货膨胀方程误差变化的脉冲响应和标准误区间**

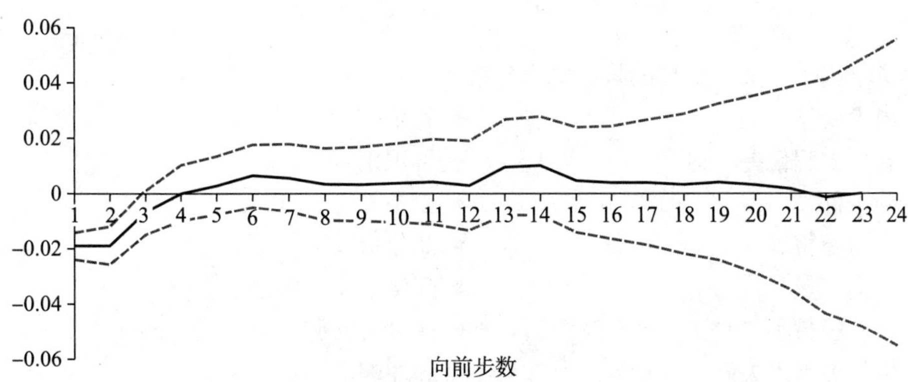


**图 7.2　股票红利收益率变化的脉冲响应和标准误区间**

现在来考察一下脉冲响应的符号。这里，因为脉冲响应为负（图 7.1），所以超预期通货膨胀变化对房地产指数的冲击总是负的，并且冲击效应并没有衰减，即使在 24 个月以后也是如此。另外，增加股票红利收益率（图 7.2）在前 3 期的影响是负的，但在 3 期之后，这一冲击对系统的影响是正的。

## 7.15.4　结论

基于 Brooks 和 Tsolacos（1999）中所使用的 VAR 方法，这里得到的结论是：总的来说，如果采用现有的对其他国家的研究中所使用的变量，那么基于这些变量所包含的信息是很难对英国的房地产收益率进行解释的，即检验结果并没有显示出这些变量对过滤后的房地产收益率序列的变化有任何显著的影响。不过，存在一些证据表明，利率的期限结构和超预期的通货膨胀率对同期的房地产收益率有影响，这与之前的一些研究结果保持一致。

## 7.16 关于 VAR 的最后几点

在过去的三十年里，VAR 模型已经变得非常流行，部分原因是该模型比较简单，但同时也具有相当大的灵活性。当然，对于标准的 VAR 模型构建方法来说，还有两种可能的扩展形式：

- 可以通过使用状态空间形式的 VAR 模型来考虑潜（隐藏）变量，并通过卡尔曼滤波来估计（关于后者的更多细节，请参阅本书第 15 章）。
- 结合马尔科夫转换机制或阈值动力机制来构建非线性 VAR 模型（参见第 10 章对这些模型的讨论）。

Ouliaris，Pagan 和 Restrepo（2016）的免费电子书中包含了更多关于 VAR 模型本身以及如何使用 EViews 来估计 VAR 模型的相关细节性内容。

## 核心概念

本章给出了定义及解释的核心概念包括：

- 内生变量
- 外生变量
- 联立方程偏差
- 可识别
- 阶条件
- 秩条件
- 豪斯曼检验
- 简化形式
- 工具变量
- 间接最小二乘法
- 两阶段最小二乘法
- 向量自回归
- 格兰杰因果关系
- 脉冲响应
- 方差分解

## 自测题

1. 考虑下列联立方程系统：

$$y_{1t}=\alpha_0+\alpha_1 y_{2t}+\alpha_2 y_{3t}+\alpha_3 X_{1t}+\alpha_4 X_{2t}+u_{1t} \tag{7.90}$$

$$y_{2t}=\beta_0+\beta_1 y_{3t}+\beta_2 X_{1t}+\beta_3 X_{3t}+u_{2t} \tag{7.91}$$

$$y_{3t}=\gamma_0+\gamma_1 y_{1t}+\gamma_2 X_{2t}+\gamma_3 X_{3t}+u_{3t} \tag{7.92}$$

(a) 推导出上述三个方程各自的简化形式；

(b) 你对“可识别性”是如何理解的？请阐述判断一个方程系统是否具有可识别性的规则，并将这一规则应用于上述三个方程。这一规则可以保证得到结构性参数的估计值吗？

(c) 假设现在有两种错误的处理方式，即将外生变量视为内生变量和将内生变量视为外生变量，你认为哪个后果更为严重？为什么？

(d) 描述从一个过度识别的系统中得到结构性方程系数的方法。

(e) 用 EViews 为第 4 章主成分例子中所用到的利率序列估计一个 VAR 模型，并运用某种方法来选择 VAR 模型的最优滞后阶数。通过进行格兰杰因果关系检验并画出脉冲响应和方差分解的图形，确定某些期限的利率是否领先或滞后于其他利率。是否存在证据证明某些期限的利率对新信息的反映较其他利率更为迅速？

2. 考虑下列包含两个方程的系统：

$$y_{1t}=\alpha_0+\alpha_1 y_{2t}+\alpha_2 X_{1t}+\alpha_3 X_{2t}+u_{1t} \tag{7.93}$$

$$y_{2t}=\beta_0+\beta_1 y_{1t}+\beta_2 X_{1t}+u_{2t} \tag{7.94}$$

(a) 依据方程（7.93）和方程（7.94），解释一下如果采用 OLS 对这两个方程分别进行估计会产生什么样的不良后果。

(b) 如果式（7.94）中没有包含变量 $y_{1t}$，那么（a）中的结论是否会有变化？

(c) 描述一下判断作为一个系统中的一部分的某个方程是否可识别的阶条件。运用这一条件，判断方程（7.93）和方程（7.94）哪个是可识别的，抑或两个都可以识别或者两个都不能识别。

(d) 间接最小二乘法或者两阶段最小二乘法是否可以用于估计方程（7.93）和方程（7.94）的参数？为什么？描述这两种方法在估计方程参数时的具体步骤，并对 ILS、2SLS 和 IV 方法的用途进行比较和评价。

3. 运用一个你认为合适的例子来解释你对“递归方程”和“三角系统”这两个等价的术语是如何理解的。用 OLS 可以有效地估计三角系统吗？为什么？

4. 考虑下列向量自回归模型：

$$y_t=\beta_0+\sum_{i=1}^{k}\beta_i y_{t-i}+u_t \tag{7.95}$$

其中，$y_t$ 是一个 $p\times1$ 向量，其中的变量取决于系统中所有 $p$ 个变量的 $k$ 阶滞后项，$u_t$ 是一个由误差项构成的 $p\times1$ 向量，$\beta_0$ 是由常数项系数构成的 $p\times1$ 向量，$\beta_i$ 是由 $y$ 的第 $i$ 阶滞后项的系数构成的 $p\times p$ 矩阵。

(a) 令 $p=2$，$k=3$，写出这一 VAR 模型中所有方程的完全形式，这里要小心定义没有在上述问题中给出但又必须使用的新标号。

(b) 与某些潜在理论所导出的结构性模型相比，为什么 VAR 模型可以在经济和金融中得到广泛应用？

(c) 讨论一下你所理解的 VAR 模型在计量经济建模中的缺陷。

(d) 对于 VAR 模型（7.95），两位独立工作的研究者基于同样的数据集却得到了不同的滞后阶数。现在，请列举出两种用于确定哪个滞后阶数更为合理的方法，并对其进行评价。

5. 给出下列术语的定义：

- 联立方程系统；
- 外生变量；
- 内生变量；
- 简化形式模型。

第 8 章

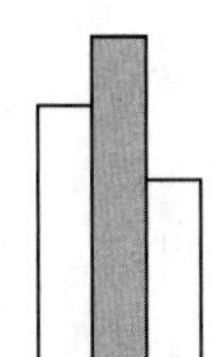

# 金融领域中的长期关系建模

学习目标

在本章，你要学会：

- 发现使用非静态数据的水平值时会出现的问题
- 检验单位根
- 考察系统中的变量是否协整
- 估计误差校正模型和向量误差校正模型
- 解释约翰森协整检验背后的直观逻辑

## 8.1 平稳性和单位根检验

### 8.1.1 非平稳性检验的必要性

为什么**非平稳性**（non-stationarity）这一概念非常重要？为什么对非平稳变量和对平稳变量的处理有着本质的区别？对这两个问题，可以给出的答案有很多。实际上，在第 6 章一开始，我们就提出了有关非平稳性的两个定义。为了便于分析，我们这里将平稳序列再次定义为：在每个给定的滞后期上都具有常数均值、常数方差和常数协方差的序列。因此，本章所要讨论的内容实际上与弱平稳的概念有关。

另外，具体来说，考察一个序列是否可以被视为平稳序列的必要性在于：

- 一个序列是否平稳将极大地影响其行为和性质。举例来说，“冲击”一词往往是指在某个特定的时期内，某个变量或（仅仅是）误差项的一个变化或一个超预期的变化。如果是平稳序列，那么对系统的“冲击”将逐渐衰减。也就是说，$t$ 时

刻所发生的冲击在 $t+1$ 时刻的影响会减弱，在 $t+2$ 时刻会更弱，以此类推。非平稳数据中的情况就与此不同。在非平稳数据中，冲击的影响会无限期地一直持续下去。所以对于非平稳序列来说，$t$ 时刻所发生的冲击的影响并不会在 $t+1$ 时刻和 $t+2$ 时刻以及后续各个时刻中减弱。

- 运用非平稳数据将会导致**伪回归**（spurious regression）。如果有两个变量，它们分别来自两个独立且随机的序列，将其中一个对另一个回归，可以预期的是，斜率系数的 $t$ 值很可能不会与零有显著差异，而且 $R^2$ 的值也很可能会比较小。这一点应该很明显，因为这两个变量彼此并不相关。但是，如果这两个变量都存在随时间变化的趋势，那么即使它们完全无关，将其中一个对另外一个进行回归也很可能会得到一个比较大的 $R^2$ 值。所以，如果将标准的回归技术运用于非平稳数据，那么基于标准的评估方法就会使得研究者认为最终结果看起来很不错，例如，所估计的系数是显著的，$R^2$ 值也比较大，但事实上这是毫无价值的。这样的情况就被称为“伪回归”。

我们现在对上述情况进行举例说明。假设有两组独立的非平稳变量 $y$ 和 $x$，其样本规模均为 500，现在将其中一个变量对另一个变量进行回归并记录 $R^2$。将这一步骤重复 1 000 次，即可得到 1 000 个 $R^2$ 值。图 8.1 给出了这些 $R^2$ 值的直方图。

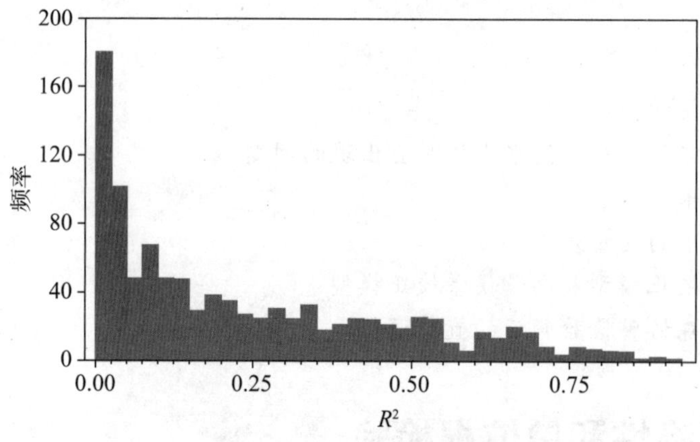


**图 8.1　将一个非平稳变量对另一个独立的非平稳变量进行 1 000 次回归所得到的 $R^2$ 值**

因为因变量和自变量彼此独立，所以你可能会预期 1 000 次回归中所有的 $R^2$ 值都非常接近于零。但正如图 8.1 所示，实际上所得到的 $R^2$ 值遍布整个（0，1）区间，其中一组数据的 $R^2$ 值超过 0.9，而 $R^2$ 值大于 0.5 的比例超过 16%！

- 如果回归模型中的变量是不平稳的，那么可以证明，用于**渐近分析**（asymptotic analysis）的标准假定将不再有效。换句话说，常用的“$t$ 值”不再服从 $t$ 分布，$F$ 统计量也不再服从 $F$ 分布，如此等等，不一而足。采用生成图 8.1 时所用的模拟数据，图 8.2 画出了对每一组数据进行估计后所得到的斜率系数 $t$ 值的直方图。

一般来讲，如果将一个变量对另一个不相关的变量进行回归，所得到的斜率系数的 $t$ 值将服从 $t$ 分布。对于一个规模为 500 的样本来说，这意味着在 95% 的情况下，$t$ 值

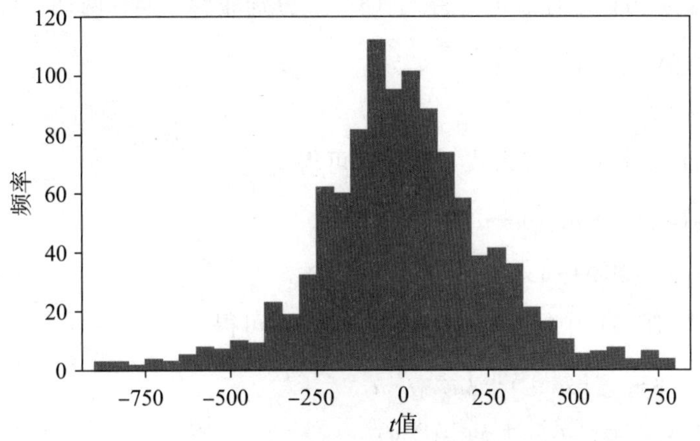


**图 8.2　将一个非平稳变量对另一个独立的非平稳变量进行 1 000 次回归所得到的斜率系数的 $t$ 值**

将会落在±2 之间。然而，图 8.2 所显示的情况相当戏剧化，即在对非平稳变量的回归中，标准的 $t$ 值可以取到某些相当大的数。实际上，这里 98%以上的 $t$ 值的绝对值都大于 2，而绝对值大于 2 的 $t$ 值出现的比例应该在 5%左右。因此，很明显，如果数据是不平稳的，那么对回归参数进行的有关假设检验也不可能是有效的。

### 8.1.2　两种类型的非平稳性

有两类模型常被用来描述非平稳性，其中一类是**带有漂移项的随机游走模型**（random walk model with drift）：

$$y_t=\mu+y_{t-1}+u_t \tag{8.1}$$

另一类是**趋势平稳过程**（trend-stationary process），这是由于其具有线性趋势平稳性而得名，其形式为：

$$y_t=\alpha+\beta t+u_t \tag{8.2}$$

上述两类模型中，$u_t$ 都是一个白噪声误差项。

注意，模型（8.1）可以被一般化为 $y_t$ 是一个爆炸过程的情况：

$$y_t=\mu+\phi y_{t-1}+u_t \tag{8.3}$$

其中，$\phi>1$。但通常情况下，我们并不使用 $\phi>1$ 这一条件，而是使用 $\phi=1$ 来刻画序列的非平稳性，因为 $\phi>1$ 无法描述经济和金融中的很多数据序列，而 $\phi=1$ 已被证明可以为经济和金融中的许多时间序列提供精确的描述。此外，$\phi>1$ 还有一个直观上不太好的性质，即在这一条件下，对系统的冲击不仅会随着时间的推移而持续，而且还会扩大，从而导致某个特定冲击对系统的影响越来越大。换句话说，$t$ 时期冲击的影响会在 $t+1$ 时期变大，在 $t+2$ 时期变得更大，以此类推。为了说明这一点，现在考虑一个一般形式的不带漂移项的 AR(1) 模型：

$$y_t=\phi y_{t-1}+u_t \tag{8.4}$$

现在，假定 $\phi$ 可以取任意值。将式（8.4）分别滞后一期和两期，可得：

$$y_{t-1}=\phi y_{t-2}+u_{t-1} \tag{8.5}$$

$$y_{t-2}=\phi y_{t-3}+u_{t-2} \tag{8.6}$$

将式（8.5）中的 $y_{t-1}$ 代入式（8.4），可得：

$$y_t=\phi(\phi y_{t-2}+u_{t-1})+u_t \tag{8.7}$$

$$y_t=\phi^2 y_{t-2}+\phi u_{t-1}+u_t \tag{8.8}$$

现在再将式（8.6）中的 $y_{t-2}$ 代入式（8.8），可得：

$$y_t=\phi^2(\phi y_{t-3}+u_{t-2})+\phi u_{t-1}+u_t \tag{8.9}$$

$$y_t=\phi^3 y_{t-3}+\phi^2 u_{t-2}+\phi u_{t-1}+u_t \tag{8.10}$$

连续进行 $T$ 次这样的替代处理，得到：

$$y_t=\phi^{T+1} y_{t-(T+1)}+\phi u_{t-1}+\phi^2 u_{t-2}+\phi^3 u_{t-3}+\cdots+\phi^T u_{t-T}+u_t \tag{8.11}$$

这样，可能会产生以下三种情况：

（1）$\phi<1 \Rightarrow$ 当 $T\to\infty$ 时，$\phi^T\to 0$。

这时对系统的冲击将会逐渐衰减——这是平稳的情况。

（2）$\phi=1 \Rightarrow$ 当 $T$ 取任意值时，$\phi^T=1$。

这时冲击会在系统中持续，且永不衰减，进而有：

$$y_t=y_0+\sum_{t=0}^{\infty} u_t \quad 当\ T\to\infty \tag{8.12}$$

所以，在这种情况下，$y$ 的当前值就是过去无穷多个冲击的总和再加上某个初始值 $y_0$。这就是所谓的单位根，因为其特征方程的根为 1。

（3）$\phi>1$。因为 $\phi>1$，所以有 $\phi^3>\phi^2>\phi$ 等等，这时某个给定的冲击将会随着时间的推移产生越来越大的影响。这就是所谓“爆炸”的情况。出于上面提到的原因，这一情况被认为并不是对数据的合理描述。

现在回到前面两大类的非平稳过程，包括带有漂移项的随机游走过程：

$$y_t=\mu+y_{t-1}+u_t \tag{8.13}$$

以及趋势平稳过程：

$$y_t=\alpha+\beta t+u_t \tag{8.14}$$

要使这两类过程变为平稳，必须进行不同的处理。其中，第二类过程（即趋势平稳过程）是所谓的确定性非平稳（deterministic non-stationarity），因此需要进行“去趋势”处理。换句话说，如果我们认为序列中只存在这一类（趋势平稳的）非平稳性，那么我们应该对方程（8.14）进行回归，由此所得到的残差已经不再具有线性趋势，而后续所有的估计和分析都要基于残差进行。

第一类过程（带有漂移项的随机游走）是所谓的随机性非平稳，即数据中存在随机趋势。令 $\Delta y_t=y_t-y_{t-1}$ 及 $Ly_t=y_{t-1}$，从而有$(1-L)y_t=y_t-Ly_t=y_t-y_{t-1}$。现在，在方程（8.13）两边都减去 $y_{t-1}$，得：

$$y_t - y_{t-1} = \mu + u_t \tag{8.15}$$

$$(1-L)y_t = \mu + u_t \tag{8.16}$$

$$\Delta y_t = \mu + u_t \tag{8.17}$$

现在可以看到，新变量 $\Delta y_t$ 是平稳的。因此，可以说这里是通过一阶差分得到了平稳性。另外，由方程（8.16）也可以很明显地看出，为什么 $y_t$ 也是一个单位根过程，原因在于其特征方程 $1-z=0$ 的根为 1。

尽管趋势平稳序列和差分平稳序列都具有随时间变化的趋势，但在对每一种序列的处理中要使用不同的正确方法。对于趋势平稳序列来说，如果对其进行一阶差分，尽管可以“去除”非平稳性，却是以在误差中引入 MA(1) 结构为代价的。为了说明这一点，考虑趋势平稳模型：

$$y_t = \alpha + \beta t + u_t \tag{8.18}$$

通过在所有下标中都减去 1，就可以得到 $t-1$ 时期的模型形式：

$$y_{t-1} = \alpha + \beta(t-1) + u_{t-1} \tag{8.19}$$

将方程（8.18）减去方程（8.19），得：

$$\Delta y_t = \beta + u_t - u_{t-1} \tag{8.20}$$

可以看到，在误差项上产生了一个移动平均项，而且是一个不可逆的 MA 过程（即无法将其表示为一个自回归过程）。因此，$\Delta y_t$ 序列将会存在一些极为不良的性质。

相反，如果我们试图剔除随机趋势序列中的趋势，序列中的非平稳性实际上并不会被消除。因此，很明显，大多数情况下我们并不清楚究竟应该采用哪种方法。一个可能的解决办法是创建并检验一个更为一般的模型，该模型包含上述两种情况。例如，可以考虑下述模型：

$$\Delta y_t = \alpha_0 + \alpha_1 t + (\gamma - 1) y_{t-1} + u_t \tag{8.21}$$

当然，方程（8.21）中的 $t$ 值也不服从 $t$ 分布，因此，除非 $y$ 序列的水平值确实是平稳的，否则将无法对关于这些参数的假设进行检验。这一模型中包含了确定性非平稳和随机性非平稳两种类型的非平稳。不过，我们现在的讲述重点放在随机性非平稳模型上，因为已经有研究表明这类模型可以为大多数非平稳的经济和金融时间序列提供最好的描述。所以，这里再次考虑最简单的随机性趋势模型：

$$y_t = y_{t-1} + u_t \tag{8.22}$$

或

$$\Delta y_t = u_t \tag{8.23}$$

需要指出的是，这一概念还可以扩展到具有不止一个单位根的序列的情况，即这些序列需要使用多次一阶差分算子 $\Delta$ 来导出平稳性。本章后面会讨论这一情况。

其实，要理解上面所讨论的内容，最好的方法是对序列作图，这样可以用图形表示出一些典型过程的典型性质。图 8.3 画出了一个白噪声（纯随机）过程，图 8.4 画出了一个随机游走序列和一个带有漂移项的随机游走序列，图 8.5 画出了一个确定性趋势过程序列。

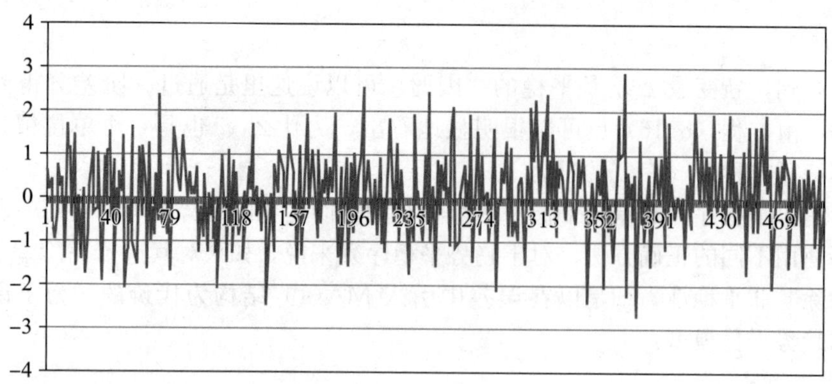

图 8.3　一个白噪声过程

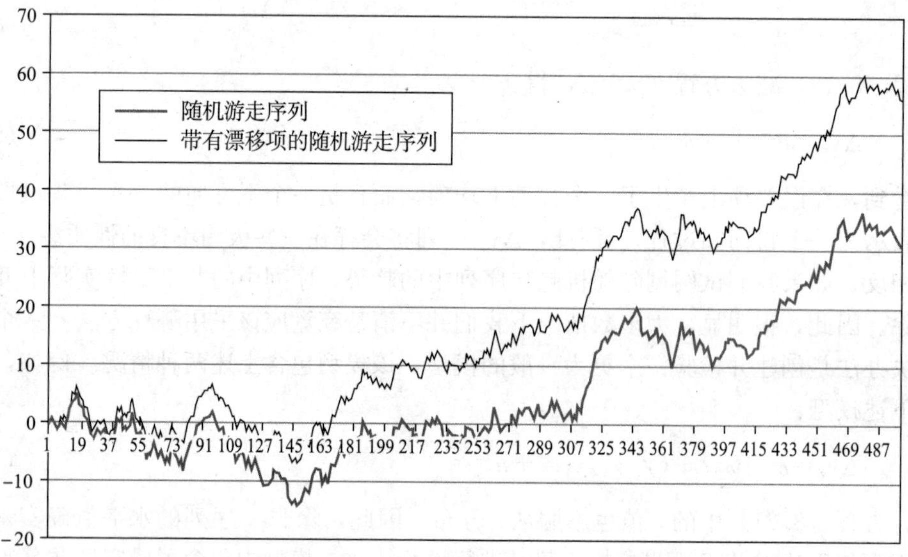


图 8.4　一个随机游走序列和一个带有漂移项的随机游走序列

通过比较这 3 幅图，可以很好地理解平稳过程、随机性趋势过程和确定性趋势过程之间的性质差异。图 8.3 中的白噪声过程看起来没有任何趋势行为，并且在其零均值附近来回穿越。图 8.4 中的随机游走（粗线）和带有漂移项的随机游走（细线）表现出了偏离其均值的“长期摆动”，且很少穿越其均值。将这两幅图进行比较可以发现，如果漂移项为正，会使得序列随着时间的推移更倾向于上升而非下降，并且如果进一步比较这两个过程会发现，漂移项对于序列的影响越来越大。最后，图 8.5 所示的确定性趋势过程的均值显然不是常数，并且在其上升趋势中还具有完全随机的波动。当然，如果将这一过程中的趋势剔除，那么就会得到类似图 8.3 所示的白噪声过程。在笔者看来，绝大多数金融和经济时间序列看起来更像图 8.4 中的情况，而非如图 8.3 和图 8.5 所示。

因此，如前所述，本章后续内容将主要讨论随机性趋势模型。

最后，图 8.6 绘出了方程（8.4）所示的一阶自回归过程的情况，其中自回归系数的值分别取 $\phi=0$（白噪声过程）、$\phi=0.8$［平稳 AR(1) 过程］和 $\phi=1$［随机游走过程］。

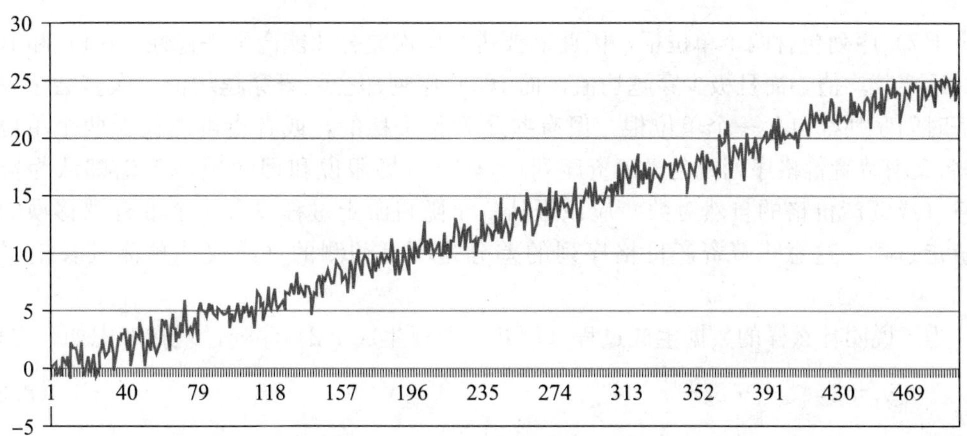


**图 8.5　一个确定性趋势过程的时间序列**

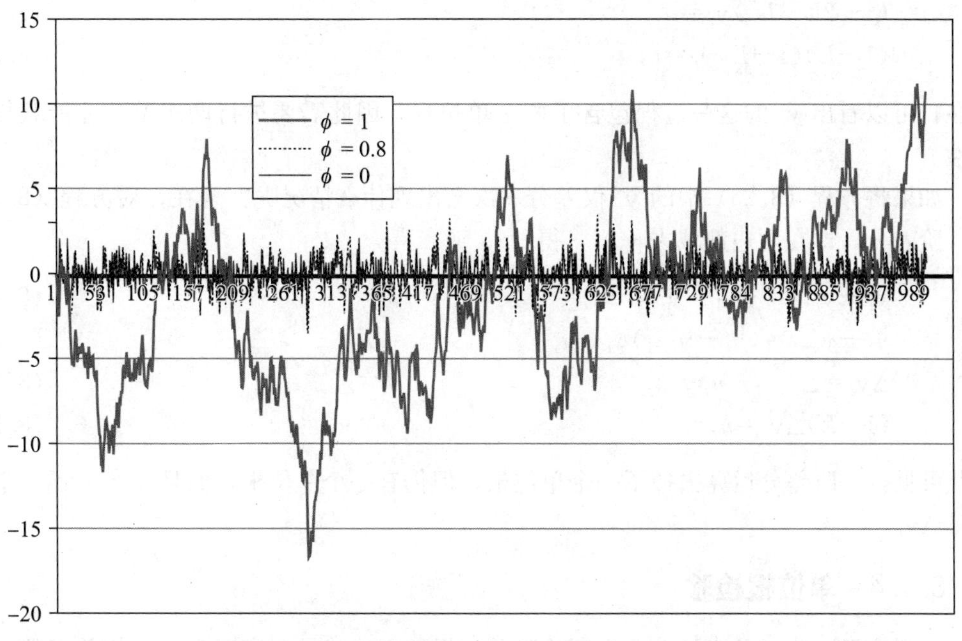


**图 8.6　具有不同 ϕ 值（0，0.8，1）的自回归过程**

### 8.1.3　更多定义和术语

对于一个非平稳序列 $y_t$ 来说，如果必须进行 $d$ 次差分才能将其变为平稳序列的话，那么就可以说它是 $d$ 阶单整的，并记为 $y_t \sim I(d)$。所以，如果 $y_t \sim I(d)$，那么有 $\Delta^d y_t \sim I(0)$，即对 $d$ 阶单整序列来说，将差分算子 $\Delta$ 运用 $d$ 次，就可以得到一个 I(0) 过程，也就是一个没有单位根的过程。实际上，对一个 I($d$) 过程进行 $d$ 次以上的差分运算同样会导出一个平稳序列，不过此时序列中会带有一个 MA 误差结构。一个 I(0) 序列是一个平稳序列，而 I(1) 序列包含一个单位根。例如，考虑如下的随机游走过程：

$$y_t = y_{t-1} + u_t \tag{8.24}$$

一个 I(2) 序列包含两个单位根，因此需要进行两次差分才能产生平稳性。I(1) 和 I(2) 序列远离其均值，而且极少穿越均值，而 I(0) 序列却会频繁穿越均值。大多数金融和经济时间序列都包含一个单位根，但有些序列是平稳的，或者也可能包含两个单位根（如名义消费者价格序列或名义工资序列）。有效市场假说和理性预期理论都认为资产价格（或资产价格的自然对数）应该服从一个随机游走过程或者一个带有漂移项的随机游走过程，这意味着资产价格序列的差分是不可预测的（或仅能预测其长期平均值）。

为了说明什么样的数据生成过程（DGP）可以生成 I(2) 序列，现在考虑如下方程：

$$y_t = 2y_{t-1} - y_{t-2} + u_t \tag{8.25}$$

将所有 $y$ 项都移到等式左边，并运用滞后算子符号，得：

$$y_t - 2y_{t-1} + y_{t-2} = u_t \tag{8.26}$$

$$(1-2L+L^2)y_t = u_t \tag{8.27}$$

$$(1-L)(1-L)y_t = u_t \tag{8.28}$$

现在，可以看出 $y_t$ 的这一过程包含了两个单位根，因此需要进行两次差分才能获得平稳性。

如果将方程 (8.25) 中的 $y_t$ 仅差分一次会出现什么情况呢？现在，对方程 (8.25) 取一阶差分，即在两边都减去 $y_{t-1}$，得：

$$y_t - y_{t-1} = y_{t-1} - y_{t-2} + u_t \tag{8.29}$$

$$y_t - y_{t-1} = (y_t - y_{t-1})_{-1} + u_t \tag{8.30}$$

$$\Delta y_t = \Delta y_{t-1} + u_t \tag{8.31}$$

$$(1-L)\Delta y_t = u_t \tag{8.32}$$

由此可见，一阶差分运算去掉了一个单位根，但仍有一个单位根，而且还产生了一个新变量 $\Delta y_t$。

### 8.1.4 单位根检验

讲到这里，读者可能马上会想到检验单位根的方法就是考察序列的自相关函数，但这一方法并不恰当。实际上，尽管对一个单位根过程的冲击会在系统中无限持续，但我们看到这一过程（随机游走）的自相关函数却通常会缓慢地衰减到零，因此这样的过程很可能会被错误地认为是一个尽管具有高度持续性但却是平稳的过程，所以一个序列是否有单位根，不能用自相关函数或偏自相关函数来确定。而且，即使 $y_t$ 真实的数据生成过程中确实包含有一个单位根，对某个特定样本的检验结果仍可能会使我们认为这一过程是平稳的。因此，我们需要正式的假设检验方法来回答这样的问题：“给定现有的数据样本，是否可以认为 $y$ 的真实数据生成过程中包含一个或多个单位根？”

迪基（Dickey）和富勒（Fuller）在时间序列的单位根检验领域较早地开展了一些开创性的工作（Fuller，1976；Dickey and Fuller，1979）。他们所提出的检验方法的主要目的是对下列方程中的零假设 $\phi=1$ 进行考察：

$$y_t=\phi y_{t-1}+u_t \tag{8.33}$$

相对应的单侧备择假设为 $\phi<1$。由此，所感兴趣的假设为：

$H_0$：序列中包含一个单位根

$H_1$：序列是平稳的

在实际操作中，出于计算方便和便于解释等原因，所采用的回归并非方程（8.33）的形式，而是如式（8.34）所示：

$$\Delta y_t=\psi y_{t-1}+u_t \tag{8.34}$$

因此，检验 $\phi=1$ 就等同于检验 $\psi=0$（因为 $\phi-1=\psi$）。

迪基-富勒（Dickey-Fuller，DF）检验又名 $\tau$ 检验。这一检验允许在所检验的回归式中存在截距项，或者同时存在截距项和趋势项，或者两者都不存在。在这三种情况中，用于单位根检验的模型都是：

$$y_t=\phi y_{t-1}+\mu+\lambda t+u_t \tag{8.35}$$

当然，如果在方程两边都减去 $y_{t-1}$，上述检验式也可以写为：

$$\Delta y_t=\psi y_{t-1}+\mu+\lambda t+u_t \tag{8.36}$$

在另一篇论文中，Dickey 和 Fuller（1981）提出了另一组检验统计量及其临界值，用于对 $y$ 的滞后项、常数项和趋势项的显著性进行联合检验，这里不再做进一步的说明。原有的 DF 检验统计量的定义为：

$$\text{检验统计量}=\frac{\hat{\psi}}{\hat{SE}(\hat{\psi})} \tag{8.37}$$

由于零假设是一个非平稳假设，所以这一检验统计量并不服从在假设检验中常见的 $t$ 分布，而是服从一个非标准分布，其临界值由模拟实验导出，具体可见 Fuller（1976）中的例子，本书第 13 章也会对此有所介绍。表 8.1 给出了该分布的相关例子，在本书的附录中还给出了一组完整的 DF 临界值（附录 2），而如何运用模拟方法来导出这些临界值及相关示例请见第 13 章。

**表 8.1　DF 检验的临界值（Fuller，1976，p. 373）**

| 显著性水平 | 10% | 5% | 1% |
|---|---|---|---|
| 有常数项但没有趋势项时的临界值 | −2.57 | −2.86 | −3.43 |
| 既有常数项也有趋势项时的临界值 | −3.12 | −3.41 | −3.96 |

将这些临界值与标准正态分布下的临界值进行比较可以发现，表中这些 DF 临界值

的绝对值都更大，即都为更小的负数。因此，在单位根检验中，需要比在标准 $t$ 检验下更多的相反证据才能拒绝零假设。之所以出现这一情况，部分原因在于单位根过程内在的不稳定性、非平稳数据 $t$ 值的厚尾分布（参阅图 8.2）以及由此所导致的统计推断的不确定性。如果在表 8.1 中的两种不同情况及不同显著性水平下，检验统计量的值是较临界值更小的负数，那么就可以拒绝存在单位根的零假设，进而“接受”序列具有平稳性的备择假设。

需要指出的是，上述检验只有当 $u_t$ 是白噪声的时候才是有效的。特别地，$u_t$ 被假定为不具有自相关性，但如果回归中的因变量（$\Delta y_t$）具有自相关性，$u_t$ 也会具有自相关性。如果情况确实如此，那么检验将是“规模过度”的，即真实的检验规模（错误拒绝正确零假设的次数所占的比例）会比所用的名义规模（比如 5%）更大。对这一问题的解决办法是采用因变量的 $p$ 阶滞后来对检验进行“扩展”。对于方程（8.34）来说，替代模型可以表示为：

$$\Delta y_t = \psi y_{t-1} + \sum_{i=1}^{p} \alpha_i \Delta y_{t-i} + u_t \tag{8.38}$$

其中，$\Delta y_t$ 的滞后项“吸收”了因变量中所有的动态结构，从而保证了 $u_t$ 不具有自相关性。上述检验即为扩展的 DF 检验，它仍然是对 $\psi$ 进行检验，而且使用与前面的 DF 表中相同的临界值。

现在的问题在于，如何确定因变量的最优滞后阶数。尽管目前已经有很多选择 $p$ 的方法，但所有这些方法多少都有些随意，因此这里我们不再详述。反之，我们这里使用以下两种简单的经验法则。第一类是用**数据频率**（frequency of the data）来确定。举例来说，如果是月度数据，那么就滞后 12 阶，如果是季度数据，则滞后 4 阶，以此类推。当然，如果回归中包含有更高频的金融数据（例如小时数据或者日数据），那么就无法明确地选择滞后阶数了。第二类经验法则是用信息准则来确定，即如第 7 章所概括的那样，选择能够使信息准则值达到最小的滞后阶数。

在回归检验式中使用因变量的最优滞后阶数，并对不同滞后阶数下的检验结果进行敏感性分析是非常必要的。在大多数情况下，稍微改变一下 $p$ 并不会对结论有多大影响，但有时确实会定性地改变结论。另外，如果滞后阶数太少，可能无法剔除所有的自相关性，从而导致结果有偏。但如果滞后阶数太多，也会导致系数的标准误变大，原因在于增加待估参数会消耗自由度。系统标准误变大的后果在于，（在其他条件相同的情况下，）检验统计量的绝对值会减小，进而导致检验的功效降低，这意味着对于一个平稳过程来说，存在单位根的零假设被拒绝的可能性会下降。

### 8.1.5 检验高阶单整

现在来考虑下面的简单回归：

$$\Delta y_t = \psi y_{t-1} + u_t \tag{8.39}$$

检验假设为：

$$H_0: \psi = 0$$

$H_1: \psi < 0$

如果零假设被拒绝，那么问题很简单，我们可以说 $y_t$ 不包含单位根。但如果零假设无法被拒绝，其结论又会是什么呢？是“$y_t$ 包含一个单位根”吗？答案是否定的！如果是 $y_t \sim I(2)$ 呢？零假设仍不会被拒绝。实际上，现在有必要进行一项检验：

$$H_0: y_t \sim I(2) \quad 及\ H_1: y_t \sim I(1)$$

现在需要将 $\Delta^2 y_t (=\Delta y_t - \Delta y_{t-1})$ 对 $\Delta y_{t-1}$ 进行回归（如有必要，再加上 $\Delta^2 y_t$ 的滞后项以对检验进行扩展）。这样的话，检验 $H_0$：$\Delta y_t \sim I(1)$ 就等同于检验 $H_0$：$y_t \sim I(2)$。在这种情况下，如果无法拒绝 $H_0$（现实中几乎不太可能出现），那么就可以下结论说 $y_t$ 至少是 2 阶单整的。如果 $H_0$ 被拒绝，那么可以下结论说 $y_t$ 包含且只包含一个单位根。对单位根的这种检验应该一直进行下去，直到 $H_0$ 被拒绝。

Dickey 和 Fuller（1987）认为，严格来说，上面的顺序检验［即先检验 I(1)，再检验 I(2)，以此类推］是无效的。理论上正确的方法应该是从假定某个合理的最高单整阶数开始［比如假定序列为 I(2)，然后以 I(1) 为备择假设检验 I(2)，这时如果 I(2) 被拒绝，那就再以 I(0) 为备择假设检验 I(1)］。但据笔者了解，实际中的金融时间序列数据所包含的单位根个数一般都不超过一个，所以这一问题也没有那么重要。

### 8.1.6 菲利普斯-佩龙（Phillips-Perron, PP）检验

菲利普斯（Phillips）和佩龙（Perron）就单位根检验提出了一套更为综合的理论，其中的检验方法类似于 ADF 检验，不过他们对 DF 检验进行了自动校正以便考虑残差中的自相关性。这一检验通常会得出与 ADF 检验相同的结论，不过其主要局限也与 ADF 检验相同。

### 8.1.7 对 DF 检验和 PP 类检验的批评

对单位根检验最主要也是最重要的批评在于，如果过程是平稳的，但有一个接近于非平稳性边界的根，那么检验的功效是很低的。例如，现在考虑一个系数为 0.95 的 AR(1) 数据生成过程。如果真实的数据生成过程为：

$$y_t = 0.95 y_{t-1} + u_t \tag{8.40}$$

那么存在一个单位根的零假设会被拒绝。因此，有研究者认为，对于诸如 $\phi=1$ 或 $\phi=0.95$ 这样的假设来说，单位根检验的表现并不好，尤其是在小样本下更是如此。这一问题的根源在于，在经典的假设检验框架下，零假设是永远不能被接受的，我们只能说能够拒绝或无法拒绝零假设。这就意味着无法拒绝零假设的原因要么是零假设是正确的，要么是样本中没有足够的信息来将其拒绝。避免这一问题的一个方法是在使用单位根检验的同时也使用平稳性检验，详情如专栏 8.1 所示。

**▶专栏 8.1◀**

**平稳性检验**

在平稳性检验的零假设下，序列是具有平稳性的，因此平稳性检验中的零假设和备择假设实际上与 DF 检验中的零假设和备择假设正好相反。如此一来，在平稳

性检验中，如果样本的信息不多，那么数据会被默认为具有平稳性。这样的一种平稳性检验就是KPSS检验（Kwaitkowski et al.，1992），这里不再讨论其检验统计量的计算方法，但EViews等标准的计量经济学软件中可以对其进行直接计算。我们可以将这些检验的结果与ADF/PP检验的结果进行对比，来看一下是否取得了相同的检验结论。这两类检验的零假设和备择假设如下所述：

| ADF/PP | KPSS |
|---|---|
| $H_0$：$y_t \sim I(1)$ | $H_0$：$y_t \sim I(0)$ |
| $H_1$：$y_t \sim I(0)$ | $H_1$：$y_t \sim I(1)$ |

这样就存在四种可能的结果：

(1) 拒绝 $H_0$ 和 无法拒绝 $H_0$

(2) 无法拒绝 $H_0$ 和 拒绝 $H_0$

(3) 拒绝 $H_0$ 和 拒绝 $H_0$

(4) 无法拒绝 $H_0$ 和 无法拒绝 $H_0$

出于结论稳健性的考虑，应该采纳的是结果（1）或者结果（2），亦即两种类型的检验同时给出了序列平稳或不平稳的结论，而结果（3）和结果（4）是相互冲突的。特别地，这样联合使用平稳性检验和单位根检验的做法也叫做**“确认性数据分析”**（confirmatory data analysis）。



## 8.2 存在结构突变时的单位根检验

### 8.2.1 动机

如果所考察的序列中存在一个或多个结构突变，不论这一突变是出现在回归的截距项上还是出现在斜率项上，标准的DF单位根检验的表现都不会很好。更具体地说，在这样的情况下，检验的功效很低，并且由于某个未参数化的结构突变的存在，$y_t$ 对 $y_{t-1}$ 回归中的斜率参数将偏向于1，因此在这种情况下，即使“存在单位根”的零假设是错误的，标准的DF检验也无法将其拒绝。一般来讲，突变越大且样本规模越小，检验的功效越低。Leybourne，Mills和Newbold（1998）的研究也显示，当存在结构突变时，单位根检验是“规模过度”的，所以当零假设是正确的时候，将其错误拒绝的次数会比较多。①

Perron（1989）的工作非常重要，原因在于他能够证明如果在检验框架中允许结构突变的存在，那么已经被Nelson和Plosser（1982）认定为是非平稳序列的大量宏观经

① 这一部分内容相当专业化，所以大多数标准的教科书都没有提及。但是对于想要了解更多细节的读者来说，看看Rao（1994）中由佩龙所撰写的章节将会非常有助于理解相关内容。另外，在Maddala和Kim（1999）中也有关于结构突变的一章内容。

济序列现在都变为是平稳的了。佩龙认为，**突变趋势稳定过程**（broken trend stationary process）可以为大多数的经济时间序列提供最佳描述，这类时间序列数据的产生过程有一个确定性的趋势，不过在 1929 年前后有一个结构突变，从而导致序列的数值水平（即截距）被永久地改变了。

### 8.2.2 Perron（1989）检验的步骤

回忆一下，前述灵活的单位根检验框架中所用到的回归式：

$$\Delta y_t = \psi y_{t-1} + \mu + \lambda t + \sum_{i=1}^{p} \alpha_i \Delta y_{t-i} + u_t \tag{8.41}$$

其中，$\mu$ 为截距项，$\lambda t$ 捕捉了时间趋势。当然，如果认为回归式中包含这两项的必要性不大，也可以将其中的一项或两项去除。

Perron（1989）提出了 3 个不同的检验方程，区别在于所依赖的突变类型有所不同。他把第一个方程叫做“破碎”模型，该模型允许序列的水平值（即截距）上存在断点；第二个方程叫做“变化增长”模型，该方程允许序列的增长率（即斜率）中存在断点；第三个方程允许上述两种情况同时存在，从而可以同时改变趋势的截距和斜率。如果我们定义数据中的截断点为 $T_b$，同时定义如下形式的一个哑变量 $D_t$：

$$D_t = \begin{cases} 0 & \text{若 } t < T_b \\ 1 & \text{若 } t \geqslant T_b \end{cases}$$

那么第三种形式检验（即最一般的形式）的一般性方程为：

$$\Delta y_t = \psi y_{t-1} + \mu + \alpha_1 D_t + \alpha_2 (t - T_b) D_t + \lambda t + \sum_{i=1}^{p} \alpha_i \Delta y_{t-i} + u_t \tag{8.42}$$

若令 $\alpha_2 = 0$，就可以得到破碎模型；若令 $\alpha_1 = 0$，就可以得到变化增长模型。在这三种情况下，零假设都表示存在一个单位根，其结构突变点位于 $T_b$，备择假设都表示序列是一个带有突变的平稳过程。

尽管 Perron（1989）的研究开启了在序列中存在结构突变时对其进行单位根检验的新方向，但这一方法中存在一个重要的局限，即其假定**突变日期**（break date）是事先已知的，并且在构建检验时运用了这一信息。然而，可能（或者说是“更有可能”）的情况是我们事先并不知道这一突变日期，而是需要由数据自己来确定。更为严重的是，Christiano（1992）认为这一检验所采用的临界值是按照外生的方式来选择突变日期，但实际上大多数研究者都会基于对数据的考察来选择截断点，因此检验中所假定的渐近理论不再成立。

鉴于佩龙所提出方法的上述局限性，Banerjee，Lumsdaine 和 Stock（1992）以及 Zivot 和 Andrews（1992）介绍了另外一种存在结构突变时的单位根检验方法，这一方法基于迭代检验、滚动检验和连续检验，并且可以按照内生的方式来确定突变日期。对于其中的迭代检验和滚动检验，Banerjee 等（1992）进行了以下四点说明。首先，在全样本上做标准的 DF 检验，并将统计量记为 $\hat{t}_{DF}$；其次，在不同的子样本上重复做多次 ADF 检验，从而得到最小的 DF 统计量 $\hat{t}_{DF}^{min}$；再次，记不同子样本上最大的 DF 统计量

为 $\hat{t}_{DF}^{max}$；最后，计算最大统计量和最小统计量之差 $\hat{t}_{DF}^{diff}=\hat{t}_{DF}^{max}-\hat{t}_{DF}^{min}$。对于连续检验，每次都在全样本上进行如下回归：

$$\Delta y_t=\psi y_{t-1}+\mu+\alpha\tau_t(t_{used})+\lambda t+\sum_{i=1}^{p}\alpha_i\Delta y_{t-i}+u_t \tag{8.43}$$

其中，$t_{used}=T_b/T$。接下来，在将最前面和最后面的几个值剔除后（因为在这些位置上不可能找到可靠的突变点），要在尽可能多的不同 $T_b$ 值下（一个“经过整理的样本”）将这一检验不断重复进行。很明显，结构突变是通过 $\tau_t(t_{used})$ 项来反映，当然这一突变可能是水平突变［如果 $t>t_{used}$，$\tau_t(t_{used})=1$，否则为 0］，也可能是确定性趋势的突变［如果 $t>t_{used}$，$\tau_t(t_{used})=t-t_{used}$，否则为 0］。不同的突变形式需要一组不同的临界值，具体可见 Banerjee 等（1992）。

Perron（1997）对 Perron（1989）中的检验技术进行了扩展。Perron（1997）运用一个连续步骤来估计检验统计量，并允许样本中的任何点都可能成为一个突变点，当然这要由数据自身来确定。这一技术与 Zivot 和 Andrews（1992）提出的方法非常类似，但由于其在零假设和备择假设中都允许存在突变，而 Zivot 和 Andrews（1992）的方法只允许在备择假设中存在突变，所以这一技术更为灵活，被接受的程度也更高。

对上述技术的进一步拓展是允许序列中存在不止一个结构突变——例如，Lumsdaine 和 Papell（1997）对 Zivot 和 Andrews（1992）的方法进行了改进，使其可以容纳两个结构突变。另外，也可以通过将恩格尔-格兰杰（Engle-Granger）方法中的第一步进行扩展以便在序列间的协整关系中容纳结构突变（关于协整的详细讨论请参见 8.4 节），具体可见 Gregory 和 Hansen（1996）。

### 8.2.3 一个实例：检验欧洲英镑利率中的单位根

8.11 节会基于长期利率和短期利率的协整关系来讨论利率期限结构的预期假说。显然，这一分析的关键在于这些利率本身是否为 I(1) 过程或者 I(0) 过程。实际上，实证文献就这一问题并未达成一致，这可能会令人感到有些惊讶。Brooks 和 Rew（2002）考察了欧洲英镑利率是否可以很好地表示为一个单位根过程，当然该研究允许序列中存在结构突变。[①] 他们认为，如果忽略了数据中本来存在的结构突变（比如，可能是由货币政策的变化或取消了汇率管制所造成），对预期假说是否有效这一问题就会做出错误的推断。在 Brooks 和 Rew（2002）的研究中，所使用的样本时间区间是从 1981 年 1 月 1 日到 1997 年 9 月 1 日，一共 4 348 个样本点。

Brooks 和 Rew（2002）所使用的方法包括标准的 DF 检验以及 Banerjee 等（1992）所提出的递归检验和连续检验，相关研究结果报告于表 8.2 中。另外，他们还运用了滚动检验、Perron（1997）所提出的方法以及其他几种方法，但由于篇幅所限，这里就不再列出基于这几类方法的检验结果。

① 所谓欧洲英镑利率，是指那些在英国之外贷出（或借出）英镑所需要支付的利率。

表 8.2　利率的递归单位根检验结果（包含结构突变）

| 时间长度 | $t_{DF}$ | 递归检验统计量 | | | 连续检验统计量 | |
|---|---|---|---|---|---|---|
| | | $\hat{t}_{DF}^{max}$ | $\hat{t}_{DF}^{min}$ | $\hat{t}_{DF}^{diff}$ | $\hat{t}_{DF,trend}^{min}$ | $\hat{t}_{DF,mean}^{min}$ |
| 短期利率 | −2.44 | −1.33 | −3.29 | 1.96 | −2.99 | −4.79 |
| 7 天 | −1.95 | −1.33 | −3.19 | 1.86 | −2.44 | −5.65 |
| 1 个月 | −1.82 | −1.07 | −2.90 | 1.83 | −2.32 | −4.78 |
| 3 个月 | −1.80 | −1.02 | −2.75 | 1.73 | −2.28 | −4.02 |
| 6 个月 | −1.86 | −1.00 | −2.85 | 1.85 | −2.28 | −4.10 |
| 1 年 | −1.97 | −0.74 | −2.88 | 2.14 | −2.35 | −4.55 |
| 临界值 | −3.13 | −1.66 | −3.88 | 3.21 | −4.11 | −4.58 |

注：$\tilde{t}_{DF,trend}^{min}$ 指的是允许趋势中存在突变的连续检验统计量，$\tilde{t}_{DF,mean}^{min}$ 指的是允许存在水平突变的检验统计量。表中最后一行给出了每一种检验 10%水平下的临界值，取自 Banerjee 等（1992，p. 278，Table 2）。

资料来源：Brooks and Rew（2002），取自文中的表 1、表 4 和表 5。

递归检验的结果与标准 DF 检验的结果保持一致，都显示出对于所考察的所有期限的利率来说，在 10%的水平下都无法拒绝存在单位根的零假设。至于连续检验，其结果有一点不太明显，其中允许存在趋势突变的模型中依然没有显示出可以拒绝零假设的证据，但如果在均值中允许结构突变，那么短期利率、7 天利率和 1 个月利率中的零假设就能够被拒绝。

Brooks 和 Rew（2002）基于全部检验结果得到的最终结论认为，短期利率可以很好地表示为单位根过程，但其中存在结构突变，突变点位于“黑色星期三”（1992 年 9 月 16 日）附近，正是在那一天英国退出了欧洲汇率机制（European Exchange Rate Mechanism，简记为 ERM）。不过对于长期利率来说，可以将其表示为不带结构突变的 I(1) 过程。

### 8.2.4　季节性单位根

正如我们将在第 10 章中所讨论的那样，许多时间序列都显示出季节性模式。对这一特征进行刻画的一种方法是运用基于数据频率的确定性哑变量来处理。举例来说，如果是月度数据，就采用月度哑变量。不过，如果数据的季节性特征本身就随着时间推移而发生变化，那么它们的均值也就不再是常数，这时再运用哑变量方法就不够充分了。对于这种情况，其实我们可以假定序列中包含季节性单位根，这样就需要进行季节差分来使得序列具有平稳性。具体来说，我们可以用 I($d$，$D$) 来表示一个 $d$，$D$ 阶单整的序列，要使这一序列变为平稳过程，需要对其进行 $d$ 次差分和 $D$ 次季节差分。Osborn（1990）基于对 DF 方法所做的自然扩展，提出了一个季节性单位根的检验方法。注意，一组具有季节性单位根的序列也可以是季节性协整的。不过，Osborn（1990）的研究显示，只有很小一部分宏观经济序列具有季节性单位根，大部分具有季节性模式的序列可以运用哑变量方法来进行很好的刻画，这就解释了为什么季节性单位根的概念没有得到广泛使用。①

## 8.3 协整

大多数情况下，如果将两个都遵循 I(1) 过程的变量进行线性组合，那么组合后的序列也遵循 I(1) 过程。更一般地，如果将具有不同单整阶数的一组变量 $X_{i,t}$ 进行组合，那么组合后变量的单整阶数就等于最大的那个单整阶数。换个形式来说，如果有 $X_{i,t}\sim I(d_i)(i=1,2,3,\cdots,k)$，即存在单整阶数分别为 $d_i$ 的 $k$ 个变量，并令

$$z_t=\sum_{i=1}^{k}\alpha_i X_{i,t} \tag{8.44}$$

那么有 $z_t\sim I(\max d_i)$。这里，$z_t$ 是 $k$ 个变量 $X_i$ 的一个线性组合。将式 (8.44) 变化一下，得：

$$X_{1,t}=\sum_{i=2}^{k}\beta_i X_{i,t}+z'_t \tag{8.45}$$

其中，$\beta_i=-\dfrac{\alpha_i}{\alpha_1}$，$z'_t=\dfrac{z_t}{\alpha_1}$，$i=1,2,3,\cdots,k$。这里所进行的处理是将其中一个变量 $X_{1,t}$ 单独表示出来，其实也可以说是将方程对 $X_{1,t}$ 进行了标准化。但如果从另外一个角度来看，式 (8.45) 就是一个回归方程，其中 $z'_t$ 为扰动项。这些扰动项具有一些不太好的性质：例如，一般来说，$z'_t$ 不会是平稳序列，而且如果 $X_i$ 是 I(1) 过程，$z'_t$ 还具有自相关性。

现在我们对上述问题做进一步的解释。考虑包含变量 $y_t$，$x_{2t}$ 和 $x_{3t}$ 的下列回归模型，其中这三个变量都是 I(1)：

$$y_t=\beta_1+\beta_2 x_{2t}+\beta_3 x_{3t}+u_t \tag{8.46}$$

作为待估模型的样本回归方程 (SRF) 为：

$$y_t=\hat{\beta}_1+\hat{\beta}_2 x_{2t}+\hat{\beta}_3 x_{3t}+\hat{u}_t \tag{8.47}$$

将除残差之外的所有项都移到方程的左边，得：

$$y_t-\hat{\beta}_1-\hat{\beta}_2 x_{2t}-\hat{\beta}_3 x_{3t}=\hat{u}_t \tag{8.48}$$

以这种形式表示的残差项可以被认为是变量的一个线性组合。这种 I(1) 变量的线性组合本身一般也都是 I(1) 的，但很明显，服从 I(0) 的残差才是我们想要的。那么什么情况下会出现服从 I(0) 的残差呢？答案在于，如果变量之间是协整的，那么 I(1) 变量的线性组合就是 I(0) 的，换句话说，也就是平稳的。

① 作为延伸阅读材料，Harris (1995) 对单位根和协整进行了非常清晰的介绍，其中有一章是有关季节性单位根的内容。

### 8.3.1 协整的定义（Engle and Granger，1987）

令 $w_t$ 为由 $k$ 个变量组成的 $k\times1$ 向量，如果

(1) $w_t$ 中的所有元素都是 I($d$)，

(2) 至少存在一个系数向量满足

$$\alpha' w_t \sim \mathrm{I}(d-b)$$

那么 $w_t$ 中的元素是（$d$，$b$）阶单整的。

实际中的许多金融变量都包含一个单位根，即这些变量都是 I(1)，所以本章后续内容会将分析集中于 $d=b=1$ 的情况。在这种情况下，如果一组变量的线性组合具有平稳性，那么这组变量就定义为是协整的。许多时间序列尽管是非平稳的，但可以随着时间的推移而“共同运动”。也就是说，存在某些对这些序列都产生影响的基础性因素（如市场力量），使得这两个序列在长期内都受到某些关系的约束。因此，所谓协整关系，可以被看作是一种长期现象或均衡现象，因为协整变量可能会在短期内偏离这一关系，但在长期又会回到这一关系上来。

### 8.3.2 金融中可能存在协整关系的例子

有的金融理论会阐明两个或多个变量之间存在某种长期关系，这样具有协整关系的例子在金融领域中有很多，比如：

- 某种特定商品或资产的现货价格和期货价格；
- 相对价格比率和汇率；
- 股票价格和股利。

在以上三个例子中，市场力量来自无套利条件，即这些序列之间应该存在某种均衡关系。要理解这一点，最简单的方法就是考虑一下如果序列之间不是协整的会出现什么问题。实际上，如果序列不是协整的，那么就没有一种长期关系可以将其“绑定”在一起，从而导致所有序列都是不受约束地各自漫游。这一情况的后果在于，这时序列的所有线性组合都是非平稳的，因此其均值不是常数，而且也不会出现均值回归。

因为现货价格和期货价格不过是同一资产在不同时间点上的价格，故某些特定的信息对这两者的影响方式会非常类似，所以这两者之间应该具有协整关系，且这两者之间的长期关系是由持仓成本决定的。

购买力平价（PPP）理论认为，无论在何处购买特定的一篮子代表性商品和服务，若转换成同一种货币来表示，其花费都应该是相同的。我们会在 8.9 节中对购买力平价理论做进一步的讨论，而现在我们要说明的是，这一理论意味着两个国家的相对价格比率和它们的汇率之间应该是协整的。如果这一协整关系不存在，那么在交易成本为零的假定下，我们可以通过在其中一个国家购买商品然后到另外一个国家去销售，再把得到的钱兑换回原来那个国家的货币而获利。

最后，如果假定投资者打算长期（永远）持有某一公司的股票，那么其所能获得的唯一回报就是未来无限期的股利现金流。因此，股利贴现模型认为，为今天的一股股票所支付的合理价格应该等于未来所有股利的现值之和。所以从长期来看，当前股票的价

格不应该偏离未来的期望股利，这意味着股票价格和股利之间应该是协整的。

现在我们来问一个有趣的问题，在对可能存在协整关系的回归进行估计时，应该采用变量的水平值还是对数值？实际上，金融理论可能已经对合适的函数形式进行了说明。但幸运的是，即使金融理论没有对此问题给出具体答案，Hendry 和 Juselius (2000) 也指出：如果一组序列在水平值上是协整的，那么它们的对数也是协整的。

## 8.4 误差校正模型

当非平稳的概念在 20 世纪 70 年代第一次被提出时，学者们通常的反应是对每一个 I(1) 变量都进行独立的一阶差分运算，然后在后续的建模过程中运用这些一阶差分值。注意，如果是单变量建模（例如，构建 ARMA 模型），这一处理方式完全正确。不过，如果所要研究的主题是不同变量之间的关系，则不建议使用这一方法，原因在于：尽管这一方法在统计上是有效的，但存在纯粹的一阶差分模型没有长期解这一问题。例如，考虑两个序列 $y_t$ 和 $x_t$，它们都是 I(1)。假设所要估计的模型如下式所示：

$$\Delta y_t = \beta \Delta x_t + u_t \tag{8.49}$$

需要指出的是，计量经济学中有关“长期”的定义意味着这些变量聚集于某些长期值附近，并且不再发生变化，因此有 $y_t = y_{t-1} = y$ 和 $x_t = x_{t-1} = x$，所以式 (8.49) 中的所有差分项都为零，即 $\Delta y_t = 0$，$\Delta x_t = 0$，进而我们可以将该式中的所有项都删掉。可以看出，因为模型 (8.49) 没有长期解，所以关于 $x$ 和 $y$ 之间的均衡关系就没什么可说的。

幸运的是，许多模型可以通过运用对协整变量的一阶差分值和水平滞后值进行组合来解决这一问题。例如，考虑下面的方程：

$$\Delta y_t = \beta_1 \Delta x_t + \beta_2 (y_{t-1} - \gamma x_{t-1}) + u_t \tag{8.50}$$

这一模型即为**误差校正模型**（error correction model）或**均衡校正模型**（equilibrium correction model），其中的 $y_{t-1} - \gamma x_{t-1}$ 即为**误差校正项**（error correction term）。只要 $y_t$ 和 $x_t$ 是协整的，且协整系数为 $\gamma$，那么即使 $y_t$ 和 $x_t$ 是 I(1)，$y_{t-1} - \gamma x_{t-1}$ 也是 I(0)，由此对方程 (8.50) 运用 OLS 和标准的统计推断就是有效的。另外，还可以在协整项或者 $\Delta y_t$ 的模型中包含常数 [即 $y_{t-1} - \alpha - \gamma x_{t-1}$ 或 $\Delta y_t = \beta_0 + \beta_1 \Delta x_t + \beta_2 (y_{t-1} - \gamma x_{t-1}) + u_t$]，抑或两者中都包含常数。当然，是否包含常数要依据金融理论而定，并参阅第 5 章中有关常数重要性的论述。

误差校正模型有时也叫做均衡校正模型，本书将这两个名称作为同义语来使用。对误差校正模型的解释如下：$y$ 在 $t-1$ 时刻和 $t$ 时刻之间的变化，是解释变量 $x$ 在 $t-1$ 时刻和 $t$ 时刻之间的变化加上一部分对过去存在的所有不均衡进行校正的结果。注意，式 (8.50) 中的误差校正项 $y_{t-1} - \gamma x_{t-1}$ 中有一阶滞后，但如果这一项中没有滞后（即 $y_t - \gamma x_t$）就是不太合理的，因为这样就意味着 $t-1$ 时刻到 $t$ 时刻之间 $y$ 的变化是对 $t$ 时刻不均衡的反应。另外，$\gamma$ 定义了 $x$ 和 $y$ 之间的长期关系，而 $\beta_1$ 对 $x$ 的变化和 $y$ 的变化之间的短期关系进行了描述。大致上，$\beta_2$ 所描述的是调整回均衡状态的速度，当然，如果严格定义的话，它实际上度量了所校正的最近一期均衡误差的权重。

当然，对于多于两个变量的情况也可以估计误差校正模型。举例来说，如果有 3 个变量 $x_t$，$w_t$ 和 $y_t$，它们之间存在协整关系，那么一个可能的误差校正模型为：

$$\Delta y_t = \beta_1 \Delta x_t + \beta_2 \Delta w_t + \beta_3 (y_{t-1} - \gamma_1 x_{t-1} - \gamma_2 w_{t-1}) + \varepsilon_t \tag{8.51}$$

**格兰杰表述定理**（Granger representation theorem）指出，如果存在某个带有平稳误差项的动态线性模型，且数据都是 I(1)，那么变量必然是（1，1）阶协整的。

## 8.5 检验回归中的协整：一种基于残差的方法

均衡校正项模型可以被进一步一般化为包含 $k$ 个变量（$y$ 变量和 $k-1$ 个 $x$ 变量）的情况：

$$y_t = \beta_1 + \beta_2 x_{2t} + \beta_3 x_{3t} + \cdots + \beta_k x_{kt} + u_t \tag{8.52}$$

如果变量 $y_t$ 和 $x_{2t}$，…，$x_{kt}$ 是协整的，那么 $u_t$ 就是 I(0)，反之 $u_t$ 仍然是非平稳的。

因此，接下来有必要对模型（8.52）的残差进行检验，以便确定其是否平稳。具体做法是运用如下形式的回归对 $\hat{u}_t$ 进行 DF 检验或 ADF 检验：

$$\Delta \hat{u}_t = \psi \hat{u}_{t-1} + v_t \tag{8.53}$$

其中，$v_t$ 是服从独立同分布的误差项。

不过，由于这里是对模型残差 $\hat{u}_t$ 的检验，所以其临界值与对原始数据序列进行 DF 检验和 ADF 检验时的临界值已经不一样了。为了解决这一问题，Engle 和 Granger（1987）给出了一组新的临界值表，所以这一检验又被称为恩格尔-格兰杰（Engle-Granger，简记为 EG）检验。之所以需要运用修正后的临界值，原因在于这一检验是对所估计的模型残差而非原始数据所进行的，而这些残差是基于一组特定的系数估计值，这些系数的抽样误差会改变检验统计量的分布情况。本书最后还会给出由 Engle 和 Yoo（1987）所计算的一组新的临界值表，其中临界值的绝对值都大于 DF 检验临界值的绝对值（即为更小的负数）。另外，随着潜在的协整回归式中变量个数的增加，临界值也会变为更小的负数。

我们还可以运用 DW 统计量或菲利普斯-佩龙（PP）方法来检验 $\hat{u}_t$ 的非平稳性。如果是对潜在的协整回归式的残差运用 DW 检验，那么这种方法就叫做**协整回归 DW 检验**（cointegrating regression Durbin Watson，简记为 CRDW）。在“误差项中存在一个单位根”的零假设下，CRDW≈0，所以如果 CRDW 统计量的值大于相应的临界值（大约为 0.5），就可以拒绝零假设。

对潜在的协整回归式的残差进行任何单位根检验的零假设和备择假设是什么呢？

$$H_0: u_t \sim I(1) \quad H_1: u_t \sim I(0)$$

即零假设为潜在协整回归式的残差中存在一个单位根，而备择假设表示残差是平稳的，因此在零假设下无法找到非平稳变量的平稳线性组合。进一步，如果零假设不能被拒绝，那么就不存在协整关系。如果是这样的话，恰当的计量经济建模策略应该是在模型设定中只采用一阶差分形式。此时，这样的模型没有长期均衡解，但这并不重要，因为不存在协整关系意味着不存在任何的长期关系。

另外，如果对潜在协整回归式残差进行单位根检验的零假设被拒绝，那么就可以下结论说能找到非平稳变量的平稳线性组合，这样就可以将变量视为是协整的。在这种情况下，恰当的计量经济建模策略是运用下面将要介绍的方法来构建并估计一个误差校正模型。

## 8.6 协整系统中的参数估计方法

如果我们认为手中的数据是非平稳的，并且还可能存在协整关系，那么应该采用什么样的建模策略呢？在这种情况下，至少有以下 3 种方法可以使用：恩格尔-格兰杰方法、恩格尔-尤（Engle-Yoo）方法和约翰森方法。下面会详细介绍第一种方法和第三种方法。

### 8.6.1 恩格尔-格兰杰两步法

这一方法是一个单方程技术，其具体操作步骤如下：

**第一步** 首先确保所有变量都是 I(1)，然后用 OLS 估计协整回归式。注意，这里所要做的只是对参数值进行估计，而不要对回归中的系数估计值进行任何推断。接下来，保存残差 $\hat{u}_t$，并对其是否为 I(0) 进行检验。如果是，进入第二步；如果 $\hat{u}_t$ 为 I(1)，那么就估计只包含一阶差分项的模型。

**第二步** 将第一步中的残差 $\hat{u}_t$ 作为误差校正模型中的一个变量，例如：

$$\Delta y_t = \beta_1 \Delta x_t + \beta_2 \hat{u}_{t-1} + v_t \tag{8.54}$$

其中，$\hat{u}_{t-1} = y_{t-1} - \hat{\tau} x_{t-1}$。注意，非平稳变量的平稳线性组合又被称为**协整向量**（cointegrating vector）。在这里，协整向量为$[1 \ -\hat{\tau}]$。另外，协整向量的任意线性组合仍为协整向量，例如 $-10y_{t-1} + 10\hat{\tau}x_{t-1}$ 也是平稳的。在式（8.48）中，协整向量为$[1 \ -\hat{\beta}_1 \ -\hat{\beta}_2 \ -\hat{\beta}_3]$。到这一步，我们就可以做出有效推断了。也就是说，现在可以实现对参数 $\beta_1$ 和 $\beta_2$ 的有效推断了（当然，要假定模型不存在其他形式的误设），原因在于这时回归中的所有变量都是平稳的了。

当然，恩格尔-格兰杰两步法也存在以下问题：

（1）与上面所讨论过的单位根检验和协整检验中的功效不足问题一样，恩格尔-格兰杰两步法通常也面临着有限样本问题。

（2）如果对 $y$ 和 $x$ 进行双向的因果关系检验，可能会造成**联立方程偏误**（simultaneous equation bias）问题，不过对于这一单一方程方法来说，需要研究者指定其中一个变量为因变量，另一个为自变量。因此，研究者被迫按照非对称的方式来处理 $y$ 和 $x$，即使这样做没有任何的理论依据。我们现在对此做进一步的讨论。假设我们已经对下列潜在的协整回归式进行了估计：

$$y_t = \alpha_1 + \beta_1 x_t + u_{1t} \tag{8.55}$$

如果所估计的是如下形式的方程会怎样呢？

$$x_t=\alpha_2+\beta_2 y_t+u_{2t} \tag{8.56}$$

假设我们发现 $u_{1t}\sim I(0)$，这是否就自动表示 $u_{2t}\sim I(0)$？理论上确实如此，但实践中的结论受制于有限样本问题。另外，如果在第一步的模型设定中存在问题，那么由于协整检验统计量计算的连续性性质，这一问题就会被带到第二步的协整检验中去。

（3）不可能对第一阶段中所估计的实际协整关系进行任何假设检验。

（4）可能存在不止一种协整关系，具体请见专栏 8.2。

**▶专栏 8.2◀**

**多重协整关系**

如果方程中只有两个变量 $y_t$ 和 $x_t$，那么最多只存在一种 $y_t$ 和 $x_t$ 的平稳线性组合，即两者之间最多只存在一种协整关系。不过，如果系统中包含 $k$ 个变量（不包含常数项）$y_t$，$x_{2t}$，…，$x_{kt}$，那么最多有 $r(r\leqslant k-1)$ 个线性独立的协整关系。注意，这很可能提出了上面所讲的 OLS 回归方法的一些问题。实际上，不管系统中有多少个变量，OLS 方法最多只能找到一种协整关系。因此，如果存在多种协整关系，那么我们如何知道所找到的就是“最佳”或最强的协整关系呢？更具体地来说，某个 OLS 回归能够为变量找到具有最小方差的平稳线性组合，但除此之外可能还存在具有直觉吸引力的其他线性组合。要解决这一问题，可以使用系统性协整方法，这类方法可以确定所有的 $r$ 种协整关系，其中一种就是约翰森方法，详见8.8节。

上面的问题 1 和问题 2 实际上是小样本问题，因此在渐近情况下（随着样本的逐渐增大）会消失。问题 3 是恩格尔-尤方法所致力于解决的问题。另外，还有一种可供选择的技术，它是通过采用基于 VAR 系统估计的不同方法来解决问题 2 和问题 3，详见 8.8 节。

### 8.6.2 恩格尔-尤三步法

恩格尔-尤三步法中的前两步取自恩格尔-格兰杰方法，而第 3 步是对协整向量及其标准误估计的更新。不过，恩格尔-尤（EY）方法的第 3 步是代数技术，并且该方法还面临着恩格尔-格兰杰方法所面临的所有问题。当然，还有一种可能更具优势的方法，可以用来解决协整关系检验中假设的可检验性不足问题，这一方法就是 Johansen（1988）方法。出于这些原因，实证分析中很少使用恩格尔-尤方法，因此这里不再做进一步的介绍。

接下来是有关恩格尔-格兰杰方法在期货和现货市场中应用的一个例子。

## 8.7 期货市场和现货市场的领先—滞后及长期关系

### 8.7.1 背景

如果市场无摩擦且有效运行，那么金融资产现货（对数）价格的变化及与其相应的期货（对数）价格变化之间应该是完全同步相关而非交叉相关的。数学上，可以将这一认识表示为：

$$\operatorname{corr}[\Delta\ln(f_t), \Delta\ln(s_t)] \approx 1 \tag{a}$$

$$\operatorname{corr}[\Delta\ln(f_t), \Delta\ln(s_{t-k})] \approx 0 \quad \forall k>0 \tag{b}$$

$$\operatorname{corr}[\Delta\ln(f_{t-j}), \Delta\ln(s_t)] \approx 0 \quad \forall j>0 \tag{c}$$

换句话说，现货价格的变化和期货价格的变化应该同时出现［条件（a）］。另外，期货价格的即期变化应该与现货价格之前的变化无关［条件（b）］，而现货价格的即期变化也应该与期货价格之前的变化无关［条件（c）］。当然，期货价格对数和现货价格对数的变化也就是期货和现货的收益率。

如果标的资产是某种股票指数，那么期货价格和现货价格之间的均衡关系也叫做**持仓成本模型**（cost of carry model），其具体形式如下：

$$F_t^* = S_t e^{(r-d)(T-t)} \tag{8.57}$$

其中，$F_t^*$ 为合理的期货价格，$S_t$ 为现货价格，$r$ 为连续复利无风险利率，$d$ 为期货合约到期前从股票指数中导出的以股利形式表示的连续复利收益率，$T-t$ 是期货合约的到期时间。对式（8.57）两边取对数，得：

$$f_t^* = s_t + (r-d)(T-t) \tag{8.58}$$

其中，$f_t^*$ 为合理期货价格的对数，$s_t$ 为现货价格的对数。方程（8.58）表明，期货价格对数和现货价格对数之间的长期关系应该是一一对应的，因此基差（即期货价格和现货价格之差，如有必要也可根据持仓成本进行调整）应该是平稳的。原因在于，如果基差游弋出约束边界，那么就会出现套利机会，从而交易者会迅速反应，使得期货价格和现货价格之间的关系回到均衡状态。

我们可以运用简单的线性回归和协整分析，来对现货价格与期货价格之间不应该具有任何的领先—滞后关系以及现货对数价格与期货对数价格之间应该具有的一一对应的长期关系进行检验。接下来，我们要考察一下该领域中两篇论文的结果——Tse（1995）采用日数据对日经平均指数（Nikkei Stock Average，NSA）及其期货合约进行的研究，以及 Brooks，Rew 和 Ritson（2001）对 FTSE 100 股票指数及其指数期货合约的高频数据所进行的研究。

Tse（1995）所采用的数据包括 1988 年 12 月到 1993 年 4 月 NSA 股票指数及其股指期货的 1 055 个日数据值，而 Brooks 等（2001）的研究样本包括 1996 年 6 月到 1997 年 5 月所有交易日内的 13 035 个 10 分钟高频数据，该数据由富时国际（FTSE International）提供。为了构建一个统计上充分的模型，首先需要检查变量的平稳性，具体做法是对由 FTSE 的 10 分钟高频数据所计算的现货价格对数和期货价格对数进行 DF 检验，结果报告于表 8.3 中。

正如预期，两项研究都表明，两个对数价格序列中都包含有一个单位根，而收益率却是平稳的。当然，也可以通过增加因变量的滞后项以便考虑误差中的自相关性，由此来对检验进行扩展（即 ADF 检验），这一做法也是必要的。不过，我们这里没有报告 ADF 检验的结果，因为它与 DF 检验的结论是一致的。基于上述结果可以看出，收益率模型才是统计上有效的模型。不过，仅包含一阶差分项的方程是没有长期均衡解的，而理论显示两个序列之间应该具有长期关系。因此，解决办法是看一下 $f_t$ 和 $s_t$ 之间是否存在协整关系，如果两者之间存在协整关系，那就意味着在这一框架中同时包含水平项和收益率项是有效的。这一检验可以通过运用 DF 检验对以下回归式中残差的平稳性进行考察来完成：

$$s_t=\gamma_0+\gamma_1 f_t+z_t \tag{8.59}$$

其中，$z_t$ 为误差项。这一方程的系数估计值和 DF 检验统计量报告于表 8.4 中。

**表 8.3　FTSE 高频对数价格及收益率的 DF 检验结果**

| | 期货 | 现货 |
|---|---|---|
| 价格对数的 DF 统计量 | −0.132 9 | −0.733 5 |
| 收益率的 DF 统计量 | −84.996 8 | −114.180 3 |

**表 8.4　FTSE 高频数据潜在协整方程的估计结果及协整检验结果**

| 系数 | 估计值 |
|---|---|
| $\hat{\gamma}_0$ | 0.134 5 |
| $\hat{\gamma}_1$ | 0.983 4 |
| 对残差的 DF 检验 | 检验统计量 |
| $\hat{z}_t$ | −14.730 3 |

资料来源：Brooks，Rew and Ritson（2001）.

很明显，协整回归式中的残差可以被认为是平稳的。同样可以注意到，正如理论所预计的那样，协整回归式中斜率系数的估计值几乎等于 1。不过，因为在这一框架下无法对协整关系假设进行检验，所以也不可能对总体系数的真实值是否为 1 进行正式的检验。

运用恩格尔-格兰杰两步法建立一个误差校正模型的最后一步，是运用第一步中残差的一个滞后项作为一般性方程中的均衡校正项，即综合模型为：

$$\Delta \ln s_t=\beta_0+\delta \hat{z}_{t-1}+\beta_1 \Delta \ln s_{t-1}+\alpha_1 \Delta \ln f_{t-1}+v_t \tag{8.60}$$

其中，$v_t$ 为误差项。这一模型的系数估计结果列于表 8.5 中。

**表 8.5　FTSE 高频数据误差校正模型的估计结果**

| 系数 | 估计值 | $t$ 值 |
|---|---|---|
| $\hat{\beta}_0$ | 9.671 3E−06 | 1.608 3 |
| $\hat{\delta}$ | −0.838 8 | −5.129 8 |
| $\hat{\beta}_1$ | 0.179 9 | 19.288 6 |
| $\hat{\alpha}_1$ | 0.131 2 | 20.494 6 |

资料来源：Brooks，Rew and Ritson（2001）.

首先来看一下系数的符号及显著性（注意，现在对这些都可以进行有效解释，因为模型中的所有变量都是平稳的）。首先，$\hat{\alpha}_1$ 为正且高度显著，说明前一期的期货价格变化会导致本期现货价格出现同向变化，这意味着期货市场对现货市场确实具有引领作用。其次，$\hat{\beta}_1$ 为正同时也具有高度的显著性，这意味着平均来讲现货收益率具有正的自相关性。最后，误差校正项的系数 $\hat{\delta}$ 显著为负，这意味着如果在某一时刻现货价格对数与期货价格对数之差为正，那么现货价格在下一期将会下跌，从而回到均衡状态，反之亦然。

### 8.7.2 预测现货收益率

Brooks，Rew 和 Ritson（2001）以及 Tse（1995）的研究都表明，可以运用误差校正模型来为股票指数的对数变化建模。接下来，一个很明显的问题就是，可否运用该模型来预测未来的现货价格，其中预测样本是在之前的模型估计中没有用到的数据样本。实际上，上面的这两项研究都已经将基于误差校正模型的预测值与其他 3 种不同模型的预测值进行了比较，其中用到的 3 种对比模型分别为：带有持仓成本这一附加项的误差校正模型、ARMA 模型（滞后阶数由某种信息准则确定）、无约束 VAR 模型（滞后阶数由多元信息准则确定）。

对上述模型预测值所进行的比较是通过均方误差的平方根（RMSE）、平均绝对误差（MAE）和方向预测正确的百分比进行的。Brook，Rew 和 Ritson（2001）的预测结果如表 8.6 所示。

**表 8.6 样本外预测精度的比较**

| | ECM | ECM-COC | ARIMA | VAR |
|---|---|---|---|---|
| RMSE | 0.000 438 2 | 0.000 435 0 | 0.000 453 1 | 0.000 451 0 |
| MAE | 0.425 9 | 0.425 5 | 0.438 2 | 0.437 8 |
| 方向预测正确的百分比 | 67.69% | 68.75% | 64.36% | 66.80% |

资料来源：Brooks，Rew and Ritson (2001).

由表 8.6 可以看出，误差校正模型的 RMSE 值和 MAE 值都是最小的，并且方向预测正确的百分比值也是最大的。不过，仅凭这几个指标很难在不同模型间进行选择，因为这 4 个模型对收益率下一期变化的预测准确率都在 60%以上。

显然，从统计学角度来看，误差校正模型的样本外预测精度高于其他模型，但这并不一定就意味着这些预测值有什么真正的用处。实际上，就“是否可以将预测精度指标用于说明在实际交易中使用这些预测值来获利”这一问题，许多研究者都提出了质疑（Leitch and Tanner，1991）。举例来说，Brooks，Rew 和 Ritson（2001）基于最佳预测模型（即带有持仓成本项的误差校正模型）的预测值构建了一系列交易规则，由此对上述问题进行了直接考察。其中，交易期间为 1997 年 5 月 1 日—5 月 30 日，注意这一样本外的数据序列并没有用于模型估计。带有持仓成本项的误差校正模型（ECM-COC）产生了对 10 分钟数据的向前一步预测值，而具体的交易策略包括对现货收益率预测值的分析，以及基于下述各种交易规则的买卖决策。初始投资额度假定为 1 000 英镑。如果在股票指数上的头寸为零，那么就投资于无风险利率产品。所采用的交易策略包括 5 种，作者分别将它们的盈利能力与被动地买入并持有指数所获得的收益进行比较。当然，对于一组特定的现货收益率预测值来说，可以采用无数的交易策略，但 Brooks，Rew 和 Ritson（2001）只考虑了以下 5 种：

- 流动性交易策略。只要模型预测下一个 10 分钟区间的收益率为正，那么该策略就在下个 10 分钟区间内买入并卖出 FTSE 100 股票。如果模型预测下一个 10 分钟区间的收益率为负，那么就不进行任何交易，并且将现金投资于无风险资产，以获得无风险收益率。
- 预测收益率为正时的买入持有策略。只要预测下一期的收益率为正，该策略就令投资者继续持有指数，而不是像"流动性交易策略"中那样在每一个 10 分钟投资期内不断地买入卖出。
- 过滤策略：预测收益率会高于平均收益率。这一策略是让投资者只有在预测收益率高于平均正收益率时才买入指数（如果预测收益率为负，就不进行任何交易，所以只考虑正收益率的平均值）。
- 过滤策略：预测收益率会高于第一个十分位数。这一策略与前一策略类似，但不是使用正收益率的平均值作为标准，而是只有在下一期收益率的预测值位于所有收益率的前 10%范围内时才进行交易。
- 过滤策略：任意较高的截断点。作者随意选择了一个 0.007 5%（10 分钟收益率）的过滤规则，即这一策略是让投资者只有当预测的 10 分钟收益率非常大时才进行交易。

基于 ECM-COC 模型的收益率预测值所构造的各种策略的最终盈利结果如表 8.7 所示。

作为用于检验的月份，指数在 1997 年 5 月中的走势非常强劲，所以单纯地对指数实施买入—持有这一策略所获得的收益率为 4%，年化以后约为 50%。按照理想的做法，有关预测的实际操作应该在比一个月长很多的时间段上进行，而且要遍历各种市场条件。但是，由于长时期超高频数据的可得性问题，所以这一理想做法很难实现。从结果中可以很明显地看出，平均来讲这些预测值能够使得投资者在市场上涨时投资于股指，而在市场下跌时退出，因此具有一定的市场择时能力。就最终的整体结果来说，盈利能力最强的策略是那些在现货收益率每出现一次正的预测值时都开展交易的策略，并且除了最严格的过滤策略之外，其他所有交易规则的收益率都较被动投资更高。而最严格的那种过滤策略由于在市场强劲上涨时不持有股指头寸的时期过长，所以盈利效果并不理想。

**表 8.7　带有持仓成本项误差校正模型的交易获利能力**

| 交易策略 | 最终财富（英镑） | 年化收益率（%） | 考虑滑点影响后的最终财富（英镑） | 考虑滑点影响后的年化收益率（%） | 交易次数 |
|---|---|---|---|---|---|
| 被动投资策略 | 1 040.92 | 4.09 {49.08} | 1 040.92 | 4.09 {49.08} | 1 |
| 流动性交易策略 | 1 156.21 | 15.62 {187.44} | 1 056.38 | 5.64 {67.68} | 583 |

续表

| 交易策略 | 最终财富（英镑） | 年化收益率（%） | 考虑滑点影响后的最终财富（英镑） | 考虑滑点影响后的年化收益率（%） | 交易次数 |
|---|---|---|---|---|---|
| 预测收益率为正时的买入持有策略 | 1 156.21 | 15.62<br>{187.44} | 1 055.77 | 5.58<br>{66.96} | 383 |
| 第 1 种过滤策略 | 1 144.51 | 14.45<br>{173.40} | 1 123.57 | 12.36<br>{148.32} | 135 |
| 第 2 种过滤策略 | 1 100.01 | 10.00<br>{120.00} | 1 046.17 | 4.62<br>{55.44} | 65 |
| 第 3 种过滤策略 | 1 019.82 | 1.98<br>{23.76} | 1 003.23 | 0.32<br>{3.84} | 8 |

资料来源：Brooks，Rew and Ritson（2001）.

然而，这里所描绘的强劲的盈利能力可能存在一些误区，原因在于以下两个方面：**滑点时间**（slippage time）和交易成本（transaction cost）。首先，对于所有需要"买入指数"的交易来说，由于需要花时间来寻找相应的交易对手，所以假定在需要某项交易时马上就可以执行显然是不切实际的（当然，需要注意的是，在实际中，如果所操作的股票数量少得多的话，也可以取得与指数收益率相近的收益率）。因此，Brooks，Rew 和 Ritson（2001）设定了 10 分钟的"滑点时间"，即假定从提交交易订单到其被执行的间隔时间为 10 分钟。其次，只考虑总收益是不现实的，因为我们无法忽略现货市场的交易成本，特别是上面所考察的策略需要进行大量的交易。Sutcliffe（1997，p. 47）认为，对 FTSE 股票来说，一买一卖交易的总成本占总投资额的 1.7%。

与不考虑滑点时间相比，考虑滑点时间的影响使得预测值的有用性大打折扣。举例来说，如果模型预测现货价格将会上涨，而且确实上涨了，那么当订单被执行的时候，价格可能已经上涨了一定幅度而且现在已经停止上涨，这就会导致预测值不再具有择时能力。实际上，如果考虑滑点时间，所能获得的最终财富将会出现大幅下降，不同交易规则下的下降幅度从 1.5%到 10%不等。

最后，如果再考虑到交易成本，那么没有任何交易规则可以超越被动投资策略。更具体一点说，这些交易策略实际上都导致了相当大程度的损失。

### 8.7.3 结论

如果市场无摩擦且有效运行，金融资产现货价格的变化与其相应的期货价格的变化将完全是同步相关而非交叉自相关的。不过，许多学术研究成果都表明，由于股票指数并非单一的个体资产，所以期货市场对信息的反应更为迅速，从而对现货市场存在系统性的"领导"作用。这一点反映出：

- 指数中的一些成分股并没有被频繁交易，这意味着所观测到的指数价格包含了某些"过时"的成分股价格。
- 现货市场上的交易成本更高，因此现货市场对信息的反应更为迟缓。
- 股票指数是每分钟才重新计算一次，所以信息要花费较长的时间才能在指数中反映出来。

显然，现货市场所存在的上述问题无法解释 Tse（1995）所观察到的期货市场和现货市场在日间的领先—滞后关系。不过，无论是日内关系还是日间关系，由于无法从这些关系中获得超额收益，所以这些关系与无套利规则并没有任何冲突，而且也与有效市场假说的现代定义保持一致。

## 8.8 运用基于VAR的约翰森技术来检验和估计系统中的协整

假设所考虑的 $g(g\geqslant 2)$ 个变量都是I(1) 的，而且它们可能是协整的，那么包含这些变量 $k$ 阶滞后项的一个VAR模型可以是：

$$\underset{g\times 1}{y_t} = \underset{g\times g}{\beta_1}\underset{g\times 1}{y_{t-1}} + \underset{g\times g}{\beta_2}\underset{g\times 1}{y_{t-2}} + \cdots + \underset{g\times g}{\beta_k}\underset{g\times 1}{y_{t-k}} + \underset{g\times 1}{u_t} \tag{8.61}$$

为了运用约翰森检验，需要将式（8.61）转换为下列形式的向量误差校正模型（VECM）：

$$\Delta y_t = \Pi y_{t-k} + \Gamma_1 \Delta y_{t-1} + \Gamma_2 \Delta y_{t-2} + \cdots + \Gamma_{k-1}\Delta y_{t-(k-1)} + u_t \tag{8.62}$$

其中，$\Pi = \sum_{i=1}^{k}\beta_i - I_g$ 及 $\Gamma_i = \sum_{j=1}^{i}\beta_j - I_g$。

上述VAR模型的左边包含 $g$ 个一阶差分形式的变量，模型的右边包含因变量的 $k-1$ 个滞后项（差分），且每一个滞后项都带有一个系数矩阵 $\Gamma$。实际上，VECM中的滞后阶数会影响到约翰森检验，因此要按照第7章所介绍的方法来选择最优滞后长度。注意，约翰森检验的核心是考察 $\Pi$ 矩阵。在均衡状态下，所有 $\Delta y_{t-i}$ 都为零，这时设误差项 $u_t$ 等于其期望值零，从而有 $\Pi y_{t-k}=0$，因此 $\Pi$ 可以被解释为一个长期系数矩阵。这里要注意一下这组方程与ADF检验中的检验方程之间的差异，后者是将一阶差分项作为因变量，而且在方程右边还包括一个滞后水平项和多个滞后差分项。

通过考察 $\Pi$ 矩阵的特征值，进而考察其秩来完成对各个变量（$y$）之间协整关系的检验。① 其中，矩阵的秩等于非零特征根的个数（请参阅本书1.7.5节中的若干代数运算和例子）。注意，要将特征值 $\lambda_i$ 按照从大到小的顺序排列为 $\lambda_1\geqslant\lambda_2\geqslant\cdots\geqslant\lambda_g$。如果 $\lambda_s$ 为根，那么其必然为小于1的正数，且 $\lambda_1$ 的值最大（即最接近于1），$\lambda_g$ 的值最小（即最接近于零）。如果变量不是协整的，那么矩阵 $\Pi$ 的秩就不会与零有显著差异，即对于任意的 $i$，有 $\lambda_i\approx 0$。实际上，检验统计量中所包含的是 $\ln(1-\lambda_i)$，而非 $\lambda_i$ 本身，但当 $\lambda_i=0$ 时，仍有 $\ln(1-\lambda_i)=0$。

现在假设矩阵 $\Pi$ 的秩等于1，那么 $\ln(1-\lambda_1)$ 将为负值，且对于任意的 $i>1$，有 $\ln(1-\lambda_i)=0$。如果特征值 $i$ 不为零，那么对于任意的 $i>1$，有 $\ln(1-\lambda_i)<0$。也就是说，对于有一个秩为1的矩阵 $\Pi$ 来说，其最大的特征值一定是显著不为零的，而其他特征值与零不存在显著差异。

① 严格来讲，检验统计量中所用的特征值取自受约束秩积矩矩阵（rank-restricted product moment matrics），而非矩阵 $\Pi$ 本身。

在约翰森方法下，有两个检验统计量可以用来进行协整检验，其具体形式分别为：

$$\lambda_{trace}(r)=-T\sum_{i=r+1}^{g}\ln(1-\hat{\lambda}_i) \tag{8.63}$$

和

$$\lambda_{max}(r,r+1)=-T\ln(1-\hat{\lambda}_{r+1}) \tag{8.64}$$

其中，$r$ 为零假设下协整向量的个数，$\hat{\lambda}_i$ 为来自矩阵Ⅱ的第 $i$ 个特征值的估计值。直观上讲，$\hat{\lambda}_i$ 越大，$\ln(1-\hat{\lambda}_i)$ 就是越小的负数，因此检验统计量值就会越大。每个特征值都对应着一个不同的协整向量（即一个特征向量），且一个显著不为零的特征值就代表着一个显著的协整向量。

$\lambda_{trace}$ 是一个联合检验，其中零假设为“协整向量的个数小于或等于 $r$”，而未指明的或一般性的备择假设为“协整向量的个数大于 $r$”。这一检验从 $p$ 个特征值开始，然后相继去掉最大值。对于 $i=1$，…，$g$，当所有的 $\lambda_i=0$ 时，有 $\lambda_{trace}=0$。

$\lambda_{max}$ 分别检验每一个特征值，其中零假设为“协整向量的个数等于 $r$”，备择假设为“协整向量的个数为 $r+1$”。

Johansen 和 Juselius（1990）提出了上述两个检验统计量的临界值。这两个统计量并不服从标准的分布形式，其临界值依赖于 $g-r$ 的值、非平稳变量的个数以及每个方程中是否包含常数项。截距项既可以包含在协整向量本身当中，也可以作为附加项包含在 VAR 模型中。如果是后者，那么就等同于在序列水平值的数据生成过程中包含了一个趋势项。Osterwald-Lenum（1992）提出了一组更为全面的约翰森检验临界值，其中一部分报告于本书末尾附录的统计表中（附录 2）。

如果检验统计量的值大于约翰森检验表中的临界值，那么就可以拒绝“存在 $r$ 个协整向量”的零假设，从而倾向于“接受”“存在 $r+1$ 个（$\lambda_{max}$）或大于 $r$ 个（$\lambda_{trace}$）协整向量”的备择假设。注意，该检验是按顺序进行的，在零假设下，$r=0$，1，…，$g-1$，所以 $\lambda_{trace}$ 的假设为：

$H_0$：$r=0$　　和　$H_1$：$0<r\leqslant g$

$H_0$：$r=1$　　和　$H_1$：$1<r\leqslant g$

$H_0$：$r=2$　　和　$H_1$：$2<r\leqslant g$

⋮

$H_0$：$r=g-1$　和　$H_1$：$r=g$

其中，第一次检验的是“没有协整向量”（等价于矩阵Ⅱ的秩为零）的零假设。如果这一零假设不能被拒绝，那么就可以说不存在协整向量，至此这一检验就完成了。但是，如果“$H_0$：$r=0$”的零假设被拒绝，接下来就应该检验“存在一个协整向量”（$H_0$：$r=1$）的零假设，以此类推。也就是说，每次检验 $r$ 的值都连续增加，直到可以拒绝零假设为止。

不过，上述过程如何对应于对矩阵Ⅱ的秩的检验呢？矩阵Ⅱ的秩是 $r$。矩阵Ⅱ不可能是满秩（$g$）的，因为这对应于初始的 $y_t$ 是平稳的。如果矩阵Ⅱ的秩为零，那么这就类似于单变量的情况，即 $\Delta y_t$ 只依赖于 $\Delta y_{t-j}$ 而不依赖于 $y_{t-1}$，由此 $y_{t-1}$ 的元素中就不存在长期关系，从而不存在协整关系。另外，当矩阵 $\Pi$ 的秩大于等于 1 且小于 $g$ 时，存在 $r$ 个协整向量。由此，矩阵 $\Pi$ 就可定义为两个矩阵 $\alpha$ 和 $\beta'$ 的乘积，其维度分别为 $g\times r$ 和 $r\times g$，即：

$$\Pi=\alpha\beta' \tag{8.65}$$

其中，矩阵 $\beta$ 表示协整向量，而 $\alpha$ 表示的是进入 VECM 各方程中的协整向量的数量，也可以叫做“调整参数”。

举例来说，假设 $g=4$，所以系统包含 4 个变量。矩阵 $\Pi$ 的元素可以写为：

$$\Pi=\begin{bmatrix}\pi_{11} & \pi_{12} & \pi_{13} & \pi_{14}\\ \pi_{21} & \pi_{22} & \pi_{23} & \pi_{24}\\ \pi_{31} & \pi_{32} & \pi_{33} & \pi_{34}\\ \pi_{41} & \pi_{42} & \pi_{43} & \pi_{44}\end{bmatrix} \tag{8.66}$$

如果 $r=1$，即只有一个协整向量，那么 $\alpha$ 和 $\beta$ 都是 $4\times1$ 阶的：

$$\Pi=\alpha\beta'=\begin{bmatrix}\alpha_{11}\\ \alpha_{12}\\ \alpha_{13}\\ \alpha_{14}\end{bmatrix}\begin{bmatrix}\beta_{11} & \beta_{12} & \beta_{13} & \beta_{14}\end{bmatrix} \tag{8.67}$$

如果 $r=2$，即有 2 个协整向量，那么 $\alpha$ 和 $\beta$ 都是 $4\times2$ 阶的：

$$\Pi=\alpha\beta'=\begin{bmatrix}\alpha_{11} & \alpha_{21}\\ \alpha_{12} & \alpha_{22}\\ \alpha_{13} & \alpha_{23}\\ \alpha_{14} & \alpha_{24}\end{bmatrix}\begin{bmatrix}\beta_{11} & \beta_{12} & \beta_{13} & \beta_{14}\\ \beta_{21} & \beta_{22} & \beta_{23} & \beta_{24}\end{bmatrix} \tag{8.68}$$

以此类推。

如式（8.67）所示，现在假设 $g=4$ 且 $r=1$，那么系统中就存在表现为一个协整向量的 4 个变量 $y_1$，$y_2$，$y_3$，$y_4$，由此 $\Pi y_{t-k}$ 为：

$$\Pi=\begin{bmatrix}\alpha_{11}\\ \alpha_{12}\\ \alpha_{13}\\ \alpha_{14}\end{bmatrix}\begin{bmatrix}\beta_{11} & \beta_{12} & \beta_{13} & \beta_{14}\end{bmatrix}\begin{bmatrix}y_1\\ y_2\\ y_3\\ y_4\end{bmatrix}_{t-k} \tag{8.69}$$

式（8.69）也可以写为：

$$\Pi=\begin{bmatrix}\alpha_{11}\\ \alpha_{12}\\ \alpha_{13}\\ \alpha_{14}\end{bmatrix}\begin{bmatrix}\beta_{11}y_1+\beta_{12}y_2+\beta_{13}y_3+\beta_{14}y_4\end{bmatrix}_{t-k} \tag{8.70}$$

给定式（8.70），可以分别对每一个变量 $\Delta y_t$ 写出单独的方程。通常情况下，还会针对某个特定的变量进行“标准化”，从而使得协整向量中该变量的系数为 1。举例来说，对 $y_1$ 进行标准化会使得 $\Delta y_1$ 方程中的协整项变为：

$$\alpha_{11}\left[y_1+\frac{\beta_{12}}{\beta_{11}}y_2+\frac{\beta_{13}}{\beta_{11}}y_3+\frac{\beta_{14}}{\beta_{11}}y_4\right]_{t-k}，\text{等}$$

最后，需要指出的是，严格来说，上面所阐述的内容并不是约翰森方法的确切过程，而是近似于对它的一种直观认识。

### 8.8.1 混合积整阶数的协整检验

假设有一组相互关联的变量，且其中一些变量之间可能存在长期关系，但是单个变量的积整阶数不同。在恩格尔-格兰杰单方程方法的背景下，协整检验在这组变量中仍然适用。不过，如果这些变量不是协整的，那么潜在的协整回归式中残差的积整阶数就等于单变量中最高的积整阶数；如果这些变量是协整的，那么潜在的协整回归式中的残差是I(0)。实际上，我们这里仍然只考虑I(1) 或I(0) 的变量，因此假设有 3 个变量分别是 I(1)，I(1) 和 I(0) 的。如果变量是协整的，由于这些残差是两个 I(1) 变量和一个已经平稳的 I(0) 变量的平稳线性组合，那么残差是 I(0)。然而，如果变量不是协整的，那么残差是 I(1)。因此，从非平稳的角度来看，I(0) 变量实际上相当于一个常数。

在约翰森框架下，如果系统中有 $N$ 个变量，那么协整秩等于系统中线性无关的协整向量的数量再加上 I(0) 变量的数量。

### 8.8.2 运用约翰森方法进行假设检验

恩格尔-格兰杰方法不允许对协整关系本身进行假设检验，而约翰森方法却允许对变量之间的均衡关系进行假设检验。约翰森方法允许研究者对有关协整关系中一个或多个系数的假设进行检验，当然它是通过将这一假设作为矩阵$\Pi$的限制条件进行的。如果存在 $r$ 个协整向量，只有这些向量的线性组合或线性变换以及协整向量的组合才是平稳的。实际上，可以将协整向量 $\beta$ 的矩阵与任何一个非奇异的可相乘矩阵相乘，从而获得一组新的协整向量。

一组必要的长期系数值或系数之间的关系并不一定就意味着协整向量不得不受到约束，这是因为协整向量的任意组合也都是协整向量。所以，我们可以将协整向量进行组合，从而得到一个（或者更一般的，得到一组）具有所需要的性质的协整向量。实际上，所需要的性质越简单、越少，这一重新组合过程（也叫做再标准化）就越可能自动产生出满足这些性质的协整向量。不过，由于约束条件变得越来越多或涉及更多的向量系数，最终不可能仅仅通过再标准化来满足研究者要求的所有性质。实际上，超过这一点后，变量的所有其他线性组合都将是非平稳的。如果约束条件对模型的影响并不大，即如果这些约束条件的约束力不是很强，那么在施加了这些约束之后，特征向量应该不会有太大的变化。用于检验这一假设的检验统计量为：

$$\text{检验统计量}=-T\sum_{i=1}^{r}[\ln(1-\lambda_i)-\ln(1-\lambda_1^*)]\sim\chi^2(m) \tag{8.71}$$

其中，$\lambda_i^*$ 是受约束模型的特征根，$\lambda_i$ 是无约束模型的特征根，$r$ 是无约束模型中非零特征根的数量，$m$ 为过度识别约束条件的数量。

在将某些约束条件恰当地代入有关 $\alpha$ 和 $\beta$ 矩阵时，实际上就是对模型施加了约束，从而检验既可以在协整向量上进行，也可以在系统每个方程中的协整向量的载荷上进行，或者两者同时进行。举例来说，在式（8.66）～式（8.68）中，可能会有理论表明，每个方程协整向量的载荷系数都应该取某些特定的值，而在每个方程下都应该对 $\alpha$ 元素的约束条件进行检验（例如，$\alpha_{11}=1$，$\alpha_{23}=-1$，等等）。同样地，也可以对实际上是否只要求由 $y_t$ 中的某些变量得到一个平稳线性组合进行检验，此时对 $\beta$ 元素的约束条件进行检验才是比较合适的。例如，为了对"没必要使用 $y_4$ 来构造某种长期关系"的假设进行检验，应该设 $\beta_{14}=0$ 和 $\beta_{24}=0$，如此等等。

就在单方程和多方程模型的框架下协整问题的详细处理来说，Harris（1995）是一个非常杰出的参考文献。接下来，本书将给出协整检验方法的几个应用，以及对金融中的协整系统进行建模的几个实例。

## 8.9 购买力平价

**购买力平价**（purchasing power parity，简记为 PPP）表明两个国家之间的均衡汇率或长期汇率应该等于其相对价格水平的比值。这一理论意味着由下式定义的真实汇率 $Q_t$ 是平稳的：

$$Q_t=\frac{E_tP_t^*}{P_t} \tag{8.72}$$

其中，$E_t$ 是用本国货币表示的每单位外币的名义汇率；$P_t$ 是国内价格水平；$P_t^*$ 是国外价格水平。对式（8.72）取对数并移项，就得到了用来表述 PPP 关系的另一种形式：

$$e_t-p_t+p_t^*=q_t \tag{8.73}$$

式（8.73）中的小写字母代表式（8.72）中相应大写字母的对数变换形式。PPP 成立的一个充分必要条件是式（8.73）左边的变量——国家 A 和国家 B 之间汇率的对数，以及两国价格水平的对数——应该是协整的，且协整向量为 $[1\quad -1\quad 1]$。

Chen（1995）对此进行了检验，所用的数据为比利时、法国、德国、意大利和荷兰等国的月度数据，样本期间为 1973 年 4 月—1990 年 12 月。Chen（1994）对这些国家进行两两组合（一共 10 对），然后用配对方法来考察协整关系是否存在。因为每种情况下的系统中都有 3 个变量（汇率的对数以及两个名义价格序列的对数），且对水平值取对数形式的变量是非平稳的，所以对每一对国家来说，最多存在两种线性独立协整关系。约翰森迹检验的结果报告于 Chen（1995，Table 1），这里我们将其列示为表 8.8。

由表 8.8 中的结果可以看出，所有配对的国家都拒绝了"没有协整向量"的零假设，且"具有一个或更少的协整向量"的零假设在法国—比利时、德国—意大利、德国—比利时、意大利—比利时、荷兰—比利时等国家配对下被拒绝。另外，"具有两个或更少协整向量"的零假设在任何一个配对下都没有被拒绝。因此，我们可以下结论说

PPP 假说成立，且不同配对国家的序列中可能存在一种或两种协整关系。另外，$\alpha_1$ 和 $\alpha_2$ 的估计值列示于表 8.8 的最后两列中。按照 PPP 理论，这两个系数的估计值应该分别为 1 和−1。不过，在大多数情况下，表 8.8 中这两个系数的估计值与其各自的理论值都相差很远。当然，还可以在上述约翰森方法框架内施加这一约束并对其进行检验，但 Chen（1994）并没有进行这一分析。

**表 8.8　用欧洲的数据对 PPP 进行协整检验**

| 所配对的国家 | $r=0$ | $r\leqslant1$ | $r\leqslant2$ | $\alpha_1$ | $\alpha_2$ |
|---|---|---|---|---|---|
| 法国—德国 | 34.63* | 17.10 | 6.26 | 1.33 | −2.50 |
| 法国—意大利 | 52.69* | 15.81 | 5.43 | 2.65 | −2.52 |
| 法国—荷兰 | 68.10* | 16.37 | 6.42 | 0.58 | −0.80 |
| 法国—比利时 | 52.54* | 26.09* | 3.63 | 0.78 | −1.15 |
| 德国—意大利 | 42.59* | 20.76* | 4.79 | 5.80 | −2.25 |
| 德国—荷兰 | 50.25* | 17.79 | 3.28 | 0.12 | −0.25 |
| 德国—比利时 | 69.13* | 27.13* | 4.52 | 0.87 | −0.52 |
| 意大利—荷兰 | 37.51* | 14.22 | 5.05 | 0.55 | −0.71 |
| 意大利—比利时 | 69.24* | 32.16* | 7.15 | 0.73 | −1.28 |
| 荷兰—比利时 | 64.52* | 21.97* | 3.88 | 1.69 | −2.17 |
| 临界值 | 31.52 | 17.95 | 8.18 | — | — |

资料来源：Chen（1995）. Reprinted with the permission of Taylor and Francis Ltd（www. tandf. co. uk）.



## 8.10　国际债券市场间的协整

一般来讲，投资者都会持有不止一个国家的债券，以期通过这样的多元化来分散风险。不过，如果国际债券市场在长期中具有非常强的相关性，这样多元化的效果就远不如在各个债券市场独立运行下的效果那样显著。对于国际债券市场的投资者来说，如果想要了解在国际债券市场中长期进行资产的分散化是否有效及其程度如何，一个很重要的方法就是对市场之间是否存在协整关系进行考察。接下来，本书会研究有关这一问题的两个案例，它们分别取自以下两篇文献：Clare，Maras 和 Thomas（1995）以及 Mills 和 Mills（1991）。

### 8.10.1　国际债券市场间的协整：一个单变量方法

Clare，Maras 和 Thomas（1995）运用 DF 检验和恩格尔-格兰杰单方程模型，以配对分析的形式对以下 4 个国家的债券市场指数进行了协整检验：美国、英国、德国、日本。Clare，Maras 和 Thomas（1995）所用的数据为所罗门兄弟（Salomon Brothers）政府债券总收益指数的月度数据，样本期间为 1978 年 1 月—1990 年 4 月。对指数的对数所进行的 DF 检验结果报告于表 8.9 中（原文报告于表 1 中）。

**表 8.9　国际债券指数的 DF 检验**

| A 部分：对不同国家指数对数的检验 | DF 统计量 |
|---|---|
| 德国 | −0.395 |
| 日本 | −0.799 |
| 英国 | −0.884 |
| 美国 | 0.174 |
| B 部分：对不同国家对数收益率的检验 | DF 统计量 |
| 德国 | −10.37 |
| 日本 | −10.11 |
| 英国 | −10.56 |
| 美国 | −10.64 |

资料来源：Clare，Maras and Thomas（1995）. Reprinted with the permission of Blackwell Publishers.

论文中既没有给出临界值，也没有说检验回归式中是否包含常数项或趋势项。不过，结果是很明显的。回忆一下，如果检验统计量的值小于临界值（即为更小的负数），那么就可以拒绝"存在一个单位根"的零假设。对于该例中的样本规模来说，5%的临界值应该位于−3.50 到−1.95 之间。因此，表中的检验结果非常明确地表明指数的对数是非平稳的，而对对数进行一阶差分（即构造收益率）之后就具有了平稳性。

考虑到 4 个国家指数的对数都是 I(1)，那么下一步分析就应该是通过构建一个潜在回归式并对其残差的非平稳性进行检验来完成协整检验。Clare，Maras 和 Thomas（1995）所用的这一回归式为：

$$B_i=\alpha_0+\alpha_1 B_j+u \tag{8.74}$$

式中略去了时间下标，$B_i$ 和 $B_j$ 分别为任意两个国家 $i$ 和 $j$ 债券指数的对数。检验结果在原文中报告于表 3 和表 4，这里我们将其组合为表 8.10。另外需要说明的是，Clare，Maras 和 Thomas（1995）报告了基于 7 种不同检验方法的结果，我们这里只列出了协整回归德宾-沃森（CRDW）检验、DF 检验和 ADF 检验的结果（论文中并没有给出后者的滞后阶数）。

**表 8.10　国际债券市场指数的配对协整检验**

| 检验方法 | 英国—德国 | 英国—日本 | 英国—美国 | 德国—日本 | 德国—美国 | 日本—美国 | 5%水平下的临界值 |
|---|---|---|---|---|---|---|---|
| CRDW | 0.189 | 0.197 | 0.097 | 0.230 | 0.169 | 0.139 | 0.386 |
| DF | 2.970 | 2.770 | 2.020 | 3.180 | 2.160 | 2.160 | 3.370 |
| ADF | 3.160 | 2.900 | 1.800 | 3.360 | 1.640 | 1.890 | 3.170 |

资料来源：Clare，Maras and Thomas（1995）. Reprinted with the permission of Blackwell Publishers.

本例中，"回归式（8.74）的残差中存在一个单位根"的零假设无法被拒绝。因此，结论为这一样本中的任意一对债券指数之间都不存在协整关系。

## 8.10.2 国际债券市场间的协整：一个多变量方法

Mills 和 Mills（1991）同样对上述 4 个国家的债券市场间是否存在协整关系进行了研究。不过，他们所用的数据是赎回收益率的每日收盘价，而非 Clare 等（1995）所使用的债券价格指数数据，样本期是 1986 年 4 月 1 日—1989 年 12 月 29 日，共 960 个样本点。Mills 和 Mills（1991）运用一个 DF 类型的回归步骤对所有单个序列的非平稳性进行了检验，并确认这 4 个收益率序列都是I(1)。

然后，作者又运用约翰森过程对序列之间的协整关系进行了检验。与 Clare 等（1995）的研究不同的是，Mills 和 Mills（1991）同时考虑 4 个指数，而非对其进行两两配对分析。由此，系统中就有 4 个变量，即 $g=4$，且最多会有 3 个线性独立的协整向量，即 $r\leqslant 3$。作者采用了如下形式的迹统计量：

$$\lambda_{trace}(r)=-T\sum_{i=r+1}^{g}\ln(1-\hat{\lambda}_i) \tag{8.75}$$

其中，$\lambda_i$ 为排序后的特征值。论文中的表 2 报告了检验结果，这里的表 8.11 对其进行了一些修正。

下面看一下第一行中的结果，可以看到检验统计量的值小于临界值，所以即使在 10%的水平上，$r=0$ 的零假设也无法被拒绝，因此接下来就没有必要再去看表中的其他结果了。由此，这一分析所得到的结论与 Clare 等（1995）的研究结论相同，即不存在协整向量。

**表 8.11 国际债券收益率协整关系的约翰森检验结果**

| $r$（零假设下协整向量的个数） | 检验统计量 | 临界值 | |
|---|---|---|---|
| | | 10% | 5% |
| 0 | 22.06 | 35.6 | 38.6 |
| 1 | 10.58 | 21.2 | 23.8 |
| 2 | 2.52 | 10.3 | 12.0 |
| 3 | 0.12 | 2.9 | 4.2 |

资料来源：Mills and Mills（1991）. Reprinted with the permission of Blackwell Publishers.

既然没有任何收益率序列的线性组合是平稳的，那么也就不存在误差校正方程，所以 Mills 和 Mills（1991）接下来为收益率的一阶差分估计了一个如下形式的 VAR 模型：

$$\Delta X_t=\sum_{i=1}^{k}\Gamma_i\Delta X_{t-i}+v_t \tag{8.76}$$

其中，

$$X_t=\begin{bmatrix}X(US)_t\\X(UK)_t\\X(WG)_t\\X(JAP)_t\end{bmatrix},\ \Gamma_i=\begin{bmatrix}\Gamma_{11i}&\Gamma_{12i}&\Gamma_{13i}&\Gamma_{14i}\\\Gamma_{21i}&\Gamma_{22i}&\Gamma_{23i}&\Gamma_{24i}\\\Gamma_{31i}&\Gamma_{32i}&\Gamma_{33i}&\Gamma_{34i}\\\Gamma_{41i}&\Gamma_{42i}&\Gamma_{43i}&\Gamma_{44i}\end{bmatrix},\ v_t=\begin{bmatrix}v_{1t}\\v_{2t}\\v_{3t}\\v_{4t}\end{bmatrix}$$

作者将每个回归式中每个收益率变化的滞后阶数 $k$ 设定为 8，其理由是似然比检验，结果拒绝了比 8 更小的滞后阶数。不幸的是，正如对每日收益率变化回归式的预期，VAR 方程的 $R^2$ 值是非常低的，其中德国回归式的 $R^2$ 值最大（0.17），美国回归式的 $R^2$ 值最小（0.04）。作者又对所估计的 VAR 方程进行了方差分解和脉冲响应计算，其中采用了两种不同的变量排序：一种是基于先前的研究，另一种是基于开盘（和收盘）的时间顺序，即日本→德国→英国→美国。这里只列示出从 Mills 和 Mills（1991）论文的表 4 和表 5 中提取出的基于后一种排序的结果，其中 VAR 模型的方差分解和脉冲响应结果分别报告于表 8.12 和表 8.13 中。

**表 8.12　国际债券收益率 VAR 模型的方差分解**

| 被解释的国家 | 向前的天数 | 用来解释的国家 | | | |
|---|---|---|---|---|---|
| | | 美国 | 英国 | 德国 | 日本 |
| 美国 | 1 | 95.6 | 2.4 | 1.7 | 0.3 |
| | 5 | 94.2 | 2.8 | 2.3 | 0.7 |
| | 10 | 92.9 | 3.1 | 2.9 | 1.1 |
| | 20 | 92.8 | 3.2 | 2.9 | 1.1 |
| 英国 | 1 | 0.0 | 98.3 | 0.0 | 1.7 |
| | 5 | 1.7 | 96.2 | 0.2 | 1.9 |
| | 10 | 2.2 | 94.6 | 0.9 | 2.3 |
| | 20 | 2.2 | 94.6 | 0.9 | 2.3 |
| 德国 | 1 | 0.0 | 3.4 | 94.6 | 2.0 |
| | 5 | 6.6 | 6.6 | 84.8 | 3.0 |
| | 10 | 8.3 | 6.5 | 82.9 | 3.6 |
| | 20 | 8.4 | 6.5 | 82.7 | 3.7 |
| 日本 | 1 | 0.0 | 0.0 | 1.4 | 100.0 |
| | 5 | 1.3 | 1.4 | 1.1 | 96.2 |
| | 10 | 1.5 | 2.1 | 1.8 | 94.6 |
| | 20 | 1.6 | 2.2 | 1.9 | 94.2 |

资料来源：Mills and Mills（1991）. Reprinted with the permission of Blackwell Publishers.

**表 8.13　国际债券收益率 VAR 模型的脉冲响应**

| 冲击产生后的天数 | 美国市场对以下国家市场的反应 | | | |
|---|---|---|---|---|
| | 美国 | 英国 | 德国 | 日本 |
| 0 | 0.98 | 0.00 | 0.00 | 0.00 |
| 1 | 0.06 | 0.01 | −0.10 | 0.05 |
| 2 | −0.02 | 0.02 | −0.14 | 0.07 |
| 3 | 0.09 | −0.04 | 0.09 | 0.08 |

续表

| 冲击产生后的天数 | 美国市场对以下国家市场的反应 | | | |
|---|---|---|---|---|
| | 美国 | 英国 | 德国 | 日本 |
| 4 | −0.02 | −0.03 | 0.02 | 0.09 |
| 10 | −0.03 | −0.01 | −0.02 | −0.01 |
| 20 | 0.00 | 0.00 | −0.10 | −0.01 |
| 冲击产生后的天数 | 英国市场对以下国家市场的反应 | | | |
| | 美国 | 英国 | 德国 | 日本 |
| 0 | 0.19 | 0.97 | 0.00 | 0.00 |
| 1 | 0.16 | 0.07 | 0.01 | −0.06 |
| 2 | −0.01 | −0.01 | −0.05 | 0.09 |
| 3 | 0.06 | 0.04 | 0.06 | 0.05 |
| 4 | 0.05 | −0.01 | 0.02 | 0.07 |
| 10 | 0.01 | 0.01 | −0.04 | −0.01 |
| 20 | 0.00 | 0.00 | −0.01 | 0.00 |
| 冲击产生后的天数 | 德国市场对以下国家市场的反应 | | | |
| | 美国 | 英国 | 德国 | 日本 |
| 0 | 0.07 | 0.06 | 0.95 | 0.00 |
| 1 | 0.13 | 0.05 | 0.11 | 0.02 |
| 2 | 0.04 | 0.03 | 0.00 | 0.00 |
| 3 | 0.02 | 0.00 | 0.00 | 0.01 |
| 4 | 0.01 | 0.00 | 0.00 | 0.09 |
| 10 | 0.01 | 0.01 | −0.01 | 0.02 |
| 20 | 0.00 | 0.00 | 0.00 | 0.00 |
| 冲击产生后的天数 | 日本市场对以下国家市场的反应 | | | |
| | 美国 | 英国 | 德国 | 日本 |
| 0 | 0.03 | 0.05 | 0.12 | 0.97 |
| 1 | 0.06 | 0.02 | 0.07 | 0.04 |
| 2 | 0.02 | 0.02 | 0.00 | 0.21 |
| 3 | 0.01 | 0.02 | 0.06 | 0.07 |
| 4 | 0.02 | 0.03 | 0.07 | 0.06 |
| 10 | 0.01 | 0.01 | 0.01 | 0.04 |
| 20 | 0.00 | 0.00 | 0.00 | 0.01 |

资料来源：Mills and Mills (1991). Reprinted with the permission of Blackwell Publishers.

其实，由 VAR 方程中较低的 $R^2$ 以及“不存在协整关系”这一情况可以预期到，债券市场彼此之间似乎应该是独立的。我们知道，方差分解报告了因变量的变化中可以由其“自身”冲击解释的部分与可以由其他变量所解释部分的比率。这里的方差分解结果似乎表明，在某种程度上，美国、英国和日本的债券市场在这一系统中具有外生性。

也就是说，除了其自身债券收益率的变化之外，几乎没有其他变量的变化可以解释美国、英国和日本序列的变化。不过，对于德国市场来说，在 20 天后，只有 83%的德国收益率的变化可以由其自身冲击所解释，并且德国的收益率似乎受到了美国（20 天后为 8.4%）和英国（20 天后为 6.5%）冲击的特别影响。另外，日本的冲击对其他市场债券收益率的影响似乎都是最小的。

脉冲响应报告了对每个 VAR 方程的误差分别施加一个单位冲击所造成的影响。这里的结果与方差分解的结果类似，即各个市场看起来与其他市场都是独立的，而且冲击通过系统产生影响的速度非常快，所以各市场都是信息有效的。具体来说，在冲击发生 3 天后，没有一个序列对冲击的反应超过 10%。在大多数情况下，冲击在 2 天内就通过系统产生了影响。这一结果意味着，想要依据其他市场上的"旧信息"在某个市场上获得超额收益几乎是完全不可能的。

### 8.10.3 国际债券市场之间的协整关系：结论

由以上两篇论文，我们可以得出一些同样的结论。具体来说，两篇论文基于两种不同的方法，但结果都表明，国际债券市场之间不存在协整关系，这就意味着投资者可以通过分散化获得实质性的收益。这一结果与外汇市场（Baillie and Bollerslev，1989）、商品市场（Baillie，1989）和股票市场（Taylor and Tonks，1989）等其他市场的结果形成了鲜明的对比。Clare，Maras 和 Thomas（1995）认为，国际债券市场间不存在协整关系的原因可能是"制度特质"（institutional idiosyncrasies），例如不同国家之间不同的债券到期时间和税收结构，以及不同的投资文化、债券发行方式和宏观经济政策，这些因素都使得不同债券市场的运作模式之间存在巨大差异。

## 8.11 检验利率期限结构的预期假说

下面所使用的公式及符号是从 Campbell 和 Shiller（1991）这一具有重大影响的论文中复制过来的。我们知道，期限结构的单一线性期望理论通常表述为"预期假说"（expectations hypothesis，简记为 EH），它定义了 $n$ 期的利率或收益率 $R_t^{(n)}$ 与一个 $m(n>m)$ 期利率 $R_t^{(m)}$ 之间的关系。其中，$R_t^{(n)}$ 表示一项长期投资工具的利率或收益率，而 $R_t^{(m)}$ 表示一项短期投资工具的利率或收益率。更确切地讲，预期假说是在说，按照 $n$ 期的利率进行投资的期望收益，应该等于按照 $m$ 期且一直到未来 $n-m$ 期的利率进行投资的期望收益再加上一个不变的风险溢价 $c$。即：

$$R_t^{(n)}=\frac{1}{q}\sum_{i=0}^{q-1}E_tR_{t+mi}^{(m)}+c \tag{8.77}$$

其中，$q=n/m$。由式（8.77）可知，长期利率 $R_t^{(n)}$ 可以表示为当前的短期利率与期望短期利率的加权平均 $R_t^{(m)}$，再加上一个常数风险溢价 $c$。现在，在式（8.77）两边都减去 $R_t^{(m)}$，得：

第8章 金融领域中的长期关系建模

$$R_t^{(n)} - R_t^{(m)} = \frac{1}{q}\sum_{i=0}^{q-1}\sum_{j=1}^{j=i} E_t[\Delta^{(m)} R_{t+jm}^{(m)}] + c \tag{8.78}$$

考察一下式（8.78），该式实际上形成了一些有趣的约束条件。如果所分析的利率 $R_t^{(n)}$ 和 $R_t^{(m)}$ 都是 I(1) 序列，那么按照定义，$\Delta R_t^{(n)}$ 和 $\Delta R_t^{(m)}$ 就是平稳序列。实际上，学术界普遍认为 I(1) 过程可以为利率和国债收益率等序列提供良好的描述，有关这一点可参阅 Campbell 和 Shiller（1988）及 Stock 和 Watson（1988）。另外，$c$ 是一个常数，所以按照定义它也是一个平稳序列。因此，如果预期假说成立，再加上 $c$ 和 $\Delta R_t^{(m)}$ 都是 I(0) 就意味着式（8.78）的右边是平稳的，那么由定义可知 $R_t^{(n)} - R_t^{(m)}$ 一定是平稳的，否则等式右边和等式左边的单整阶数就会出现不一致。注意，$R_t^{(n)} - R_t^{(m)}$ 通常定义为 $n$ 期利率和 $m$ 期利率的利差（用 $S_t^{(n,m)}$ 表示），其实它还表示期限结构的斜率。因此，如果预期假说成立，那么利差就是平稳的，进而对于 $[R_t^{(n)}, R_t^{(m)}]$ 来说，$R_t^{(n)}$ 和 $R_t^{(m)}$ 就是协整的，且有一个协整向量为（1，－1）。因此，驱动两个利率序列的单整过程是一样的，由此我们可以说这两个利率具有共同的随机趋势。由于预期假说预测每个利率序列都与单期利率之间存在协整关系，所以驱动所有利率的随机过程与驱动单期利率的随机过程是一样的。也就是说，用来构造利差的利率的任意组合都是协整的，且有一个协整向量为（1，－1）。

有很多文献考察了利率期限结构的预期假说，但目前对于其有效性还没有达成一致。Shea（1992）使用 McCulloch（1987）所建立的标准数据集对预期假说进行了检验，其中用到了 1952 年 1 月—1987 年 2 月间零息债券期限结构的数据，到期时间从 1 个月到 25 年不等。Shea（1992）使用了各种各样的技术，但这里我们只讨论其对约翰森技术的运用。具体来说，文中构建了一个包含所有不同到期期限利率的向量 $X_t$：

$$X_t = [R_t R_t^{(2)} \cdots R_t^{(n)}]' \tag{8.79}$$

其中，$R_t$ 为现货利率。作者认为这一向量中的所有元素都是非平稳的，因此运用约翰森方法对利率系统进行建模，并对不同利率间的协整关系进行检验。所使用的统计量既有 $\lambda_{max}$ 也有 $\lambda_{trace}$，分别对应使用最大特征值和累积特征值。Shea（1992）检验了以到期收益率测度的各种利率组合之间的协整关系，其中一部分结果报告于表 8.14 中。

**表 8.14　用美国零息债券月度收益率曲线检验预期假说**

| 样本期间 | 所包含的利率 | VAR 方程的滞后长度 | 零假设 | $\lambda_{max}$ | $\lambda_{trace}$ |
|---|---|---|---|---|---|
| 1952 年 1 月—1978 年 12 月 | $X_t = [R_t R_t^{(6)}]'$ | 2 | $r=0$<br>$r\leqslant 1$ | 47.54***<br>2.28 | 49.82***<br>2.28 |
| 1952 年 1 月—1987 年 2 月 | $X_t = [R_t R_t^{(120)}]'$ | 2 | $r=0$<br>$r\leqslant 1$ | 40.66***<br>3.07 | 43.73***<br>3.07 |
| 1952 年 1 月—1987 年 2 月 | $X_t = [R_t R_t^{(60)} R_t^{(120)}]'$ | 2 | $r=0$<br>$r\leqslant 1$ | 40.13***<br>2.50 | 42.63***<br>2.50 |

续表

| 样本期间 | 所包含的利率 | VAR方程的滞后长度 | 零假设 | $\lambda_{max}$ | $\lambda_{trace}$ |
|---|---|---|---|---|---|
| 1973年5月—1987年2月 | $X_t=[R_tR_t^{(60)}R_t^{(120)}R_t^{(180)}R_t^{(240)}]'$ | 7 | $r=0$ | 34.78*** | 75.50*** |
| | | | $r\leqslant 1$ | 23.31* | 40.72 |
| | | | $r\leqslant 2$ | 11.94 | 17.41 |
| | | | $r\leqslant 3$ | 3.80 | 5.47 |
| | | | $r\leqslant 4$ | 1.66 | 1.66 |

注：*、**、***分别表示在20%、10%和5%水平下显著；$r$为零假设下协整向量的个数。

资料来源：Shea (1992). Reprinted with the permission of American Statistical Association. 

表8.14中的结果和Shea（1992）所展示的结果共同表明了，不同到期日的利率之间似乎存在典型的协整关系，并且通常情况下带有一个协整向量。另外，正如所预期的那样，在分析那些到期日相距甚远的利率时，协整关系会减弱。不过，对于用数据来证明利率期限结构预期假说的正确性来说，不同利率序列之间的协整关系是一个必要条件，而非充分条件。实际上，要证明预期假说的有效性，还需要用于构建利差的利率的任意组合都必须具有协整关系，且带有一个协整向量（1，－1）。另外，如果对与协整向量相联系的估计值施加一些具有可比性的约束条件，它们通常会被拒绝，这表明对预期假说的支持是有限的。

**关于长记忆模型的评注**

通常认为，金融资产的（对数）价格中包含一个单位根。不过，很明显，金融资产的收益率中不再有单位根，这并不意味着收益率之间是独立的。实际上，某个收益率序列中即使是相隔很远的观测值也很可能（对于某些金融或经济数据来说，已经有研究发现确实如此）具有相依性，这样的序列通常被认为具有长记忆性。对序列中的这一特征进行刻画的一种方式是运用所谓的**“分整模型”**（fractionally integrated model）。简单来说，如果某个序列在经过（最少）$d$次差分后变为平稳序列，那么该序列就是$d$阶单整的。不过，在分整框架中，$d$可以不是整数值。这一框架已被用于ARMA模型的估计中（例如，可参阅Mills，2008）。分整模型的自相关函数（ACF）呈现双曲衰减趋势，而非以指数速度衰减到零，所以分整模型ACF的衰减速度要比$d=0$的ARMA模型慢得多。除此之外，长记忆这一概念还被用于GARCH模型（第9章会讨论这一类模型），即研究者发现波动率序列也会具有长记忆性，用于刻画这一特征的模型为分整GARCH模型（FIGARCH模型），具体可参阅Ding，Granger和Engle（1993）以及Bollerslev和Mikkelsen（1996）。

## 核心概念

本章给出了定义及解释的核心概念包括：

- 非平稳
- 单位根
- ADF检验
- 爆炸过程
- 伪回归
- 协整

- 误差校正模型
- 恩格尔-格兰杰两步法
- 约翰森技术
- 向量误差校正模型
- 特征值

## 自测题

1. 请回答以下问题：
   (a) 什么样的变量很可能是非平稳的？怎样使这样的变量具有平稳性？
   (b) 为什么在建立实证模型之前对时间序列数据的平稳性进行检验很重要？
   (c) 给出下列名词的定义，并描述其各自所表示的过程：
   (ⅰ) 弱平稳；
   (ⅱ) 严平稳；
   (ⅲ) 确定性趋势；
   (ⅳ) 随机趋势。
2. 某位研究者决定使用 DF 检验方法来对某些时间序列数据的协整阶数进行检验。他估计了如下形式的回归：

$$\Delta y_t = \mu + \psi y_{t-1} + u_t$$

   得到的结果为 $\hat{\psi} = -0.02$ 且标准误为 0.31。现在，请完成下列任务：
   (a) 这一检验的零假设和备择假设各是什么？
   (b) 给定数据，且某临界值为 −2.88，完成检验；
   (c) 这一检验的结论是什么？下一步应该做什么？
   (d) 即使检验统计量的形式是通常的 $t$ 值，为什么将所估计的检验统计量与其所对应的来自 $t$ 分布的临界值进行比较也仍然是无效的？
3. 该研究者运用与问题 2 中同样的回归式，但不同的数据集，得到 $\hat{\psi} = -0.52$ 且标准误为 0.16。
   (a) 请完成检验；
   (b) 结论是什么？下一步应该做什么？
   (c) 另外一位研究者认为，由于假定扰动项（$u_t$）为白噪声，所以该方法可能有点问题。列举出由此可能造成困难的一个原因，并说明研究者在实际操作中应该如何将其克服。
4. (a) 考虑某种特定商品的现货和期货的价格序列。请针对这些序列解释协整的概念。讨论一下如何运用恩格尔-格兰杰方法对这两个变量之间的协整关系进行检验。如果要构建一个误差校正模型，请阐述构建模型的步骤。
   (b) 请给出一个金融领域中可能存在协整关系的例子，并通过参照变量之间不存在协整关系的含义，解释一下为什么所给出的变量之间应该存在协整关系。
5. (a) 请概述一下在 VAR 框架下对一组变量间的协整关系进行检验的约翰森方法。
   (b) 某研究者运用约翰森方法得到了下列检验统计量（以及临界值）：

| r | $\lambda_{max}$ | 5%临界值 |
|---|---|---|
| 0 | 38.962 | 33.178 |
| 1 | 29.148 | 27.169 |
| 2 | 16.304 | 20.278 |
| 3 | 8.861 | 14.036 |
| 4 | 1.994 | 3.962 |

请根据以上结果，确定协整向量的个数。

(c)“如果两个序列是协整的，那么就无法运用恩格尔-格兰杰方法来对协整关系进行推断，原因在于这时协整回归式中的残差很可能是自相关的”。请说明约翰森方法在对有关协整关系的假设检验中如何解决这一问题。

(d) 请基于金融领域中的学术文献，给出一个或几个使用约翰森方法的案例，并说明这些研究工作的主要结果和结论各是什么。

(e) 请比较约翰森最大特征值检验和基于迹统计量的检验，并明确说明这两种检验中的零假设和备择假设各是什么。

6. (a) 假设某研究者手上有一组 3 个变量 $y_t$（$t=1, \cdots, T$），即 $y_t$ 指的是 $p$ 变量或 $p\times 1$ 向量。现在该研究者想要运用约翰森方法检验是否存在协整关系。

如果恰当矩阵的秩分别取以下各值，那么分别代表什么含义？

(ⅰ) 0；(ⅱ) 1；(ⅲ) 2；(ⅳ) 3。

(b) 研究者对问题 (a) 中的变量进行了约翰森检验，并得到了如下结果：

| r | $\lambda_{max}$ | 5%临界值 |
|---|---|---|
| 0 | 38.65 | 30.26 |
| 1 | 26.91 | 23.84 |
| 2 | 10.67 | 17.72 |
| 3 | 8.55 | 10.71 |

请根据这一结果，确定协整向量的个数，并解释你的答案。

7. 请将基于恩格尔-格兰杰方法和约翰森方法的协整检验结果及协整系统建模结果进行比较和对照。在你看来，哪种方法更好？为什么？

8. 请回答下列问题：

(a) 如果所考察的序列中存在结构突变，那么会给单位根检验带来什么问题？

(b) 在处理单位根检验中的结构突变时，Perron (1989) 方法的主要局限是什么？

第 9 章

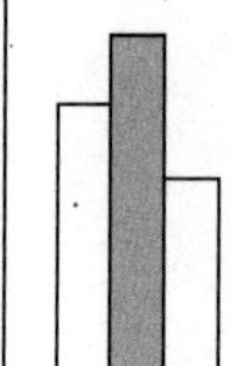

# 波动率和相关性建模

学习目标

在本章，你要学会：

- 说明 GARCH 模型主要是为了刻画数据中的哪些特征而提出的
- 解释如何估计条件波动率模型
- 检验时间序列数据中的 ARCH 效应
- 运用 GARCH 模型做预测
- 比较多种 GARCH 族模型
- 阐述极大似然估计下 3 种可用的假设检验步骤
- 构建多元条件波动率模型，并对不同模型进行比较



## 9.1 动机：进入非线性领域

本书第 3～8 章讨论的所有模型在本质上都是线性的，也就是说，模型对参数是线性的，因此模型中的每个变量都与一个参数相乘。例如，某个结构性模型的形式可以是：

$$y=\beta_1+\beta_2x_2+\beta_3x_3+\beta_4x_4+u \tag{9.1}$$

或者更简洁地表示为 $y=X\beta+u$，同时假定 $u_t\sim N(0,\sigma^2)$。

上面所描述的线性模型是很有用的。人们对线性估计量的性质已经有了非常深入的研究和理解，而且对于许多表面上是非线性形式的模型来说，可以通过取对数或其他恰当的转换将其变换为线性形式。不过，金融中许多变量之间的关系很可能在本质上就是非线性的。例如，Campbell，Lo 和 MacKinlay（1997）曾指出，期权的回报与某些输入变量之间的关系是非线性的，另外投资者在权衡风险—收益时的意愿也是非线性的。这些实例促使研究人员在很多情况下都要考虑非线性模型，以便更好地捕捉数据中的有关特征。

除此之外，式（9.1）这一类的线性结构（及时间序列）模型还无法解释很多金融数据所共有的以下若干重要特征：

- 尖峰厚尾——金融资产收益率的分布往往具有厚尾特征，且在均值处往往有尖峰。
- 波动聚集或波动集中——金融市场的波动表现出聚类倾向，即大的收益率（无论符号正负）后面往往也跟着大的收益率，小的收益率（无论符号正负）后面往往也跟着小的收益率，这一现象几乎在所有金融资产收益率中都普遍存在。对此现象的一个合理解释为，驱动价格变化的信息在到达市场时本身就是聚集的，而不是按照均匀的时间间隔到达市场。
- 杠杆效应——价格大幅下跌后的波动率比同样幅度的价格上升后的波动率更大。

Campbell 等（1997）将非线性的数据生成过程大致定义为：序列的当前值以非线性的形式依赖于误差项的当前值和前期值，即：

$$y_t = f(u_t, u_{t-1}, u_{t-2}, \cdots) \tag{9.2}$$

其中，$u_t$ 是一个独立同分布的误差项，$f$ 是一个非线性函数。另外，Campbell 等（1997）还对非线性模型给出了一个更具操作性和更为明确的定义：

$$y_t = g(u_{t-1}, u_{t-2}, \cdots) + u_t\sigma^2(u_{t-1}, u_{t-2}, \cdots) \tag{9.3}$$

其中，$g$ 为只包含误差项滞后值的一个函数；因为 $\sigma^2$ 与当期误差项相乘，所以可以解释为一个方差项。Campbell 等（1997）将带有非线性 $g(\cdot)$ 的模型定义为均值非线性的，将带有非线性 $\sigma(\cdot)^2$ 的模型定义为方差非线性的。

有的模型是均值和方差都是线性的（如 CLRM 和 ARMA 模型），也有的模型是均值线性但方差非线性的（如 GARCH 模型）。当然，还有一类模型是均值非线性但方差线性的，如双阶相关模型，下面的方程就是这类模型的一个简单例子（Brooks and Heravi，1999）：

$$y_t = \alpha_0 + \alpha_1 y_{t-1} y_{t-2} + u_t \tag{9.4}$$

最后，还有的模型既是均值非线性又是方差非线性的，如 Brooks（2001）曾使用过带有 GARCH 误差项的混合门槛模型。

### 9.1.1 非线性模型的类型

非线性模型的类型数不胜数。不过，学者们发现，只有很小一部分非线性模型适合用来为金融数据建模，其中最为流行的非线性金融模型是为波动率建模和预测所构建的 ARCH 或 GARCH 模型，以及允许序列的动力学特征在不同时点上遵循不同随机过程的机制转换模型。本章介绍波动率模型和相关模型，机制转换模型会在第 10 章中进行介绍。

### 9.1.2 检验非线性

如何确定某个非线性模型是否适合用来描述数据呢？在一定程度上，这一问题的答案应该来自金融理论。也就是说，如果有金融理论表明变量之间的关系是非线性的，必须使用非线性模型来对其进行描述，那么就应该使用这类模型。除此之外，选择线性模型还是非线性模型还应该部分取决于统计上的考虑，即要考虑线性模型是否足以刻画样本数据所有最重要的特征。

那么，要探测金融时间序列中的非线性行为，应该使用什么样的工具呢？不幸的是，时间序列分析的“传统”工具，如估计自相关函数或偏自相关函数，或者涉及在频域（frequency domain）中对数据进行考察的“谱分析”（spectral analysis）等方法，在这方面的用处都不大。这类工具可能会发现数据不存在线性结构，但这并不一定意味着样本观测值彼此之间是独立的。

不过，对于研究者来讲，存在大量可以用来检测时间序列中非线性模式的检验方法。这些检验方法大致可以分为两类：**一般性检验**（general test）和**特定性检验**（specific test）。其中，一般性检验有时又被称为“混成”检验（portmanteau test），设计这类方法通常是用其对数据中违背随机性的多种情况同时进行检测，这意味着这一类检验可以检测出数据中存在的多种非线性结构，但无法精确地告诉研究者数据中究竟存在哪种类型的非线性特征。现实中虽然有许多种这类检验方法，但或许其中最简单的一种就是在第 4 章中讨论过的拉姆齐 RESET 检验。另外，这类检验中应用最为广泛的方法之一，是由首次提出该方法的 3 位作者名字的首字母所命名的 BDS 检验（Brock，Hsieh and LeBaron，1991）。该方法其实是一个纯假设检验，其中的零假设是“数据为纯噪声”（即完全随机），该方法被认为在检验数据对随机性的多种偏离方式方面具有一定的效能——无论是线性随机过程，还是非线性随机过程，抑或是确定性混沌过程，等等（Brock et al，1991）。在零假设下，BDS 检验统计量服从标准正态分布。需要说明的是，BDS 检验及其他一些检验方法的技术性超出了本书的范围，不过有关 BDS 估计的计算机代码现在在网络上的很多地方都可以免费下载。

除了可以运用 BDS 方法来对原始数据“是否存在某些特点”进行检验之外，一些研究者还建议将该方法用于对模型的诊断检验。具体来说，核心思想就是先估计某个模型，然后用 BDS 来对残差进行检验，看看残差中“是否还留有什么残存的特征”。如果所估计的模型能够充分刻画数据特征，那么标准化的残差就应该是白噪声，但如果所估计的模型不足以刻画数据中的所有相关特征，那么标准化残差的 BDS 统计量就应该是统计显著的。从理论上来说，这一思想非常正确，但在实际操作中会遇到很多困难：首先，如果所估计的模型是一个非线性模型（如 GARCH 模型），那么 BDS 检验统计量的渐近分布状况就会改变，不再服从正态分布，这时对每一类非线性模型的残差来说，就需要运用模拟方法来分别计算其新的临界值。更为严重的是，如果用于拟合数据的是一个非线性模型，那么剩余的结构通常会被扭曲，这就导致 BDS 检验要么无法检测出数据中的额外结构（Brooks and Henry，2000），要么将某个模型认定为是充分的，但这一模型却与正确的数据生成过程属于完全不同的类型（Brooks and Heravi，1999）。

除了 BDS 之外，对时间序列数据中的非线性结构进行检验的其他方法还包括

Hinich（1982）提出的双谱检验，以及双阶相关检验［见 Hsieh（1993），Hinich（1996），另外，Brooks 和 Hinich（1999）将其推广到了多元的情况］。

许多研究使用上述方法对金融资产收益率中的非线性结构进行了检验，结论普遍认为金融资产收益序列中确实存在非线性相依性，不过能够对这一相依性进行最优刻画的模型为 GARCH 类过程，具体可参阅 Hinich 和 Patterson（1985），Baillie 和 Bollerslev（1989），Brooks（1996）等文献，以及这几篇论文中主题为“对金融数据进行非线性检验”的一些参考文献。

与一般性检验不同，特定性检验的设计通常是为了在数据中找出某种特定类型的非线性结构。虽然这类方法无法检测出数据中的其他非线性形式，但按照定义，这类方法的结果能够说明应该用哪种模型来刻画样本数据。本章和后续章节会给出特定性检验方法的应用实例。

### 9.1.3 金融市场中的混沌

长久以来，计量经济学家对金融数据、宏观和微观经济数据中的混沌现象都进行了艰苦的探索，但截至目前收效不大。其实，**混沌理论**（chaos theory）是来自物理学中的一个概念，其基本含义是金融时间序列或金融市场的行为受一组确定性的非线性方程支配。在线性模型所用的标准统计检验框架下，序列或市场的这些行为看起来是完全随机的。对金融市场存有这种看法的动机非常明显，即对混沌的正面理解意味着，尽管（按照定义来说）对市场的长期预测是无效的，但由于数据中蕴含着一些确定性的结构，所以至少在理论上可以进行短期预测以及数据具有短期内的可控性。需要强调的是，尽管文献中对于混沌的定义不尽相同，但有一点是确定的，即如果某个系统展示出了对初始条件的敏感性（sensitive dependence on initial conditions，简记为 SDIC），那么该系统就具有混沌特征。SDIC 这一概念体现了混沌系统的基本特性：初始条件即便只发生一个几乎无穷小的改变，在经过任意时期之后，通过混沌系统产生的变化也会呈指数增长。现在有好几种统计方法都可以用来对混沌特征进行检测，但一般认为只有一种才是真正的混沌检验，即估计最大李雅普诺夫指数（largest Lyapunov exponent），该指数测度的是系统的信息损失率。如果最大李雅普诺夫指数为正，那么就意味着对初始条件的敏感性依赖，进而就得到了存在混沌的证据。对于所要研究的系统来说，混沌在预测方面具有重要的含义：现实中，对所有初始条件的估计都带有误差（要么是度量误差，要么是外生噪声），这意味着不可能对系统进行长期的预测，因为只需要几期，有用的信息就都会损失掉了。

20 世纪 80 年代，混沌理论在学术界和实务界都非常流行，也有很多拥趸。但是，几乎不出所料的是，混沌理论在金融市场中的应用并不成功，因此，尽管这一方法的数学性质非常有趣，并且也存在基于这一方法找到预测圣杯的可能性（所以还有一些学者继续针对该方法展开争论），但学术界和实务界对金融市场混沌模型的兴趣几乎已经消失殆尽。其实，混沌理论方法失败的主要原因应该还是在于：金融市场是一个高度复杂的系统，包含了大量不同的参与者，每一个参与者的目标和依赖的信息集都各不相同，而且毕竟这些参与者都是具有人类情绪和非理性特征的活生生的人，所以与其他学科中的数据比起来，金融数据和经济数据中的噪声和随机性都要强很多，这就使得用一个确定性的模型来对其进行描述非常困难，甚至可能是完全无效的。

### 9.1.4 神经网络模型

**人工神经网络**（artificial neural network，简记为 ANN）是一类其结构主要按照大脑完成计算的方式驱动的模型。ANN 方法已经在金融中得到了广泛应用，主要用来处理时间序列问题和分类问题，当然，最近对这一方法的应用还包括预测金融资产的收益率和波动率以及对破产和接管的预测，具体可见 Trippi 和 Turban（1993），van Eyden（1996）及 Refenes（1995）等。White（1992）对神经网络方法中的计量经济问题进行了综述，而 Franses 和 van Dijk（2000）则为神经网络模型的估计和分析提供了一个非常好的一般性介绍和描述。

本质上，神经网络方法的运用并没有任何的金融理论基础（所以它们经常被认为是一个"黑箱"技术），但由于其具备可以在任意精度上拟合数据中的任何函数关系这一能力，因此这一方法的使用也比较广泛。金融中最常用的一类 ANN 模型就是所谓的**前馈网络模型**（feedforward network model），这类模型通过一个或多个"隐藏层"或中间层将一组输入变量（类似于自变量）和一个或多个输出变量（类似于因变量）联系起来，其中隐藏层的规模和个数可以修正，使其能够对数据样本提供更为接近或不太接近的拟合。特别需要指出的是，没有隐藏层的前馈网络其实就是一个标准的线性回归模型。

在金融理论没有对变量之间可能的函数形式给出明确说明的情况下，特别适合使用神经网络模型。不过，在过去 5 年左右的时间里，学术界认识到这一方法存在如下几个问题，从而影响到了其使用的广泛程度。第一，从神经网络中所估计得到的参数没有任何实际的理论解释。第二，对于所估计的模型，几乎没有任何办法对其进行诊断检验或"模型形式是否正确"的检验，以便确定该模型是否为充分的。第三，ANN 模型往往可以对"训练"数据提供非常好的样本内拟合，但样本外预测的精度却很差，而产生这一现象的原因在于，神经网络通常只能对特定样本的数据特征和"噪声"提供非常接近的拟合，却无法将其进行一般化推广。为了解决这一问题，学者们提出了各种各样的方法，其中包括"修剪法"（即剔除网络中的一些部分）或者使用信息准则来确定合适的网络规模。最后，神经网络模型的非线性估计非常繁杂、难以处理，而且计算过程也非常耗时，特别是当需要对模型进行时间滚动窗口估计以便产生向前一步预测值的时候，这一问题尤为严重。

## 9.2 波动率模型

在过去十年左右的时间里，无论是学术界还是实务界，都出现了大量以股票市场波动率建模和预测为主题的相关研究成果。这一现象的出现有很多原因，其中一个原因就是"**波动率**"（volatility）是整个金融学中最为重要的概念之一。举例来说，以收益率的方差或标准差测度的波动率，通常是度量金融资产总体风险的一个天然工具。许多用于测度市场风险**在险价值**（value-at-risk，简记为 VaR）的模型都要求对波动率参数进行估计和预测。另外，股票市场价格的波动率也直接出现在布莱克-斯科尔斯（Black-Scholes）期权定价公式中，用于计算期权的价格。

下面几节内容会讨论各种波动率模型，这些模型都适合用来捕捉文献中所观测到的有关波动率的一些典型特征。

## 9.3 历史波动率

最简单的波动率模型就是历史波动率模型。所谓**"历史波动率"**（historical volatility），其实就是用标准方法计算一定历史期间内收益率的方差（或标准差），并将其作为对未来所有时期波动率的预测值。尽管有越来越多的证据表明（Akgiray，1989；Chu and Freund，1996），使用较为复杂的波动率模型能够更为精准地为期权进行定价，但传统做法还是在期权定价模型中使用历史平均方差（或标准差）来计算波动率。另外，在对较为复杂的波动率模型的预测精度进行比较时，历史波动率仍然扮演着比较基准的角色。

## 9.4 隐含波动率模型

所有的期权定价模型都需要将波动率的估计值或预测值作为输入变量。如果给定某个期权的市场交易价格，那么就可以通过期权定价公式反推出对标的资产在期权有效期内波动率的预测值。例如，如果使用的是标准的布莱克-斯科尔斯模型，那么其中的期权价格、到期时间、无风险利率、执行价格以及标的资产的当前价格这几个变量要么是由期权合约的细节性规定给出的，要么可以从市场上得到有关数据。因此，我们可以运用对切法或牛顿-拉夫逊（Newton-Raphson）法等数值计算步骤推导出隐含在期权中的波动率，而这一**隐含波动率**（implied volatility）是市场对标的资产收益率在期权有效期内波动率的预测值。

## 9.5 指数加权移动平均模型

**指数加权移动平均模型**（exponentially weighted moving average model，简记为 EWMA 模型）其实是对历史平均波动率测度的一个简单扩展，只不过在该模型中近期的观测值对未来波动率预测值的影响较其前期的观测值更大。具体来说，在 EWMA 模型中，最近观测值的权重最大，且不同滞后期上观测值的权重随着滞后期的延长呈指数速度衰减。相较于简单的历史波动率模型，EWMA 模型有以下两个优势：第一，在现实中，波动率受近期发生的事件的影响更大，即近期事件确实应该具有更大的权重；第二，对于单个观测值来说，因为随着时间的推移，近期事件的权重在下降，所以其对波动率的影响呈指数速度衰减。此外，在简单的历史波动率模型中，某个冲击一旦不再包含于波动率的计算样本内，就会导致波动率出现突然变化，而如果将这一冲击包含于一个较长的计算样本期间内，那么较大的异常观测值就意味着即使市场已经逐渐恢复平静，波动率的预测值仍然可以保持在较高的水平。EWMA 模型的具体形式有好几种，例如：

$$\sigma_t^2=(1-\lambda)\sum_{j=0}^{\infty}\lambda^j(r_{t-j}-\bar{r})^2 \tag{9.5}$$

其中，$\sigma_t^2$ 为 $t$ 时期方差的估计值，其实也就是未来所有时期波动率的预测值；$\bar{r}$ 为平均收益率；$\lambda$ 为"衰减因子"，它决定了近期观测值与较远观测值之间的权重比例。我们当然可以估计 $\lambda$ 值，不过主流风险管理软件制造商 RiskMetrics 建议其取值应为 0.94。另外需要注意的是，RiskMetrics 以及许多学术文献都将 $\bar{r}$ 设为零。对于日数据或更高频率的数据来说，这一假设比较合理，因为这些频率上的 $\bar{r}$ 值非常小，所以由此导致的精度损失可以忽略不计。不过很明显，在实际中，序列中的观测值数量不可能是无穷大的，所以式（9.5）中的求和运算必须在某个固定的滞后期上截断。与指数平滑模型一样，EWMA 模型对未来所有时期的预测值都是最近的加权平均估计值。

需要指出的是，EWMA 模型存在两个局限性。首先，尽管目前有若干种模型都可以用于计算 EWMA，但每种模型都面临一个核心问题，即在用有限的观测值来计算式（9.5）中无限多项的和的时候，所有项的权重之和是小于 1 的。如果是小样本，这一问题会使得所计算的 EWMA 结果出现非常大的差异，所以在这种情况下需要对其进行校正。其次，当预测期增加时，绝大多数时间序列模型（如下面要介绍的 GARCH 模型）的预测值都会向序列的无条件方差靠拢。对于波动率预测模型来说，这是一个很不错的性质，因为众所周知，波动率序列具有"均值回复"的特点。也就是说，如果目前的波动率水平较历史平均水平更高，那么接下来它很可能会下降，从而向历史平均水平靠拢。反之，如果目前的波动率水平较低，那么接下来它很可能会上升，也向历史平均水平趋近。不过，GARCH 波动率预测模型是具有这一性质的，但 EWMA 模型却不具备这一性质。

## 9.6 自回归波动率模型

**自回归波动率模型**（autoregressive volatility model）是随机波动率模型的一个简单例子，其基本思想在于，如果我们可以得到某个波动率代理变量的时间序列观测值，那么就可以运用与估计自回归（或 ARMA）模型一样的标准博克斯-詹金斯类步骤来对这一序列进行拟合和估计。这里，如果感兴趣的对象为每天的波动率估计值，那么文献中所使用的波动率的自然代理变量有两个：平方日收益率的估计值和每日极差的估计值。其中，先计算一列收益率的观测值，然后再将其平方就可以得到平方日收益率序列。这样，每个时点 $t$ 上的平方收益率就成为第 $t$ 天日波动率的估计值。另外，极差估计量一般是通过对第 $t$ 个交易日中的最高价和最低价之比取对数来计算，并将其作为第 $t$ 天波动率的估计值，其具体计算方式为：

$$\sigma_t^2 = \ln\left(\frac{high_t}{low_t}\right) \tag{9.6}$$

假设现在已经计算了平方日收益率或日收益率的极差，接下来就可以对其估计一个如下式所示的标准自回归模型，其中的系数 $\beta_i$ 可以通过 OLS（或极大似然估计）来估计，然后运用第 6 章中所介绍的 ARMA 模型的一般预测步骤来产生预测值：

$$\sigma_t^2 = \beta_0 + \sum_{j=1}^{p} \beta_j \sigma_{t-j}^2 + \varepsilon_t \tag{9.7}$$

## 9.7 自回归条件异方差模型

有一种特别的非线性模型在金融研究中得到了非常广泛的应用，即**自回归条件异方差模型**（autoregressive conditionally heteroscedastic model，简记为 ARCH 模型）。为了了解这一模型的用途，回忆一下典型的结构性模型可以表示为式（9.1）所示的带有 $u_t \sim N(0, \sigma^2)$ 的方程形式。也就是说，CLRM 假设误差项 $u_t$ 的方差为常数，即“同方差”，或用数学形式表示为 $\text{var}(u_t)=\sigma^2$。反之，如果误差项的方差不是常数，那么我们就说它具有“异方差性”。正如第 5 章中所解释过的，如果误差项是异方差，但被假定为同方差，那么对标准误的估计值就是错误的。实际上，金融时间序列中误差项的方差不可能随时间推移而一直保持为常数，因此考虑一个假设误差项的方差不为常数且能够描述其变化规律的模型是非常有意义的。

许多金融资产收益率所共有的一些其他特性也为 ARCH 类模型的构建提供了基础，其中就包括“波动聚集”或“波动集中”特征。波动聚集性描述了“金融资产价格中大幅变化（无论符号正负）后面紧跟大幅变化”以及“小幅变化（无论符号正负）后面紧跟小幅变化”的特点。换言之，当前的波动率大小与刚刚发生的波动率大小之间存在正相关性。图 9.1 描绘出了 2003 年 8 月—2018 年 7 月间标准普尔 500 指数的日收益率，其变化趋势印证了波动聚集性的存在。

图 9.1 中，值得注意的一个重要特点是市场波动的突发性。在金融危机之前的 2003—2008 年间，市场经历了较长时间的平稳期，这一期间内只有较小的正负收益率。但在 2008 年中期到 2009 年中期的这段时间里，市场波动率水平大幅上升，短期内就出现了许多较大的正收益和较大的负收益。套用一下有关术语，这种现象可以被表述为：波动率是自相关的。

上述现象在许多金融资产收益率序列中都普遍存在，那么应该如何将其参数化（建模）呢？方法之一就是使用 ARCH 模型。为了理解这一模型，我们需要定义随机变量 $u_t$ 的条件方差。其实，条件方差和无条件方差的区别恰似条件均值与无条件均值的区别。这里，我们用 $\sigma_t^2$ 指代 $u_t$ 的条件方差，并将其写为：

$$\sigma_t^2 = \text{var}(u_t \mid u_{t-1}, u_{t-2}, \cdots) = E[(u_t - E(u_t))^2 \mid u_{t-1}, u_{t-2}, \cdots] \tag{9.8}$$

通常，我们会假设 $E(u_t)=0$，所以有：

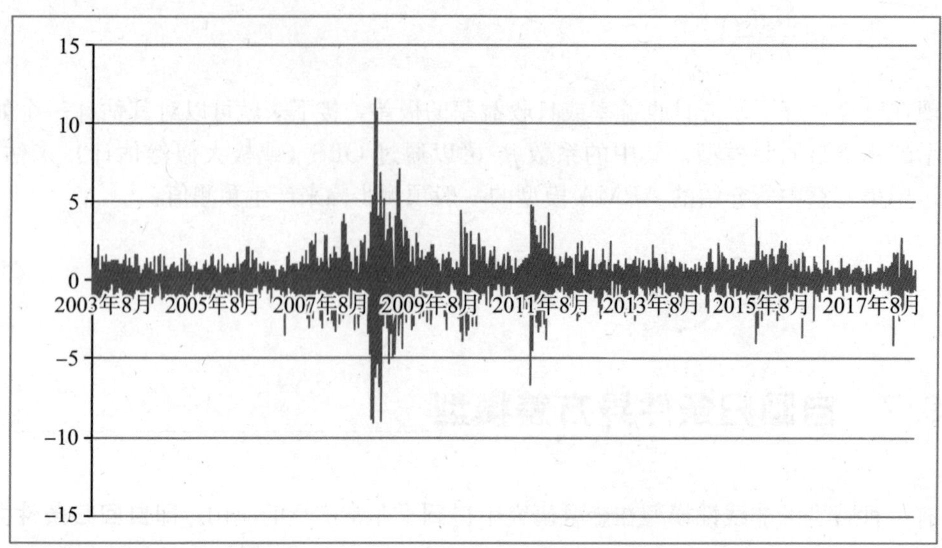


**图 9.1　2003 年 8 月—2018 年 7 月标准普尔指数的日收益率**

$$\sigma_t^2=\text{var}(u_t|u_{t-1},u_{t-2},\cdots)=E[u_t^2|u_{t-1},u_{t-2},\cdots] \tag{9.9}$$

式（9.9）表明，零均值正态分布随机变量 $u_t$ 的条件方差就等于 $u_t$ 平方的期望值。ARCH 模型对“波动率中的自相关性”的刻画方式是令误差项的条件方差依赖于前一期的平方误差值，即：

$$\sigma_t^2=\alpha_0+\alpha_1 u_{t-1}^2 \tag{9.10}$$

上式即为 ARCH(1) 模型，它表示条件方差只依赖于平方误差的一阶滞后值。注意，方程（9.10）只是整体模型的一部分，因为该式只是在表述条件方差的动力学特征，而没有涉及条件均值。实际上，ARCH 模型中的条件均值方程（描述了因变量 $y_t$ 如何随时间的推移而变化）可以按照研究者的意愿取任何形式。例如，一个完整的模型可以是：

$$y_t=\beta_1+\beta_2 x_{2t}+\beta_3 x_{3t}+\beta_4 x_{4t}+u_t \quad u_t\sim N(0,\ \sigma_t^2) \tag{9.11}$$

$$\sigma_t^2=\alpha_0+\alpha_1 u_{t-1}^2 \tag{9.12}$$

方程（9.11）和（9.12）所表示的模型可以很容易地扩展为一般形式的 ARCH($q$) 模型，即误差项的方差依赖于平方误差的 $q$ 阶滞后值：

$$\sigma_t^2=\alpha_0+\alpha_1 u_{t-1}^2+\alpha_2 u_{t-2}^2+\cdots+\alpha_q u_{t-q}^2 \tag{9.13}$$

需要注意的是，文献中通常不用 $\sigma_t^2$ 指代条件方差，而是用 $h_t$ 来表示，所以 ARCH($q$) 模型一般写为：

$$y_t=\beta_1+\beta_2 x_{2t}+\beta_3 x_{3t}+\beta_4 x_{4t}+u_t \quad u_t\sim N(0,\ h_t) \tag{9.14}$$

$$h_t=\alpha_0+\alpha_1 u_{t-1}^2+\alpha_2 u_{t-2}^2+\cdots+\alpha_q u_{t-q}^2 \tag{9.15}$$

本章后续内容中仍将用 $\sigma_t^2$ 来指代 $t$ 时刻的条件方差，不过由于希腊字母不易于使用，所以在计算机命令中会使用 $h_t$。

### 9.7.1 ARCH 模型的另一种表示形式

为了便于介绍，接下来考虑 ARCH(1) 模型，这一模型可以用两种表面上看起来不一样但实际上却是等价的方式来表示。其中，第一种方式已经由方程（9.11）和（9.12）给出，第二种方式表示如下：

$$y_t = \beta_1 + \beta_2 x_{2t} + \beta_3 x_{3t} + \beta_4 x_{4t} + u_t \tag{9.16}$$

$$u_t = v_t \sigma_t \quad v_t \sim N(0, 1) \tag{9.17}$$

$$\sigma_t^2 = \alpha_0 + \alpha_1 u_{t-1}^2 \tag{9.18}$$

尽管方程（9.11）和（9.12）才是更为常见的模型形式，但要在模拟研究中使用 GARCH 模型的话（见第 13 章），必须将其表示为方程（9.16）～（9.18）所示的形式。为了说明这两种模型形式是等价的，考虑在方程（9.17）中，$v_t$ 是一个正态分布变量，且具有零均值和单位方差，所以 $u_t$ 也同样是一个零均值的正态分布变量，但其方差为 $\sigma_t^2$。

### 9.7.2 非负约束

因为 $h_t$ 是条件方差，所以它的取值必须严格为正，任意时点上的负方差都是没有意义的。条件方差方程的右边是由误差滞后项的平方构成的，所以按照定义它们都是非负的。进一步，为了保证最终的条件方差估计值总是为正，通常要求所有系数都是非负的。如果有一个或多个系数为负，且负系数所对应的平方误差滞后项的值又特别大，就很可能会出现条件方差模型的拟合值为负值的情况。很明显，这样的拟合值是没有任何意义的。所以在方程（9.18）中，非负条件就是 $\alpha_0 \geqslant 0$ 和 $\alpha_1 \geqslant 0$。更一般地，对于 ARCH($q$) 模型来说，必须要求所有系数都为非负，即 $\alpha_i \geqslant 0\ \forall i = 0, 1, 2, \cdots, q$。不过，对于保证条件方差的非负性来说，这实际上是一个充分条件而非必要条件，即其比所需要的条件更强。

### 9.7.3 检验 ARCH 效应

要知道所估计模型的残差中是否存在 ARCH 效应，可以采用专栏 9.1 中所列出的检验步骤。

**▶专栏 9.1◀**

**检验 ARCH 效应**

（1）对于所假定的具有如下线性形式的任意回归式来说

$$y_t = \beta_1 + \beta_2 x_{2t} + \beta_3 x_{3t} + \beta_4 x_{4t} + u_t \tag{9.19}$$

先对其进行估计，然后保存残差 $\hat{u}_t$。

（2）将残差取平方，并将其对自身的 $q$ 阶滞后项进行回归，以检验 $q$ 阶 ARCH 效应：

$$\hat{u}_t^2=\gamma_0+\gamma_1\hat{u}_{t-1}^2+\gamma_2\hat{u}_{t-2}^2+\cdots+\gamma_q\hat{u}_{t-q}^2+v_t \tag{9.20}$$

其中，$v_t$ 是误差项。记录下这一回归的 $R^2$。

(3) 检验统计量定义为 $TR^2$，即观测值数量乘以复相关系数，该统计量服从 $\chi^2(q)$ 分布。

(4) 检验的零假设和备择假设分别为：

$$H_0: \gamma_1=0 \text{ 且 } \gamma_2=0 \text{ 且 } \gamma_3=0 \text{ 且 } \cdots\cdots \text{且 } \gamma_q=0$$
$$H_1: \gamma_1\neq 0 \text{ 或 } \gamma_2\neq 0 \text{ 或 } \gamma_3\neq 0 \text{ 或} \cdots\cdots \text{或 } \gamma_q\neq 0$$

所以，专栏 9.1 所列出的检验方法其实是对“平方残差所有 $q$ 阶滞后项的系数值都与零没有显著差异”的联合检验。如果检验统计量的值大于 $\chi^2$ 分布的临界值，那么就可以拒绝零假设。另外，这一检验还可以看作是对平方残差序列的自相关检验。需要指出的是，除了对所估计模型的残差进行 ARCH 检验之外，通常还可以对原始收益率数据进行这一检验。

### 9.7.4 ARCH($q$)模型的局限

ARCH 模型提供了一个波动率时间序列模型的分析和发展框架。不过，在过去的十多年间，学术界很少使用 ARCH 模型本身，原因在于这类模型存在如下几个问题：

- 如何确定模型中平方残差滞后项的阶数 $q$？对于这一问题，当然可以使用本章后面将要讲到的似然比检验，不过截至目前还没有一个明显最优的方法来确定 $q$。
- 平方误差的滞后阶数 $q$ 必须捕捉到条件方差中的所有相依性，所以它的值会非常大。这就导致会出现一个规模非常大的条件方差模型，从而丧失了模型的简洁性。Engle (1982) 曾为 ARCH(4) 模型指定了一个任意的线性衰减滞后阶数，具体形式如下：

$$\sigma_t^2=\gamma_0+\gamma_1(0.4\hat{u}_{t-1}^2+0.3\hat{u}_{t-2}^2+0.2\hat{u}_{t-3}^2+0.1\hat{u}_{t-4}^2) \tag{9.21}$$

  在这种形式的条件方差方程中需要估计的参数只有两个 ($\gamma_0$ 和 $\gamma_1$)，而一个无约束的 ARCH(4) 模型则需要估计 5 个参数。
- 非负约束可能会被违反。在其他条件相同的前提下，条件方差方程中的参数越多，就越有可能出现负的系数估计值。

对 ARCH($q$) 模型的一个自然拓展克服了以上问题，这就是所谓的 GARCH 模型。与 ARCH 模型比起来，GARCH 模型在实际中的应用要广泛得多。

## 9.8 GARCH 模型

GARCH 模型是由 Bollerslev (1986) 和 Taylor (1986) 各自独立发展起来的，该模型允许条件方差依赖于自身的滞后值，其中最简单的条件方差方程形式为：

$$\sigma_t^2=\alpha_0+\alpha_1 u_{t-1}^2+\beta\sigma_{t-1}^2 \tag{9.22}$$

这就是 GARCH(1，1) 模型。其中，$\sigma_t^2$ 为条件方差，因为它是基于过去有关信息对方差所做的向前一步估计值。基于 GARCH 模型，我们可以将当前的方差拟合值 $h_t$ 解释为长期平均值（$\alpha_0$）、前期的方差信息（$\alpha_1 u_{t-1}^2$）以及前期方差拟合值（$\beta\sigma_{t-1}^2$）的一个加权函数。另外，我们还可以说 GARCH 模型实际上是一个关于条件方差的 ARMA 模型。要了解这一点，现在考虑在 $t$ 时刻与条件方差相对应的平方收益率：

$$\varepsilon_t=u_t^2-\sigma_t^2 \tag{9.23}$$

或者：

$$\sigma_t^2=u_t^2-\varepsilon_t \tag{9.24}$$

用后面这个表达式代替式（9.22）中的条件方差，得：

$$u_t^2-\varepsilon_t=\alpha_0+\alpha_1 u_{t-1}^2+\beta(u_{t-1}^2-\varepsilon_{t-1}) \tag{9.25}$$

移项并整理，得：

$$u_t^2=\alpha_0+\alpha_1 u_{t-1}^2+\beta u_{t-1}^2-\beta\varepsilon_{t-1}+\varepsilon_t \tag{9.26}$$

所以：

$$u_t^2=\alpha_0+(\alpha_1+\beta)u_{t-1}^2-\beta\varepsilon_{t-1}+\varepsilon_t \tag{9.27}$$

这一方程就是平方误差的一个 ARMA(1，1) 过程。

为什么与 ARCH 模型比起来，GARCH 模型更优且使用范围更为广泛呢？答案在于 GAHCH 模型更为简洁，且不存在过度拟合问题，因此 GARCH 模型违反非负约束的可能性更小。为了解释 GARCH 模型为什么比 ARCH 模型更简洁，现在首先考虑如式（9.22）所示的 GARCH(1，1) 模型的条件方差方程，将该式的所有时间下标都减去 1，从而得到下面的方程式：

$$\sigma_{t-1}^2=\alpha_0+\alpha_1 u_{t-2}^2+\beta\sigma_{t-2}^2 \tag{9.28}$$

再次将该式中所有的时间下标减去 1，得：

$$\sigma_{t-2}^2=\alpha_0+\alpha_1 u_{t-3}^2+\beta\sigma_{t-3}^2 \tag{9.29}$$

将式（9.28）代入式（9.22），得：

$$\sigma_t^2=\alpha_0+\alpha_1 u_{t-1}^2+\beta(\alpha_0+\alpha_1 u_{t-2}^2+\beta\sigma_{t-2}^2) \tag{9.30}$$

$$\sigma_t^2=\alpha_0+\alpha_1 u_{t-1}^2+\alpha_0\beta+\alpha_1\beta u_{t-2}^2+\beta^2\sigma_{t-2}^2 \tag{9.31}$$

继续将式（9.29）代入式（9.31），得：

$$\sigma_t^2=\alpha_0+\alpha_1 u_{t-1}^2+\alpha_0\beta+\alpha_1\beta u_{t-2}^2+\beta^2(\alpha_0+\alpha_1 u_{t-3}^2+\beta\sigma_{t-3}^2) \tag{9.32}$$

$$\sigma_t^2=\alpha_0+\alpha_1 u_{t-1}^2+\alpha_0\beta+\alpha_1\beta u_{t-2}^2+\alpha_0\beta^2+\alpha_1\beta^2 u_{t-3}^2+\beta^3\sigma_{t-3}^2 \tag{9.33}$$

$$\sigma_t^2=\alpha_0(1+\beta+\beta^2)+\alpha_1 u_{t-1}^2(1+\beta L+\beta^2 L^2)+\beta^3\sigma_{t-3}^2 \tag{9.34}$$

无限重复这一迭代过程，可以得到：

$$\sigma_t^2=\alpha_0(1+\beta+\beta^2+\cdots)+\alpha_1 u_{t-1}^2(1+\beta L+\beta^2 L^2+\cdots)+\beta^{\infty}\sigma_0^2 \tag{9.35}$$

式（9.35）右边的第一项是一个常数。因为观测值数量趋近于无穷大，所以 $\beta^{\infty}$ 趋近于零，由此 GARCH(1，1) 模型可以被写为：

$$\sigma_t^2=\gamma_0+\alpha_1 u_{t-1}^2(1+\beta L+\beta^2 L^2+\cdots) \tag{9.36}$$

$$=\gamma_0+\gamma_1 u_{t-1}^2+\gamma_2 u_{t-2}^2+\cdots \tag{9.37}$$

式（9.37）是一个无穷阶的 ARCH 模型，因此方差方程中仅包含 3 个参数的 GARCH(1，1) 是一个非常简洁的模型，该模型允许过去无穷多个平方误差都能对当前的条件方差产生影响。

上面讨论的 GARCH(1，1) 的情况还可以进一步推广到 GARCH($p$，$q$) 模型，即当前的条件方差依赖于平方误差的 $q$ 阶滞后项和条件方差本身的 $p$ 阶滞后项：

$$\sigma_t^2=\alpha_0+\alpha_1 u_{t-1}^2+\alpha_2 u_{t-2}^2+\cdots+\alpha_q u_{t-q}^2+\beta_1\sigma_{t-1}^2+\beta_2\sigma_{t-2}^2+\cdots+\beta_p\sigma_{t-p}^2 \tag{9.38}$$

$$\sigma_t^2=\alpha_0+\sum_{i=1}^{q}\alpha_i u_{t-i}^2+\sum_{j=1}^{p}\beta_j\sigma_{t-j}^2 \tag{9.39}$$

不过，对于捕捉金融数据中的波动聚集性来说，GARCH(1，1) 模型往往已经足够，因此文献中很少会估计甚至考虑更高阶的 GARCH 模型。

### 9.8.1　GARCH 模型中的无条件方差

条件方差具有时变性，不过只要 $\alpha_1+\beta<1$，由下式所定义的 $u_t$ 的无条件方差就是一个常数：

$$\text{var}(u_t)=\frac{\alpha_0}{1-(\alpha_1+\beta)} \tag{9.40}$$

当 $\alpha_1+\beta\geqslant 1$ 时，$u_t$ 的无条件方差没有定义，这种情况一般被称为“方差非平稳”。如果 $\alpha_1+\beta=1$，则被称为“方差中存在单位根”，或者“单整 GARCH”（integrated GARCH），简记为 IGARCH。对于方差的非平稳性，并没有一个强有力的理论能够对其进行解释，就像均值（即价格序列）中的非平稳性一样。此外，如果某个 GARCH 模型的参数取值意味着方差中存在非平稳性，那么这一模型就存在一个非常不良的性质。对这一点的解释与基于这类模型的方差预测值有关。具体来说，对于平稳的 GARCH 模型来说，随着预测期的增加，其条件方差预测值会收敛于方差的长期均值，但 IGARCH 模型却不会出现这一收敛。进一步，当 $\alpha_1+\beta>1$ 时，随着预测期的增加，条件方差预测值会倾向于无穷大。

## 9.9　估计 ARCH/GARCH 模型

GARCH 模型的形式已经不再是线性的，不能采用 OLS 来估计，其中的原因有很多，不过最直接也是最基本的原因是 OLS 的目标是将 $RSS$ 最小化，而 $RSS$ 仅依赖于条件均值方程中的参数，而不依赖于条件方差方程中的参数，所以这时“最小化 *RSS*”就不再是一个合适的目标。

为了估计 GARCH 类模型，我们采用另外一种技术：**极大似然**（maximum likelihood）估计，这一方法的本质是要在给定的实际数据下找出参数的最大可能取值。具体来说，我们需要构建一个**对数似然函数**（log-likelihood function，简记为 *LLF*），然后通过将其最大化来获得参数的估计值。极大似然估计法既可以用于线性模型，也可以用于非线性模型。用于估计 ARCH 模型或 GARCH 模型的极大似然估计步骤列示于专栏 9.2 中，下一节的内容会详细介绍其中第 2 步和第 3 步中涉及的 *LLF* 的构建问题。

**▶专栏 9.2◀**

**估计 ARCH 或 GARCH 模型**

(1) 确定均值方程和方差方程——例如，这里考虑一个 AR(1)—GARCH(1，1) 模型，其形式如下所示：

$$y_t = \mu + \phi y_{t-1} + u_t \quad u_t \sim N(0, \sigma_t^2) \tag{9.41}$$

$$\sigma_t^2 = \alpha_0 + \alpha_1 u_{t-1}^2 + \beta\sigma_{t-1}^2 \tag{9.42}$$

(2) 在扰动项服从正态分布的假设下，确定 *LLF* 并将其最大化：

$$L = -\frac{T}{2}\ln(2\pi) - \frac{1}{2}\sum_{t=1}^{T}\ln(\sigma_t^2) - \frac{1}{2}\sum_{t=1}^{T}(y_t - \mu - \phi y_{t-1})^2/\sigma_t^2 \tag{9.43}$$

(3) 计量软件会最大化上述函数，并产生能够将 *LLF* 最大化的参数，同时还会给出参数的标准误。

### 9.9.1 运用极大似然方法估计参数

如前所述，极大似然估计所选择的一组参数能够使得所观测到的数据产生的概率达到最大。要得到这样一组参数，首先要构建似然函数，即 *LF*。似然函数是实际数据的一个乘法函数，因此很难关于参数进行最大化运算，所以我们将其取对数，以便将似然函数转换为样本数据的加法函数，即得到对数似然函数。本章附录给出了对（带有同方差的）简单二元回归模型极大似然估计量的推导。本质上，极大似然估计量的推导会涉及将 *LLF* 对参数求微分。不过，这对估计异方差模型有什么帮助呢？此外，如何将本章附录 9.1 中所概括的对同方差模型的估计方法进行修正，以便估计 GARCH 模型呢？

在条件异方差模型的框架下，$y_t$ 模型的形式为 $y_t = \mu + \phi y_{t-1} + u_t$，其中 $u_t \sim N(0, \sigma_t^2)$。也就是说，以前“误差项的方差为常数 $\sigma^2$”的假定已经被修订为“误差项的方差为时变的 $\sigma_t^2$”，而且条件方差方程的具体形式如前所述。由此，可以采用与同方差情况下相同的模型来构建 GARCH 模型中的 *LLF*，即将

$$\frac{T}{2}\ln\sigma^2$$

替换为

$$\frac{1}{2}\sum_{t=1}^{T}\ln\sigma_t^2$$

并在表达式最后一项的分母中用 $\sigma_t^2$ 取代 $\sigma^2$（见本章附录 9.1）。从第一原理中推导出这一结果超出了本书的范围，不过专栏 9.2 中的式（9.43）给出了上述带有时变条件方差和正态分布误差项模型的对数似然函数。

直观上，最大化 $LLF$ 是将式（9.43）中的

$$\sum_{t=1}^{T}\ln\sigma_t^2$$

和

$$\sum_{t=1}^{T}\frac{(y_t-\mu-\phi y_{t-1})^2}{\sigma_t^2}$$

进行联合最小化。原因在于，在似然函数（9.43）中这两项的符号都是负的，另外

$$-\frac{T}{2}\ln(2\pi)$$

对于参数来说只是一个常数。实际上，如第 4 章中所述，将这两项进行联合最小化也意味着将误差方差最小化。不过，最大化时变方差模型的 $LLF$ 比最大化同方差模型的 $LLF$ 要复杂得多。目前，研究者已经得到式（9.43）中的 $LLF$ 关于参数导数的解析解，但只局限于最简单的 GARCH 类模型。另外，结果公式非常复杂，因此通常采用的是数值方法，而非将似然函数最大化。

从本质上讲，所有的方法都是通过“搜寻”整个参数空间，直到发现能将对数似然函数最大化的参数值。软件包运用迭代技术来最大化 $LLF$，即首先通过猜测给出一组参数的初始值，然后在每一次迭代中将这些参数值进行更新，直到获得程序所确定的最优值。需要指出的是，如果 $LLF$ 关于参数只有一个最大值，那么任何最优化方法都可以找到该最大值，只不过有些方法可能更为耗时。对这些方法进行详细介绍超出了本书的范围。不过，对于像 GARCH 这样的非线性模型来说，$LLF$ 会有很多“局部最大值”，所以不同的算法可能会找到不同的最大值。因此，读者一定要注意，不同的最优化程序可能会给出不同的系数估计值，特别是会给出不同的标准误估计值（有关细节可参阅 Brooks，2001，2003）。在这种情况下，参数初始值的确定就非常关键。

对于用极大似然方法来估计 GARCH 模型的参数来说，局部最优或似然函数曲线的多峰性是一个严重的潜在缺陷，图 9.2 对此进行了说明。

假设模型只有一个参数 $\theta$，对数似然函数就可以只关于这一个参数进行最大化。在图 9.2 中，不同 $\theta$ 值所对应的 $LLF$ 值记为 $l(\theta)$。从图中可以明显地看出，当 $\theta=C$ 时，$l(\theta)$ 达到全局最大值，而当 $\theta=A$ 时，$l(\theta)$ 达到局部最大值，这就证明了为参数确定一个好的初始值的重要性。具体来说，如果预先确定的初始值位于 $B$ 的左边，那么所选择的就很可能是 $A$ 而不是 $C$。在实际的估计中，情况可能比这还要更严重，因为对数似然函数往往是要关于几个参数（而非这里的一个）进行最大化，所以会存在许多局部最优值。另外，还有一种情况会增加最优化的困难，那就是 $LLF$ 在最大值处是平坦的。

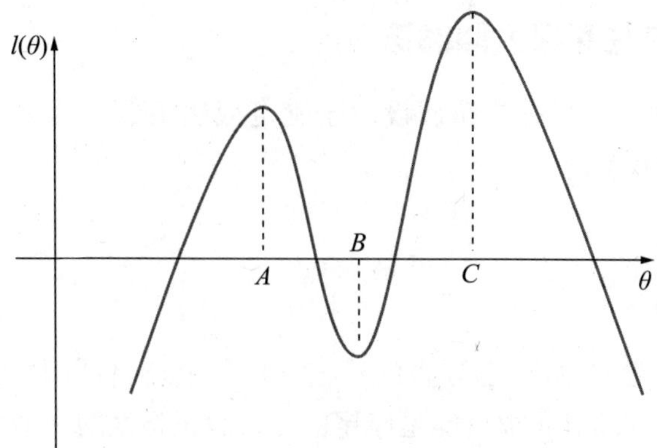


**图 9.2　极大似然估计中的局部最优问题**

例如，在图 9.2 中，如果 $C$ 点所对应的函数曲线不是尖峰的而是平坦的，那么很多 $\theta$ 值所得到的 $LLF$ 值都会比较接近，从而导致在其中选出最大值非常困难。

接下来，为了进一步说明上述问题，我们考虑专栏 9.3 中所列示的最优化步骤。在很多软件包中，例如 EViews，最优化是基于每一次迭代中对数似然函数关于参数的一阶和二阶导数来确定，并分别被称为梯度和海赛（Hessian）矩阵，其中后者是指 $LLF$ 关于参数的二阶导数矩阵。另外，EViews 中使用的是由 Berndt 等（1974）所提出的名为 BHHH 的最优化算法，该方法仅使用一阶导数（运用数值方法而非解析方法计算）和所计算的二阶导数的近似值。这一方法在每次迭代中不计算实际的海赛矩阵，从而可以提高运算速度，不过当 $LLF$ 距离其最大值非常远的时候，这一近似方法的效果比较差，因为这时候需要更多次的迭代才能达到最优值。EViews 中另外一种可用的算法是马夸尔特（Marquardt）算法，它通过包含“校正”对 BHHH 算法进行了修正［其实这两种算法都是高斯-牛顿（Gauss-Newton）方法的变形］，这样的修正使得系数估计值可以更快地达到其最优值。Press 等（1992）详细介绍了所有这些最优化方法。

**▶专栏 9.3◀**

## 在实践中运用极大似然估计

（1）构建 $LLF$。

（2）运用回归得到均值参数的初始估计值。

（3）为条件方差参数选择一些初始的猜测值。在大多数软件包中，默认的条件方差参数的初始值为零，不过不幸的是，将参数的初始值设为零经常会使似然函数达到其局部最大值而非全局最大值。因此，如果可以，尽量设定非零的参数初始值。

（4）确定收敛准则。这既可以是一个准则，也可以是某个值。如果选择的是某个特定的准则，软件包就会不断搜寻能够使得 $LLF$ 值更大的“较好”参数值，直到前后两次迭代所得到的 $LLF$ 值的变化小于指定的收敛准则。如果选择的是某个特定的值，那么软件包就会不断搜寻，以使得系数估计值的变化足够小。例如，EViews 中默认的收敛准则是 0.001，即在最近一次迭代中，如果所有系数估计值的最大变化小于 0.1%，那么就满足了收敛条件，从而停止搜索。

### 9.9.2 非正态性和极大似然法

回忆一下，$u_t$ 的条件正态分布假设对于确定似然函数是非常关键的。现在，我们考虑应用以下模型来检验非正态性：

$$u_t = v_t \sigma_t \quad v_t \sim N(0, 1) \tag{9.44}$$

$$\sigma_t = \sqrt{\alpha_0 + \alpha_1 u_{t-1}^2 + \beta \sigma_{t-1}^2} \tag{9.45}$$

注意，我们并不能期望 $u_t$ 是正态分布的——它是一个来自回归模型且服从 $N(0, \sigma_t^2)$ 的误差项，这意味着它的分布很可能是厚尾的。检验正态性的一个合理方法是构建如下统计量：

$$v_t = \frac{u_t}{\sigma_t} \tag{9.46}$$

即每个时间点 $t$ 上的模型扰动项除以该点上的条件标准差。也就是说，我们所假定的服从正态分布的是 $v_t$，而非 $u_t$。式（9.46）所对应的样本统计量为：

$$\hat{v}_t = \frac{\hat{u}_t}{\hat{\sigma}_t} \tag{9.47}$$

这就是所谓的**“标准化残差”**（standardised residual）。现在，$\hat{v}_t$ 是否服从正态分布可以运用标准的正态分布检验方法来进行检验，例如贝拉-雅克法。一般情况下，研究者会发现 $\hat{v}_t$ 仍然具有尖峰厚尾性，不过程度较 $\hat{u}_t$ 弱了很多。因此，GARCH 模型可以捕捉到资产收益率非条件分布中的部分（但不是全部）尖峰厚尾性。

如果 $\hat{v}_t$ 不服从正态分布会不会是一个问题？实际上，这一问题的答案是“不见得”。具体来说，如果均值方程和方差方程的形式正确，那么即使条件正态分布假设不成立，参数估计值仍然是一致的。不过，在非正态分布下，标准误估计量通常不再具有合理性，这时应该采用 Bollerslev 和 Wooldridge（1992）所提出的另一种方差—协方差矩阵估计量，这一估计量在非正态分布下仍然保持稳健，这一技术（即带有 Bollerslev-Wooldridge 标准误的极大似然估计）就是**“伪极大似然法”**（quasi-maximum likelihood），简记为 QML。

## 9.10 基本 GARCH 模型的扩展

自提出 GARCH 模型以来，学者们就对其进行了大量的扩展和变形，本节会为读者介绍其中最重要的几种模型形式，想要对此做进一步了解的读者可以参阅 Bollerslev，Chou 和 Kroner（1992）所做的一个全面综述。

对 GARCH 模型所做的大多数扩展，都是因为研究者们意识到了标准 GARCH($p$，$q$) 模型中所存在的一些问题。这些问题主要包括：首先，所估计的标准 GARCH 模型可能会违反非负约束条件，而对这一问题唯一的解决方案就是对模型系数施加人工约束，从而强制其为非负；其次，尽管标准的 GARCH 模型考虑了数据序列中的波动聚集性和尖峰厚尾性，但没有考虑杠杆效应（下面会对此进行解释）；最后，标准的 GARCH 模型不允许条件方差和条件均值之间存在任何直接的反馈。

接下来，我们将考察一些最常使用和最具影响力的 GARCH 类模型，这些模型可以消除基本 GARCH 模型的一些约束或限制。

## 9.11 非对称 GARCH 模型

标准 GARCH 模型的一个主要缺陷在于其强行要求波动率对正冲击和负冲击的反应是对称的。之所以会产生这一问题，原因是：在像式（9.39）这样的方程中，条件方差是滞后残差大小的函数，而不是其符号的函数。换句话说，式（9.39）中因为对滞后残差取了平方，所以将残差的符号丢失了。不过，学术界一般认为：相较于同等程度的正向冲击，对金融时间序列的负向冲击所导致的波动会更大。如果估计对象是股票收益率，这样的非对称性一般被归因于**杠杆效应**（leverage effect），即公司股票价格的下跌会导致该公司债务对股权的比率上升，进而导致承担了公司剩余风险的股东们会察觉到他们未来的现金流实际上具有了更大的风险。

对非对称现象的另外一种解释是所谓的波动反馈效应假说。该假说假定股票红利不变，在股价波动率增加时如果期望收益率也增加，那么在波动率上升时股票价格应该下降。虽然除股票之外的其他金融资产收益率的非对称性并不能归因于杠杆的变化，但同样没有理由认为，这样的非对称性只存在于股票收益率中。

下面介绍两种相对比较流行的非对称 GARCH 模型：第一种是以 3 位作者 Glosten，Jagannathan 和 Runkle（1993）姓名的首字母命名的 GJR 模型，另外一种是 Nelson（1991）提出的指数 GARCH（简记为 EGARCH）模型。

## 9.12 GJR 模型

GJR 模型对 GARCH 模型的扩展比较简单，就是在模型中另外增加了一项，从而考虑数据中可能存在的非对称性，其中条件方差方程的具体形式为：

$$\sigma_t^2=\alpha_0+\alpha_1 u_{t-1}^2+\beta\sigma_{t-1}^2+\gamma u_{t-1}^2 I_{t-1} \tag{9.48}$$

其中，如果 $u_{t-1}<0$，则 $I_{t-1}=1$，否则 $I_{t-1}=0$。

如果存在杠杆效应，那么会有 $\gamma>0$。注意，在 GJR 模型下，非负条件将变为 $\alpha_0>0$，$\alpha_1>0$，$\beta\geqslant 0$ 和 $\alpha_1+\gamma\geqslant 0$。也就是说，如果 $\alpha_1+\gamma\geqslant 0$，那么即使 $\gamma<0$，该模型仍然是可接受的。

**例 9.1** 为了解释 GJR 模型，我们采用 1979 年 12 月—1998 年 6 月标准普尔 500 指数的月度收益率数据来估计 GJR 模型，并得到如下结果，注意括号内的数字是 $t$ 值：

$$y_t = 0.172 \tag{9.49}$$
$$(3.198)$$

$$\sigma_t^2 = 1.243 + 0.015u_{t-1}^2 + 0.498\sigma_{t-1}^2 + 0.604u_{t-1}^2 I_{t-1} \tag{9.50}$$
$$(16.372)\ (0.437)\ (14.999)\quad (5.772)$$

注意，非对称项的参数 $\gamma$ 具有正确的符号，且在统计上是显著的。为了对"在某个较大的负冲击后波动率增加的幅度大于相同程度的正冲击"进行解释，现在我们假定 $\sigma_{t-1}^2=0.823$，并且考虑 $\hat{u}_{t-1}=\pm 0.5$。其中，如果 $\hat{u}_{t-1}=0.5$，那么 $\sigma_t^2=1.65$。不过，如果是程度相同但符号相反的一个冲击，即 $\hat{u}_{t-1}=-0.5$ 时，所拟合的 $t$ 时刻的条件方差为 $\sigma_t^2=1.80$。

## 9.13 EGARCH 模型

EGARCH 模型由 Nelson（1991）提出，其条件方差方程有很多种表示形式，其中一种为：

$$\ln(\sigma_t^2) = \omega + \beta\ln(\sigma_{t-1}^2) + \gamma\frac{u_{t-1}}{\sqrt{\sigma_{t-1}^2}} + \alpha\left(\frac{|u_{t-1}|}{\sqrt{\sigma_{t-1}^2}} - \sqrt{\frac{2}{\pi}}\right) \tag{9.51}$$

与普通 GARCH 模型比起来，该模型具有如下两个优点：首先，由于是对 $\ln(\sigma_t^2)$ 建模，即使参数为负，$\sigma_t^2$ 仍然为正，因此没有必要再对模型参数人工施加非负约束。其次，EGARCH 模型可以刻画非对称性，具体来说，如果波动率和收益率之间的关系是负的，那么 $\gamma$ 为负。

需要指出的是，在最初的 EGARCH 模型形式中，Nelson（1991）假定误差项服从**广义误差分布**（generalised error distribution，简记为 GED）。GED 是一个分布族，包含许多不同形式的分布，可以用来对很多不同类型的序列进行刻画。不过，出于计算上的方便及解释的直观性等原因，几乎所有的 EGARCH 建模都假定误差项服从上面讨论过的条件正态分布而非 GED。

## 9.14 检验波动非对称性

Engle 和 Ng（1993）就波动率的非对称性提出了一系列检验，包括符号检验和规模偏差检验。所以，我们可以使用 Engle 和 Ng（1993）来确定对于某个给定的序列来说是否有必要使用非对称模型，还是普通的对称 GARCH 模型就已足够。在实际应用中，Engle-Ng 检验通常是用于 GARCH 模型的残差。因此，现在定义 $S_{t-1}^{-}$ 为一哑变量，当 $\hat{u}_{t-1}<0$ 时其取值为 1，否则为 0。符号偏差检验是基于下式中的 $\phi_1$ 是否显著：

$$\hat{u}_t^2=\phi_0+\phi_1 S_{t-1}^{-}+\upsilon_t \tag{9.52}$$

其中，$\upsilon_t$ 是一个独立同分布的误差项。如果对 $\hat{u}_{t-1}$ 的正向冲击和负向冲击给条件方差带来的影响不一样，那么 $\phi_1$ 就应该是统计显著的。

除了冲击的方向，冲击的力度或规模也会影响到波动对冲击是否会以对称的形式做出反应。在这种情况下，我们可以进行负向规模偏差检验。该检验基于如下回归，该回归式中的 $S_{t-1}^{-}$ 被当作是一个斜率哑变量使用，如果回归式中的参数 $\phi_1$ 是统计显著的，那么就可以认定存在负向规模偏差：

$$\hat{u}_t^2=\phi_0+\phi_1 S_{t-1}^{-}u_{t-1}+\upsilon_t \tag{9.53}$$

最后，定义 $S_{t-1}^{+}=1-S_{t-1}^{-}$，即 $S_{t-1}^{+}$ 可以识别出具有正向冲击的观测值。基于此，Engle 和 Ng（1993）提出了基于如下回归的符号和规模偏差的联合检验：

$$\hat{u}_t^2=\phi_0+\phi_1 S_{t-1}^{-}+\phi_2 S_{t-1}^{-}u_{t-1}+\phi_3 S_{t-1}^{+}u_{t-1}+\upsilon_t \tag{9.54}$$

其中，如果 $\phi_1$ 显著，那么就说明存在符号偏差，即正向冲击和负向冲击对未来波动率的影响存在差异，这一点与标准 GARCH 模型中两者对未来波动率的对称影响形成了鲜明的对比。另外，如果 $\phi_2$ 或 $\phi_3$ 是显著的，那么就说明存在规模偏差，即不仅要考虑冲击的方向，而且要考虑冲击的规模。如果要对此进行联合检验，可以按照标准形式由回归式（9.54）的可决系数来构造检验统计量 $TR^2$。在不存在非对称效应的零假设下，该统计量渐近服从自由度为 3 的 $\chi^2$ 分布。

### 9.14.1 信息冲击曲线

Pagan 和 Schwert（1990）用图形说明了波动率对正负冲击所做出的非对称反应的程度，并将其命名为**信息冲击曲线**（news impact curve）。该曲线所描述的内容是，在对特定的模型进行估计后，基于误差项 $u_{t-1}$ 的各种正负值所得到的下一期的波动率（$\sigma_t^2$）情况。具体来说，该曲线是根据所考虑的波动模型中已估计出的条件方差方程画出来的。当然，要给定条件方差方程中的系数估计值，并且滞后条件方差要被设定为无条件方差。接下来，将 $u_{t-1}$ 连续取值，并将这些连续值代入方程中，从而确定由该模型所决定的与这些连续值相对应的 $\sigma_t^2$ 值。举例来说，假设基于标准普尔 500 指数数据对 GARCH 模型和 GJR 模型进行模型估计。现在将 $u_{t-1}$ 在（$-1$，$+1$）范围内连续取值并代入方程，然后考察两种不同模型下这些连续值对下一期条件方差的冲击，从而得到两条信息冲击曲线，这里将其报告于图 9.3 中。

如图 9.3 所示，GARCH 模型的信息冲击曲线（虚线）关于零值是对称的，这意味着对于某个特定规模的冲击来说，无论其符号（方向）如何，对未来条件方差的影响都是一样的。不过，图中 GJR 模型的信息冲击曲线（实线）是非对称的，这意味着负向冲击比与其同等规模的正向冲击对未来波动率的影响更大。另外还可以看到，GJR 模型

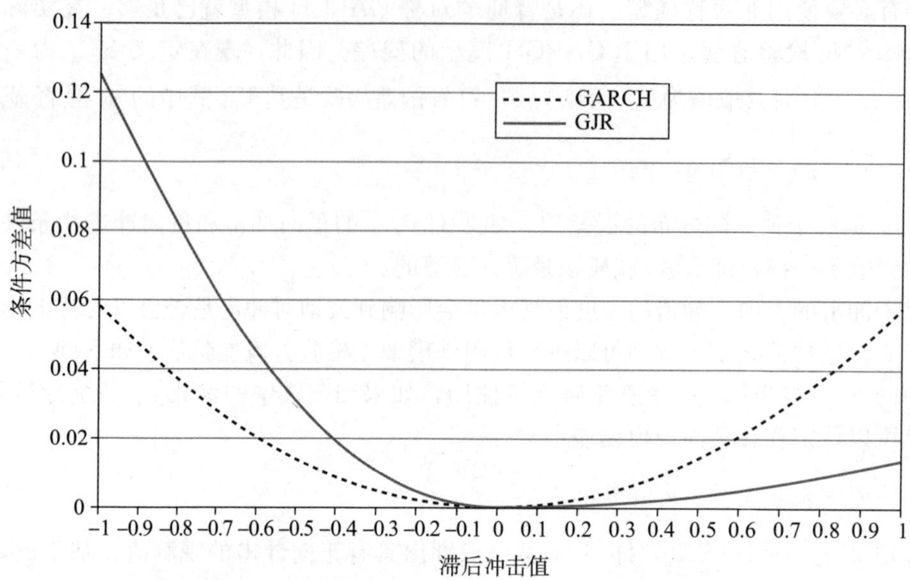


**图 9.3 基于 GARCH 模型和 GJR 模型的系数估计值所得到的标准普尔 500 指数收益率的信息冲击曲线**

下特定规模的负向冲击比 GARCH 模型下的同等冲击所造成的影响更大，之所以会出现这一现象，原因在于当模型中包含非对称项时，滞后平方误差的系数 $\alpha_1$ 的值会出现下降。

## 9.15 GARCH-M 模型

金融学中的大多数理论模型都假定应该通过获得超额收益来补偿投资者所承担的额外风险。如果要在模型中体现这一假定，一种可选择的方式可以是令证券的部分收益率由风险来决定。例如，Engle，Lilien 和 Robins（1987）提出了 ARCH-M 模型，在该模型中，资产收益率的条件方差进入了条件均值方程。不过，由于后来的 GARCH 模型较 ARCH 模型更为常用，所以学者们一般都使用 GARCH-M（GARCH-in-mean）模型。该模型的一种表示形式如下式所示：

$$y_t = \mu + \delta\sigma_{t-1} + u_t \quad u_t \sim N(0, \sigma_t^2) \tag{9.55}$$

$$\sigma_t^2 = \alpha_0 + \alpha_1 u_{t-1}^2 + \beta\sigma_{t-1}^2 \tag{9.56}$$

其中，若 $\delta$ 显著为正，则条件方差所代表的风险增加会导致平均收益率的增加，即 $\delta$ 可以被解释为一个风险溢价。当然，某些实证研究令条件方差项 $\sigma_{t-1}^2$ 直接进入均值方程，而非其平方根形式 $\sigma_{t-1}$。另外，还有一些研究中进入均值方程的是同期项 $\sigma_t^2$，而非滞后项。

## 9.16 运用 GARCH 类模型预测波动率

GARCH 类模型是非常有用的，因为可以用它们为序列波动率的时变特征建模。不过，我们还可以将本书所介绍过的多个时间序列模型组合在一起，从而构建出更为复杂的混合模型。这类模型可以刻画同一时点上金融时间序列的多个重要特征——例如 ARMA-EGARCH(1，1)-M 模型。其实，这类模型的复杂程度几乎是没有边界的，只会受到我们想象力的限制。

另外，GARCH 类模型还可以用来预测波动率。本质上，GARCH 模型所描述的是误差项 $u_t$ 的条件方差的动力学特征。误差项 $u_t$ 看起来似乎不太有用，但如果考虑下式：

$$\text{var}(y_t \mid y_{t-1}, y_{t-2}, \cdots) = \text{var}(u_t \mid u_{t-1}, u_{t-2}, \cdots) \tag{9.57}$$

那么可以看到，在给定了前期值后，$y$ 的条件方差就等同于给定前期值后 $u$ 的条件方差。因此，对 $\sigma_t^2$ 建模同样也可以给出有关 $y_t$ 方差的模型和预测值。也就是说，如果回归中的因变量 $y_t$ 是一个资产收益率序列，那么 $\sigma_t^2$ 的预测值就是对 $y_t$ 未来方差的预测值。由此，GARCH 类模型的一个主要用途就是预测未来的波动率。举例来说，在对金融期权进行定价时，波动率是作为输入变量进入定价模型的，这时 GARCH 类模型的波动率预测功能就是非常有用的。例如，“纯粹”看涨期权的价值是标的资产的当前价值、执行价格、到期时间、无风险利率和波动率的函数，其中的波动率其实是标的资产在整个期权有效期内的波动率。如前所述，我们当然可以用一个简单的历史平均测度作为对未来波动率的预测，但更合理的方法应该是用类似 GARCH 这样的时间序列模型来计算波动率的预测值。Day 和 Lewis（1992）讨论了各种模型的预测能力，下文会对此进行详细介绍。

由 GARCH 类模型产生预测值其实很简单，具体算法非常类似于 ARMA 模型产生预测值的算法。例 9.2 解释了这一点。

**例 9.2** 考虑下面的 GARCH(1，1) 模型：

$$y_t = \mu + u_t \quad u_t \sim N(0, \sigma_t^2) \tag{9.58}$$

$$\sigma_t^2 = \alpha_0 + \alpha_1 u_{t-1}^2 + \beta\sigma_{t-1}^2 \tag{9.59}$$

假设某位研究者已经估计了上述 GARCH 模型，使用的是某个股票指数的收益率序列作为数据样本，并且得到的参数估计结果为：$\hat{\mu}=0.002\,3$，$\hat{\alpha}_0=0.017\,2$，$\hat{\beta}=0.781\,1$，$\hat{\alpha}_1=0.125\,1$。如果该研究者所使用的数据样本的最大长度为 $T$（含），这时写下 $\sigma_t^2$ 和 $u_t^2$ 及其滞后值的一组等式，就可以用其来计算 $y_t$ 的条件方差的向前 1 步、2 步和 3 步预测值。

也就是说，我们的目的在于产生预测值 $\sigma_{T+1}^2|\Omega_T$，$\sigma_{T+2}^2|\Omega_T$，…，$\sigma_{T+s}^2|\Omega_T$，其中 $\Omega_T$ 指的是 $T$ 时刻的所有可得信息。在 $T$ 时刻，条件方差方程如式（9.59）所示，在该式的所有时间下标上分别加上 1、2 和 3，可以得到式（9.60）～（9.62）：

$$\sigma_{T+1}^2=\alpha_0+\alpha_1 u_T^2+\beta\sigma_T^2 \tag{9.60}$$

$$\sigma_{T+2}^2=\alpha_0+\alpha_1 u_{T+1}^2+\beta\sigma_{T+1}^2 \tag{9.61}$$

$$\sigma_{T+3}^2=\alpha_0+\alpha_1 u_{T+2}^2+\beta\sigma_{T+2}^2 \tag{9.62}$$

令 $\sigma_{1,T}^{f^2}$ 为 $T$ 时刻 $\sigma^2$ 的向前 1 步预测值。计算 $\sigma_{1,T}^{f^2}$ 并不困难，因为在 $T$ 时刻方程（9.60）右边的所有项都是已知的，这时只需对其取条件期望即可得到 $\sigma_{1,T}^{f^2}$。

给定 $\sigma_{1,T}^{f^2}$，如何在时刻 $T$ 计算向前 2 步预测值 $\sigma_{2,T}^{f^2}$ 呢？

$$\sigma_{1,T}^{f^2}=\alpha_0+\alpha_1 u_T^2+\beta\sigma_T^2 \tag{9.63}$$

由式（9.61）可得：

$$\sigma_{2,T}^{f^2}=\alpha_0+\alpha_1 E(u_{T+1}^2|\Omega_T)+\beta\sigma_{1,T}^{f^2} \tag{9.64}$$

其中，$E(u_{T+1}^2|\Omega_T)$ 为平方扰动项 $u_{T+1}^2$ 在 $T$ 时刻的期望值。接下来，有必要基于随机变量 $u_t$ 方差的表达式求出 $E(u_{T+1}^2|\Omega_T)$。由于模型假定序列 $u_t$ 的均值为零，故其方差可以写为：

$$\text{var}(u_t)=E[(u_t-E(u_t))^2]=E(u_t^2) \tag{9.65}$$

$u_t$ 的条件方差是 $\sigma_t^2$，所以有

$$\sigma_t^2|\Omega_t=E(u_t^2) \tag{9.66}$$

将上述表达式反转，并将其应用于当前所考虑的问题，可以得到：

$$E(u_{T+1}^2|\Omega_t)^2=\sigma_{T+1} \tag{9.67}$$

不过，在 $T$ 时刻 $\sigma_{T+1}^2$ 仍然是未知的，所以我们用其预测值 $\sigma_{1,T}^{f^2}$ 将其替代，从而式（9.64）变为：

$$\sigma_{2,T}^{f^2}=\alpha_0+\alpha_1\sigma_{1,T}^{f^2}+\beta\sigma_{1,T}^{f^2} \tag{9.68}$$

$$\sigma_{2,T}^{f^2}=\alpha_0+(\alpha_1+\beta)\sigma_{1,T}^{f^2} \tag{9.69}$$

进一步，如果要计算的是向前 3 步预测值呢？

实际上，运用类似的步骤，可以得到：

$$\sigma_{3,T}^{f^2}=E_T(\alpha_0+\alpha_1 u_{T+2}^2+\beta\sigma_{T+2}^2) \tag{9.70}$$

$$\sigma_{3,T}^{f^2}=\alpha_0+(\alpha_1+\beta)\sigma_{2,T}^{f^2} \tag{9.71}$$

$$\sigma_{3,T}^{f^2}=\alpha_0+(\alpha_1+\beta)[\alpha_0+(\alpha_1+\beta)\sigma_{1,T}^{f^2}] \tag{9.72}$$

$$\sigma_{3,T}^{f^2}=\alpha_0+\alpha_0(\alpha_1+\beta)+(\alpha_1+\beta)^2\sigma_{1,T}^{f^2} \tag{9.73}$$

所以，实际上对于任意 $s\geqslant 2$ 来说，向前 $s$ 步预测值都可以表示为：

$$\sigma_{s,T}^{f^2}=\alpha_0\sum_{i=1}^{s-1}(\alpha_1+\beta)^{i-1}+(\alpha_1+\beta)^{s-1}\sigma_{1,T}^{f^2} \tag{9.74}$$

这里需要指出的是，方差及方差的预测值都是时间可加的，这是一个非常有用的性质。例如，假设我们已经得到了某外汇日收益率方差的向前 1 步、2 步、3 步、4 步和 5 步预测值，即下一周 5 个交易日收益率方差的预测值都已经计算出来，那么时间可加性就意味着：我们可以通过将这 5 个交易日的方差预测值简单相加得到下一周方差的预测值。当然，如果是用标准差（而非方差）作为波动率的代理变量，那么只需对方差的预测值取平方根即可。不过，一定要注意标准差并不具有时间可加性。所以，如果使用每天的标准差来代表日波动率，那么就需要先对其取平方，从而转换为每天的方差，然后再将每天的方差相加得到周方差后，再对其取平方根得到周标准差。

## 9.17 检验非线性约束或非线性模型假设

在非线性模型中，普通的 $t$ 检验和 $F$ 检验仍然是有效的，不过灵活性不足。举例来说，假设要检验 $\alpha_1\beta=1$ 的假设，但是因为现在模型已经被拓展至非线性模型，所以这时已经没有理由再假定相关约束仅仅是线性的了。

在 OLS 估计中，$F$ 检验的工作原理是考察施加约束后 $RSS$ 上升的幅度。运用最具一般性的术语来讲，极大似然下的假设检验也是如此。具体来说，这一过程的工作原理是考察施加约束后 $LLF$ 值下降的幅度。如果 $LLF$ 值大幅下降，那么就可以说约束没有得到数据的支持，即假设应该被拒绝。

有 3 种基于极大似然原理的假设检验方法：瓦尔德（Wald）检验、似然比（likelihood ratio，简记为 $LR$）检验和拉格朗日乘子（Lagrange multiplier，简记为 $LM$）检验。为了简要说明这 3 种检验的操作步骤，现在来考虑一个待估参数 $\theta$，并将其极大似然估计值记为 $\hat{\theta}$，将其有约束的估计值记为 $\tilde{\theta}$，同时将无约束极大似然估计的 $LLF$ 的最大值记为 $L(\hat{\theta})$，将有约束的最优值记为 $L(\tilde{\theta})$，则上述 3 种检验的步骤可以由图 9.4 来解释。

具体来说，这 3 种检验都需要测度出点 $A$（对数似然函数的无约束最大值）和点 $B$

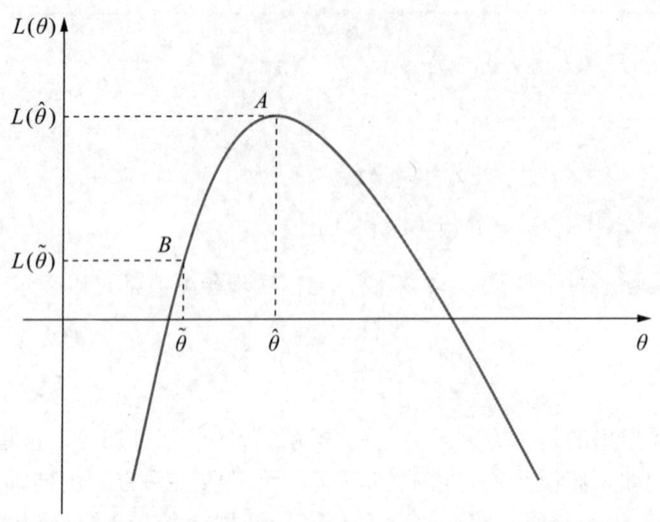


**图 9.4　极大似然方法下的 3 种假设检验**

(对数似然函数的有约束最大值）之间的距离。其中，两点之间的纵向距离构成了 $LR$ 检验的基础。将这一距离乘以 2，得到 $2[L(\hat{\theta})-L(\tilde{\theta})]=2\ln\left[\frac{l(\hat{\theta})}{l(\tilde{\theta})}\right]$，其中 $L$ 指的是对数似然函数，$l$ 指的是似然函数。另外，瓦尔德检验着眼于 $\hat{\theta}$ 和 $\tilde{\theta}$ 之间的水平距离，而 $LM$ 检验则比较了曲线在 $A$ 点和 $B$ 点处斜率的差异。在 $A$ 点处，对数似然函数的无约束最大值（即曲线在此处的斜率）为零。不过，在 $L(\tilde{\theta})$ 处，即在 $B$ 点上，曲线是不是"显著陡峭"的呢？实际上，曲线在 $B$ 点处越陡峭，约束越不可能得到数据的支持。

$LM$ 检验统计量的表达式中包含有对数似然函数关于（有约束估计下）参数的一阶导数和二阶导数。其中，对数似然函数的一阶导数被统称为分数向量，它度量了 $LLF$ 在每一个可能的参数值上的斜率大小。二阶导数的期望值包含信息矩阵，它度量了 $LLF$ 尖峰的程度以及最大值处的 $LLF$ 值比其他地方的 $LLF$ 值大多少。二阶导数矩阵也用来构建系数的标准误。需要注意的是，$LM$ 检验只涉及对有约束回归的估计，因为按照定义，最大值处 $LLF$ 的斜率应该为零。由于有约束的回归通常比无约束的回归更容易估计，所以在实际应用时 $LM$ 检验是 3 种检验方法中最简单的一种。进一步来说，对有约束回归的估计之所以更为简单，是因为施加约束一般意味着模型中的某些成分被设定为零，或者在零假设下被组合到了一起，所以待估参数自然就会少一些。反之，瓦尔德检验只涉及对无约束回归进行估计，通常使用的 $t$ 检验和 $F$ 检验其实就是瓦尔德检验的例子（因为这时只存在无约束估计）。

在极大似然框架下的这 3 种检验方法中，似然比检验最具有直觉上的吸引力，因此接下来我们对这一检验方法进行更为详细的介绍，有关这一方法的更多细节可参阅 Ghosh（1991，Section 10.3）。

### 9.17.1　似然比检验

似然比检验要分别在零假设和备择假设下对模型进行估计，所以实际上要估计无约束模型和有约束模型两个模型，然后比较这两种模型 $LLF$ 的最大值。现在，我们假定已经估计了无约束模型，并得到了其 $LLF$ 的最大值 $L_u$，然后再假设对有约束模型进行估计后得到了新的 $LLF$ 值 $L_r$，那么由下式给出的似然比检验统计量就渐近服从一个 $\chi^2$ 分布：

$$LR=-2(L_r-L_u)\sim\chi^2(m) \tag{9.75}$$

其中，$m$ 为约束的数量。注意，无约束模型极大似然函数的最大值一定不会小于有约束模型极大似然函数的最大值，即 $L_r\leqslant L_u$。这一逻辑是很直观的，而且可以类比于 OLS 下对线性模型施加约束时的情况，即 $RRSS\geqslant URSS$。类似地，只有当数据中已经存在约束时，$L_r$ 和 $L_u$ 才会相等。不过需要注意的是，我们平常所用的 $F$ 检验实际上是一个瓦尔德检验，而非 $LR$ 检验，原因在于其仅使用无约束模型来计算。实际上，$F$ 检验方法的基础是对 $RSS$ 进行比较，这一点可以很方便地由 OLS 算法得出。例 9.3 演示了如何应用似然比检验。

**例 9.3** 假设某研究者已经估计了一个 GARCH(1，1) 模型，并得到了 $LLF$ 的最大值为 66.85。现在继续假设他想要在式 (9.77) 中检验 $\beta=0$ 的假设：

$$y_t=\mu+\phi y_{t-1}+u_t \quad u_t\sim N(0,\sigma_t^2) \tag{9.76}$$

$$\sigma_t^2=\alpha_0+\alpha_1 u_{t-1}^2+\beta\sigma_{t-1}^2 \tag{9.77}$$

在施加约束后，再次估计该模型，得到的 $LLF$ 最大值降至 64.54，那么该约束是否得到了数据的支持？如果是，那么实际上意味着 ARCH(1) 模型就已经足够了。要回答这一问题，考虑下面的 $LR$ 统计量：

$$LR=-2\times(64.54-66.85)=4.62 \tag{9.78}$$

该统计量服从自由度为 1 的 $\chi^2$ 分布。在 5%的检验水平下，$\chi^2(1)=3.84$，所以应该拒绝零假设。因此我们可以下结论说，在方差方程中不包含条件方差滞后项的 ARCH(1) 模型并不足以描述波动率在时间上的相依性。

## 9.18 波动率预测：文献中的一些例子及结果

目前，已有大量文献在比较各种不同波动率模型的样本外预测精度，而且这一类论文的数量还在不断增加。例如，Akgiray (1989) 发现，在对美国股票指数的月度波动率进行预测时，GARCH 模型的表现要优于 ARCH 模型、指数加权移动平均模型和历史平均模型。另外，West 和 Cho (1995) 对美元汇率波动率的向前一步预测结果也清楚地表明 GARCH 模型表现更好，不过在更长的预测区间上，GARCH 模型并没有表现出较其他模型更为明显的优势。Pagan 和 Schwert (1990) 分别采用 GARCH 模型、EGARCH 模型、马尔科夫机制转换模型和 3 种非参数模型对美国股票市场月度收益率的波动率进行了预测，发现 EGARCH 模型表现最好，GARCH 模型紧随其后，而其他几种模型的预测表现则很差。Franses 和 van Dijk（1996）比较了 3 种不同的 GARCH 类模型（标准 GARCH 模型、QGARCH 模型和 GJR 模型）对欧洲多个股票市场指数每周波动率的预测精度，结果表明非线性 GARCH 模型并没有取得较标准 GARCH 模型更优的预测结果。最后，Brailsford 和 Faff（1996）发现，与其他多种较为简单的模型比起来，GJR 模型和 GARCH 模型在对澳大利亚股票指数月度波动率的预测方面稍占优势。总之，在目前所有可用的模型中，尽管看起来条件异方差模型的表现似乎是最好的，但在波动率预测方面不断出现的新文献也说明波动率预测是一个“极其困难的任务”（Brailsford and Faff，1996，p. 419）。特别地，早期 Dimson 和 Marsh（1990）所做的复杂模型与简洁模型的对比研究表明，较为复杂的非线性模型和非参数模型的预测能力甚至比不上简单模型。最后，Brooks（1998）检验了市场交易量是否有助于改善波动率的预测精度，但实证结果给出的答案是否定的。

关于这类研究的形式和内容，Day 和 Lewis（1992）给出了一个非常清晰的介绍，因此我们这里对 Day 和 Lewis（1992）的研究进行深度考察。实际上，该论文的目的在于考察 GARCH 模型和 EGARCH 模型在股票指数波动率样本外预测方面的精度如何。不过，作者将这两种模型的预测值与隐含波动率做比较。如前所述，隐含波动率是市场对标的资产在期权有效期内的波动率平均水平的期望值，这一期望值隐含于当前的期权价格中。给定某个期权定价模型（例如布莱克-斯科尔斯模型），除了波动率之外，模型中的其他输入变量要么可以直接从市场上获得，要么是由期权合约的条款给出。所以，我们可以运用牛顿-拉夫逊（Newton-Raphson）这一类的迭代搜索步骤，由期权价格“反推”出标的资产的波动率。Day 和 Lewis（1992）所要研究的一个重要问题就是，究竟是隐含波动率对标的资产波动率的预测更为精准，还是波动率计量模型（如 GARCH 模型和 EGARCH 模型）的预测能力更强？实际上，如果期权市场和标的资产市场是信息有效的，那么基于标的资产波动率过去已实现值的计量模型就不会对标的资产波动率的未来值有任何额外的解释能力。不过，如果波动率计量模型确实包含一些可以用于预测未来波动率的额外信息，那么依据这些预测值就可以制定出某个可以获利的交易规则。

Day 和 Lewis（1992）所使用的数据是 1983 年 3 月 11 日—1989 年 12 月 31 日标准普尔 100 指数期权及其标的指数每周的收盘价（周中至周中，周五至周五）。在研究中，这两位作者采用周中至周中的收益率和周五至周五的收益率来考察周末效应是否对后者有显著影响。他们认为，由于隐含波动率在到期这一周的周五会有跳跃，所以周五的收益率应该包含了到期效应。不过，这一问题不是本书的直接兴趣点所在，因此我们这里仅讨论周中至周中收益率下的结果。

两位作者所采用的模型如下所示。首先，在时间序列模型的条件均值方程中，作者对市场收益相对于无风险收益（代理）的超额收益率采用了一个 GARCH-M 形式，即：

$$R_{Mt}-R_{Ft}=\lambda_0+\lambda_1\sqrt{h_t}+u_t \tag{9.79}$$

其中，$R_{Mt}$ 指的是市场组合的收益率，$R_{Ft}$ 指的是无风险利率。需要注意的是，Day 和 Lewis（1992）用 $h_t^2$ 指代条件方差，这里我们将其修正为标准的 $h_t$。另外，隐含波动率的估计值用 $\sigma_t^2$ 来表示，并采用两种不同的模型来刻画方差：标准的 GARCH(1，1)

模型和 EGARCH 模型，即：

$$h_t=\alpha_0+\alpha_1 u_{t-1}^2+\beta_1 h_{t-1} \tag{9.80}$$

或

$$\ln(h_t)=\alpha_0+\beta_1\ln(h_{t-1})+\alpha_1\left(\theta\frac{u_{t-1}}{\sqrt{h_{t-1}}}+\gamma\left[\left|\frac{u_{t-1}}{\sqrt{h_{t-1}}}\right|-\left(\frac{2}{\pi}\right)^{1/2}\right]\right) \tag{9.81}$$

要考察隐含波动率模型和 GARCH 类模型的预测表现差异，一种可选择的方法是在式（9.80）和式（9.81）中纳入隐含波动率估计的一个滞后值（$\sigma_{t-1}^2$），从而构建出“混合”或“涵盖”模型。其中，式（9.80）变为：

$$h_t=\alpha_0+\alpha_1 u_{t-1}^2+\beta_1 h_{t-1}+\delta\sigma_{t-1}^2 \tag{9.82}$$

式（9.81）变为：

$$\ln(h_t)=\alpha_0+\beta_1\ln(h_{t-1})+\alpha_1\left(\theta\frac{u_{t-1}}{\sqrt{h_{t-1}}}+\gamma\left[\left|\frac{u_{t-1}}{\sqrt{h_{t-1}}}\right|-\left(\frac{2}{\pi}\right)^{1/2}\right]\right)+\delta\ln(\sigma_{t-1}^2) \tag{9.83}$$

在式（9.82）和式（9.83）中，我们所感兴趣的是对假设 $H_0$：$\delta=0$ 进行检验。如果这一零假设无法被拒绝，那么就说明与 GARCH 类模型比起来，隐含波动率中并不包含更多可以用于解释波动率的增量信息。同时，还要在式（9.82）中检验 $H_0$：$\alpha_1=0$ 且 $\beta_1=0$，在式（9.83）中检验 $H_0$：$\alpha_1=0$ 且 $\beta_1=0$ 且 $\theta=0$ 且 $\gamma=0$。如果后面的这些假设都成立，那么式（9.82）和式（9.83）就退化为：

$$h_t=\alpha_0+\delta\sigma_{t-1}^2 \tag{9.82$'$}$$

和

$$\ln(h_t)=\alpha_0+\delta\ln(\sigma_{t-1}^2) \tag{9.83$'$}$$

实际上，对式（9.82）和式（9.83）所施加的这些约束所要检验的是：在将隐含波动率纳入模型后，GARCH 模型中的滞后平方误差和滞后条件方差是否包含了额外（即无法被隐含波动率所包含）的解释力。使用似然比检验方法，可以很容易地完成对这些假设的检验，其结果报告于表 9.1 中。

**表 9.1　比较 GARCH 和隐含波动率**

$$R_{Mt}-R_{Ft}=\lambda_0+\lambda_1\sqrt{h_t}+u_t \tag{9.79}$$

$$h_t=\alpha_0+\alpha_1 u_{t-1}^2+\beta_1 h_{t-1} \tag{9.80}$$

$$h_t=\alpha_0+\alpha_1 u_{t-1}^2+\beta_1 h_{t-1}+\delta\sigma_{t-1}^2 \tag{9.82}$$

$$h_t=\alpha_0+\delta\sigma_{t-1}^2 \tag{9.82$'$}$$

| 方差方程 | $\lambda_0$ | $\lambda_1$ | $\alpha_0\times10^{-4}$ | $\alpha_1$ | $\beta_1$ | $\delta$ | Log-L | $\chi^2$ |
|---|---|---|---|---|---|---|---|---|
| (9.80) | 0.007 2<br>(0.005) | 0.071<br>(0.01) | 5.428<br>(1.65) | 0.093<br>(0.84) | 0.854<br>(8.17) | — | 767.321 | 17.77 |

第9章　波动率和相关性建模

续表

| 方差方程 | $\lambda_0$ | $\lambda_1$ | $\alpha_0 \times 10^{-4}$ | $\alpha_1$ | $\beta_1$ | $\delta$ | Log-L | $\chi^2$ |
|---|---|---|---|---|---|---|---|---|
| (9.82) | 0.001 5 | 0.043 | 2.065 | 0.266 | −0.068 | 0.318 | 776.204 | — |
| | (0.028) | (0.02) | (2.98) | (1.17) | (−0.59) | (3.00) | | |
| (9.82′) | 0.005 6 | −0.184 | 0.993 | — | — | 0.581 | 764.394 | 23.62 |
| | (0.001) | (−0.001) | (1.50) | | | (2.94) | | |

注：括号中的数字为 $t$ 值，Log-L 是极大似然函数值。$\chi^2$ 是检验统计量的值，在受约束于式（9.80）的式（9.82）中，该统计量服从 $\chi^2(1)$ 分布；在受约束于式（9.82′）的式（9.82）中，该统计量服从 $\chi^2(2)$ 分布。

资料来源：Day and Lewis (1992). Reprinted with the permission of Elsevier.

由式（9.82）中的系数估计值及其标准误的估计结果可以看出，隐含波动率项（$\delta$）是统计显著的，而 GARCH 项（$\alpha_1$ 和 $\beta_1$）并不显著。不过，最后一列中的检验统计量都大于其相应的 $\chi^2$ 分布的临界值，说明 GARCH 和隐含波动率在股票隐含波动率的建模方面具有额外的能力。除了 GARCH 外，Day 和 Lewis（1992）还对 EGARCH 与隐含波动率进行了类似的分析，相关结果报告于表 9.2 中。

**表 9.2　比较 EGARCH 和隐含波动率**

$$R_{Mt}-R_{Ft}=\lambda_0+\lambda_1\sqrt{h_t}+u_t \tag{9.79}$$

$$\ln(h_t)=\alpha_0+\beta_1\ln(h_{t-1})+\alpha_1\left(\theta\frac{u_{t-1}}{\sqrt{h_{t-1}}}+\gamma\left[\left|\frac{u_{t-1}}{\sqrt{h_{t-1}}}\right|-\left(\frac{2}{\pi}\right)^{1/2}\right]\right) \tag{9.81}$$

$$\ln(h_t)=\alpha_0+\beta_1\ln(h_{t-1})+\alpha_1\left(\theta\frac{u_{t-1}}{\sqrt{h_{t-1}}}+\gamma\left[\left|\frac{u_{t-1}}{\sqrt{h_{t-1}}}\right|-\left(\frac{2}{\pi}\right)^{1/2}\right]\right)+\delta\ln(\sigma_{t-1}^2) \tag{9.83}$$

$$\ln(h_t)=\alpha_0+\delta\ln(\sigma_{t-1}^2) \tag{9.83′}$$

| 方差方程 | $\lambda_0$ | $\lambda_1$ | $\alpha_0 \times 10^{-4}$ | $\beta_1$ | $\theta$ | $\gamma$ | $\delta$ | Log-L | $\chi^2$ |
|---|---|---|---|---|---|---|---|---|---|
| (9.81) | −0.002 6 | 0.094 | −3.62 | 0.529 | 0.273 | 0.357 | — | 776.436 | 8.09 |
| | (−0.03) | (0.25) | (−2.90) | (3.26) | (−4.13) | (3.17) | | | |
| (9.83) | 0.003 5 | −0.076 | −2.28 | 0.373 | −0.282 | 0.210 | 0.351 | 780.480 | — |
| | (0.56) | (−0.24) | (−1.82) | (1.48) | (−4.34) | (1.89) | (1.82) | | |
| (9.83′) | 0.004 7 | −0.139 | −2.76 | — | — | — | 0.667 | 765.034 | 30.89 |
| | (0.71) | (−0.43) | (−2.30) | | | | (4.01) | | |

注：括号中的数字为 $t$ 值，Log-L 是极大似然函数值。$\chi^2$ 是检验统计量的值，在受约束于式（9.81）的式（9.83）中，该统计量服从 $\chi^2(1)$ 分布；在受约束于式（9.83′）的式（9.83）中，该统计量服从 $\chi^2(3)$ 分布。

资料来源：Day and Lewis (1992). Reprinted with the permission of Elsevier.

EGARCH 模型下的结论与上述 GARCH 模型下的结论相差无几。按照似然比统计量的结果来说，EGARCH 方程中的滞后信息和隐含波动率的滞后项都不能被忽视。在式（9.83）中，EGARCH 项和隐含波动率系数都具有边际显著性。

不过，上述检验并不是真正地在检验模型的预测能力，因为在估计和检验模型时使用了所有的观测值。由此，作者继续开展了样本外预测能力检验。在他们所使用的样本中，一共有 729 个样本点。作者使用前面的 410 个样本数据来估计模型，然后对下一周的波动率进行向前一步预测，随后再不断地将估计样本向前滚动一期，并不断得到新的向前一步预测值。

作者采用了两种方法来评价预测值，其中第一种是将已经实现了的"真实"波动率序列对常数和波动率预测值序列进行回归，即：

$$\sigma_{t+1}^2 = b_0 + b_1 \sigma_{ft}^2 + \xi_{t+1} \tag{9.84}$$

其中，$\sigma_{t+1}^2$ 为 $t+1$ 时刻波动率的"真实"值，$\sigma_{ft}^2$ 是对 $t$ 时刻波动率"真实"值的预测值。如果是一个完美的预测，那么就会有 $b_0=0$ 和 $b_1=1$。除了式（9.84）外，作者所用的另外一种对预测值进行评价的方法是运用一组**预测涵盖检验**（forecast encompassing test）。本质上，这一方法是将已经实现了的波动率同时对不同模型产生的预测值进行回归。如果某些预测值序列的系数是显著的，那么就说明这些序列包含了那些系数不显著的预测值序列。

然而，"真实"波动率是什么？换句话说，应该采用什么样的方法对已经实现了的波动率或"事后"波动率进行测度，进而与波动率的预测值进行比较？其实，历史文献或者最近的论文都没有对这一问题给予充分的注意和足够的重视。特别地，如果所预测的是日波动率，文献中通常将日收益率的平方作为事后波动率测度。要理解这一做法，考虑任意一个变量 $r_t$ 的条件方差可以表示为：

$$\text{var}(r_t) = E[r_t - E(r_t)]^2 \tag{9.85}$$

如前所述，对于较高频的数据来说，我们通常假定 $E(r_t)$ 为零，这一假定具有相当大的合理性。如此一来，方差的表达式就可以简化为：

$$\text{var}(r_t) = E[r_t^2] \tag{9.86}$$

不过，Andersen 和 Bollerslev（1998）认为，作为真实波动率的一个代理变量，日收益率的平方充满了噪声，而另外一个更好的选择是采用日内数据来计算该天的波动率。例如，将每小时的收益率取平方，然后将这些平方收益率相加，就可以得到一个非常好的日方差测度。基于高频数据的事后波动率测度之所以是一个更好的选择，原因在于这种计算方法运用了更多的信息。如果采用日数据来计算每天的波动率测度，那么实际上只会用到两个价格信息。特别地，如果前后两个交易日的收盘价都是一样的，那么所计算的平方收益率及波动率就为零，而这完全忽视了价格的日内波动。Hansen 和 Lunde（2006）进一步说明，对于潜在的真实波动率来说，如果采用的是一个非常差的代理变量，那么即使已经按照波动率预测精度对模型进行了排序，这一顺序仍然不具有一致性。

在 Day 和 Lewis（1992）的研究中，他们采用了两种不同的真实波动率代理变量：

（1）指数周收益率的平方，作者称其为 SR；

（2）某一周内所有日收益率的方差乘以这一周内交易日的数量，作者称其为 WV。

按照 Andersen 和 Bollerslev（1998），第二种测度应该更优，因此我们将重点放在这一测度下的结果上。

已实现波动率对常数和不同模型波动率预测值的回归结果报告于表 9.3 中。表 9.3

中系数 $b_0$ 的估计值可以揭示出预测模型是否有偏。在所有的模型下，$b_0$ 的估计值都接近于零。当采用周收益率的平方作为真实波动率的代理变量时，只有历史波动率模型和隐含波动率模型下的 $b_0$ 是统计显著的。一个正的 $b_0$ 意味着平均来讲预测值比较小。另外，除了 GARCH 模型（在将日收益率的方差作为真实波动率的代理变量时）和 EGARCH 模型（在将周收益率的平方作为真实波动率的代理变量时）外，其他所有波动率预测模型下的 $b_1$ 系数估计值都与 1 相去甚远。最后，所有的 $R^2$ 值都很小（都小于 10%，大部分小于 3%），这说明在解释已实现波动率测度的变化方面，预测值序列表现得并不怎么样。

预测涵盖检验是基于 Fair 和 Shiller（1990）所提出的一个方法，该方法试图确定不同的预测值中是否包含有不同的信息。这一检验所用回归式的具体形式为：

$$\sigma_{t+1}^2=b_0+b_1\sigma_{It}^2+b_2\sigma_{Gt}^2+b_3\sigma_{Et}^2+b_4\sigma_{Ht}^2+\xi_{t+1} \tag{9.87}$$

这一方法下的检验结果报告于表 9.4 中。

**表 9.3　不同模型对周波动率的预测能力检验**

$$\sigma_{t+1}^2=b_0+b_1\sigma_{ft}^2+\xi_{t+1} \tag{9.84}$$

| 预测模型 | 真实波动率的代理变量 | $b_0$ | $b_1$ | $R^2$ |
|---|---|---|---|---|
| 历史波动率模型 | SR | 0.000 4<br>(5.60) | 0.129<br>(21.18) | 0.094 |
| | WV | 0.000 5<br>(2.90) | 0.154<br>(7.58) | 0.024 |
| GARCH 模型 | SR | 0.000 2<br>(1.02) | 0.671<br>(2.10) | 0.039 |
| | WV | 0.000 2<br>(1.07) | 1.074<br>(3.34) | 0.018 |
| EGARCH 模型 | SR | 0.000 0<br>(0.05) | 1.075<br>(2.06) | 0.022 |
| | WV | −0.000 1<br>(−0.48) | 1.529<br>(2.58) | 0.008 |
| 隐含波动率模型 | SR | 0.002 2<br>(2.22) | 0.357<br>(1.82) | 0.037 |
| | WV | 0.000 5<br>(0.389) | 0.718<br>(1.95) | 0.026 |

注："历史波动率"指的是用平方收益率的简单历史平均来预测波动率；括号中的数字为 $t$ 值；SR 是指标准普尔 100 指数周收益率的平方；WV 是指该指数周内日收益率的方差乘以周内交易日的数量。

资料来源：Day and Lewis (1992). Reprinted with the permission of Elsevier.

**表 9.4　比较样本外波动率预测值的相对信息含量**

$$\sigma_{t+1}^2 = b_0 + b_1\sigma_{It}^2 + b_2\sigma_{Gt}^2 + b_3\sigma_{Et}^2 + b_4\sigma_{Ht}^2 + \xi_{t+1} \tag{9.87}$$

| 预测对照组 | $b_0$ | $b_1$ | $b_2$ | $b_3$ | $b_4$ | $R^2$ |
|---|---|---|---|---|---|---|
| 隐含波动率模型<br>vs GARCH 模型 | −0.000 10<br>(−0.09) | 0.601<br>(1.03) | 0.298<br>(0.42) | — | — | 0.027 |
| 隐含波动率模型<br>vs GARCH 模型<br>vs 历史波动率模型 | 0.000 18<br>(1.15) | 0.632<br>(1.02) | −0.243<br>(−0.28) | — | 0.123<br>(7.01) | 0.038 |
| 隐含波动率模型<br>vs EGARCH 模型 | −0.000 01<br>(−0.07) | 0.695<br>(1.62) | — | 0.176<br>(0.27) | — | 0.026 |
| 隐含波动率模型<br>vs EGARCH 模型<br>vs 历史波动率模型 | 0.000 26<br>(1.37) | 0.590<br>(1.45) | −0.374<br>(−0.57) | — | 0.118<br>(7.74) | 0.038 |
| GARCH 模型<br>vs EGARCH 模型 | 0.000 05<br>(0.370) | — | 1.070<br>(2.78) | −0.001<br>(−0.00) | — | 0.018 |

注：括号中的数字为 $t$ 值；本表中所使用的真实波动率的代理变量为周内日收益率的方差乘以周内交易日的数量。

资料来源：Day and Lewis (1992). Reprinted with the permission of Elsevier.

在表 9.4 中，我们所感兴趣的是系数估计值的大小和显著性如何。在所有的结果中，最引人注目的就是大多数预测值序列都缺少显著性。在第一组比较中，无论是隐含波动率模型还是 GARCH 模型，其预测值序列的系数都是不显著的。这时如果将历史波动率加入模型中，其系数值为正且具有显著性。随后进行的隐含波动率模型与 EGARCH 模型对比的结果与此类似，即两者的预测值序列都是不显著的，但在加入简单历史平均序列后，其系数为正且显著。很明显，这一结果与表 9.4 最后一行中的结果一起，说明了与对称 GARCH 模型相比，EGARCH 模型中的非对称项并不具备额外的解释力。与前面的结果类似，这里的 $R^2$ 值也非常小（低于 4%）。

综上所述，这一研究得到的结论为：从样本内的角度看，隐含波动率中包含了 GARCH/EGARCH 模型所没有包含的额外信息，但如果从样本外的角度看，所有模型的表现都不是太好，即对波动率的预测是一项非常困难的任务。

## 9.19　回顾随机波动模型

在 9.6 节中所讨论的自回归模型实际上是某一类模型的特殊形式，这类模型就是所谓的**随机波动**（stochastic volatility，简记为 SV）模型。通常情况下，人们都错误地认为，GARCH 类模型也是随机波动模型的一种，但实际上两者之间有着本质的区别。具体来说，在给定前期所有可得信息的前提下，GARCH 类模型中的条件方差方程是完全确定的。换句话说，GARCH 类模型的方差方程中没有误差项，误差项只出现在了均值方程中。

然而，随机波动模型包含了两个误差项，其中一个出现在条件方差方程中。自回归波动模型当然是非常易于理解也易于估计的，因为在该类模型下我们所需要的只是一个可以观测到的波动率，该波动率在自回归模型中被当作其他变量来使用。不过，“随机波动率”的模型形式通常不太一样，其中一种形式为：

$$y_t=\mu+u_t\sigma_t,\ u_t\sim N(0,\ 1) \tag{9.88}$$

$$\ln(\sigma_t^2)=\alpha_0+\beta_1\ln(\sigma_{t-1}^2)+\sigma_\eta\eta_t \tag{9.89}$$

其中，$\eta_t$ 是另外一个服从 $N(0,\ 1)$ 的随机变量，且独立于 $u_t$。该模型假定潜在波动率是无法被直接观测到的，所以需要对其进行间接建模。

随机波动率模型与期权定价类文献中所涉及的金融理论有着紧密的关系。在早期 Black 和 Scholes（1973）的工作中，波动率被假定为常数。尽管这一假定与现实情况相去甚远，但其主要目的是为了简化分析。不过，实证研究发现，内嵌于定价模型中的常数波动率假设会导致其所估计的深度实值期权和深度虚值期权的价格系统性地低于其实际交易价格，这一实证结果在一定程度上促使了随机波动模型的产生。在随机波动模型中，无法观测的方差过程的对数通过一个线性随机形式来描述和刻画，比如说，可以考虑自回归模型。随机波动模型最主要的优势在于，该模型可以被认为是连续时间模型的离散时间近似，而连续时间模型通常是在期权定价研究中使用（例如，可参阅 Hull and White，1987）。不过，估计随机波动模型的难度较大。读者如果想要进一步了解（单变量）随机波动模型，可参阅 Taylor（1994），Ghysels，Harvey 和 Renault（1995）或 Shephard（1996）及其中的参考文献。

尽管期权数值定价领域中的文献已经在广泛使用随机波动模型，但在离散时间金融的实证文献中，该模型还没有得到普遍应用。当然，其中的原因可能是这类模型的参数估计实在太过复杂（具体可参阅 Harvey，Ruiz and Shephard，1994）。因此，尽管 GARCH 类模型在连续时间方面的理论支撑不如随机波动模型那样坚实，但更易于使用极大似然方法进行估计。由于无法对（用于估计 GARCH 模型的）极大似然方法提出一个简单的修正，所以这里我们不再对随机波动模型做进一步的讨论。

### 9.19.1 高阶矩模型

过去的 20 年间，学术界已将关注重点从一开始的金融时间序列的一阶矩（即对收益率本身的模型进行估计）转移到了二阶矩（即为方差建模）。尽管这是在金融数据分析道路上所迈出的一大步，但前两阶矩显然也无法完全刻画金融时间序列的所有特征。举例来说，标准化误差项服从 $N(0,\ 1)$ 分布的 GARCH 模型就不能产生足够的厚尾，从而无法对在实际金融时间序列中所观测到的尖峰厚尾性进行充分的描述。当然，对于这一特定问题来说，一个可选择的解决办法是假定标准误服从 $t$ 分布而不是正态分布。不过，GARCH-$t$ 模型强行要求厚尾特征是随时间不变的，但实际上我们并没有理由做出这样的假定。

所以，另外一个可能的拓展方向在于运用条件模型来为收益率分布的三阶矩和四阶矩（即偏度和峰度）建模。举例来说，其中一类这样的模型是令条件偏度和条件峰度的时变特征服从一个 GARCH 类过程。Harvey 和 Siddique（1999，2000）发展了一个条件偏度模型，而 Brooks 等（2005）则提出了一个条件峰度模型。这类模型在金融领域中的应用十分广泛，包括资产配置（资产组合选择）、期权定价、估计风险溢价等等。

除此之外，在与资本资产定价模型有关的文献中，还使用了对收益率高阶矩分析的另外一种拓展，即考虑不同市场中资产收益率的条件协偏度和条件协峰度，这方面的论文可以参阅 Hung，Shackleton 和 Xu（2004）。另外，Brook，Černý 和 Miffre（2012）还提出了一个基于效用的分析框架，并将其用于最优套期保值比率的计算，该框架允许投资者在运用期货合约对冲商品头寸的风险时考虑高阶矩对有关对冲决策的影响。

### 9.19.2 尾部模型

众所周知，金融资产收益率并不服从正态分布，而是呈现出明显的尖峰厚尾形态。对于计量建模来说，这一现象具有如下几个含义。首先，模型及后续的推断步骤必须对非正态误差分布是稳健的；其次，仅仅用方差来度量持有某只特定证券的风险或许不是一个合适的选择。从风险管理的角度来说，将具有厚尾特征的收益率假定为正态分布会导致对资产组合风险的系统性低估。因此，学者们已经提出了很多方法来系统性地处理金融数据中的尖峰厚尾性，其中就包括使用学生 $t$ 分布。

不过，最简单的方法可能还是使用若干不同正态分布的混合。可以验证的是，将几个具有不同方差的正态分布混合在一起可以产生尖峰厚尾序列。另外，也可以使用学生 $t$ 分布，不过其自由度参数要由极大似然方法和模型中的其他参数来确定。$t$ 分布中自由度的估计值控制着尾部的厚度，而这一尾部是由模型拟合而来的。当然，还可以考虑其他概率分布，例如可以归属于极值理论大类的稳定分布。有关这类模型的详细介绍，可以参阅第 14 章的 14.3 节。

## 9.20 预测协方差和相关性

上面所讨论的波动率模型的一个主要局限在于，它们在本质上完全是单变量模型。也就是说，这类模型在刻画某个序列的条件方差时，完全不考虑其他序列的情况。之所以说这是一个局限，主要出于以下两个原因。第一，考虑到不同市场或不同资产之间所可能存在的“波动溢出”（volatility spillover），使用单变量模型有可能是错误的。举例来说，如果使用的是多变量模型，我们就可以确定某个市场的波动率是领先于其他市场的波动率，还是滞后于其他市场的波动率。

第二，很多情况下，除了单个序列的方差本身之外，我们所感兴趣的金融变量是不同序列之间的协方差。例如，套期保值比率的计算、资产组合 VaR 的估计以及 CAPM 中 $\beta$ 值的计算等都需要将协方差作为输入变量。

多变量 GARCH 模型可以克服单变量 GARCH 模型的上述缺陷。具体来说，将 GARCH 模型扩展到多元的情况不仅可以对成分序列的波动率进行预测（正如单变量模型一样），而且由于金融时间序列的波动通常会呈现共同趋势，因此对其进行联合建模比单个处理更为有效。此外，由于多元模型不仅可以估计条件方差，而且可以估计条件协方差，所以应用的范围更为广泛。

另外，有几篇论文已经对不同模型的相关性预测能力进行了考察。例如，Siegel（1997）发现，已交易的期权中所隐含的相关性预测值包含了历史收益率中的所有信息（尽管作者并没有考虑 EWMA 模型或 GARCH 类模型）；而 Walter 和 Lopez（2000）发现，一般来讲，在预测标的资产收益率之间未来的相关性时，隐含相关的用处比不上 GARCH 模型所导出的预测值。最后，Gibson 和 Boyer（1998）曾经发现，与较为简单的模型比起来，对角 GARCH 模型和马尔科夫转换方法提供了更好的相关性预测，而得到这一结果的依据在于：如果使用不同模型的预测值来设定交易策略，那么基于简单模型所获得的利润要比基于两种复杂模型所获得的利润更少。

## 9.21 金融中的协方差建模与预测：几个例子

### 9.21.1 估计条件β

按照定义，资产 $i$ 的 CAPM $\beta$ 值是市场组合收益率与该资产收益率之间的协方差与市场组合收益率方差之间的比值。一般来讲，$\beta$ 值是通过一组市场方差和协方差的历史数据计算得到的。不过，和金融领域中的其他大多数问题一样，按照这种方式所计算的 $\beta$ 值是“向后看”的，而投资者真正关心的是其所持有的资产在未来一段时间内的 $\beta$ 值。实际上，运用多元 GARCH 模型就可以较为简单地估计出条件（或时变）$\beta$ 值。具体来说，资产收益率与市场组合收益率之间协方差的预测值，以及市场组合方差的预测值都是由该模型得出的，这样 $\beta$ 值就是一个随时间变化的预测值：

$$\beta_{i,t}=\frac{\sigma_{im,t}}{\sigma_{m,t}^{2}} \tag{9.90}$$

其中，$\beta_{i,t}$ 为股票 $i$ 在时刻 $t$ 的 $\beta$ 估计值，$\sigma_{im,t}$ 为市场收益率与股票 $i$ 的收益率在时刻 $t$ 的协方差值，而 $\sigma_{m,t}^{2}$ 为市场收益率在时刻 $t$ 的方差。

### 9.21.2 动态套期保值比率

尽管存在很多不同的降低风险和管理风险的方法，但最简单的，或许也是应用最为广泛的一种方法是运用期货合约进行对冲，即同时在现货市场和期货市场上建立相反的头寸，这样由某个市场中不利的价格运动所带来的损失就可以由另一个市场上有利的价格运动所带来的收益进行部分补偿。而所谓**套期保值比率**（hedge ratio），就是所购买的期货资产的单位数量与现货资产单位数量之间的比率。需要指出的是，在有关套期保值比率的研究中，通常是采用资产组合收益的波动率来度量风险，所以在直观上一个合理的策略就是选择能够使得资产组合收益率方差最小化的套期保值比率，其中资产组合包含现货头寸和期货头寸，这就是所谓的**最优套期保值比率**（optimal hedge ratio）。这里，我们沿用 Hull（2017）的做法，即按照常用的方式来确定套期保值比率的最优值。首先，给出如下定义：

$\Delta S$：套期保值期间内，现货价格 $S$ 的变化量；

$\Delta F$：套期保值期间内，期货价格 $F$ 的变化量；

$\sigma_s$：$\Delta S$ 的标准差；

$\sigma_F$：$\Delta F$ 的标准差；

$p$：$\Delta S$ 和 $\Delta F$ 之间的相关系数；

$h$：套期保值比率。

对于空头套期保值（即持有现货多头头寸和期货空头头寸）来说，在整个套期保值期间内头寸价值的变化量为 $\Delta S - h\Delta F$。而对于多头套期保值来说，这一变化量的近似表达式为 $h\Delta F - \Delta S$。

上述两类套期保值资产组合（现货多头和期货空头，或现货空头和期货多头）的方差是一样的，即：

$$\mathrm{var}(h\Delta F - \Delta S)$$

按照方差计算规则，上式可以写为：

$$\mathrm{var}(\Delta S) + \mathrm{var}(h\Delta F) - 2\mathrm{cov}(\Delta S, h\Delta F)$$

或

$$\mathrm{var}(\Delta S) + h^2\mathrm{var}(\Delta F) - 2h\mathrm{cov}(\Delta S, \Delta F)$$

因此，套期保值头寸价值变化的方差为：

$$v = \sigma_s^2 + h^2\sigma_F^2 - 2hp\sigma_s\sigma_F \tag{9.91}$$

将上述表达式对 $h$ 进行最小化，得：

$$h = p\frac{\sigma_s}{\sigma_F} \tag{9.92}$$

根据这一表达式，最优套期保值比率是不随时间变化的，并且可以用历史数据来计算。不过，如果标准差是时变的呢？实际上，标准差以及现货序列与期货序列之间的相关性也可以由多元 GARCH 模型预测得到，所以我们用下式替代式（9.92）：

$$h_t = p_t\frac{\sigma_{s,t}}{\sigma_{F,t}} \tag{9.93}$$

很多模型都可以对协方差和相关性进行预测，下面会讨论其中的几种，我们将其分别归类于简单模型、多元 GARCH 模型和特定的相关模型。

## 9.22 简单协方差模型

### 9.22.1 历史协方差和相关性

按照与波动率相同的模式，两个序列之间的历史协方差或相关性也可以按照标准方式由一组历史数据来计算。

### 9.22.2 隐含协方差模型

**隐含协方差**（implied covariance）可以由某些期权计算得出，这类期权的损益依赖于多个标的资产。不过，这类期权的数量很少，从而限制了可以计算隐含协方差的范围。典型的例子包括彩虹期权、不同等级原油产品的“裂解价差”期权以及货币期权。在货币期权中，交叉货币收益率 $xy$ 的隐含方差为：

$$\tilde{\sigma}^2(xy)=\tilde{\sigma}^2(x)+\tilde{\sigma}^2(y)-2\tilde{\sigma}(x,y) \tag{9.94}$$

其中，$\tilde{\sigma}^2(x)$ 和 $\tilde{\sigma}^2(y)$ 分别为收益率 $x$ 和 $y$ 的隐含方差，$\tilde{\sigma}(x,y)$ 为 $x$ 和 $y$ 之间的隐含协方差。将所观测到的三种货币期权的隐含波动率代入式（9.94），并借助下面的式子就可以得到隐含协方差：

$$\tilde{\sigma}(x,y)=\frac{\tilde{\sigma}^2(x)+\tilde{\sigma}^2(y)-\tilde{\sigma}^2(xy)}{2} \tag{9.95}$$

因此，举例来说，如果我们感兴趣的是美元/德国马克（USD/DEM）和美元/日元（USD/JPY）之间的隐含协方差，那么要运用式（9.94）得到隐含协方差的话，就需要计算出美元/德国马克和美元/日元收益率的隐含方差以及交叉货币德国马克/日元的收益率。

### 9.22.3 协方差的指数加权移动平均模型

与对单个资产价格变化的波动率建模一样，也可以运用 EWMA 形式为多资产价格变化之间的协方差建模，即在计算中对近期观测值的协方差给予更多的权重，而不是依据简单平均数进行估计。在二元情况下，假设存在两个收益率序列 $x$ 和 $y$，那么在时刻 $t$ 方差和协方差的 EWMA 模型可以写为：

$$h_{ij,t}=\lambda h_{ij,t-1}+(1-\lambda)x_{t-1}y_{t-1} \tag{9.96}$$

其中，当 $i\neq j$ 时该式计算的是协方差，当 $i=j$ 且 $x=y$ 时计算的是方差。在单变量情形下，$h$ 的拟合值就变为下一期的预测值。和以前一样，这里的 $\lambda$ 是一个衰减因子，决定了近期观测值与远期观测值之间的相对权重。我们可以运用极大似然之类的方法对 $\lambda$ 进行估计，但一般情况下都是直接假定其为某个值，例如 RiskMetrics 系统就假设月度数据的 $\lambda$ 值为 0.97，而日数据的 $\lambda$ 值被假定为 0.94。

进一步，我们可以通过将协方差展开，从而将上式重新写为只包含收益率的一个无限阶函数形式：

$$h_{ij,t}=(1-\lambda)\sum_{i=0}^{\infty}\lambda^{i}x_{t-i}y_{t-i} \tag{9.97}$$

尽管 EWMA 模型可能是最简单的一种时变方差和协方差模型，但该模型实际上是 IGARCH 模型的一种限制性形式。与 IGARCH 模型一样，EWMA 模型同样无法刻画在资产收益的波动率或协方差中所观测到的均值回复现象，而这一现象在低频率的观测值中非常普遍。

## 9.23 多元 GARCH 模型

多元 GARCH 模型与一元 GARCH 模型在本质上是非常类似的，不过多元 GARCH 模型另外还刻画了协方差随时间变化的动力学机制，因此无论是建模还是估计都变得更为复杂。学者们已经提出了若干不同形式的多元 GARCH 模型，其中最为流行的是 VECH 模型、对角 VECH 模型和 BEKK 模型。下面的内容会逐一介绍这三种模型，但如果读者想要了解更多细节，可以参阅 Kroner 和 Ng（1998）。在对这三种模型的介绍中，我们都假定存在 $N$ 项资产，而其收益率的方差和协方差就是我们所要建模的对象。

### 9.23.1 VECH 模型

与单变量 GARCH 模型一样，这里可以任意设定条件均值模型的形式。不过需要指出的是，由于在条件方差的计算中涉及均值，因此，如果条件均值模型的形式不对，就很可能会导致条件方差模型的形式也是错误的。接下来，我们介绍一些后续内容中会用到的符号。假定 $y_t[y_{1t}\ \ y_{2t}\ \cdots\ y_{Nt}]$ 是一个由时间序列观测值所组成的 $N\times 1$ 向量；$C$ 是一个 $N(N+1)/2$ 的列向量，由条件方差和协方差的截距构成；$A$ 和 $B$ 是平方参数矩阵，阶数为 $N(N+1)/2$。基于这些符号，由 Bollerslev，Engle 和 Wooldridge（1998）最初提出的 VECH 模型的一般形式就可以表示为：

$$\begin{aligned} VECH(H_t)=&C+AVECH(\Xi_{t-1}\Xi_{t-1}') \\ &+BVECH(H_{t-1})\quad \Xi_t|\psi_{t-1}\sim N(0,H_t) \end{aligned} \tag{9.98}$$

其中，$H_t$ 是一个 $N\times N$ 的条件方差—协方差矩阵，$\Xi_t$ 是一个 $N\times 1$ 的误差向量，$\psi_{t-1}$ 为 $t-1$ 时刻的信息集，$VECH(\cdot)$ 表示应用于对称矩阵上半部分的列堆叠算子。在二元情况下（即 $N=2$），$C$ 为 $3\times 1$ 的参数向量，$A$ 和 $B$ 都是 $3\times 3$ 的参数矩阵。

VECH 模型的无条件方差矩阵由 $C[I-A-B]^{-1}$ 给出，其中 $I$ 是阶数为 $N(N+1)/2$ 的单位阵。VECH 模型的平稳性要求矩阵 $[A+B]$ 的所有特征值的绝对值都要小于 1。

为了更好地理解 VECH 模型的工作原理，接下来写出 $N=2$ 时的各个元素。定义：

$$H_t=\begin{bmatrix} h_{11t} & h_{12t} \\ h_{21t} & h_{22t} \end{bmatrix},\ \Xi_t=\begin{bmatrix} u_{1t} \\ u_{2t} \end{bmatrix},\ C=\begin{bmatrix} c_{11} \\ c_{21} \\ c_{31} \end{bmatrix},$$

$$A=\begin{bmatrix} a_{11} & a_{12} & a_{13} \\ a_{21} & a_{22} & a_{23} \\ a_{31} & a_{32} & a_{33} \end{bmatrix},\ B=\begin{bmatrix} b_{11} & b_{12} & b_{13} \\ b_{21} & b_{22} & b_{23} \\ b_{31} & b_{32} & b_{33} \end{bmatrix}$$

VECH 算子取矩阵的“上三角”部分，并将所有元素排列成一个单独的列向量。例如，对于 $VECH(H_t)$ 来说，有

$$VECH(H_t)=\begin{bmatrix} h_{11t} \\ h_{22t} \\ h_{12t} \end{bmatrix}$$

其中，$h_{iit}$ 表示模型中用到的两个资产收益率序列在 $t$ 时刻的条件方差（$i=1$，2），而 $h_{ijt}(i\neq j)$ 代表收益率之间的条件协方差。在 $VECH(\Xi_t\Xi_t')$ 下，上式可以表示为：

$$\begin{aligned} VECH(\Xi_t\Xi_t') &= VECH\left(\begin{bmatrix} u_{1t} \\ u_{2t} \end{bmatrix}\begin{bmatrix} u_{1t} & u_{2t} \end{bmatrix}\right) \\ &= VECH\begin{pmatrix} u_{1t}^2 & u_{1t}u_{2t} \\ u_{1t}u_{2t} & u_{2t}^2 \end{pmatrix} \\ &= \begin{bmatrix} u_{1t}^2 \\ u_{2t}^2 \\ u_{1t}u_{2t} \end{bmatrix} \end{aligned}$$

所以，VECH 模型的展开形式为：

$$\begin{aligned} h_{11t} = c_{11} &+ a_{11}u_{1t-1}^2 + a_{12}u_{2t-1}^2 + a_{13}u_{1t-1}u_{2t-1} + b_{11}h_{11t-1} \\ &+ b_{12}h_{22t-1} + b_{13}h_{12t-1} \end{aligned} \tag{9.99}$$

$$\begin{aligned} h_{22t} = c_{21} &+ a_{21}u_{1t-1}^2 + a_{22}u_{2t-1}^2 + a_{23}u_{1t-1}u_{2t-1} + b_{21}h_{11t-1} \\ &+ b_{22}h_{22t-1} + b_{23}h_{12t-1} \end{aligned} \tag{9.100}$$

$$\begin{aligned} h_{12t} = c_{31} &+ a_{31}u_{1t-1}^2 + a_{32}u_{2t-1}^2 + a_{33}u_{1t-1}u_{2t-1} + b_{31}h_{11t-1} \\ &+ b_{32}h_{22t-1} + b_{33}h_{12t-1} \end{aligned} \tag{9.101}$$

很明显，条件方差和条件协方差不仅依赖于序列中所有资产收益率的全部条件方差及它们之间协方差的滞后值，而且还依赖于滞后的平方误差项和误差的协积。可以看出，无约束模型中的参数非常多，这对模型估计提出了极大的挑战。例如，在 $N=2$ 时，需要估计 21 个参数，$N=3$ 时需要估计 78 个参数，而 $N=4$ 时需要估计的参数数量高达 210 个！

### 9.23.2 对角 VECH 模型

由上节的内容可以知道，当所考虑的资产数量不断增加时，VECH 模型很快就会变得不再可行。为了解决这一问题，Bollerslev，Engle 和 Wooldridge（1998）对 VECH 模型的条件方差—协方差矩阵进行了约束，其中 $A$ 和 $B$ 被假定是对角矩阵。这一约束意味着序列之间不存在直接的波动溢出，从而大幅减少了待估参数的数量。在二元情况下（这时 $A$ 和 $B$ 中都只有 3 个元素），待估参数的数量被减少至 9 个；在三元系统中（即 $N=3$），待估参数的数量也仅为 18 个。这样的模型被称为对角 VECH 模型，其形式为：

$$h_{ij,t}=\omega_{ij}+\alpha_{ij}u_{i,t-1}u_{j,t-1}+\beta_{ij}h_{ij,t-1} \quad 对于\ i,j=1,2 \tag{9.102}$$

其中，$\omega_{ij}$，$\alpha_{ij}$，$\beta_{ij}$ 都是参数。

对角 VECH 多元 GARCH 模型还可以表示为一个无穷阶的多元 ARCH 模型，其中协方差是对超预期收益率协积过去值的一个加权平均，且权重呈几何速度衰减，即最近观测值的权重是最大的。对维数问题的另外一个解决方案是运用正交 GARCH 模型（Van der Weide，2002）或因子 GARCH 模型（Engle，Ng and Rothschild，1990）。另外，VECH 模型的缺陷在于其不能保证协方差矩阵的半正定性。

不过，方差—协方差矩阵或相关性矩阵必须总是“半正定的”。对于某个特定的序列来说，如果其中所有的收益率都相等，那么它们的方差将为零，进而可以被忽略，在这种情况下，矩阵将会是正定的。如果不考虑其他方面，这意味着方差—协方差矩阵主对角线上的元素都是正的，并且矩阵关于主对角线对称。从数学的角度来讲，这一性质在直观上非常具有吸引力而且非常重要，因为这时方差永远不可能为负，而且对于两个序列的协方差来说，不管哪个序列在前，最终的协方差计算结果都是一样的，而正是因为具有正定性，才保证了这一性质一定存在。

对于金融领域中的很多应用来说，一个正定的相关性矩阵也是非常重要的。下面我们不妨来考虑一下风险管理领域中的情况。在这一领域中，正定的相关性矩阵保证了“不管资产组合中各个序列的权重如何，所估计的 VaR 值总是为正”。幸运的是，对于由实际数据所直接计算的不随时间变化的相关性矩阵来说，这一良好性质是自动存在的。不过，也存在例外的情况。比如，如果采用某个非线性最优化步骤来估计相关性矩阵（与多元 GARCH 模型中的情况一样），或者风险管理人员采用的是某些修正后的相关系数值，那么所得到的修正后的相关性矩阵可能是正定的，也可能不是正定的，这取决于所输入的相关系数值以及所保留的相关系数值。而如果矩阵碰巧不是正定的，那么对于资产组合中的单项资产来说，在某些权重下所估计的资产组合方差就可能会出现负值。

### 9.23.3 BEKK 模型

Engle 和 Kroner（1995）提出的 BEKK 模型解决了“VECH 模型中必须要求 $H$ 总是为正定矩阵”这一难题[①]，其具体形式为：

$$H_t = W'W + A'H_{t-1}A + B'\Xi_{t-1}\Xi'_{t-1}B \tag{9.103}$$

其中，$A$ 和 $B$ 都是 $N\times N$ 的参数矩阵，$W$ 为上三角参数矩阵。因为方程右边各项的二次方性质，所以可以保证协方差矩阵的正定性。

### 9.23.4 估计多元 GARCH 模型

在条件正态的假定下，上面所讨论过的多元 GARCH 模型的参数都可以通过极大化如下似然函数进行估计：

$$\ell(\theta) = -\frac{TN}{2}\ln 2\pi - \frac{1}{2}\sum_{t=1}^{T}(\ln|H_t| + \Xi'_t H_t^{-1}\Xi_t) \tag{9.104}$$

其中，$\theta$ 是指所有未知的待估参数，$N$ 是资产数量（亦即系统中序列的个数），$T$ 为观

① 之所以将此模型按照作者姓氏首字母的组合命名为 BEKK，原因是在该论文的早期版本中还包括 Baba 和 Krafts 两位作者。

测值总数，其他符号的含义如前所述。$\theta$ 的极大似然估计值是渐近正态的，所以可以使用传统的统计推断方法。有关多元 GARCH 模型极大似然估计的更多细节超出了本书的范围，并且虽然其与单变量模型在原理上是相同的，但多元 GARCH 模型本身的复杂程度及额外参数的存在，使得对其进行估计在计算方面变得更为困难。

## 9.24 直接相关模型

VECH 模型和 BEKK 模型刻画了一组序列之间协方差的动力学机制，而对于任意给定的两个序列来说，其在某个时点上的相关性可以通过将其条件协方差除以各自条件标准差的乘积来计算。与此不同的是，一个非常巧妙的方法是直接对相关性的动力学机制进行建模，Bauwens，Laurent 和 Rombouts（2006）称其为“单变量 GARCH 模型的非线性组合”。在学习完接下来的内容之后，你会非常清晰地了解这一说法的原因所在。

### 9.24.1 常数相关模型

在多元 GARCH（MGARCH）框架内，减少参数数量的另外一种方法是要求误差项 $\epsilon_t$ 之间（等价于所观测到的变量 $y_t$ 之间）的相关性不随时间变化。Bollerslev（1990）提出了**常数条件相关模型**（constant conditional correlation model，简记为 CCC 模型），在该模型中，尽管条件协方差不是常数，但它们与方差绑定在一起。另外，尽管需要对固定相关模型中的条件方差进行联合估计，但其与一系列单变量 GARCH 模型中的条件方差是一样的：

$$h_{ii,t}=c_i+a_i\epsilon_{i,t-i}^2+b_ih_{ii,t-1} \quad i=1,\cdots,N \tag{9.105}$$

$H_t$ 非对角线上的元素 $h_{ij,t}$（$i\neq j$）是通过相关系数 $\rho_{ij}$ 间接估计出来的：

$$h_{ij,t}=\rho_{ij}h_{ii,t}^{1/2}h_{jj,t}^{1/2} \quad i,j=1,\cdots,N, \quad i<j \tag{9.106}$$

“将相关性假定为常数”得到了实证研究的支持吗？学者们提出了几种针对这一假定的检验方法，其中包括 Bera 和 Kim（2002）提出的基于信息矩阵的检验法，以及 Tse（2000）所提出的拉格朗日乘子检验法。目前的结论似乎取决于所使用的是何种检验方法，不过，反对常数相关性的证据似乎是无法被忽略的，特别是在研究对象是股票收益率的时候。

### 9.24.2 动态条件相关模型

学者们已经提出了若干不同形式的**动态条件相关模型**（dynamic conditional correlation model，简记为 DCC 模型），但其中使用最为普遍的还是 Engle（2002）所提出的模型形式。DCC 模型与前述的 CCC 模型具有紧密联系，不过其中的相关性是可以随时间变化的。现在，定义方差—协方差矩阵 $H_t$ 为：

$$H_t=D_tR_tD_t \tag{9.107}$$

其中，$D_t$ 是一个对角矩阵，其主对角线上的元素为条件标准差（即基于单变量 GARCH 模型对 $N$ 个序列分别进行估计后所得到的条件方差的平方根）；$R_t$ 为条件相关矩阵。如果这时令 $R_t$ 不随时间推移而变化，那么就退化为 CCC 模型。

有多种方法可以用于对 $R_t$ 进行直接参数化，其中就包括 Engle（2002）所讨论的指数平滑法。不过，更为一般的是下述 MGARCH 形式的模型：

$$Q_t = S \circ (ll' - A - B) + A \circ u_{t-1}u'_{t-1} + B \circ Q_{t-1} \tag{9.108}$$

其中，$S$ 为标准化残差（由第一步估计所得，具体见下文）向量的非条件相关矩阵，$u_t = D_t^{-1}\epsilon_t$。$l$ 是所有元素均为 1 的一个向量，$Q_t$ 是一个 $N \times N$ 的对称正定方差—协方差矩阵。$\circ$ 表示矩阵的对应元素相乘运算。截距项的形式简化了估计，减少了待估参数的数量，但这并不是必需的。Engle（2002）提出了一个关于 $Q_t$ 动力学机制的 GARCH 类模型，其中条件相关矩阵 $R_t$ 通过如下方式构建：

$$R_t = diag\{Q_t^*\}^{-1} Q_t diag\{Q_t^*\}^{-1} \tag{9.109}$$

其中，$diag(\cdot)$ 是由（·）主对角线上的元素所构成的矩阵，$Q^*$ 是对 $Q$ 中的所有元素都取平方根后所得到的矩阵。这一运算有效地得到了 $Q_t$ 的协方差，并在将其除以 $Q_t^*$ 中恰当的标准差的乘积之后即可得出相关系数矩阵。

Tse 和 Tsui（2002）提出了一个与 DCC 的形式稍有不同的模型。具体来说，他们将式（9.108）中的 $A$ 和 $B$ 都指定为单独的标量，从而对式（9.108）进行了简化，进而后续的所有条件相关都服从同样的过程。

运用极大似然方法，一步即可估计出 DCC 模型，不过这对于大型模型系统来说还比较困难。为了解决这一问题，恩格尔建议采用一个两阶段的估计步骤，其中第一阶段是通过运用单变量 GARCH 过程为系统中的每个变量建模，然后通过将所有单个 GARCH 模型（大于 $N$）的似然函数相加，就可以在这一阶段建立起一个联合似然函数。而第二阶段的工作是将条件似然函数对相关性矩阵中的任意未知参数求最大值，在这一（第二）阶段中所使用的似然函数的具体形式为：

$$\ell(\theta_2 \mid \theta_1) = \sum_{t=1}^{T} (\ln|R_t| + u'_t R_t^{-1} u_t) \tag{9.110}$$

其中，$\theta_1$ 是指在第一阶段中所估计的所有未知参数，$\theta_2$ 是指在第二阶段中所估计的所有未知参数。这种两阶段步骤所估计出的参数具有一致性，但不具有有效性，因为第一阶段中所有的参数不确定性都被带到了第二阶段。

## 9.25 对基本多元 GARCH 模型的拓展

一元 GARCH 模型已经出现了很多拓展形式，其中很多形式被类推到了多元 GARCH 模型中。举例来说，可以考虑在条件均值方程中包含条件方差项或条件协方差项（Bollerslev，Engle and Wooldridge，1988）。在实际的金融领域中，如果 $y_t$ 是收益率，那么这些变量的参数可以大致地被解释为是一个风险溢价。

### 9.25.1 非对称多元 GARCH 模型

在实证研究中，非对称模型的使用已经非常普遍，即允许条件方差和/或条件协方差对同等规模的正负冲击有不同的反应。在多元情况下，通常采用的是 Glosten，Jagannathan 和 Runkle（1993）所提出的模型框架，而非 Nelson（1991）所提出的 EGARCH 形式。例如，Kroner 和 Ng（1998）对 BEKK 模型进行了如下拓展：

$$H_t = W'W + A'H_{t-1}A + B'\Xi_{t-1}\Xi'_{t-1}B + D'z_{t-1}z'_{t-1}D \tag{9.111}$$

其中，$z_{t-1}$ 是一个 $N$ 维列向量，如果其中某个元素所对应的 $\epsilon_{t-1}$ 为负，那么该元素取值为 $-\epsilon_{t-1}$，否则取值为零。Kroner 和 Ng（1998）分析了时变协方差矩阵模型的非对称性质，并识别出了 3 种可能的非对称行为模式：首先，如果某个序列的条件方差受该序列中新息（innovation）符号的影响，那么协方差矩阵就显示了其自身的方差非对称性；其次，如果某个序列的条件方差受其他序列新息的影响，那么协方差矩阵就显示了交叉的方差非对称性；最后，如果条件协方差对其中任一收益率序列的新息都比较敏感，那么就说明该模型显示了协方差的非对称性。

### 9.25.2 其他分布假设

与随机波动模型和单变量 GARCH 模型中一样，（多元）条件正态假设无法产生足够的厚尾来对金融数据中的分布性质进行精准建模。不过，学生 $t$ 分布是时间序列（特别是金融时间序列）实际分布的一个更好的近似。需要指出的是，如果采用 $t$ 分布，我们仍然可以使用极大似然方法对模型进行估计，不过似然函数的形式有所变化（也更为复杂）。作为估计过程的一部分，标准的公式中会涉及对（一个）自由度参数的估计，且这一自由度参数应用于系统中的所有序列。当然，这一方法的一个潜在缺陷在于自由度参数所蕴含的厚尾性是不随时间推移而变化的。Brooks 等（2005）提出了另外一个模型，去除了所有这些限制，不过仍然需要一些识别性的约束条件。除此之外，另外一个问题在于，冲击的非条件分布是否为有偏的及其程度如何。如果确实有偏，那么基于学生 $t$ 分布的模型就是不充分的，这时可以考虑 Bauwens 和 Laurent（2002）所提出的多元有偏学生 $t$ 分布之类的分布形式。

尽管还存在许多对基本多元模型的拓展形式（如周期性 MGARCH 或季节性 MGARCH），但现有文献中所使用的多变量拓展模型比单变量拓展模型要少得多。原因在于，对于很多多元模型来说，即使其形式比上面所介绍的模型更为简洁，但仍然存在一个非常重要的缺陷，即这些模型被过度参数化，并且其在经济和金融中的许多潜在应用都是在高维系统环境下进行的（例如，在多只股票中进行资产配置）。因此，对这类模型的一个重要创新就是发展前述的正交模型和因子模型。这两类模型所共有的基本思想在于，对方差—协方差矩阵施加某些特定的结构，从而达到将其简化的目的。

## 9.26 带有时变协方差的 CAPM 多元 GARCH 模型

Bollerslev，Engle 和 Wooldridge（1988）为美国的短期国库券、金边债券和股票等资产的收益率估计了一个多元 GARCH 模型，所采用的数据为 6 个月短期国库券、20 年长期国库券，以及股票价格研究中心（Center for Research in Security Prices）所记录的纽约证券交易所（NYSE）价值加权指数的季度超额收益率。样本期间是 1959 年第 1 季度—1984 年第 2 季度，一共有 102 个观测值。

该论文使用了一个对角 VECH 类型的多元 GARCH-M 模型，其中的系数通过极大似然方法进行估计，并使用了 Berndt 等（1974）所提出的算法。下面两个等式分别报告了条件均值方程和条件方差方程的系数估计值：

$$\begin{vmatrix} y_{1t} \\ y_{2t} \\ y_{3t} \end{vmatrix} = \begin{vmatrix} 0.070 \\ (0.032) \\ -4.342 \\ (1.030) \\ -3.117 \\ (0.710) \end{vmatrix} + \underset{(0.160)}{0.499} \sum_j \omega_{jt-1} \begin{vmatrix} h_{1jt} \\ h_{2jt} \\ h_{3jt} \end{vmatrix} + \begin{vmatrix} \varepsilon_{1t} \\ \varepsilon_{2t} \\ \varepsilon_{3t} \end{vmatrix} \tag{9.112}$$

$$\begin{vmatrix} h_{11t} \\ h_{12t} \\ h_{22t} \\ h_{13t} \\ h_{23t} \\ h_{33t} \end{vmatrix} = \begin{vmatrix} 0.011 \\ (0.004) \\ 0.176 \\ (0.062) \\ 13.305 \\ (6.372) \\ 0.018 \\ (0.009) \\ 5.143 \\ (2.820) \\ 2.083 \\ (1.466) \end{vmatrix} + \begin{vmatrix} 0.445\varepsilon_{1t-1}^2 \\ (0.105) \\ 0.233\varepsilon_{1t-1}\varepsilon_{2t-1} \\ (0.092) \\ 0.188\varepsilon_{2t-1}^2 \\ (0.113) \\ 0.197\varepsilon_{1t-1}\varepsilon_{3t-1} \\ (0.132) \\ 0.165\varepsilon_{2t-1}\varepsilon_{3t-1} \\ (0.093) \\ 0.078\varepsilon_{3t-1}^2 \\ (0.066) \end{vmatrix} + \begin{vmatrix} 0.466h_{11t-1} \\ (0.056) \\ 0.598h_{12t-1} \\ (0.052) \\ 0.441h_{22t-1} \\ (0.215) \\ -0.362h_{13t-1} \\ (0.361) \\ -0.348h_{23t-1} \\ (0.338) \\ 0.469h_{33t-1} \\ (0.333) \end{vmatrix} \tag{9.113}$$

资料来源：Bollerslev，Engle and Wooldridge（1988）. Reprinted with the permission of University of Chicago Press.

其中，$y_{jt}$ 是收益率；$\omega_{jt-1}$ 是 $t-1$ 时刻的一组价值加权向量；$i=1$，2，3 分别指的是短期国库券、长期国库券和股票；括号中的数字是标准误。接下来，我们来考虑一下式（9.112）和式（9.113）中系数估计值的符号、大小和显著性。其中，条件均值方程中的系数估计值 0.499 测度了总体的相对风险厌恶程度，当然还可以将其解释为市场在风险和收益之间的权衡。这一条件系数给出了如果要多承担一个单位的（方差）风险，所需要补偿的收益率水平。对于长期国库券和股票来说，其条件均值方程中的截距系数是绝对值比较大的负值，并且具有高度的显著性。作者认为这一结果符合预期，因为鼓励投资于长期资产的税收政策使得投资者即使在收益率较低的情况下也愿意持有这些资产。

正如式中的统计显著性结果所揭示的，短期国库券和长期国库券条件方差和协方差方程中的动态结构是最强的，而股票中的这一动态结构就非常弱。具体来说，在5%的水平下，股票收益率的条件方差或协方差方程中的所有参数都是不显著的。另外，长期国库券和短期国库券之间的非条件协方差是正的，而短期国库券和股票之间以及长期国库券和股票之间的协方差都是负的。出现这一结果的原因是，在后面的两种情形下，滞后的条件协方差的参数是负的，而且其绝对值比所对应的滞后误差协积项参数的绝对值更大。

最后，我们知道，由 $\alpha_1+\beta$ 所衡量的条件方差的持续性实际上体现了波动率聚集的程度。在短期国库券方程中，这一数值比较大，但长期国库券方程和股票方程中的该数值比较小。如果考虑到与该论文有关的其他文献中的结果，会发现这一结果是比较出乎意料的。

## 9.27 估计 FTSE 指数收益率的时变套期保值比率



Brooks，Henry 和 Persand（2002）的一篇论文比较了各种多元 GARCH 模型和其他简单方法的套期保值效率差异，这里我们来讨论一下其中的一些主要结果。

### 9.27.1 背景

很多实证研究的主题都是在计算最优套期保值比率，比较一致的结论是多元 GARCH（MGARCH）模型表现优异，这体现在：与不随时间推移而变化的对冲策略或依据滚动 OLS 的对冲比起来，依据多元 GARCH 模型所得到的资产组合的波动率比较低。例如，Cecchetti，Cumby 和 Figlewski（1988），Myers 和 Thompson（1989）以及 Baillie 和 Myers（1991）都认为时变协方差矩阵是商品价格的一个重要特征，原因在于：与现货价格和期货价格有关的信息都是以离散的方式在一段时间内集中到达市场，所以条件协方差矩阵就会是时变的，进而最优套期保值比率也应该是时变的。Baillie 和 Myers（1991）及 Kroner 和 Sultan（1993）都采用多元 GARCH 模型来捕捉协方差矩阵的时变性，并估计了这类模型下的套期保值比率。

### 9.27.2 符号

令 $S_t$ 和 $F_t$ 分别表示股票指数的对数和股指期货价格的对数，并将从 $t-1$ 时刻到 $t$ 时刻持有现货头寸所获得的实际收益率记为 $\Delta S_t=S_t-S_{t-1}$。类似地，持有期货头寸所获得的实际收益率记为 $\Delta F_t=F_t-F_{t-1}$。对于由一单位的股票指数和 $\beta$ 单位的期货合约所组成的资产组合来说，其在 $t-1$ 时刻的期望收益率 $E_{t-1}(R_t)$ 可以写为：

$$E_{t-1}(R_t)=E_{t-1}(\Delta S_t)-\beta_{t-1}E_{t-1}(\Delta F_t) \tag{9.114}$$

其中，$\beta_{t-1}$ 是在 $t-1$ 时刻确定且用于 $t$ 时刻的套期保值比率。另外，资产组合期望收益率的方差 $h_{p,t}$ 可以写为：

$$h_{p,t}=h_{s,t}+\beta_{t-1}^2 h_{F,t}-2\beta_{t-1}h_{SF,t} \tag{9.115}$$

其中，$h_{p,t}$，$h_{s,t}$，$h_{F,t}$ 分别表示资产组合、现货头寸和期货头寸的条件方差；$h_{SF,t}$ 表示现货头寸和期货头寸的条件协方差。$\beta_{t-1}^*$ 表示资产组合中最优的期货合约数量，也就是最优套期保值比率，其计算方式为：

$$\beta_{t-1}^*=-\frac{h_{SF,t}}{h_{F,t}} \tag{9.116}$$

如果条件方差—协方差矩阵不随时间推移而变化（且如果 $S_t$ 和 $F_t$ 之间不存在协整关系），那么 $\beta^*$ 的估计值，即常数最优套期保值比率，就可以由下述回归式中斜率系数 $b$ 的估计值得到：

$$\Delta S_t=a+b\Delta F_t+u_t \tag{9.117}$$

最优套期保值比率的 OLS 估计量由 $b=h_{SF}/h_F$ 给出。

### 9.27.3 数据和结果

Brooks，Henry 和 Persand（2002）的研究中所使用的数据为 1985 年 1 月 1 日—1999 年 4 月 9 日 FTSE100 股票指数和股指期货合约的日观测值，一共 3 580 个样本点。作者在论文中调查了若干不同的最优套期保值比率计算方法。

论文首先评价了样本内的套期保值效率，即套期保值策略的构建与评价所使用的是同一组数据。除此之外，作者还通过计算期货序列条件方差以及现货序列和期货序列之间的条件协方差的向前一步预测值，进而对套保期为一天的样本外套期保值效率进行了评价。在计算了向前一步预测值后，将其代入式（9.116）即可得到套期保值比率。另外，作者不仅考察了 BEKK 模型的表现，而且考察了包含非对称项的 BEKK 模型（与 GJR 模型的形式相同）。表 9.5 报告了各种不同套保策略下的收益率和方差。

**表 9.5　套期保值效率：资产组合收益率的描述性统计**

| 样本内 | | | | |
|---|---|---|---|---|
| (1) | 无套保<br>$\beta=0$<br>(2) | 天真套保<br>$\beta=-1$<br>(3) | 对称时变套保<br>$\beta_t=\frac{h_{FS,t}}{h_{F,t}}$<br>(4) | 非对称时变套保<br>$\beta_t=\frac{h_{FS,t}}{h_{F,t}}$<br>(5) |
| 收益率 | 0.038 9<br>(2.371 3) | −0.000 3<br>(−0.035 1) | 0.006 1<br>(0.956 2) | 0.006 0<br>(0.958 0) |
| 方差 | 0.828 6 | 0.171 8 | 0.124 0 | 0.121 1 |

第9章　波动率和相关性建模

续表

| 样本外 | | | | |
|---|---|---|---|---|
| (1) | 无套保<br>$\beta=0$<br>(2) | 天真套保<br>$\beta=-1$<br>(3) | 对称时变套保<br>$\beta_t=\frac{h_{FS,t}}{h_{F,t}}$<br>(4) | 非对称时变套保<br>$\beta_t=\frac{h_{FS,t}}{h_{F,t}}$<br>(5) |
| 收益率 | 0.081 9<br>(1.495 8) | −0.000 4<br>(0.021 6) | 0.012 0<br>(0.776 1) | 0.014 0<br>(0.908 3) |
| 方差 | 1.497 2 | 0.169 6 | 0.118 6 | 0.118 8 |

注：() 中的数字为 $t$ 值。

资料来源：Brooks，Henry and Persand (2002).

表 9.5 的第（2）列中所列示的是最简单的方法，即完全不采取任何套保措施。在这种情况下，资产组合只包括现货市场上的一个多头头寸。这一策略的样本内收益率显著为正，但收益率的波动性很大。尽管其他所有策略所产生的收益率都与零没有显著差异（无论是样本内还是样本外），但表 9.5 中第（3）列到第（5）列中的结果很清晰地说明了，其他任何对冲策略收益率的波动性都比无套保策略小。

另外，所谓"天真套保"（naive hedge），是指每一单位现货的多头对应一份期货合约的空头，而且不随时间推移而发生变化。相对于无套保策略来说，天真套保策略减小了 80%的样本内方差和接近 90%的样本外方差，而基于对称多元 GARCH 的时变套保比率进一步降低了样本内和样本外的方差，两个方差进一步下降的比例分别达到了无套保策略下方差的 5%和 2%。最后，非对称时变套保模型允许条件方差对正负冲击有不同程度的反应，这一策略使得样本内方差有一定程度的下降（初始值的 0.5%），但并没有让样本外方差产生实质性的改变。

图 9.5 画出了对称 MGARCH 模型和非对称 MGARCH 模型的时变套期保值比率。由图中可以看出，最优套期保值比率从未超过 0.96，且平均来讲每一份指数合约的多头需要 0.82 份期货合约的空头来对冲。另外，所估计的最优套期保值比率的方差为 0.001 9。可以看到，非对称 GARCH 模型所计算的最优套期保值比率看起来更为平稳。对 $\beta_{t-1}^{*}\sim I(1)$ 这一零假设（即非对称 BEKK 模型的最优套期保值比率包含一个单位根）所进行的 ADF 检验被数据强烈拒绝（ADF 检验统计量＝－5.721 5，5%临界值＝－2.863 0）。所以，在时变套期保值策略下，每一份指数现货的多头（空头）所需要的指数期货合约空头（多头）的数量更少。与非时变的套期保值策略相比，时变策略为那些希望对冲空头头寸的公司节省了成本。另外，动态套保策略比天真套保策略表现更好的原因在于，动态策略运用的是短期信息，而天真策略主要是基于长期的考虑，并且其假定现货和期货价格变化的比例始终保持为 1∶1。

Brooks，Henry 和 Persand（2002）还运用现代风险管理技术调查了各种模型的套期保值表现。他们再次发现，运用时变套期保值策略可以在很大程度上提升最终效果，不过与对称模型比起来，使用非对称模型并不能使得套保资产组合的风险下降多少。

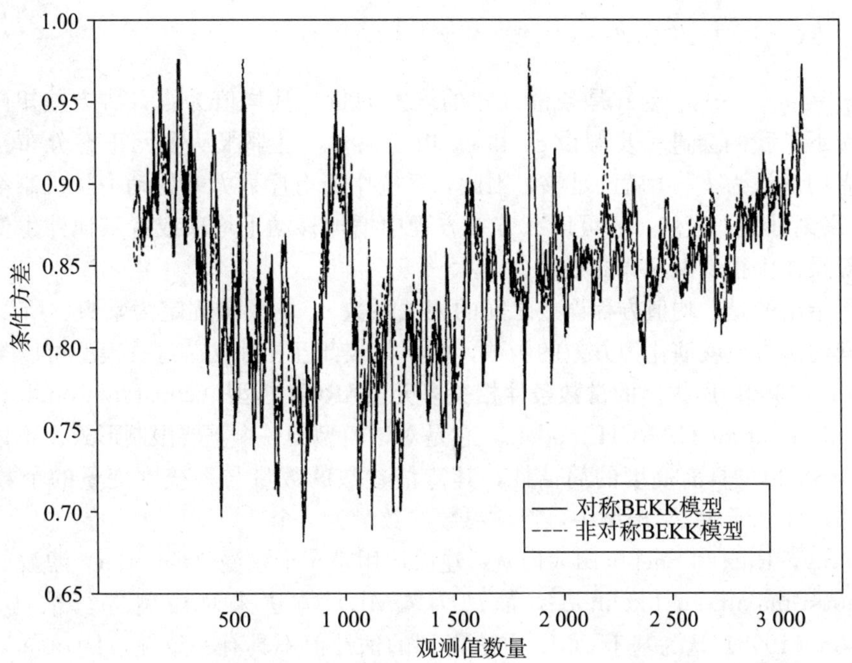


**图 9.5　对称和非对称 BEKK 模型所估计的 FTSE 收益率的时变套保比率**

资料来源：Brooks，Henry and Persand（2002）.



## 9.28　多元随机波动模型

与单变量中的情况一样，尽管"随机波动率"这一术语经常用于描述多元 GARCH 族中的一些模型，但严格来讲这不太准确。因为在给定前一期的信息集后，这些模型中的条件方差和协方差方程都是确定的。换句话说，在多元 GARCH 模型的条件方差（或协方差）方程中，不存在其他的噪声来源。

**多元随机波动**（multivariate stochastic volatility，简记为 MSV）模型最初是由 Harvey，Ruiz 和 Shephard（1994）提出的，这里我们所使用的符号与该论文中的符号非常类似。令 $y_t$ 是一个 $N\times1$ 向量中的元素，该向量由序列 $i$ 在时刻 $t$ 的观测值组成，序列的时变方差为 $\sigma_i^2$。定义：

$$y_{it}=\epsilon_{it}(\exp\{h_{it}\})^{1/2}\quad i=1,\cdots,N;t=1,\cdots,T \tag{9.118}$$

其中，$\epsilon=(\epsilon_{1t},\ \cdots,\ \epsilon_{Nt})$ 是一个误差向量，且其均值为零，协方差矩阵为 $\Sigma_\epsilon$。另外：

$$h_{it}=\ln(\sigma_{it}^2) \tag{9.119}$$

协方差矩阵 $\Sigma_\epsilon$ 主对角线上的元素都是 1（所以其实它也是一个相关性矩阵），其余元素记为 $\rho_{ij}$。

在随机波动模型下，我们可以指定 $h_{it}$ 服从一个阶数为 $P$ 的自回归过程，即：

$$h_{it}=\gamma_i+\sum_{p=1}^{P}\psi_{ip}h_{i,t-p}+\eta_{it}\quad i=1,\cdots,N \tag{9.120}$$

其中，$\eta_t=(\eta_{1t},\cdots,\eta_{Nt})$ 是条件方差的误差向量，其均值为零，协方差矩阵为 $\Sigma_\eta$。通常情况下，我们会进一步假设 $\epsilon_{it}$ 和 $\eta_{it}$ 相互独立，且都服从多元正态分布。一般来讲，学者们都认为 $P=1$ 就已足够，因此，系统中所有序列方差的动力学机制都是通过 AR(1) 来刻画的。当然，还可以在方差方程中增加移动平均项或者其他外生变量，不过在实际操作中很少做这样的处理。

需要指出的是，均值方程误差之间的相关系数 $\rho_{ij}$ 需要被固定为常数。所以，$N$ 个序列之间的协方差就演化为方差的函数，而不是彼此互相独立。这一模型可以类比于由 Bollerslev（1990）所提出的**常数条件相关多元 GARCH 模型**（constant conditional correlation multivariate GARCH model），它是对该模型的一个重要限制形式。不过，这也意味着 MSV 模型具有高度的简洁性，其待估参数的数量与系统中变量的个数直接相关。例如，在二元 MSV 模型中，待估参数的数量为 8 个。①

Harvey，Ruiz 和 Shephard（1994）建议运用基于卡尔曼（Kalman）滤波的**伪极大似然**（quasi-maximum likelihood，简记为 QML）方法来对模型进行估计。不过，Danielsson（1998）认为基于 QML 方法得到的估计值不具有一致性。Jacquier，Polson 和 Rossi（1995）提出了另外一种估计 MSV 模型的方法，即贝叶斯马尔科夫链蒙特卡洛（Bayesian Markov Chain Monte Carlo，简记为 MCMC）法②。



## 核心概念

本章给出了定义及解释的核心概念包括：

- 非线性
- 条件方差
- 极大似然
- 拉格朗日乘子检验
- 波动非对称性
- 常数条件相关模型
- BEKK 模型
- GARCH-M 模型
- GARCH 模型
- 瓦尔德检验
- 似然比检验
- GJR 模型
- 指数加权移动平均模型
- 对角 VECH 模型
- 信息冲击曲线
- 波动聚集

① 对角 VECH MGARCH 模型中待估参数的数量为 9 个，无约束 MGARCH 模型中待估参数的数量为 21 个。

② 读者如果想要了解 MCMC 技术，可以参阅 Chib 和 Greenberg（1996）中对该技术所进行的非常全面但技术性很强的讨论。

## 附录 9.1　基于极大似然方法的参数估计

为简化起见，本附录中所考虑的模型为具有同方差的双变量回归模型，即我们假定不存在 ARCH 效应，误差的方差随时间变化保持为常数。进一步，假设我们所感兴趣的线性回归模型为：

$$y_t=\beta_1+\beta_2 x_t+u_t \tag{9A.1}$$

其中，假定 $u_t \sim N(0,\sigma^2)$，那么 $y_t \sim N(\beta_1+\beta_2 x_t,\sigma^2)$，进而由此均值和方差所决定的正态分布随机变量的概率密度函数为：

$$f(y_t|\beta_1+\beta_2 x_t,\sigma^2)=\frac{1}{\sigma\sqrt{2\pi}}\exp\left\{-\frac{1}{2}\frac{(y_t-\beta_1-\beta_2 x_t)^2}{\sigma^2}\right\} \tag{9A.2}$$

给定参数，这一概率密度就是数据的函数。根据连续的 $y_t$ 值，可以绘出我们所熟悉的正态分布钟形曲线。由于 $y$ 值是独立同分布的，所以所有 $y$ 值的联合概率密度函数可以表示为单个密度函数的乘积，即：

$$\begin{aligned}&f(y_1,y_2,\cdots,y_T \mid \beta_1+\beta_2 x_1,\beta_1+\beta_2 x_2,\cdots,\beta_1+\beta_2 x_T,\sigma^2)\\&=f(y_1|\beta_1+\beta_2 x_2,\sigma^2)f(y_2|\beta_1+\beta_2 x_2,\sigma^2)\cdots f(y_T|\beta_1+\beta_2 x_T,\sigma^2)\\&=\prod_{t=1}^{T}f(y_t|\beta_1+\beta_2 x_t,\sigma^2)\quad 对于\ t=1,\cdots,T\end{aligned} \tag{9A.3}$$

上述表达式的左边是所谓的**联合密度**（joint density），右边是所谓的**边缘密度**（marginal density），这一结果源自 $y$ 值之间的独立性。基本的概率知识告诉我们，对于三个独立的事件 $A$、$B$ 和 $C$ 来说，其同时发生的概率等于 $A$ 发生的概率乘以 $B$ 发生的概率再乘以 $C$ 发生的概率。所以，方程（9A.3）给出了所有 $y$ 值发生的概率。将式（9A.2）中的每一个 $y_t$ 都代入式（9A.3），然后运用公式 $Ae^{x_1}\times Ae^{x_2}\times\cdots\times Ae^{x_T}=A^T(e^{x_1}\times e^{x_2}\times\cdots\times e^{x_T})=A^T e^{(x_1+x_2+\cdots+x_T)}$，可以得到：

$$\begin{aligned}&f(y_1,y_2,\cdots,y_T|\beta_1+\beta_2 x_t,\sigma^2)\\&=\frac{1}{\sigma^T(\sqrt{2\pi})^T}\exp\left\{-\frac{1}{2}\sum_{t=1}^{T}\frac{(y_t-\beta_1-\beta_2 x_t)^2}{\sigma^2}\right\}\end{aligned} \tag{9A.4}$$

这就是在给定 $x_t$，$\beta_1$，$\beta_2$ 和 $\sigma^2$ 的值的前提下，所有 $y$ 值的联合密度。不过，现实中的情况通常与此恰好相反，即大多数时候都是 $x_t$ 和 $y_t$ 已知，而 $\beta_1$，$\beta_2$ 和 $\sigma^2$ 需要估计。在这种情况下，$f(\cdot)$ 就是所谓的似然函数，我们将其另记为 $LF(\beta_1,\beta_2,\sigma^2)$，即：

$$LF(\beta_1,\beta_2,\sigma^2)=\frac{1}{\sigma^T(\sqrt{2\pi})^T}\exp\left\{-\frac{1}{2}\sum_{t=1}^{T}\frac{(y_t-\beta_1-\beta_2 x_t)^2}{\sigma^2}\right\} \tag{9A.5}$$

对参数的极大似然估计即是选择能够使得该函数达到最大值的（$\beta_1$，$\beta_2$，$\sigma^2$），这一估计原理保证了我们所得到的参数值可以使得实际观测到的 $y$ 值出现的可能性最大。

接下来，必须将式（9A.5）分别对 $\beta_1$，$\beta_2$ 和 $\sigma^2$ 求微分，但由于该式是 $T$ 项的乘积，所以对其求微分的难度是比较大的。

不过，幸运的是，由于 $\max\limits_x f(x)=\max\limits_x \ln(f(x))$，所以我们可以先对式（9A.3）取对数，然后对所得到的对数表达式求微分，这样所得到的参数最优值与对原始表达式求微分所得到的参数最优值是一样的。所以，通过运用包含取对数在内的各种转换法则，可以得到对数似然函数 $LLF$ 为：

$$LLF=-T\ln\sigma-\frac{T}{2}\ln(2\pi)-\frac{1}{2}\sum_{t=1}^{T}\frac{(y_t-\beta_1-\beta_2x_t)^2}{\sigma^2} \tag{9A.6}$$

其等同于：

$$LLF=-\frac{T}{2}\ln\sigma^2-\frac{T}{2}\ln(2\pi)-\frac{1}{2}\sum_{t=1}^{T}\frac{(y_t-\beta_1-\beta_2x_t)^2}{\sigma^2} \tag{9A.7}$$

式（9A.6）和式（9A.7）的唯一区别是方程右边的第一项，式（9A.7）对该项所做的变化使得式中出现的是 $\sigma^2$ 而不再是 $\sigma$。

回忆以下法则：

$$\frac{\partial}{\partial x}[\ln(x)]=\frac{1}{x}$$

并将式（9A.7）分别对 $\beta_1$，$\beta_2$ 和 $\sigma^2$ 求偏导，于是可以得到下面的几个一阶导数：

$$\frac{\partial LLF}{\partial\beta_1}=-\frac{1}{2}\sum\frac{2(y_t-\beta_1-\beta_2x_t)-1}{\sigma^2} \tag{9A.8}$$

$$\frac{\partial LLF}{\partial\beta_2}=-\frac{1}{2}\sum\frac{2(y_t-\beta_1-\beta_2x_t)-x_t}{\sigma^2} \tag{9A.9}$$

$$\frac{\partial LLF}{\partial\sigma^2}=-\frac{T}{2}\frac{1}{\sigma^2}+\frac{1}{2}\sum\frac{(y_t-\beta_1-\beta_2x_t)^2}{\sigma^4} \tag{9A.10}$$

令式（9A.8）～式（9A.10）等于零，然后用带有“ˆ”的参数表示参数的极大似然估计量，从而由式(9A.8)可以得到：

$$\sum(y_t-\hat{\beta}_1-\hat{\beta}_2x_t)=0 \tag{9A.11}$$

$$\sum y_t-\sum\hat{\beta}_1-\sum\hat{\beta}_2x_t=0 \tag{9A.12}$$

$$\sum y_t-T\hat{\beta}_1-\hat{\beta}_2\sum x_t=0 \tag{9A.13}$$

$$\frac{1}{T}\sum y_t-\hat{\beta}_1-\hat{\beta}_2\frac{1}{T}\sum x_t=0 \tag{9A.14}$$

回忆一下 $y$ 的均值可以写为：

$$\frac{1}{T}\sum y_t=\bar{y}_t$$

$x$ 的均值与此类似。将这两个均值表达式代入式（9A.14），最后可以得到 $\hat{\beta}_1$ 的估计量：

$$\hat{\beta}_1=\bar{y}-\hat{\beta}_2\bar{x} \tag{9A.15}$$

同理，由式（9A.9）可得：

$$\sum(y_t-\hat{\beta}_1-\hat{\beta}_2x_t)x_t=0 \tag{9A.16}$$

$$\sum y_tx_t-\sum\hat{\beta}_1x_t-\sum\hat{\beta}_2x_t^2=0 \tag{9A.17}$$

$$\sum y_tx_t-\hat{\beta}_1\sum x_t-\hat{\beta}_2\sum x_t^2=0 \tag{9A.18}$$

$$\hat{\beta}_2\sum x_t^2=\sum y_tx_t-(\bar{y}-\hat{\beta}_2\bar{x})\sum x_t \tag{9A.19}$$

$$\hat{\beta}_2\sum x_t^2=\sum y_tx_t-T\bar{x}\bar{y}+\hat{\beta}_2T\bar{x}^2 \tag{9A.20}$$

$$\hat{\beta}_2(\sum x_t^2-T\bar{x}^2)=\sum y_tx_t-T\bar{x}\bar{y} \tag{9A.21}$$

$$\hat{\beta}_2=\frac{\sum y_tx_t-T\bar{x}\bar{y}}{\sum x_t^2-T\bar{x}^2} \tag{9A.22}$$

由式（9A.10）得：

$$\frac{T}{\hat{\sigma}^2}=\frac{1}{\hat{\sigma}^4}\sum(y_t-\hat{\beta}_1-\hat{\beta}_2x_t)^2 \tag{9A.23}$$

重新整理后得：

$$\hat{\sigma}^2=\frac{1}{T}\sum(y_t-\hat{\beta}_1-\hat{\beta}_2x_t)^2 \tag{9A.24}$$

式（9A.24）右边括号中的项其实就是 $t$ 时刻的残差（即实际值减去拟合值），所以：

$$\hat{\sigma}^2=\frac{1}{T}\sum\hat{u}_t^2 \tag{9A.25}$$

这些估计量与 OLS 估计量有何异同呢？实际上，式（9A.15）和式（9A.22）这两个估计量与 OLS 估计量是一样的，即截距系数和斜率系数的极大似然估计量就等同于其 OLS 估计量。不过，式（9A.25）中 $\hat{\sigma}^2$ 估计量的情况就不太一样，实际上其 OLS 估计量的形式为：

$$\hat{\sigma}^2=\frac{1}{T-k}\sum\hat{u}_t^2 \tag{9A.26}$$

前面的内容已经介绍过，这一 OLS 估计量是无偏的。因此，误差方差 $\hat{\sigma}^2$ 的极大似然估计量一定是有偏的，不过仍然是一致的，原因在于当 $T\to\infty$ 的时候，$T-k\approx T$。

需要注意的是，上述推导过程也可以通过矩阵的形式进行，而不是运用 sigma 代数形式。如果用矩阵来进行推导，截距系数和斜率系数的估计量仍然与其 OLS 估计量保持一致，而误差方差的估计量也还是有偏的。不过这里要再次强调，极大似然估计量仍然是一致和渐近有效的。另外，对 GARCH 模型的对数似然函数进行极大似然估计的推导过程在算法上非常复杂，超出了本书的范围。

## 自测题

1. (a) 线性时间序列模型无法刻画金融数据中的哪些典型特征?

   (b) 在上述无法由线性时间序列模型刻画的所有特征中，哪些特征可以由GARCH(1，1) 模型来刻画?

   (c) 为什么后来的实证研究都喜欢使用GARCH(1，1) 模型，而非ARCH($p$) 模型?

   (d) 请列举出两种普通GARCH模型的扩展形式。它们刻画了哪些普通GARCH模型无法刻画的数据特征?

   (e) 考虑下面的GARCH(1，1) 模型：

   $$y_t=\mu+u_t \quad u_t\sim N(0,\ \sigma_t^2)$$
   $$\sigma_t^2=\alpha_0+\alpha_1 u_{t-1}^2+\beta\sigma_{t-1}^2$$

   如果 $y_t$ 是一个日收益率序列，那么 $\mu$，$\alpha_0$，$\alpha_1$ 和 $\beta$ 这几个系数可能的取值范围是什么?

   (f) 假设某研究者想检验问题 (e) 方程中的零假设 $\alpha_1+\beta=1$。请问如何在极大似然框架内做到这一点。

   (g) 假设现在某研究者已经估计了上述GARCH模型，所采用的数据是某个股票指数的收益率序列，并得到了如下参数估计值：$\hat{\mu}=0.002\,3$，$\hat{\alpha}_0=0.017\,2$，$\hat{\beta}=0.981\,1$ 和 $\hat{\alpha}_1=0.125\,1$。如果时刻 $T$ (含) 之前的所有数据都是可得的，请写下一组关于 $\sigma_t^2$ 和 $u_t^2$ 滞后值的方程，并用这些方程计算 $y_t$ 的条件方差的向前1步、2步和3步预测值。

   (h) 现在假定 $\hat{\beta}$ 的估计值为0.98。重新考虑问题 (g) 中所得出的预测表达式，并解释在这种情况下预测值会出现什么样的变化。

2. (a) 简要介绍极大似然方法的工作原理。

   (b) 简要描述极大似然估计下可用的3种检验步骤。哪种步骤在实际应用时的难度最小? 为什么?

   (c) 如果同时用OLS方法和极大似然方法对某个标准线性回归模型的参数进行估计，它们会给出同样的估计值吗? 为什么?

3. (a) 解释“条件方差”和“无条件方差”的区别，并说明其中哪一个更可能与下面的两个预测值相关。

   i. 波动率的向前1步预测值。

   ii. 波动率的向前20步预测值。

   (b) 假设 $u_t$ 服从一个GARCH(1，1) 过程，但现在如果用OLS法估计问题1 (e) 方程并假定条件方差为常数会出现什么后果?

   (c) 比较和对照下列波动率模型，指出其各自的优点和缺陷。

   i. 历史波动率模型;

ⅱ. EWMA 模型；

ⅲ. GARCH(1，1) 模型；

ⅳ. 隐含波动率模型。

4. 某位研究者试图为 NYSE 市场收益率和 LSE 市场收益率之间的相关性建模。

(a) 为这一问题写出一个简单的对角 VECH 模型。根据你的预期，系数可能的估计值是什么？

(b) 假设现在需要预测上述两个收益率未来两周的相关性状况，进一步假设这一预测是基于这两个市场指数的一组日收益率数据。请描述构建这类预测值的具体步骤。

(c) 还可以采用什么其他的相关性建模方法？

(d) 与你在问题 (c) 中列出的方法相比，多元 GARCH 模型有何优势和劣势？

5. (a) 什么是信息冲击曲线？运用电子表格或其他工具，构建下面所估计的 EGARCH 模型和 GARCH 模型的信息冲击曲线。注意，要将滞后条件方差设定为无条件方差值（该值是由样本数据估计，而非由模型参数估计）0.096。

$$\sigma_t^2=\alpha_0+\alpha_1 u_{t-1}^2+\alpha_2\sigma_{t-1}^2$$

$$\ln(\sigma_t^2)=\alpha_0+\alpha_1\frac{u_{t-1}}{\sqrt{\sigma_{t-1}^2}}+\alpha_2\ln(\sigma_{t-1}^2)+\alpha_3\left[\frac{|u_{t-1}|}{\sqrt{\sigma_{t-1}^2}}-\sqrt{\frac{2}{\pi}}\right]$$

| | GARCH | EGARCH |
|---|---|---|
| $\mu$ | −0.013 0 | −0.027 8 |
| | (0.066 9) | (0.085 5) |
| $\alpha_0$ | 0.001 9 | 0.082 3 |
| | (0.001 7) | (0.572 8) |
| $\alpha_1$ | 0.102 2** | −0.021 4 |
| | (0.033 3) | (0.033 2) |
| $\alpha_2$ | 0.905 0** | 0.963 9** |
| | (0.017 5) | (0.013 6) |
| $\alpha_3$ | — | 0.232 6** |
| | | (0.079 5) |

(b) 假设问题 (a) 中的模型估计结果是基于某个汇率的日收益率数据，那么应该如何运用金融理论来解释所得到的信息冲击曲线？

# 第 10 章

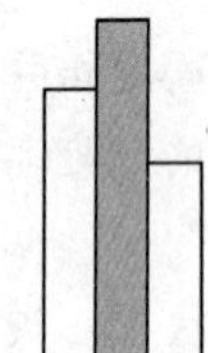

# 转换模型和状态空间模型

## 学习目标

在本章，你要学会：

- 运用截距哑变量和斜率哑变量来刻画时间序列中的季节行为
- 理解在金融计量经济学中使用机制转换模型的动因
- 理解马尔科夫转换模型背后的逻辑
- 比较马尔科夫转换模型和门槛自回归模型
- 描述机制转换模型估计背后的直觉机理
- 构建并解释简单的状态空间模型
- 说明如何使用卡尔曼滤波来估计状态空间模型

## 10.1 动因

在许多金融或经济时间序列中，都可以发现与前期行为相比，序列在随后某一时期内的行为发生了非常剧烈的变化。这一变化可以体现在序列行为的很多方面，例如均值、波动率、当前值与前期值的相关程度等等。这种变化可能是一次性的，我们通常将其称为“结构突变”。当然，这种变化也可能会在持续一段时间之后又回到初始行为特征，或者完全转换为另外一种行为模式。如果是后者，我们一般将其称为“机制转移”或“机制转换”。最后，多个序列或多序列均值之间的关系可能也会不断地发生变化，但其变化的部分模式是可以被提前预测的。本章介绍了几个可以捕捉这类时变行为的模型。

## 10.1.1 序列特征产生一次性根本变化的原因

序列特征的根本性变化通常是源自某些重大事件，比如战争、金融恐慌（如某次银行挤兑）、政府政策的显著变化（如引入通货膨胀目标或取消外汇管制）、市场微观结构的变化［如在英国金融“大爆炸”时期伦敦证券交易所（London Stock Exchange，简记为 LSE）转为采用电子交易制度］、市场交易机制的变化（如 1997 年伦敦证券交易所中的部分交易机制由报价驱动转为指令驱动）等等。

不过，某些正常的事件也可能会更为频繁地引发机制转移。这些变化可能是出于某些更为微妙的原因，但仍然会导致序列行为在统计意义上发生重大的改变。股票市场买卖价差的日内变化模式（见第 7 章）即为一例，其特点在于：在开盘的时候买卖价差较大，然后随着时间的推移逐渐缩小，到临近收盘的时候又再次扩大。

为了说明可能观测到的此类变化，图 10.1 给出了一个极端的例子。

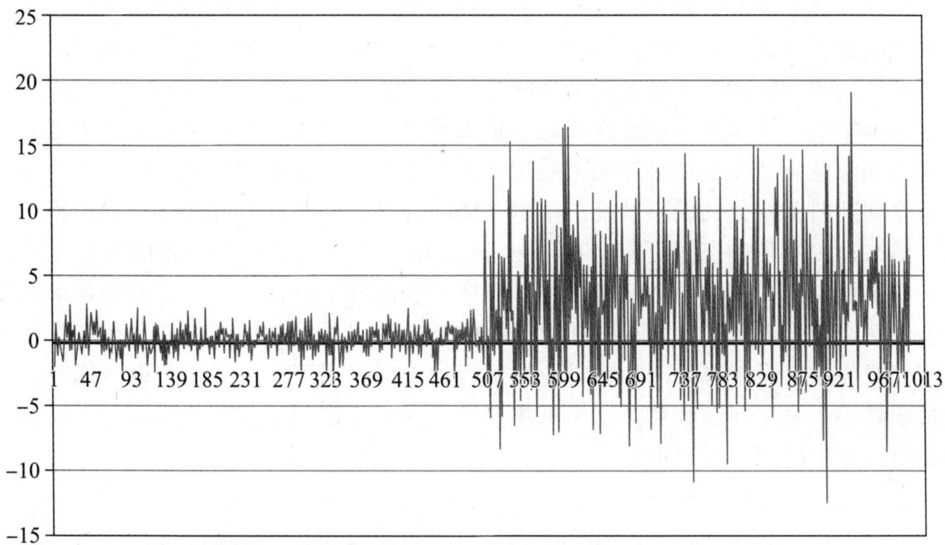


**图 10.1 用来解释机制转移的一个样本时间序列图**

由该图可以看出，该序列的行为模式在第 500 个观测值附近发生了明显的变化。具体来说，不仅序列的波动更为剧烈，其均值也在增大。当然，这是运用模拟数据所产生的极端情况，不过在面对这一类“机制变化”时，对涵盖这一变化的全部数据样本单独采用某个特定的线性模型进行估计显然是不合适的。针对这一问题，一个简单的解决办法在于，在变量行为发生变化的时间点附近将数据分割，然后对不同时期的子样本估计不同的模型，即允许不同时期的 $y_t$ 产生自不同的过程。例如，对于图 10.1 中的序列来说，其在第 500 个观测值附近出现了行为上的变化。如果我们认为 AR(1) 过程能够较好地捕捉该序列的有关特征，那么就可以估计如下两个模型：

$$y_t=\mu_1+\phi_1 y_{t-1}+u_{1t} \quad \text{第 500 个观测值之前} \tag{10.1}$$

$$y_t=\mu_2+\phi_2 y_{t-1}+u_{2t} \quad \text{第 500 个观测值之后} \tag{10.2}$$

对图 10.1 中的序列来说，这一处理仅仅是注意到了其均值行为的变化。实际上，这两个方程是所谓**分段线性模型**（piecewise linear model）的简单示例。也就是说，虽然这类模型从整体上看是非线性的，但它的两个组成部分都是线性的。

上述方法或许是有效的，但也可能会浪费掉一些信息。举例来说，即便有足够的观测值来分别估计各个子样本模型，但在全样本被分割后，由于与基于所有数据的估计相比，用于估计各个子样本模型的数据较少，因此可能会损失掉一些有效性。还有一种可能是，只有某一方面的序列特征发生了变化，如（无）条件均值，而其余的特征并没有受到影响。在这种情况下，不对全样本进行分割，而是在建模过程中考虑某种特定形式的结构变化模型，或许是一种更为明智的做法。如果是这样的话，我们所需要的就是一组足够灵活的模型，在对其进行估计时可以使用某个序列的所有观测值，但在不同时点上，模型可以有不同的行为模式。目前，有两类机制转换模型都可以满足这一条件，即**马尔科夫转换模型**（Markov switching model）和**门槛自回归模型**（threshold autoregressive model）。

在应用这类模型时，首先需要问的一个核心问题是，如何确定转换发生的位置？对这一问题的回答取决于所使用的模型是什么，即不同的模型需要使用不同的方法。比如说，有一类简单的转换模型是通过引入哑变量来非常明确地确定转换发生的时点，这类模型在金融中的一个重要应用是在金融数据中允许“季节性”的存在。一般来讲，人们认为经济和金融领域中的许多序列都展现出了季节行为，这就使得我们可以部分地预测出这类序列随时间变化的循环特征。举例来说，如果研究对象是月度或季度的消费支出数据，那么这一序列的值很可能会在 11 月末出现快速上升，这主要是因为存在与圣诞节有关的采购支出，不过该数值随后在 1 月中旬会出现下降，因为这时消费者可能会意识到他们已经在圣诞节前和 1 月的新年促销中开支过多。英国的消费支出在 8 月份的假期期间一般也会出现下降，因为这时所有理智的人都出国度假去了。无论序列在长期趋势或短期趋势上发生什么改变，这类现象在许多序列中都明显存在，而且会不同程度地出现在每一年中的同一时点上。

## 10.2 金融市场中的季节性：简介与文献综述

研究者已经注意到，金融市场，特别是股票市场，同样存在着许多其他类型的“季节效应”，这类效应通常被称作“日历异象”或“日历效应”。这样的例子包括市场的开盘和收盘效应、一月效应、周末效应和银行假期效应。调查金融市场中是否存在“日历效应”，已经成为近期众多学术研究的主题所在。具体来说，“日历效应”可以被粗略地定义为，在一天、一周、一月或一年中的某些特定时刻，金融资产收益率都显示出具有某些系统性模式的倾向。在这类异象中，最重要的实例之一就是所谓的**“周内效应”**（day-of-the-week effect），即一周内某些交易日的平均收益率显著高于其他交易日。举例来说，French（1980），Gibbons 和 Hess（1981）以及 Keim 和 Stambaugh（1984）都发现，美国市场在周一的平均（收盘—收盘）收益率显著为负，而市场在周五的平均（收盘—收盘）收益率显著为正。与此形成对照的是，Jaffe 和 Westerfield（1985）发现日本股票市场和澳大利亚股票市场最低的平均收益率出现在周二。

乍看起来，上述结论似乎有悖于**有效市场假说**（efficient market hypothesis，简记为 EMH)，因为日历异象的存在意味着投资者可以根据这些规律设计一些交易策略，从而获得超额收益。举例来说，想要利用日历效应获取超额收益的投资者可以在周四收盘时买入股票，并在周五以收盘价卖出。不过，股票收益率具有可预测性并不一定就意味着市场是无效的，原因至少包括以下两个方面。第一，如果在设计交易策略时将市场中的交易成本考虑在内，那么上述论文所观测到的非常微薄的平均超额收益就很难产生真正的净收益。因此，按照对市场有效性的“现代”定义（例如，Jensen，1978)，并不能将这些市场视为是无效的。第二，一周内不同交易日的收益率之所以具有如此明显的差异，也可能与时变的股票市场风险溢价有关。

不过，如果在建模过程中忽略了数据中存在的这些日历异象，那么所建立的模型很可能存在偏误。举例来说，忽略 $y_t$ 中的季节性特征很可能会导致残差中存在自相关，其阶数就等于季节效应的阶数。例如，如果 $y_t$ 是一个日收益率序列，那么残差自相关的阶数就很可能是 5 阶。

## 10.3 对金融数据中的季节效应建模

如前所述，现有的文献记录了大量金融时间序列数据在各个频率上的季节性。所以，尽管目前对季节效应的理论解释还存在争议，但其存在性却是不容置疑的。对季节效应进行处理以及衡量其程度如何的一个非常简单的方法，是在回归方程中引入哑变量。当然，如果要对季节效应进行良好的刻画，所需要的哑变量的数量必须取决于数据的频率。例如，季度数据需要 4 个哑变量，月度数据需要 12 个哑变量，日数据需要 5 个哑变量，如此等等。在季度数据中，4 个哑变量应该按照以下方式定义：

如果是第一季度，$D1_t=1$，其他季度为零；

如果是第二季度，$D2_t=1$，其他季度为零；

如果是第三季度，$D3_t=1$，其他季度为零；

如果是第四季度，$D4_t=1$，其他季度为零。

回归模型中可以包含多少个哑变量呢？这个问题的答案是：如果回归中包含截距项，那么哑变量的个数就应该等于数据的季节效应阶数减去 1。为了理解这一点，考虑一下如果在季度序列中使用了所有 4 个哑变量会出现什么情况。下表给出了 20 世纪 80 年代一个时期内哑变量的取值情况，表中最后一列报告了每个时点上的哑变量取值之和。

| | $D1$ | $D2$ | $D3$ | $D4$ | 合计 |
|---|---|---|---|---|---|
| 1986 年第一季度 | 1 | 0 | 0 | 0 | 1 |
| 第二季度 | 0 | 1 | 0 | 0 | 1 |
| 第三季度 | 0 | 0 | 1 | 0 | 1 |
| 第四季度 | 0 | 0 | 0 | 1 | 1 |
| 1987 年第一季度 | 1 | 0 | 0 | 0 | 1 |
| 第二季度 | 0 | 1 | 0 | 0 | 1 |
| 第三季度 | 0 | 0 | 1 | 0 | 1 |
| 等等 | | | | | |

在每个季度上，4 个哑变量之和都应该是 1。但是，这与截距系数所隐含的变量取值恰好相等。于是，如果在同一个回归中同时包含 4 个哑变量和截距项，必定会导致完全的多重共线性，以致 $(X'X)^{-1}$ 不存在，从而所有的系数都无法估计。这一问题就是所谓的**哑变量陷阱**（dummy variable trap）。至于解决办法，就是要么使用 3 个哑变量加一个截距项，要么使用所有 4 个哑变量但不再同时包含截距项。

上述两种方法都可以捕捉到数据中的季节特征，而且两种方法得到的残差都是一样的，不过对系数的解释可能会存在差异。如果使用 4 个哑变量，并假定回归中没有其他解释变量，那么所估计的系数就可以被解释为因变量在每一季度内的平均值。如果回归中包含一个常数和 3 个哑变量，那么这时所估计的哑变量系数的含义为：因变量在模型所包含的 3 个季度上的平均值与因变量在模型没有包含的那个季度上的取值之间的平均偏离度，具体见专栏 10.1。

**▶专栏 10.1◀**

## 哑变量的工作原理

上面所介绍的哑变量是通过改变截距项来发挥作用的，所以在给定所有自变量的前提下，因变量的平均值可以在不同季节中有所变化。这一原理可以通过图 10.2 进行说明。

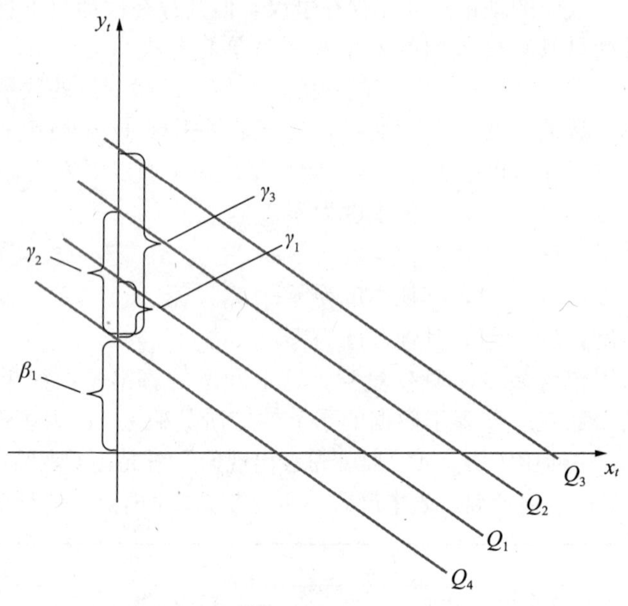


**图 10.2　在季度数据中使用截距哑变量**

考虑下述回归式：

$$y_t=\beta_1+\gamma_1 D1_t+\gamma_2 D2_t+\gamma_3 D3_t+\beta_2 x_{2t}+\cdots+u_t \tag{10.3}$$

每一个季度的截距项都不一样，具体来说：

金融计量经济学（第四版）

- 第一季度的截距项为 $\hat{\beta}_1+\hat{\gamma}_1$，原因在于：对第一季度的所有观测值来说，有 $D1=1$ 和 $D2=D3=0$。
- 第二季度的截距项为 $\hat{\beta}_1+\hat{\gamma}_2$，原因在于：对第二季度的所有观测值来说，有 $D2=1$ 和 $D1=D3=0$。
- 第三季度的截距项为 $\hat{\beta}_1+\hat{\gamma}_3$，原因在于：对第三季度的所有观测值来说，有 $D3=1$ 和 $D1=D2=0$。
- 第四季度的截距项为 $\hat{\beta}_1$，原因在于：对第四季度的所有观测值来说，有 $D1=D2=D3=0$。

**例 10.1** Brooks 和 Persand（2001a）对如下 5 个东南亚股票市场中是否存在周内效应进行了考察：韩国、马来西亚、菲律宾、中国台湾和泰国，所采用的数据为 1989 年 12 月 31 日—1996 年 1 月 19 日内所有周一至周五的日（收盘—收盘）收益率，一共 1 581 个观测值，数据取自 Primark Datastream。论文中所估计的第一个回归式，即对周内效应最简单的检验方法为：

$$r_t=\gamma_1 D1_t+\gamma_2 D2_t+\gamma_3 D3_t+\gamma_4 D4_t+\gamma_5 D5_t+u_t \tag{10.4}$$

其中，$r_t$ 为每个股票市场在时刻 $t$ 的收益率；$D1_t$ 是一个哑变量，其在周一取值为 1，其他为零，以此类推。回归中的系数估计值可以被解释为一周内每个交易日的平均样本收益率，具体估计结果报告于表 10.1 中。

**表 10.1　一周内不同交易日的系数估计值和显著性**

| | 韩国 | 泰国 | 马来西亚 | 中国台湾 | 菲律宾 |
|---|---|---|---|---|---|
| 周一 | 0.49E−3<br>(0.674 0) | 0.003 22<br>(3.980 4)** | 0.001 85<br>(2.930 4)** | 0.56E−3<br>(0.432 1) | 0.001 19<br>(1.436 9) |
| 周二 | −0.45E−3<br>(−0.369 2) | −0.001 79<br>(−1.683 4) | −0.001 75<br>(−2.125 8)** | 0.001 04<br>(0.595 5) | −0.97E−4<br>(−0.091 6) |
| 周三 | −0.37E−3<br>(−0.500 5) | −0.001 60<br>(−1.591 2) | 0.31E−3<br>(0.478 6) | −0.002 64<br>(−2.107)** | −0.49E−3<br>(−0.563 7) |
| 周四 | 0.40E−3<br>(0.546 8) | 0.001 00<br>(1.037 9) | 0.001 59<br>(2.288 6)** | −0.001 59<br>(−1.272 4) | 0.92E−3<br>(0.890 8) |
| 周五 | −0.31E−3<br>(−0.399 8) | 0.52E−3<br>(0.503 6) | 0.40E−4<br>(0.053 6) | 0.43E−3<br>(0.312 3) | 0.001 51<br>(1.712 3) |

注：表中报告的是系数估计值；括号中的数字为 $t$ 值；* 和** 分别表示在 5%和 1%水平下显著。

资料来源：Brooks and Persand（2001a）.

简单来讲，所得到的主要结论为：泰国股票市场和菲律宾股票市场都不存在显著的日历效应；台湾股票市场和马来西亚股票市场周一的收益率显著为正，周二的收益率显著为负；台湾股票市场具有显著的周三效应。

哑变量也可以用来对其他日历异象进行检验，比如上面所讨论过的一月效应等等，而且回归式中还可以同时包含具有不同时间频率的哑变量。例如，我们可以在式（10.4）中再加入一个新的哑变量 $D6_t$ 来检验“四月效应”，因为这与英国一个新税收年度的起点有关。对于这样的一个哑变量来说，即使该回归用的是日数据，其在 4 月份也都取值为 1，在其他月份都取值为零。

如果我们保留截距项，同时忽略某个哑变量，那么被忽略的这个哑变量就是其他所有哑变量的参照物。举例来说，继续考虑上面的模型，不过在其中忽略周一哑变量，即：

$$r_t=\alpha+\gamma_2 D2_t+\gamma_3 D3_t+\gamma_4 D4_t+\gamma_5 D5_t+u_t \tag{10.5}$$

那么周一的截距估计值为 $\hat{\alpha}$，周二的截距估计值为 $\hat{\alpha}+\hat{\gamma}_2$，以此类推。这时，$\hat{\gamma}_2$ 可以被解释为周一和周二之间的平均收益率之差。类似地，$\hat{\gamma}_3$，$\hat{\gamma}_4$ 和 $\hat{\gamma}_5$ 分别可以被解释为周三、周四和周五与周一之间的平均收益率之差。

依据上面的分析，读者应该可以非常清晰地了解到，我们在对所感兴趣的假设进行检验时，通过在回归中忽略某个哑变量（或截距项），可以控制对这一检验结果的解释。其实，这一逻辑还可以应用于斜率哑变量，下一节会讨论这一问题。



### 10.3.1 斜率哑变量

与截距哑变量一样，我们还可以应用斜率哑变量。当然，两者既可以同时使用，也可以单独使用。如果只使用斜率哑变量，那么就可以改变回归线的斜率，而截距保持不变。图 10.3 解释了只有一个斜率哑变量（即只有两种不同的“状态”）的情况。对于半年数据、半周数据或者是只包含市场开盘价和收盘价的数据来说，这种哑变量的设置方式就非常适用。如果是半年的数据，那么可以定义 $D_t$ 在上半年取值为 1，在下半年取值为零。

斜率哑变量所改变的是回归线的斜率而非截距。本例中，斜率随时间变化而变化，而截距始终为 $\alpha$。在哑变量取值为零的时期，斜率为 $\beta$，而在哑变量取值为 1 的时期，斜率为 $\beta+\gamma$。

当然，也可以使用多个斜率哑变量。例如，如果是季度数据，那么就可以设定以下模型，其中 $D1_t$，$D2_t$ 和 $D3_t$ 分别指代第一季度、第二季度和第三季度：

$$y_t=\alpha+\beta x_t+\gamma_1 D1_t x_t+\gamma_2 D2_t x_t+\gamma_3 D3_t x_t+u_t \tag{10.6}$$

需要注意的是，该模型中存在一个不带哑变量的项 $x_t$，所以这时某季度的哑变量系数（如 $\gamma_1$）所表示的就是该季度的斜率相对于所有季度斜率平均值的离差。另外，如果方程中包含所有的 4 个哑变量，而不包含 $\beta x_t$，那么哑变量的系数就可以解释为各季度的平均斜率。这里要再次强调，不要将 4 个斜率哑变量和 $\beta x_t$ 同时放在回归式中，否则会出现完全多重共线性问题。

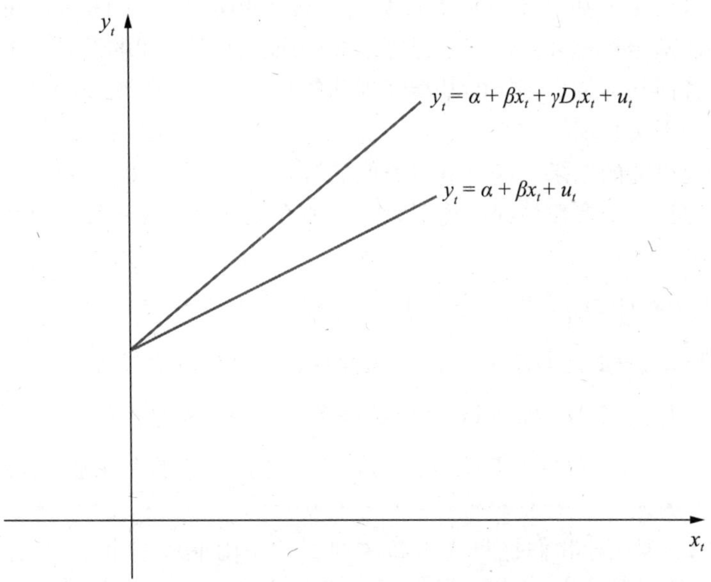


**图 10.3　运用斜率哑变量**

## 10.3.2　交互哑变量

很多时候，我们会对变量之间的交互作用感兴趣。在回归模型中，对这种交互作用的考察主要通过将变量相乘来实现。通常情况下，某个哑变量要么与另一个哑变量交互，要么与某个标准的解释变量交互。在例 10.2 中，我们展示了季节性哑变量如何与市场风险因子相互作用，以考虑时变风险问题。

现在，为了说明两个哑变量是如何交互作用的，我们考虑如下回归模型。在该模型中，我们将试图根据职业基金经理的年龄和性别来解释他们所构建的投资组合的风险水平（记作 $risk_i$）：

$$risk_i = \beta_1 + \beta_2 DG_i + \beta_3 DA_i + \beta_4 DA_i DG_i + u_i \tag{10.7}$$

其中，$DG_i$ 为性别哑变量，若基金经理为女性则取 1，否则取 0；$DA_i$ 为年龄哑变量，若基金经理小于 40 岁则取 0，否则取 1。当然，我们通常还会在模型中添加一些其他的解释变量，但是这里为了简单起见，就没有再包含任何其他变量。

由式（10.7）可以看出，年龄哑变量和性别哑变量既可以作为单个变量独立出现，彼此之间也可以存在交互作用。这样的处理方式使得我们可以对“不断增长的年龄对男性基金经理和女性基金经理的风险承担水平差异有何影响?”这一问题进行考察。对于该模型来讲，一些可能的回归结果以及对结果的解释包括：

- $\hat{\beta}_2$ 显著，但是 $\hat{\beta}_3$ 和 $\hat{\beta}_4$ 不显著。如果出现这一结果，说明男性基金经理和女性基金经理所承担的平均风险水平存在统计差异，不过年长的基金经理和年轻的基金经理所承担的平均风险水平之间没有差异。另外，男性基金经理和女性基金经理所承担的平均风险水平的差异并不随年龄的变化而变化。
- $\hat{\beta}_2$ 和 $\hat{\beta}_3$ 显著，但是 $\hat{\beta}_4$ 不显著。这表明男性基金经理和女性基金经理承担的风险之间以及年轻基金经理和年长基金经理承担的风险之间均存在统计差异，但是，男性基金经理和女性基金经理承担的风险水平之间的差异不随年龄变化而变化（或者换句话说，年轻的基金经理和年长的基金经理承担的风险水平之间的差异与性别无关）。

- 对于其他可能的结果，可以进行类似的解释。

如果我们假设三个参数估计值均不为零，那么就可以计算出每一组基金经理所承担的平均风险水平如下：

- $\hat{\beta}_1$（$D_{Gi}=0$ 且 $D_{Ai}=0$，所以选择年轻的男性基金经理）；
- $\hat{\beta}_1+\hat{\beta}_2$（$D_{Gi}=1$ 且 $D_{Ai}=0$，所以选择年轻的女性基金经理）；
- $\hat{\beta}_1+\hat{\beta}_3$（$D_{Gi}=0$ 且 $D_{Ai}=1$，所以选择年长的男性基金经理）；
- $\hat{\beta}_1+\hat{\beta}_2+\hat{\beta}_3+\hat{\beta}_4$（$D_{Gi}=1$ 且 $D_{Ai}=1$，所以选择年长的女性基金经理）。

**例 10.2**　现在让我们把目光重新放回到“东南亚股票市场的周内效应”这一问题上。需要特别指出并且注意的是，虽然式（10.4）中的系数在统计上的显著性构成了支持收益率中存在季节效应假设的证据，但其中并没有考虑到风险因子。实际上，在判断是否存在潜在的套利机会或者确认市场无效之前，应该认识到某些交易日中的市场风险确实要比其他交易日更大。因此，式（10.4）中显著的低（高）收益可以由低（高）风险来解释。由这一逻辑出发，Brooks 和 Persand（2001a）将 FTA 世界价格指数（FTA World Price Index）的收益率作为市场风险的代理，并运用实证市场模型再次对季节效应进行了检验。为了观察周内各天的风险变化情况，他们使用交互（即斜率）哑变量来确定具有较高（低）收益率的交易日是否对应着较高（低）的风险。具体来说，对于所考虑的每一个股票市场，作者都估计如下方程：

$$r_t=(\sum_{i=1}^{5}\alpha_i D_{it}+\beta_i D_{it}RWM_t)+u_t \tag{10.8}$$

其中，$\alpha_i$ 和$\beta_i$ 为待估系数；$D_{it}$ 是一个哑变量，当 $t=i$ 时其取值为 1，否则为零；$RWM_t$ 是世界价格指数的收益率。可以看出，该方程在考虑市场风险对季节效应的影响时，允许风险和收益率在一周内的各个交易日上是不同的。对式（10.8）的估计结果请见表 10.2。注意，这一估计结果中并没有包含韩国股票市场和菲律宾股票市场，因为按照表 10.1 中的结果，这两个股票市场中不存在显著的日历异象。

由表 10.2 可以看出，曼谷交易所（泰国）和吉隆坡交易所（马来西亚）中存在显著的周一效应，而吉隆坡交易所中的周四效应也比较显著，而且即使是在引入了包含时变风险的斜率哑变量之后，情况仍是如此。不过，$t$ 值的绝对值有所减小，表明周内效应有所减弱。而在台湾股票市场中，平均收益率显著为负的现象完全消失了。另外，还可以很明显地看出，周内各交易日的平均风险水平是

表 10.2 引入交互哑变量及风险代理的周内效应检验结果

| | 泰国 | 马来西亚 | 中国台湾 |
|---|---|---|---|
| 周一 | 0.003 22<br>(3.357 1)** | 0.001 85<br>(2.802 5)** | 0.544E−3<br>(0.394 5) |
| 周二 | −0.001 14<br>(−1.154 5) | −0.001 22<br>(−1.817 2) | 0.001 40<br>(1.016 3) |
| 周三 | −0.001 64<br>(−1.692 6) | 0.25E−3<br>(0.371 1) | −0.002 63<br>(−1.918 8) |
| 周四 | 0.001 04<br>(1.091 3) | 0.001 57<br>(2.351 5)* | −0.001 66<br>(−1.211 6) |
| 周五 | 0.31E−4<br>(0.032 14) | −0.375 2<br>(−0.568 0) | −0.13E−3<br>(−0.097 6) |
| 周一的 $\beta$ | 0.357 3<br>(2.198 7)* | 0.549 4<br>(4.928 4)** | 0.633 0<br>(2.746 4)** |
| 周二的 $\beta$ | 1.025 4<br>(8.003 5)** | 0.982 2<br>(11.270 8)** | 0.657 2<br>(3.707 8)** |
| 周三的 $\beta$ | 0.604 0<br>(3.714 7)** | 0.575 3<br>(5.187 0)** | 0.344 4<br>(1.485 6) |
| 周四的 $\beta$ | 0.666 2<br>(3.931 3)** | 0.816 3<br>(6.984 6)** | 0.605 5<br>(2.514 6)* |
| 周五的 $\beta$ | 0.912 4<br>(5.830 1)** | 0.805 9<br>(7.449 3)** | 1.090 6<br>(4.929 4)** |

注：表中报告的是系数估计值；括号中的数字为 $t$ 值；* 和 ** 分别表示在 5%和 1%水平下显著。

资料来源：Brooks and Persand (2001a).

不一样的。例如，曼谷市场周一的 $\beta$ 值低于 0.36，而在周二则超过了 1，这说明曼谷市场不仅具有显著为正的周一效应，而且该市场在周一这一天对全球股票市场价格变化的敏感度也较周内的其他交易日低很多。

## 10.4 估计简单分段线性函数

分段线性模型是**样条技术**（spline technique）的一个特例。作为一大类模型的总称，样条技术涉及以分段的方式在不同数据的子样本上运用多项式函数。这类模型被广泛地用于对收益率曲线进行拟合，即基于可得数据绘出不同到期时间下的债券收益率（例如，可参阅 Shea，1984）。

简单分段线性模型的工作原理为：如果两个序列 $y$ 和 $x$ 之间的关系随着 $x$ 大于或小于某个门槛值 $x^*$ 而不同，那么就可以运用哑变量来捕捉这一现象。也就是说，我们可以定义如下哑变量：

$$D_t=\begin{cases}0 & \text{如果 } x_t<x^* \\ 1 & \text{如果 } x_t\geqslant x^*\end{cases} \tag{10.9}$$

为了解释上述处理方式的用途，我们来考虑金融市场上对价格最小变动单位的限制，这样的限制可能会随着资产价格的变化而变化。举例来说，George 和 Longstaff (1993，也可参阅本书第 6 章）曾指出，芝加哥期权交易所（Chicago Board of Options Exchange，简记为 CBOE）将市价高于（含）3 美元的期权的价格最小变动单位限制为 1/8 美元，将市价低于 3 美元的期权的价格最小变动单位限制为 1/16 美元。这一规定意味着对于市价大于 3 美元和小于 3 美元的期权来说，所容许的最小价格变动量分别为 1/8 美元和 1/16 美元。所以，如果用 $y$ 表示期权的买卖价差，$x$ 表示期权价格，并将 $x$ 作为价差大小的解释变量之一，那么由于价格最小变动单位的影响，价差变化就会随着期权价格的变化而部分表现出分段特征。由此，模型可以设定为：

$$y_t=\beta_1+\beta_2 x_t+\beta_3 D_t+\beta_4 D_t x_t+u_t \tag{10.10}$$

其中，$D_t$ 的定义如前所述。再回顾一下前面关于季节哑变量的讨论可以知道，式 (10.10) 中既包含一个截距哑变量，也包含一个斜率哑变量。图 10.4 给出了一个例子来说明这种类型的数据及相应的回归线。

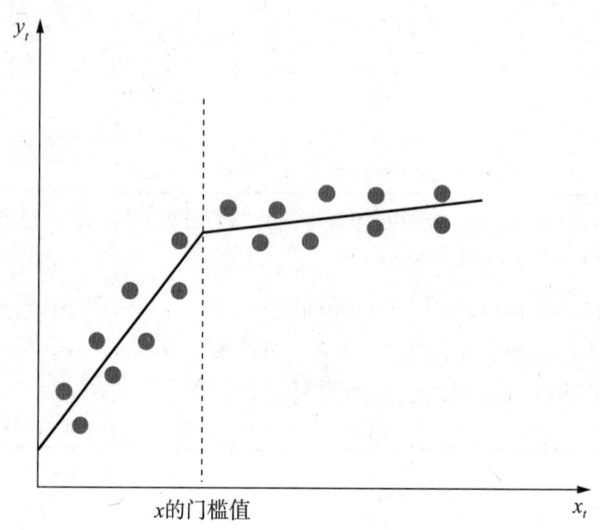


**图 10.4　带有门槛值 $x^*$ 的分段线性模型**

注意，在这一阶段，门槛值或“节点”被假定为已知。[①] 一般来讲，我们可以将这一情形进行推广，即假定 $y_t$ 是取自两种以上的机制，或产生于某个更为复杂的模型。

① 另外需要注意的是，方程（10.9）允许截距和斜率在门槛值上下变化，但是不能保证两个线段会在节点处相交。为了确保这一点，我们需要对模型的形式稍微进行一下改动，例如可以将其写为：

$$y_t=\beta_1+\beta_2 x_t+\beta_3 D_t(x_t-x^*)+u_t$$

## 10.5 马尔科夫转换模型

尽管计量经济文献中已经提出了大量异常复杂的非线性模型，但其中只有两种模型在金融领域中产生了值得注意的影响（在第 9 章中稍有提及的门槛 GARCH 模型除外），其中一种是与 Hamilton（1989，1990）有关的马尔科夫机制转换模型，另外一种是与 Tong（1983，1990）有关的门槛自回归模型。下面对这两种模型进行详细介绍。

### 10.5.1 马尔科夫转换模型的基本原理

马尔科夫转换模型是将可能事件的总体划分为 $m$ 种状态，并用 $s_i$（$i=1$，…，$m$）来分别指代这 $m$ 种状态。换句话说，该模型假定 $y_t$ 根据某些无法观测的变量 $s_t$ 来实现机制转换，其中 $s_t$ 只取整数值。在本章后续内容中，我们假定 $m=1$ 或 2。因此，如果 $s_t=1$，那么 $t$ 时刻的过程就属于机制 1；如果 $s_t=2$，那么 $t$ 时刻的过程就属于机制 2。状态变量在不同机制之间的转移服从马尔科夫过程，而马尔科夫性质可以表示为：

$$P[a<y_t\leqslant b\,|\,y_1,y_2,\cdots,y_{t-1}]=P[a<y_t\leqslant b\,|\,y_{t-1}] \tag{10.11}$$

简言之，上式的含义在于，状态变量在任意 $t$ 时刻的概率分布都只依赖于 $t-1$ 时刻的状态，而与 $t-2$，$t-3$ 等过去时期的状态无关。因此，马尔科夫过程不是路径依赖的。该模型的优势在于其足够灵活，它既可以刻画不同状态过程中方差的变化，也可以对其中均值的变化进行描述。

汉密尔顿模型的最基本形式又叫做“汉密尔顿滤波”（Hamilton’s filter）（参阅 Hamilton，1989），其中包含一个用 $z_t$ 指代的状态变量，这一无法观测的状态变量被假定为服从一阶马尔科夫过程，即：

$$\text{prob}[z_t=1|z_{t-1}=1]=p_{11} \tag{10.12}$$

$$\text{prob}[z_t=2|z_{t-1}=1]=1-p_{11} \tag{10.13}$$

$$\text{prob}[z_t=2|z_{t-1}=2]=p_{22} \tag{10.14}$$

$$\text{prob}[z_t=1|z_{t-1}=2]=1-p_{22} \tag{10.15}$$

其中，$p_{11}$ 是指系统在前期处于机制 1 且当前也处于机制 1 的概率，$p_{22}$ 是指系统在前期处于机制 2 当前也处于机制 2 的概率。由此，$1-p_{11}$ 指的是 $y_t$ 由 $t-1$ 期的状态 1 向 $t$ 期的状态 2 转换的概率，而 $1-p_{22}$ 指的是 $y_t$ 由 $t-1$ 期的状态 2 向 $t$ 期的状态 1 转换的概率。可以证明，在这样的设定下，$z_t$ 服从下列 AR(1) 过程：

$$z_t=(1-p_{11})+\rho z_{t-1}+\eta_t \tag{10.16}$$

其中，$\rho=p_{11}+p_{22}-1$。粗略地讲，我们可以把 $z_t$ 看作是一个一般化了的哑变量，它描述了序列中的一次性转换，这一点我们在前面曾经提到过。不过，在马尔科夫转换方法下，可以实现由一组行为向另一组行为的多次转换。

在这一框架下，所观测的收益率序列可以描述为：

$$y_t=\mu_1+\mu_2 z_t+(\sigma_1^2+\phi z_t)^{1/2}u_t \tag{10.17}$$

其中，$u_t \sim N(0, 1)$。在状态 1 中，序列的期望值和方差分别为 $\mu_1$ 和 $\sigma_1^2$；在状态 2 中，序列的期望值和方差分别为 $\mu_1+\mu_2$ 和 $\sigma_1^2+\phi$。另外，状态 2 中的方差也定义为 $\sigma_2^2=\sigma_1^2+\phi$。模型中的未知参数（$\mu_1$，$\mu_2$，$\sigma_1^2$，$\sigma_2^2$，$p_{11}$，$p_{22}$）通过极大似然法进行估计，相关技术细节超出了本书的范围，不过 Engel 和 Hamilton（1990）对此给出了最为全面的介绍。

在式（10.12）～式（10.15）所示的两机制情形下，如果某个变量服从马尔科夫过程，那么想要预测该变量在下一期落在某个机制中的概率，只需要知道当期概率和一组转换概率就可以了。而对于存在 $m$ 个状态这一更为一般的情形来说，转换概率最好用下列矩阵形式来表示：

$$P=\begin{bmatrix} P_{11} & P_{12} & \cdots & P_{1m} \\ P_{21} & P_{22} & \cdots & P_{2m} \\ & & \vdots & \\ P_{m1} & P_{m2} & \cdots & P_{mm} \end{bmatrix} \tag{10.18}$$

其中，$P_{ij}$ 代表由机制 $i$ 向机制 $j$ 的转换概率。在任意时点上，变量在 $m$ 种状态中必居其一，所以一定有：

$$\sum_{j=1}^{m} P_{ij}=1 \qquad \forall i \tag{10.19}$$

由此，可以定义当前状态的概率向量为：

$$\pi_t=[\pi_1 \quad \pi_2 \quad \cdots \quad \pi_m] \tag{10.20}$$

其中，$\pi_i$ 为变量 $y$ 在当前处于状态 $i$ 的概率。给定 $\pi_t$ 和 $P$，变量 $y$ 在下一期处于某个特定机制的概率可以通过下式来预测：

$$\pi_{t+1}=\pi_t P \tag{10.21}$$

而变量 $y$ 在未来 $S$ 期处于某个特定机制的概率为：

$$\pi_{t+s}=\pi_t P^s \tag{10.22}$$

## 10.6 关于实际汇率的一个马尔科夫转换模型

马尔科夫转换模型在金融领域中的应用非常广泛。毫无疑问，当我们认为某个序列会由一种行为模式转为另外一种行为模式并且后面还会转换回来，而且造成这一机制转换的“驱动变量”是无法观测的时，马尔科夫转换模型是特别有用的。

这类方法的一种应用是对实际汇率建模。如第 8 章中曾经讨论过的，购买力平价（PPP）理论认为，一价定律总是在长期发挥作用，从而对于一篮子代表性的商品和服务来说，在将其购买成本转换为某种共同货币之后，不管在哪里购买的成本都是一样的。在某些假定下，依据 PPP 理论可以导出实际汇率（即将汇率除以某个一般性价格指数，例如消费者价格指数）应该是平稳的结论。不过，很多研究都未能拒绝实际汇率中存在单位根的零假设，这一实证结果与 PPP 理论的上述推论相悖。

不过，众所周知，当存在结构突变时，单位根检验的效能是很低的，因为这时 ADF 检验很难在包含结构突变的平稳过程和单位根过程之间进行区分。为了考察是不是这个原因导致了上述理论推论与实证结果之间的冲突，Bergman 和 Hansson（2005）为实际汇率序列估计了一个 AR(1) 结构的马尔科夫转换模型，该模型允许序列在两个机制内多次转换。该模型的具体形式为：

$$y_t=\mu_{s_t}+\phi y_{t-1}+\epsilon_t \tag{10.23}$$

其中，$y_t$ 为实际汇率，$s_t(t=1,\ 2)$ 代表两种状态，$\epsilon_t\sim N(0,\ \sigma^2)$。① 另外，状态变量 $s_t$ 被假定为服从一个上面讨论过的标准的两机制马尔科夫过程。

该研究所采用的样本数据为英国、法国、德国、瑞士、加拿大和日本等 6 个国家 1973 年第 2 季度到 1997 年第 4 季度之间实际汇率的季度观测值，样本点总数为 99 个，其中前面的 72 个（1973 年第 2 季度—1990 年第 4 季度）被用来估计模型，后面的数据都用来进行对样本外预测的评价。另外，作者用 100 乘以实际汇率的对数，并且将所有国家 1973 年第 2 季度的实际汇率值设定为 1，由此来对数据进行标准化。基于极大似然方法的马尔科夫转换模型的估计结果如表 10.3 所示。

**表 10.3　实际汇率马尔科夫转换模型的参数估计结果**

| 参数 | 英国 | 法国 | 德国 | 瑞士 | 加拿大 | 日本 |
|---|---|---|---|---|---|---|
| $\mu_1$ | 3.554<br>(0.550) | 6.131<br>(0.604) | 6.569<br>(0.733) | 2.390<br>(0.726) | 1.693<br>(0.230) | −0.370<br>(0.681) |
| $\mu_2$ | −5.096<br>(0.549) | −2.845<br>(0.409) | −2.676<br>(0.487) | −6.556<br>(0.775) | −0.306<br>(0.249) | −8.932<br>(1.157) |
| $\phi$ | 0.928<br>(0.027) | 0.904<br>(0.020) | 0.888<br>(0.023) | 0.958<br>(0.027) | 0.922<br>(0.021) | 0.871<br>(0.027) |
| $\sigma^2$ | 10.118<br>(1.698) | 7.706<br>(1.293) | 10.719<br>(1.799) | 13.513<br>(2.268) | 1.644<br>(0.276) | 15.879<br>(2.665) |
| $p_{11}$ | 0.672 | 0.679 | 0.682 | 0.792 | 0.952 | 0.911 |
| $p_{22}$ | 0.690 | 0.833 | 0.830 | 0.716 | 0.944 | 0.817 |

注：括号中的数字为标准误。

资料来源：Bergman and Hansson (2005). Reprinted with the permission of Elsevier.

由表中的结果可以看出，该模型能够将各个实际汇率序列划分为两个截然不同的机制。其中，除日本外，其他国家机制 1 中的截距项（$\mu_1$）都是正的（这应该与日元在样本期间内保持明显的强势有关），这一结果意味着每一美元所能兑换的外币数量的对数是在上升的，即本币对美元贬值。不过，所有国家在机制 2 中的截距项都是负的，这对应于本币对美元升值。另外，英国、法国、德国和瑞士的估计结果中，在下一期仍然保持现有机制的概率（$p_{11}$ 和 $p_{22}$）相对较低，这意味着对于这些国家的货币来说，由某

① 在作者所估计的另外一个模型中，允许 $\phi$ 和 $\sigma^2$ 随着状态的变化而变化。不过，这两个参数在两个状态之间保持相同的零假设无法被拒绝，因此该研究中所展示的参数值都假定它们为常数。

一机制转换到另一机制的频率相对较高。

有趣的是，在允许截距项随机制变化而变化之后，表 10.3 中 AR(1) 的系数 $\phi$ 变得比 1 小很多，这说明这些实际汇率序列具有平稳性。Bergman 和 Hansson（2005）将所估计的参数值代回至平稳马尔科夫转换 AR(1) 模型中，再运用该模型模拟出了数据，然后他们假定研究者对这些模拟数据采取标准的 ADF 检验，结果发现所有国家的单位根零假设都无法被拒绝，但其实这些零假设是错误的，因为所模拟的数据一定是平稳的。如前所述，尽管金融理论表明实际汇率序列应该是平稳的，但以前的实证研究却发现实际汇率序列是一个单位根过程。通过这里的分析我们可以知道，这些实证研究没有考虑到时变的截距项正是上述理论推论和实证结果出现冲突的原因所在。

最后，作者运用论文中得到的马尔科夫转换 AR(1) 模型对保留样本中的汇率进行了预测，并将预测结果与基于随机游走模型和带有随机游走项的马尔科夫转换模型的预测结果进行了对比，结果表明对于所有的 6 个实际汇率序列来说，马尔科夫转换 AR 模型的向前 1 步到向前 4 步预测值的均方误差都是最小的，而且该模型相对于纯粹随机游走模型在预测精度方面的优势是统计显著的。

## 10.7 马尔科夫转换模型的应用：金边债券与股票的收益率之比



如下所述，马尔科夫转换方法还可以用于为金边债券—股票收益率之比（gilt-equity yield ratio，简记为 GEYR）的时间序列行为建模，其中 GEYR 定义为长期政府债券收益率与股票红利收益率的比值。曾经有人指出，投资经理或市场分析师可以利用 GEYR 的当前值来决定是应该投资于金边债券还是应该投资于股票。也就是说，GEYR 中可能包含着有助于确定未来股票市场走向的信息。通常情况下，GEYR 会被假定为存在某个长期均衡水平，偏离此均衡水平就意味着股价处于不稳定状态，而这一不稳定状态不可能长期保持下去。具体来说，如果 GEYR 高于其长期均衡水平，那么就可以认为股票相对于债券更贵，由此人们会预期对于给定的债券收益率水平来说，股票收益率一定会上升，而这一上升是通过股价下跌来实现的。类似地，如果 GEYR 低于其长期均衡水平，那么就可以认为债券相对于股票更贵，运用与上面类似的分析，可以知道股票的价格在未来很可能会上升。由此可以导出基于 GEYR 的股票交易规则，用最粗略的说法就是“GEYR 低，买股票；GEYR 高，卖股票”。由 Brooks 和 Persand（2001b）所完成的一篇论文探讨了马尔科夫转换方法在这类研究中的应用，并且还对“是否可以基于这一模型的预测值来构建可以获利的交易规则”进行了考察。

Brooks 和 Persand（2001b）研究中的样本数据为英国、美国和德国这 3 个国家在 1975 年 1 月到 1997 年 8 月间的股票指数红利和政府债券的月度收益率，一共 272 个观测值。具体包括：英国 FTSE 100 指数、美国标准普尔 500 指数和德国 DAX 指数的红利收益和指数价格，以及基于英国政府统一公债、美国和德国 10 年期政府债券价格的债券指数及赎回收益。

作为示例，图 10.5 画出了美国 GEYR 序列的分布状况（粗线）以及具有同一均值和方差的正态分布曲线。很明显，图中 GEYR 序列的分布不是正态的，而且曲线显示出了两种不同的模式：分布的上半部分包含了绝大多数的观测值，而下半部分涵盖了 GEYR 序列中最小的那些数据点。

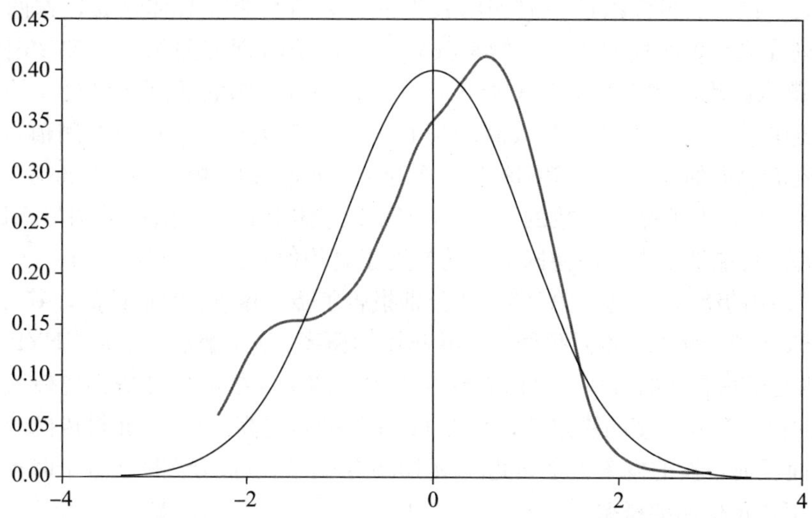


**图 10.5 美国 GEYR 序列的无条件分布与具有同一均值和方差的正态分布**

既然数据具有以上特征，而且交易规则还必须视 GEYR 是“高”还是“低”而定，再加上目前还没有专门用于刻画 GEYR 的正式计量模型，所以这里应该考虑使用马尔科夫转换模型。在马尔科夫转换方法中，GEYR 的值取自某个混合正态分布，其中所有分布的权重之和为 1，而序列之间的移动服从一个马尔科夫过程。这里，马尔科夫模型的估计方法为极大似然法，并且用到了詹姆斯·汉密尔顿（James Hamilton）所提供的 GAUSS 代码。表 10.4 报告了模型的估计结果。

**表 10.4 马尔科夫转换模型的参数估计结果**

| | $\mu_1$<br>(1) | $\mu_2$<br>(2) | $\sigma_1^2$<br>(3) | $\sigma_2^2$<br>(4) | $p_{11}$<br>(5) | $p_{22}$<br>(6) | $N_1$<br>(7) | $N_2$<br>(8) |
|---|---|---|---|---|---|---|---|---|
| 英国 | 2.429 3<br>(0.030 1) | 2.074 9<br>(0.036 7) | 0.062 4<br>(0.009 2) | 0.014 2<br>(0.001 8) | 0.954 7<br>(0.072 6) | 0.971 9<br>(0.013 4) | 102 | 170 |
| 美国 | 2.455 4<br>(0.018 1) | 2.121 8<br>(0.062 3) | 0.029 4<br>(0.060 4) | 0.039 5<br>(0.004 4) | 0.971 7<br>(0.017 1) | 0.982 3<br>(0.010 6) | 100 | 172 |
| 德国 | 3.025 0<br>(0.054 4) | 2.156 3<br>(0.015 4) | 0.551 0<br>(0.056 9) | 0.012 5<br>(0.002 0) | 0.981 6<br>(0.010 7) | 0.932 8<br>(0.032 3) | 200 | 72 |

注：括号中的数字为标准误；$N_1$ 和 $N_2$ 分别表示所估计的机制 1 和机制 2 中的观测值数量。

资料来源：Brooks and Persand (2001b).

表 10.4 中的第（1）列到第（4）列给出了 GEYR 的均值和方差，括号中的数字为标准误。很明显，机制转换模型已经将数据划分成了截然不同的两个部分，其中一部分

第10章 转换模型和状态空间模型

的均值较大（英国、美国和德国分别为 2.43、2.46 和 3.03），而另一部分的均值较小（英国、美国和德国分别为 2.07、2.12 和 2.16），这与我们基于收益率无条件分布所预期的情况保持一致。同样很明显的是，英国和德国 GEYR 序列在高均值机制时期的波动性也很大，这一点可以由这一时期内较大的方差看出来。具体来说，这两个国家的 GEYR 序列在高均值时期的方差大约是其各自低均值时期方差的 4 倍和 20 倍。注意，当 GEYR 落入高均值状态的概率大于 0.5 时，我们就认为它实际上就处于该状态。可以看到，英国满足这一条件（落入高均值状态的概率大于 0.5）的观测值数量有 102 个，占观测值总数的 37.5%；美国的这一数字是 100，占观测值总数的 36.8%；德国的这一数字为 200，占观测值总数的 73.5%。因此总体上看，英国和美国的 GEYR 处于低均值状态的可能性更大，而德国更多的是处于高均值状态。

表 10.4 中的第（5）列和第（6）列分别报告了 $p_{11}$ 和 $p_{22}$ 的估计值，其中 $p_{11}$ 表示上个月 GEYR 处于状态 1 本月仍然处于状态 1 的概率，$p_{22}$ 表示上个月 GEYR 处于状态 2 本月仍然处于状态 2 的概率。可以看到，表中这两个参数的估计值都比较大，说明这三个序列的机制具有高度的稳定性，从低 GEYR 机制向高 GEYR 机制转换的概率都小于 10%，而反向转换的概率也是如此。图 10.6 绘出了英国 GEYR 在各个时点上的值及其处于高 GEYR 机制的概率。

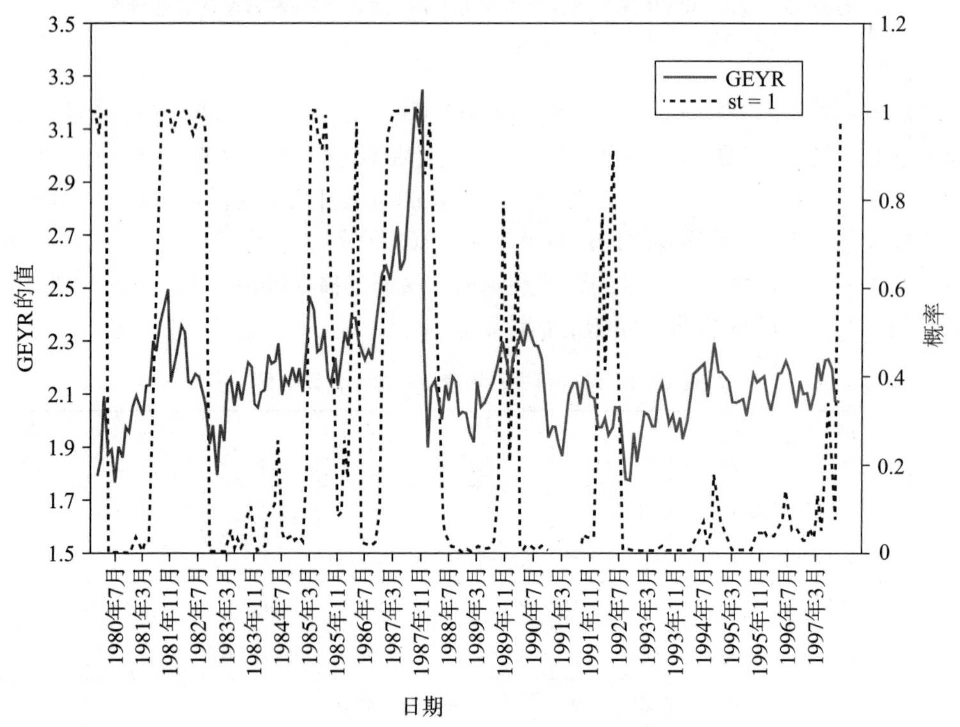


**图 10.6　英国 GEYR 的值及其处于高 GEYR 机制的概率**

资料来源：Brooks and Persand (2011b).

由图中可以看到，英国的 GEYR 序列处于高均值机制的概率（图中用虚线表示）是频繁变动的，但在大多数时候，这一概率要么接近于 0，要么接近于 1。由于这一概率与 GEYR 实际值的变化趋势（图中用实线表示）大致吻合，所以可以认为对该模型的设定应该是比较合理的。

Engel 和 Hamilton（1990）证明，对于一个服从马尔科夫转换过程的序列 $y_t$ 来说，可以对其处于某个特定机制的概率进行预测。按照这一思想，Brooks 和 Persand（2001b）运用前 60 个观测值（1975 年 1 月—1979 年 12 月）来对模型参数（$\mu_1$，$\mu_2$，$\sigma_1^2$，$\sigma_2^2$，$p_{11}$，$p_{22}$）进行样本内估计，然后对 GEYR 在下一期可能处于高均值机制的概率进行向前一步预测。如果预测出下一期的 GEYR 处于低均值机制的概率大于 0.5，那么就认为下一期的 GEYR 会低于长期均衡水平，从而买入或持有股票。反之，如果预测出下一期的 GEYR 处于低均值机制的概率小于 0.5，那么就认为下一期的 GEYR 会高于长期均衡水平，从而买入或持有金边债券。在做完第一次样本内的估计和预测后，将样本向前滚动一期，从而计算一组新的模型参数和概率预测值。不断重复这一过程，直到估计出 212 个这种概率值，并形成其各自对应的交易策略。

作者计算了转换组合（即由转换模型所确定的资产组合）在每一个样本外月份的收益率，并将其与“买入—持有”股票和“买入—持有”金边债券策略的收益率进行了比较。这里，收益率是股票指数（英国的 FTSE 指数、美国的 S&P500 指数、德国的 DAX 指数）或长期政府债券的连续复合百分比收益率。比较的结果显示，总体上看，与简单的“买入—持有”策略比起来，基于马尔科夫转换模型预测值的交易策略的获利能力更强。在英国市场上，转换组合的平均收益率更高，标准差却更小。具体来说，转换组合在英国市场上可以获得的月度平均收益率为 0.69%，而纯债券组合的月度平均收益率为 0.43%，纯股票组合的月度平均收益率为 0.62%。不过在美国市场和德国市场上，不同组合之间收益率的差异没有这么大。另外，英国市场上马尔科夫转换组合的夏普比率差不多是“买入—持有”股票组合夏普比率的两倍，这说明即使在经过风险调整之后，基于转换模型的交易策略仍然较优。不过，转换模型在另外两个国家市场上的这一优势并没有如此明显。

总结一下：

- 马尔科夫转换方法可以用于为金边债券收益率与股票收益率之比建模。
- 可以用估计所得的模型来预测 GEYR 未来会处于某个特定机制的概率。
- 尽管从统计角度来看，转换模型的预测能力不算太好，但在不考虑交易成本的前提下，依据转换模型所设计的交易规则比“买入—持有”策略的盈利能力更强。
- 如果考虑交易成本，那么在所调查的三个国家中，基于马尔科夫转换模型的交易策略并不比“买入—持有”的被动投资策略更优。

## 10.8 门槛自回归模型

**门槛自回归模型**（threshold autoregressive model，简记为 TAR 模型）是一类非线性自回归模型。这类模型其实是对标准线性回归模型进行了一个简单的放松约束处理，从而允许在不同状态下对数据进行局部的线性近似。按照 Tong（1990，p. 99）的说法，门槛方法是“通过将复杂随机系统分解为一系列较小的子系统，从而实现了对其进行分析的可能性”。

TAR 模型和马尔科夫转换模型的本质区别在于，前者假设状态变量已知且可观测，而后者假定状态变量是潜在的、不可观测的。下面的方程（10.24）给出了 TAR 模型的一个简单例子：

$$y_t=\begin{cases}\mu_1+\phi_1 y_{t-1}+u_{1t} & \text{如果 } s_{t-k}<r\\ \mu_2+\phi_2 y_{t-1}+u_{2t} & \text{如果 } s_{t-k}\geqslant r\end{cases} \tag{10.24}$$

该模型在两个机制中都包含一个一阶自回归过程，且只有一个门槛。当然，门槛的数量总是等于机制的数量减 1。因此，这一方程所表示的是，如果状态决定变量滞后 $k$ 期的值 $s_{t-k}$ 小于某个门槛值 $r$，那么因变量 $y_t$ 就服从一个截距系数为 $\mu_1$ 且自回归系数为 $\phi_1$ 的自回归过程。反之，如果状态决定变量滞后 $k$ 期的值 $s_{t-k}$ 大于或等于该门槛值 $r$，那么因变量 $y_t$ 就服从另外一个自回归过程，该过程的截距系数为 $\mu_2$ 且自回归系数为 $\phi_2$。

不过，状态决定变量 $s_{t-k}$ 是什么呢？实际上，它可以是能够使得 $y_t$ 由一种行为模式转为另一种行为模式的任何变量。很明显，在确定状态决定变量的时候，金融理论或经济理论应该扮演一个非常重要的角色。如果 $k=0$，那么决定 $y$ 在 $t$ 时刻所处机制的就是状态决定变量的当前值，但在大多数情况下我们都令 $k$ 等于 1，即决定当前 $y$ 值的是前一期的 $s$ 值。

一个最简单的状态决定变量就是所研究的变量本身，即令 $s_{t-k}=y_{t-k}$。由于这时决定 $y$ 当前所处机制的是其自身的滞后值，所以该模型被称为**"自激励门槛自回归模型"**（self-exciting TAR model，简记为 SETAR 模型），其具体形式为：

$$y_t=\begin{cases}\mu_1+\phi_1 y_{t-1}+u_{1t} & \text{如果 } y_{t-k}<r\\ \mu_2+\phi_2 y_{t-1}+u_{2t} & \text{如果 } y_{t-k}\geqslant r\end{cases} \tag{10.25}$$

模型（10.24）和（10.25）可以在几个方向上进行拓展。比如，各个机制中因变量的滞后阶数可以大于1，而且两个机制的滞后阶数可以不一样。另外，状态的数量也可以超过两个。其中，具有两个以上机制及滞后阶数大于 1 的一般性门槛自回归模型可以写为：

$$x_t=\sum_{j=1}^{J} I_t^{(j)}\left(\phi_0^{(j)}+\sum_{i=1}^{p_j}\phi_i^{(j)}x_{t-i}+u_t^{(j)}\right) \qquad r_{j-1}\leqslant z_{t-d}\leqslant r_j \tag{10.26}$$

其中，$I_t^{(j)}$ 是第 $j$ 种机制的指示函数：当基础变量处于状态 $j$ 时其值为 1，否则为 0；$z_{t-d}$ 是一个用于确定转换点的可观测变量；$u_t^{(j)}$ 是一个具有零均值且独立同分布的误差过程。这里再次强调一下，如果机制变化是由基础变量 $x_t$ 自身的滞后值驱动的（即 $z_{t-d}=x_{t-d}$），那么模型就是自激励门槛自回归模型，即 SETAR 模型。

另外需要指出的是，在 TAR 模型中，变量 $y$ 要么处于其中一个机制中，要么处于另一个机制中，所以在给定 $s$ 取值的前提下，不同机制之间的转换是离散的。这一点与马尔科夫转换模型有很大区别，因为在马尔科夫转换模型中，各时点处的变量 $y$ 可以依某种概率同时处于两种状态中。不过，有一类名为平滑转换自回归（smooth transition autoregression，简记为 STAR）的门槛自回归模型，通过采用连续的机制指示函数而不是一次性转换，可以实现机制之间较为平滑的转换。有关该模型的详细内容，可参阅 Franses 和 van Dijk（2000，Chapter 3）。

## 10.9 估计门槛自回归模型

估计门槛自回归模型中的参数（$\phi_i$，$r_j$，$d$，$p_j$）比估计标准线性回归模型中的参数困难得多，原因在于一般情况下无法用某种简单的方法同时估计出这些参数，而且某个参数的取值也可能会影响到对其他参数的估计。Tong（1983，1990）提出了一个复杂的非参数滞后回归方法，来估计门槛值 $r_j$ 和**滞后参数**（delay parameter）$d$。

如果能把对门槛值的估计纳入非线性最小二乘法（NLS）最优化的步骤中去，无疑是非常理想的，但这一思路实际上是行不通的。其原因在于，变量间潜在的函数关系在门槛值处是不连续的，从而导致无法在估计其他参数的同时也估计出门槛值。对这一问题，实证研究中有时采用的一个解决办法是，运用格栅搜索法在门槛值的某个区间范围内寻找所假定模型的最小残差平方和。

### 10.9.1 确定门槛模型的阶数（滞后长度）

如果要确定不同机制中自回归成分的滞后阶数，可以先假定所有机制中的滞后阶数都是一样的，然后再按照确定线性回归模型恰当滞后阶数的标准方法来确定该滞后阶数。不过，这一方法尽管简单，但很明显并不是一个理想的方法。原因在于，如果所估计的是一个线性模型，假定只存在一种滞后长度当然没有问题，但当我们假定数据是来自不同机制的时候，每一种状态的滞后阶数不可能是一样的。进一步来说，人们也不希望每种机制中的滞后长度都相等，因为这与“数据在不同状态中的行为也不同”的思想相矛盾，而这一思想恰恰就是优先考虑使用门槛模型的原因所在。

另外一种相对较好的方法是，对于已经设定好的门槛值，运用信息准则来同时选定各机制中的滞后长度。不过正如 Franses 和 van Dijk（2000）所强调的，这种方法在实际应用中的一个缺陷在于，经常会出现系统停留在某个机制中的时间过长，而停留于其他机制中的时间过短的现象。在这种情况下，对于包含很少的观测值的机制来说，信息准则值在确定其滞后阶数时的表现不会太好，因为在这样的机制中增加更多参数时，残差平方和减小的总体幅度非常小，从而导致信息准则总是会选择那些规模非常小（即滞后阶数很少）的模型。对这一问题的一个解决办法就是另外定义某种信息准则，使其不会因为在某个状态中增加额外的参数而对整个模型施加惩罚。举例来说，Tong（1990）曾经对经典的 AIC 进行修正，使得每种机制中 $\hat{\sigma}^2$ 的权重由该机制中观测值的数量来决定。在两机制的情况下，这种修正后的 AIC 可以写为：

$$AIC(p_1,p_2)=T_1\ln\hat{\sigma}_1^2+T_2\ln\hat{\sigma}_2^2+2(p_1+1)+2(p_2+1) \tag{10.27}$$

其中，$T_1$ 和 $T_2$ 分别是机制 1 和机制 2 中的观测值数量；$p_1$ 和 $p_2$ 为滞后阶数，$\hat{\sigma}_1^2$ 和 $\hat{\sigma}_2^2$ 都是残差的方差。当然，对于其他信息准则也可以进行类似的修正。

### 10.9.2 确定滞后参数 $d$

确定滞后参数 $d$ 的方法有很多种，其中一种方法是在运用信息准则确定每种机制的滞后阶数时也同时确定 $d$，不过这一方法肯定会大大增加待估候选模型的数量。在许多实际应用中，一般会依据理论基础将其设定为 1。很多学者都曾指出（例如，可参阅 Kräger and Kugler，1993），在金融市场上，最可能决定当前状态的是状态决定变量最近的前期值，而非前两期、前三期的值。

自回归系数的估计可以运用 NLS 方法进行，这一部分的相关细节可以参阅 Franses 和 van Dijk（2000，Chapter 3）的有关讨论。

## 10.10 马尔科夫转换模型和门槛自回归模型中的设定检验：一个忠告

讲到这里，一个很有趣的问题是：马尔科夫转换模型和 TAR 模型对数据的拟合是否比线性模型更优？对于这一问题的回答，有一个很具有吸引力但却是错误的方法，即先估计门槛模型及其对应的线性模型，然后用 $F$ 检验来比较二者的残差平方和。这一方法在这里是行不通的，因为在零假设中存在无法识别的多余参数。换句话说，这一检验的零假设是：在机制转换模型中所增加的额外参数为零。这一零假设使得机制转换模型退化为了线性模型，而在线性模型中又不存在门槛。其实，这一问题的关键在于检验统计量服从一个标准渐近分布所要求的条件在这里是不适用的，因此无法通过解析法导出临界值，而只能在每种情况下分别用模拟方法计算出临界值。Hamilton（1994）提出了评价马尔科夫转换模型的另外一种假设，这一假设可以运用标准的假设检验框架进行检验，而 Hansen（1996）就 TAR 模型提出了一些解决方法。

接下来，本章将对 TAR 模型在金融中的两个应用实例进行考察，其中一个是在有管理的浮动汇率制度下对汇率进行建模，另外一个是考察某资产现货与期货价格之差中所隐含的套利机会。另外，对于 TAR 模型在金融中的应用，可参阅 Yadav，Pope 和 Paudyal（1994）所做的一项（非常技术性的）综述。

## 10.11 法国法郎—德国马克汇率的 SETAR 模型

在 20 世纪 90 年代，欧洲货币体系（European Monetary System，简记为 EMS）的汇率机制（Exchange Rate Mechanism，简记为 ERM）要求其成员国必须将其货币价值保持在预先设定的汇率区间之内。这一点在现在来看当然不是什么问题，因为在进入 21 世纪之后欧洲货币联盟（European Monetary Union，简记为 EMU）已经诞生，而各国货币与欧元的兑换比率也已形成。但是在 20 世纪 90 年代早期，要使本国货币价值维持在中心平价的一定范围之内，各国央行就必须对市场进行干预，从而实现使本国货币出现升值或贬值的效果。Chappell 等（1996）研究了这一干预行为对法国法郎—德国马克汇率（French franc-German mark，简记为 FRF-DEM）的动态特征及时间序列特征的影响。ERM 规定，像 FRF-DEM 这种核心货币之间的汇率可以在中心平价的基准上上下浮动±2.25%。该研究所使用的样本为 1990 年 5 月 1 日至 1992 年 3 月 30 日的日数据，其中前面 450 个观测值用于模型估计，剩下的 50 个观测值用于样本外预测。

作者采用 SETAR 模型来考察汇率在接近 ERM 所要求的汇率区间的不同边界时的不同行为。他们认为，在接近汇率边界时，有关国家的中央银行必须采取反向干预措施，使得汇率向中心平价水平方向回归。这种干预很可能会影响市场的一般动态特性，而正是这种一般动态特性能够保证市场对信息做出迅速反应从而消除套利机会。

令 $E_t$ 为 $t$ 时刻 FRF-DEM 汇率的对数，Chappell 等（1996）估计了有关 $E_t$ 的两个模型，其中一个模型包含两个门槛，另一个模型只包含一个门槛。对于已有的数据来说，通常认为双门槛模型是最合适的，因为不管汇率水平是接近容许区间的上界还是下界，央行都会进行干预操作，从而影响汇率的行为。不过，在该研究所使用的整个样本区间内，德国马克一直保持坚挺，因此 FRF-DEM 汇率要么保持在区间顶部，要么就在区间的中心位置附近徘徊，从未接近区间底部。鉴于此，单一门槛模型应该更为合适，因为第二个门槛的估计值极有可能不太可靠。

DF 检验和 ADF 检验结果显示，这一汇率序列是不平稳的，因此严格来说对水平值建立门槛模型不会太有效。不过作者认为，由于货币当局的干预目标是汇率的水平值，而非其变化量，所以如果采用一阶差分形式，尽管其在计量经济学意义上是有效的，但会丧失分析的直观性。此外，如果汇率区间是有效的，那么汇率水平就会被限定其中，从某种意义上说，汇率序列一定是平稳的，因为它不可能突破上下界而任意变化。根据 AIC 所确定的各种机制下的模型阶数及模型估计结果如表 10.5 所示。

由表中的估计结果可以看到，在正常市场条件下，当汇率低于某个门槛值时，两机制模型中包含一个带漂移项的随机游走过程。而当汇率位于门槛值以上时，模型为 AR(3) 形式，这时市场调节的速度较为缓慢。在所考察的样本期内，汇率中心平价的自然对数为 5.815 3，所估计的门槛值 5.830 6 大约比中心平价水平高 1.55%，而汇率区间的上界比中心平价水平高 2.25%，所以估计得到的门槛值比汇率区间的上界要低一些。按照作者的说法，这是由于央行一般会在汇率水平真正达到区间上限之前就开始出手干预。

基于上面所估计的门槛模型、双门槛 SETAR 模型、随机游走模型和 AR(2) 模型（按照样本内 AIC 最小化原则选定模型阶数），作者对最后 50 个观测值进行了预测，结果报告于表 10.6 中。

**表 10.5　FRF-DEM 序列的 SETAR 模型**

| 模型 | 门槛值 | 观测值数量 |
| --- | --- | --- |
| $\hat{E}_t = 0.022\,2 + 0.996\,2E_{t-1}$<br>(0.045 8) (0.007 9) | $E_{t-1} < 5.830\,6$ | 344 |
| $\hat{E}_t = 0.348\,6 + 0.439\,4E_{t-1} + 0.305\,7E_{t-2} + 0.195\,1E_{t-3}$<br>(0.239 1) (0.088 9) (0.109 8) (0.086 6) | $E_{t-1} \geqslant 5.830\,6$ | 103 |

资料来源：Chappell et al. (1996). Reprinted with the permission of John Wiley and Sons.

表 10.6 中的结果说明，对于 FRF-DEM 汇率序列来说，单门槛 SETAR 模型的向前 1 步、2 步、3 步、5 步和 10 步预测的均方误差在所考虑的所有模型中都是最小的。

当然，B组中的结果显示，随机游走模型向前1步、2步预测值的平方误差中位数比单门槛 SETAR 模型要稍微小一点，但单门槛 SETAR 模型在向前3步、5步、10步预测值上的表现仍然是最优的。

**表 10.6 对 FRF-DEM 汇率的预测精度**

| | 预测步长 | | | | |
|---|---|---|---|---|---|
| | 1 | 2 | 3 | 5 | 10 |
| A组：均方误差 | | | | | |
| 随机游走模型 | 1.84E−07 | 3.49E−07 | 4.33E−07 | 8.03E−07 | 1.83E−06 |
| AR(2) 模型 | 3.96E−07 | 1.19E−06 | 2.33E−06 | 6.15E−06 | 2.19E−05 |
| 单门槛 SETAR 模型 | 1.80E−07 | 2.96E−07 | 3.63E−07 | 5.41E−07 | 5.34E−07 |
| 双门槛 SETAR 模型 | 1.80E−07 | 2.96E−07 | 3.63E−07 | 5.74E−07 | 5.61E−07 |
| B组：平方误差的中位数 | | | | | |
| 随机游走模型 | 7.80E−08 | 1.04E−07 | 2.21E−07 | 2.49E−07 | 1.00E−06 |
| AR(2) 模型 | 2.29E−07 | 9.00E−07 | 1.77E−06 | 5.34E−06 | 1.37E−05 |
| 单门槛 SETAR 模型 | 9.33E−08 | 1.22E−07 | 1.57E−07 | 2.42E−07 | 2.34E−07 |
| 双门槛 SETAR 模型 | 1.02E−07 | 1.22E−07 | 1.87E−07 | 2.57E−07 | 2.45E−07 |

资料来源：Chappell et al. (1996). Reprinted with the permission of John Wiley and Sons.

然而，在一个注释中，作者还指出，SETAR 模型是针对其他九个 ERM 汇率序列进行估计和测试的，但在这些其他情况下，SETAR 模型产生的预测都不如随机游走模型准确。

Brooks（2001）扩展了 Chappell 等（1996）的研究，具体做法是运用一个本身就带有门槛的 GARCH 过程来刻画汇率序列的条件方差，而波动率行为在这一门槛的上方和下方是不同的。布鲁克斯（Brooks）发现，不同机制中条件方差的动力学行为有着很大的区别，而且包含不同机制的模型在波动率预测方面的表现优于不考虑机制变化的其他模型。

## 10.12 FTSE100 指数及其股指期货市场的门槛模型

在本书第8章所给出的一个例子中，我们讨论了期货市场和现货市场之间领先—滞后关系有效运行的内涵。如果这两个市场都是有效运行的，那么可以证明两者之间应该具有协整关系。

进一步来说，如果股票市场和股指期货市场都运行良好，那么我们可以用一个带有误差校正项的一阶向量误差校正模型（VECM）来很好地刻画这两个市场的价格运动，其中误差校正项其实就是两市场价格之差（即基差）。这一 VECM 的具体形式为：

$$\begin{bmatrix}\Delta f_t \\ \Delta s_t\end{bmatrix}=\begin{bmatrix}\pi_{11} \\ \pi_{21}\end{bmatrix}[f_{t-1}-s_{t-1}]+\begin{bmatrix}u_{1t} \\ u_{2t}\end{bmatrix} \tag{10.28}$$

其中，$\Delta f_t$ 和 $\Delta s_t$ 分别为期货价格对数和现货价格对数的变化量；$\pi_{11}$ 和 $\pi_{21}$ 是两个系数，分别表示现货价格和期货价格如何随着基差的变化而变化。将上面的方程全部展开，可以得到：

$$f_t-f_{t-1}=\pi_{11}(f_{t-1}-s_{t-1})+u_{1t} \tag{10.29}$$

$$s_t-s_{t-1}=\pi_{21}(f_{t-1}-s_{t-1})+u_{2t} \tag{10.30}$$

用式（10.29）减去式（10.30），可得：

$$(f_t-f_{t-1})-(s_t-s_{t-1})=(\pi_{11}-\pi_{21})(f_{t-1}-s_{t-1})+(u_{1t}-u_{2t}) \tag{10.31}$$

该式也可以写为：

$$(f_t-s_t)-(f_{t-1}-s_{t-1})=(\pi_{11}-\pi_{21})(f_{t-1}-s_{t-1})+(u_{1t}-u_{2t}) \tag{10.32}$$

将基差 $b_t=f_t-s_t$ 代入上式，可得：

$$b_t-b_{t-1}=(\pi_{11}-\pi_{21})b_{t-1}+\varepsilon_t \tag{10.33}$$

其中，$\varepsilon_t=u_{1t}-u_{2t}$。将上式移项，得到：

$$b_t=(\pi_{11}-\pi_{21}+1)b_{t-1}+\varepsilon_t \tag{10.34}$$

必须明确的是，如果一阶 VECM 是一个合理的选择，那么就不可能在股票市场收益率和股指期货市场收益率中识别出明显具有预测意义的结构性方程，进而这两个市场就都是有效市场。因此，在有效市场和无套利条件下，应该只有一个一阶自回归过程可以用来描述基差，除此之外没有任何其他模式存在。不过，最近有证据显示，与有效运行市场应有的动力学模式比起来，实际上市场中还存在一些其他的动力学行为。特别是有研究表明，过去 3 个交易日的基差对 FTSE 100 现货指数的运行具有一定程度的预测能力，这就表明可能存在一些还没有被开发出来的套利机会。Brooks 和 Garrett（2002）对是否由于不同机制的存在才导致了这一行为模式的出现进行了分析，也就是说，套利机会不会在某些机制内被触发，而是在这些机制外出现。而存在不同机制的原因在于，对套利过程有重要作用的基差会在一定范围内波动，但不会导致真正的套利机会出现，因为这一变化范围是由交易成本决定的。鉴于此，基差的当前值和前期值之间就会出现某种自回归关系，并且这一关系会随着时间的推移在一定门槛边界内持续，但在这个时候这一明显的套利机会并不会使得投资者有利可图。所以，一定会存在某些门槛，在这些门槛内没有套利活动，而一旦超越这些门槛，套利活动会使得基差重新回到交易成本所确定的边界范围之内。如果市场是有效的，那么就可以忽略门槛内基差的动力学行为，而一旦门槛被突破，这些动力学行为就会消失。

Brooks 和 Garrett（2002）采用的样本数据为 1985 年 1 月—1992 年 10 月间 FTSE 100 股指现货和股指期货合约的每日收盘价。1987 年 10 月的股灾正好位于这一样本期间内的中间位置，所以 Brooks 和 Garrett（2002）除了在全样本上展开分析之外，还对股灾前子样本和股灾后子样本也进行了研究。需要指出的是，这样对股灾前和股灾后的情况进行区别分析是很有必要的，因为已经有研究者观察到，期货价格与现货价格的正常关系在股灾期间被完全破坏了（Antoniou and Garrett，1993）。表 10.7 报告了对基差的线性 AR(3) 模型的估计结果。

**表 10.7　基差的线性 AR(3) 模型**

$$b_t=\phi_0+\phi_1 b_{t-1}+\phi_2 b_{t-2}+\phi_3 b_{t-3}+\varepsilon_t$$

| 参数 | 全样本 | 股灾前子样本 | 股灾后子样本 |
|---|---|---|---|
| $\phi_1$ | 0.705 1** | 0.717 4** | 0.679 1** |
| | (0.022 5) | (0.037 7) | (0.031 5) |
| $\phi_2$ | 0.126 8** | 0.094 6* | 0.165 0** |
| | (0.027 4) | (0.046 3) | (0.037 8) |
| $\phi_3$ | 0.087 2** | 0.110 6** | 0.042 1 |
| | (0.022 5) | (0.037 7) | (0.031 5) |

注：括号中的数字为异方差稳健标准误；* 和** 分别表示在 5%和 1%水平下显著。

资料来源：Brooks and Garrett (2002).

表中全样本上的结果显示，在有关基差当前值的模型中，其前三阶滞后项的系数都是显著的。这一结果在股灾前子样本和股灾后子样本的结果中得到了再次验证，不过在这两个子样本中，显著性程度不如全样本结果中那么高。这种线性关系说明，基差在一定程度上是可以被预测的，从而意味着存在某些可能的套利机会。

如果不考虑交易成本，那么基差对于零值在任何方向上的偏离都意味着某些套利机会的存在。不过，交易成本的存在使得基差对于零值的偏离并不构成真正的套利机会。因此，假定存在某个交易成本，那么就会有一个关于基差的上下界，基差可以在这一上下界内波动而不至于引发套利。Brooks 和 Garrett（2002）为基差估计了一个 SETAR 模型，该模型带有两个门槛（即 3 个机制），分别对应着基差可以波动却不会引发套利的上限和下限。令 $r_0$ 和 $r_1$ 分别表示决定基差所处机制的两个门槛值，那么在有效市场条件下，当 $r_0 \leqslant b_{t-1} \leqslant r_1$ 时是不存在可以获利的套利机会的。若将这两个门槛值看作是交易成本的界限，那么当基差低于下界 $r_0$ 时，合理的套利策略就是买入期货且卖空现货，而基差大于 $r_1$ 时的合理套利策略与此恰好相反。另外，当基差落在上下门槛之间时，不存在套利机会。上述各方程都包含基差的 3 阶滞后项，门槛值是通过格栅搜索方法估计的，且状态决定变量选择为基差的一阶滞后项。各个样本时间段上的模型估计结果见表 10.8。

**表 10.8　基差的双门槛 SETAR 模型**

$$b_t=\begin{cases}\phi_0^1+\sum_{i=1}^{3}\phi_i^1 b_{t-i}+\varepsilon_t^1 & \text{如果 } b_{t-1}<r_0\\ \phi_0^2+\sum_{i=1}^{3}\phi_i^2 b_{t-i}+\varepsilon_t^2 & \text{如果 } r_0\leqslant b_{t-1}<r_1\\ \phi_0^3+\sum_{i=1}^{3}\phi_i^3 b_{t-i}+\varepsilon_t^3 & \text{如果 } b_{t-1}\geqslant r_1\end{cases}$$

续表

| | $b_{t-1}<r_0$ | $r_0\leqslant b_{t-1}<r_1$ | $b_{t-1}\geqslant r_1$ |
|---|---|---|---|
| A组：全样本 | | | |
| $\phi_1$ | 0.574 3** | −0.639 5 | 0.838 0** |
| | (0.041 5) | (0.754 9) | (0.051 2) |
| $\phi_2$ | 0.208 8** | −0.059 4 | 0.043 9 |
| | (0.040 1) | (0.084 6) | (0.046 2) |
| $\phi_3$ | 0.133 0** | 0.226 7** | 0.041 5 |
| | (0.035 5) | (0.081 1) | (0.034 4) |
| $\hat{r}_0$ | | 0.013 8 | |
| $\hat{r}_1$ | | 0.015 8 | |
| B组：股灾前子样本 | | | |
| $\phi_1$ | 0.474 5** | 0.448 2* | 0.853 6** |
| | (0.080 8) | (0.182 1) | (0.072 0) |
| $\phi_2$ | 0.216 4** | 0.260 8** | −0.038 8 |
| | (0.078 1) | (0.095 0) | (0.071 0) |
| $\phi_3$ | 0.114 2 | 0.230 9** | 0.077 0 |
| | (0.070 6) | (0.083 4) | (0.053 1) |
| $\hat{r}_0$ | | 0.005 2 | |
| $\hat{r}_1$ | | 0.011 7 | |
| C组：股灾后子样本 | | | |
| $\phi_1$ | 0.501 9** | 0.747 4** | 0.839 7** |
| | (0.123 0) | (0.120 1) | (0.053 3) |
| $\phi_2$ | 0.201 1* | 0.298 4** | 0.068 9 |
| | (0.087 4) | (0.069 1) | (0.051 4) |
| $\phi_3$ | 0.043 4 | 0.141 2 | 0.046 1 |
| | (0.074 8) | (0.076 3) | (0.040 0) |
| $\hat{r}_0$ | | 0.008 0 | |
| $\hat{r}_1$ | | 0.014 0 | |

注：括号中的数字为异方差稳健标准误；* 和** 分别表示在 5%和 1%水平下显著。

资料来源：Brooks and Garrett (2002).

表 10.8 中的结果表明，在允许基差来自 3 个机制之一而非来自某个单一线性模型时，其前后值之间的相依性有所减弱。另外，在对股灾后样本的估计结果中可以看到，当基差处于两门槛之间时，其调整速度要比处于门槛外时慢很多，这一点可以通过二阶自回归项和三阶自回归项的显著性得以证实。当然，全样本和股灾前子样本中的结果也

在一定程度上表现出了这一特征。除此之外，似乎还有些证据表明基差在低于下界时的调整速度比较慢，而在这一范围内合理的交易策略应该是做多期货同时沽空现货。Brooks 和 Garrett（2002）认为这一结果出现的部分原因在于沽空股票的政策限制及成本，这些因素使得基差的调整速度不会太快。相比较而言，沽空期货更为容易，成本也更低，所以当基差大于上限时，比 AR(1) 更高阶的基差滞后项（即二阶滞后项和三阶滞后项）都没有显著的反应。

上面的这些结果都符合预期，同时也说明只要允许存在合理的交易成本，基差就会在一定范围内自由波动，而这时的套利行为是无法真正获利的。一旦基差突破了由交易成本所决定的上下界限，那么就会如理论所预期的那样，在当期内即发生调整。

## 10.13 关于机制转换模型和预测精度

现在有很多研究都已经注意到，尽管门槛模型和机制转换模型对数据的样本内拟合能力更强，但与线性模型和随机游走模型的样本外预测精度比起来，门槛模型和机制转换模型在这方面的表现并不是太好。Dacco 和 Satchell（1999）对此给出了一个可能的解释，他们认为机制转换模型之所以预测精度不高，主要原因在于对序列所处机制的预测是比较困难的。因此，尽管这类模型因为在机制内具有良好的拟合能力而建立起了一些优势，但如果对机制的预测是错误的，那么这一优势其实也就丧失了。需要注意的是，这一论点不仅适用于马尔科夫转换模型，也适用于 TAR 类模型。

## 10.14 状态空间模型和卡尔曼滤波

### 10.14.1 状态空间公式导论

大多数入门级教科书都会避免涉及状态空间模型和卡尔曼滤波的内容。从某种程度上来说，这并不奇怪，因为从本质上讲，这部分内容比这类教科书中几乎所有其他的主题都要复杂。然而，如果不讲解这一主题，还是会令人感到遗憾，因为它提供了一种巧妙的方法来处理随时间变化的变量之间的关系，而且它还给出了在第 5 章中讨论的标准 ARMA 模型的自然拓展。就我个人来说，决定接受挑战，在本书中涵盖这些内容，并试图将相关符号与本书的其余部分保持一致，然而这部分内容内在的复杂性意味着我只能选择去关注那些最简单的模型设定和一些比较直观的问题，不过我会给出一些更高级的材料和研究文献，以便帮助读者从中学到更多详细信息和推导过程。

从传统意义上来说，状态空间模型来源于工程控制问题，尤其是远程车辆的导航和轨迹分析，但如今该模型在经济和金融中的应用已经越来越普遍。然而，由于要在工程学和经济学/金融学不同的情况下采用相同的方法，这个模型的提出从一开始就受到广泛质疑。在前一学科中，参数是已知的，而状态变量通常是不可观测的，并且将作为模型过程的一部分被估计；但是在金融学中，有时情况恰好相反：状态变量可能是可观测的解释因子，而参数需要被估计。为了与本书读者最可能使用的计量模型保持一致，我在这里采用了后一种模型设定。

卡尔曼滤波法有几个理想的性质。首先，由于状态空间模型体现了马尔科夫性质，并可归结为一组递归形式，所以卡尔曼滤波法的运行速度很快，因此非常适用于数据量较大的情形。其次，就其本质而言，正如我们将在下文所看到的，卡尔曼滤波法擅长于处理未知的结构性突变和变量的状态变化，而采用标准线性模型在处理这些问题时，会导致参数估计有偏和预测不准确，因而可能会被舍弃。一个小小的模拟实验表明，在存在结构性突变的情况下，针对全样本所做的 OLS 会产生严重问题，虽然滚动窗口 OLS 确实可以处理结构性突变，但由卡尔曼滤波产生的序列拟合值反应更快。① 再次，由于卡尔曼滤波对状态变量的构建在本质上是通过 OLS 进行的，所以它保留了估计量的一致性、无偏性和有效性这些理想属性（在假设前提下）。此外，卡尔曼滤波也可以采用相当简单的方式来处理丢失的数据点（Brockwell and Davis，1991）。最后，将模型构造成递归的形式意味着它们可以非常自然地应用于样本外预测。

首先，我们介绍一些相关的符号和术语。和原来一样，还是用 $y_t$ 表示我们所希望建模的某个变量的观测值。在状态空间术语中，（至少）存在两个方程。最简单且有意义的设置（尽管未使用矩阵）是

$$y_t=\mu_t+u_t \tag{10.35}$$

$$\mu_{t+1}=T_t\mu_t+\eta_t \tag{10.36}$$

其中，第一个方程称为**测度方程**（measurement equation），第二个方程称为**转换方程**（transition equation）或**状态方程**（state equation），且转换由 $T_t$ 控制。通过假设 $T_t$ 为某个固定值，特别地，假设其为 1，可以将第二个方程进一步简化。可以看出，$\mu_t$ 实际上服从随机游走。

我们可以继续推导出向量形式的状态空间模型，此时 $y_t$ 是观测变量的 $K\times 1$ 向量，而不再是每个时点上的标量，但是为了便于处理，我们仍然关注后一种情况。此外，我们假设 $u_t$ 和 $\eta_t$ ［在某些场合，这两者也被称为**测量噪声**（measurement noise）和**观测噪声**（observation noise）或**过程噪声**（process noise）］是服从独立同分布的正态过程，它们的常数方差分别是 $\sigma_u^2$ 和 $\sigma_\eta^2$，同时假设 $E[u_t\eta_t]=0$。

上面那组简单的方程有时也被称为随机水平模型或者局部水平模型，我们可以用它来描述资产价格的变动。其中，$\mu$ 定义了基本面价值，随着时间的推移，该价值遵循随机游走过程，而资产价格的变化可以被认为是由基本面价值 $\mu$ 和在 $\mu$ 周围波动的随机噪声 $u_t$ 共同组成。因此，实际价格受两个单独的噪声源（误差）影响：涉及基本面价值的噪声（$\eta_t$）和围绕该噪声的额外噪声（$u_t$）。

在这一设定下，转换方程中扰动项的方差 $\sigma_\eta^2$ 起着重要作用。如果我们允许模型中的某个变量随时间变化，那么它确实会在一定程度上变化②，但是考虑它是否在有意义

① Renzi-Ricci，G.（July 2016）Estimating equity betas：what can a time-varying approach add? A comparison of ordinary least squares and the Kalman filter，*Nera Economic Consulting* www. nera. com.

② 这就类似于这样一个问题：即使某个变量对于解释因变量毫无作用，在回归模型中该特定变量的参数估计值也永远不会为零。

的范围内变化很重要。因此，我们可以通过检验 $\sigma_\eta^2$ 来研究这一问题。由于 $\eta_t$ 是转换方程中驱动 $\mu_t$ 随时间变化的唯一元素，因此，如果 $\sigma_\eta^2$ 为零或者非常接近零，则意味着 $\mu_t$ 实际上是常数，并不需要随时间变化，此时选择一个常数漂移模型更好。

我们评估 $\sigma_\eta^2$ 的方法是在测度方程中计算其与扰动方差的比率，即构造参数的比率为 $\sigma_\eta^2/\sigma_u^2$。即使有某个更复杂的模型，例如包含随时间变化的斜率或周期性成分，我们这里也仍将使用上述较为简洁的方法。

其实，任意 ARMA($p$，$q$）模型都可以用状态空间形式来表述（实际上，每个模型都有很多不同的状态空间表述形式)。Harvey（1989）基于状态空间公式构建了结构时间序列模型，其中 $y_t$ 由趋势、周期、季节性和不规则/随机部分组成。趋势部分与上述模型说明相同，周期部分用正弦和余弦函数描述，季节性（如果与周期性部分不同）可以如本章前面所述，用一组哑变量表示，或者使用三角函数表示。最后，可以根据需要使用自回归方法或者外生变量来拓展测度模型。

我们可以将方程（10.35）和（10.36）中的设置看作是最简单的**时变参数模型**(time-varying parameters model)。只是在这一设置中，只有 $y$ 的均值随时间变化。当然，一种更有用且通用的设置是令斜率参数随时间变化。因此，一个可能的模型是

$$y_t=\alpha+\beta_t x_t+u_t \tag{10.37}$$

$$\beta_{t+1}=\beta_t+\eta_t \tag{10.38}$$

其中，$\beta_t$ 是在时间 $t$ 处的隐藏状态或不可观测状态。现在该模型像我们更为熟知的二元回归模型，但是其斜率是随时间推移而变化的［因此有时也被称为**随机斜率模型**（stochastic slope model）］。如果我们令 $y_t$ 为股票或投资组合的超额收益率，$x_t$ 为市场投资组合的超额收益率，那么该模型就可以表示具有时变 $\beta$ 的 CAPM，这也将是下面实例中要阐述的内容。在该模型的基础上，更进一步的推广是令模型中的 $\alpha$（即上面第一个模型中的 $\mu$）也随时间变化。

时变参数模型对固定参数模型进行了一个很有意思的拓展。一般来讲，在很多情况下，我们可能都希望参数跟随时间推移而变化（尽管这种变化可能会非常缓慢)。例如，改进技术、提高效率和降低生产成本（或者资源稀缺性愈加严重）的影响可能会导致变量之间的关系随时间推移缓慢变化。举个例子，如果我们对汽车发动机尺寸（$x$）和其油耗（$y$）间的关系感兴趣，那么斜率估计值应该为正，但是随着时间的推移，由于发动机逐渐变得更省油，斜率估计值可能就会出现下降。

### 10.14.2 状态空间模型中的参数估计

卡尔曼滤波和状态空间模型之间有什么联系？实际上，前者是一种用于计算 $t$ 时刻状态向量的递归方法，这一计算基于 $t$ 时刻之前（也包括 $t$ 时刻）的所有可得信息，因此，从本质上讲，它构成了估计状态空间模型的核心方法。Kalman（1960）及 Kalman 和 Bucy（1961）最早对该方法进行了阐述。

在前面的章节中，我们用标量 $\mu$ 和 $\beta$ 分别表示固定的截距和斜率，并将它们视为参数。但是，在状态空间设定中，它们不再固定，而是随时间变化，因此最好将它们视为附加变量。

那么，这种情况下的参数是什么呢？回顾第 9 章内容，在极大似然估计中，参数矩阵（我们称为 $\theta$）不仅包含回归方程的截距和斜率，还包括误差项的方差 $\sigma^2$。在上述状态空间模型中，有两个新息项（即 $u_t$ 和 $\eta_t$），因此会有两个新息方差 $\sigma_u^2$ 和 $\sigma_\eta^2$，这就是需要被估计的两个参数。在这里，这两个参数被称为**“超参数”**（hyperparameters）。之所以有这个名称，原因在于它们是在卡尔曼滤波的最终扫描之前被估计的，所以在当时它们是固定的。

假设我们希望估计上述第二个状态空间模型［即方程（10.37）和（10.38）］，其中允许斜率参数随时间而变化。形象地说，估计思路其实就是“基于先前的状态和在 $t$ 时刻到达的新信息，使用滤波来预测 $t$ 时刻的新状态”。具体来说，首先要为 $y$ 构造一个预测误差，并使用 OLS 将其最小化，然后再用一个比例更新项来校正先前的误差，并构造一个新的状态集。具体的几个步骤详情如专栏 10.2 所示。

区分卡尔曼滤波和卡尔曼平滑（Kalman smoother）十分有益。虽然它们使用相同的递归方法，但是滤波在数据中是向前递归的，而平滑是向后递归的。此外，卡尔曼滤波仅基于时刻 $t$ 之前及时刻 $t$ 的可用信息来确定状态变量的期望值，而卡尔曼平滑则使用样本中所有的信息（即包括 $t$ 之前和 $t$ 之后）来估计状态变量。因此，与卡尔曼滤波不同的是，卡尔曼平滑用于向后处理。

卡尔曼滤波和卡尔曼平滑对于样本末期观测值的拟合结果非常相似，但是在样本初期，平滑值可能会有很大不同。根据定义，由于卡尔曼平滑从一开始就使用了所有的数据，因此它所产生的拟合序列以及误差方差估计值（$\hat{\sigma}_u^2$ 和 $\hat{\sigma}_\eta^2$）应该至少和卡尔曼滤波产生的结果一样好。如果要生成实时预测，意味着要利用截至该时点的已知信息，即使用卡尔曼滤波。但另一方面，如果我们的目的是要在事后才完美地捕捉现有序列的动态过程，而不怎么在意实时预测的话，就可以使用卡尔曼平滑来获得更好的拟合值。

**▶专栏 10.2◀**

## 使用卡尔曼滤波进行参数估计的具体步骤

1. 设定初始值 $\beta$ 和 $\beta_1$，并假设该初始值遵循均值为 $b$、方差为 $P$ 的正态分布。由于通常没有先验信息，根据惯例，将 $b$ 设置为其期望值 0，将 $P$ 设置为任意大的正数，例如 1 000 000。这里这样设定 $P$ 值的理由很简单：状态变量 $\beta_t$ 通常是一阶单整的，因此具有无穷大的方差。由上可以看出，对于有初始值设定要求的状态向量和误差方差来说，其初始值的设定通常是以一种相当武断的方式进行的，这是卡尔曼滤波法的一个缺点。

2. 从 $t=2$ 开始，首先，将卡尔曼滤波应用于 $\beta_t$，这样就可以得到 $\beta_{t+1}$ 的一个估计量，记为 $\hat{\beta}_{t+1}$。然后，计算出 $y_{t+1}$ 的估计量，记作 $\hat{y}_{t+1}$。最后，将 $y_{t+1}$ 的估计量与其实际值进行比较，并计算出预测误差 $y_{t+1}-\hat{y}_{t+1}$。

3. 根据预测误差的固定比例［称作**“卡尔曼增益”**(Kalman gain)］来调整 $\hat{\beta}_{t+1}$ 的值。这一过程通过有效地选择卡尔曼增益得到 $\hat{\beta}$ 序列，从而使得 $\sigma_\eta^2$ 达到最小。从这一步不难看出，因为使用了新信息，所以前期得到的估计值得以更新，从而形成了后验估计值，这就是为什么卡尔曼滤波具有贝叶斯解释的原因所在。

4. 使用调整后的 $\beta_{t+1}$ 的估计值来形成 $\beta_{t+2}$ 的初始值。继续进行上面的估计过程，直到建立 $\beta_T$ 的估计值为止。

5. 接下来使用极大似然估计来估计超参数。这一步中涉及使用初始参数值以及对方程（10.37）和（10.38）中残差的相关估计值，且反复使用卡尔曼滤波递归，并使用对数似然函数对参数的偏导数。当然，目的在于用递归的方式减少误差方差，直到实现收敛。

6. 一旦获得了超参数的最终值，就可以再次使用卡尔曼滤波来构建无法观测变量（例如，$\mu_t$ 和/或 $\beta_t$）序列的最终集合，并可以确保 $\sigma_u^2$ 和 $\sigma_\eta^2$ 最小。由于现在这是在全样本上进行的操作，因此它实际上是一个平滑而非滤波。

### 10.14.3 实例：时变 $\beta$ 的估计

状态空间模型在金融领域得到了广泛应用，其中一个典型的应用案例是在资产定价模型中捕捉时变的 $\beta$ 值。接下来，我们将对这一实例展开简要的分析。当然，近期也有一些其他方面的研究，例如 Swinkels 和 Van Der Sluis（2006）研究了改变基金经理投资风格对投资组合收益的潜在影响。此外，还有一些其他领域也使用了卡尔曼滤波，包括对时变最优套期保值比率的估计以及在通过交易实现的套利策略规则中的应用。最后，该方法还在期限结构建模中得到了广泛实施（即估计收益率曲线）——详细示例可以参见 Babbs 和 Nowman（1999）或 Prokopczuk 和 Wu（2013）。

现在，我们将详细探索 Black，Fraser 和 Power（1992）的研究。虽然这一研究已经过去了很久，但是它却很重要，因为它是第一批采用时变参数模型来估计 CAPM 的研究之一，并且几乎可以肯定的是，这是第一份采用英国数据来开展的研究工作。全篇论文重点介绍了时变参数模型方法，因此给出了大量方法和结果上的细节。相较而言，关于时变 $\beta$ 估计的近期研究（例如 Hollstein and Prokopczuk，2016）尽管涵盖了更多的技术方法，但对卡尔曼滤波的细节却较少涉及。当然，这些近期文章中对最近技术的介绍和对实证证据的讨论是值得一读的。

Black，Fraser 和 Power（1992）的研究目标是在考虑 CAPM 允许的市场风险水平后对英国单位信托经理的表现进行检验。所采用的核心方法是对每只基金分别进行时间序列回归，并按照本书 3.11 节和 3.12 节中讨论的工作思路来计算詹森 $\alpha$。

以往的研究，包括 Jensen（1968）的原始研究，都将 CAPM 中的 $\beta$ 作为 OLS 回归中的参数进行估计。这些研究假设 $\beta$ 是不随时间变化的，因此计算的是“相对于固定的市场风险敏感性 * 来说，信托经理们的超额表现（$\alpha$）如何”。然而，布莱克（Black）等学者专门强调说明了在现实中 $\beta$ 可能会随时间变化的原因：第一，基金经理可能会推翻他们的投资组合，买进一些股票，并卖出其他股票。如果他们买进的股票与卖出的股

* 即“不随时间变化的 $\beta$”。——译者注

票具有不同的 $\beta$，那么整个投资组合的 $\beta$ 也会发生变化。第二，基金经理可能会尝试利用市场时机，即在预期到市场将会出现动荡时，将所管理资产的很大比例转化成现金或其他风险较低的资产，这也会导致投资组合的 $\beta$ 随时间推移而变化。

此外，布莱克等学者指出，即使基金经理很少进行活跃的投资组合周转，其 $\beta$ 值仍然会随时间变化，因为各个股票的 $\beta$ 值会随基本公司活动发生变化（例如基金经理持有的股票所对应的公司借入大量资金、建立新的产品线、接管其他业务等）。最后，由于成分股的相对价值发生变化，这将导致价格上涨的股票在投资组合中的权重增加，而价格下跌的股票所占的权重减少，除非在这一过程中不断地重新平衡权重。

因此，在研究单位信托的表现时，使用允许 $\beta$ 具有时变性的方法的动机就十分强烈。布莱克等学者通过状态空间模型对此进行研究，并在模型中采用遵循随机游走的时变 $\beta$ 系数。本质上，他们的设置与方程（10.37）和（10.38）相同。需要注意的是，模型中允许斜率随时间变化，但是在整个样本中，每种情况的截距都是固定的。

研究所用的样本数据是在 1980 年 1 月至 1989 年 12 月期间随机选择的 30 个单位信托，有关其价格和股息的数据由 Datastream 提供，作者对数据进行了合并处理以形成总收益。另外，作者进一步将富时全股指数（FTSE All-Share index）作为市场组合的代理变量，并将 3 个月期国库券收益率作为无风险收益率的代理变量。此外，通过减去每月的无风险收益率，将投资组合收益和市场收益都转化为超额收益的形式，因此如果没有超额收益，则截距项的预期估计值应为零。

由于篇幅限制，也为了避免重复，本书这里只报告布莱克等学者按字母排序的列表中前 15 个单位信托的结果。因此，本书呈现的单位信托的结果如下（括号内为简写代码或助记符）：Abbey 普通信托（Abbey General Trust，ABUT），Aetna 免税单位信托（Aetna Exempt Unit Trust，AEEA），Aetna 收入与增长信托（Aetna Income & Growth Trust，AEIA）；Aetna 小型公司成长单位信托（Aetna Smaller Companies Growth Unit Trust，AESA）；Dunbar 联合蓄能信托（Allied Dunbar Accumulator Trust，ALAT）；Dunbar 联合资产价值信托（Allied Dunbar Asset Value Trust，ALUT）；巴克莱独角兽资本信托（Barclays Unicorn Capital Trust，BACU）；巴克莱独角兽普通信托（Barclays Unicorn General Trust，BAGU）；巴克莱独角兽成长累积信托（Barclays Unicorn Growth Accumulator Trust，BART）；联邦成长基金（Confederation Growth Fund，CFGF）；富达特殊情况信托（Fidelity Special Situations Trust，FISS）；GT 英国资本基金（GT UK Capital Fund，GCCA）；Gartmore 实用投资基金（Gartmore Practical Investment Fund，GFMP）；Hill Samuel 资本信托（Hill Samuel Capital Trust，HSUT）；Kleinwort Benson 一般信托（Kleinwort Benson General Trust，KBGA）。

为了节省空间并便于比较，本书将布莱克等学者原文中表 3、表 4 和表 6 的结果合并成一个表，即表 10.9。从表 10.9 的结果中，首先可以看到的是，根据第（2）列和第（3）列中的 OLS 结果，本书所报告的 15 个单位信托中有 7 个（总体上 30 个里有 10 个）具有正的且统计显著的截距项，因此在考虑市场风险水平之后，它们能够“打败市场”。正如预期，$\beta$ 系数大多在 0.8 和 1.1 之间，说明这些投资组合的平均波动程度和富时全股指数大致相同。

**表 10.9 具有时变 $\beta$ 估计的单位信托表现**

| 单位信托代码 | OLS 估计值 | | 时变参数估计值 | | |
|---|---|---|---|---|---|
| | $\alpha$ | $\beta$ | $\sigma_\eta^2/\sigma_u^2$ | $\alpha$ | $\beta_t$ 的均值 |
| (1) | (2) | (3) | (4) | (5) | (6) |
| ABUT | 0.103E−02 | 0.910 | 0.551 | 0.100E−02 | 0.897 |
| | (0.169E−02) | (0.305E−01) | (0.766) | (0.119E−02) | — |
| AEEA | 0.319E−02 | 0.834 | 3.036 | 0.392E−02* | 0.792 |
| | (0.178E−02) | (0.353E−01) | (2.358) | (0.125E−02) | — |
| AEIA | 0.327E−02* | 0.848 | 0.000 | 0.399E−02* | 0.849 |
| | (0.156E−02) | (0.248E−01) | — | (0.261E−11) | — |
| AESA | −0.671E−03 | 0.922 | 0.000 | −0.269E−03 | 0.922 |
| | (0.325E−02) | (0.783E−01) | — | (0.233E−02) | — |
| ALAT | 0.406E−02* | 0.982 | 2.889 | 0.428E−02* | 0.882 |
| | (0.163E−02) | (0.282E−01) | (3.118) | (0.112E−02) | — |
| ALUT | 0.631E−02 | 1.105 | 0.000 | 0.693E−02 | 1.103 |
| | (0.758E−02) | (0.145) | — | (0.557E−02) | — |
| BACU | 0.922E−03 | 0.898 | 5.425 | 0.806E−03 | 0.897 |
| | (0.158E−02) | (0.400E−01) | (3.921) | (0.102E−02) | — |
| BAGU | 0.423E−02* | 0.862 | 0.103 | 0.458E−02* | 0.859 |
| | (0.205E−02) | (0.472E−01) | (0.286) | (0.145E−02) | — |
| BART | 0.155E−02 | 0.919 | 25.555 | 0.206E−02 | 0.846 |
| | (0.186E−02) | (0.573E−01) | (21.650) | (0.120E−02) | — |
| CFGF | 0.592E−02* | 0.833 | 1.027 | 0.623E−02* | 0.801 |
| | (0.211E−02) | (0.584E−01) | (1.267) | (0.149E−02) | — |
| FISS | 0.878E−02* | 0.994 | 0.000 | 0.923E−02* | 0.987 |
| | (0.368E−02) | (0.839) | — | (0.266E−02) | — |
| GCCA | 0.456E−02* | 1.011 | 0.429 | 0.498E−02* | 0.993 |
| | (0.223E−02) | (0.508E−01) | (0.469) | (0.158E−02) | — |
| GFMP | 0.485E−02* | 0.722 | 0.310 | 0.467E−02* | 0.710 |
| | (0.235E−02) | (0.507E−01) | (0.478) | (0.167E−02) | — |
| HSUT | 0.184E−02 | 0.880 | 13.245 | 0.207E−02 | 0.830 |
| | (0.242E−02) | (0.841E−01) | (11.888) | (0.151E−02) | — |
| KBGA | 0.444E−02 | 0.897 | 4.264 | 0.416E−02* | 0.834 |
| | (0.265E−02) | (0.113) | (3.673) | (0.161E−02) | — |

注：表格的第（1）列给出了助记符；第（2）列和第（3）列分别给出了固定 $\beta$ 的 OLS 估计模型中的截距和斜率估计值（分别为 $\alpha$ 和 $\beta$）；第（4）列给出了转换方程的误差方差和测度方程的残差方差之比；第（5）列和第（6）列分别给出了时变参数模型中截距和平均 $\beta$ 的估计值；括号中给出了异方差一致标准差。此外，单个星号表示超参数在 10%的水平下显著以及截距估计在 5%的水平下显著（在所有情形中，OLS 的斜率估计值均在 1%的水平下显著不为零）。

资料来源：Black，Fraser and Power（1992）．Reprinted with the permission of Elsevier.

表 10.9 中的第（4）列展示了超参数的比率，即 $\sigma_\eta^2$ 和 $\sigma_u^2$ 的比率。本书报告的结果中有 4 个单位信托的比率值（在 30 个单位信托所构成的总样本中有 8 个）完全为零，分别是 AEIA、AESA、ALUT 和 FISS，这表明在这些单位信托中，市场风险敞口不随时间发生变化。另外，尽管本书报告的结果中没有一个序列的超参数比率显著异于零（另外 15 个单位信托中只有 3 个结果显著），但是对于某些投资组合来说（例如 BART），超参数比率非常高，这表明 $\beta_t$ 会随着时间推移发生很大的变化。但总体而言，这里的结果表明 $\beta_t$ 是否随时间变化并没有统一的结论。

表 10.9 中的第（5）列和第（6）列展示了每个单位信托的状态空间模型中固定不变的 $\alpha$ 值和时变的 $\beta$ 平均值，可分别直接与表中第（2）列和第（3）列中的结果进行比较。从这里的结果可以更多地看出基金经理的技能：表 10.9 涉及的 15 个单位信托中有 9 个（全部 30 个单位信托中有 21 个）具有正的且统计显著的 $\alpha$ 值，因此这些单位信托具有正的超额收益。从 OLS 到时变参数估计，在大多数情况下，参数估计值增加了，但是标准差降低了，从而导致 $t$ 值增加。同样地，在大多数情况中，时变 $\beta$ 估计值的平均值与相对应的 OLS 估计值差异不大，前者只是略小于后者。

虽然本书没有进行列示，但布莱克等学者还对时变的 $\beta$ 序列进行了迪基-富勒单位根检验，并认为这一检验可以解释为 $\beta$ 的稳定性检验。他们发现，在 30 个投资组合中只有 3 个拒绝了含有单位根的零假设，这表明在这些情况中，$\beta$ 存在均值反转，且在其他情况下存在相当大的不确定性。

总之，这篇论文的研究结果表明，在某些情况下，如果模型假设现实中的基金风险不随时间推移而发生变化，则会对基金经理的能力做出不同的（甚至可能是错误的）推断。研究结果还表明，与在美国市场上进行的类似研究相比，这组英国的单位信托经理的表现要好得多，且在经过风险调整后，许多单位信托经理的表现要优于被动投资策略。

### 10.14.4 有关状态空间模型的延展阅读

Durbin 和 Koopman（2001），Harvey（1989）以及 Hamilton（1994）给出了针对各种状态空间模型的卡尔曼滤波机制的技术性介绍，且非常全面和详细。此外，在撰写本章上面某些内容的过程中，本书作者在一定程度上借鉴了 Jalles（2009）所给出的一些更易于处理的方式。最后，Harvey 等（1994）对如何应用卡尔曼滤波来估计随机波动率模型进行了富有挑战性的讨论。

## 核心概念

本章给出了定义及解释的核心概念包括：

- 季节性
- 截距哑变量
- 斜率哑变量
- 哑变量陷阱
- 机制转换
- 门槛自回归（TAR）模型
- 自激励门槛自回归模型（SETAR 模型）
- 滞后参数

- 马尔科夫过程
- 卡尔曼滤波
- 卡尔曼增益
- 超参数
- 转换方程
- 转换概率
- 卡尔曼平滑
- 状态空间模型
- 测度方程
- 随机水平模型

## 自测题

1. 某研究者正试图构建一个计量模型来解释股票日收益率的变化。她的一位同事建议她应该看一看数据是否受到了日季节效应的影响。现在的问题是：

   (a) 她应该如何开始这一研究？

   (b) 这位研究者估计了一个模型，其中的因变量是在伦敦证券交易所中交易的某只股票的日收益率，自变量是各种宏观经济变量和财务比率。她想在该模型中加入 5 个每日哑变量（分别代表一周中的每一天）和一个常数项，并用计量经济学软件包进行估计。不过，软件包告诉她无法估计模型参数，请解释原因并提出修正方案。

   (c) 她的一位同事估计出了下面的模型（括号中的数字为标准误）：

$$\hat{r}_t = 0.0034 - 0.0183D1_t + 0.0155D2_t - 0.0007D3_t - 0.0272D4_t + \text{其他变量}$$
$$(0.0146)\quad(0.0068)\quad(0.0231)\quad(0.0179)\quad(0.0193)$$

   这一模型是用 500 个观测值估计出来的。依据模型估计结果，你觉得在控制住其他变量的影响之后，是否有显著的证据表明存在周内效应？

   (d) 阐述截距哑变量和斜率哑变量的区别，并分别给出各自的一个例子。

   (e) 某金融学者指出，许多投资者会在每个财务年末对其资产组合进行再平衡，以便做实损失，并由此减少税负。请对投资者的这一行为是否会影响股票收益率进行检验。

2. (a) 什么是转换模型？简要描述并区分门槛自回归模型和马尔科夫转换模型。在某个特定的应用中，你如何确定哪类模型才是最合适的？

   (b) 请描述马尔科夫转换模型所涉及的如下术语：

   ⅰ. 马尔科夫性质；

   ⅱ. 转换矩阵。

   (c) 什么是 SETAR 模型？讨论一下这类模型估计中涉及的一些问题。

   (d) 如果用第 6 章中提出的标准的信息准则来确定 TAR 模型中各个方程的阶数，会出现什么问题？一些经过适当修正的准则是如何克服这一问题的？

   (e) 某学者指出，许多实证研究之所以会发现购买力平价并不成立，原因在于商品市场中存在交易成本和其他刚性。请构建一个门槛模型，并在单一商品的条件下用所构建的门槛模型对这一论断进行评价。

   (f) 某学者首先使用极大似然估计在两种机制中同时包括一个门槛和三阶滞后的

SETAR 模型，然后他利用极大似然方法估计了一个线性 AR(3) 模型，并继续使用似然比方法来检验是否需要使用非线性门槛模型。解释这样做的缺陷是什么。

(g) “门槛模型比线性自回归模型更为复杂，因此门槛模型的预测一定更为精准，因为它们捕捉到了更多的数据特征”。对这一说法进行讨论。

3. 某研究者认为，下面两种情况中，不同股票日收益波动率的动力学机制是不同的：

- 周一的波动率与周内其他各天内的波动率。
- “前一个交易日收益的波动率大于 0.1%”与“前一个交易日收益的波动率小于 0.1%”。

请构建模型来捕捉数据中的这些特征。

4. (a) 请解释状态空间模型和卡尔曼滤波之间的关系。

(b) 卡尔曼滤波和卡尔曼平滑的区别是什么？

(c) 在状态空间模型的背景下，如何决定是否需要时变参数？

(d) 假设我们希望估计一个类似 CAPM 的基金经理绩效模型，其中詹森 $\alpha$ 和市场 $\beta$ 都是时变的。使用方程式描述我们要估计的模型。

(e) 如果卡尔曼滤波是使用一组递推公式实现的，那么为什么还需要使用极大似然估计呢？

# 第 11 章

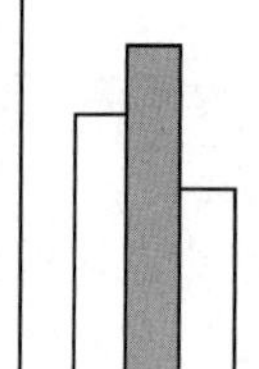

# 面板数据

**学习目标**

在本章，你要学会：

- 描述面板数据的关键特征，概括说明使用面板数据而非其他数据结构的好处和坏处
- 解释似不相关回归背后的直觉逻辑，列举一个实例来说明这一方法的应用
- 比较固定效应面板模型和随机效应面板模型，并能在特定的应用实例中确定哪个才是最合适的模型
- 估计并解释面板单位根检验结果和面板协整检验结果

## 11.1 什么是面板技术及如何使用这一技术？

在金融领域的建模工作中，经常会出现数据中既包含时间序列维度也包含横截面维度的情况，这类数据就是所谓的**面板数据**（a panel of data）或者**纵向数据**（longitudinal data）。依据定义可以知道，面板数据能够同时体现时间和空间两方面的信息。更为重要的是，面板数据可以在保持个人或对象（我们统称为“个体”）不变的前提下，测度其数值随时间推移而发生的变化。① 本章将介绍并讨论面板数据的重要特征，并讲述有关这类数据的建模技术。

从计量经济学角度，我们可以设定如下方程：

---

① 因此，严格来讲，如果衡量的不是同一个体（例如，不同的公司或个人）随时间变化的数据，就不是面板数据。

$$y_{it}=\alpha+\beta x_{it}+u_{it} \tag{11.1}$$

其中，$y_{it}$ 为因变量；$\alpha$ 是截距项；$\beta$ 是由自变量的待估参数组成的 $k\times1$ 向量；$x_{it}$ 是由解释变量的观测值组成的 $1\times k$ 向量；$t=1$，…，$T$；$i=1$，…，$N$。①

处理这类数据最简单的方式就是估计一个混合回归模型，也就是用单个方程对所有的数据进行估计。这一方法要求必须首先将数据集 $y$ 堆叠成一个列向量，其中包括所有的横截面观测值和时间序列观测值。类似地，每个自变量的观测值也要堆叠为一个列向量，所有这样的列向量构成 $x$ 矩阵。这样，上述方程就可以运用 OLS 并以通常的方式进行估计。

上述方法确实比较简单，而且仅需要估计尽可能少的参数，但这一方法存在如下几个局限。其中，最重要的局限是，按照上述方式将数据进行混合，实际上是在假定无论是随时间推移还是样本中的（横截面）个体发生变化，变量的平均值及变量间的关系都是保持不变的。当然，我们也可以分别估计每个对象或个体的时间序列回归模型，但这应该是一个次优方法，因为这种处理方式并没有考虑在我们感兴趣的序列中所存在的任何共同结构。另外，我们也可以分别估计每个时间段上的横截面回归模型，但和分别估计时间序列模型一样，如果序列中存在一些共同的时变特征，那么这样的处理方式同样也是不合理的。所以，如果我们可以很幸运地拿到面板数据，那么充分利用其丰富的结构就是一个很大的优势，具体包括：

- 第一，或许也是最重要的，与只掌握纯时间序列数据或纯横截面数据相比，手上有面板数据可以使我们研究更多的问题，同时也可以对更为复杂的问题进行处理。
- 第二，我们经常会对变量或者变量之间的关系如何随着时间的推移而发生动态变化感兴趣。如果用的是纯时间序列数据，那么要做到这一点就必须掌握长期大量的观测值，以便进行任一有意义的假设检验。但是，通过将横截面数据和时间序列数据进行组合，我们就可以增加自由度的数量，从而发掘大量个体在同一时期内动态行为的有关信息，进而增强检验的功效。另外，以这样的方式组合数据还可以引入其他的变异性，这有助于减轻单独使用时间序列建模所带来的多重共线性问题。
- 第三，通过以合适的方式对面板数据建模，我们可以在回归结果中剔除因为遗漏变量而导致的某些形式的偏误所带来的影响。这一点在下面的内容中会有清晰的介绍。

## 11.2 有哪些面板技术可用？

就面板数据本身来说，一种更能利用数据结构的方法是由 Zellner（1962）最早提出的**似不相关回归**（seemingly unrelated regression，简记为 SUR）框架。这一框架在

① 注意，本章中 $k$ 的定义与本书其他章节中的定义略有不同。在本章中，$k$ 表示待估斜率参数的数量（在其他章节中表示参数总数），即回归模型中解释变量的个数。

金融中已经得到了广泛应用，因为金融领域的研究往往需要对几个在时间上具有密切相关关系的变量进行建模。① 之所以会叫“似不相关”这个名字，原因在于乍看起来不同方程中的因变量似乎没有相关关系，但在经过进一步的考察之后，我们可能会认为它们之间实际上是相关的。举例来说，两个不同投资银行所操作的资产组合（即共同基金）的资金流（即新增投资）就是这样一种情况。这些资金流可能具有相关关系，因为它们在某种程度上互为替代（如果某个基金经理表现不好，那么投资者可能会转向其他基金经理）。另外，这些资金流具有相关性的原因还在于，投资于所有共同基金的资金总量会受到一系列共同因子的影响，例如人们为了退休生活而产生的储蓄习惯等等。尽管我们可以为每一家银行的资金流都分别建模，但如果可以以某种方式捕捉到一部分的共同结构，那么就能够改善估计的效率。在 SUR 方法下，通过运用广义最小二乘（GLS）方法，我们可以在每家银行各自的资金流方程中考虑误差项之间的同期关系。本质上，SUR 方法背后的逻辑在于将模型进行变换，从而使得误差项之间不再具有相关性。如果单个方程误差项之间的相关性在事先已经为零，那么在方程系统中使用 SUR 就等同于分别对每个方程进行 OLS 回归。另外，如果所有方程中自变量的值都相等，那么也会产生同样的效果——举例来说，两个方程中都只对宏观经济变量进行回归就是这样一种情况。

不过，对 SUR 技术的应用是有条件的，即只有当每个横截面个体 $i$ 上的时间序列观测值总数 $T$ 不小于这些个体的总数 $N$ 的时候，才可以使用 SUR 方法。另外，SUR 方法还存在一个问题，即待估参数的数量非常多，而且还要估计误差的方差—协方差矩阵（通常其维度为 $NT \times TN$）。出于以上这些原因，研究中经常用到的是其他更为灵活的全面板数据方法。

具体来说，金融研究中所使用的面板方法大致可以分为两类：**固定效应**（fixed effect）模型和**随机效应**（random effect）模型。在最简单的固定效应模型中，回归模型的截距项在横截面上可以有所不同，但不会随着时间推移而变化，而所有的斜率估计量在横截面上和时间上都是固定不变的。显然，这一方法比 SUR 方法简洁了很多，但仍然需要估计 $N+k$ 个参数。②

在一开始，我们需要区分**平衡面板**（balanced panel）和**非平衡面板**（unbalanced panel）。所谓平衡面板，是指每个横截面个体的时间序列观测值的数量都是相等的（也就等同于在每个时点上横截面个体的数量都是相等的），而非平衡面板是指某些横截面元素中的观测值较少，或者与其他元素中的观测值不在同一个时点上。对于这两种情况，我们都使用同样的技术进行估计。下面的内容中，我们假设处理对象都是平衡面板数据，不过即使存在若干观测值缺失的情况，软件包也可以对其进行自动调整。

① 举例来说，已经有学者运用 SUR 框架来检验引入欧元对欧洲股票市场协整关系的冲击（Kim，Moshirian and Wu，2005）、CAPM 以及远期汇率的无偏性假设（Hodgson，Linton and Vorkink，2004）。

② 面板数据技术其实存在如下局限性：即使不同的截距项可以使得平均值有所不同，但无论是在横截面上，还是在时间上，因变量和自变量的关系都被假定为常数。认识到这一局限性是很重要的，因为使用面板技术，而不是为每一个对象都分别估计时间序列回归，也不是为每个时间区间都分别估计横截面回归，就意味着这一方法所带来的好处比参数估计中可能出现的偏误更为重要。

## 11.3 固定效应模型

为了了解固定效应模型的工作原理，我们回到上面的式（11.1）。现在，将式（11.1）中的误差项 $u_{it}$ 分解为两部分，一部分是个体效应 $\mu_i$，另一部分是随时间变化和个体变化而变化的“剩余扰动” $v_{it}$（捕捉 $y_{it}$ 中无法被解释的剩余部分）：

$$u_{it}=\mu_i+v_{it} \tag{11.2}$$

将式（11.2）代入式（11.1），得：

$$y_{it}=\alpha+\beta x_{it}+\mu_i+v_{it} \tag{11.3}$$

我们可以将 $\mu_i$ 看作是对 $y_{it}$ 有影响但不随时间变化的所有横截面变量——例如，某个公司所属的行业、某个人的性别、某家银行总部所在的国家等等。这一模型可以通过哑变量进行估计，即使用**最小二乘哑变量**（least squares dummy variable，简记为 LSDV）法：

$$y_{it}=\beta x_{it}+\mu_1 D1_i+\mu_2 D2_i+\mu_3 D3_i+\cdots+\mu_N DN_i+v_{it} \tag{11.4}$$

其中，$D1_i$ 是一个哑变量，对于样本中的第一个个体（例如，第一家公司）它取值为 1，否则为零；$D2_i$ 也是一个哑变量，对于样本中的第二个个体（例如，第二家公司）它取值为 1，否则为零；以此类推。注意，我们在式（11.4）中已经将截距项（$\alpha$）剔除，以避免出现第 10 章中曾经讲到过的因为哑变量和截距项之间的完全共线性所导致的“哑变量陷阱”问题。运用上面的方式写出固定效应模型，使得我们可以比较容易地检验是否真正有必要使用面板方法。具体来说，这一检验对第 5 章中所介绍过的邹至庄检验进行了一点改动，其中包含所有截距哑变量的参数都相等这一约束，即 $H_0$：$\mu_1=\mu_2=\cdots=\mu_N$。如果这一零假设无法被拒绝，那么就可以直接将数据混合，并且用 OLS 方法来估计模型。不过，如果这一零假设被拒绝，那么对不同横截面个体施加这一约束就是无效的，从而模型必须通过面板方法进行估计。

现在，模型（11.4）中的待估参数为 $N+k$ 个。如果 $N$ 比较大，那么对于任何回归软件包来说都会具有一定的挑战性。为了避免一定要估计这么多的哑变量参数，我们可以对数据进行变换以便简化问题。这一转换就是所谓的**组内变换**（within transformation），即将所有变量的值减去每个个体的时间均值。① 具体来说，首先定义 $\bar{y}_i=\frac{1}{T}\sum_{t=1}^{T}y_{it}$ 为 $y$ 的观测值在横截面个体 $i$ 上的时间均值，并采用类似的方法计算所有解释变量的均值。接下来，用每个变量的值减去其时间均值，从而得到一个只包含“去均值”变量的回归式。这里需要再次强调的是，这一回归式中不能出现截距项，因为现在因变量的均值为零。包含“去均值”变量的模型为：

$$y_{it}-\bar{y}_i=\beta(x_{it}-\bar{x}_i)+u_{it}-\bar{u}_i \tag{11.5}$$

① 之所以叫做“组内变换”，原因在于这一减法运算是在每一个横截面对象内部进行的。

将该式另行写为：

$$\ddot{y}_{it}=\beta\ddot{x}_{it}+\ddot{u}_{it} \tag{11.6}$$

其中，变量上面的两点代表已经进行了去均值处理。

除了采用上面的去均值处理之外，还有另外一种方法，就是直接对变量在时间上的平均值进行横截面回归，这就是所谓的**组间估计**（between estimator）。[1] 除此之外，还可以对方程（11.1）取一阶差分，这样所得到的模型就是在解释 $y_{it}$ 的变化量，而不是其水平值。在取差分的过程中，任何不随时间变化的变量（例如 $\mu_i$）都会被剔除。实际上，如果只有两个时间段，差分法和组内变换法的估计结果是一样的。但如果有两个以上的时间段，那么应该选择哪种方法要看所假定的误差项的性质。Wooldridge（2010）曾对这一问题给出过非常详细的阐述。

现在，可以用 OLS 对方程（11.6）进行估计，其中的样本数据是由去均值后的数据所构成的混合样本。不过，一定要注意这一回归中自由度的个数。尽管对该方程的估计只需要运用 $NT$ 个观测值中的 $k$ 个自由度，但不要忘了在构建"去均值"变量的过程中还另外使用了 $N$ 个自由度（也就是说，为了计算 $N$ 个解释变量各自的均值，我们在每一个解释变量中都损失了一个自由度）。所以，在以无偏的方式估计标准误并进行假设检验时，所必须使用的自由度数量为 $NT-N-k$，不过任何软件包都会自动考虑这一点。

对于在时间上已经进行了去均值处理的变量来说，对其进行回归所得到的参数估计和标准误的结果与直接使用 LSDV 回归所得到的相关结果保持一致，但却不需要估计如此多的参数。不过，这一方法的缺陷在于我们无法确定所有那些"能够影响 $y_{it}$ 但并不随时间变化"的变量所产生的影响。

## 11.4 时间固定效应模型

除了个体固定效应模型之外，我们还可以构建**时间固定效应模型**（time-fixed effects model）。当我们认为 $y_{it}$ 的平均值会随时间变化而不会在横截面维度上发生变化时，就可以使用这一模型。由此，在时间固定效应模型中，截距项可以随时间变化而变化，但对于特定时间点上的不同个体来说，截距项被假定为是相等的。时间固定效应模型的具体形式为：

$$y_{it}=\alpha+\beta x_{it}+\lambda_t+v_{it} \tag{11.7}$$

其中，$\lambda_t$ 为时变截距项，它捕捉了对 $y_{it}$ 有影响且具有时变性但在横截面上保持不变的所有变量。例如，样本期间内监管环境的变化或税率在一定程度上的调整等等，这些因素会对 $y$ 产生较大的影响，但其影响所有公司的方式都是一样的，所以可以假定所有公司都受到了同等程度的影响。

---

① 对平均值进行回归（即组间估计）相对于对去均值之后的值进行回归（组内估计）的一个优势在于，取平均值这一过程很可能会减小变量的测量误差对估计过程所产生的负面效应。

对于截距项的时变方式，可以假定其与个体固定效应完全一样。也就是说，我们这里也可以估计一个最小二乘哑变量模型：

$$y_{it}=\beta x_{it}+\lambda_1 D1_t+\lambda_2 D2_t+\lambda_3 D3_t+\cdots+\lambda_T DT_t+v_{it} \tag{11.8}$$

其中，$D1_t$ 是一个哑变量，其在第一个时间段中取 1，否则取 0，以此类推。

现在，两种固定效应模型唯一的区别是，在这里哑变量捕捉的是时间上的变异性，而非横截面上的变异性。类似地，为了避免在所估计的模型中包含 $T$ 个哑变量，我们可以进行组内变换，进而从每个观测值中都减去横截面上的平均值，即：

$$y_{it}-\bar{y}_t=\beta(x_{it}-\bar{x}_t)+u_{it}-\bar{u}_t \tag{11.9}$$

其中，$\bar{y}_t=\frac{1}{N}\sum_{i=1}^{N}y_{it}$ 为 $y$ 的观测值在不同时间段上的横截面平均。和前面一样，上式还可以被写为：

$$\ddot{y}_{it}=\beta\ddot{x}_{it}+\ddot{u}_{it} \tag{11.10}$$

如前所述，式（11.10）中变量上面的两点表示已经进行了去均值处理。不过，这里进行的是横截面上的去均值运算，而不是时间上的去均值运算。

最后，同一个模型中还可以同时包含个体固定效应和时间固定效应。用术语来讲，这种模型叫做**双向误差成分模型**（two-way error component model），其实就是把方程（11.3）和（11.8）组合到一起，其所对应的 LSDV 模型既包括横截面哑变量，也包括时间哑变量，即：

$$\begin{aligned}y_{it}=&\beta x_{it}+\mu_1 D1_i+\mu_2 D2_i+\mu_3 D3_i+\cdots+\mu_N DN_i+\lambda_1 D1_t+\lambda_2 D2_t\\&+\lambda_3 D3_t+\cdots+\lambda_T DT_t+v_{it}\end{aligned} \tag{11.11}$$

需要注意的是，现在要估计的参数数量将是 $k+N+T$，并且此双向模型中的内部转换也将更加复杂。

## 11.5 用固定效应模型来考察银行业竞争问题

在过去的 30 年间，由于放松管制、并购浪潮以及技术进步等因素，英国零售银行业的结构发生了巨大的变化。现在，这一行业中的少数几家大银行占据了绝大部分的市场份额，同时又像多年前一样可以赚得盘满钵满，这就使得人们开始关注英国银行业的竞争程度是否太低了。[①] 有人认为，这些因素会使得这些大银行携起手来采取限制措施以阻止竞争者进入，并且为消费者创造的价值也不高。Matthews，Murinde 和 Zhao（2007）所开展的一项研究考察了 1980—2004 年间英国银行业的竞争状况，所用的模型为“新实证产业组织”模型，这一模型最早是由 Panzar 和 Rosse（1982，1987）提出的。该模型认为，如果某个市场是可竞争的，那么进出该市场都会非常容易（即使市场

① 有趣的是，尽管业余观察家认为英国零售银行业的集中度已经大幅提升，但在 1986—2002 年间实际上其集中度是略有下降的。

份额的集中度很高)，因此该市场上价格就应该等于边际成本。要对这一论断进行检验，就要在公司简化形式收入方程的基础上导出可供检验的约束条件。

在实证考察中，需要构建一个收入对要素成本（投入品价格）弹性总和的指数（潘萨尔-罗斯 $H$ 统计量，Panzar-Rosse $H$-statistic)。如果这一指数大于 0 小于 1，那么就得到了垄断竞争或一个局部可竞争均衡；但如果 $H<0$，就意味着完全垄断；$H=1$ 就意味着完全竞争或完全可竞争。这里的关键在于，如果市场是完全竞争的，那么投入品价格的上升并不会影响公司的产出，但如果市场是垄断竞争的，那么情况就会恰好相反，即投入品价格的上升会对公司的产出有所影响。Mattews 等（2007）的研究所使用的模型为：

$$\begin{aligned}\ln REV_{it}=&\alpha_0+\alpha_1\ln PL_{it}+\alpha_2\ln PK_{it}+\alpha_3\ln PF_{it}+\beta_1\ln RISKASS_{it}\\&+\beta_2\ln ASSET_{it}+\beta_3\ln BR_{it}+\gamma_1 GROWTH_t+\mu_i+v_{it}\end{aligned}\qquad(11.12)$$

其中，$REV_{it}$ 是银行 $i$ 在时刻 $t$（$i=1$，…，$N$；$t=1$，…，$T$）的收入与总资产之比；$PL$ 是员工的雇佣费用，即劳动的单位价格；$PK$ 是资本资产与固定资产之比，即资本的单位价格；$PF$ 为年度利息支出与总贷款之比，即资金的单位价格。除此之外，模型中还包括其他几个变量，主要用于捕获收入与成本中的时变特定银行效应。例如，$RISKASS$ 表示风险准备金比率；$ASSET$ 表示以总资产衡量的银行规模；$BR$ 表示某家银行分支机构的数量与所有银行分支机构总数之间的比值；$GROWTH$ 表示 GDP 的增长率，很明显它会随着时间的推移而变化，但在某个特定的时点上对所有银行又都是一样的；$\mu_i$ 表示特定银行的固定效应；$v_{it}$ 表示特质扰动项。最后，竞争性参数 $H=\alpha_1+\alpha_2+\alpha_3$。

不幸的是，潘萨尔-罗斯方法只能有效地应用于处于长期均衡状态的银行市场。因此，作者也对这一点进行了检验，检验过程围绕如下回归式展开：

$$\begin{aligned}\ln ROA_{it}=&\alpha_0'+\alpha_1'\ln PL_{it}+\alpha_2'\ln PK_{it}+\alpha_3'\ln PF_{it}+\beta_1'\ln RISKASS_{it}\\&+\beta_2'\ln ASSET_{it}+\beta_3'\ln BR_{it}+\gamma_1' GROWTH_t+\eta_i+w_{it}\end{aligned}\qquad(11.13)$$

在式（11.13）所表示的对均衡状态进行检验的回归方程中，解释变量与对竞争性进行检验的回归方程（11.12）中的解释变量是一样的，不过因变量现在变成了总资产收益率的对数 $\ln ROA$。另外，如果有 $\alpha_1'+\alpha_2'+\alpha_3'=0$，那么就可以认为市场处于均衡状态。

由于在样本期间内的去管制速度与资产结构的变化幅度等原因，英国市场被认为是一个特殊的国际利率市场，因此 Matthews 等（2007）的研究只关注了英国。他们的研究采用了一个固定效应面板数据模型，该模型允许不同银行的截距项有所差异，但这些效应都被假定为随着时间推移保持不变。此外，对于这里的数据来说，采用固定效应方法是一个明智的选择，因为与银行的数量（12 家）比起来，数据中的年份数比较多(25 年)，一共产生了 219 个“银行—年份”观测值，但年份数大于银行家数的情况并不太常见。该研究中所用到的数据取自银行年度报告和英国银行家协会（British Bankers Association）发布的《银行业年度统计摘要》(Annual Abstract of Banking Statistics)，并分别在全样本（1980—2004 年）和两个子样本（1980—1991 年；1992—2004 年）上展开分析。这里首先给出对均衡状态的检验结果，详情请见表 11.1。

表 11.1　基于固定效应面板模型的银行业市场均衡检验结果

| 变量 | 1980—2004 | 1980—1991 | 1992—2004 |
|---|---|---|---|
| 截距项 | 0.023 0*** | 0.103 4* | 0.025 2 |
| | (3.24) | (1.87) | (2.60) |
| ln*PL* | −0.000 2 | 0.005 9 | 0.000 2 |
| | (0.27) | (1.24) | (0.37) |
| ln*PK* | −0.001 4* | −0.002 0 | −0.001 6* |
| | (1.89) | (1.21) | (1.81) |
| ln*PF* | −0.000 9 | −0.003 4 | 0.000 5 |
| | (1.03) | (1.01) | (0.49) |
| ln*RISKASS* | −0.647 1*** | −0.551 4*** | −0.834 3*** |
| | (13.56) | (8.53) | (5.91) |
| ln*ASSET* | −0.001 6*** | −0.006 8** | −0.001 6** |
| | (2.69) | (2.07) | (2.07) |
| ln*BR* | −0.001 2* | 0.001 7 | −0.002 5 |
| | (1.91) | (0.97) | (1.55) |
| *GROWTH* | 0.000 7*** | 0.000 4 | 0.000 6* |
| | (4.19) | (1.54) | (1.71) |
| 组内 $R^2$ | 0.589 8 | 0.615 9 | 0.470 6 |
| $H_0$：$\eta_i=0$ | $F(11,200)=7.78$*** | $F(9,66)=1.50$ | $F(11,117)=11.28$*** |
| $H_0$：$E=0$ | $F(1,200)=3.20$* | $F(1,66)=0.01$ | $F(1,117)=0.28$ |

注：括号中的数字为 $t$ 值；*、**和***分别表示在10%、5%和1%水平下显著。

资料来源：Matthews，Murinde and Zhao (2007). Reprinted with the permission of Elsevier.

由表 11.1 中的结果可以看出，银行固定效应联合为零的零假设（$H_0$：$\eta_i=0$）在全样本和第二子样本中都在 1%显著性水平下被拒绝，但这一零假设在第一个子样本中无法被拒绝。不过从总体而言，这一结果还是表明了允许存在银行异质性的固定效应面板模型的有效性。当然，我们在表 11.1 中最感兴趣的还是均衡检验结果。具体来说，表中全样本下的 $E$ 值在 10%水平下与零有显著差异，这说明可能存在一些市场不均衡的微弱证据，不过在两个子样本中，$E$ 值都不显著。因此，市场似乎充分地处于均衡状态，这种状态使得我们可以继续使用潘萨尔-罗斯方法对其竞争程度进行有效的研究。最终结果如表 11.2 所示。①

① 对结构稳定性进行的一项邹至庄检验表明，两个子样本间存在一个结构突变。不过，作者没有对均衡回归结果给出其他任何评论。

表 11.2 基于固定效应面板模型的银行业竞争检验结果

| 变量 | 1980—2004 | 1980—1991 | 1992—2004 |
| --- | --- | --- | --- |
| 截距项 | −3.083 | 1.103 3** | −0.545 5 |
| | (1.60) | (2.06) | (1.57) |
| ln*PL* | −0.009 8 | 0.164*** | −0.016 4 |
| | (0.54) | (3.57) | (0.64) |
| ln*PK* | 0.002 5 | 0.002 6 | −0.028 9 |
| | (0.13) | (0.16) | (0.91) |
| ln*PF* | 0.578 8*** | 0.611 9*** | 0.509 6*** |
| | (23.12) | (18.97) | (12.72) |
| ln*RISKASS* | 2.988 6** | 1.414 7** | 5.898 6 |
| | (2.30) | (2.26) | (1.17) |
| ln*ASSET* | −0.055 1*** | −0.096 3*** | −0.067 6** |
| | (3.34) | (2.89) | (2.52) |
| ln*BR* | 0.046 1*** | 0.000 94 | 0.080 9 |
| | (2.70) | (0.57) | (1.43) |
| *GROWTH* | −0.008 2* | −0.002 7 | −0.012 1 |
| | (1.91) | (1.17) | (1.00) |
| 组内 $R^2$ | 0.920 9 | 0.918 1 | 0.816 5 |
| $H_0$：$\eta_i=0$ | $F(11,200)=23.94$*** | $F(9,66)=21.97$*** | $F(11,117)=11.95$*** |
| $H_0$：$H=0$ | $F(1,200)=229.46$*** | $F(1,66)=205.89$*** | $F(1,117)=71.25$*** |
| $H_1$：$H=1$ | $F(1,200)=128.99$*** | $F(1,66)=16.59$*** | $F(1,117)=94.76$*** |
| $H$ | 0.571 5 | 0.778 5 | 0.464 3 |

注：括号中的数字为 $t$ 值；*、**和***分别表示在 10%、5%和 1%水平下显著。表中的最后一组星号是由笔者所加。

资料来源：Matthews，Murinde and Zhao（2007）. Reprinted with the permission of Elsevier.

表 11.2 中的最下面一行给出了竞争性参数 $H$（即投入品弹性之和）的值。第一个子样本中的 $H$ 值为 0.78，但第二个子样本中的 $H$ 值为 0.46，这说明样本期间内英国零售银行业的竞争程度有所减弱。不过，表中倒数第 2 行和倒数第 3 行中的结果表明，两个子样本上的 $H=0$ 和 $H=1$ 的零假设都可以在 1%水平下被拒绝，这表明市场最符合垄断竞争特征而非完全竞争（完全可竞争）特征或完全垄断特征。至于均衡回归，固定效应哑变量（$\eta_i$）联合为零的零假设被强烈拒绝，这在很大程度上证明了使用固定效应面板方法的合理性，同时也表明因变量的基础水平是存在差异的。

最后，其他控制变量的符号都显示了直观的特征。其中，风险资产变量的符号为正，表明较高的风险会导致每单位总资产所能够赚得的收入也较高；三个样本期间内资产变量系数的符号都为负且在 5%或更低水平下显著，表明较小的银行的盈利能力更强。另外，开办更多的分支机构会降低盈利能力；总资产收入基本上不受宏观经济条件的影响——实际上，估计结果表明：银行在 GDP 减速时期的盈利能力反而更强。

## 11.6 随机效应模型

除了上面讲过的固定效应模型之外，还有一种“**随机效应模型**”（random effects model），有时也叫做**误差成分模型**（error components model）。与固定效应模型类似，随机效应模型中不同个体的截距项也是不一样的，而且这些截距项同样也不随着时间的变化而变化。除此之外，随机效应模型中解释变量与被解释变量之间在横截面上及时间上的关系也被假定为与固定效应模型是一样的。

不过，这两种模型的区别在于：在随机效应模型中，每个横截面个体的截距项都被假定为来自一个共同截距项 $\alpha$（对于所有的横截面个体和不同时期都是一样的），再加上一个在横截面上有变化但不随时间变化的随机变量 $\epsilon_i$。实际上，$\epsilon_i$ 所测度的是每个个体的截距项对于“全局”截距项 $\alpha$ 的随机偏离程度。随机效应面板模型的具体形式可以写为：

$$y_{it}=\alpha+\beta x_{it}+\omega_{it} \quad \omega_{it}=\epsilon_i+v_{it} \tag{11.14}$$

其中，$x_{it}$ 仍然是一个包含解释变量的 $1\times k$ 向量。与固定效应模型不同的是，式中没有用于捕捉横截面维度异质性（变异性）的哑变量。但实际上，这一点在随机效应模型中是通过 $\epsilon_i$ 项来体现的。注意，在这一模型框架中，必须假定具有零均值的（新的）横截面误差项 $\epsilon_i$ 独立于单个观测值的误差项 $v_{it}$，其中 $v_{it}$ 的方差为常数 $\sigma_\epsilon^2$，且 $v_{it}$ 独立于解释变量 $x_{it}$。

如果用 OLS 进行估计，那么参数（$\alpha$ 和 $\beta$ 向量）估计量仍然具有一致性，但不再具有有效性，并且对于不同时点上的某个特定的横截面个体来说，误差项在横截面上具有相关性，因此必须对传统公式进行修正。所以，通常使用的方法是广义最小二乘（GLS）方法。这一 GLS 方法中涉及的变换是将观测值减去 $y_{it}$ 在时间上的加权平均值（也就是说，与固定效应估计中一样，所求的是部分均值，而不是总体均值）。这里，定义“伪去均值”数据 $y_{it}^*=y_{it}-\theta\bar{y}_i$ 和 $x_{it}^*=x_{it}-\theta\bar{x}_i$，其中 $\bar{y}_i$ 和 $\bar{x}_i$ 分别为不同时间上 $y_{it}$ 和 $x_{it}$ 的平均值。① $\theta$ 是观测值误差项的方差 $\sigma_v^2$ 和特定个体误差项的方差 $\sigma_\epsilon^2$ 的函数，具体形式如下：

$$\theta=1-\frac{\sigma_v}{\sqrt{T\sigma_\epsilon^2+\sigma_v^2}} \tag{11.15}$$

这一转换恰恰需要确保误差项中不存在横截面上的相关性，不过幸运的是标准软件包都可以自动做到这一点。

就像固定效应模型一样，有了随机效应之后，允许存在时间变异性就像允许存在横

① 这里所用的符号与 Kennedy（2003，p. 315）中的符号有所区别。

截面变异性一样在概念上不再困难。在存在时间变异性的情况下，特定时期的误差项就包含在下式之中：

$$y_{it}=\alpha+\beta x_{it}+\omega_{it} \quad \omega_{it}=\epsilon_t+v_{it} \tag{11.16}$$

和之前一样，还可以设想一个截距项在横截面和时间上都可以变化的双向模型。专栏 11.1 讨论了如何在固定效应模型和随机效应模型中进行选择。

▶专栏 11.1◀

**固定效应模型还是随机效应模型？**

通常认为，如果样本中的个体是从总体中随机抽取出来的，那么随机效应模型应该是一个更合适的选择；但如果样本中的个体有效地组成了总体（例如，所使用的样本包含在某个交易所交易的所有股票），那么使用固定效应模型应该更为合理。

更技术地讲，在随机效应模型下，GLS 方法中的变换不会去除那些不随时间变化的解释变量，因此它们对于 $y_{it}$ 的冲击可以被一一列举出来。另外，因为随机效应模型中的待估参数更少（模型中没有哑变量，也不需要进行组内变换），由此可以节省一些自由度，所以随机效应模型的估计结果应该比固定效应模型更为有效。

不过，随机效应模型有一个主要的缺陷，那就是只有当合成误差项 $w_{it}$ 与所有解释变量之间都不存在相关性的时候，这一方法才是有效的。这一假定比固定效应模型中的相应假定要严格得多，因为有了随机效应后我们就必须要求 $\epsilon_i$ 和 $v_{it}$ 都独立于所有的 $x_{it}$。其实，如果考虑一下任意无法观测的遗漏变量（通过允许每个个体的截距项都不同来考虑这一点）是否与模型所包含的解释变量无关，同样也可以认识到这一点。具体一点，如果这些遗漏变量与解释变量无关，那么就可以采用随机效应模型，否则最好使用固定效应模型。

要检验这一假设对随机效应估计量是否为有效的，一种可用的方法是基于 7.6 节中所描述的豪斯曼检验的一个稍微复杂点的修正版本。如果假设不成立，参数估计量将是有偏的，也是不一致的。要了解这一问题是如何发生的，这里让我们假设模型中只有一个解释变量 $x_{2it}$，它与 $y_{it}$ 的变化方向保持一致，且误差项为 $w_{it}$。这时，估计量会将 $y$ 值的任何增加都归因于 $x$，但实际上这一增加部分是由误差项所致，这样就会导致系数出现有偏。

## 11.7 运用面板数据研究中欧和东欧银行业信用的稳定性

过去的 20 年间，银行业的全球化程度越来越强，许多国家的国内市场都逐渐被外国的竞争者们渗透进来。这些外国竞争者可以改善国内银行业的竞争状况，并有利于东道国经济的发展。除此之外，这些外资银行的信贷拨备更为稳定，因为它们在多元经营方面可能会比内资银行做得更好，所以当东道国的经济表现不佳的时候，这些外资银行可以持续不断地为经济输血（借出资金）。不过，也有观点认为，外资银行会按照其自身目标而非东道国的经济状况调整信贷供给，而且这些外资银行的顺周期行为特征比内资银行还要明显，原因在于当东道国市场情况不好的时候，它们可以缩减在该国中的信用供给，同时扩大在其他国家的信用供给。此外，逐渐恶化的母国经济也可能会迫使资金回流，以便支援其已日趋衰弱的母银行。

不过需要指出的是，不同性质的海外子公司可能会有不同的信贷拨备政策。如果某个子公司的设立是由对某家本土银行的接管而来，那么这一子公司很可能仍然继续执行最初的政策，并且以同样的方式和管理模式运行，尽管形式可能稍有区别。不过，如果某家外资银行的子公司是完全新设的（所谓“绿地投资”），那么这样的子公司很可能一开始就是按照其母公司的宗旨和目标来运作的，并且其快速扩张信贷规模以便尽快立足的冲动也更强。

de Haas 和 van Lelyveld（2006）运用面板回归方法对来自中欧和东欧地区 10 个国家的大约 250 家银行进行了研究，目的在于考察外资银行和本土银行在母国或东道国的经济状况发生改变以及银行业危机期间的行为是否有所差异。

该研究中样本数据的时间跨度为 1993—2000 年，数据取自 BankScope。论文中所使用的核心模型是一个随机效应面板回归模型，具体形式如下：

$$
\begin{aligned}
gr_{it} = {} & \alpha + \beta_1 Takeover_{it} + \beta_2 Greenfield_i + \beta_3 Crisis_{it} + \beta_4 Macro_{it} \\
& + \beta_5 Contr_{it} + (\mu_i + \epsilon_{it})
\end{aligned} \tag{11.17}
$$

其中，因变量 $gr_{it}$ 是银行 $i$ 在第 $t$ 年中信贷的百分比增长率；$Takeover_{it}$ 是一个哑变量，如果某家外资银行在 $t$ 时刻是由接管本土银行而来就取 1，否则取 0；$Greenfield_i$ 也是一个哑变量，如果银行 $i$ 是某家外资公司新投资设立的一家银行（而非通过接管而来）就取值为 1，否则为 0；$Crisis_{it}$ 仍是一个哑变量，对于银行 $i$ 来说，如果其所在的东道国在第 $t$ 年正经历一场银行业危机，那么就取值为 1，否则为 0；$Macro_{it}$ 是由一系列表示宏观经济状况的变量所组成的一个列向量，其中包括母国的借贷利率、东道国的借贷利率、母国 GDP 的变化、东道国 GDP 的变化、东道国的通货膨胀率、母国与东道国 GDP 增长率之间的差异、母国与东道国借贷利率之间的差异；$Contr_{it}$ 是一个由与银行特征有关的一系列控制变量所组成的列向量。无论是外资银行，还是本土银行，这些控制变量可能都会对因变量有所影响。具体来说，论文中的这些控制变量包括：*weakness-parentbank*，表示由母银行所确定的贷款损失准备；*solvency*，表示股东权益与总资产之比（股东权益比率）；*liquidity*，表示流动资产与总资产之比；*size*，表示某个国家的银行总资产与银行业总资产之比；*profitability*，表示资产收益率；*efficiency*，表示净息差。$\alpha$ 和 $\beta$ 是参数（$\beta_4$ 和 $\beta_5$ 是两个参数向量）；$\mu_i \sim IID(0,\ \sigma_\mu^2)$ 表示无法观测的随机效应，且可以随着银行的变化而变化，但随着时间的推移保持不变；$\epsilon_{it} \sim IID(0,\ \sigma_\epsilon^2)$ 是一个异质误差项，其中 $i=1,\ \cdots,\ N$；$t=1,\ \cdots,\ T_i$。

de Haas 和 van Lelyveld（2006）讨论了可以对此模型进行估计的多种技术。其中，OLS 明显是不合适的，因为该技术不允许在银行层面上存在信贷平均增长率之间的差异。允许存在个体效应的模型（即允许不同银行有不同截距项的固定效应模型）应该比 OLS（用于估计一个混合回归）要好，但如果银行的家数大于时间的期数并由此出现大量待估参数的时候，这一方法也是不适用的。另外，作者还认为这些与特定银行有关的效应并不是他们研究的主要兴趣点所在，所以最后他们选择了随机效应面板模型，从而可以在本质上允许每家银行的误差结构各不相同。另外，作者还进行了一个豪斯曼检验，检验结果显示银行的特质效应（$\mu_i$）“在大多数情况下与解释变量之间的相关关系都不显著”，所以作者认为在他们的研究中，随机效应模型的有效性应该是有保证的。

上述随机效应面板模型的估计结果报告于表 11.3 中。作者分别进行了 5 个回归，结果分别报告于表中的第 2 列～第 6 列。① 除此之外，作者在全样本、本土银行子样本和外资银行子样本上分别进行了回归。通过这样的处理方式，可以实现分别对东道国和母国变量之差（在表中用“Ⅰ”表示，结果列示于第 2 列和第 5 列）以及变量的实际值（而非两者之差，在表中用“Ⅱ”表示，结果列示于第 3 列和第 6 列）进行单独的回归。

**表 11.3　中欧和东欧银行信贷稳定性的随机效应面板回归结果**

| 解释变量 | 全样本Ⅰ | 全样本Ⅱ | 本土银行 | 外资银行Ⅰ | 外资银行Ⅱ |
|---|---|---|---|---|---|
| *Takeover* | −11.58<br>(1.26) | −5.65<br>(0.29) | | | |
| *Greenfield* | 14.99<br>(1.29) | 29.59<br>(1.55) | | 12.39<br>(0.88) | 8.11<br>(0.65) |
| *Crisis* | −19.79***<br>(4.30) | −14.42***<br>(2.93) | −19.36***<br>(3.43) | 0.31<br>(0.03) | −4.13<br>(0.33) |
| 东道国 GDP 的变化 | 8.08***<br>(4.18) | | | 8.86***<br>(4.11) | |
| 东道国 | | 6.68***<br>(7.39) | 6.74***<br>(6.98) | | 8.64***<br>(2.93) |
| 母国 | | −6.04*<br>(1.89) | | | −8.62***<br>(2.78) |
| 母国与东道国借贷利率差 | 1.12**<br>(1.97) | | | 0.85<br>(0.88) | |
| 东道国的借贷利率 | | 0.28<br>(1.08) | 0.34<br>(1.36) | | 1.50<br>(1.11) |
| 母国的借贷利率 | | 2.97***<br>(4.03) | | | 1.11<br>(1.15) |
| 东道国的通货膨胀率 | −0.01<br>(0.37) | 0.03<br>(1.01) | 0.03<br>(0.12) | 0.08<br>(0.61) | 0.07<br>(0.44) |

① de Haas 和 van Lelyveld（2006）为了解决异方差和自相关问题，对标准误进行了校正。另外，他们还估计了包含交互哑变量的回归式，但我们这里没有讨论这部分内容。

续表

| 解释变量 | 全样本Ⅰ | 全样本Ⅱ | 本土银行 | 外资银行Ⅰ | 外资银行Ⅱ |
|---|---|---|---|---|---|
| *weaknessparent-bank* | −0.19*** | −0.16*** | | −0.23*** | −0.19*** |
| | (4.37) | (3.04) | | (7.00) | (4.27) |
| *solvency* | 1.29*** | 1.25*** | 0.85*** | 3.33*** | 3.18*** |
| | (5.34) | (4.77) | (3.24) | (5.53) | (5.30) |
| *liquidity* | −0.05** | 0.02 | 0.02 | −0.53 | −0.43 |
| | (2.09) | (0.78) | (0.70) | (1.40) | (1.14) |
| *size* | −34.65** | −29.14 | −21.93 | −108.00 | −136.19 |
| | (1.96) | (1.56) | (1.16) | (0.54) | (0.72) |
| 资产收益率 | 1.09** | 1.09** | 1.21*** | 2.16 | 0.91 |
| | (2.18) | (2.14) | (2.81) | (0.75) | (0.29) |
| 息差 | 1.66*** | 1.90*** | 2.71*** | −3.42 | −2.84 |
| | (2.90) | (3.41) | (4.96) | (1.18) | (0.94) |
| 观测值数量 | 1 003 | 1 003 | 770 | 233 | 233 |
| 银行家数 | 247 | 247 | 184 | 82 | 82 |
| 豪斯曼检验统计量 | 0.66 | 0.94 | 0.76 | 0.58 | 0.92 |
| $R^2$ | 0.28 | 0.33 | 0.30 | 0.46 | 0.47 |

注：括号中的数字为 $t$ 值；这里没有报告截距项和国家哑变量参数的估计结果；表中的空格表示模型中没有包含该变量。

资料来源：de Haas and van Lelyveld (2006). Reprinted with the permission of Elsevier.

表中的主要结果是，本土银行在银行业危机期间显著降低了其信贷增长率（表现为本土银行 *Crisis* 哑变量的参数估计值为负），而外资银行的这一参数接近零且不显著。另外，母国的 GDP 增长与外资银行在东道国的信贷增长率之间的关系显著为负，而东道国 GDP 的增长与其信贷增长率之间的关系显著为正。这一结果说明，正如作者所预期的那样，当外资银行在其母国没有太多可行的借贷机会的时候，它们可贷资金的机会成本就会下降，从而会使其将借贷资源转向东道国。此外，母国和东道国的借贷利率对外资银行的信贷增长率几乎没有影响。有趣的是，尽管绿地变量和接管变量参数估计值的绝对值都很大，但都不显著，这意味着外资银行在东道国的投资方式并不会对其信贷增长率产生显著的影响，又或者是投资方式的重要性在不同的样本银行中的差异过大，从而导致标准误过大。最后，一个已经被削弱的母银行（具有较高的贷款损失准备）会显著削减其在东道国的信贷数量，原因在于可用资金的供应出现减少。因此，总结起来，与母国有关的因素（“推力”）以及与东道国有关的因素（“拉力”）在解释外资银行信贷增长率方面都是很重要的。

## 11.8 面板单位根检验和面板协整检验

### 11.8.1 背景与动机

面板环境下单位根检验的基本原理与第 8 章中所讨论的单方程框架下这一检验的基本原理非常类似。我们在第 8 章中曾经指出过，DF 检验、PP 检验的功效都比较低，这一问题在中等规模的样本中尤为严重，而这一问题的存在恰恰是应用面板技术的驱动力所在。具体来说，我们希望通过将时间序列维度和横截面维度上的信息进行组合从而增加样本规模，进而能够提出更具效能的检验方法来。当然，通过增加样本所涵盖时期的长度，可以更容易地增加样本规模，但有时我们可能受制于各种条件，无法得到更多的观测值，或者因为时间序列中存在结构突变，导致无法有效应用数据中的所有信息。

尽管从表面上看起来，单个序列和面板数据的单位根检验方法和平稳性检验方法都是非常类似的，但实际上在面板环境下无论是有效地构建一个检验统计量，还是对其进行有效的使用，都比在单个序列下复杂得多。这一复杂性产生的根源在于，检验统计量的渐近分布取决于 $N$ 是否固定以及 $T$ 是否趋于无穷，或者 $T$ 是否固定以及 $N$ 是否趋于无穷，再或者 $T$ 和 $N$ 是否都是以某个固定的比率同时增长。

不过，首先需要注意的是如下两个重要问题。第一，在面板环境下，对零假设和备择假设的设计及解释需要非常小心；第二，在单位根检验回归的误差项之间可能存在横截面维度上的相依性问题。在早期的研究中，通常会假定误差项在横截面上是独立的，而最近的一些研究提出了一些新方法，这些方法允许横截面误差项之间存在某些特定形式的相依性，有文献分别将这两类方法称为“第一代”面板单位根检验和“第二代”面板单位根检验。

假设某位研究者手上有一组面板数据，这时如果要进行单位根检验的话，一个非常自然的起点或许就是用泽尔纳（Zellner）的 SUR 方法来对每个时间序列分别进行回归，其中泽尔纳的 SUR 方法或许可以归类于多元 ADF（MADF）检验。需要注意的是，只有当 $T \gg N$ 时才可以使用这一方法，Taylor 和 Sarno（1998）曾经使用这一方法来对购买力平价理论进行过检验。不过，这一方法现在很少使用了，现在研究者都倾向于使用全面板结构所提供的信息。

这里的关键在于面板的维数，是 $T$ 比较大，还是 $N$ 比较大？还是 $T$ 和 $N$ 都比较大？如果 $T$ 比较大而 $N$ 比较小，那么可以使用 MADF 方法。当然，Breitung 和 Pesaran（2008）曾经指出，在这种情况下，研究者可以质疑采用面板方法是否会得不偿失，因为如果 $T$ 足够大，那么分别进行 ADF 检验的可靠性就会很好，从而导致使用面板方法只会徒增复杂程度。

### 11.8.2 检验常用备择假设

Levin，Lin 和 Chu（2002）（简记为 LLC）提出了一个基于下述方程的检验：

$$\Delta y_{i,t}=\alpha_i+\theta_t+\delta_i t+\rho_i y_{i,t-1}+\sum\gamma_j\Delta y_{t-j}+v_{i,t}$$

$$t=1,2,\cdots,T;\ i=1,2,\cdots,N \tag{11.18}$$

这是一个一般性模型，该模型通过 $\alpha_i$ 和 $\theta_t$ 来刻画与个体有关的效应和与时间有关的效应，同时通过 $\delta_i t$ 来刻画各个序列中的确定性趋势，再通过 $\Delta y$ 这一滞后结构来消除自相关性。当然，和 DF 检验一样，式中的任何（或所有）确定性项都可以忽略，而所要检验的零假设为 $H_0: \rho_i \equiv \rho = 0, \forall i$，备择假设为 $H_1: \rho < 0, \forall i$。

实际操作中，面板框架下的单位根检验之所以更为复杂，其中一个原因在于方程中的"冗余参数"太多，当然这些参数对于模型中包含固定效应是非常有必要的（即 $\alpha_i$，$\theta_t$，$\delta_i t$）。但是，这些冗余参数会影响到检验统计量的渐近分布，因此 LLC 另外进行了两个辅助回归，以便消除这些冗余参数的影响。具体来说，首先将 $\Delta y_{it}$ 对其滞后值 $\Delta y_{it-j}$ $(j=1, \cdots, p_i)$ 及外生变量（$\alpha_i$，$\theta_t$，$\delta_i t$ 中的一些或全部，研究者任意指定）进行回归，得到残差 $u_{1it}$。注意，因变量滞后值的数量 $p_i$ 在所有序列中不必保持一致。接下来，将 $y$ 的滞后值 $y_{it-1}$ 对同一组变量再次进行回归，得到残差 $u_{2it}$，然后再将这两项残差都除以回归标准误 $s_i$，从而将其标准化，其中 $s_i$ 是从扩展的 DF 回归［即式（11.18）］中得到的，即：

$$\tilde{u}_{1it} = u_{1it} / s_i \tag{11.19}$$

和

$$\tilde{u}_{2it} = u_{2it} / s_i \tag{11.20}$$

所以 $\tilde{u}_{1it}$ 就等于 $\Delta y_{it}$，不过其中的确定性成分已经被剔除，而 $\tilde{u}_{2it}$ 就等于 $y_{it-1}$，不过其中的确定性成分也已经被剔除。最后，将 $\tilde{u}_{1it}$ 对 $\tilde{u}_{2it}$ 做回归，并运用这一检验回归中的斜率系数估计值构建检验统计量，该检验统计量渐近服从标准正态分布。也就是说，当 $T$ 和 $N$ 都趋于无穷的时候，检验统计量会趋近于这一"有限"正态分布。不过，当 $T$ 趋于无穷时，向正态分布的收敛速度比 $N$ 趋于无穷时的收敛速度更快。

Breitung（2000）提出了 LLC 检验的一个修正版本，其中不包含确定性项（即固定效应和/或某个确定性趋势），而且对辅助回归中的残差进行标准化的方式也更为复杂。

现在应该很明显了，在拒绝联合零假设之前，只需要在某个序列中找到反对非平稳零假设的证据即可。Breitung 和 Pesaran（2008）认为，在拒绝零假设以后，恰当的结论应该是"横截面个体中的一部分是显著平稳的"。不过，如果 $N$ 比较大，那么这一结论其实对我们的帮助有限，因为它并没有提供给我们有关"$N$ 个序列中究竟有多少是平稳的"这一信息。通常情况下，同质性假设不太具有经济意义，因为并没有理论认为所有的序列都应该具有同样的自回归动力学结构，即不应该有同样的 $\rho$ 值。

### 11.8.3 带有异质过程的面板单位根检验

Im，Pesaran 和 Shin（2003）（简记为 IPS）针对上一节末尾所描述的问题提出了另外一种解决办法，即给定方程（11.18），设零假设为 $H_0: \rho_i = 0, \forall i$，备择假设为 $H_1$：$\rho_i < 0$，$i=1, 2, \cdots, N_1$；$\rho_i = 0$，$i = N_1+1, N_1+2, \cdots, N$。

所以，现在的零假设仍然是将面板中的所有序列都视为是非平稳的，但备择假设是将其中一部分序列 $N_1/N$ 视为是平稳的，而另外一部分 $(N-N_1)/N$ 仍是非平稳的。不过，很明显这里没有施加"所有的 $\rho$ 值都相等"这一约束。另外，这一方法中面板检验统计量的构建方式为：首先，对面板中的所有序列分别进行单位根检验；其次，按照标准方式计算每一检验的 ADF $t$ 统计量；最后，取这些 $t$ 统计量的横截面平均值。如果零假设成立，这一横截面平均值就应该是一个服从标准正态分布的变量。对此，IPS 构建了相应的 LM 检验以及我们更为熟悉的 $t$ 检验。① 如果样本中时间序列观测点的数量足够多，那么我们就可以对每个序列分别进行单位根检验，从而确定单个检验中零假设被拒绝的比例，进而确定反对联合零假设证据的强度。

需要指出的是，尽管在 $N$ 与 $T$ 差不多的情况下，IPS 提出的异质性面板单位根检验优于同质性检验，但当 $N$ 比较大而 $T$ 比较小时，这一检验的功效可能仍有不足，而这时更可取的方法是 LLC 方法。

Maddala 和 Wu（1999）及 Choi（2001）对 IPS 方法进行了一定的变形，他们所提出的变形方法的基本思想可以追溯到 Fisher（1932）。具体来说，这一变形方法也同样是分别对面板中的每个序列都进行单位根检验，不过接下来是将每个检验统计量的 $p$ 值组合到一起。如果将这些 $p$ 值记为 $pv_i$，$i=1$，2，…，$N$，那么在“每个序列都有一个单位根”的零假设下，所有 $pv_i$ 都在［0，1］区间上服从均匀分布。因此，对于给定的 $N$，当 $T\to\infty$时，有：

$$\lambda=-2\sum_{i=1}^{N}\ln(pv_i)\sim\chi^2_{2N} \tag{11.21}$$

在这种情况下，每个序列中观测值的数量可以是不一样的，因为这时是分别对每一个序列进行回归，然后只需要在检验统计量中将其 $p$ 值组合起来即可。注意，对于保证 $p$ 值之和服从 $\chi^2$ 分布这一点来说，横截面维度上的独立性假设在这里是非常重要的。另外，因为 ADF 检验统计量的分布不是标准分布，并且依赖于冗余参数，所以这一方程中的 $p$ 值只能通过蒙特卡洛模拟方法来计算。最后，如果所考虑的序列的滞后阶数与 $\Delta y_{it}$ 不同，或者序列间的观测值数量不一，那么每一个序列都需要单独进行一次蒙特卡洛模拟运算。

除了 $\chi^2$ 统计量之外，Choi（2001）还另外发展了一个该检验的变形，不过这一变形形式的检验也同样是基于 $p$ 值，且其统计量渐近服从标准正态分布。很明显，类似于 IPS，Maddala-Wu-Choi 方法也不需要所有序列中的 $\rho$ 值都保持一致，因为 ADF 检验是对面板中的每个序列分别进行的。

### 11.8.4 面板平稳性检验

上面所介绍的方法是非平稳性检验。与 DF 检验类似，零假设意味着非平稳性的存在。不过，我们还可以构建另外的检验方法，其中零假设是“面板中的所有序列都是平稳的”，这就类似于 Kwaitkowski 等（1992）所提出的 KPSS 检验。在这类检验下，零假设成立意味着所有的序列都具有平稳性。不过，如果其中有一个序列不是平稳的，那么零假设就会被拒绝。面板环境下的这种检验方法是由 Hadri（2000）提出的，其中的检验统计量服从渐近正态分布。与单变量情形一样，这里的平稳性检验也是验证单位根检验稳健性的一种有效方法。

① 这两种检验方式都假定面板是平衡的。也就是说，所有横截面个体时间序列观测值的数量都是相等的。

### 11.8.5 考虑横截面异质性

面板回归中的“误差项在横截面维度上是独立的”这一假设与实际状况严重不符。举例来说，如果我们要检验购买力平价是否成立，这一假设很可能会忽略掉对样本中所有汇率或其中一部分汇率都有影响的重要因子，并由此导致残差之间具有相关性。O'Connell（1998）证明了如果存在横截面相依性但没有在模型中对其进行考虑的话，会导致结果出现很大程度的扭曲。也就是说，与仅仅是因为偶然所导致的拒绝正确零假设的频次相比，不考虑已有的横截面相依性会使得拒绝正确零假设的频次大很多。不过，如果是通过对这一检验中的临界值进行调整以去除这一扭曲的影响，那么检验的功效就会出现下降，进而导致在极端情况下因为使用面板结构所带来的好处完全丧失。此外，按照 Maddala 和 Wu（1999）的说法，如果横截面相依性未被参数化，那么基于费希尔（Fisher）统计量的检验要比 IPS 方法更为稳健。

O'Connell（1998）提出了一个灵活的 $\rho$ 值 GLS 估计量，其中假设了误差项之间存在某种非零形式的相关关系。为了克服必须指定相关性矩阵这一局限（这一局限会带来麻烦，因为其具体形式并不清晰），Bai 和 Ng（2004）将数据分为共同因子成分和特定成分，并由此提出了一个新的方法，其中所有序列的共同因子成分都高度相关，而特定成分在所有序列中都各不相同。另外还有一种方法是运用 OLS 进行处理，但其中使用的是经过修正了的标准误（所以被称作“面板校正标准误”，即 panel corrected standard errors，简记为 PCSE），具体可参阅 Breitung 和 Das（2005）。

总而言之，对横截面相依性的妥善处理使得本来就比较复杂的问题变得更加困难。在存在这一相依性的前提下，冗余参数会以某种非常规的方式影响检验统计量。因此，尽管直接忽略横截面相依性的第一代方法在理论上并不占优势，但在实证文献中仍在被广泛地使用着。

### 11.8.6 面板协整

文献中经常会提到，尽管面板单位根检验方法已经比较成熟，但面板协整建模技术的发展还处于起步阶段。实际上，在面板框架下对变量间的协整关系进行检验确实是一个相当复杂的问题，因为这时既要考虑不同变量组之间的协整关系（我们可以将其称为“横截面协整”），又要考虑组内的协整关系。另外，不同面板协整序列的参数甚至协整关系的数量可能都是不同的。

到目前为止，绝大多数这方面的工作都依赖于对恩格尔-格兰杰单方程方法的推广，这些研究都是跟随 Pedroni（1999，2004）所做的一些开创性工作而开展起来的。Pedroni（1999，2004）所提出的方法的一般性很强，既允许在每一组可能存在协整关系的变量中存在不同的截距项，也允许其中存在不同的确定性趋势项。对于一组一阶单整的变量 $y_{it}$ 和 $x_{m,i,t}$ 来说，如果我们认为它们之间可能存在协整关系，就可以进行如下回归：

$$y_{it}=\alpha_i+\delta_i t+\beta_{1i}x_{1i,t}+\beta_{2i}x_{2i,t}+\cdots+\beta_{Mi}x_{Mi,t}+u_{i,t} \tag{11.22}$$

其中，$m=1$，…，$M$ 是上述潜在协整回归式中的解释变量；$t=1$，…，$T$；$i=1$，…，$N$。

接下来，对每一组变量在上述回归中的残差 $\hat{u}_{i,t}$ 分别进行 DF 或 ADF 类回归，以便确定其是否为 I(1)。例如：

$$\hat{u}_{i,t}=\rho_i\hat{u}_{i,t-1}+\sum_{j=1}^{p_i}\psi_{i,j}\Delta\hat{u}_{i,t-j}+v_{i,t} \tag{11.23}$$

这时的零假设是所有回归式中的残差都是单位根过程，即 $H_0$：$\rho_i=1$，“不存在协整关系”。至于备择假设，佩德罗尼（Pedroni）提出了两种可能的不同形式：首先，所有的自回归动力学机制都是同一个稳定过程，即 $H_1$：$\rho_i=\rho<1$，$\forall i$；其次，每一个检验方程的动力学机制都是不同的稳定过程，即 $H_1$：$\rho_i<1$，$\forall i$。因此，第一种情况意味着不允许存在任何异质性，而第二种情况允许异质性的存在，这就可以类比于前面介绍过的 LLC 方法和 IPS 方法的区别。此后，佩德罗尼对方程（11.23）中的 $t$ 值进行了标准化，并以标准化后的 $t$ 值为基础构建了一系列不同的检验统计量。其中，对 $t$ 值的标准化过程要用到一个函数，该函数取决于方程（11.23）中是否包含截距项或趋势项，以及 $M$ 的取值情况。另外，所有这些标准化后的检验统计量都渐近服从标准正态分布。

Kao（1999）也提出了一种方法，不过这一方法本质上是佩德罗尼方法的有约束版本。在 Kao（1999）的方法中，首先假定方程（11.22）中的斜率参数在组间是固定的，而截距项仍然可变，然后再在一个混合样本上进行 DF 或者 ADF 检验回归，同时假定 $\rho$ 值具有同质性。这些约束使得检验方法得到了一些简化。

除了运用残差并以对恩格尔和格兰杰方法的延伸等方式来检验协整关系之外，其实还可以通过对约翰森技术的一般化来实现这一目的，当然，复杂程度更高一点。Larsson，Lyhagen 和 Lothgren（2001）提出了将约翰森技术一般化的方法，不过一个更简便的方式是对每一组序列分别使用约翰森方法，在得到所有迹检验的 $p$ 值之后，再将其对数之和乘以−2，就像 Maddala 和 Wu（1999）所提出的式（11.21）中的计算方式一样。另外，还有一种基于“全局 VAR”的全系统方法，不过其复杂性更强，有关这一方法的技术细节可以参阅 Breitung 和 Pesaran（2008）及其参考文献。

### 11.8.7 对面板单位根检验和面板协整检验的一个解释：金融发展与 GDP 增长率之间的关系

从政策的角度来看，发展中国家所面临的一个很重要的问题就是这个国家的金融市场与其经济增长之间的联系程度如何。某些文献认为，政府的过度管制可能会阻碍金融市场的发展（例如对贷款的限制、对借贷利率的限制、对外资银行的壁垒等等），从而相对于一个更具活力的金融市场来说，这些市场所在国家的经济增长速度更慢。另外，如果经济主体可以以合理的利率借入资金，或者可以在资本市场上很方便地进行投资，那么就能够使得真实的投资机会变得更可行，并由此实现更为有效的资本配置。

不过，无论是这一领域中的理论研究，还是相关的实证研究，所得到的结论都不太一致。对于理论研究来说，所得到的结论依赖于研究所使用的框架以及所做出的假设。而对于实证研究来说，现有的这一领域中的许多研究都受到如下两个问题的困扰：第一，经济增长和金融发展之间因果关系的方向可能是相反的。也就是说，如果经济增长，那么对金融产品的需求本身就会增加，由此经济增长会带来金融市场的发展，而非相反的因果关系。第二，通常情况下，学者们无法得到发展中经济体较长时期的有关数据，所以传统的单位根检验以及考察这两个变量之间关系的协整检验的功效会比较低。特别地，尽管这类研究往往能够识别出经济增长和股票市场发展之间的联系，但对于经济增长与银行业之间复杂关系的确定却是无能为力的。所以，这就使得学者们有很强的动力采用功效更强的面板技术来研究这一问题，而由 Christopoulos 和 Tsionas（2004）完成的一项工作就是在这一方向上的一次有益尝试。现在我们来讨论一下这篇论文中所采用的一些关键方法及其主要发现。

如果定义国家 $i$ 的真实产出为 $y_{it}$，金融深度为 $F$，总产出中投资的份额为 $S$，通货膨胀率为 $\dot{p}$，那么上述研究所采用的核心模型为：

$$y_{it}=\beta_{0i}+\beta_{1i}F_{it}+\beta_{2i}S_{it}+\beta_{3i}\dot{p}_{it}+u_{it} \tag{11.24}$$

论文中用银行总负债占 GDP 的比例作为金融深度 $F$ 的代理。Christopoulos 和 Tsionas（2004）从 IMF 的国际金融统计（International Financial Statistics）资料库中拿到了 10 个国家 1970—2000 年间的相关数据，这 10 个国家分别为哥伦比亚、巴拉圭、秘鲁、墨西哥、厄瓜多尔、洪都拉斯、肯尼亚、泰国、多米尼加共和国和牙买加。

在方程（11.24）所示的回归中，一国产出是因变量，金融发展是其中一个自变量。不过，除了模型（11.24）之外，Christopoulos 和 Tsionas（2004）还考察了将两者对调之后的因果关系，即令 $F$ 为因变量，而 $y$ 为其中一个自变量。一开始，他们对 10 个国家的单个序列（产出、金融深度、GDP 中的投资份额、通货膨胀率）分别进行单位根检验，检验结果稍微有一些不太明晰，不过大多数序列都可以由水平值上的单位根过程进行良好的描述，且一阶差分是平稳的。接下来，他们分别对各个变量采用 Im，Pesaran 和 Shin（2003）所提出的面板单位根检验和 Maddala-Wu $\chi^2$ 检验，但这时候所用的是由所有 10 个国家的数据所组成的面板数据。$\Delta y_{it}$ 的滞后阶数由 AIC 来确定，且所有情形下的零假设都是具有单位根过程的，相关检验结果报告于表 11.4 中。可以看到，表中检验结果的显著性更强，且结果显示所有 4 个序列的水平值都是非平稳的，但一阶差分都是平稳的。

下一步是检验序列之间是否存在协整关系。和前面一样，首先分别在国家层面上进行检验，然后运用面板方法。在面板框架下，作者采用了 LLC 方法以及 Harris-Tzavalis（1999）技术，后者与 LLC 方法大致一样，不过由于该技术假设当 $N$ 趋于无穷时 $T$ 保持固定，所以在有限分布中的矫正因子上与 LLC 方法稍有不同。和上节一样，这些技术是基于对潜在协整回归中的残差所进行的单位根检验，不过 Christopoulos 和 Tsionas（2004）还分别考察了带有固定效应以及既有固定效应又有确定性趋势项的面板协整检验。作者将这些方法应用于 $y$ 和 $F$ 分别作为因变量的回归式中。

表 11.5 中的结果强烈表明，在把产出当作因变量的时候，如果在检验回归式中只包含固定效应，那么 LLC 方法就拒绝了潜在回归残差中存在一个单位根的零假设。不过，当检验回归式中既包含固定效应也包含一个趋势项时，这一零假设无法被拒绝。接下来，我们把目光转向 Harris-Tzavalis 方法下的结果，该方法是对以残差为基础的检验方法的变形。可以看到，在该方法下，无论是只含固定效应的回归，还是固定效应＋趋势项回归，零假设都被拒绝了。反过来，如果把金融深度作为因变量，所有的这些检验

都无法拒绝零假设。因此，在把产出当作因变量时，基于残差的检验提供了存在协整关系的证据，而在把金融深度当作因变量时，这一证据并不存在。作者以怀疑的态度对这一结果进行了解释，他们认为这一结果意味着因果关系的方向是从产出到金融深度，而不是相反。

表 11.5 的最后一行列示了一个系统性协整检验方法的结果，该方法是基于约翰森检验 $p$ 值的对数之和。这一方法下的结果表明，不存在协整向量（$H_0$：$r=0$）的零假设被拒绝，而 $H_0$：$r\leqslant 1$ 及更大值的零假设无法被拒绝。由此，可以得出结论：面板中的 4 个变量之间存在协整关系。注意，在这种情形下，由于是在一个 VAR 系统内检验协整，所以所有变量都是被类似对待，进而不同的因变量并不存在不同的结果。

**表 11.4　经济增长和金融发展的面板单位根检验结果**

| 变量 | 水平值 | | 一阶差分值 | |
|---|---|---|---|---|
| | IPS | Maddala-Wu | IPS | Maddala-Wu |
| 产出（$y$） | −0.18 | 27.12 | −4.52*** | 58.33*** |
| 金融深度（$F$） | 2.71 | 14.77 | −6.63*** | 83.64*** |
| 投资所占份额（$S$） | −0.04 | 30.37 | −5.81*** | 62.98*** |
| 通货膨胀率（$\dot{p}$） | −0.47 | 26.37 | −5.19*** | 74.29*** |

注：Maddala-Wu 检验 1%水平下的临界值为 37.57；***表示存在一个单位根的零假设在 1%水平下被拒绝。

资料来源：Christopoulos and Tsionas (2004). Reprinted with the permission of Elsevier.

**表 11.5　经济增长和金融发展的面板协整检验结果**

| | LLC | | Harris-Tzavalis | |
|---|---|---|---|---|
| | 固定效应 | 固定效应＋趋势项 | 固定效应 | 固定效应＋趋势项 |
| 因变量：$y$ | −8.36*** | 0.89 | −77.13*** | −5.57*** |
| 因变量：$F$ | −1.2 | 0.5 | −0.85 | −1.65 |
| 费希尔 $\chi^2$ | $r=0$<br>76.09*** | $r\leqslant 1$<br>30.73 | $r\leqslant 2$<br>28.91 | $r\leqslant 3$<br>23.26 |

注：***表示不存在协整关系的零假设在 2%水平下被拒绝；费希尔检验 1%水平和 5%水平下的临界值分别为 37.57 和 31.41。

资料来源：Christopoulos and Tsionas (2004). Reprinted with the permission of Elsevier.

## 11.9　延伸阅读

认为有必要了解一下面板领域中的其他有关知识的读者，可以去看一下有关面板技术的经典著作，如 Baltagi (2005)，Hsiao (2003)，Arellano (2003) 及 Wooldridge (2010)。这 4 本著作在技术细节上的介绍都非常详尽，而且都很好地参考了最近提出的有关面板模型设定、估计和检验的理论发展成果。不过，所有这些内容都要求读者具有较高的数学和计量经济学水平。当然，也有以更为直觉和方便且细节性没有那么强的方式来介绍面板技术的材料，例如 Kennedy（2003，Chapter 17），这些材料中的实例不仅给出了金融研究中使用面板数据的一些例子，而且概括了这一领域中的方法，所以对于有志于学习这方面知识的读者来说，是非常有必要读一读的。另外，Maddala 和 Kim（1999）还曾写过一本书，书中对单位根检验和协整检验都进行了非常方便易读的处理，不过从该书出版的年份来看，不可能将这一领域中最近的理论发展成果都包含在内。最后，Breitung 和 Pesaran（2008）提供了一份非常全面的综述，不过文中涉及的技术水平是比较高的。

## 核心概念

本章给出了定义及解释的核心概念包括：

- 混合数据
- 固定效应
- 随机效应
- 组内变换
- 组间估计
- 面板协整检验
- 似不相关回归
- 最小二乘哑变量估计
- 豪斯曼检验
- 时间固定效应
- 面板单位根检验

## 自测题

1. (a) 相对于混合数据来说，运用面板数据的好处是什么？
   (b)“似不相关回归”的含义是什么？给出这一方法在金融中的应用实例。
   (c) 如何区分平衡面板和非平衡面板？举例说明。
2. (a) 对“固定效应模型如何等价于带有哑变量的普通最小二乘回归？”给出解释。
   (b) 随机效应模型如何捕捉截距项中的横截面异质性？
   (c) 与随机效应模型相比，固定效应模型有什么优势和劣势？对于某个特定的问题来说，如何在二者之间做出选择？
3. 在金融学术文献中找一个应用面板回归模型的例子，并回答以下问题：
   - 解释该例为什么要使用面板数据。
   - 作者选择的是固定效应模型还是随机效应模型？理由何在？
   - 该研究所取得的主要结果是什么？文中有没有提到，在该研究或此前的研究中如果使用混合回归，是否会得到某些不同的结果？
4. (a) 与对序列逐个进行单位根检验相比，在面板框架下进行单位根检验的优势和劣势各是什么？
   (b) 解释基于某个共同备择假设的面板单位根检验与基于异质过程面板单位根检验之间的区别。

# 第 12 章

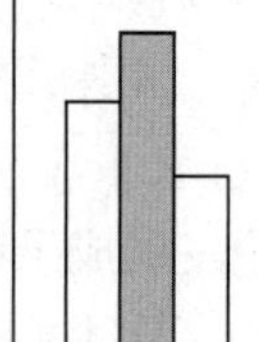

# 受限因变量模型

**学习目标**

在本章，你要学会：

- 比较不同类型的受限因变量，并为其选择合适的模型
- 解释并评价 Logit 模型和 Probit 模型
- 区别二项模型和多项模型
- 恰当地处理删失因变量和截断因变量

## 12.1 简介与动机

在第 5～10 章中可以看到，运用各种哑变量可以定量地捕捉到信息定性变量。举例来说，这些定性变量可以是周内效应、性别、信用评级等等。如果这些哑变量是作为自变量出现在回归模型里，通常情况下不会带来什么特别的问题，这时我们只需要小心地避免哑变量陷阱就可以了（参阅第 10 章）。然而，金融研究中我们还会遇到许多因变量（而非一个或多个自变量）是定性变量的情况。这些定性的信息当然也可以通过哑变量来描述，这时我们所面对的就是所谓受限因变量问题，对这一问题的处理方式与哑变量是自变量时的方式大不相同。其实简单来讲，所谓受限因变量问题，就是指因变量的值只取有限的几个整数（如 0，1，2，3，4），或者只取两个数［0 和 1，这时被称作“**二值选择变量**”（binary choice variable）］。

离散选择变量是**受限因变量**（limited dependent variable）中更广为人知的一种，它们的取值仅限于某些整数。另一类受限因变量是以某种方式获得的删失数据和截断数据，在这类数据中，我们只能观察到部分真实值，而其余部分则位于某个固定阈值之上或之下，无法直接获得。在本章后续内容中，我们会探究删失回归模型和截断回归模型及二者之间的区别。

"因变量可能是二值选择因变量"的实际情况有很多，下面仅举几例：

- 为什么公司选择在纳斯达克上市而不是纽约证券交易所？
- 为什么有些股票分红，而有些股票不分红？
- 影响某些国家是否对其主权债务违约的因素有哪些？
- 为什么有些公司选择发行新股来融资，而另外有些公司却选择发行债券？
- 为什么有些公司选择将股票拆分，而有些公司却不这样做？

可以很清晰地看到，上面这些例子中的因变量都是 0—1 哑变量，因为只可能有两种不同的状态。当然，在某些特定的情况下，允许因变量取其他值会更为有用，但这部分内容我们放在 12.9 节中讨论。现在，我们首先来考察一种用于处理二值因变量的方法，这种方法非常简单明了，但有一定的缺陷，它的名字叫做线性概率模型。

## 12.2 线性概率模型

迄今为止，**线性概率模型**（linear probability model，LPM）是用于处理二值因变量的最简单的模型。这一模型的基础在于，它假定某个事件发生的概率 $P_i$ 与一系列的解释变量 $x_{2i}$，$x_{3i}$，…，$x_{ki}$ 呈线性相关，即：

$$P_i=p(y_i=1)=\beta_1+\beta_2 x_{2i}+\beta_3 x_{3i}+\cdots+\beta_k x_{ki}+u_i \quad i=1,\cdots,N \tag{12.1}$$

由于真实概率无法观测，所以我们要估计的是一个 $y_i$（由 0 和 1 构成的序列）为因变量的模型。这是一个线性回归模型，可以运用 OLS 进行估计。模型中的解释变量既可以是定量的变量，也可是哑变量，或者二者都包括。需要指出的是，这一回归的拟合值就是对每个观测值 $i$ 来说 $y_i=1$ 的概率估计值。除此之外，线性概率模型的斜率估计值还可以被解释为：在其他所有解释变量保持不变的前提下，某个特定解释变量一单位的变化所导致的因变量等于 1 的概率所发生的变化。举例来说，假定我们将公司 $i$ 支付红利（$y_i=1$）这一行为表示为其市值（用 $x_{2i}$ 表示，单位为百万美元）的函数，且拟合出了如下回归式：

$$\hat{P}_1=-0.3+0.012x_{2i} \tag{12.2}$$

其中，$\hat{P}_i$ 指的是公司 $i$ 的拟合概率或所估计的概率。该模型显示，公司的市值每增加 100 万美元，其支付红利的可能性会增加 0.012（或 1.2%）。按照该模型，一家股票市值为 5 000 万美元的公司支付红利的可能性为 $-0.3+0.012\times50=0.3$（或 30%）。上述情形也可以表示成如图 12.1 所示。

尽管线性概率模型非常易于估计，而且便于从直观上进行解释，但从图 12.1 中仍然可以很自然地看出这一模型存在的一个问题。举例来说，如果某家公司的市值小于 2 500 万美元，那么根据该模型的估计结果，其分发股利的概率就是负值；而如果某家公司的市值大于 8 800 万美元，这一概率就会大于 1。很明显，这一结果是不现实的，因为概率永远会落在（0，1）区间之内。当然，对这一问题的一个很明显的解决办法就

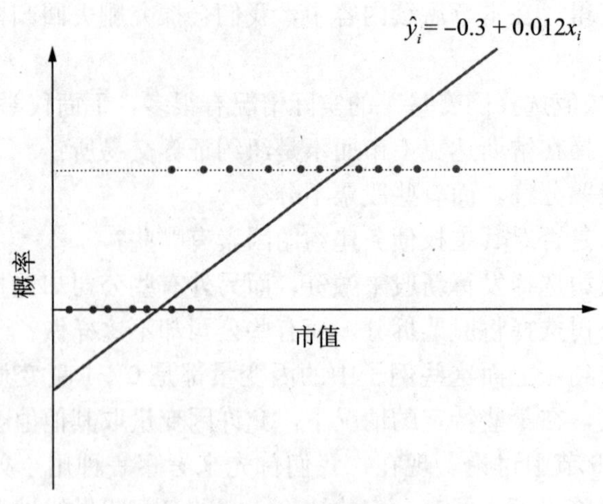


图 12.1　线性概率模型的致命缺陷

是将该模型在概率等于 0 和 1 处截断。例如，如果所得概率等于－0.3，那么就将其设为 0；如果概率等于 1.2，就将其设为 1。不过，这一处理方式仍然不够充分，原因包括以下两个方面：

(1) 截断处理会导致有太多观测值的估计概率正好等于 0 或 1。

(2) 更重要也是更直接的原因在于，将公司是否分配股利的概率精确地设定为 0 或 1 是不合理的。我们就那么确定小公司一定不分配股利，大公司一定会分配股利吗？答案应该是否定的。所以，应该用其他不同的模型为两值因变量建模——Logit 模型和 Probit 模型都可以。我们会在后面的内容中介绍这两种模型。不过，这里需要指出的是，线性概率模型还存在两个更为标准的计量经济学问题，这些问题我们在前面几章中曾经讨论过。首先，由于因变量只取 1 个或 2 个值，所以在给定自变量取值的前提下，误差项也只会取 1 个或 2 个值。[①] 考虑方程 (12.1)，如果 $y_i=1$，那么按照定义有：

$$u_i=1-\beta_1-\beta_2 x_{2i}-\beta_3 x_{3i}-\cdots-\beta_k x_{ki}$$

但如果 $y_i=0$，则有：

$$u_i=-\beta_1-\beta_2 x_{2i}-\beta_3 x_{3i}-\cdots-\beta_k x_{ki}$$

所以，可以看出，在上述情形下，误差项无法被合理地假定为服从正态分布。另外，由于 $u_i$ 会随着解释变量的变化而出现系统的变化，所以误差项也将具有异方差性，而这一点正是在受限因变量模型中必须使用异方差稳健标准误的原因所在。

## 12.3　Logit 模型

Logit 模型和 Probit 模型都可以克服 LPM 可能得到小于零或大于 1 的概率值的缺

① 这里所讨论的是误差项 $u_i$，而非残差 $\hat{u}_i$。

陷，具体做法是通过运用某个函数来对回归模型进行有效的转换，进而使其拟合值必定落在（0，1）区间之内。如果用图形来表示，所拟合的回归模型会呈现 S 形，而非像 LPM 一样是一条直线，具体情况如图 12.2 所示。

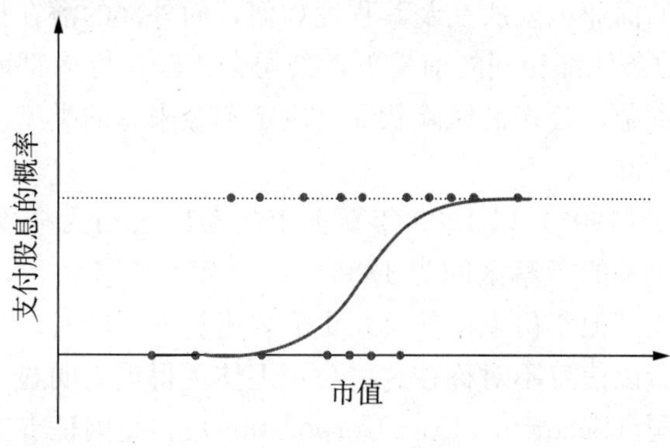


图 12.2　Logit 模型

可以用于任意随机变量 $z$ 的 Logit 函数 $F$ 的具体形式为：

$$F(z_i)=\frac{e^{z_i}}{1+e^{z_i}}=\frac{1}{1+e^{-z_i}} \tag{12.3}$$

其中，$e$ 代表对数方法下的指数。该模型之所以被命名为 Logit 模型，原因在于函数 $F$ 实际上是一个累积 Logistic 分布。基于函数（12.3），可以得到所估计的 Logistic 模型为：

$$P_i=\frac{1}{1+e^{-(\beta_1+\beta_2 x_{2i}+\cdots+\beta_k x_{ki}+u_i)}} \tag{12.4}$$

其中，$P_i$ 仍为 $y_i=1$ 的概率。

Logistic 模型中，0 和 1 是函数的渐近值，所以在该模型下尽管概率可以无限地接近 0 和 1，但永远不可能真正小到正好等于 0 或大到正好等于 1。在方程（12.3）中，当 $z_i$ 趋于正无穷时，$e^{-z_i}$ 趋近于 0，所以 $1/(1+e^{-z_i})$ 趋近于 1；当 $z_i$ 趋于负无穷时，$e^{-z_i}$ 趋近于正无穷，所以 $1/(1+e^{-z_i})$ 趋近于 0。

很明显，这一模型不是线性的，而且无法通过某种转换来变成线性模型，所以该模型无法用 OLS 进行估计。不过，我们可以运用极大似然估计，这一部分的具体内容请见 12.7 节，更详细的介绍请参阅本章附录。

## 12.4　用 Logit 模型检验啄食顺序假说

本节考察由 Helwege 和 Liang（1996）所完成的关于**啄食顺序假说**（pecking order hypothesis）的一项研究。公司金融理论认为，公司首先会选择最便宜的融资手段来为经营活动融得资金（具体是指那些只需要为投资者提供最低收益率的资金来源），且只有在比较便宜的融资资源被耗尽时，公司才会转向比较昂贵的融资方式。这就是所谓的“啄食顺序理论”，该理论最初是由 Myers（1984）提出的。Myers（1984）认为，不同资金来源之间相对成本的差异在很大程度上是源自信息不对称，因为只有公司的高级管理层才真正了解公司的商业风险所在及其程度如何，而外部的潜在投资者并不知道这一信息。① 因此，在其他条件都相同的前提下，公司会比较偏好内部融资。更进一步，如果一定需要（外部）资金，公司的风险状况会决定资金来源的类型。公司风险越大，对其证券的定价就越不精准。

Helwege 和 Liang（1996）以 1983 年新上市的美国公司为样本检验了啄食顺序假说，对这些公司融资决策的考察区间为 1984—1992 年。作者认为，这些新上市公司的增长率较高，因此比在其他年份上市的公司更需要进行外部融资。另外，由于缺少对这些公司的跟踪记录，所以信息不对称在这些公司上体现得更为明显。论文中上市公司的名录取自证券数据公司（Securities Data Corporation）和美国证券交易委员会（Securities and Exchange Commission，简记为 SEC），数据则是取自 Compustat。

该论文的一个核心目标是确定能够影响公司进行外部融资概率的因素有哪些。因此，这里的因变量就只取两个值，即 1（代表采用外部融资方式的公司）和 0（代表不采用外部融资方式的公司）。在这种情况下，不能用 OLS，而要用 Logit 模型。至于模型中的解释变量，是那些能够捕捉到信息不对称的相对程度和公司风险大小的变量。如果啄食顺序理论得到了数据的支持，那么那些自有资金更少的企业更可能选择从外部筹集资金。因此，变量 *Deficit* 定义为“资本支出＋并购花费＋红利支出－盈利”。如果 *Deficit* 的值为正，则变量“*Positive deficit*”就等于 *Deficit*；如果 *Deficit* 的值为负，则变量“*Positive deficit*”就等于零。另外，如果 *Deficit* 的值为负，则变量“*Surplus*”就等于公司 *Deficit* 的负值。“*Positive deficit*×*operating income*”是一个交叉项，用于捕捉公司具有较好的投资机会但内部资金有限的情形。“*Assets*”用于测度公司规模；“*Industry asset growth*”是公司所处行业在 1983—1992 年间平均的资产增长率；“*Previous financing*”是一个哑变量，如果公司在前一年成功地进行了外部融资，则该变量取值为 1，否则为 0。这一 *Logit* 回归的结果报告于表 12.1 中。

**表 12.1　外部融资概率的 Logit 估计**

| 变量 | (1) | (2) | (3) |
|---|---|---|---|
| 截距项 | −0.29<br>(−3.42) | −0.72<br>(−7.05) | −0.15<br>(−1.58) |
| *Deficit* | 0.04<br>(0.34) | 0.02<br>(0.18) | |
| *Positive deficit* | | | −0.24<br>(−1.19) |

① “公司的管理者具有有关当前资产价值及投资机会的私人信息，而这些信息无法被可信地传递给市场。因此，从管理者的角度来看，公司所提供的任何风险证券都无法被公平定价”（Helwege and Liang，1996，p. 438）。

续表

| 变量 | (1) | (2) | (3) |
|---|---|---|---|
| *Surplus* | | | −2.06<br>(−3.23) |
| *Positive deficit × operating income* | | | −0.03<br>(−0.59) |
| *Assets* | 0.000 4<br>(1.99) | 0.000 3<br>(1.36) | 0.000 4<br>(1.99) |
| *Industry asset growth* | −0.002<br>(−1.70) | −0.002<br>(−1.35) | −0.002<br>(−1.69) |
| *Previous financing* | | 0.79<br>(8.48) | |

注：表格中的空白表示回归式中不包含该变量；括号中的数字为 $t$ 值；这里只给出了样本中所有年份下的结果。

资料来源：Helwege and Liang (1996). Reprinted with the permission of Elsevier.

可以看到，模型中关键变量“*Deficit*”的参数并不显著，所以是否得到外部融资的概率并不取决于公司现金赤字的规模。[①] 变量“*Surplus*”的参数符号是负的，说明公司盈余越多，越不可能寻求外部融资，这在一定程度上为啄食顺序假说提供了支持。另外，（具有较大规模总资产的）大公司不太可能运用资本市场进行融资，而在前一年中已经获得过外部融资的公司也是如此。

## 12.5 Probit 模型

除了可以用累积 Logistic 函数来转换模型之外，有时也可以使用累积正态分布函数，而这就是 Probit 模型的基本思路。在 Probit 模型中，方程（12.3）被替换为：

$$F(z_i)=\frac{1}{\sqrt{2\pi}}\int_{-\infty}^{z_i} e^{-\frac{z_i^2}{2}}dz \tag{12.5}$$

上式为服从标准正态分布随机变量的累积分布函数。与 Logistic 方法一样，基于该函数的转换可以保证模型所拟合的概率落在 0 和 1 之间。同样与 Logistic 方法一致的是，某个解释变量（如 $x_{4i}$）一个单位的变化所带来的边际冲击就等于 $\beta_4 F(z_i)$，其中 $\beta_4$ 是解释变量 $x_{4i}$ 的参数，且 $z_i=\beta_1+\beta_2 x_{2i}+\beta_3 x_{3i}+\cdots+u_i$。

① 或者，与标准回归模型中的情况相似的另外一种解释是，不同现金赤字规模公司下的概率有很大差别，从而导致与点估计值相比，标准误的规模过大。

## 12.6 应该选择 Logit 模型还是 Probit 模型?

大多数情况下，Logit 模型和 Probit 模型得到的结果非常接近，因为两种模型的密度函数的形式非常类似。也就是说，两种模型所拟合的回归线的图形（见图 12.2）几乎没有什么区别，而且解释变量与 $y_i=1$ 的概率之间的内在关系在这两个模型中也是非常相似的。另外，两种模型都较线性概率模型更优。只有当 $y_i$ 在 0 和 1 之间的分布极不平衡时，如 $y_i=1$ 出现的频次只有 10%的时候，两种模型的结果才会产生不可忽视的差异。

Stock 和 Watson（2011）认为，在传统意义上 Logistic 方法应该是第一选择，原因在于这一函数不需要对积分进行评测，所以可以更快地估计模型参数。不过，在计算机速度已经获得极大提升的今天，这一观点已经不再适用，所以研究者可以在两个方法中任意选择。

## 12.7 估计受限因变量模型

Logit 模型和 Probit 模型都是非线性模型，所以都无法运用 OLS 进行估计。尽管从原理上讲，可以运用非线性最小二乘法（NLS）来估计这两个模型的参数，但极大似然方法更为简便，因此实际中所用的方法都是极大似然估计法。正如第 9 章中所讨论的，极大似然方法的基本原理是寻找能够将对数似然函数（LLF）极大化的参数集。这里，LLF 的具体形式取决于所用的模型是 Logit 模型还是 Probit 模型，不过第 9 章中所描述的参数估计的一般原理对这两个模型都是适用的。也就是说，我们首先构建出恰当的对数似然函数，然后软件包就会运用迭代搜索步骤找出能够联合将对数似然函数最大化的参数值来。本章附录给出了 Logit 模型和 Probit 模型极大似然估计量的导数，专栏 12.1 介绍了如何对 Logit 模型和 Probit 模型中所估计出的参数进行解释。

**▶专栏 12.1◀**

**解释 Logit 模型和 Probit 模型中的参数**

计量软件包会自动计算标准误和 $t$ 值，并且会以标准方式完成假设检验。不过，对系数的解释要多加小心。举例来说，很容易就会做出这样的表述："$x_{2i}$ 增加一个单位，会导致对应于 $y_i=1$ 的结果出现的概率增加 $100\times\beta_2$%"。如果是在线性概率模型中，这样的表述没有问题，但在 Logit 模型和 Probit 模型中，这一表述是不对的。

上述解释之所以不适用于 Logit 模型，原因在于函数形式并不是 $P_i=\beta_i+\beta_2 x_i+u_i$。举例来说，可能是 $P_i=F(\beta_i+\beta_2 x_i+u_i)$，其中 $F$ 表示（非线性）Logistic 函数。为了得到我们所要求的 $x_{2i}$ 的变化与 $P_i$ 之间的关系，需要求 $F$ 关于 $x_{2i}$ 的导数，从而得到 $F(x_{2i})[1-F(x_{2i})]$。所以，$x_{2i}$ 一个单位的增加会引起概率增加

$\beta_2 F(x_{2i})[1-F(x_{2i})]$。通常情况下，我们会用某个解释变量的平均值来衡量该变量的增量变化所带来的冲击。举例来说，假设我们已经运用极大似然法估计出了下述带有 3 个解释变量的 Logit 模型：

$$\hat{P}_i=\frac{1}{1+e^{-(0.1+0.3x_{2i}-0.6x_{3i}+0.9x_{4i})}} \tag{12.6}$$

即 $\hat{\beta}_1=0.1$，$\hat{\beta}_2=0.3$，$\hat{\beta}_3=-0.6$，$\hat{\beta}_4=0.9$。现在，我们需要计算 $F(z_i)$，其中 $z_i$ 的定义如前，而这就需要知道解释变量的均值。假定 $\bar{x}_2=1.6$，$\bar{x}_3=0.2$，$\bar{x}_4=0.1$，那么 $F(z_i)$ 的估计值为：

$$\hat{P}_i=\frac{1}{1+e^{-(0.1+0.3\times1.6-0.6\times0.2+0.9\times0.1)}}=\frac{1}{1+e^{-0.55}}=0.63 \tag{12.7}$$

由此，$x_2$ 增加一个单位，会导致对应于 $y_i=1$ 的结果出现的概率大约增加 $0.3\times0.63\times0.37=0.07$。对于 $x_3$ 和 $x_4$ 来说，这一概率分别为 $-0.6\times0.63\times0.37=-0.14$ 和 $0.9\times0.63\times0.37=0.21$。注意，这些估计值有时也被称为**"边际效应"**(marginal effects)。

另外还有一种解释**离散选择模型**（discrete choice model）的方式，就是所谓的**随机效用模型**（random utility model）。该模型的基本思路在于，我们可以把个体 $i$（要么为 0，要么为 1）所选择的 $y$ 值视为是给某人的一个特定水平的效用，而所做出的最终选择很明显就是能够产生最高水平效用的那个结果。在某人需要在两个以上的概率中进行选择时，这一解释方式是非常有用的，12.9 节会对这一情形进行介绍。

估计完模型参数之后，就可以计算标准误并进行假设检验了。尽管这里的 $t$ 统计量仍然是通过标准的方式来计算的，但其中所用到的由极大似然方法计算出来的标准误只在渐近意义上是有效的。因此，考虑到"样本规模足够大"的潜在假设，检验中用到的临界值一般都是取自某个正态分布，而非 $t$ 分布。

## 12.8 衡量线性因变量模型的拟合优度

尽管在线性因变量模型下也可以计算一些标准的拟合优度指标，如 $RSS$、$R^2$ 或 $\bar{R}^2$ 等，但这些测度在线性因变量模型下都没有任何真实的含义。原因在于，极大似然方法的目的在于将 $LLF$ 最大化，而不是将 $RSS$ 最小化。此外，如果按照通常的方式计算 $R^2$ 和经调整的 $R^2$ 将会产生误导，因为模型的拟合值可以取任何值，但真实值只会取 0 或 1。为了解释这一点，假定某家银行要么选择发放贷款（$y_i=1$），要么选择拒绝贷款申请（$y_i=0$）。那么，$\hat{P}_i=0.8$ 意味着是发放了贷款还是拒绝了贷款？有时为了回答这一问题，会将大于 0.5 的任何 $\hat{P}_i$ 值都四舍五入为 1，而将小于 0.5 的任何 $\hat{P}_i$ 值都四舍五入为 0。不过，在大多数因变量的观测值都为 1 或都为 0 的情形下，这一处理方式不太可能发挥很好的作用。其实，在上述情形下，将阈值确定为 $y=1$ 的无条件概率（将其称为 $\bar{y}$）而非 0.5，会更有意义。举例来说，如果 $y=1$ 的观测值数量占 20%（即 $\bar{y}=0.2$），且模型对银行是否发放贷款给客户的预测是基于 $\hat{P}_i>0.2$ 且 $y_i=1$ 或者 $\hat{P}_i<0.2$ 且 $y_i=0$ 的话，我们就认为该模型的预测是正确的。

由此，如果 $y_i=1$ 且 $\hat{P}_i=0.8$，模型会有效地做出正确的预测（要么发放贷款，要么拒绝贷款申请——不会得到一个介于两者之间的中间结果），而无论是 $R^2$，还是 $\bar{R}^2$，都不会非常确定地给出这一结论。对于受限因变量模型，文献中常用的两种拟合优度测度如下：

（1）被正确预测的 $y_i$ 值所占的百分比。该测度等于 100%×被正确预测的观测值的数量再除以观测值总数，即：

$$\text{正确预测的百分比}=\frac{100\%}{N}\sum_{i=1}^{N}y_iI(\hat{P}_i)+(1-y_i)[1-I(\hat{P}_i)] \tag{12.8}$$

其中，如果 $\hat{y}_i>\bar{y}$，则 $I(\hat{P}_i)=1$，否则为零。

很明显，这一百分比越高，模型拟合得就越好。不过，尽管这一测度非常直观，而且也易于计算，但 Kennedy（2003）认为其并不是一个理想的测度方式，原因在于如果样本在 0 和 1 之间并不均衡，那么某个“天真预测器”就可能会比任何模型的预测表现都要好。举例来说，假设 $y_i=1$ 的观测值占到了总数的 80%，那么如果以这一百分比来衡量，“预测值总是为 1”这一简单规则很可能会比其他复杂模型的预测精度更高，但实际上这一规则的用处并不大。因此，Kennedy（2003，p. 267）建议用 $y_i=1$ 被正确预测的百分比加上 $y_i=0$ 被正确预测的百分比作为拟合优度的测度方法。这一建议的数学表达式为：

$$\text{正确预测的百分比}=100\%\times\left[\frac{\sum y_iI(\hat{P}_i)}{\sum y_i}+\frac{\sum(1-y_i)[1-I(\hat{P}_i)]}{N-\sum y_i}\right] \tag{12.9}$$

和前面一样，这一百分比越大，模型拟合得就越好。

（2）第二种就是通常所说的“伪 $R^2$”，其定义为：

$$\text{伪 }R^2=1-\frac{LLF}{LLF_0} \tag{12.10}$$

其中，$LLF$ 是 Logit 模型和 Probit 模型对数似然函数的最大值，$LLF_0$ 是受约束模型的极大似然函数值，这里的约束为所有斜率参数都为零（即模型只包含截距项）。受约束模型的伪 $R^2$ 值为零，这一点与传统的 $R^2$ 一致，但这也是两者唯一保持一致的地方。因为似然值本质上是一个联合概率，所以它的值必定处于 0 和 1 之间，进而通过对其取对数来构建 $LLF$ 就可能会出现负值。随着模型拟合能力的提高，$LLF$ 虽然仍为负但绝对值会减小，进而伪 $R^2$ 值会提高。当然，只有当模型能够做到完美拟合的时候（即所有与真实值对应的 $\hat{P}_i$ 要么正好等于零，要么正好等于 1），伪 $R^2$ 值才会达到最大值 1。

不过这种完美拟合的情形在现实中是不可能出现的，所以伪 $R^2$ 的最大值是小于 1 的。另外，我们还丧失了对标准 $R^2$ 的简单解释，即标准 $R^2$ 所测度的是因变量的全部变化中能够由模型所解释的比例。相反，伪 $R^2$ 并没有一个如此直观的解释。

上述对伪 $R^2$ 的定义有时也被称为麦克法登（McFadden）$R^2$。不过，除了上述定义方式之外，还可以用其他方式来定义该测度。例如，我们可以将伪 $R^2$ 定义为 $[1-(RSS/TSS)]$，其中 $RSS$ 是所拟合模型的残差平方和，$TSS$ 是 $y_i$ 的总平方和。

## 12.9 多项线性因变量

到目前为止，本章中所考虑的所有实例都是对只包含（0，1）两个选择的因变量进行建模。不过在另外一些情况下，投资者或金融代理人会面临多个选择。举例来说，某家公司可能会考虑是在纽约证券交易所上市，还是在纳斯达克或美国证券交易所上市；另外某家公司在兼并另一家公司时，可能会考虑选用什么样的支付方式，是用现金还是用股份？或者两者混用的方式？再比如某位散户可能要在 5 个不同的共同基金产品中做出选择，还有一家信用评级机构可能为某家公司的债务评出 16 个不同级别（从 AAA 到 B3 或 B—）中的一个。如此等等，不一而足。

注意，上面列出的几个例子中的前面三个与最后一个是不一样的。在前三个例子中，不同选项之间不存在自然排序，只需要在其中做出一个选择即可。而在最后一个例子中，不同的评级结果之间很明显有一个顺序：假设评级为 AAA 的债券是通过得分为 1 来表示，它明显优于得分为 2（即评级为 AA1 或 AA+—）的债券，以此类推（参阅第 5 章中的 5.15 节）。注意，这两种不同的情况需要区别对待，并且分别适用于不同的方法。具体来说，第一种情况（不存在自然排序）应该使用多项 Logit 模型或多项 Probit 模型，而第二种情况（存在自然顺序）应该使用排序 Logit 模型或排序 Probit 模型。下面首先介绍多项模型，下一节会对排序模型进行介绍。

如果不同选项之间没有自然顺序，那么这种问题有时也被称为**离散选择**（discrete choice）问题或**多元选择**（multiple choice）问题。对于这类问题，所用的模型由**效用最大化原理**（principle of utility maximisation）导出。也就是说，代理人在不同选项之间选择，以使其效用达到最大化。在计量经济学上，这一点是通过对前面内容中的双选项方法进行一个简单的一般化来刻画的。具体来说，如果只有（0，1）两个选项，那么只需要一个方程就可以捕捉到选择其中一个的概率。不过，现在如果有 3 个不同选项，那么就需要 2 个方程，有 4 个选项就需要 3 个方程。所以，一般来讲，如果有 $m$ 个可能的选项，就需要 $m-1$ 个方程进行刻画。

首先，我们来考察一个**多项线性概率模型**（multinomial linear probability model），这可以为上述情形提供最佳解释。当然，该模型仍然面临着与双选项情形下同样的限制（即与 LPM 同样的问题），但我们仍然可以将其作为一个简单的例子进行介绍。[①] 对于

① Halcoussis（2005，Chapter 12）不仅对多项模型进行了清晰的解释，还列举出了非常具有直观意义的实例。

多项选择问题来说，一个最常用的例子就是选择什么样的交通工具去上班。[①] 假设可以选择的交通工具包括私家车、公共汽车和自行车，即一共 3 个选项，再进一步假设解释变量包括个人收入（$I$）、总工作时间（$H$）、性别（$G$）和距离（$D$）[②]，那么就可以设定如下两个方程：

$$BUS_i = \alpha_1 + \alpha_2 I_i + \alpha_3 H_i + \alpha_4 G_i + \alpha_5 D_i + u_i \tag{12.11}$$

$$CAR_i = \beta_1 + \beta_2 I_i + \beta_3 H_i + \beta_4 G_i + \beta_5 D_i + v_i \tag{12.12}$$

其中，如果个人 $i$ 选择公共汽车出行，则 $BUS_i = 1$，否则为零；如果个人 $i$ 选择私家车出行，则 $CAR_i = 1$，否则为零。

这里并没有针对骑自行车出行的方程，而实际上它已经成为一个参照点，因为如果上述两个方程中的因变量都为零，那么这个人一定会选择骑自行车。[③] 实际上，我们也不需要估计针对骑自行车出行所专门建立的第三个方程，因为所有我们感兴趣的量都可以通过其他两个方程推断出来。需要指出的是，方程中的拟合值可以被解释为概率，所以 3 个概率加到一起一定等于 1。因此，对于某人 $i$ 来说，如果他选择私家车出行的概率为 0.4，选择公共汽车出行的概率为 0.3，那么他选择骑自行车出行的概率一定是 0.3（$=1-0.4-0.3$）。另外，这 3 个表示不同出行方式方程（两个可以估计的显性方程和一个隐性方程）的截距项之和一定为零。

不过，与双选项中的情况一样，尽管模型结构可以保证所拟合的概率之和总是等于 1，却无法保证其中的每一个概率都位于 0 和 1 之间。实际上，出现一个或多个大于 1 或者为负的概率的可能性并不是完全不存在。为了对某个特定个人选择某种出行方式的概率进行预测，在与这个人有关的解释变量的值已经确定，而且方程（12.11）和（12.12）中的参数已经估计出来的前提下，最大的拟合概率值应该设定为 1，而其他拟合概率值都设定为 0。举例来说，如果估计出某个人选择开私家车、乘公共汽车和骑自行车出行的概率分别为 1.1、0.2 和 −0.3，那么就应该把这 3 个概率分别设定为 1、0 和 0，即模型预测这个人会选择开私家车出行。

正如 LPM 的一些重要局限使得研究者更倾向于使用 Logit 模型和 Probit 模型一样，在多选项环境下，也应该使用多项 Logit 模型和多项 Probit 模型。这两个模型是对双选项情形直接进行的一般化，并且与多项 LPM 一样，如果存在 $m$ 个可能的结果或选项，就应该估计 $m-1$ 个方程。由此，那个没有被估计的方程所对应的结果就成为参考选项，而对该方程中参数估计值的解释也会稍有不同。假设对于某人 $i$ 来说，乘公共汽车还是开私家车的效用取决于上面提到的各个特征变量（$I_i$，$H_i$，$G_i$，$D_i$），那么如果下式成立，这个人就会选择开私家车出行：

$$\begin{aligned}&\beta_1 + \beta_2 I_i + \beta_3 H_i + \beta_4 G_i + \beta_5 D_i + v_i \\ &\quad > \alpha_1 + \alpha_2 I_i + \alpha_3 H_i + \alpha_4 G_i + \alpha_5 D_i + u_i\end{aligned} \tag{12.13}$$

也就是说，只有当开私家车出行给这个人带来更大的效用时，选择开车的概率才会大于

① 举例来说，Greene（2002）和 Kennedy（2003）都曾用过这个例子。

② 注意，为了方法有效，所有的方程中都要使用相同的变量。

③ 这里，我们假定选项有限且互斥。也就是说，一个人可以并且只能选择一种出行方式。

乘公共汽车的概率。另外，方程（12.13）还可以写为：

$$(\beta_1-\alpha_1)+(\beta_2-\alpha_2)I_i+(\beta_3-\alpha_3)H_i \\ +(\beta_4-\alpha_4)G_i+(\beta_5-\alpha_5)D_i>u_i-v_i \quad (12.14)$$

如果假定其中的 $u_i$ 和 $v_i$ 都独立地服从某个分布，那么两者之差就会服从一个 Logistic 分布。[①] 由此，我们可以写出：

$$P(C_i/B_i)=\frac{1}{1+e^{-z_i}} \quad (12.15)$$

其中，$z_i$ 是式（12.14）中不等号左边表达式$(\beta_1-\alpha_1)+(\beta_2-\alpha_2)I_i+\cdots$的函数。这时，乘公共汽车就成为一个参照选项。另外，式中的因变量 $P(C_i/B_i)$ 指的是个人 $i$ 选择开私家车而非乘公共汽车出行的概率。

方程（12.15）意味着，以乘公共汽车为参照的开车出行的概率取决于参数之差的 Logistic 函数，而这些参数是用来描述每种出行方式所带来的效用之间的关系。当然，举例来说，我们不能单独列出 $\alpha_2$ 和 $\beta_2$，而必须使用两者之差，并可以将其记为 $\gamma_2=\beta_2-\alpha_2$。这些参数度量了解释变量的边际变化对开车出行概率的冲击，而这里开车出行的概率是相对于乘公共汽车出行的概率而言的。需要注意的是，这里的 $I_i$ 增加一单位，会导致概率增加 $\gamma_2 F(I_i)$ 单位而不是 $\gamma_2$ 单位，这一点可以参阅方程（12.5）和方程（12.7）。不过，对于这个三选项问题来说，还需要另外一个方程（例如，可以是某个基于骑自行车出行和乘公共汽车出行所分别带来的效用之差的方程），这样就可以运用极大似然法来同时估计这两个方程。

对于多项 Logit 模型来说，必须假定方程中的误差项（上例中的 $u_i$ 和 $v_i$）是互相独立的。不过，当两个或两个以上的选项彼此之间非常类似的时候，这一假定会导致另外一个问题，即所谓的“无关选项的独立性”问题。为了解释这一点，Kennedy（2003，p. 270）举了一个例子。他假定乘公共汽车出行本身就有两种方式，这两种方式的唯一区别在于所乘的公共汽车的颜色不同。现在，假定开私家车、乘公共汽车、骑自行车的初始概率分别为 0.4、0.3 和 0.3，那么在现有红色公共汽车的基础上如果再引入一种新的绿色公共汽车，那么可以预期的是乘坐公共汽车的总概率仍为 0.3，不过现在乘客会被分为两部分（比如，一半乘客乘坐红色公共汽车，另外一半乘客乘坐绿色公共汽车）。之所以会出现这样的结果，是因为新出现的绿色公共汽车不会对已经选择开私家车或骑自行车出行的人造成任何影响。不幸的是，Logit 模型无法刻画这一情形。实际上，Logit 模型仍试图保留之前选项的相对概率（分别为 4/10、3/10 和 3/10），从而将开车、乘绿色公共汽车、乘红色公共汽车、骑自行车这 4 种出行方式的概率分别确定为 4/13、3/13、3/13 和 3/13。很明显，这一结果与我们在直觉上希望出现的结果大相径庭。

不过，多项 Probit 模型（也就是 12.5 节中所讨论的 Probit 模型在多个选项上的一般化）可以解决这一问题。多项 Probit 模型的具体形式与多项 Logit 模型的形式完全一

① 实际上，它们必须服从独立对数韦布尔（Weibull）分布。

致，不过该模型中 $u_i - v_i$ 的分布不再是累积 Logistic 分布，而是累积正态分布。这是基于 $u_i$ 和 $v_i$ 都服从多元正态分布的假定，不过与 Logit 模型不同的是，Probit 模型下的 $u_i$ 和 $v_i$ 之间可以具有相关性。具体来说，我们可以用误差项之间的正相关来刻画两个或多个选项在特征上的相似性。不过，允许误差项之间存在这样的相关性使得运用极大似然法对多元 Probit 模型的估计更为困难，因为这时必须计算多重积分。Kennedy（2003，p. 271）认为，尽管多项 Logit 模型中存在无关选项的独立性问题，但 Probit 模型中同样存在的上述估计难度问题使得研究者还是应该继续使用多项 Logit 模型。

## 12.10 重温啄食顺序假说——在不同融资方式间做出选择

本章中的 12.4 节用了一个 Logit 模型来评价啄食顺序假说是否获得了实证支持，在这一过程中，假说是否成立要看一家公司试图寻求外部融资的概率。不过，现在假定我们想要了解的不仅是一家公司是否想要进行外部融资，而且包括在面对不同的融资方式时，公司会选择哪种方式来进行外部融资。如前所述，啄食顺序假说认为，在其他条件相同的情况下，公司首先会选择成本最低的那种融资方式，而这种成本最低的融资方式一般出现在信息不对称程度最小的环境里，并且所选择的这一融资方式还取决于公司的风险大小。回顾一下 Helwege 和 Liang（1996）的研究，他们认为按照啄食顺序，低风险的公司会首先发行公共债券，而中等风险的公司会向私人举债，风险最大的公司会发行股票。可以看到，这里有不止一个可能的选项，所以这是一个多项选择问题，因此再用双选项 Logit 模型来为其建模就是不合适的，而应该采用多项 Logit 模型。具体来说，这里的 3 个选项包括：发行公共债券、发行股票、向私人举债。按照多项模型中的惯常做法，所要估计的方程数量应该等于可选项的数量减去 1，所以我们这里就只估计股票方程和债券方程，不再估计向私人举债的方程。现在，向私人举债这一选项就变成了一个参照点，使得模型中的系数所测度的是发行股票或债券的概率，而非向私人举债的概率。进一步，再举例来说，股票方程中一个正的参数估计值意味着：变量值的增加会导致公司选择发行股票而非向私人举债的概率会有所增加。

鉴于所考察的问题性质有所变化，所以现在这一问题中的解释变量也有所不同。具体来说，现在用于度量公司风险的核心变量为"无杠杆 $Z$ 分数"，即由息税前收益、营业收入、留存收益和运营资本加权平均得到的阿特曼（Altman）$Z$ 分数。除此之外，其他变量名都具有很大程度的自明性，所以这里不再详细讨论。上述这些变量可以被分为两类：一类是测度公司风险水平的变量，包括无杠杆 $Z$ 分数、债务、利息支出、收益的方差；另外一类是测度信息不对称程度的变量，包括研发支出、风险投资支持、公司年龄、公司年龄是否超过 50、工厂物业和设备、行业增长率、非金融性股票发行、资产。人们通常认为，那些研发支出较多的公司、接受过风险资本投资的公司、年轻的公司、轻资产公司（即物业、工厂和设备较少的公司）和小公司的信息不对称程度相对更高。表 12.2 报告了这一多项 Logit 模型的参数估计结果，其中的第 2 列报告的是"将是否发行股票表示为一个（0，1）因变量"的相关结果，而第 3 列报告的是"将是否发行债券表示为另一个（0，1）因变量”的相关结果。

**表 12.2　不同外部融资类型的多项 Logit 模型估计结果**

| 变量 | 股票方程 | 债券方程 |
| --- | --- | --- |
| 截距 | −4.67<br>(−6.17) | −4.68<br>(−5.48) |
| 无杠杆 $Z$ 分数 | 0.14<br>(1.84) | 0.26<br>(2.86) |
| 债务 | 1.72<br>(1.60) | 3.28<br>(2.88) |
| 利息支出 | −9.41<br>(−0.93) | −4.54<br>(−0.42) |
| 收益的方差 | −0.04<br>(−0.55) | −0.14<br>(−1.56) |
| 研发支出 | 0.61<br>(1.28) | 0.89<br>(1.59) |
| 风险投资支持 | 0.70<br>(2.32) | 0.86<br>(2.50) |
| 公司年龄 | −0.01<br>(−1.10) | −0.03<br>(−1.85) |
| 公司年龄是否超过 50 | 1.58<br>(1.44) | 1.93<br>(1.70) |
| 工厂、物业和设备 | (0.62)<br>(0.94) | 0.34<br>(0.50) |
| 行业增长率 | 0.005<br>(1.14) | 0.003<br>(0.70) |
| 非金融性股票发行 | 0.008<br>(3.89) | 0.005<br>(2.65) |
| 资产 | −0.001<br>(−0.59) | 0.002<br>(4.11) |

注：括号中的数值为 $t$ 值；表中只报告了样本中所有年份下的结果。

资料来源：Helwege and Liang (1996). Reprinted with the permission of Elsevier.

总体上来说，表 12.2 中的结果并没有对啄食顺序假说是否有效给出一个统一而清晰的回答。表中，无杠杆 $Z$ 分数的系数估计值显著为正，而利息支出变量的系数估计值为负但并不显著，这说明具有良好财务状况（即风险较小）的公司更可能发行股票或债券，而非向私人举债。不过，债务变量的系数显著为正，说明风险较高的公司更可能发行股票或债券。另外，收益方差的系数符号是错误的，但并不显著。另外，几乎所有衡量信息非对称程度的变量都不显著，唯一的例外是那些有风险投资支持的公司更可能试图寻求在资本市场上以股票或债券中的任意一种方式进行融资，非金融企业也是如此。最后，大公司更可能发行债券（而非股票）。所以，作者下结论说，表 12.2 中的实证结果“并没有表明，像啄食顺序假说所描述的那样，公司会尽量避免外部融资”，而且，“股票并非公司最不愿意选择的融资来源，因为它比银行贷款还要更具优势”（Helwege and Liang，1996，p. 458）。

## 12.11 排序响应线性因变量模型

某些受限因变量可以表示为一些具有自然顺序的数字。如前所述，在金融领域中，这方面最常见的一个例子就是信用评级，当然还有一个例子是对股票的买卖价差进行建模（ap Gwilym，Clare and Thomas，1998）。这样的情形都不适用于多项 Logit 模型和多项 Probit 模型，因为这两种模型都没有考虑因变量中的排序问题。需要注意的是，序数变量和本书前面的章节中所使用的一般类型的数据都不一样，像股票收益率、GDP、利率等数据都是基数数据，因为从其中不同数值的相对关系中我们可以推断出某些额外的信息。为了解释这一点，现在假定房屋价格增长了 20%，这一数字是房屋价格增长10%的 2 倍。不过，这一解释并不适用于序数变量。现在，我们再举信用评级的例子来说明这一问题：如果将分值 16 分配给 AAA 评级，将分值 8 分配给 Baa2/BBB 评级，这时候并不能说 AAA 评级要比 Baa2/BBB 评级好两倍。类似地，对于序数数据来说，我们并不能认为 15 分和 16 分之间的差距就等于 8 分和 9 分之间的差距。对于这种类型的数据，我们只能说，如果分数提高，那么信用质量的等级就会单调提高。由于只能从排序而非实际数值的角度来解释这类数据，所以不能应用 OLS 技术，而要采用 ML 方法。而所使用的模型是对 Logit 模型和 Probit 模型的一般化，这种模型被称为排序 Logit 模型或排序 Probit 模型。

对于上面信用评级的例子来说，如果某个特定债券无法观测的（潜在）信用指标太低而无法被评为 AAA 级，同时也太高而无法被评为 AA 级，那么排序 Logit 模型或排序 Probit 模型就可以被设定为能够使得该债券获得 AA+评级。每一个评级的边界值都是通过模型参数来估计的。

## 12.12 非委托评级是向下有偏的吗？一个排序 Probit 分析

为信用评级的决定因素建模是排序 Probit 模型和排序 Logit 模型在金融领域中的一

个重要应用。主要评级机构构建了所谓的“委托评级”，即债务发行人联系评级机构，并为评级付费。不过，全球范围内的许多公司并不寻求评级，原因是多方面的。举例来说，这些公司可能认为评级机构所处的位置无法很好地评价这些公司所在国家的债务风险，或者这些公司本来就没有计划发行任何债务，再或者这些公司认为评级机构可能会给出一个比较低的评级。不过，无论什么原因，评级机构可能仍然会给这些公司一个评级，这种“莫须有和不受欢迎的”评级就是所谓的“非委托评级”。所有主要的评级机构既会开展委托评级，也会进行非委托评级。至于其中的原因，这些评级机构解释说，即使债务发行者不愿意被评级，但是在市场上仍然存在对这些评级信息的需求。

收到非委托评级结果的公司认为，评级机构给它们的评级相对于委托评级结果来说太低了，而且在这些公司没有提供相关细节信息的前提下，实际上是无法给出一个有关它们的合理评级的。对此，Poon（2003）进行了一项研究来验证这样的推测：在控制了被评级公司与风险相关的特征后，非委托评级的结果是有偏的。

该论文使用了一个混合样本，该样本由 1998—2000 年间出现在标准普尔公司每年“发行人列表”上的所有公司组成。这一列表包括 15 个国家的 295 家公司，其中既有委托评级公司，也有非委托评级公司，样本点的总数为 595 个。在对数据进行了初步的探索性分析之后，Poon（2003）发现样本中大约有一半的评级都是非委托评级，而且样本中的这些非委托评级结果平均而言确实比委托评级结果显著更低。[①] 正如预期的那样，非委托评级公司的财务状况明显弱于委托评级公司。论文中所使用的核心模型是一个排序 Probit 模型，其中的解释变量包括公司特征变量和一个用来区分公司的信用评级是委托评级还是非委托评级的哑变量，即：

$$R_i^* = X_i\beta + \varepsilon_i \tag{12.16}$$

$$R_i = \begin{cases} 1 & \text{如果 } R_i^* \leqslant \mu_0 \\ 2 & \text{如果 } \mu_0 < R_i^* \leqslant \mu_1 \\ 3 & \text{如果 } \mu_1 < R_i^* \leqslant \mu_2 \\ 4 & \text{如果 } \mu_2 < R_i^* \leqslant \mu_3 \\ 5 & \text{如果 } R_i^* > \mu_3 \end{cases}$$

其中，$R_i$ 为所观测到的评级分数，具体包括：AA 级及以上＝6 分；A 级＝5 分；BBB 级＝4 分；BB 级＝3 分；B 级＝2 分；CCC 级及以下＝1 分。$R_i^*$ 为无法观测的“真实评级”，或者是“一个无法观测的连续变量，代表了标准普尔公司对第 $i$ 个发行者信用状况的评价”。$X_i$ 是一个列向量，解释了评级的变化情况。$\beta$ 是一个系数向量；$\mu_i$ 是要与 $\beta$ 一起估计的门槛参数；$\varepsilon_i$ 是一个被假定为服从正态分布的误差项。

解释变量试图运用外部可得信息捕捉公司的信用状况。论文中估计了两个不同的模型，其中第一个模型包含下面列出的所有变量，而在此基础上第二个模型额外增加了主要财务变量与表示公司是否为非委托评级哑变量的交叉项，除此之外还单独包含一个用

① 这里我们假定所用的是具有 6 个不同等级（AAA，AA，A，BBB，BB，B）的较宽的信用评级体系，而非 Cantor 和 Packer（1996）所使用的较窄的评级体系。

来鉴别是否为日本公司的哑变量。[①] 其中主要的财务变量包括：*ICOV*——利息覆盖率（interest coverage）；*ROA*——总资产收益率（return on assets）；*DTC*——债务股本比（total debt to capital）；*SDTD*——短期债务与总债务的比率（short-term debt to total debt）。另外还有三个哑变量——*SOVAA*、*SOVA* 和 *SOVBBB*，用于捕获债务发行人的主权信用评级情况。[②] 表 12.3 报告了这一排序 Probit 模型的估计结果。

**表 12.3　信用评级决定变量的排序 Probit 模型的估计结果**

| 解释变量 | 模型 1 | | 模型 2 | |
|---|---|---|---|---|
| | 系数 | 检验统计量 | 系数 | 检验统计量 |
| 截距 | 2.324 | 8.960*** | 1.492 | 3.155*** |
| *SOL* | 0.359 | 2.105** | 0.391 | 0.647 |
| *JP* | −0.548 | −2.949*** | 1.296 | 2.441** |
| *JP* * *SOL* | 1.614 | 7.027*** | 1.487 | 5.183*** |
| *SOVAA* | 2.135 | 8.768*** | 2.470 | 8.975*** |
| *SOVA* | 0.554 | 2.552** | 0.925 | 3.968*** |
| *SOVBBB* | −0.416 | −1.480 | −0.181 | −0.601 |
| *ICOV* | 0.023 | 3.466*** | −0.005 | −0.172 |
| *ROA* | 0.104 | 10.306*** | 0.194 | 2.503** |
| *DTC* | −1.393 | −5.736*** | −0.522 | −1.130 |
| *SDTD* | −1.212 | −5.228*** | 0.111 | 0.171 |
| *SOL* * *ICOV* | — | — | 0.005 | 0.163 |
| *SOL* * *ROA* | — | — | −0.116 | −1.476 |
| *SOL* * *DTC* | — | — | 0.756 | 1.136 |
| *SOL* * *SDTD* | — | — | −0.887 | −1.290 |
| *JP* * *ICOV* | — | — | 0.009 | 0.275 |
| *JP* * *ROA* | — | — | 0.183 | 2.200** |
| *JP* * *DTC* | — | — | −1.865 | −3.214*** |
| *JP* * *SDTD* | — | — | −2.443 | −3.437*** |
| AA 级及以上 | >5.095 | | >5.578 | |
| A | >3.788 且≤5.095 | 25.278*** | >4.147 且≤5.578 | 23.294*** |
| BBB | >2.550 且≤3.788 | 19.671*** | >2.803 且≤4.147 | 19.204*** |

① 之所以专门有一个日本公司哑变量，是因为样本中来自日本的公司与其他国家的公司不成比例。

② 如果主权（即该国家的政府）债务评级在 AA 级及以上，则 *SOVAA*=1，否则为零；如果主权债务评级为 A，则 *SOVA*=1，否则为零；如果主权信用评级为 BBB，则 *SOVBBB*=1，否则为零。对于主权债务评级低于 BBB 的国家中的所有公司来说，这三个哑变量的值都为零。

续表

| 解释变量 | 模型 1 | | 模型 2 | |
|---|---|---|---|---|
| | 系数 | 检验统计量 | 系数 | 检验统计量 |
| BB | >1.287 且≤2.550 | 14.342*** | >1.432 且≤2.803 | 14.324*** |
| B | >0 且≤1.287 | 7.927*** | >0 且≤1.432 | 7.910*** |
| CCC 级及以下 | ≤0 | | ≤0 | |

注：*、**和***分别表示在10%、5%和1%水平上显著。

资料来源：Poon (2003). Reprinted with the permission of Elsevier.

表 12.3 中的估计结果表明，变量 *SOL* 在模型 1 中显著为正（在模型 2 中也为正，但并不显著），这说明即使在考虑了公司的财务状况后，非委托评级的公司所获得的评级结果也会比那些主动委托评级的同等公司的评级结果平均低 0.359 个单位。日本公司哑变量与委托评级之间交叉项（*JP* * *SOL*）的参数在两个模型中都显著为正，说明日本公司在委托评级时会得到较高分数的证据非常充分。另外，平均来讲，具有较好财务状况（较高的利息覆盖率、较高的总资产收益率、较低的债务股本比、较低的短期债务占比）的公司会得到较高的评级。

上述分析中可能存在的一个主要问题是**自选择偏差**（self-selection bias）或**样本选择偏差**（sample selection bias），即那些极有可能会被给出较低评级的公司（因为这些公司的财务状况不佳）选择不进行委托评级。如果这一问题存在，而用于确定评级决定因素的 Probit 方程并没有考虑这一问题，那么所估计出的系数就是不一致的。为了解决这一问题，即控制住样本选择偏差，Heckman（1979）提出了一个两步法。具体来说，在本例中应该首先估计一个 0—1 Probit 模型，该模型中的因变量为公司是否选择进行委托评级，然后再估计排序 Probit 模型以便确定评级的决定因素。其中，第一步中所用的 Probit 模型为：

$$Y_i^* = Z_i\gamma + \xi_i \tag{12.17}$$

上述方程中，如果公司选择进行委托评级，则 $Y_i=1$，否则为零；$Y_i^*$ 表示发行人 $i$ 进行委托评级的潜在倾向；$Z_i$ 为可以解释是否选择进行评级的相关变量；$\gamma$ 为待估参数。估计出这一方程之后，只有当 $Y_i=1$ 时才可以观测到方程（12.16）中所定义的评级 $R_i$。这两个方程的误差项 $\epsilon_i$ 和 $\xi_i$ 服从一个二元标准正态分布，且相关系数为 $\rho_{\epsilon\xi}$。表 12.4 给出了这一两步估计法的结果，其中对因变量为是否进行委托评级的二项 Probit 模型的估计结果报告于表 A 中，关于已获评级公司的评级决定变量的结果报告于表 B 中。

**表 12.4　考虑信用评级决定变量中存在选择偏差的两步排序 Probit 模型**

| 解释变量 | 系数 | 检验统计量 |
|---|---|---|
| 表 A：是否选择进行委托评级 | | |
| 截距 | 1.624 | 3.935*** |
| *JP* | −0.776 | −4.951*** |

第12章　受限因变量模型

续表

| 解释变量 | 系数 | 检验统计量 |
|---|---|---|
| *SOVAA* | −0.959 | −2.706*** |
| *SOVA* | −0.614 | −1.794* |
| *SOVBBB* | −1.130 | −2.899*** |
| *ICOV* | −0.005 | −0.922 |
| *ROA* | 0.051 | 6.537*** |
| *DTC* | 0.272 | 1.019 |
| *SDTD* | −1.651 | −5.320*** |
| 表 B：评级决定变量方程 | | |
| 截距 | 1.368 | 2.890*** |
| *JP* | 2.456 | 3.141*** |
| *SOVAA* | 2.315 | 6.121*** |
| *SOVA* | 0.875 | 2.755*** |
| *SOVBBB* | 0.306 | 0.768 |
| *ICOV* | 0.002 | 0.118 |
| *ROA* | 0.038 | 2.408** |
| *DTC* | −0.330 | −0.512 |
| *SDTD* | 0.105 | 0.303 |
| *JP* * *ICOV* | 0.038 | 1.129 |
| *JP* * *ROA* | 0.188 | 2.104** |
| *JP* * *DTC* | −0.808 | −0.924 |
| *JP* * *SDTD* | −2.823 | −2.430** |
| 估计的相关系数 | −0.836 | −5.723*** |
| AA 级及以上 | >4.275 | |
| A | >2.841 且≤4.275 | 8.235*** |
| BBB | >1.748 且≤2.841 | 9.164*** |
| BB | >0.704 且≤1.748 | 6.788*** |
| B | >0 且≤0.704 | 3.316*** |
| CCC 级及以下 | ≤0 | |

注：*、**和***分别表示在 10%、5%和 1%水平上显著。

资料来源：Poon (2003). Reprinted with the permission of Elsevier.

表 A 中，如果某个变量的参数为正，就意味着该变量的值越大，公司选择进行委托评级的概率越大。不过，在这一部分所考虑的 4 个财务变量中，只有资产收益率和短期债务比率这两个变量的符号是正确而且显著的（分别是显著为正和显著为负）。主权信用评级哑变量（*SOVAA*、*SOVA* 和 *SOVBBB*）的参数都是显著为负的，这说明在其他条件相同的前提下，具有较高主权信用评级国家中的所有债务发行人都不太可能在标准普尔公司处征求对自己的评级。不过，在表 B 所示的评级决定变量方程的结果中，这些主权信用评级哑变量的符号与上述结果刚好相反，这一结果与预期保持一致，即政府债务评级较高的国家中的公司本身就是那些更容易得到较高评级的公司。而在 4 个财务变量中，只有 *ROA* 会对评级结果产生显著影响。另外，日本公司哑变量同样显著为正，而且其他 3 个财务变量与日本公司哑变量交互项的结果也是如此，这说明在对日本公司进行评级时，标准普尔公司为其财务变量所赋的权重与其他国家类似的公司似乎不太一样。

最后，表示是否进行委托评级方程的误差项和评级决定变量方程的误差项之间的估计相关系数 $\rho_{\varepsilon\xi}$ 的估计值显著为负（$-0.836$），这说明表 12.3 中的结果存在自选择偏差问题，因此基于两步法得到的结果应该更好。不过，两步法的唯一缺陷在于，其结构决定了该方法无法回答“在考虑了债务发行人的财务状况之后，非委托评级的结果平均来讲是否更低”这一核心问题，因为该方法第二步所使用的样本中只包含那些进行了委托评级的公司。

## 12.13 删失因变量和截断因变量

当因变量的可观测值因为某种原因只能落在有限范围内的时候，就出现了**删失变量**（censored variable）或**截断变量**（truncated variable）问题。与本章中已经讨论过的受限因变量不一样，删失变量或截断变量并不一定就是哑变量。这方面最标准的一个例子是个人捐赠。尽管很可能出现的情况是某些人实际上希望进行负捐赠（即收到别人的捐赠，而非捐赠给别人），但由于捐赠额不能出现负值，所以将会有很多观测值都严格等于零。举例来说，假设我们希望对慈善捐赠与个人年收入（英镑）之间的关系进行建模，那么我们可能面临的问题就可以用图 12.3 表示。

从图 12.3 可以看到，在所观测到的数据中，很多因变量的观测值都被卡在了零值处，所以这里如果用 OLS 来估计参数，一定是有偏而且不一致的。当然，一个很明显的解决办法是将所有这些为零的观测值直接剔除，但这样处理也是有问题的，因为我们不知道这些观测值是真的为零还是为负。另外，除了无效之外（因为丢弃了相关信息），这样的处理方式所得到的估计值仍然是有偏且不一致的。之所以会这样，原因在于这一回归中的误差项 $u_i$ 的期望值不为零，而且误差项与解释变量之间也会存在相关性，从而违反了 $\mathrm{cov}(u_i, x_{ki})=0$（$k$ 为任意值）的假定。

专栏 12.2 列出了删失数据和截断数据之间的主要区别。无论是删失数据还是截断数据，都不能使用 OLS，而必须使用一种基于极大似然的估计方法，但这一方法在两种数据中的应用还是稍有区别。对于这两类数据来说，在估计出参数后，就可以得到边际效应，不过这一过程比 Logit 模型和 Probit 模型下的情况要复杂一些。

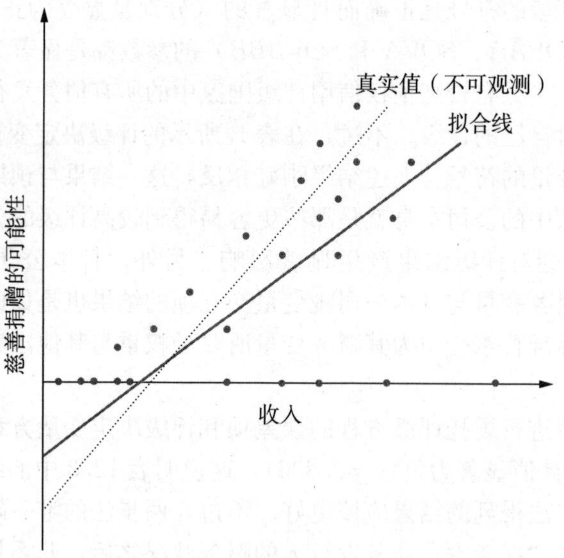


图 12.3 将慈善捐赠表示为收入的函数

▶专栏 12.2◀

## 删失因变量和截断因变量的区别

尽管第一眼看起来，这两个名词是同一个意思，但在计量经济学中，删失数据和截断数据还是有一定区别的。

- 当因变量在某个点上遭遇“删失”，从而导致该点之上（或之下）的值都无法被观测的时候，就出现了删失数据问题。不过，即使因变量遭遇删失，其所对应的自变量的值仍然是可观测的。
- 来看一个例子，假设某个私有化 IPO 获得了严重的超额认购。现在你打算运用家庭收入、年龄、受教育程度和居住区域作为解释变量对这一股票的需求进行建模。这时，如果（假设）分配到每位投资者的股份数量最多是 250 股，那么这就会出现一个截断分布。
- 在这个例子中，即使我们很可能会有股份数正好为 250 的许多观测值，且超过 250 股的观测值的数量为零，但所有自变量的观测值都会被给出，因此这一因变量是被“删失”的，而非截断的。
- 当因变量高于（或低于）某个特定的门槛时，如果因变量和自变量的观测值都是缺失的，那么就出现了截断因变量问题。也就是说，截断数据与删失数据的关键区别在于，在截断数据中我们是观察不到门槛值之上（或之下）的 $x_i$ 的，亦即某些观测值是被彻底剔除或从样本中截断的。举例来说，某家银行对“究竟是哪些因素（如年龄、职业、收入等）决定了客户是去线下的分支机构交易还是在网上进行交易？”这一问题非常感兴趣，并假设该银行想通过鼓励客户在登录网上银行后在线填写某个问卷来实现这一目的。注意，这样得到的数据根本不会包含那些选择线下交易的客户数据，因为他们很可能根本没有登录过银行的网络系统，从而没有机会完成问卷。因此，对截断数据的处理其实在本质上是一个样本选择问题，因为能够观测到的样本数据并不能代表我们所感兴趣的总体，这时候样本是有偏的，从而很可能会导致参数估计结果出现有偏和不一致。其实这一问题是具有一般性的，特别是在只能观测到买家或用户的数据，而无法观测到非买家和非用户的数据时就会出现。当然，尽管不太可能，但如果我们感兴趣的总体只包含那些运用网络进行银行交易的人的话，这就没什么问题了。

### 12.13.1 删失因变量模型

通常用来估计带有删失因变量模型的方法被称为 Tobit 分析，该方法是由 Tobin（1958）提出的。为了便于解释，假定我们要为上面所提到的对私有化 IPO 股份的需求进行建模，即将这一需求表示为收入（$x_{2i}$）、年龄（$x_{3i}$）、受教育程度（$x_{4i}$）和居住区域（$x_{5i}$）的函数，即：

$$y_i^* = \beta_1 + \beta_2 x_{2i} + \beta_3 x_{3i} + \beta_4 x_{4i} + \beta_5 x_{5i} + u_i \tag{12.18}$$

$$y_i = \begin{cases} y_i^* & \text{如果 } y_i^* < 250 \\ 250 & \text{如果 } y_i^* \geqslant 250 \end{cases}$$

其中，$y_i^*$ 表示对股份的真实需求（即股票的申请数量），并且只有当需求数量小于 250 的时候才能被观测到，因此 250 实际上就像一个阈值。在托宾（Tobin）的原始模型中，阈值假定为零，这在一定程度上使问题有所简化。

需要特别指出的是，模型中的 $\beta_2$，$\beta_3$，…表示对股份需求数的冲击，而非对实际购买的股份数的冲击。

更一般而言，因变量既可以进行右删失（也可以叫做“上删失”），也可以进行左删失（也可以叫做“下删失”）。所谓“右删失”，是指在某个特定阈值（记为 $b$）之上的所有观测值都无法被观测且都等于该阈值的情况，就像上例所描述的那样。而所谓“左删失”，是指在某个特定阈值（记为 $a$）之下的所有观测值都无法被观测且都等于该阈值的情况。

上面与个人慈善捐赠问题有关的例子通常用来解释“左删失”变量问题。为了便于了解其运作机制，可以令其解释变量与上述 IPO 示例中完全相同，并且令 $y_i$ 为实际捐赠额，令 $y_i^*$ 为某人 $i$ 想捐赠的真正数额，这一数额是无法观测的且有可能为负。如果 $y_i^*$ 为负，表示这个人更倾向于从慈善机构取得捐赠，而非向慈善机构捐款（如果有可能的话）。在数学上，我们可以写出如下方程：

$$y_i^* = \beta_1 + \beta_2 x_{2i} + \beta_3 x_{3i} + \beta_4 x_{4i} + \beta_5 x_{5i} + u_i \tag{12.19}$$

$$y_i = \begin{cases} y_i^* & \text{如果 } y_i^* > 0 \\ 0 & \text{如果 } y_i^* \leqslant 0 \end{cases}$$

最后一种可能性与上面的两种情况都不同，即因变量双向删失。也就是说，既无法观测到某个阈值 $a$ 或低于 $a$ 的所有值，也无法观测到某个阈值 $b$ 或高于 $b$ 的所有值。可以用下述方程来表述这种情况：

$$y_i^* = \beta_1 + \beta_2 x_{2i} + \beta_3 x_{3i} + \beta_4 x_{4i} + \beta_5 x_{5i} + u_i \tag{12.20}$$

$$y_i = \begin{cases} a & \text{如果 } y_i^* \leqslant a \\ y_i^* & \text{如果 } a < y_i^* < b \\ b & \text{如果 } y_i^* \geqslant b \end{cases}$$

对于 Tobit 模型来说，在阈值（$a$ 或/和 $b$）已知和扰动项 $u_i$ 服从均值为 0、方差为常数 $\sigma^2$ 的正态分布的假设下，可以采用极大似然方法来进行非常直接的估计。双向删失 Tobit 模型的对数似然函数为

$$LLF = \sum_{i=1}^{N} \left[ I_i^a \ln F\left(\frac{a - XB}{\sigma}\right) + I_i^b \ln F\left(\frac{XB - b}{\sigma}\right) + (1 - I_i^a - I_i^b)\left(\ln f\left(\frac{y - XB}{\sigma}\right) - \ln\sigma\right) \right] \tag{12.21}$$

其中，$XB$ 是所有参数乘以其对应解释变量 $\beta_1 + \beta_2 x_{2i} + \beta_3 x_{3i} + \beta_4 x_{4i} + \beta_5 x_{5i}$ 的简写；$F(\cdot)$ 和 $f(\cdot)$ 分别是标准正态分布的累积分布函数和概率密度函数；$I_i^a$ 和 $I_i^b$ 是指示函数，作用是将观测值分别拉到低于阈值下限和高于阈值上限，其具体定义分别为：

$$I_i^a = \begin{cases} 1 & \text{如果 } y_i < a \\ 0 & \text{如果 } y_i \geqslant a \end{cases}$$

和

$$I_i^b = \begin{cases} 1 & \text{如果 } y_i > b \\ 0 & \text{如果 } y_i \leqslant b \end{cases}$$

事实上，对于分布中可观测的部分来说，有一个概率密度函数（本质上是一个线性部分），而对于其截断部分来说，则有一个（或两个）累积分布函数。在双向删失的情形中，方程（12.21）是最一般的对数似然函数形式。如果只在一侧存在删失，则对数似然函数的形式就会变得更为严格，在这种情况下，方程（12.21）中的前两项可能就会消失：如果没有左删失并且 $a = -\infty$，则第一项将消失；如果没有右删失且 $b = \infty$，则第二项将消失。

Haushalter（2000）给出了 Tobit 方法在金融领域中的一个有趣应用。具体来说，他用该模型考察了“哪些因素决定了 1992—1994 年间原油和天然气生产商通过期货或期权来对冲风险的程度”这一问题。这一回归模型中所用的因变量是受到对冲的产量比例，很明显该变量是被“删失”的，因为差不多有一半的观测值都严格等于零，即这些公司根本没有进行对冲。① 之所以会出现对对冲产量比例的删失，原因在于即使某些公司希望进行对冲，也会由于较高的固定成本而无法开展这样的对冲操作。另外，如果公司预计原油或天然气的价格在未来会上涨，那么它们很可能会希望增加而非降低其在价格变化上的风险暴露（即“负对冲”），但是本研究中数据的构建方式使得我们无法观

① 注意，这是一个删失因变量而非截断因变量的例子，因为即使某家公司根本不进行任何对冲操作，所有解释变量的值仍然可以通过其年度财务报表来获得。

测到这些数据。

这一研究所得到的主要结果是：受到对冲的产量比例与公司的信用状况负相关，与公司的负债、边际税率、公司生产设施的位置等因素正相关。不过，对冲比例并不受（以总资产计的）公司规模的影响。

在继续我们的讨论之前，这里有必要指出 Tobit 建模方法的两个重要局限。第一，非正态性和异方差性给这类模型造成的影响比对标准回归模型的影响更为严重（Amemiya，1984），并会造成估计结果出现有偏和不一致。第二，正如 Kennedy（2003，p. 283）所指出的，Tobit 模型需要有接近极限的因变量值，从而使得该模型看起来比较合理。上面所讨论的私有化 IPO 的例子当然没有问题，因为对股份的需求数可以是 249 股。不过，在其他情形下，使用 Tobit 模型就未必这么合适。举例来说，如果所考虑的是每家公司在某个特定月份中所发行的股份数量，对于大多数公司来说，这一数字都会严格等于零，但是对于该值不等于零的公司来说，这一数字可能比零要大很多，因为不太可能发行如 1 股、2 股、3 股或 15 股这样数量的股份。在这种情况下，必须使用其他方法。

### 12.13.2 截断因变量模型

如前所述，当总体中特定部分的因变量和自变量都缺失或无法观测时，就会出现截断因变量问题。所以，处理被截断的数据实际上是一个样本选择问题，因为可以观测到的数据样本并不能代表我们所感兴趣的总体。换句话所，样本是有偏的，而这一点很可能使得参数估计出现偏差（趋向于零）和不一致。因此，我们不能使用 OLS 来估计模型参数，此时需要再次使用极大似然估计方法，不过我们要对似然函数稍微进行一些修正以便对数据进行转换，使得累积概率之和仍然为 1，但需要注意的是，这里只对分布中的可观测部分求和。尽管有很多种不同的写法，但恰当的对数似然函数应该如下所示：

$$LLF=\sum_{i=1}^{N}\left[\ln F\left(\frac{a-XB}{\sigma}\right)+\ln F\left(\frac{XB-b}{\sigma}\right)-\left(\frac{y-XB}{2\sigma^2}-\ln\sigma\right)\right] \qquad (12.22)$$

其中，$XB$ 是所有参数乘以其对应解释变量 $\beta_1+\beta_2x_{2i}+\beta_3x_{3i}+\beta_4x_{4i}+\beta_5x_{5i}$ 的简写；$F(\cdot)$ 是标准正态分布的累积分布函数。

然而，对于截断数据来说，通常应该采用的是一个更具一般性的模型。该模型包含两个方程，其中一个方程用来识别某个特定的数据点是否为可观测的数据点或受约束的数据点，另外一个方程则是为结果变量建模。注意，第二个方程就等同于 Tobit 模型。这种两方程方法可以使用一系列不同的因子集来影响待估方程（例如，对影响某个特定交易会在网上进行还是在线下分支机构进行的因子进行建模）的样本选择（例如，决定开通网上银行）。当然，如果认为这两个不同的因子集是一样的，那么只需要用一个方程就可以了，而此时 Tobit 方法就已经足够。不过，在许多情况下研究者都认为模型选择方程和估计方程中的变量应该是不一样的。所以，这一两方程模型的具体形式可以表示为：

$$a_i^*=\alpha_1+\alpha_2z_{2i}+\alpha_3z_{3i}+\cdots+\alpha_mz_{mi}+\varepsilon_i \qquad (12.23)$$

$$y_i^*=\beta_1+\beta_2x_{2i}+\beta_3x_{3i}+\cdots+\beta_kx_{ki}+u_i \qquad (12.24)$$

其中，如果 $\alpha_i^*>0$，则 $y_i=y_i^*$；如果 $\alpha_i^*\leqslant 0$，则 $y_i$ 无法观测。$\alpha_i^*$ 指的是与无法观测的样本相比，可观测样本的相对“优势”所在。

上述两方程中，第一个方程通过将潜在（无法观测的）变量的代理 $\alpha_i^*$ 对一系列因子 $z_i$ 进行回归，来决定某个特定的数据点 $i$ 是否可以被观测。理想状态下，可以运用极大似然方法来对方程（12.23）和方程（12.24）进行联合估计，不过这通常要假设误差项 $\varepsilon_i$ 和 $u_i$ 服从多元正态分布，而且要允许它们之间存在任意可能的相关性。不过，尽管对这两个方程进行联合估计是比较有效的，但计算过程非常复杂，所以通常运用的都是 Heckman（1976）提出的一个两步法。具体来说，赫克曼（Heckman）以一种非常巧妙的方式分别估计两个方程，与此同时，也允许 $\varepsilon_i$ 和 $u_i$ 之间存在可能的相关性，具体可参阅 Maddala（1983）。

值得注意的是，对于删失数据和截断数据而言，由极大似然估计得出的参数估计值所衡量的是总体的边际效应。也就是说，我们可以按照通常的方式对它们进行解释，而不需要像在 Probit 模型或 Logit 模型中那样在第二步中再分别计算它们，原因在于：Probit 模型或 Logit 模型通过正态函数或 Logistic 函数对数据进行了有效的非线性变换，而对于删失数据或截断数据来说却并非如此。

## 核心概念

本章给出了定义及解释的核心概念包括：

- 受限因变量
- Logit 模型
- Probit 模型
- 删失变量
- 截断变量
- 排序响应
- 多项 Logit 模型
- 边际效应
- 伪 $R^2$

## 附录 12.1 Logit 模型和 Probit 模型的极大似然估计量

回忆一下，在 Logit 模型中，式（12.4）给出了 $y_i=1$ 的概率估计，即：

$$P_i=\frac{1}{1+e^{-(\beta_1+\beta_2 x_{2i}+\cdots+\beta_k x_{ki}+u_i)}} \tag{12A.1}$$

为简单起见，令误差项 $u_i$ 等于其期望值，并令 $z_i=\beta_1+\beta_2 x_{2i}+\cdots+\beta_k x_{ki}$，则上式变为：

$$P_i=\frac{1}{1+e^{-z_i}} \tag{12A.2}$$

我们还需要 $y_i\neq1$ 或者 $y_i=0$ 的概率，这一概率就等于 1 减去（12A.2）中的概率。①

① 这里可以使用如下规则：

$$1-\frac{1}{1+e^{-z_i}}=\frac{1+e^{-z_i}-1}{1+e^{-z_i}}=\frac{e^{-z_i}}{1+e^{-z_i}}=\frac{e^{-z_i}}{1+\frac{1}{e^{z_i}}}=\frac{e^{-z_i}\times e^{z_i}}{1+e^{z_i}}=\frac{1}{1+e^{z_i}}$$

如果 $y_i$ 真的可以取 0 或 1 而非概率的话，每个观测值 $y_i$ 的似然函数就是：

$$L_i=\left(\frac{1}{1+e^{-z_i}}\right)^{y_i}\times\left(\frac{1}{1+e^{z_i}}\right)^{(1-y_i)} \tag{12A.3}$$

我们所需要的似然函数是基于 $N$ 个观测值的联合概率，而不是单个观测值 $i$。假设 $y_i$ 的每个观测值都是独立的，那么联合似然函数就等于所有 $N$ 个边际似然函数的乘积。给定数据，令 $L(\theta|x_{2i},x_{3i},\cdots,x_{ki};i=1,\cdots,N)$ 指代参数系列（$\beta_1$，$\beta_2$，…，$\beta_k$）的似然函数，则该似然函数可以写为：

$$\mathrm{L}(\theta)=\prod_{i=1}^{N}\left(\frac{1}{1+e^{-z_i}}\right)^{y_i}\times\left(\frac{1}{1+e^{z_i}}\right)^{(1-y_i)} \tag{12A.4}$$

就像 GARCH 模型的极大似然估计量一样，只要我们能够保证所估计的参数保持一致，将一组变量的加法函数最大化比将其乘法函数最大化要简单得多。所以，我们对式（12A.4）取对数，从而得到如下的对数似然函数，然后将其最大化：

$$LLF=-\sum_{i=1}^{N}\left[y_i\ln(1+e^{-z_i})+(1-y_i)\ln(1+e^{z_i})\right] \tag{12A.5}$$

对 Probit 模型的估计步骤如出一辙，只不过式（12A.4）中的似然函数形式会稍有一些区别，即 Probit 模型下的该式是基于我们所熟悉的正态分布函数，本书第 9 章的附录曾对这一分布函数进行过介绍。

## 自测题

1. 请解释：为什么线性概率模型在刻画受限因变量时是不充分的？
2. 请比较并对照二项选择变量的 Probit 模型和 Logit 模型。
3. (a) 请解释一下对受限因变量模型进行极大似然估计的基本思想。
   (b) 在解释 Probit 模型和 Logit 模型的系数时，为什么要多加小心？
   (c) 怎样衡量我们所估计的某个 Logit 模型对数据拟合的优劣程度？
   (d) 二项选择问题和多项选择问题在模型设定方面的区别是什么？
4. (a) 截断变量和删失变量在计量经济学中的应用有什么区别？
   (b) 对于问题（a）中提到的两种类型的变量，分别给出金融领域中这两种变量的实例（不要使用本章中已经用过的例子）。
   (c) 对于在问题（b）中你所列出的实例，应该如何为其指定合适的模型并进行估计？

# 第 13 章

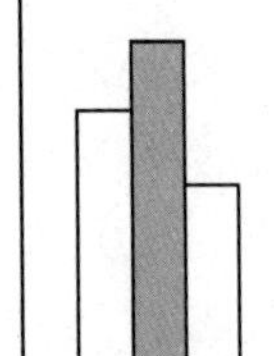

# 模拟方法

**学习目标**

在本章，你要学会：

- 设计模拟框架，并将其用于解决金融中的各种问题
- 解释纯模拟法和自举法之间的区别
- 描述用于降低蒙特卡洛抽样变化的各种技术



## 13.1 动机

在金融领域和计量经济学中的很多情况下，研究者根本不知道未来会发生什么。为了解释这一点，让我们来考虑某个复杂的金融风险测度模型，其所对应的资产组合中包含了大量资产，而且这些资产的价格之间还存在互相影响。在这种情况下，如果市场环境发生了改变，我们几乎完全不知道这些改变会给资产组合风险带来什么样的影响。举例来说，在欧洲货币联盟完全形成之后，欧元取代了各个成员国自己的货币，从此人们普遍认为欧洲金融市场的一体化程度会变得更强，从而导致各个成员国股票市场之间变化的相关性会出现上升。如果不同股票市场之间的相关性上升到 99%，那么这对包含几个欧洲国家股票的资产组合的影响是什么？很明显，如果只用真实的历史数据，我们很难回答这样的问题，因为问题中的事件（相关性上升至 99%）在历史上还从来没有发生过。

不同时间序列之间所存在的相互关联会导致模型的假定变得可疑，再加上序列自身的行为，所有这些都使得计量经济学实践变得异常困难。举例来说，厚尾、结构性断点、自变量和因变量之间的双向因果关系等等，都会降低参数估计及推断过程的可靠性。实际数据杂乱不堪，没有人真正知道其所有的内在特征。很明显，对于研究人员来说，了解上述这些现象对模型估计及推断所产生的影响是非常重要的。

不过，模拟方法为计量经济学家提供了机会，使其能够像“真正的科学家”那样在可控的条件下进行实验。模拟实验可以使得计量经济学家在保证其他方面不变的前提下，单独考察问题中的某个因素发生变化所带来的影响。因此，模拟方法为实现完美的灵活性提供了可能。具体来说，模拟方法的定义是：一种根据要解决的问题而对其运行系统进行模拟的建模方法。在模拟方法中，要用数学方程来表示所假定的系统运行模式。在计量经济学中，模拟方法非常适用于模型极度复杂或者样本规模很小的情形。

## 13.2 蒙特卡洛模拟

研究人员经常使用模拟方法来考察他们所感兴趣的各种统计量的性质和行为。除此之外，在计量经济学中，如果不知道某个特定估计方法的性质，也常常使用模拟方法来获取。举例来说，大家通过渐近理论可以知道，在样本规模无穷大时某个特定检验方法的行为特点是怎样的，但是如果只有 50 个观测值，该检验又会呈现出什么样的行为呢？它是否还会和样本规模正确时一样，具有同样良好的性质和较高的效能呢？换句话说，如果零假设正确，而且使用的是 5%的拒绝域，该检验拒绝零假设的可能性会是 5%吗？另外，如果零假设错误，该检验能够在大多数时候都拒绝零假设吗？

下面是计量经济学中模拟方法的一些使用实例：

- 对联立方程组中将内生变量当作外生变量所导致的偏误进行量化；
- 确定恰当的 DF 检验临界值；
- 确定异方差对自相关检验的规模和效能的影响。

模拟方法在金融领域中也非常有用，例如：

- 对无法使用解析定价公式的奇异期权进行定价；
- 当宏观经济环境发生实质性变化时，确定其对金融市场的影响；
- 对风险管理模型进行“压力测试”，以便确定依据这些模型所提取的资本是否足以覆盖所有情形下的可能损失。

在上面所有的这些情形下，进行模拟分析的基本步骤都如专栏 13.1 所示。当然，如果有必要，可以增加其他步骤，或对专栏中的步骤进行修正。

**▶专栏 13.1◀**

**如何完成一次蒙特卡洛模拟？**

(1) 按照理想的数据产生过程生成数据，其中的误差项取自某些特定的分布；
(2) 进行回归，并计算检验统计量；
(3) 保存检验统计量或其他任何感兴趣的参数；
(4) 回到第 (1) 步，将上述步骤重复 $N$ 次。

对专栏 13.1 中涉及的若干步骤的简要解释如下。专栏中的第一步是设定模型以产生数据，所设定的模型既可以是一个纯时间序列模型，也可以是一个结构模型。不过，设定纯时间序列模型相对比较简单，因为一个完整的结构模型还需要研究者对解释变量的数据生成过程进行设定。假定研究者认为时间序列模型就是合理的模型，那么下一步就是要选定误差项的概率分布形式。通常情况下会将其假设为标准正态分布，不过也会用到其他合理的实证分布形式（例如学生 $t$ 分布）。

第二步是对研究中我们所感兴趣的参数进行估计。举例来说，所感兴趣的参数可能是回归中的系数值，也可能是期权在其到期日的价值。另外，还可能是一系列特定情景下资产组合的价值，而正是这些情景决定了组合中各种资产的价格随时间推移而变化的特征。

$N$ 值就是所谓的重复次数，该值应该尽可能大。蒙特卡洛模拟背后的中心思想就是从某个给定的分布中进行随机抽样，因此如果重复次数太少，那么结果就会对所抽取的某些随机数的“奇异”组合非常敏感。另外需要注意的是，和计量经济学中的其他领域一样，蒙特卡洛研究中也会用到渐近理论的思想。也就是说，模拟研究的结果与对其进行解析分析的结果（假定其存在的话）在渐近意义上是一致的。

## 13.3 方差减小技术



假定在重复 $i$ 次时我们想要得到的参数值等于 $x_i$。在重复抽样 1 000 次时所得到的参数的平均值，与另一位研究者采用同样方法而抽样次数不同所得出的平均值，几乎可以肯定地说两者之间会存在一定的差异。实际上，这种情况就非常类似于在标准的回归分析中从某个特定的总体中只选择一个观测样本。在蒙特卡洛方法中，上述抽样变异性是通过标准误估计量 $S_x$ 来衡量的，即：

$$S_x=\sqrt{\frac{\text{var}(x)}{N}} \tag{13.1}$$

其中，$\text{var}(x)$ 是所有 $N$ 次抽样下我们想要得到的参数估计值的方差。由式（13.1）可以看出，如果要将蒙特卡洛标准误降低为原值的 1/10，那么重复次数必须增加 100 倍。因此，如果想要得到一个较为满意的精度，不得不将重复次数设定为一个几乎不太可能实现的非常高的水平。另外一个降低蒙特卡洛抽样误差的方式是运用方差减小技术。这类技术的数量是非常多的，其中直观上最为简单且应用最为广泛的两种技术分别是**对偶变量法**（antithetic variate）和**控制变量法**（control variate）。下面分别介绍这两种方法。

### 13.3.1 对偶变量法

在蒙特卡洛研究中，之所以要进行多次重复，原因之一在于需要进行很多次的重复抽样才能覆盖整个概率空间。不过，随机抽样所获得的值在本质上具有随机性，即便经过多次重复，也许仍无法遍及所有可能的取值范围。[①] 这就需要连续进行重复抽样，以便覆盖概率空间的各个部分，即来自不同重复抽样的随机数所产生的结果可以覆盖整个概率范围。不过，这一过程自然就会耗费大量的时间。

对偶变量法是一种运用具有互补关系的随机数同时进行模拟的方法。举个例子，假设每次重复抽样中的随机数都服从 $N(0, 1)$，如果将这些随机数记为 $u_t$，那么同时进行的另外一个重复抽样的误差就是 $-u_t$。可以证明，引入对偶变量能够降低蒙特卡洛方法的标准误。为了对这一点进行简要的解释，现在假定两个不同的蒙特卡洛模拟所得到的两个参数的平均值为：

$$\bar{x}=(x_1+x_2)/2 \tag{13.2}$$

其中，$x_1$ 和 $x_2$ 分别是重复抽样 1 和重复抽样 2 的参数的平均值。由此，$\bar{x}$ 的方差为：

$$\operatorname{var}(\bar{x})=\frac{1}{4}[\operatorname{var}(x_1)+\operatorname{var}(x_2)+2\operatorname{cov}(x_1,x_2)] \tag{13.3}$$

如果不使用对偶变量，那么这两个蒙特卡洛重复抽样序列就是独立的，因此它们的协方差将为零，即：

$$\operatorname{var}(\bar{x})=\frac{1}{4}[\operatorname{var}(x_1)+\operatorname{var}(x_2)] \tag{13.4}$$

但是使用对偶变量会使得式（13.3）中的协方差为负，从而降低了蒙特卡洛方法的抽样误差。

粗看起来，对偶变量法能够在很大程度上降低蒙特卡洛抽样的变异性，因为按照定义有 $\operatorname{corr}(u_t,-u_t)=\operatorname{cov}(u_t,-u_t)=-1$。不过，不要忘了这里的协方差是标准重复抽样下的参数模拟值和对偶变量下参数模拟值的协方差，而完全负相关的协方差是随机抽样值（即误差项）及其对偶变量之间的协方差。举个例子，在期权定价问题中（下文会对此进行介绍），标的证券的价格是通过 $u_t$ 的一个非线性变换得到的，因此基于随机抽样的标的资产的到期价格与基于对偶变量的标的资产的到期价格之间的协方差确实是负值，但不是 $-1$。

除了对偶变量法之外，还有其他一些基于类似原理的方法，例如分层抽样法、矩匹配法和低差异排序法。其中，低差异排序法也被称为准随机顺序抽样法。这一方法要为特定概率分布中的代表性样本选择一个明确的顺序，并通过选择连续型样本，从而使得后续重复抽样可以填满概率分布中未被选择到的空隙。这样处理所得到的结果，就是一系列能够合理地分布在我们所感兴趣的所有结果上的随机抽样值。使用低差异排序法，可以使得蒙特卡洛标准误的减小幅度直接与重复抽样次数的一个比例成正比，而不是与重复抽样次数平方根的一个比例成正比。所以，举例来说，若要将蒙特卡洛标准误降低为原值的 1/10，如果使用的是标准的蒙特卡洛随机抽样法，那么重复抽样次数必须增大 100 倍，但如果使用的是低差异排序法，只需要将重复抽样次数增大 10 倍。有关低

① 很明显，一个连续的随机变量可能取到的值是无穷的。不过在这种情况下，问题就可以简化为如果我们将整个概率空间任意地分割为很多个小区间，那么其中一些小区间就无法由实际选择的随机数所充分覆盖。

差异排序技术的进一步细节超出了本书的范围，不过读者可以参阅 Boyle（1977）和 Press 等（1992），其中 Boyle（1977）详细讲解了一个期权定价领域的实例。

### 13.3.2 控制变量法

控制变量法引入了与模拟变量非常类似的另一个变量，但这个变量的性质在模拟之前是已知的。现在，将这一性质已知的变量记为 $y$，而由模拟来决定其性质的变量记为 $x$。注意，既要对 $x$ 进行模拟，也要对 $y$ 进行模拟，而且两种模拟所使用的随机数抽样的设定是一样的。现在，将 $x$ 和 $y$ 的模拟估计量分别记为 $\hat{x}$ 和 $\hat{y}$，进而可以得到 $x$ 的一个新的估计量：

$$x^{*}=y+(\hat{x}-\hat{y}) \tag{13.5}$$

可以证明，在某些特定条件成立的前提下，$x^{*}$ 的蒙特卡洛抽样误差要小于 $x$ 的抽样误差。控制变量法之所以能够降低蒙特卡洛抽样的变异性，原因在于它是对某个答案已知的相关问题进行相同的抽样，从而得到一系列随机抽样数据。可以预期的是，对于所研究的问题来说，抽样误差的影响与已知答案问题抽样误差的影响是类似的，所以可以运用解析结果来对蒙特卡洛结果进行校正，进而降低蒙特卡洛抽样误差。

需要特别指出的是，控制变量法如果要成功地减小蒙特卡洛抽样误差，必须保证控制问题和模拟问题紧密相关。随着控制统计量的值与所感兴趣的统计量的值之间的相关性降低，这一方法能够使抽样误差减小的能力也会被削弱。现在，再次考虑式（13.5），对两边取方差，得：

$$\text{var}(x^{*})=\text{var}[y+(\hat{x}-\hat{y})] \tag{13.6}$$

由于 $y$ 是一个已知的解析量，因此不存在抽样变异性，所以有 $\text{var}(y)=0$，从而式（13.6）可以写为：

$$\text{var}(x^{*})=\text{var}(\hat{x})+\text{var}(\hat{y})-2\text{cov}(\hat{x},\hat{y}) \tag{13.7}$$

要使带有控制变量的蒙特卡洛抽样误差小于不带控制变量的抽样误差，必须成立的条件就是 $\text{var}(x^{*})$ 要小于 $\text{var}(\hat{x})$。按照方程（13.7），这一条件也可以表示为：

$$\text{var}(\hat{y})-2\text{cov}(\hat{x},\hat{y})<0$$

或

$$\text{cov}(\hat{x},\hat{y})>\frac{1}{2}\text{var}(\hat{y})$$

将上述不等式两边同时除以标准差的乘积 $[\text{var}(\hat{x})\text{var}(\hat{y})]^{1/2}$，可以得到下式，其中左边是相关系数：

$$\text{corr}(\hat{x},\hat{y})>\frac{1}{2}\sqrt{\frac{\text{var}(\hat{y})}{\text{var}(\hat{x})}}$$

为了解释控制变量法的应用，接下来我们考虑运用模拟方法对**算术亚式期权**（arithmetic Asian option）进行定价。回忆一下，算术亚式期权的损益状况取决于标的资产价格在某个时期内的算术平均值，这类期权在成交时并没有一个可用的（近似形式的）解析定价模型。在这种情况下，通过模拟方法获得另外一种类似衍生品的价格，就可以得到一个控制变量价格，而这种类似衍生品（例如普通欧式期权）的价值可以用解析方法计算得到。这样一来，亚式期权和普通期权都可以通过模拟方法以如下方式进行定价，其中模拟价格分别记为 $P_A$ 和 $P_{BS}^*$。当然，$P_{BS}$ 也可以通过布莱克-斯科尔斯这样的解析公式来计算，而亚式期权价格的新估计量就等于：

$$P_A^* = (P_A - P_{BS}) + P_{BS}^* \tag{13.8}$$

### 13.3.3 不同实验中随机数的重复使用

虽然在同一个蒙特卡洛实验中重复使用随机抽样样本肯定不太合理，但在不同实验中使用相同的抽样数据却可以在很大程度上降低不同实验中估计值差异的变异性。举例来说，如果我们想要用包含 100 个观测值的样本和不同的 $\phi$ 值（运用第 8 章中的符号）来考察 DF 检验的效能，那么在使用不同 $\phi$ 值的每一次实验中，可以运用同一组服从标准正态分布的随机数来降低不同实验的抽样变异性。不过，每次实验中实际估计值的精度并不会增加。

除此之外，我们还可以创建较长的随机数序列，然后分割为几个较小的部分，并将其分别用于不同的实验。例如，现在考虑用蒙特卡洛模拟方法为具有不同到期时间但其他方面都一样的几个期权进行定价，假设到期时间分别为 6 个月、3 个月和 1 个月，那么就要创建能够足以覆盖 6 个月的随机数。接下来，可以用这一能够覆盖 6 个月的随机数来构建 2 次覆盖 3 个月的重复抽样，以及 6 次覆盖 1 个月的重复抽样。同样地，尽管对于给定的重复抽样次数来说，定价精度本身并不会增加，但不同到期日的模拟期权价格的变异性会降低。

不过，重复使用随机数并不会节省计算时间，因为一般情况下产生这些随机数的时间只占整个实验全部耗时的很小一部分。



## 13.4 自举法

**自举法**（bootstrapping）与模拟方法有一定联系，但两者之间存在一个本质的区别。具体来说，在模拟方法中，所使用的数据完全是由人工创建的，但是自举法是用样本数据本身来获得对实证估计量性质的描述，其中有放回的重复抽样是来自实际数据。许多计量经济学家一开始都对这一技术持高度怀疑的态度，因为乍看起来，这一技术就像是一种魔术技巧，即通过一个已经给定的样本来创造额外的有用信息。的确，出于这个角度，Davison 和 Hinkley（1997，p. 3）曾将“自举法”这一术语类比为一位虚构的人物——孟乔森（Munchhausen）男爵，他曾经通过拉伸自己靴子上的带子，把自己从湖底拽了起来。

具体来说，假设现在手上有一组样本数据 $y = y_1, y_2, \cdots, y_T$，并且我们想要估计某个参数 $\theta$。通过考察一系列的自举法估计量，我们可以得到 $\hat{\theta}_T$ 的近似统计特性。

要做到这一点，需要从 $y$ 中有放回地抽取 $N$ 个规模为 $T$ 的样本，并且每抽取一个新样本就计算一个 $\hat{\theta}$ 值，这样就可以得到一系列的 $\hat{\theta}$ 值，由此可以考察这些 $\hat{\theta}$ 值的分布状况。

相对于运用解析结果来说，自举法的优势在于不需要做出较强的分布假设即可进行推断，因为这时所使用的分布就是实际数据的分布。换句话说，自举法不是为 $\hat{\theta}$ 值的抽样分布施加了某个形状，而是通过分析样本内统计量的变化来对抽样分布进行经验估计。

从样本中有放回地获得一系列新的子样本，并在每一个新的子样本下计算感兴趣的检验统计量，这是一种从样本中进行抽样的有效方法，也就是说，我们可以把样本看作是一个总体，并从中抽取样本。将由新的子样本所计算的检验统计量记为 $\hat{\theta}^*$。注意，所抽取的子样本很可能彼此之间存在显著的差异，而且各个子样本中的 $\hat{\theta}^*$ 与初始的 $\hat{\theta}$ 也会大相径庭，原因在于某些观测值可能被抽取了若干次，而另外一些观测值自始至终没有被抽到过。由此，我们可以得到有关 $\hat{\theta}^*$ 的一个分布，而由这一分布可以计算标准误及我们感兴趣的其他一些统计量。

鉴于其在计算速度及效能方面的优势，近年来自举法在金融和计量经济领域得到了快速而广泛的应用。例如，在计量经济学领域，自举法已经被用来进行单位根检验。Scheinkman 和 LeBaron（1989）也认为自举法可以被用于“洗牌性诊断”，具体做法是：对原始数据进行有放回的抽样，从而构建新的数据序列，连续应用这一步骤，就可以创建出平均来讲与原始数据具有相同分布性质的一系列数据集。而且按照定义，原始序列中的任何相依性（例如，线性相关或非线性相关）都已经被剔除，由此我们就可以把这一被重新洗牌后序列的计量经济检验结果当作基准，与基于实际数据的计量经济检验结果相比较，或者用于构建标准误估计量及其置信区间。

后文会对自举法在金融风险管理中的应用进行讨论。不过，最近所提出的对自举法的一个重要应用是采用该方法对“技术交易规则的获利能力”检验中所涉及的数据探测（数据挖掘）问题进行检测。实际上，如果用同样的数据集来构建交易规则并对其进行检验，那么就会出现数据探测问题。在这种情况下，只要所考察的交易规则的数量足够多，其中有一些必然会产生统计显著的正收益，但这仅仅是碰巧而已。如果在一个较长的时期内考察那些过去表现不错的技术交易规则，而这些规则的表现继续出色，我们就说出现了代内数据探测。这样研究者就只需要关注那些表现良好的规则，而忽略其他数量上千的无效规则。

在对金融领域中其他问题的估计及检验上，数据探测偏差也是非常明显的。例如，Lo 和 MacKinlay（1990）曾经发现当利用数据特征来构建检验统计量时，对资本资产定价模型的检验会产生误导性推断。这些数据特征与资产组合的构建方式有关，而这些构建方式是基于某些受经验驱动的股票特征（如股票市值），而非受理论推动的股票特征（如股息收益率）。

Sullivan，Timmermann 和 White（1999）及 White（2000）建议运用自举法来对数据探测进行检验。这一技术将所研究的交易规则放在一个由大致类似的交易规则所构成的“宇宙”中，这样就为“在选定最终的交易规则前，应该先对各种各样的交易规则进行考察”的观点提供了某些实证性内容。自举法被用在每一个交易规则上，即从所观察到的每一个规则的收益率时间序列中进行有放回的抽样。零假设是没有任何一个技术交易规则会优于其他规则。Sullivan，Timmermann 和 White（1999）展示了如何构建一个基于自举法的"真实检测"检验的 $p$ 值，这一 $p$ 值用来评价某一规则收益率（或超额收益率）的显著性，不过这要在对集合中的所有规则已经进行了考察的前提下进行。

### 13.4.1 在回归中使用自举法的一个例子

考虑下面的标准回归模型：

$$y = X\beta + u \tag{13.9}$$

要对这一回归模型运用自举法，可以以如下两种方式进行。

**对数据进行重复抽样**

这一方式是对观测值 $i$ 进行整行抽样，具体步骤如专栏 13.2 所示。

**▶专栏 13.2◀**

**对数据进行重新抽样**

（1）在原始数据中进行有放回的整行抽样（举例来说，如果选择的是第 32 个观测值，那么就抽取 $y_{32}$ 及所有解释变量的第 32 个观测值），从而创建一个规模为 $T$ 的样本。

（2）计算这一自举样本的系数矩阵 $\hat{\beta}^*$。

（3）回到第（1）步，创建另一个规模为 $T$ 的样本。将上述步骤重复 $N$ 次，就可以得到 $N$ 个系数向量 $\hat{\beta}^*$。一般来讲，这些系数向量应该是不一样的，由此就可以得到每个系数估计值的分布状况。

上述处理方式存在一个方法论方面的问题，即这样的处理方式意味着要从自变量中进行抽样，而 CLRM 假定自变量在重复抽样中是固定不变的，也就是说，自变量中并不存在抽样分布。因此，这一从解释变量数据中进行重复抽样的做法与 CLRM 的思想是不相容的。

另外一种思路是，既然回归中唯一的随机性来源就是误差项 $u$，那么为什么不对其进行自举法抽样呢？

**对残差进行重复抽样**

虽然这种方法不太好理解，执行起来也不太容易，但在理论上却是"纯粹的"。具体步骤请见专栏 13.3。

**▶专栏 13.3◀**

**对残差进行重复抽样**

（1）用实际数据估计模型，得到拟合值 $\hat{y}$，并计算残差 $\hat{u}$。

（2）从这些残差中以有放回的方式抽取一个规模为 $T$ 的样本（将其记为 $\hat{u}^*$），然后在该样本的每一个数值上加上对应的拟合值，从而创建出一个自举因变量：

$$y^* = \hat{y} + \hat{u}^* \tag{13.10}$$

(3) 将这一新的因变量对原始的 $X$ 数据进行回归，得到自举系数向量 $\hat{\beta}^*$。

(4) 回到第（2）步，将这一过程重复 $N$ 次。

### 13.4.2 自举法在什么情况下会失效?

至少在如下两种情况下，前文中所介绍的自举法的作用无法得到充分发挥。

**数据中有异常值**

数据中的异常值会影响到自举法的结论。特别地，对于某一特定的重复抽样来说，异常值是否出现在这一自举样本中会在很大程度上影响其结果。

**非独立数据**

自举法的潜在假定是数据是彼此独立的，但是很明显，实际中存在很多会违反这一假定的情况。举例来说，如果数据中存在自相关性，那么这一假定就不成立。对于这类问题，一个可能的解决办法是运用“块状移动自举法”。这种方法在每次抽样中都一次性抽取一整“块”的观测值，由此可以允许数据序列中存在相依性。Davison 和 Hinkley（1997）介绍了这种方法，同时还讨论了与自举法有关的一些理论和实际应用问题。另外，关于这方面的内容读者还可以参阅 Efron（1979，1982）。

需要指出的是，自举法中同样也可以使用方差减小技术，具体的应用方式与上面介绍过的纯模拟环境下的应用方式非常类似。



## 13.5 随机数生成器

大多数计量经济软件包中都有随机数生成器，其中最简单的就是从（0，1）均匀分布中产生随机数。注意，从（0，1）均匀分布中抽取的数值只会落在 0 和 1 之间，而且该区间内的所有值都有相同的概率被抽到。在均匀分布中，既可以进行离散抽样，也可以进行连续抽样。其中，掷骰子或轮盘赌就是典型的离散均匀随机数生成器，而连续均匀分布的随机数可以通过计算机得到。

在（0，1）区间上服从连续均匀分布的随机数可以由下述递归式生成：

$$y_{i+1} = (ay_i + c) \text{ modulo } m \quad i = 0, 1, \cdots, T \tag{13.11}$$

进而有：

$$R_{i+1} = y_{i+1}/m \quad i = 0, 1, \cdots, T \tag{13.12}$$

对于 $T$ 个随机数来说，$y_0$ 是“种子”（$y$ 的初始值），$a$ 是乘数，$c$ 是增量，这三个都是常数。另外，“modulo 算子”就像是一个时钟，在达到 $m$ 后返回 1。

对于任何包含像式（13.11）这样的递归式（以产生随机数）的模拟研究来说，要让模拟过程开始运转，都需要用户指定一个初始值 $y_0$。不太理想的一点是，对这一初始值的不同选择，会影响到所产生的序列的性质。当然，这一影响对 $y_1$，$y_2$，…依次递减。

举例来说，如果我们用一组随机数来构建一个服从 GARCH 过程的时间序列，那么在这一序列中排在前面的观测值的行为就不如排在后面的观测值的行为更符合 GARCH 过程的特点。因此，一个好的模拟设计应该考虑到这一点，具体做法可以是生成比所要求的数量更多的观测值，并将前面的一些观测值剔除。例如，如果要求生成 1 000 个观测值，那么我们就先生成 1 200 个，然后将第 1 个到第 200 个删除，仅将第 201 个到第 1 200 个用于分析。

这些由计算机所产生的随机数常被称为**伪随机数**（pseudo-random numbers），原因在于这些数字实际上根本不是随机的，而是完全确定的，因为它们都是由某个精确的方程导出的。不过，通过小心地选择那些用户可以调整的参数的取值，我们可以得到能够满足真实随机数所有统计性质的伪随机数生成器。当然，随机数序列最终会出现重复，但这往往需要很长时间。Press 等（1992）对此进行了详细论述，并提供了 Fortran 代码，另外 Greene（2002）还提供了一个实例。

U(0，1）随机抽样可以被转换为任何所需要的分布的抽样，例如正态分布或学生 $t$ 分布。通常情况下，具有模拟功能的计量经济软件包都可以自动完成上述转换。

## 13.6 模拟方法在解决计量经济或金融问题时的缺陷

- 计算成本较高。

也就是说，如果要获得足够精确的解，那么所需要进行的重复抽样的次数是非常多的，当然，具体次数要视所研究的问题而定。另外，如果由估计所决定的重复抽样过程还比较复杂，那么从计算的角度来说几乎就是不可能实现的，比如说，这一模拟过程可能会耗费数天、数周甚至是数年的时间。尽管随着高速计算机的问世，CPU 的计算速度越来越快，但现在所研究的问题的技术复杂程度也在快速提高。

- 结果的精度不高。

如果对数据生成过程施加了若干不太现实的假设，那么即使重复抽样的次数非常多，模拟实验也很难给出具有较高精度的结果。举例来说，在期权定价问题中，如果数据生成过程假定误差项服从正态分布，而收益率序列实际上具有厚尾特征，那么模拟方法所得到的期权价值就不够精准。

- 结果很难被复制。

除非对模拟实验的设计能够使得随机抽样的顺序已知，而且可以被复制（现实中很少会出现这种情况），否则蒙特卡洛方法的结果就会随着实验的不同而不同。在这种情况下，重复实验需要若干不同的随机抽样，因此所产生的结果会有所不同，特别是在重复抽样次数比较少的时候更是如此。

- 模拟结果随着实验的不同而不同。

用一组方程或一个方程来指定数据生成过程，实际上意味着所得到的结果只能用于那种特定类型的数据。对于其他数据生成过程来说，所得到的结论可能会成立，也可能不会成立。为了解释这一点，现在来考虑这样一个问题：按照定义，我们可以通过考察某个统计检验中错误的零假设被拒绝的频次来检查统计检验的效能。举个例子，如果是

DF 检验，通过运用蒙特卡洛方法来确定的该检验的效能就体现为单位根零假设被拒绝的次数所占的百分比。假定这一模拟实验中用到的数据生成过程如下：

$$y_t = 0.99y_{t-1} + u_t \quad u_t \sim N(0,\ 1) \tag{13.13}$$

很明显，这种情况下存在单位根的零假设是错误的，这对考察检验的效能非常必要。不过，对于规模不大的样本而言，这一零假设很可能并不会被经常性地拒绝。但如果由此断定 DF 检验的效能总体上不强其实并不恰当，因为这时零假设（$\phi=1$）错得并不是很严重。其实，上述问题在使用蒙特卡洛方法的研究中普遍存在。解决办法是用尽可能多的数据生成过程进行模拟，当然，这些数据生成过程之间要有所不同，却彼此有关。最后，很明显，蒙特卡洛数据生成过程必须与所要研究的实际问题尽可能地匹配。

总结一下，模拟方法是非常有用的工具，其应用范围非常广泛。该方法在过去的十年间得以普及，而且正在被更多研究者所接受。不过，和其他所有工具一样，对这一方法的错误使用也是非常危险的。现实中，人们很容易在根本没有考虑这一方法有效性的基础上就开始一个模拟实验。

## 13.7 计量经济学中的蒙特卡洛模拟：导出 DF 检验的临界值



回忆一下，对某些序列 $y_t$ 进行 DF 检验的回归方程为：

$$y_t = \phi y_{t-1} + u_t \tag{13.14}$$

所要检验的是 $H_0: \phi=1$，$H_1: \phi<1$。该检验所用到的检验统计量为：

$$\tau = \frac{\hat{\phi}-1}{SE(\hat{\phi})} \tag{13.15}$$

在“存在一个单位根”的零假设下，该检验统计量并不服从标准分布，因此需要用模拟方法来求得其临界值。当然，现在在很多地方都可以查到这些临界值，但我们现在感兴趣的是这些临界值是如何计算出来的。这样我们在面临研究不足或对结果知之甚少的情形时，就可以采用类似的方法。专栏 13.4 介绍了这一模拟过程的 4 个步骤。

**▶专栏 13.4◀**

**设定一个蒙特卡洛模拟**

(1) 在零假设下构建数据生成过程，即生成一个服从单位根过程的 $y$ 序列。具体步骤如下：

- 从一个正态分布中抽取一个长度为 $T$ 的数据序列，其中 $T$ 为所要求的观测值数量。该数据序列就是误差序列 $u_t$，$u_t \sim N(0,\ 1)$。
- 为第一个 $y$ 值做出假设，即假设出 $y$ 在 $t=1$ 期的值。

- 以如下的递归方式构建 $y$ 序列：

$$
\begin{aligned}
y_2 &= y_1 + u_2 \\
y_3 &= y_2 + u_3 \\
&\vdots \\
y_T &= y_{T-1} + u_T
\end{aligned} \tag{13.16}
$$

（2）计算检验统计量 $\tau$。

（3）将上述步骤（1）和步骤（2）重复 $N$ 次，得到 $N$ 个重复抽样的实验结果，进而可以得到 $\tau$ 值的分布状况。

（4）将 $N$ 个 $\tau$ 值从小到大进行排序，则 5%的临界值就是这一分布的 5%分位数。

## 13.8 实例：模拟期权定价

下面的内容介绍了如何运用蒙特卡洛模拟得到金融期权的价格。这里所用的是一个纯欧式看涨期权，我们当然可以通过标准的 Black-Scholes（1973）公式得到有关其定价的解析表达式，但和前面的内容一样，这一情况具有足够的一般性，即只需进行一些小的改动即可对更为复杂的期权产品进行定价。Boyle（1977）对金融期权定价中蒙特卡洛模拟的使用给出了很好而且很具有可读性的介绍。

这一部分所涉及的步骤见专栏 13.5 中的内容。

**▶专栏 13.5◀**

**模拟亚式期权定价**

（1）为标的资产指定一个数据生成过程。通常情况下，会采用一个带有漂移项的随机游走过程。所以，还需要做出假定的内容包括：漂移项的大小、波动率参数的规模。另外，还需指定执行价 $K$ 以及到期期限 $T$。

（2）从正态分布中抽取一个长度为 $T$ 的序列，其中 $T$ 为与期权有效期所对应的观测值数量。该序列即为误差序列，即 $\varepsilon_t \sim N(0, 1)$。

（3）构造一个长度为 $T$ 的标的资产观测值序列。

（4）观察标的资产在到期日 $T$ 的价格。对于看涨期权，如果标的资产在到期日的价格 $P_T \leqslant K$，那么在这一抽样中期权的到期价值为零，即在到期日会作废。如果标的资产在到期日的价格 $P_T > K$，那么期权在到期日就处于实值状态，其到期价值为 $P_T - K$，接下来我们可以运用无风险利率将这一到期价值贴现。需要指出的是，这里使用无风险利率是基于风险中性理论（Duffie，1996）。

（5）将步骤（1）到步骤（4）重复 $N$ 次，然后取 $N$ 个期权价格的平均值，这就是模拟方法下的期权价格。

### 13.8.1　运用厚尾过程来模拟金融期权的价格

上述定价方法中，一个非常不符合现实且具有局限性的假定就是标的资产的收益率服从正态分布。众所周知，现实中的金融资产收益率往往都具有厚尾特征。要对该假设进行修正，可以有很多不同的方法。例如，我们可以在专栏 13.5 的第 2 步中，将从正态分布中抽样改为从厚尾分布中抽样，或者也可以假定误差项服从一个 GARCH 过程，进而收益率也服从一个 GARCH 过程，这同样可以使得收益率分布呈现厚尾特征。专栏 13.6 给出了从 GARCH 过程中进行抽样的具体步骤。

**▶专栏 13.6◀**

**从 GARCH 过程中抽样**

（1）从正态分布中抽取一个长度为 $T$ 的序列，其中 $T$ 是与期权有效期对应的观测值数量。该序列即为误差序列，即 $\varepsilon_t \sim N(0,1)$。

（2）回忆一下，GARCH 模型的一种表示方式为：

$$r_t=\mu+u_t \quad u_t=\varepsilon_t\sigma_t \quad \varepsilon_t \sim N(0,1) \tag{13.17}$$

$$\sigma_t^2=\alpha_0+\alpha_1 u_{t-1}^2+\beta\sigma_{t-1}^2 \tag{13.18}$$

注意，我们在第（1）步中已经创建了 $\varepsilon_t$ 序列，现在需要指定初始值 $y_1$ 和 $\sigma_1^2$，并合理指定参数 $\alpha_0$，$\alpha_1$ 和 $\beta$ 的值。假设 $y_1$ 和 $\sigma_1^2$ 分别被设定为 $\mu$ 和 1，参数值分别被设定为 $\alpha_0=0.01$，$\alpha_1=0.15$ 和 $\beta=0.80$，这样就可以使用上面的方程来创建 $r_t$ 的模型了。

### 13.8.2　模拟亚式期权定价

亚式期权的损益状况取决于标的资产价格在某一时期内的平均值，这些内容在期权合约中都已经指定。在大多数亚式期权合约中，对“平均值”的定义是算术平均，而非几何平均。但不幸的是，带有漂移项单位根过程的算术平均值并没有被很好地定义。此外，即使假定资产价格服从对数正态分布，它们的算术平均值也并不服从这一分布。因此，目前对亚式期权价值的封闭式解析表达式还没有被开发出来。由此，我们自然可以运用模拟方法来为亚式期权定价，具体过程与对纯看涨期权或看跌期权的模拟定价方式几乎完全一致，其中唯一的区别体现在最后一步，即在确定到期日损益值的时候。

## 13.9　实例：运用自举法计算风险资本要求

### 13.9.1　金融动机

在笔者看来，在过去大约十年间，在计量经济技术的应用方面发展最快的一个领域就是金融风险管理建模。其中，最为流行的一个测度风险的方法就是计算某家金融机构的“在险价值”（value at risk，简记为 VaR）。粗略地讲，VaR 是对由于市场价格发生变化而导致的可能损失的概率的估计。更精确一点，它是指在已经提前确定的某个时间段内和某个置信度上，资产组合可能发生的货币损失是多少。VaR 之所以得到了如此广泛的应用，主要原因还是在于其计算方便、易于解释，而且可以在整个公司层面上相加，从而产生一个独立测度，并以此覆盖公司的整体风险头寸。VaR 的估计值又被称为**头寸风险要求**（position risk requirement），或**最小风险资本要求**（minimum capital risk requirement，简记为 MCRR），下文会将这三个名称互换使用。目前，估计 VaR 的方法有很多，例如一阶常态法、历史模拟法、估计资产组合收益率的分位数法、蒙特卡洛模拟法等等，具体可以参阅 Dowd（1998）或 Jorion（2006）对 VaR 所做的深入而全面的介绍。

其中，用蒙特卡洛模拟法估计 VaR 可以分为两步。首先，确定资产组合中标的资产的数据生成过程。其次，模拟这些资产在给定时间区间上的可能路径，并且在时间区间结束后计算资产组合的价值，从而得到每条模拟路径下的资产组合收益率，再在这些不同收益率的分布中取其第一个或第五个百分位数，即可得到相对于资产组合初始价值百分比形式的 VaR 值。

很明显，在计算 VaR 时，蒙特卡洛模拟是一种非常有效和灵活的方法，因为我们可以在其中任意指定标的资产所服从的随机过程。另外，提高方差或增加相关性所带来的效果也可以纳入模拟过程的设计中。不过，用蒙特卡洛模拟来计算 VaR 还是存在（但不限于）以下两种缺陷：第一个缺陷是，如果是规模非常大的资产组合，那么以这种方式计算其 VaR 的时间成本是很高的。第二个，也是更基础的缺陷在于，如果为标的资产所假定的随机过程不尽合理，那么所计算的 VaR 精度就不会太高。特别地，学者们通常会假定资产价格服从随机游走或带有漂移项的随机游走过程，其中误差项被假定为是从正态分布中随机抽取出来的。由于金融资产收益率的分布往往具有厚尾性，所以在模拟中采用高斯（Gaussian）抽样就会系统性地低估 VaR，因为正态分布中出现的极大正值和极大负值的概率都比现实中这两类值出现的概率更低。当然，我们也可以用学生 $t$ 分布代替正态分布，或者假定收益率服从一个 GARCH 过程，这两种方法都可以使得收益率的非条件分布产生厚尾特征。不过，对在模拟框架中所设计的分布是否确实合理这一问题，仍然存在很多争议。

另外一种方法可能会平息这一争议，就是用自举法代替蒙特卡洛模拟法。在自举法中，所模拟的未来价格是通过从实际收益率中进行有放回的随机抽样所得到的，而不是像在蒙特卡洛模拟法下是从某个假定的分布中人工创建扰动项。Hsieh（1993）和 Brooks，Clare 和 Persand（2000）用自举法计算了 MCRR，现在我们来考察一下 Hsieh（1993）所使用的方法。

Hsieh（1993）的研究中所使用的样本数据为 1985 年 2 月 22 日—1990 年 3 月 9 日之间英镑（简记为 BP）、德国马克（简记为 GM）、日元（简记为 JY）和瑞士法郎（简记为 SF）这 4 种货币对美元外汇期货的每日对数收益率，一共 1 275 个样本点。在设定自举法的框架时，第一步是构建能够拟合数据并能充分描述其特征的模型，作者运用 BDS 检验（第 8 章中曾对此检验进行了简要讨论）来确定合适的模型。首先，对原始收益率数据进行 BDS 检验，结果显示数据并非随机的，在其中具有某些特定的结构。具体来说，BDS 检验拒绝了数据是随机的这一零假设，故数据序列中的相依性可能是以下两者之一：

- $y_t$ 与 $y_{t-1}$，$y_{t-2}$，…之间具有线性关系；或者
- $y_t$ 与 $y_{t-1}$，$y_{t-2}$，…之间具有非线性关系。

对原始收益率序列运用博克斯-皮尔斯 Q 检验，可以知道数据中是否存在线性关系；对收益率的绝对值或平方收益率序列运用博克斯-皮尔斯 Q 检验，可以知道数据中是否存在非线性关系。这里没有报告博克斯-皮尔斯 Q 检验的结果，但该结果有效地排除了存在线性相依性的可能（所以像 ARMA 这类线性模型就不适合用来为原始收益率建模），而是呈现出了序列中存在非线性相依性的证据。因此，随之而来的第二个问题就是这一非线性特征是存在于均值中，还是存在于方差中（参阅第 8 章中有关这一问题的讲解）。对于这一问题，Hsieh（1993）采用双相关检验证明了均值中不存在非线性特征。因此，收益率序列最适合的模型是时变（条件）方差模型。在 Hsieh（1993）的研究中，采用了两种类型的时变方差模型：EGARCH 模型和自回归波动率（autoregressive volatility，简记为 ARV）模型。其中，EGARCH 模型的参数估计结果见表 13.1。

**表 13.1　外汇期货收益率序列 EGARCH 模型的估计结果**

$$x_t=\mu+\sigma_t\eta_t$$
$$\eta_t\sim N(0,\ 1)$$
$$\ln\sigma_t^2=\alpha+\beta\ln\sigma_{t-1}^2+\phi[\,|\eta_{t-1}|-(2/\pi)^{1/2}]+\gamma\eta_{t-1}$$

| 系数 | BP | DM | JY | SF |
|---|---|---|---|---|
| $\mu$ | 0.000 319<br>(0.000 208) | 0.000 377<br>(0.000 214) | 0.000 232<br>(0.000 189) | 0.000 239<br>(0.000 235) |
| $\alpha$ | −0.688 127<br>(0.030 088) | −1.072 229<br>(0.041 828) | −4.438 289<br>(0.756 704) | −0.993 241<br>(0.032 479) |
| $\beta$ | 0.928 780<br>(0.002 995) | 0.889 511<br>(0.004 386) | 0.550 707<br>(0.075 851) | 0.895 527<br>(0.003 508) |
| $\phi$ | 0.135 854<br>(0.019 961) | 0.187 005<br>(0.028 388) | 0.282 167<br>(0.093 357) | 0.157 669<br>(0.024 013) |
| $\gamma$ | −0.110 718<br>(0.177 458) | 0.084 173<br>(0.147 279) | 0.313 274<br>(0.201 531) | 0.129 035<br>(0.166 507) |

注：括号中的数字为标准误。

资料来源：Hsieh（1993）. Reprinted with the permission of School of Business Administration，University of Washington.

需要注意的是 EGARCH 模型估计结果中所呈现出的几个特点。首先，正如预期的那样，4 个外汇期货收益率的非对称项（即 $\gamma$ 估计值）都不显著。除了日元之外，其他 3 种外汇序列中的 $\beta$ 参数值都很大，说明这三种外汇序列波动率的持续性很强。Brooks，Clare 和 Persand（2000）认为，这种持续性过于强大，以至隐含于所估计的条件方差中的波动率不能很好地再现实际收益序列的波动情况。需要注意的是，这种过度的波动持续性可能会导致对 VaR 值的高估。不过，Hsieh（1993）的研究暂不考虑这一问题，而是继续对 EGARCH 模型捕捉数据中所有非线性特征的有效性进行了评价，具体做法是再次使用 BDS 对标准化残差进行检验，其中标准化残差是将模型残差分别除

以其各自的条件标准差得到的。如果 EGARCH 模型捕捉到了数据中所有的重要特征，那么标准化残差序列就应该是完全随机的。但实际上，结果表明 EGARCH 模型并未完全捕捉到德国马克和瑞士法郎中所有的非线性相依性。

第二种波动率建模方法是基于最高价/最低价这一波动率估计量。在对这一日内极差估计量进行重标后，可以构建出每日波动率序列：

$$\sigma_{P,t}=(0.361\times 1\,440/M)^{1/2}\ln(High_t/Low_t) \tag{13.19}$$

其中，$High_t$ 和 $Low_t$ 分别是第 $t$ 天中的最高价和最低价，$M$ 是当天总的交易分钟数。这样我们就可以像对其他序列进行建模一样来为波动率序列 $\sigma_{P,t}$ 建模。如果不同时刻上的波动率之间具有相依性（或持续性），那么一个自然的模型就是自回归模型。由此，如果将价格方程算在内的话，就得到了所谓的自回归波动率（ARV）模型：

$$x_t=\sigma_{P,t}u_t \tag{13.20}$$

$$\ln\sigma_{P,t}=\alpha+\sum_i\beta_i\ln\sigma_{P,t-i}+\nu_t \tag{13.21}$$

其中，$v_t$ 为误差项。式中恰当的滞后阶数可以通过施瓦茨（Schwarz）信息准则得到。对于本例中的英镑、德国马克、日元和瑞士法郎序列来说，基于这一信息准则所确定的滞后阶数分别为 8、8、5 和 8。表 13.2 给出了 4 种序列 ARV 模型的参数估计结果。

ARV 模型估计中，波动率序列的持续性是通过将所有的 $\beta$ 系数加总得到的。对本例中的数据来说，这 4 种波动率的持续性分别为 0.78、0.76、0.62 和 0.74。尽管比 EGARCH 模型中的持续性参数小一些，但这些数字仍然很大。该模型下的标准化残差可以写为 $x_t/\hat{\sigma}_{P,t}$，其中 $\hat{\sigma}_{P,t}$ 为波动率的拟合值。在对这些标准化残差进行 BDS 检验后可以发现，除了在瑞士法郎中该检验统计量具有边缘显著性之外，其他 3 种货币的标准化残差已经不再具有特定结构了。因此，可以认为，现在这些标准化残差就是独立同分布的，我们可以运用自举法从中进行有效的抽样。

**表 13.2　外汇期货收益率序列 ARV 模型的估计结果**

$$x_t=\sigma_{P,t}u_t$$
$$\ln\sigma_{P,t}=\alpha+\sum_i\beta_i\ln\sigma_{P,t-i}+\nu_t$$

| 数据 | BP | DM | JY | SF |
|---|---|---|---|---|
| $\alpha$ | −1.037<br>(0.171) | −1.139<br>(0.187) | −1.874<br>(0.199) | −1.219<br>(0.193) |
| $\beta_1$ | 0.192<br>(0.028) | 0.153<br>(0.028) | 0.208<br>(0.028) | 0.115<br>(0.028) |
| $\beta_2$ | 0.134<br>(0.029) | 0.111<br>(0.028) | 0.137<br>(0.028) | 0.106<br>(0.028) |
| $\beta_3$ | 0.062<br>(0.029) | 0.052<br>(0.028) | 0.058<br>(0.029) | 0.068<br>(0.028) |
| $\beta_4$ | 0.069<br>(0.029) | 0.092<br>(0.028) | 0.109<br>(0.028) | 0.091<br>(0.028) |

续表

| 数据 | BP | DM | JY | SF |
|---|---|---|---|---|
| $\beta_5$ | 0.137<br>(0.028) | 0.091<br>(0.028) | 0.112<br>(0.028) | 0.118<br>(0.028) |
| $\beta_6$ | 0.027<br>(0.029) | 0.072<br>(0.028) | | 0.074<br>(0.028) |
| $\beta_7$ | 0.073<br>(0.028) | 0.110<br>(0.028) | | 0.086<br>(0.028) |
| $\beta_8$ | 0.088<br>(0.028) | 0.079<br>(0.028) | | 0.078<br>(0.028) |
| $\overline{R}^2$ | 0.274 | 0.227 | 0.170 | 0.193 |

注：括号中的数字为标准误。

资料来源：Hsieh (1993). Reprinted with the permission of School of Business Administration, University of Washington.

总结起来，我们可以认为 EGARCH 模型和 ARV 模型都为外汇期货收益率序列提供了合理的描述，因此在后面的 VaR 估计中，这两种模型都会被采用。具体来说，就是运用这两个模型中的参数估计值，并从 EGARCH 模型的标准化残差 $\hat{\eta}_t/\hat{h}_t^{1/2}$ 以及 ARV 模型的标准化残差 $u_t$ 和 $v_t$ 中进行有放回的抽样并由此得到模拟误差项，从而实现对期货价格序列未来值的模拟。按照这种方式，可以模拟 10 000 条未来序列的可能路径（即重复抽样次数为 10 000 次），并且计算每条路径中某个特定持有期上的最大损失，即：

$$Q=(P_0-P_1)\times 合约数量 \tag{13.22}$$

其中，$P_0$ 是头寸的初始价值，$P_1$ 是所模拟的持有期内的最低价（对于多头头寸）或最高价（对于空头头寸）。在计算最大损失的时候，假定持有期分别为 1 天、5 天、10 天、15 天、20 天、25 天、30 天、60 天、90 天和 180 天。另外，还要假设期货头寸的到期日为模型估计样本的最后一天，即 1990 年 3 月 9 日。

取这 10 000 个最大损失值的 90%分位数，就可以得到足以覆盖 90%交易日损失的资本数量。对于金融机构来说，必须高度重视期货头寸的最大日损失状况，因为要覆盖这类损失的话，金融机构必须向其保证金账户中注入更多的资金，否则金融机构可能不得不减小其期货头寸规模，而这样就会破坏其最初依靠期货交易所建立的套期保值效果。

不过，Hsieh (1993) 运用的如下方法在最后一步稍有不同。不失一般性，假定所持有的合约数量为 1，那么对多头头寸有：

$$\frac{Q}{x_0}=1-\frac{x_1}{x_0} \tag{13.23}$$

对空头头寸有：

$$\frac{Q}{x_0}=\frac{x_1}{x_0}-1 \tag{13.24}$$

其中，$x_1$ 为持有期内多头头寸的最低价格（或空头头寸的最高价格）。不管是多头头寸还是空头头寸，由于 $x_0$ 是一个常数，所以 $Q$ 的分布状况就取决于 $x_1$ 的分布状况。

Hsieh（1993）假定价格服从对数正态分布，即价格比率的对数

$$\ln\left(\frac{x_1}{x_0}\right)$$

服从正态分布。在这种情况下，估计收益分布 5%分位数的另一种方法是在正态分布统计表中查得相应的临界值，然后乘以标准差，再加上分布的平均值。

Hsieh（1993）对 ARV 模型和 EGARCH 模型所估计的 MCRR 进行了比较，同时还比较了对价格变化本身运用自举法（即“非条件密度模型”）所得到的结果。表 13.3 报告了 MCRR 的计算结果。

表 13.3 以头寸初始价值百分比的形式列出了能够覆盖 90%的期望损失所需要的资本数量。举个例子，对于日元来说，基于 EGARCH 模型的结果说明，如果要覆盖其未来 180 天内 90%的期望损失，所需持有的资本数量差不多等于其多头头寸初始价值的 14%。仔细观察一下，可以发现表 13.3 中的结果有以下几个方面的有趣特征：首先，对价格变化本身采用自举法（即“非条件密度模型”）所得到的 MCRR 在大多数时候都大于采用其他两种方法所计算出来的 MCRR 值，这一点在较短的投资期上体现得特别明显。之所以出现这一现象，作者认为主要原因是 MCRR 计算期开始时的波动率水平要低于其历史水平，这样一来两种条件估计方法（EGARCH 和 ARV）下的初期波动率预测值就会低于历史平均水平。不过，当持有期从 1 天增加到 180 天的时候，ARV 模型的 MCRR 估计值会向非条件密度方法下的估计值收敛。但对于 EGARCH 模型来说，即使到了 180 天，其估计值也没有出现收敛。实际上，在某些情形下，当持有期增加时，EGARCH 模型所计算得到的 MCRR 值还很奇怪地与非条件密度方法下的 MCRR 值出现了发散。因此作者认为，EGARCH 模型并不适于用来估计这一例子中的 MCRR 值。

**表 13.3 外汇期货的最小风险资本要求**

| | 持有期 | 多头头寸 | | | 空头头寸 | | |
|---|---|---|---|---|---|---|---|
| | | ARV 模型 | 非条件密度模型 | EGARCH 模型 | ARV 模型 | 非条件密度模型 | EGARCH 模型 |
| BP | 1 | 0.73 | 0.91 | 0.93 | 0.80 | 0.98 | 1.05 |
| | 5 | 1.90 | 2.30 | 2.61 | 2.18 | 2.76 | 3.00 |
| | 10 | 2.83 | 3.27 | 4.19 | 3.38 | 4.22 | 4.88 |
| | 15 | 3.54 | 3.94 | 5.72 | 4.45 | 5.48 | 6.67 |
| | 20 | 4.10 | 4.61 | 6.96 | 5.24 | 6.33 | 8.43 |
| | 25 | 4.59 | 5.15 | 8.25 | 6.20 | 7.36 | 10.46 |
| | 30 | 5.02 | 5.58 | 9.08 | 7.11 | 8.33 | 12.06 |
| | 60 | 7.24 | 7.44 | 14.50 | 11.64 | 12.87 | 20.71 |
| | 90 | 8.74 | 8.70 | 17.91 | 15.45 | 16.90 | 28.03 |
| | 180 | 11.38 | 10.67 | 24.25 | 25.81 | 27.36 | 48.02 |

续表

| | 持有期 | 多头头寸 | | | 空头头寸 | | |
|---|---|---|---|---|---|---|---|
| | | ARV 模型 | 非条件密度模型 | EGARCH 模型 | ARV 模型 | 非条件密度模型 | EGARCH 模型 |
| DM | 1 | 0.72 | 0.87 | 0.83 | 0.89 | 1.00 | 0.95 |
| | 5 | 1.89 | 2.18 | 2.34 | 2.23 | 2.70 | 2.91 |
| | 10 | 2.77 | 3.14 | 3.93 | 3.40 | 4.12 | 5.03 |
| | 15 | 3.52 | 3.86 | 5.37 | 4.36 | 5.30 | 6.92 |
| | 20 | 4.05 | 4.45 | 6.54 | 5.19 | 6.14 | 8.91 |
| | 25 | 4.55 | 4.90 | 7.86 | 6.14 | 7.21 | 10.69 |
| | 30 | 4.93 | 5.37 | 8.75 | 7.02 | 7.88 | 12.36 |
| | 60 | 7.16 | 7.24 | 13.14 | 11.36 | 12.38 | 20.86 |
| | 90 | 8.87 | 8.39 | 16.06 | 14.68 | 16.16 | 27.75 |
| | 180 | 11.38 | 10.35 | 21.69 | 24.25 | 26.25 | 45.68 |
| JY | 1 | 0.56 | 0.74 | 0.72 | 0.68 | 0.87 | 0.86 |
| | 5 | 1.61 | 1.99 | 2.22 | 1.92 | 2.36 | 2.73 |
| | 10 | 2.59 | 2.82 | 3.46 | 3.06 | 3.53 | 4.41 |
| | 15 | 3.30 | 3.46 | 4.37 | 4.11 | 4.60 | 5.79 |
| | 20 | 3.95 | 4.10 | 5.09 | 5.13 | 5.45 | 6.77 |
| | 25 | 4.42 | 4.58 | 5.78 | 5.91 | 6.30 | 7.98 |
| | 30 | 4.95 | 4.92 | 6.34 | 6.58 | 6.85 | 8.81 |
| | 60 | 6.99 | 6.84 | 8.72 | 10.53 | 10.74 | 13.58 |
| | 90 | 8.43 | 8.00 | 10.51 | 13.61 | 14.00 | 17.63 |
| | 180 | 10.97 | 10.27 | 13.99 | 21.86 | 22.21 | 27.39 |
| SF | 1 | 0.82 | 0.97 | 0.89 | 0.93 | 1.12 | 0.98 |
| | 5 | 1.99 | 2.51 | 2.48 | 2.23 | 2.93 | 2.98 |
| | 10 | 2.87 | 3.60 | 4.12 | 3.37 | 4.53 | 5.09 |
| | 15 | 3.67 | 4.35 | 5.60 | 4.22 | 5.67 | 7.03 |
| | 20 | 4.24 | 5.10 | 6.82 | 5.09 | 6.69 | 8.86 |
| | 25 | 4.81 | 5.65 | 8.12 | 5.90 | 7.77 | 10.93 |
| | 30 | 5.23 | 6.20 | 9.12 | 6.70 | 8.47 | 12.50 |
| | 60 | 7.69 | 8.41 | 13.73 | 10.55 | 13.10 | 21.27 |
| | 90 | 9.23 | 9.93 | 16.89 | 13.60 | 17.06 | 27.80 |
| | 180 | 12.18 | 12.57 | 22.92 | 21.72 | 27.45 | 45.47 |

资料来源：Hsieh (1993). Reprinted with the permission of School of Business Administration, University of Washington.

从表中还可以观察到，空头头寸的 MCRR 要大于多头头寸下的对应值。这一点要归因于样本期间内期货收益率的某个向上漂移，即平均来讲，期货价格上涨的可能性要稍稍大于下跌的可能性。

Brooks，Clare 和 Persand (2000) 对上述结果进行了进一步分析，他们对 MCRR 估计值在一个样本外区间内的表现进行了评价。具体步骤为，先假定金融机构采用了某个模型所计算得到的 MCRR，然后追踪头寸价值随时间推移而变化的情况，由此来对模型进行评价。如果所计算的 MCRR 是充分的，那么其 90%的名义估计值就应该足以覆盖 90%样本外检验天数上的损失。如果 MCRR 无法覆盖某一天的损失，那么就将该天叫做一个“超限”或一个“例外”。如果在 90%的名义覆盖率上，某个模型却出现了超过 10%的例外，那么就认为该模型是无法被接受的，因为平均来讲，这一 MCRR 值不足以覆盖亏损。同样地，如果在 90%的名义覆盖率上，某个模型的例外比例远远小于 10%，那么该模型也被认为是无法被接受的。因为这一结果说明 MCRR 处于不合理的高水平上，这会使得资本被限定在不具有盈利性的流动资产上，但其实无此必要。Brooks，Clare 和 Persand（2000）观察到，正如 Hsieh（1993）在其研究中曾经警告过的，GARCH 类模型所计算得到的 MCRR 值往往比较大，进而导致例外出现的比例远远小于其名义比例。

## 核心概念

本章给出了定义及解释的核心概念包括：

- 模拟
- 蒙特卡洛抽样变异性
- 对偶变量法
- 自举法
- 伪随机数
- 控制变量法

## 自测题

1. (a) 举出两个金融领域和两个计量经济学领域中适于使用模拟方法的例子（当然，不要与本章中已经用过的例子重复），并解释在这些情形下为什么可以使用模拟方法。
   (b) 说明纯模拟法与自举法的区别所在。这两种方法各自的相对优势是什么？各自适用于什么样的情形？
   (c) 什么是方差减小技术？请描述两种这类技术，并解释如何使用。
   (d) 在模拟过程中，为什么要使用尽可能多的重复抽样次数？
   (e) 计算机是怎样产生随机数的？
   (f) 如果可以用解析法来解决某个问题，那么模拟方法相较于解析法有什么缺陷？
2. 某位研究者告诉你，她认为杨-博克斯检验的性质（即检验的规模和效能）会受到数据中 ARCH 效应的反向影响。现在请设计一个模拟实验来检验这一观点。
3. (a) 考虑下面的 AR(1) 模型：

$$y_t = \phi y_{t-1} + u_t$$

   请设计一个模拟实验来确定 $\phi$ 值从 0 增加到 1 对 $t$ 值的分布所产生的影响。
   (b) 再次考虑问题 (a) 中的 AR(1) 模型。如第 4 章中所述，回归中的解释变量是被假定为非随机的，而 $y_{t-1}$ 具有随机性，其后果就是小样本下的 $\phi$ 估计值会出现有偏。请设计一个模拟实验，考察 $\phi$ 估计值和样本规模对这一有偏程度的影响。

4. 障碍期权是一种路径依赖型期权产品，其损益取决于标的资产价格是否能够越过障碍。敲出看涨期权是一种当标的资产价格低于某个障碍水平 $H$ 的时候就不再存在的期权，其损益状况为：

$$\begin{aligned} \max[0, S_T - K] \quad & \text{如果 } S_t > H, \forall t \leqslant T \\ 0 \quad & \text{如果 } S_t \leqslant H, \forall t \leqslant T \end{aligned}$$

其中，$S_T$ 是标的资产在到期日 $T$ 的价格，$K$ 为执行价。假设某一敲出看涨期权的标的资产为 FTSE 100 指数，当前该指数的价格水平 $S_0 = 5\ 000$，$K = 5\ 100$，到期时间=1 年，$H = 4\ 900$，$IV = 25\%$，无风险利率=5%，股息收益率=2%。

设计一个蒙特卡洛模拟实验来确定应该为此期权所付出的合理价格。基于同一组随机抽样，确定其他条件都相同但没有障碍的期权产品的价格。

# 第 14 章 金融研究中的其他计量经济学方法

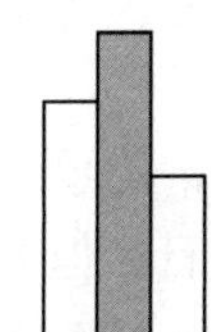

**学习目标**

在本章，你要学会：

- 设计并执行一项有效的事件研究
- 用法马-麦克贝思和法马-弗伦奇方法检验资产定价模型，并解释资产收益率中的变异性
- 处理极值分布问题
- 运用广义矩方法估计参数

本章介绍了现代金融研究中经常用到的几个计量经济学工具。这些工具在某些方面有很大的区别，或者可以说它们在除了金融研究以外的其他专题上几乎没有联系。

本章首先讨论了过去二三十年金融研究中最重要的两种方法：事件研究方法和法马-弗伦奇（Fama-French）方法。虽然这两种方法使用到的计量经济学工具在前几章中都有所提及，但是本章仍旧使用了非常具体的术语，集中讨论如何使用这些工具对于读者来说可能会比较有用。然后本章讨论了如何建立尾部特征模型并且解释其极值分布。最后，本章详细地介绍了**广义矩估计法**（GMM），这是一种非常重要且应用日益广泛的估计方法，格外适用于资产定价模型。

## 14.1 事件研究法

事件研究法在金融学研究中特别有用，所以在文献中非常常见。本质上，这一方法是要评估某个可识别的事件对某个金融变量（通常是股票收益率）的影响。举例来说，有很多研究曾经分析过公司公告（例如分红、股票拆分、进入某个指数或从某个指数中剔除等）对股票收益率的影响。从本质上来说，**事件研究**（event studies）通常被认为是在检验市场的有效性：如果金融市场是有效的，那么在公告当天市场就会立刻做出反应，并且在后面的交易日中不会再有进一步的反应。

MacKinlay（1997）认为，事件研究看起来复杂，实则非常简单。不过，笔者和他的观点恰恰相反，即在本质上事件研究很好理解，也很容易执行，但若要在一个严谨的框架下开展事件研究的话，则需要进行非常广泛而深入的思考。实际上，事件研究的方法多种多样，并且一开始很难确定哪种方法更优或更为合理。现代事件研究法的主要框架是由 Ball 和 Brown（1968）及 Fama 等（1969）建立的，但正如 MacKinlay（1997）所指出的，与其类似的一些方法其实在其 30 年前就已经出现了。

### 14.1.1 一些符号和对基本方法的描述

首先，我们必须能够精准地定义事件发生的日期，以及与这一日期相对应的样本期。如果在样本中有 $N$ 个事件，我们通常会指定一个"事件窗口"，也就是在这一时间区间上我们来调查某个事件所造成的影响。对于事件窗口长度的选择，要看我们是希望调查事件的短期影响还是长期影响。通常情况下，如果是短期的事件窗口，一般会取事件发生前的十个交易日和事件发生后的最多十个交易日，但如果是长期窗口，事件发生后的时间长度就长达一个月、一年甚至是数年。

在识别出所要考察的事件之后，马上要问的一个问题就是应该采用何种频次的数据来展开分析。MacKinlay（1997）认为，在进行事件研究时，日数据在探测异常表现方面的功效要大于周数据和月数据，所以如果要达到相同的功效，若采用日数据，$N$ 就可以小一点。当然，如果要用同样的 $N$，那么日数据的功效会更大。另外，尽管在某些情形下也可以使用日内数据，但这类数据的收集难度往往较大，而且可能还会带来市场微观结构效应等其他问题，这可能就是大多数文献都选用日数据进行分析的原因所在。①

定义公司 $i$ 在事件窗口内某天 $t$ 上的收益率为 $R_{it}$。我们可以对事件窗口中的每一天分别开展如下分析——举例来说，我们可以在事件发生前后 10 天开展调查（这里，$t=-10, -9, -8, \cdots, -1, 0, 1, 2, \cdots, 8, 9, 10$，其中 $t=0$ 代表事件发生当天）。需要注意的是，如果公告是在市场收盘以后发出的，那么按照定义我们在参考日（$t=0$）上的分析就要非常小心。

大多数情况下，我们都需要将事件对价格运动所造成的影响与价格的其他无关运动分离开来。举个例子，假设某公司发布公告，声称其股票被纳入了某个被广泛跟踪的指数，且其股价在公告当天上涨了 4%，但如果其他股票的价格也平均上涨了 4%，我们就不应该下结论说该股票价格的上涨是由这一公告所致。基于这一思想，我们可以构建超额收益率 $AR_{it}$，它等于实际收益率减去期望收益率，即：

$$AR_{it}=R_{it}-E(R_{it}) \tag{14.1}$$

① 我们需要非常小心股票交投清淡所带来的潜在影响，这会导致陈旧的价格数据以及不具代表性的收益率。不过，我们这里并没有对此问题展开进一步的讨论。

尽管计算期望收益率的方式多种多样，但通常情况下是用事件窗口之前的某个数据样本来计算，以保证事件的特征不会受到所计算的期望收益率的“污染”。Armitage（1995）认为，如果采用日数据，则期望收益率的估计样本可以由100～300个日观测值构成，如果采用月度数据，则期望收益率的估计样本可以由24～60个月度观测值构成。如果采用更长的估计窗口，当然可以提高估计精度，但也增加了样本中存在结构突变的可能性，所以这里面存在一个利弊权衡问题。

如果事件窗口非常短（例如就一天或几天），那么我们几乎不用太关心期望收益率，因为在如此短的时期内，期望收益率非常接近零。在这种情况下，直接用实际收益率代替超额收益率一般来说是可以接受的。

通常情况下，期望收益率的估计期间和事件窗口之间会留有一个“间隙”以确保对事件的预期（即“渗漏”，leakage）不会影响到对期望收益率方程的估计。但在实际中，因为可用的样本期间不足，所以我们可能无法做到这一点。很明显，我们所希望计算的是，如果该事件根本没有发生，那么股票收益率的期望值是多少，这样我们就可以将该事件的影响从同时期发生的其他无关事件的影响中隔离出来。

构建期望收益率的最简单的方式就是直接假定一个常数平均收益率，这样期望收益率就等于以相同频次的数据所计算的股票 $i$ 在估计窗口内的平均收益率，记为 $\bar{R}_i$。为了对事件研究中期望收益率的不同估计方法进行比较，Brown 和 Warner（1980，1985）进行了一个模拟实验，结果发现简单的历史平均收益率要比其他很多复杂方法的表现更好，因为后者带有估计误差。

除了历史平均收益率之外，另外一种稍微复杂一点的方法是用单只股票的收益率减去第 $t$ 天市场资产组合收益率的某个代理。这种方式肯定可以初步消除一般性的市场变化所带来的影响，而且等同于假定市场模型或 CAPM 中的股票 $\beta$ 值等于 1。

不过，构建期望收益率的最常用方式或许还是运用市场模型。本质上，这一方法就是将股票 $i$ 的收益率对一个常数和市场资产组合的收益率进行回归，即：

$$R_{it}=\alpha_i+\beta_i R_{mt}+u_{it} \tag{14.2}$$

所以，事件窗口内公司 $i$ 在第 $t$ 天的期望收益率，就等于所估计的 $\beta$ 值乘以第 $t$ 天的市场实际收益率。

有人可能会问，除了 $\beta$ 值乘以市场实际收益率之外，期望收益率中是否还应该包含 $\alpha$？这是一个很有趣的问题。许多应用事件研究法的工作中都包含 $\alpha$，而且在 Fama 等（1969）最初的研究中也确实包含 $\alpha$。不过，我们在这一点上还是应该保持谨慎，因为不管是能够影响到股票价格的某些无关事件，还是对所考察的事件有所预期，都会导致估计期内的 $\alpha$ 值非常高（低），而这会推高（降低）期望收益率。因此，假定 $\alpha$ 的期望值为零，并且在计算超额收益率的时候将其剔除应该是更为合理的选择。

在许多研究中，都采用像 FTSE 全股份指数或标准普尔 500 指数这样的股票指数作为市场资产组合的代理。当然，上述等式的复杂程度可以依研究者的意愿而定。举例来说，在期望收益率的回归式中可以包含事件窗口内的公司规模及其他特征等变量，后续的计算方式与此类似。另外，还可以采用基于 Chen，Roll 和 Ross（1986）或 Fama 和 French（1993）所提出的套利定价模型的方法，有关这一问题的更多讨论请见后续内容。

最后一种可用的方法是设定公司的"控制组合"，这一组合中的公司特征要尽可能地与事件公司的特征相近。例如，公司规模、$\beta$ 值、所处的行业、账面市值比等要素都要尽可能地匹配。然后，将这一组合的收益率当作期望收益率。为了比较事件研究中所用到的各种模型框架的结果，Armitage（1995）专门进行了蒙特卡洛模拟研究并报告了有关结果。

通常情况下，研究者会设定假设检验框架，以便对"事件对股票价格没有任何影响"（即超额收益率为零）的零假设做出检验。在"公司 $i$ 在第 $t$ 天的超额收益率为零"的零假设下，我们可以基于标准化的超额收益率来构建检验统计量。当估计窗口的长度 $T$ 不断增加时，这些检验统计量渐近服从正态分布：

$$AR_{it} \sim N(0, \sigma^2(AR_{it}))$$

其中，$\sigma^2(AR_{it})$ 是超额收益率的方差。估计这一方差的方法有很多种，其中 Brown 和 Warner（1980）曾经用过一种比较简单的方法，即分别运用每只股票所估计的期望收益率的数据序列进行计算，这样我们就可以令 $\hat{\sigma}^2(AR_{it})$ 等于市场模型残差的方差，其计算方式为：

$$\hat{\sigma}^2(AR_{it}) = \frac{1}{T-2}\sum_{t=2}^{T}\hat{u}_{it}^2 \tag{14.3}$$

其中，$T$ 为估计期间内的观测值总数。当然，如果我们使用历史平均收益率来计算期望收益率，直接计算这些历史收益率的方差即可。

有时，我们可能会对 $\hat{\sigma}^2(AR_{it})$ 进行调整来反映市场模型中 $\alpha$ 和 $\beta$ 的估计误差，调整之后的表达式为：

$$\hat{\sigma}^2(AR_{it}) = \frac{1}{T-2}\sum_{t=2}^{T}\left[\hat{u}_{it}^2 + \frac{1}{T}\left(1 + \frac{R_{mt} - \bar{R}_m}{\hat{\sigma}_m^2}\right)\right] \tag{14.4}$$

其中，$\bar{R}_m$ 和 $\hat{\sigma}_m^2$ 分别是市场资产组合收益率在估计窗口期间内的平均值和方差。很明显，当估计期间的长度 $T$ 增加时，式（14.4）中的调整项会逐渐衰减到零。

接下来，我们可以将超额收益率除以其标准误，从而构建出一个渐近服从标准正态分布的检验统计量①：

$$S\hat{A}R_{it} = \frac{\hat{AR}_{it}}{[\hat{\sigma}^2(AR_{it})]^{1/2}} \sim N(0, 1) \tag{14.5}$$

其中，$S\hat{A}R_{it}$ 表示标准化后的超额收益率，即公司 $i$ 在每一个事件日 $t$ 上的检验统计量。

事件窗口内各交易日上的收益率很可能会存在比较大的差异，其中某些交易日的收

① 注意，在某些研究中，由于必须对样本方差进行估计，所以检验统计量在有限样本下被假定为服从一个自由度为 $T-k$ 的学生 $t$ 分布，其中 $k$ 是在构建超额收益率时所估计的参数个数（对于市场模型来说，$k=2$）。当然，如果估计窗口的长度较为合理（例如，包含 6 个月内所有的交易日甚至更多），那么到底是使用正态分布还是 $t$ 分布并不重要。

益率可能会比较大，某些交易日的收益率可能会比较小。也就是说，我们可能很难识别出一个总体的模式来。为了解决这一问题，我们可以考虑通过将某个期间内的平均收益率相加，来计算多期事件窗口（例如，10 个交易日）上的时间序列累积超额收益率。例如，$T_1$ 到 $T_2$ 期间内的这一累积超额收益率可以表示为：

$$\hat{CAR}_i(T_1,T_2)=\sum_{t=T_1}^{T_2}\hat{AR}_{it} \tag{14.6}$$

需要注意的是，$T_1$ 到 $T_2$ 这一期间既可以是整个的事件窗口，也可以只是其中的一个子窗口。对于式（14.6）所示的累积超额收益率 $\hat{CAR}$ 来说，其方差就等于事件窗口内的观测值总数加 1 再乘以式（14.4）所计算的日超额收益率的方差，即：

$$\hat{\sigma}^2(CAR_i(T_1,T_2))=(T_2-T_1+1)\hat{\sigma}^2(\hat{AR}_{it}) \tag{14.7}$$

实际上，式（14.7）中的方差就等于 $T_1$ 到 $T_2$ 期间内各天的方差之和。①

现在，我们可以用与单日收益率类似的方式来为累积超额收益率构建如下检验统计量，这一检验统计量同样也服从标准正态分布：

$$S\hat{CAR}_i(T_1,T_2)=\frac{\hat{CAR}_i(T_1,T_2)}{[\hat{\sigma}^2(CAR_i(T_1,T_2))]^{1/2}}\sim N(0,\ 1) \tag{14.8}$$

一般来讲，所考察的期间会包含事件之前的窗口（来考察是否存在对该事件的预期）和事件之后的窗口。换句话说，对于特定的公司 $i$ 来说，我们将其第 $t-10$ 天到第 $t-1$ 天的日收益率加总，再将其（比如说）第 $t+1$ 天到第 $t+10$ 天的收益率加总，而事件发生的当天（即第 $t$ 天）需要单独考虑。

一般情况下，当预期事件发生前后的超额收益率为正时，某些公司的期望超额收益率却出现了负值，要注意这并没有什么特殊意义。因为与任何特定的单个公司相比，如果我们有 $N$ 个公司或 $N$ 个事件，那么我们通常所感兴趣的是所有公司的平均收益率是否与零有明显差异。要做到这一点，我们可以首先定义事件窗口内任意一天 $t$ 上的所有公司的平均超额收益率为：

$$\hat{AR}_t=\frac{1}{N}\sum_{i=1}^{N}\hat{AR}_{it} \tag{14.9}$$

对于这一公司层面上的平均超额收益率 $\hat{AR}_t$ 来说，其方差等于 $1/N$ 乘以单个公司收益率方差的平均值，即：

$$\hat{\sigma}^2(AR_t)=\frac{1}{N^2}\sum_{i=1}^{N}\hat{\sigma}^2(AR_{it}) \tag{14.10}$$

用于检验“第 $t$ 天的（所有 $N$ 个公司的）平均收益率为零”这一零假设的检验统计量（即标准化的收益率）为：

① 包含最后一天在内，$T_1$ 到 $T_2$ 期间内的天数为 $T_2-T_1+1$。

$$S\hat{A}R_t=\frac{\hat{A}R_t}{[\hat{\sigma}^2(AR_t)]^{1/2}}=\frac{\frac{1}{N}\sum_{i=1}^{N}\hat{A}R_{it}}{\left[\frac{1}{N^2}\sum_{i=1}^{N}\hat{\sigma}^2(AR_{it})\right]^{1/2}}\sim N(0,\ 1) \tag{14.11}$$

最后，我们可以将不同公司和不同时期上的收益率全部加总，从而构造一个单一检验统计量，来检验“所有公司的多期（即‘累积’）平均收益率为零”这一零假设。不管是先在时间上相加再在公司层面上相加，还是先在公司层面相加再在时间上相加，所得到的统计量都是一样的。其中，先在公司层面上相加再在时间上相加所得到的 $CAR$ 为：

$$C\hat{A}R(T_1,T_2)=\sum_{t=T_1}^{T_2}\hat{A}R_t \tag{14.12}$$

其实我们还可以先分别计算每一个公司的累积超额收益率，即先计算 $CAR_i(T_1,\ T_2)$，再对 $N$ 个公司的 $CAR_i(T_1,\ T_2)$ 取平均，所得到的如下结果与式（14.12）是一样的，即：

$$C\hat{A}R(T_1,T_2)=\frac{1}{N}\sum_{i=1}^{N}C\hat{A}R_i(T_1,T_2) \tag{14.13}$$

$C\hat{A}R(T_1,\ T_2)$ 的方差等于 $1/N$ 乘以单个 $C\hat{A}R_i$ 方差的平均值，即：

$$\hat{\sigma}^2(CAR(T_1,T_2))=\frac{1}{N^2}\sum_{i=1}^{N}\hat{\sigma}^2(CAR_i(T_1,T_2)) \tag{14.14}$$

同样地，我们这里也可以构建服从标准正态分布的如下检验统计量：

$$SC\hat{A}R(T_1,T_2)=\frac{C\hat{A}R(T_1,T_2)}{[\hat{\sigma}^2(CAR(T_1,T_2))]^{1/2}}\sim N(0,\ 1) \tag{14.15}$$

### 14.1.2 横截面回归

上面所给出的方法和公式是用来考察超额收益率是否具有统计上的显著性。不过，在很多情况下，我们还想考察一下在允许事件中某些部分的特征存在差异的前提下，这些特征与超额收益率之间的关系是怎样的。举例来说，某一事件会对小公司有更大的影响吗？还是对那些交易活跃的公司影响更大？如此种种。要做到这一点，最简单的方式就是用上面的式（14.1）和式（14.2）这样的方程来计算所感兴趣的超额收益率，然后将这些超额收益率作为因变量进行如下横截面回归：

$$AR_i=\gamma_0+\gamma_1x_{1i}+\gamma_2x_{2i}+\cdots+\gamma_Mx_{Mi}+w_i \tag{14.16}$$

其中，$AR_i$ 为公司 $i$ 在某个时间区间上的超额收益率；$x_{ji}$（$j=1,\ \cdots,\ M$）是被认为可能会影响超额收益率的一系列 $M$ 个特征因素；$\gamma_j$ 测度了第 $j$ 个变量对超额收益率的影响；$w_i$ 是误差项。在控制住 $M$ 个特征的影响之后，我们可以通过考察 $\gamma_0$ 的符号、大小及统计显著性来检验平均超额收益率是否显著不为零。需要指出的是，MacKinlay

(1997) 建议在这一回归中使用异方差稳健标准误。

这一方程中超额收益率的计算期间一般是几天（或者是整个事件窗口），不过也可以只是一天。

### 14.1.3 事件研究中的计算及解决办法

上面所讨论的内容就是事件研究中通常采用的标准方法，大多数时候这样的方法会给出合理的推断。不过，计量经济学中的惯例就是，检验统计量的使用必须以对数据和方法特征的某些假设为前提。接下来，我们会专门探讨一下这些假设以及它们所代表的含义。

**横截面相依性**

在将收益率在公司层面上加总的时候，一个核心假设就是事件之间是彼此独立的。通常情况下，这一假设并不成立，特别是当事件在时间上呈现出聚集性的时候。举例来说，假定我们要考察一下指数成分股的调整对有关股票价格的影响。注意，一般情况下指数成分股只有在每年中某些特定的时候才会进行调整，所以通常会有若干股票在同一天进入指数，但在随后的 3～6 个月内就再无此类事件发生。

这种时间上的聚集性所带来的后果就是我们无法假定不同公司的收益率是独立的，这会导致在公司层面加总的收益率的方差［式（14.10）和式（14.14）］不存在，因为在计算标准差的过程中已经假定这些不同公司的收益率是相互独立的，只有这样所有不同公司收益率之间的协方差才能被设为零。对于这一问题，一个很明显的解决办法就是不要计算所有公司的加总收益率，而是直接以每个事件为基础构建检验统计量，然后对这些检验统计量进行总结分析（举例来说，可以报告其均值、方差、具有显著性的事件所占的百分比，等等)。

另外一种解决办法是构建在同一时期发生同一事件的公司组合，后续各种分析都是在每个组合上各自进行，并运用这些组合在 $t$ 天（或从第 $T_1$ 天到第 $T_2$ 天）内的横截面收益率来计算标准差。这种方法允许交叉相关性的存在，因为在构建组合收益率以及这些收益率标准差的过程中会自动考虑这一点。不过，这一方法也存在一个缺陷，即它不允许不同公司有不同的方差，因为组合中所有公司的权重都是相等的，但上面所讨论过的标准方法就不存在这一问题。

**变化的收益率方差**

文献中有观点认为，收益率的方差通常会在事件窗口中有所增大，但用于检验的方差值是基于估计窗口计算的，而估计窗口往往都是事件发生之前的一段时间。也就是说，在事件窗口中，不管是事件本身，还是导致事件发生的各种因素，其不确定性通常都会增加，从而增大了收益率的波动性。因此，所计算的方差往往会偏低，从而导致“事件期间内不存在超额收益率”的零假设被拒绝的次数过多。为了解决这一问题，包括 Boehmer，Musumeci 和 Poulsen（1991）在内的很多学者都建议采用所有公司在事件窗口内收益率的横截面方差来估计超额收益率的方差。很明显，如果采用这一方法，我们就无法分别估计每个公司各自的检验统计量（尽管通常情况下这并不是我们主要的兴趣点所在)。具体来说，在这一方法下，方程（14.10）中的方差估计量就变为：

$$\hat{\sigma}^2(AR_t)=\frac{1}{N^2}\sum_{i=1}^{N}(\hat{AR}_{it}-\hat{AR}_t)^2 \tag{14.17}$$

后续的检验统计量和前面讲过的一样。当然，我们还可以对累积超额收益率的方差进行与前面相似的调整：

$$\sigma^2(CAR(T_1,T_2))=\frac{1}{N^2}\sum_{i=1}^{N}[\hat{CAR}_i(T_1,T_2)-\hat{CAR}(T_1,T_2)] \tag{14.18}$$

尽管这一检验统计量允许方差随着时间的推移而有所变化，但其缺陷在于，它要求所有公司的收益率方差都是一样的，而且不允许收益率中存在由于事件聚集所导致的交叉相关。

**为股票赋权**

接下来的一个问题是，上面所描述的方法在计算中不会对每一只股票的收益率都赋予等权重。上面所列出的步骤构建了公司层面上的加总收益率［方程（14.9）］，并用加总的标准差将其标准化［方程（14.11）］。而另外一种方法是先将每个公司的超额收益率进行标准化（除以其恰当的标准差），然后再将这些标准化后的超额收益率加总。如果我们计算出方程（14.5）中的每个公司的标准化超额收益率 $\hat{SAR}_{it}$，那么就可以计算 $N$ 个公司的平均 $\hat{SAR}_{it}$：

$$\hat{SAR}_t=\frac{1}{N}\sum_{i=1}^{N}\hat{SAR}_{it} \tag{14.19}$$

这些 $SAR$ 已经进行过标准化处理，所以不需要再将其除以方差的平方根。将这一 $SAR_t$ 乘以$\sqrt{N}$，就可以得到一个渐近服从正态分布的如下检验统计量，且由其构造可以知道，其中每一个 $SAR$ 都是等权重的（因为我们已经取了其无权重的平均数）：

$$\sqrt{N}SAR_t\sim N(0,\ 1)$$

类似地，我们也可以取标准化累积超额收益率（$SCAR$）的无权重平均：

$$\hat{SCAR}(T_1,T_2)=\frac{1}{N}\sum_{i=1}^{N}\hat{SCAR}_i(T_1,T_2) \tag{14.20}$$

且

$$\sqrt{N}SCAR(T_1,T_2)\sim N(0,\ 1)$$

如果不同股票的真实超额收益率比较接近，当然最好是在计算检验统计量的时候将超额收益率设置为等权重［就像方程（14.19）和（14.20）］，但是如果超额收益率的变化与其方差成正比，那么最好是给予那些具有较低收益率方差的股票更大的权重［例如，方程（14.15）］。

**更长的事件窗口**

事件研究所联合检验的内容，既包括由事件所引起的超额收益率是否为零，也包括用于构造期望收益率的模型是否正确。如果我们想要考察某个事件的长期（例如，超过几个月）影响，那么在构建期望收益率模型的时候不仅要更加小心，而且还要保证这一模型合理地考虑了风险这一问题。反过来，如果是短期窗口，模型之间的差异通常很小，所以模型形式方面的任何误差几乎都可以被忽略。但是在长期，资产定价模型设定方面的一个很小的错误就会导致对超额收益率的计算出现很大的误差，进而导致我们对事件影响的判断出现很大的误差。

在考察长期影响的事件研究中，一个关键问题在于到底是用前面讲过的累积超额收益率（*CAR*），还是用买入—持有超额收益率（buy-and-hold abnormal return，简记为 *BHAR*）。这两种收益率之间存在某些重要的区别。首先，在计算我们所感兴趣的事件期间上的总体收益率时，*BHAR* 采用的是几何方式，而非算术收益率，而 *CAR* 所计算的是算术收益率。因此，*BHAR* 是一种复利收益率，而 *CAR* 不是。其中，用于计算 *BHAR* 的公式通常是：

$$\hat{BHAR}_i=\left[\prod_{t=T_1}^{T_2}(1+R_{it})-1\right]-\left[\prod_{t=T_1}^{T_2}(1+E(R_{it}))-1\right] \tag{14.21}$$

其中，$E(R_{it})$ 是期望收益率。通常情况下，在计算 *BHAR* 时，期望收益率是基于某个“无事件”公司，或者是基于与事件公司以某种方式相匹配（例如，基于公司规模、行业等）的公司组合来得到。另外，还可以从股票指数这样的基准中获得期望收益率，不过这种方式并不是特别理想。

如果有需要，我们可以将 $N$ 个公司的 $BHAR_i$ 相加，从而构建一个加总测度。包括 Barber 和 Lyon（1997）以及 Lyon，Barber 和 Tsai（1999）在内的一些学者提倡使用 *BHAR*，原因在于 *BHAR* 采用的是几何平均而非算术平均，所以比 *CAR* 更符合投资者的切身体验。实际上，*CAR* 是对投资者所获得的实际收益率的一个有偏估计。不过，与这一观点相反的是，Fama（1998）特别强调应该使用 *CAR* 而非 *BHAR*，其理由在于：由于 *BHAR* 中存在复利，所以它比 *CAR* 更容易受到超额收益率样本偏度的不利影响。① 此外，法马还指出，当求和中包含的月份数量增加时，*CAR* 的平均值会以 $T_2-T_1$ 的速率增加，而其标准误只会以 $\sqrt{T_2-T_1}$ 的速率增加。但 *BHAR* 却不是这样，其标准误增加的速率比 $T_2-T_1$ 还要快，而不是按照 $\sqrt{T_2-T_1}$ 的速率增加。因此，对于 *BHAR* 来说，任何在计算期望超额收益率时的精度误差都会更为严重，这是 *BHAR* 中涉及复利收益率的另一个后果。

**事件时间与日历时间分析**

上面所讨论的所有内容都是在**事件时间**（event time）上展开分析。不过，Fama（1998）、Mitchell 和 Stafford（2000）以及其他学者都倡导使用**日历时间**（calendar time）。本质上，采用日历时间方法会涉及进行一个时间序列回归，并对回归中的截距项进行考察。该回归中的因变量是一系列的资产组合收益率，这些资产组合收益率度量了一组公司在每一个时间点上的平均收益率，而这组公司就是在之前一个时期内经历了我们所感兴趣的事件的那些公司。所以，举例来说，有些公司发布了停止派发红利的公告，我们可以选择考察这些公司的股票在这种公告发布后一年内的收益率。所以，对于任意一个观测值 $t$ 来说，因变量就是所有那些在过去一年中的任意时间点上发布停止派

① 不过，为了克服这一问题，Lyon，Barber 和 Tsai（1999）提出了经偏度调整的 $t$ 统计量及其自举算法。

发红利公告公司的平均收益率。在事件过去一年之后，公司就会退出资产组合。因此，组合中公司的数量会随着时间的推移而有所变化（因为停止派发红利的公司数量在发生变化），并且组合在每个月都会被有效地再平衡。至于回归中的解释变量，举例来说，可以是 Carhart（1997）四因子模型中的风险测度，下面的内容会详细讨论这一模型。

日历时间方法将每个时间点都设为等权重的，因此样本中单个公司的权重都与观测期内经历该事件的其他公司的数量成反比。这可能会有点问题，并且如果管理者刻意安排事件发生的时间以便从市场的错误定价中获利的话，就会导致在检测该事件的影响时损失一些效能。

**小样本和非正态**

上一节中所提出的检验统计量都是渐近的，所以如果估计窗口（$T$）太短，或者在使用公司层面加总的统计量时公司的数量（$N$）太少，那么就会出现问题。就像本书前面的内容曾经讨论过的，股票收益率往往具有尖峰厚尾特征，并且下尾往往比上尾更长。特别地，如果是小样本，异常值的存在也会是一个问题。举例来说，估计窗口中一些非常大的收益率会影响到对市场模型参数或残差方差的估计。对于这一问题，一个可能的解决办法是运用自举法来计算检验统计量。

另外一种处理非正态性的策略是使用非参数检验。尽管非参数检验通常会比其所对应的参数检验的效能更低，但当存在非正态分布时，这类检验具有稳健性。在目前所讨论的问题下，所要检验的零假设是“正的超额收益率所占的比例不会受事件的影响”。换句话说，不同公司正超额收益率的比例保持在期望水平上。由此，我们可以运用检验统计量 $Z_p$：

$$Z_p=\frac{p-p^*}{[p^*(1-p^*)/N]^{1/2}} \tag{14.22}$$

其中，$p$ 为事件窗口内负超额收益率所占的实际比例；$p^*$ 为负超额收益率的期望比例。在零假设下，该统计量服从一个二项分布，不过也可以运用标准正态分布来对其进行近似。有时，我们会将 $p^*$ 直接设定为 0.5，但如果收益率分布是有偏的，这一假定肯定是不合理的，而实际收益率通常呈现的分布状态往往就是有偏的。当然，如果直接设定 $p^*$，我们还可以通过计算估计窗口中负的超额收益率所占的比例得到 $p^*$，这一方式较直接设定更优。当然，这里也可以考虑运用威尔科克森符号秩检验（Wilcoxon signed-rank test）。

**事件研究法——另外一些问题**

在标准的事件检验方法中，另外一个隐含假设是事件本身不是刻意出现的。但是，在现实中，公司往往会慎重考虑并选择它们所发出的各种公告的力度、时间和发布形式，由此使得市场对公告的反应能够最符合公司的利益。举例来说，只要当地的监管规则允许公司自行选择发布公告所涉及的各个环节，公司往往就会选择在市场收盘或媒体和投资者的注意力都集中在其他重要新闻事件上的时候发布坏消息。Prabhala（1997）研究了公司在公告发布时机（甚至是是否发布）方面的决策所带来的内生性问题，以及对这一问题的解决办法。需要注意的是，当某个公司在某个时点上选择不发布公告时，我们就会得到一个截断样本，因为我们只能观察到那些选择发布公告公司的事件。

对于上面所强调的几个问题（即收益率方差随公司不同而不同、收益率方差随时间变化而变化、事件在公司层面上出现聚集）来说，如果要同时对其进行处理，一个方法就是在构建检验统计量的时候采用所谓的广义最小二乘法。本质上，这一方法是由超额收益率来构建方差—协方差矩阵，并在计算加总检验统计量的时候运用这一矩阵来为收益率赋权，更多细节可以参阅 Armitage（1995）。

由上面的内容可以看到，现在有很多方法都可以用来做事件研究。其实，每种方法的核心都是一样的，但每种方法中在时间及公司层面上加总的方式不同，而这就会影响到计算标准差的方法。所以，一个自然的问题就是，我们应该选择哪种方法？在理想状态下，给定所研究的问题以及事件的性质，我们其实可以知道哪种方法才是最合理的。举例来说，我们可以问一些这样的问题：聚集性会是一个问题吗？收益率方差随时间变化这一点是可以被接受的吗？允许不同公司间的收益率方差有所不同很重要吗？通过回答这些问题，通常情况下我们就可以选择出最合理的方法。但是，如果对这些问题我们都无法给出特别确定的答案，那么比较明智的做法就是同时使用多种方法，并且将其结果进行比较，以此来作为一种稳健性检验。如果足够幸运，不同的计算技术会给出同样的结论。

### 14.1.4 用 EXCEL 进行事件研究

本节将会运用上面所讨论的方法的核心内容来完成一个事件研究。虽然讲到这里，应该足以开始一项事件研究并得到某些具有指示性的结果了，但需要特别指出的是，如果要开展一项比这里所要介绍的案例更为严格的事件研究的话，还有很多工作要做，因此我们建议读者参考一下上面内容中所给出的若干文献，以便掌握这一技术的更多细节。

第一步就是要确定所要考察的事件是什么，这样的事件当然很容易找到，例如分红公告、股票分拆公告、进入或退出某种指数的公告、并购公告、更换 CEO、签订新合同、宏观经济状况公告等等，都可以成为所要考察的对象。一旦确定了所要研究的事件，并且收集到了相关数据，那么接下来就是比较花时间的部分，即要将这些数据重排以便进行后续的处理。当然，我们可以采用包括 EViews 在内的多种软件包来开展数据分析。不过，由于中间涉及大量的数据重排工作，而且相关的计量分析一般不会太过复杂（大多数情况下，甚至都不会进行一次回归操作），所以我们可以采用 EXCEL 或类似的数据表格软件包进行处理。①

我们的分析从 $N=20$ 个公司的超额收益率开始，这些数据存储在 EXCEL 文件“Event. xls”中，并且该文件已经运用方程（14.1）和（14.2）这两个市场模型进行了有关计算。表中给出了第－259 天到第＋263 天的收益率，原始数据报告于工作表“abnormal returns”中。工作表“abnormal returns”中的数据排列方式以事件日为准，也就是说，即使不同公司发生该事件的日期不一样，在该工作表中也都会在同一行中以第“0”天的方式出现。注意，本例中的估计期间是第－259 天到第－10 天（共 249 天），

① 下面所给出的例子用的是某个真实事件的真实数据的一个小样本，但没有给出有关该事件的细节，这样就可以将该例子推广到本书中的其他内容上。

而我们所要考察的事件影响期间分别包括（$T-10$，$T-1$）、第 $T$ 天、（$T+1$，$T+10$）和（$T+1$，$T+250$）。其中，在第一个事件窗口期（$T-10$，$T-1$）内，我们可以考察在事件发生之前是否存在信息泄露从而对股票收益率有所影响。在事件发生当天，该事件是否会对市场产生一个立竿见影的影响，取决于公司发布的公告是已经被提前消化还是对市场来说这是一个"突发事件"。如果在第 $T$ 天之前，该事件就已经被市场获知，那么对市场的当期影响就会像泥牛入海般毫无声息，因为该事件的信息应该已经被反映到了价格当中。需要注意的是，在本例中，方程（14.4）中的调整项就没有必要再出现了，因为这里的估计期（$T=249$）已经足够长，从而使得调整项可以被忽略。

接下来，我们首先以常用的方式，用 EXCEL 中的 AVERAGE 公式计算出工作表"abnormal returns"中所有的 20 家公司在估计窗口和事件窗口中每一天的平均收益率，并将结果报告在第 V 列中。另外一个工作表中列出了一系列关键统计量的计算结果，笔者将其称为"描述性统计量"。其中，首先计算了 $T$ 天的 AR，并对每家公司和所有公司的平均值分别运用式（14.1）和式（14.6）计算了日期区间的 CAR。

下一步是计算超额收益率和累积超额收益率的方差。对于第 $T$ 天来说，上述方差是通过式（14.3）来计算的，其实就是估计窗口内收益率的时间序列方差，这部分的计算结果存放于第 2 行（且直接拷贝到第 11 行）。对于多天的事件窗口来说，要用式（14.7）将［由式（14.3）所计算的］一天的方差乘以事件窗口中的天数进行重标。接下来，运用式（14.5）或其所对应的式（14.8）来计算检验统计量，也就是将 AR 除以其各自的标准差（即方差的平方根）。最后，得到该检验 $p$ 值的最简单方式，就是在 EXCEL 中运用 TDIST 函数，注意使用该函数时要选择双尾检验，而且自由度要是一个非常大的数（例如 1 000），这样该分布才能尽可能地向正态分布近似。

正如上一节中所述，看起来比较简单的事件研究法其实涉及几个潜在的问题。所以，为了稳健起见，对所要研究的问题最好多尝试几种不同的处理方式，工作表"summary stats"中的第 X 列和第 Y 列给出了两种可能的尝试。需要注意的是，这两种方法只能在所有公司的平均层面上使用，而不能应用于单家公司。其中，第一种方法是在横截面维度上计算检验统计量中用到的标准差，从而允许收益率的方差在事件期间内有所变化（即出现上升）。接下来，只需要求得我们所感兴趣的不同公司超额收益率或累计超额收益率的方差，然后将其除以 $N$（即 20），再按照通常的方式继续进行就可以了。

第 Y 列中所列示的结果是基于第二种方法，也就是以所有公司等权重的方式来计算标准化超额收益率的平均值，正如式（14.19）和式（14.20）所示。接下来，要获得检验统计量的话，只需要将这一平均值再乘以 $N$ 的平方根即可。

现在如果看一下表中的结果，可以发现几乎不存在什么证据证明市场对该事件有短期反应。具体来说，在事件发生前的两周内（$T-10$，$T-1$），仅有一家公司的超额收益率在 5%水平上是显著的（第 20 家公司，其 CAR 为 15.43%，检验统计量为 2.02）；另外，在事件发生当天（$T$），所有公司的收益率都不显著，而且在事件发生后的短期内（$T+1$，$T+10$），也没有任何一家公司的收益率是显著的。其实，该事件的影响主要体现在长期上，即下一个交易年中。可以看到，这时有 5 家公司的收益率具有统计上的显著性，其累积超额收益率非常高，分别为从 20%到 55%不等。

考察一下加总后的结果，可以再次确认第 W 列到第 Y 列中所列示的 3 种稍有不同的方法都给出了类似的结论。这里的零假设为“平均超额收益率（或平均累积超额收益率）为零”。可以发现，和前面一样，这里的结果再次说明在事件发生之前、之中及之后的短期内，市场并没有出现可供识别的模式。不过，在这三种方法下，长期的超额收益率都是正的，而且具有统计上的显著性。有趣的是，用式（14.18）中的横截面方法所估计的事件前（$T-10$，$T-1$）的方差更大，反而是事件发生之时和发生之后的方差更小。

最后，在名为“non-parametric test”的第三个工作表中，给出了由式（14.22）所计算的非参数统计量 $Z_p$ 及其 $p$ 值。和前面一样，这里的 $p$ 值也是由 TDIST 函数计算的。这里的非参数方法所检验的零假设是“事件发生前后的超额收益率所占的比例与估计窗口中的这一比例相同”，所以表中的第 2 行计算了 $p^*$，即基于估计窗口中的数据所计算的负收益率所占的期望比例。接下来，对每一个事件窗口，我们都计算其中的 $p$ 值，即负收益率在其中所占的实际比例。①

表中结果显示，负收益率的期望比例从第 18 家公司的 0.43 到第 8 家公司的 0.55 不等，而在事件发生前的一个较短的时期内（$T-10$，$T-1$）和事件发生后较短的事件窗口（$T+1$，$T+10$）内，负收益率的实际比例在大多数时候都更低。举例来说，公司 1 在事件发生之前的 $p$ 值只有 0.3（即 10 天当中只有 3 天会出现负收益率）。在事件发生之前，20 家公司中有 6 家的 $p$ 值和 $p^*$ 值之间存在显著差异，而在事件发生后的两周内，存在显著差异的公司只有 3 家。但是在长期内，负收益率天数所占的期望比例和实际比例之间存在显著差异的现象完全没有出现，并且不管是任意一家公司还是所有公司的平均都是如此。

## 14.2 检验 CAPM 和法马-弗伦奇方法

### 14.2.1 检验 CAPM

**基础**

在探讨更为复杂的多因子模型之前，有必要回顾一下检验 CAPM 的标准方法。这里并不是要详细讨论 CAPM 的动机及其推论，实际上这部分内容可以参阅 Bodie 等（2014）所给出的清晰论述，或者去看看大多数的金融学教科书，再或者可以翻阅一下 Campbell，Lo 和 MacKinlay（1997）所给出的一个技术性更强的介绍。另外，Cuthbertson 和 Nitzsche（2004）也是资产定价检验这一大领域中的一本优秀的导论性著作。

金融学中，最常用的 CAPM 的具体形式为：

$$E(R_i)=R_f+\beta_i[E(R_m)-R_f] \tag{14.23}$$

① 注意，我们肯定不能由事件发生当天来计算其自身的 $Z$ 值，因为这时负收益率所占的比例 $p$ 要么为 0 要么为 1。

所以，CAPM 是令任意股票 $i$ 的期望收益率等于无风险利率 $R_f$ 再加上一个风险溢价。这一风险溢价等于每单位风险的溢价（即市场风险溢价 $[E(R_m)-R_f]$）乘以股票自身的风险大小 $\beta_i$。$\beta$ 是无法直接从市场中观测到的，而是必须经过计算得到，所以对 CAPM 的检验通常都会包括两步——首先，估计股票的 $\beta$ 值；其次，检验模型。需要注意的是，CAPM 是一个均衡模型，或者是期望形式的模型，因此它不可能在任一时间点上对任一股票都成立。不过，如果 CAPM 是一个合理的模型，它会在"平均意义上"成立。通常情况下，我们会用一系列股票市场指数作为市场资产组合的代理，并将短期国库券的收益率当作无风险利率。

计算股票 $\beta$ 值的方式有两种，一种是先计算出股票超额收益率和市场组合超额收益率之间的协方差，再除以市场组合超额收益率的方差，即：

$$\beta_i=\frac{\text{cov}(R_i^e,R_m^e)}{\text{var}(R_m^e)} \tag{14.24}$$

其中，上标 $e$ 表示超额收益率（即实际收益率减去无风险利率）。

另外一种计算 $\beta$ 值的方法是为每一只股票都做一个简单的时间序列回归，回归中的因变量是股票超额收益率，自变量是市场组合的超额收益率。这种方法与上一种方法是等同的，回归中的斜率系数就是我们要求的 $\beta$ 值：

$$R_{i,t}^e=\alpha_i+\beta_i R_{m,t}^e+u_{i,t} \quad i=1,\cdots,N;\ t=1,\cdots,T \tag{14.25}$$

其中，$N$ 为样本中的股票总数，$T$ 为每只股票的时间序列观测值总数。

上面的回归式（14.25）中的截距项 $\hat{\alpha}_i$ 就是股票的詹森 $\alpha$，它测度了在给定市场风险水平的前提下，股票收益率高于或低于预期收益率的幅度。或许我们对考察单只股票的 $\alpha$ 并不太感兴趣，但我们可以用这一回归式来检验资产组合、交易策略等等的表现，所要做的只是将上述回归式中的因变量替换为所要检验的资产组合或交易策略的超额收益率而已。

现在回到对 CAPM 的检验。假定我们有一个由 100 只股票（$N=100$）组成的样本，其收益率是由 5 年内的月度数据（$T=60$）计算的。接下来的第一步是要做 100 个时间序列回归（每一只股票进行一次回归），每一个回归都要用到 60 个月度数据点。第二步是做一个横截面回归，因变量是股票收益率（在时间上）的平均值，自变量包括 $\beta$ 值和一个常数，即：

$$\bar{R}_i=\lambda_0+\lambda_1\beta_i+v_i \quad i=1,\cdots,N \tag{14.26}$$

其中，$\bar{R}_i$ 是股票 $i$ 在 60 个月的平均收益率。需要注意的是，与第一步不同，第二步的回归中所采用的是实际收益率而非超额收益率。本质上，CAPM 是在说具有高 $\beta$ 值股票的风险更大，因此需要较高的平均收益率来对投资者所承担的风险进行补偿。

如果 CAPM 无效，那么运用第二阶段中的回归就可以检验两个关键预测：$\lambda_0=R_f$ 和 $\lambda_1=R_m-R_f$。因此，如果回归式（14.26）中的截距估计值与无风险利率相差无几，而且斜率估计值与市场风险溢价也比较接近的话，我们就说 CAPM 得到了实际数据的支持。

实际上，CAPM 还有另外两个含义。第一，股票收益率与其 $\beta$ 值之间的关系是线性的；第二，没有任何其他变量有助于解释收益率在横截面上的变化。所以，换句话说，如果我们在第二阶段的回归式（14.26）中增加其他变量的话，这些变量参数的估计值都不应该具有统计上的显著性。举例来说，我们可以进行如下扩展回归：

$$\bar{R}_i=\lambda_0+\lambda_1\beta_i+\lambda_2\beta_i^2+\lambda_3\sigma_i^2+v_i \tag{14.27}$$

其中，$\beta_i^2$ 是股票 $i$ 的 $\beta$ 值的平方；$\sigma_i^2$ 是第一阶段回归中残差的方差，用来度量股票 $i$ 的特质风险。其中，$\beta$ 值的平方这一项可以捕捉收益率与 $\beta$ 之间是否存在非线性关系。如果 CAPM 是一个有效而完备的模型，那么应该有 $\lambda_2=0$ 和 $\lambda_3=0$。

不过，已经有研究表明，CAPM 并不是一个有关收益率的完备模型。特别是有研究发现，小市值股票的收益率普遍比 CAPM 所预测的收益率更高，类似地，“价值型”股票（指那些具有较低的市值账面比和较低市盈率的股票）的收益率同样也普遍高于 CAPM 的预测。所以，我们可以对第二阶段中的回归进行如下拓展以对此进行直接检验：

$$\bar{R}_i=\lambda_0+\lambda_1\beta_i+\lambda_2 MV_i+\lambda_3 BTM_i+v_i \tag{14.28}$$

其中，$MV_i$ 是股票 $i$ 的市值，$BTM_i$ 是其账面市值比。[①] 该模型就是 Fama 和 French（1992）所采用的模型，也是我们在下面将要讨论的模型。和方程（14.27）一样，如果有 $\lambda_2=0$ 和 $\lambda_3=0$，那么我们就认为 CAPM 得到了数据的支持。

不幸的是，收益率中存在的若干问题会使得对 CAPM 的检验结果存在某些疑点，甚至是完全无效的。这些问题包括：首先，我们所熟悉的收益率中的非正态性会导致有限样本下的检验出现问题——尽管在理论上 CAPM 并不要求收益率一定是正态分布的，但有效的假设检验却有此要求；其次，收益率中可能存在的异方差也会是一个问题，包括最近 Cochrane（2005）在内的很多这方面的研究都在使用广义矩方法，因为广义矩方法对异方差问题具有稳健性；最后一个重要问题就是在 5.13 节中曾经深入讨论过的（$\beta$ 值的）测量误差问题，为了最小化这类测量误差，可以用资产组合而非单只股票来估计 $\beta$ 值，或者使用 Shanken（1992）校正，也就是将检验统计量中的标准差乘以一个针对测量误差的调整因子。

**法马-麦克贝思方法**

Fama 和 MacBeth（1973）基于上面所介绍的两阶段方法检验了 CAPM，但用的是横截面上的一个时间序列。这一方法与上面介绍的方法基本保持一致，不过它并不是先对每只股票单独进行时间序列回归然后再进行一个横截面回归，而是采用了滚动窗口。

具体来说，法马和麦克贝思用了 5 年的观测值来估计 CAPM 中的 $\beta$ 以及其他风险测度（即标准差和平方 $\beta$），然后将这些风险测度作为一系列横截面回归中的解释变量，这一系列横截面回归是在随后 4 年的每个月进行估计的。然后，将估计期间向前滚动 4 年，直到样本期结束。[②] 为了解释这一点，他们论文一开始用于估计 $\beta$ 的时间序列区间

① 注意，许多研究中使用的市值账面比，其实就是账面市值比的倒数，所以价值型股票就是那些具有较低的市值账面比和较高的账面市值比的股票。

② 之所以每 4 年更新一次，主要原因在于当时计算机的计算能力不足。最近的很多研究都可以每年更新一次甚至是每月更新一次。

为1930年1月—1934年12月，然后对每只股票的月度收益率都进行横截面回归，其中因变量为1935年1月的月度收益率，再更新为1935年2月的月度收益率，以此类推，直至1938年12月的月度收益率。样本这样向前滚动，从而得到1934年1月—1938年12月的$\beta$估计值，现在横截面回归开始于1939年1月。按照这种方式，他们最后为样本中的每个月都估计了一个横截面回归（除了用于估计初始$\beta$值的最开始的5年之外）。

因为每个时间区间$t$上都只有一个$\hat{\lambda}_{j,t}$，所以我们可以将其在所有$t$上的平均值$\hat{\lambda}_j$除以其标准误（等于所有时间上的标准差除以$\hat{\lambda}_{j,t}$的时间序列估计值数量的平方根），从而构建出一个$t$值。

基于此，所有$t$上的$\hat{\lambda}_{j,t}$的平均值的计算公式为：

$$\hat{\lambda}_j=\frac{1}{T_{FMB}}\sum_{t=1}^{T_{FMB}}\hat{\lambda}_{j,t}\quad j=0,1,2,3 \tag{14.29}$$

其中，$T_{FMB}$为该检验第二阶段用到的横截面回归的个数。$\hat{\lambda}_{j,t}$的标准差为：

$$\hat{\sigma}_f=\sqrt{\frac{1}{T_{FMB}-1}\sum_{t=1}^{T_{FMB}}(\hat{\lambda}_{j,t}-\hat{\lambda}_j)^2} \tag{14.30}$$

所以，检验统计量就等于$\sqrt{T_{FMB}}\hat{\lambda}_j/\hat{\sigma}_j$，该统计量渐近服从正态分布，或者在有限样本下服从自由度为$T_{FMB}-1$的$t$分布。Fama和MacBeth（1973）的研究结果证实了Black，Jensen和Scholes（1972）较早期的研究结论，表14.1中报告了Fama和MacBeth（1973）取得的主要结果。

我们可以将表中截距和斜率的估计值与无风险利率（$R_f$）和市场风险溢价（$\bar{R}_m-\bar{R}_f$）的实际值进行比较，这里与表中结果所对应的全样本的$R_f$和$\bar{R}_m-\bar{R}_f$分别为0.013和0.143。表中，参数估计值$\hat{\lambda}_0$和$\hat{\lambda}_1$的符号都是正确的（都为正）。因此，隐含的无风险利率为正，并且收益率与$\beta$之间的内在关系也是正的——两个参数都与零存在显著差别，不过在表中第2行所显示的扩展模型中，在加入了其他风险测度之后，这两个参数变得不再显著。所以，有人认为对CAPM的支持是在定性层面而非定量层面，因为截距系数和斜率系数的大小都不合理，不过在法马和麦克贝思的全样本上，这两个参数的估计值与其期望值之间的差异都不具有统计上的显著性。另外还需要注意的是，在解释收益率在横截面上的变化时，表中第二行$\beta$平方和特质风险这两个变量的参数的显著性甚至比不上$\beta$值本身参数的显著性。

**表14.1　法马和麦克贝思检验CAPM的主要结果**

| 模型 | $\hat{\lambda}_0$ | $\hat{\lambda}_1$ | $\hat{\lambda}_2$ | $\hat{\lambda}_3$ |
|---|---|---|---|---|
| 模型1：CAPM | 0.006 1*<br>(3.24) | 0.008 5*<br>(2.57) | | |
| 模型2：扩展的CAPM | 0.002 0<br>(0.55) | 0.011 4<br>(1.85) | −0.002 6<br>(−0.86) | 0.051 6<br>(1.11) |

注：括号中的数字是$t$值；*指的是在5%水平下显著。

资料来源：Fama and MacBeth（1973），表中数字是从其论文的表3中摘取而来。

### 14.2.2 资产定价检验——法马-弗伦奇方法

在目前所有已被提出的资产定价检验方法中，使用最为广泛的是最初由法马和弗伦奇在其多篇论文中提出的一系列技术。所以，所谓“法马-弗伦奇方法”并不是特指某个单一的技术，而是一系列的有关方法。这些方法建立在“市场风险不足以解释股票收益率的横截面变化”这一思想之上，也就是为什么有些股票能够获得比其他股票更高的平均收益率。

下面所要详细介绍的法马-弗伦奇方法和卡哈特（Carhart）方法，是在考虑了公司或资产组合特征的影响之后再测度超额收益率。很多金融文献的结果都表明，在平均意义上，某些特定类型股票的收益率显著高于其他类型的股票。举例来说，小公司股票、价值型股票（低市盈率股票）、动量股票（即近期价格呈现升势的股票）等类股票的收益率往往比具有相反特征股票的收益率更高。需要特别指出的是，这种现象对于资产定价以及我们对风险与收益之间关系的认识具有重要意义。例如，如果我们想要评价某个基金经理的表现，那么就必须考虑其资产组合的特征，以免在他遵照常规策略买入小市值、价值型及动量股票时错误地认为该基金经理具有较强的择股能力，但实际上平均来讲这种策略本身就会比整个股票市场表现得更好。

**Fama-French（1992）**

与 Fama 和 MacBeth（1973）一样，法马-弗伦奇方法同样是基于横截面模型的一个时间序列。这里，我们要估计一组如下形式的横截面回归：

$$R_{i,t}=\alpha_{0,t}+\alpha_{1,t}\beta_{i,t}+\alpha_{2,t}MV_{i,t}+\alpha_{3,t}BTM_{i,t}+u_{i,t} \tag{14.31}$$

其中，对于公司 $i$ 和月度 $t$，$R_{i,t}$ 仍然表示其月度收益率，$\beta_{i,t}$ 是 CAPM 的 $\beta$ 值，$MV_{i,t}$ 是公司市值，$BTM_{i,t}$ 是账面市值比。可以看出，这一回归中的解释变量都是公司自身的一些特征。法马和弗伦奇的研究结果表明，在横截面回归中包含公司规模和账面市值比的时候，这两个变量显示出了与收益率相关（分别为负和正）的高度显著性，所以在其他条件都相同的前提下，小公司和价值型公司的收益率比大公司和成长型公司更高。此外，他们的结果还显示，回归中的 $\beta$ 值并不显著（甚至符号都是错误的），这一结果是反对 CAPM 的有力证据。

**Fama-French（1993）**

Fama-French（1993）在时间序列回归中分别对每一个资产组合 $i$ 运用了一种基于因子的模型：

$$R_{i,t}=\alpha_i+\beta_{i,M}RMRF_t+\beta_{i,S}SMB_t+\beta_{i,V}HML_t+\varepsilon_{i,t} \tag{14.32}$$

其中，$R_{i,t}$ 是股票或股票组合 $i$ 在时刻 $t$ 的收益率，$RMRF$、$SMB$ 和 $HML$ 分别是市场超额收益率、公司规模和价值等**因子模拟资产组合**（factor mimicking portfolio）的收益率。[①]

① 该模型可以应用于单只股票，但应用于股票组合更有意义。当然，无论是应用于单只股票还是应用于股票组合，其原理都是一样的。

因子模拟资产组合设计的初衷是使该组合对有关因子存在单位风险暴露，而对其他因子没有风险暴露。具体来说，Fama-French（1993）是以如下方式来构造因子：用标准普尔 500 指数收益率和国库券收益率之差来衡量市场超额收益率（*RMRF*）；*SMB* 的意思是“小减大”（small minus big），即规模较小股票组合的收益率减去规模较大股票组合的收益率；*HML* 的意思是“高减低”（high minus low），即由“具有较高账面市值比的价值型股票”所构成的组合的收益率减去由“具有较低账面市值比的成长型股票”所构成的组合的收益率。之所以要采用因子模拟资产组合，而没有沿用其在 1992 年论文中的方法，主要原因是他们想在资产收益率中包含债券这类资产，而债券不具备与市值或账面市值比明显类似的地方。

在 Fama-French（1993）的研究中，这些时间序列回归是在按照公司的账面市值比和市值进行双向排序的股票组合上进行的，这样我们就可以定量地比较不同组合 $i$ 的参数估计值。这些时间序列回归中的参数估计值就是所谓的**因子载荷**（factor loadings），它们度量了每个股票组合对每一个因子的敏感性。对于每一个组合 $i$，我们都会得到不同的因子载荷，因为每个组合都有不同的时间序列回归，且对风险因子有不同的敏感性。Fama-French（1993）定量地比较了 25 个不同组合的因子载荷，注意这些组合事先已经按照公司的市值和账面市值比进行了双向排序。

接下来，这一方法的第二步是将第一步中得到的因子载荷作为如下横截面回归中的解释变量：

$$\bar{R}_i=\alpha+\lambda_M\beta_{i,M}+\lambda_S\beta_{i,S}+\lambda_V\beta_{i,V}+e_i \tag{14.33}$$

我们可以将这一回归中的参数 $\lambda_M$、$\lambda_S$ 和 $\lambda_V$ 解释为**因子风险溢价**（factor risk premia）。换句话说，这些参数给出了因为承担一单位的额外风险所能获得的超额收益率。

由于因子载荷和风险溢价都有随时间推移而变化的趋势，所以模型采用滚动窗口进行估计。举例来说，一般是采用 5 年的月度数据来估计方程（14.32）所示的时间序列模型，然后对接下来的每一个 12 个月的月度收益率，分别估计方程（14.33）所示的横截面模型，从而得到 $\lambda$。之后，将样本期向前滚动一年，再由方程（14.32）估计得到一组新的 $\beta$，然后得到一组新的 12 个 $\lambda$ 值，以此类推。当然，还可以将样本只向前滚动一个月。但不管采用哪种滚动方式，在最初 5 年的 $\beta$ 估计窗口之后的每个月，都可以得到一组 $\lambda$ 的估计值，然后我们可以取其平均值，从而得到风险溢价的总体估计值。

Fama-French（1993）将这一模型应用于他们所构建的 25 个按照市值和价值排序的股票组合上，研究结果表明第二阶段回归中的各个 $\lambda$ 值都具有统计显著性，而且回归的 $R^2$ 值很高，这说明规模和价值是解释收益率横截面变化的重要因素。Gregory 等（2013）也在英国市场上应用了法马-弗伦奇模型和卡哈特模型。

**Carhart（1997）**

在 Carhart（1997）的研究之后，在上述方程中增加第四个基于动量的因子就成为金融学术界的一种习惯做法。动量因子通过过去一年中表现最好股票的收益率与表现最差股票的收益率之差来衡量，这就是所谓的动量因子，它的意思是“高减低”（up-minus-down，简记为 *UMD*）。由此，式（14.32）就变为：

$$R_{i,t}=\alpha_i+\beta_{i,M}RMRF_t+\beta_{i,S}SMB_t+\beta_{i,V}HML_t+\beta_{i,U}UMD_t+\epsilon_{i,t} \tag{14.34}$$

另外，如果有必要，方程（14.33）现在就变为[①]：

$$\bar{R}_i=\alpha+\lambda_M\beta_{i,M}+\lambda_S\beta_{i,S}+\lambda_V\beta_{i,V}+\lambda_U\beta_{i,U}+e_i \tag{14.35}$$

卡哈特基于共同基金在随后一年的表现，构造了共同基金的十等分位组合，并且对每一个组合都运行方程（14.34）所示的时间序列回归。他发现那些在上一年表现最好的共同基金对动量因子仍有正的风险暴露，而在上一年表现最差的共同基金对动量因子的风险暴露是负的。因此，基金层面上之所以存在显著的动量现象，是因为这些基金持有的股票具有动量效应。

## 14.3 极值理论

### 14.3.1 极值理论导论

很多经典统计方法都致力于对序列“平均”值（即平均数）或多个序列之间的“平均”关系（OLS 回归线）给出精确的估计，比如中心极限定理就是致力于对从序列中抽取的平均数的抽样分布进行描述。

然而，在大多数情况下，人们对极端且罕见的事件会比对平均数更感兴趣。比如，在天气预报中，我们可能希望估计今年有可能达到的最高潮位，或者是预计今年春季的日最大降雨量。需要指出的是，实际观测值尾部的分布往往与正态分布不太吻合，因此在标准模型中基础数据服从正态分布的假设下，极端事件预测可能会产生极大的误差。如果我们对极端事件而不是典型事件发生的可能性更感兴趣，那么使用一种专注于尾部建模的方法，例如极值理论（EVT），将十分有意义。

从 20 世纪 90 年代开始，人们越来越普遍地认识到了资产收益率分布具有厚尾特征，从而使其对正态分布产生了系统性的偏离，因此极值理论在金融领域中得到了越来越广泛的应用。而正态分布假设将严重低估价格大幅波动的概率，并且重要的是，将会严重低估产生极端损失的概率。

Levine（2009）提供了一个示例，他使用 1980 年 1 月至 2008 年 8 月每月中旬到期的 A 级公司债的月度收益率来估算**极值分布**（extreme value distribution）的参数。样本的最低收益率为$-10.84\%$，极值分布计算表明，30 年内月收益率低至$-10.84\%$或更低（即更负）的概率为 1.4%。然而，如果假设债券收益率服从正态分布，则相应的概率约为 $8\times10^{-7}$，大约是极值分布计算的概率的 1/16 000。实际上，这个极端事件发生在采样期，虽然这种事件非常罕见，但如果假设序列呈正态分布，这种事件将被预测为一万年内都不会发生。

① 需要注意的是，Carhart（1997）并没有采用这一包含因子敏感性的两阶段横截面回归。

毫无疑问，准确估计尾部概率非常困难，原因很简单：异常值太少，从而导致用于估计尾部分布参数的数据非常少，但是应用极值理论通常会比正态分布得到更可靠的结果。

需要说明的是，上述论点的驳论同样值得重视：虽然极值理论能够比正态分布更准确地描述序列的尾部行为，但极值理论仅适用于尾部，它不能对中心位置附近的分布状况进行精确估计。

在讲解一些符号和相关公式之前，需要明确一件重要的事情。显而易见，分布有两个尾部（上尾和下尾），因此在任何特定的场合中都需要注意所指的是哪一个尾部。不幸的是，尽管在金融风险管理中，人们往往对下尾（包括所有最大损失的观测）更感兴趣，但大多数教科书都给出了只适用于上尾的推导和模型。由于每个尾部所适用的模型有所差异，再加上实际数据的分布几乎不可能是完全对称的，因此对上尾部进行估计所得到的参数与基于相同数据对下尾部进行估计所得到的参数可能有所不同。然而幸运的是，我们只需要取特定尾部中所有数据点的负值，就可以很容易地将数据从一个尾部翻转到另一个尾部，极端的亏损将会变成极端的利润，反之亦然。所以这不是一个太大的问题，但在每种情况下都需要注意所指的应该是我们感兴趣的尾部。在本节的剩余部分，我们将使用上尾符号。当然，在每种情况下都应该了解文章中引用的是哪个尾部。

在极值理论主题下，有两种参数估计的方法：**分块极大值法**（block maximum approach）以及**越界峰值法**（peak over threshold approach）。现在将依次讨论这两种方法。

### 14.3.2 分块极大值法

为了说明这种方法，假设有一个总长度为 $T$ 的序列 $y$（即存在 $T$ 个观测值），现在把整个序列分成 $m$ 个数据块，每个数据块的长度为 $n(m\times n=T)$。用 $M_k$ 表示每个数据块序列中的最大观测值，$k=1$，…，$m$，那么我们可以得到以下分块：

$$
\begin{aligned}
M_1 &= \max(y_1, y_2, \cdots, y_n) \\
M_2 &= \max(y_{n+1}, y_{n+2}, \cdots, y_{2n}) \\
&\vdots \\
M_m &= \max(y_{n(m-1)+1}, y_{n(m-1)+2}, \cdots, y_{mn})
\end{aligned}
\qquad (14.36)
$$

Fisher 和 Tippett（1928）以及 Gnedenko（1943）的研究结果表明，如果一些附加假设成立，那么当 $m$，$n\to\infty$ 时，标准化（重标尺度）后的每个数据块中的最大值［即（$M_1$，$M_2$，…，$M_m$）的分布］渐近收敛于广义极值分布。

标准化后的 $M_k$ 只可能服从三类极值分布：韦布尔（Weibull）分布、耿贝尔（Gumbel）分布和弗雷歇（Frechét）分布。我们在专栏 14.1 中讨论了每种分布的特性，并在图 14.1 中绘制了它们的概率分布函数。注意，图中这三种分布都满足 $\mu=0$ 以及 $\sigma=1$，但耿贝尔、韦布尔和弗雷歇分布的 $\xi$ 值分别为 0、$-0.2$ 和 0.2。

▶专栏 14.1◀

## 三种广义极值分布

这三种广义极值分布（韦布尔、耿贝尔和弗雷歇）的累积分布函数都可以用以下方程来描述。其实严格来讲，这就是当样本规模趋于无穷时的极限分布：

$$H_{\xi,\mu,\sigma}(y_t)=\begin{cases}\exp[-(1+\xi(y_t-\mu)/\sigma)^{-1/\xi}] & \text{如果 } \xi\neq 0\\ \exp[-\exp(-y_t+\mu)/\sigma] & \text{如果 } \xi=0\end{cases} \tag{14.37}$$

注意，只有 $y_t$ 满足 $1+\xi(y_t-\mu)/\sigma>0$ 时 $H$ 才会存在。

广义极值分布包含三个参数：$\xi$ 是形状参数，决定了分布尾部的厚度；$\mu$ 是位置参数；$\sigma$ 是尺度参数。有时，形状参数也会以倒数的形式表示，即 $1/\xi$，它又称为**尾部指数**（tail index）。如果我们只关注尾部情况，将 $\mu$ 和 $\sigma$ 称为分布的均值和方差可能会产生误导，但它们确实类似于描述集中（大多数数据所在的位置）趋势的参数和描述分散（扩散）情况的参数。重要的是，在某个特定的实证运用中究竟适用哪种广义极值分布，取决于形状参数 $\zeta$，具体来说：

- 弗雷歇分布适用于 $\xi>0$ 且分布存在厚尾特征的情形。对于金融建模来说，这是最适合描述绝大多数金融时间序列所具有的尖峰厚尾特征的一种分布。
- 耿贝尔分布适用于 $\xi=0$ 且尾部厚度适中并以指数速率降低的情况。
- 韦布尔分布适用于 $\xi<0$ 且尾部较短并具有有限端点的情况，即分布存在一个固定的上限，超过该上限后概率密度函数值就为零，亦即累积密度函数值达到 1。由此可见，这种分布适合用来模拟具有低峰态分布特征的序列的尾部。

三种广义极值分布在特殊情况下都包含许多其他分布。例如，弗雷歇分布包括学生 $t$ 分布；耿贝尔分布包括正态和对数正态分布；韦布尔分布包括一些更专业的分布，如 $\beta$ 分布。此外，当形状参数自上（对于弗雷歇分布）或自下（对于韦布尔分布）趋向于零时，我们可以将耿贝尔分布看作另外两种分布的极限分布。

对于广义极值分布家族的一些成员来说，并非所有矩都存在。比如，在自由度为 $v$ 的学生 $t$ 分布中，只有当 $v>k$ 时，$k$ 阶矩才存在。如果 $v=3.5$（大约对应于 $\xi=0.3$），则只有前三个矩存在，更高阶数的矩不存在。

不过，一个比较难以处理的问题是，给定数据总量 $T$，由于我们可以选择较多偏短的块或者是较少但偏长的块，如何把这些数据划分成块就比较困难。如果分块太长（即划分为较少的长块），极大值的数量会非常少，并且估计精度会下降，从而参数估计会产生很大的方差（高标准误）。另一方面，如果分块太短（即划分为较多的短块），某些块中的最大值可能不是极值，从而导致参数估计模型产生偏差。因此，我们需要在偏差与效率之间进行权衡：分块长＝偏差少，但效率低；分块短＝偏差多，但效率高。

某些方法试图解决最优分块长度的确定方法，但是这里我们不加以阐述。因为这些方法涉及范围很广，并且某些分块可能会有多个异常值，将数据分成块并且在每块中只取最大值的方法忽略了其他异常值，显然这种方法的效率是很低的。不过，有一种名为**越界峰值**（peaks over threshold，简记为 POT）的方法，它没有将数据随意分割成块，

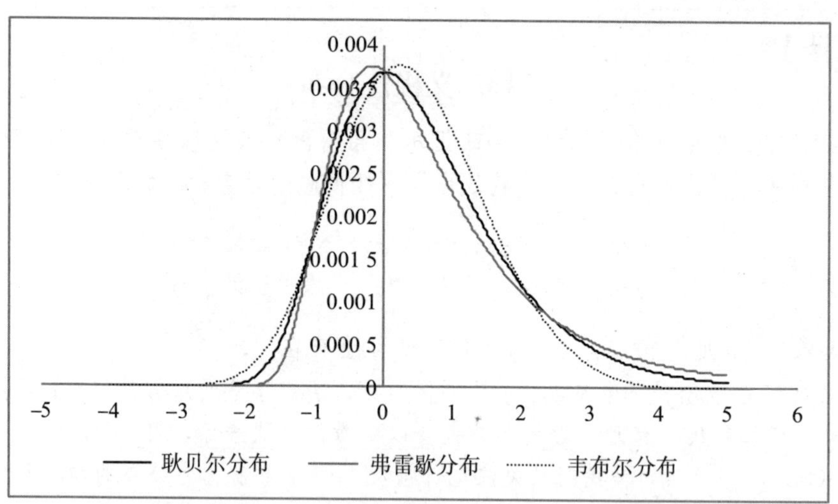


**图 14.1　韦布尔分布、耿贝尔分布和弗雷歇分布的概率分布函数**

在大多数实际运用中会被首先考虑使用，下一小节中我们会对该方法进行阐述。

### 14.3.3　越界峰值法

这种为异常值建模的方法首先需要指定任意一个高阈值 $U$，$y_t$ 序列中超出该阈值 $U$ 的观测值都被定义为异常值。然后，我们对超出阈值的部分（记为 $\tilde{y}_t = y_t - U | y_t > U$，其中 | 表示“给定条件”）而不是 $y_t$ 本身进行建模。随着阈值 $U$ 趋于 $\pm\infty$ 时，标准化（重标尺度）后 $\tilde{y}$ 的分布趋近于**广义帕累托分布**（generalised Pareto distribution，GPD）。我们可以将广义帕累托分布的累积分布函数写为：

$$G_{\xi,\sigma}(\tilde{y}_t) = \begin{cases} 1-(1+\xi \tilde{y}_t/\sigma)^{-1/\xi} & \text{如果 } \xi \neq 0 \\ 1-\exp[-\tilde{y}_t/\sigma] & \text{如果 } \xi = 0 \end{cases} \tag{14.38}$$

其中，$\xi$ 是形状参数，$\sigma$ 是尺度参数。①

广义帕累托分布中的普通帕累托分布、指数分布和 $\beta$ 分布分别对应分块极大值法中的韦布尔分布、耿贝尔分布和弗雷歇分布。此外，如上文所述，定义了分布形状的 $\xi$ 是其中的关键参数。首先，$\xi > 0$ 对应着金融收益率数据中常见的厚尾现象。实际上，尾部指数就是学生 $t$ 分布自由度 $v$ 的倒数，即 $\xi = 1/v$。我们知道，$v$ 的估计范围一般为 4～6，所以对应 $\xi$ 估计值的范围应该为 0.1～0.2。②

很明显，广义极值分布和广义帕累托分布具有密切的联系：在极限条件下，前者是经标准化后的最大值所服从的分布，而后者是超过阈值的数据在经标准化后所服从的分布。对于极值分布和广义帕累托分布，形状参数 $\xi$ 与其尾部指数的倒数相等，因此用其中一种方法估计得到的参数也可以用另一种方法估计获得。

---

① 注意，$\beta$ 通常用来表示尺度参数。当 $\tilde{y}_t$ 超过阈值时，位置参数并没有什么意义。

② 注意，在不同的研究中，符号和术语的使用方式可能会有很大不同，进而导致一些混乱。例如，Brooks，Clare，Dalle Molle 和 Persand（2005）在严格界定形状参数（也就是我们这里所说的 $\xi$）时就用了“尾部指数”的表述。

**阈值 $U$ 的选择**

和确定分块长度一样，阈值 $U$ 的选择非常重要也比较复杂，需要我们进行权衡取舍。如果所选阈值的绝对值太小（即不能充分地接近尾部），那么尽管可以得到更多的数据来估计分布的参数，但是一些观测值就会被错误地归类为极值，从而导致参数估计有偏。

但反过来，如果阈值设置得太大，能够划分为极值的数据就会很少。这样的话，虽然估计值的有偏程度会比较小，但是用于估计参数的有效观测数减少会使得最后得到的样本方差变得很大。

有几种方法可以兼顾这些问题并得到一个“最佳”阈值——其中一些方法涉及对参数估计值偏差和方差的精确计算，另外一些方法则比较随意。当然，最简单的方法是随意确定一个阈值，例如使大于阈值的数据占分布的比例为1%。不过，另外一种数据匹配度更高且更为合理可行的方法，就是在估计参数的过程中逐渐增加 $U$ 值，直到尾部指数估计变得稳定（即随着 $U$ 的增加不再变化）为止。

### 14.3.4 极值分布的参数估计

我们可以用极大似然法估计参数 $\xi$，$\mu$ 和 $\sigma$。具体来说，和往常一样，我们需要根据假设的分布建立对数似然函数，然后通过将其最大化来找到参数值。

上文所述方程（14.37）和（14.38）均为累积分布函数。为了得到似然函数，我们需要应用其所对应的概率密度函数，然后再取概率密度函数的自然对数，并在相应的样本观测值区间上求和。所以，为了得到概率密度函数，我们首先就要将函数 $G_{\xi,\sigma}(\tilde{y}_t)$ 对 $\tilde{y}_t$ 求导，由此可得到 $\xi\neq 0$ 时的概率密度函数：

$$g_{\xi,\sigma}(\tilde{y}_t)=\frac{1}{\sigma}\left(1+\frac{\xi\,\tilde{y}_t}{\sigma}\right)^{-\left(\frac{1}{\xi}+1\right)} \tag{14.39}$$

由此，在给定数据的情况下，$\tilde{y}_t$ 上超过阈值 $U$ 的所有 $N_U$ 观测值的联合密度就是下面的似然函数：

$$LF(\xi,\sigma,\tilde{y}_1,\tilde{y}_2,\cdots,\tilde{y}_{N_U})=\prod_{i=1}^{N_U}g_{\xi,\sigma}(\tilde{y}_t)=\prod_{i=1}^{N_U}\frac{1}{\sigma}\left(1+\frac{\xi\tilde{y}_t}{\sigma}\right)^{-\left(\frac{1}{\xi}+1\right)} \tag{14.40}$$

对上面的表达式取自然对数并展开括号，可以得到序列 $y_t$ 中大于阈值 $U$ 的（即上尾估计）样本观测值 $N_U$ 的对数似然函数：

$$LLF(\xi,\sigma,\tilde{y}_1,\tilde{y}_2,\cdots,\tilde{y}_{N_U})=-N_U\ln(\sigma)-\left(\frac{1}{\xi}+1\right)\sum_{i=1}^{N_U}\ln\left(1+\frac{\xi\tilde{y}}{\sigma}\right) \tag{14.41}$$

上式中的所有符号均如之前所述。

如果 $\xi>-0.5$，极大似然估计量将是一致的，并且呈渐近正态分布（Hosking and Wallis，1987），具有理想的性质。然而，与一般情况不同的是，极值分布没有解析解，换句话说，在给定数据后，没有关于估计量的具体的极大似然公式，因此就需要使用数值方法（一种搜索过程）来得到估计结果，这是一个明显的缺点。

另外一种可选择的办法是采用非参数方法从实际数据中直接估计尾部参数。McNeil

和 Frey (2000) 比较了这两种方法。他们的结果表明，在某些情况下，参数方法可能更为可取，原因在于参数方法适用的极值分布范围更广，并且受阈值选择的影响较小。但是非参数方法不需要进行任何优化操作，因此更加易于操作。

最常见的非参数方法是 Hill (1975) 估计，这种方法易于实现，并且更适用于与弗雷歇分布有关的分布（即只对厚尾有效，对薄尾无效）。在某些假设下，希尔（Hill）估计具有一致性且渐近服从正态分布（Dowd，2002；Rocco，2011）。希尔估计需要对超过阈值的原始数据 $\tilde{y}_1$，$\tilde{y}_2$，…，$\tilde{y}_T$ 排序。请注意，如果把样本从大到小进行排序 (Brooks，Clare，Dalle Molle and Persand，简记为 BCDP，2005)，而不是像大多数文献中那样从小到大排序，其实表示起来会更加简单。我们把大于阈值的数据 $y$ 从其最大值 $\tilde{y}_{(1)}$ 到最小值 $\tilde{y}_{(T)}$ 进行排序，即 $\tilde{y}_{(1)} \geqslant \tilde{y}_{(2)} \geqslant \cdots \geqslant \tilde{y}_{(T)}$，则形状参数 $\xi$ 的希尔估计为：

$$\hat{\xi}=\frac{1}{k-1}\sum_{i=1}^{k-1}[\ln(\tilde{y}_{(i)})-\ln(\tilde{y}_{(k)})] \tag{14.42}$$

其中，$k$ 是所选的整数，它等于被确定为尾部观测数据的个数，类似于在 POT 方法中大于阈值的数据点的数量。

确定 $k$ 的最常用方法是，在 $k$ 值的一个合理范围内估计 $\xi$，当 $\xi$ 的估计值稳定时就可以选择 $k$ 的最小值。$\hat{\xi}$ 与 $k$ 的关系图称为**希尔图**（Hill plot）。另外还要注意的是，在方程（14.42）、(14.43) 和 (14.44) 中，如果希望计算尾部指数，而不是形状参数 $\xi$，我们需要在每种情况下都用表达式 $[\cdot]^{-1}$ 取逆。

回顾对数定律 $\ln(A)-\ln(B)=\ln(A/B)$，可以看出希尔估计实际上是对所有观测值用 $k-1$ 取一个极值与下一个极值之比的对数的平均数。换言之，它估计了尾部消失的速度，也就是尾部概率密度函数的斜率。

除了希尔估计之外，还有另外两种分别由 Pickands (1975) 以及 De Haan 和 Resnick (1980) 创立的非参数估计方法也可以估计出分布尾部衰减的速度，不过，这两种方法都是希尔估计的有效变形。其中，Pickands (1975) 估计如下所示：

$$\hat{\xi}=\frac{1}{\ln(2)}\ln\left(\frac{\tilde{y}_{(k)}-\tilde{y}_{(2k)}}{\tilde{y}_{(2k)}-\tilde{y}_{(4k)}}\right) \tag{14.43}$$

Pickands (1975) 估计是一致且渐近正态的，但其效率低于希尔估计（Dowd，2002，p. 212）。De Haan 和 Resnick (1980) 估计如下所示：

$$\hat{\xi}=\frac{\ln(\tilde{y}_{(1)})-\ln(\tilde{y}_{(k)})}{\ln(k)} \tag{14.44}$$

为了提出一种消除 $\xi$ 估计中小样本偏差的非参数尾部估计方法，Huisman 等 (2001) 提出了 $\xi$ 估计的第二阶段回归，即将 $\xi$ 对常数及相应的 $k$ 值进行回归：

$$\hat{\xi}_i=\beta_0+\beta_1 k_i+u_i \tag{14.45}$$

修正后的 $\xi$ 估计值是该回归的截距项 $\beta_0$。根据回归截距的定义，$\beta_0$ 实际上是当 $k\to 0$ 时 $\xi$ 的极限取值。

对于给定的数据集来说，广义帕累托分布的极大似然估计可以得到 $\xi$ 和 $\sigma$ 的估计值。不过，从上文可以看出，非参数方法可以直接估计得到 $\xi$，但是怎样估计 $\sigma$（尺度参数）呢？一种方法是运用非参数方法（如希尔估计）估计出 $\xi$ 值，然后把该值当作给定的常数嵌入对数似然函数，再使用极大似然方法估计出唯一剩余的自由参数 $\sigma$。相对于与形状参数一起估计，这种方法会使得对尺度参数的估计更加稳定，但如果我们无论如何都要使用极大似然估计方法的话，那么在第一步中采用希尔估计就几乎没有什么意义。

BCDP 用到的结论是，如果 $\tilde{y}$ 服从弗雷歇分布，则在给定形状参数（$\hat{\xi}$，通过非参数方法估计）和超过阈值的数据的情况下，可以通过下式计算出尺度参数 $\sigma$：

$$\hat{\sigma}=\left(\frac{1}{k}\sum_{i=1}^{k}\tilde{y}_i^{1/\hat{\xi}}\right)^{\hat{\xi}} \tag{14.46}$$

### 14.3.5 在险价值

在险价值（VaR）是一种经常用来测度金融风险的方法——从这个角度来讲，它和其他方法存在竞争关系，包括波动率（标准差）、最大跌幅、预期损失等。一般来说，VaR 可以被定义为对由市场价格的可能变化所导致的预期损失的估计。更确切地说，它是指在事先确定的投资期限以及事先确定的置信度下所可能出现的货币损失。例如，一家公司可能会说，它一天期限上 99%的 VaR 为 1 000 万美元。这个表述意味着，该公司有 99%的信心认为，资产组合在一天内的最大可能损失为 1 000 万美元。

在 20 世纪 90 年代，在险价值是一种非常受欢迎的风险测度技术。尽管在近期预期损失已成为首选方法，导致在险价值的流行度有所下降，但在这里它仍然能够很好地说明极值分布理论如何有效地应用于实际金融环境，因此仍然值得做进一步的分析。有证据表明，相较于德尔塔—正态法，极值理论方法可以更准确地描述损失分布的尾部形状，特别是对极端分位数（如第 99 个分位数）的刻画更为准确，因此极值理论可以提供更准确的在险价值计算结果。下面的内容会对这两种方法都进行介绍。

VaR 计算简便，易于解释，并且可以在整个机构层面进行加总，以产生一个能够揭示机构整体头寸所面临风险的单一测度结果。基于这些原因，VaR 方法非常受欢迎。①

此外，在险价值的计算结果可以成为选择恰当的最低风险资本要求的依据。所谓最低风险资本要求，是指一家公司需要持有的确保其能够在预期损失出现时弥补损失的流动资产的价值。很明显，在 VaR 计算和恰当的风险资本选择之间面临着权衡。具体来说，如果资本金要求定得太低，出现紧急情况时会有资本金耗尽的风险，相关银行或证券公司将会陷入财务困境甚至可能破产。另外，如果资本金数量太高则是把资金固定在了非营利资产上，因为包括现金和国库券在内的流动资产通常只会提供非常低的回报。

有几种简单的方法都可以用来计算 VaR。第一种是先假设投资组合的损失服从正态

---

① 不过需要注意的是，VaR 不具有次可加性，这意味着一个投资组合的 VaR 不是构成该组合所有资产 VaR 的某个固定组合，某些情况下前者甚至可能会大于后者的总和。

分布，然后直接从正态分布中取对应 $\alpha$ 显著性水平的临界值，再乘以数据 $y_1$，$y_2$，…，$y_N$ 的标准差 $\sigma$，具体如下式所示：

$$\mathrm{VaR}_{normal}=\sigma Z_{\alpha} \tag{14.47}$$

如果想知道用现金价值衡量的 VaR，只需要将由上述公式得到的数字乘以投资组合的价值，这种方法被称为 VaR 计算的**德尔塔—正态法**（delta-normal method）。该方法在计算标准差 $\sigma$ 时对样本期内的所有观测值都赋予了相等的权重，但其实也可以用其他参数模型来估计或预测 $\sigma$（如第 9 章所述的 EWMA 模型或 GARCH 模型）。

第二种方法是先对投资组合收益率进行排序，然后直接从排好序的收益率的经验分布中选择恰当的分位数。这是一种没有依赖任何特定收益率分布假设的完全非参数化的方法，可以说是计算 VaR 的最简单的方法。该方法有时也被称为“历史模拟法”，具体做法是先收集感兴趣的资产或资产组合历史收益率的数据样本，再对它们进行排序，然后取经验分布的 5%或 1%分位数，再用这个数字乘以投资组合的价值，就可以得到 95%或 99%置信水平下的 VaR。用历史模拟法来计算 VaR 非常简单，并且至少可以潜在地捕捉到实际损失分布的厚尾特征，因此通常情况下会比德尔塔—正态法的性能更好。不过，该方法的一个关键缺点在于，它仅仅使用了一个有效数据点，而忽略了其他更少也更极端的数据点所携带的所有其他分布信息。就这一点来说，极值理论使用了被定义为“尾部”的所有数据点的信息。

Jorion（2006，Chapter 10）对“怎样运用极值分布来计算 VaR”进行了很好的总结。在 POT 方法中，假设已经根据样本数据估计了参数 $\xi$ 和 $\sigma$，那么式（14.38）中的累积分布函数 $G$ 将给出对应于特定值 $\tilde{y}$ 的分位数 $\alpha$（范围从 0 到 1），即 $G(\tilde{y})=\alpha$。由此，给定所假设的极值分布的分位数，通过对累积分布函数进行有效的逆运算就可以确定 $y$ 的对应值是多少，而这一对应值就是 VaR：

$$\mathrm{VaR}=U+\frac{\hat{\sigma}}{\hat{\xi}}\left[\left(\frac{N}{N_U}\alpha\right)^{-\hat{\xi}}-1\right] \tag{14.48}$$

一般来说，人们对 $\alpha=0.01$ 或 $0.05$ 最感兴趣，这分别对应于 99%和 95%的置信度。注意，该公式中的 $N/N_U$ 是整个样本中观测值总数（$N$）与超过阈值（$N_U$）的观测值总数之比。

分块极大值法中的 VaR 可以用类似的方法计算：

$$\mathrm{VaR}=\hat{\mu}+\frac{\hat{\sigma}}{\hat{\xi}}\left[1-(-m\ln(\alpha))^{-\hat{\xi}}\right] \tag{14.49}$$

其中 $\xi\neq 0$，$m$ 为分块长度且所有其他符号均如上所述。

希尔估计中的 VaR 可以通过以下公式计算：

$$\mathrm{VaR}=\tilde{y}_{(k)}\left[\frac{N}{N_U}\alpha\right]^{-\xi} \tag{14.50}$$

其中，$\tilde{y}_k$ 是已经排好序的序列 $\tilde{y}$ 中的第 $k$ 个观测值，也就是使用式（14.42）来估计 $\xi$ 时阈值所对应的观测值。

此外，需要稍加注意的是，如果按照传统的方式将所有收益率乘以－1，即将包含损失的负尾转化成正尾来简化计算，那么合适的 $\alpha$ 值将变为 0.99 和 0.95，$U$ 也将变成一个正数。

### 14.3.6 运用极值理论时涉及的最后几个问题

- 对于基于极值分布所估计得到的 VaR，可以通过构造置信区间来判断估计结果是否精确。不过，要保证这一操作的有效性和可靠性是比较困难的，具体可见 McNeil (1998)。
- 在估计极值分布参数的方法中有一个假设，即数据服从独立同分布。如果观测值相互之间不独立，就可能会产生误导性估计，进而不能准确计算 VaR。在金融数据中普遍存在关联结构的背景下，一种常用的可行方法是先估计一个 ARMA-GARCH 类模型，然后得到标准化残差（这些标准化残差比原始数据更可能服从独立同分布假设），再基于这些残差来估计极值分布的参数。关于这一方法的更多详情可见 Rocco（2011）和其中的参考文献。
- 将极值理论扩展至多元是非常有用的。例如，联合分布可以用来测度序列中极端事件之间的共同相依性和溢出效应，其中可以用 copula 函数来"连接"每个序列的个体分布。分块极大值法和 POT 方法都可以推广到多元情景中。不过，多元极值理论分布非常复杂，且没有唯一定义。另一个问题是，由于多样化效应或对冲效应，多个单一资产头寸同时出现极端变动未必会导致资产组合也出现极端变动，因为个别资产的变动之间可能会在一定程度上相互抵消，甚至完全消失。

### 14.3.7 极值理论在 VaR 估计中的应用

本节基于 Gençay 和 Selçuk（2004）的研究，介绍极值理论在在险价值估计中的应用。Gençay 和 Selçuk（2004）采用多种方法（德尔塔—正态分布、学生 $t$ 分布、历史模拟法和极值理论法）计算和评估了多个新兴市场股票指数收益率的 VaR。他们从 Datastream 数据库中获得了阿根廷、巴西、中国香港、印度尼西亚、韩国、墨西哥、新加坡、中国台湾和土耳其股票市场的日度数据，当然，有些内容中也包括了菲律宾。样本期间因经济体而异（或许因为数据的可得性有所差异），但几乎每个经济体都包含了 1993—2000 年这一区间。

Gençay 和 Selçuk（2004）发现，巴西和土耳其的指数收益率具有最高的标准差，但中国香港和新加坡具有最高的峰度，分别为 36.64 和 61.25。所有的序列都表现出超额峰度，说明非常适合用厚尾分布来描述。另外，尽管偏斜的方向不同，但几乎所有经济体的股指收益率序列都表现出了明显的有偏。通过对统计数据进行总结，作者还发现，每天的损失超过 10%的概率很高，这个概率是每日标准差的 1 000 倍，而正态分布中几乎不可能出现此类情况。

Gençay 和 Selçuk（2004）通过希尔估计和其他诊断方法来确定阈值，以便决定观测值是否应被归为异常值。表 14.2 不仅给出了这些信息，还展示了阈值在整体分布中所对应的分位数水平以及超过该阈值的数据点的个数（即"超出量"）。因为金融市场中大多数参与者更加关心下尾异常值（因为与之对应的是市场中多头头寸的极端损失），同时也为了保持简洁，我们这里只报告结果的下尾部分。表中的结果表明，中国香港（−7)、中国台湾（−6.5）和土耳其（−9）观测值的平均数均高于阈值，导致超出其阈值的数据点的数量自然较少。

**表 14.2　阈值、对应的分位数水平和超出阈值的数据量**

| | 阈值（%） | 分位数（%） | 超出量（$k$） |
|---|---|---|---|
| 阿根廷 | −2.7 | 6.7 | 129 |
| 巴西 | −3.8 | 7.0 | 130 |
| 中国香港 | −7.0 | 0.6 | 41 |
| 印度尼西亚 | −1.0 | 10.0 | 21 |
| 韩国 | −3.5 | 4.5 | 130 |
| 墨西哥 | −3.0 | 5.0 | 69 |
| 菲律宾 | −4.0 | 1.8 | 19 |
| 新加坡 | −2.5 | 2.6 | 101 |
| 中国台湾 | −6.5 | 0.6 | 41 |
| 土耳其 | −9.0 | 1.0 | 28 |

资料来源：Gençay and Selçuk (2004), Table 2. Reprinted with the permission of Elsevier. 请注意，为简洁起见，此处仅复制了左尾结果。

表 14.3 给出了广义帕累托分布的形状参数和规模参数的极大似然估计结果及其各自的标准误。形状参数既有韩国 0.03、巴西 0.15 水平的低值，又有中国台湾 0.60 水平的高值。对这些数取倒数，就可以得到尾部指数，分别约为 33.3、6.67 和 1.67。这表明中国台湾的估值收益率序列有非常厚的尾部，并且二阶矩几乎不存在（$v<2$）。中国香港和新加坡也是如此，其次是菲律宾和墨西哥。这些结果与 Gençay 和 Selçuk (2004) 所提供的数据描述性统计中的结果略有不同。在描述性统计结果中，菲律宾股指收益率序列有比较适中的峰度和较小的偏度。究其原因，可能是因为样本矩是基于整个分布估计得到的，而广义帕累托分布参数只是基于超过阈值的观测值得到的。

**表 14.3　基于极大似然法的广义帕累托分布参数**

| | $\hat{\xi}$ | $SE(\xi)$ | $\hat{\sigma}$ | $SE(\hat{\sigma})$ |
|---|---|---|---|---|
| 阿根廷 | 0.20 | 0.01 | 1.1 | 0.2 |
| 巴西 | 0.15 | 0.12 | 1.8 | 0.3 |
| 中国香港 | 0.48 | 0.22 | 1.6 | 0.4 |
| 印度尼西亚 | 0.32 | 0.09 | 0.6 | 0.1 |
| 韩国 | 0.03 | 0.11 | 1.5 | 0.2 |
| 墨西哥 | 0.42 | 0.18 | 1.0 | 0.2 |

续表

| | $\hat{\xi}$ | $SE(\xi)$ | $\hat{\sigma}$ | $SE(\hat{\sigma})$ |
|---|---|---|---|---|
| 菲律宾 | 0.44 | 0.37 | 0.5 | 0.2 |
| 新加坡 | 0.48 | 0.14 | 1.0 | 0.2 |
| 中国台湾 | 0.60 | 0.26 | 0.7 | 0.2 |
| 土耳其 | 0.22 | 0.27 | 1.6 | 0.5 |

资料来源：Gençay and Selçuk（2004），Table 3. Reprinted with the permission of Elsevier. 请注意，为简洁起见，此处仅复制了左尾结果。

至于尺度参数估计值 $\hat{\sigma}$ 的范围，则是从菲律宾的 0.5 和印度尼西亚的 0.6 到巴西的 1.8 不等。尽管这些估计结果仅仅是基于尾部观测值，但是基本结论的确与基于整体分布的标准差估计值保持一致，即土耳其和巴西的标准差较高，而菲律宾和印度尼西亚的则较低。

之后，Gençay 和 Selçuk（2004）通过统计超过 VaR 估计值的天数（即实际损失比所计算的 VaR 值更大），对按照上述各种方法所得到的 VaR 值的有效性进行样本外评估。在一个恰当的模型中，我们预期样本外失败数（损失超过 VaR）所占的百分比应与计算 VaR 时确定的名义置信水平大致相同。因此，如果在 99%的置信度下根据某个模型估计得到 VaR，那么我们应该希望 VaR 对于 99%的样本外检验日的损失来说是足够大的。

显然，如果 VaR 较高，预期的失败情况将会减少，但同样存在上文提到过的权衡问题：如果在险价值过高（对风险给予了过度估计），那么对资本的要求也会过高，这种保守做法将导致资本被不必要地固定在收益率较低的资产上。另外，如果 VaR 太低（对风险的估计过低），流动资金就可能会不足，进而增加相关公司的破产概率。当然，这种权衡可能存在着一个不对称性问题，即资本不足的后果比资本过多的后果更加严重。

Gençay 和 Selçuk（2004）运用滚动时间窗法估计 VaR。例如，对第 1 天到第 500 天的观测值进行估计，然后将得到的 VaR 与第 501 天的实际收益进行比较。之后将样本观测值向前滚动一个单位，以便用第 2 天到第 501 天的观测值估计 VaR，用第 502 天的数据测试，依此类推。他们提供了单独的表格来展示模型结果，基于每个给定的置信水平和每个经济体的股票指数，列出了风险低估程度最小的模型和风险高估程度最小的模型。最后，他们提供了一个将二者结合起来的表，并列示了在给定置信水平下，VaR 失败比例最接近期望比例的模型，详情如表 14.4 所示。

**表 14.4　最准确预测实际左尾分位数的模型**

| | 5% | 2.5% | 1% | 0.5% | 0.1% |
|---|---|---|---|---|---|
| 阿根廷 | H | N | E | E | E |
| 巴西 | E | H | E | E | E |
| 中国香港 | H | T | E | E | E |

续表

| | 5% | 2.5% | 1% | 0.5% | 0.1% |
|---|---|---|---|---|---|
| 印度尼西亚 | N | T | E | E | E |
| 韩国 | T | T | T | T | T |
| 墨西哥 | N | T | T | E | E |
| 新加坡 | E | N | E | E | E |
| 中国台湾 | N | T | T | T | E |
| 土耳其 | T | T | E | E | E |

资料来源：Gençay and Selçuk（2004），Table 7. Reprinted with the permission of Elsevier. 请注意，为简洁起见，此处仅复制了左尾结果。H，N，T 和 E 表示给定国家和分位数 $\alpha$，历史模拟法、德尔塔—正态分布、学生 $t$ 分布和广义帕累托分布分别是最佳模型的情况。

表 14.4 中的结果清楚地表明，随着尾部越来越极端，极值理论法逐渐成为计算 VaR 的首选方法。总体上，在 5%或 2.5%的名义失败水平（分别对应 95%和 97.5%的置信水平）下，学生 $t$ 分布或历史模拟法是最佳的，但在 0.1%水平（99.9%的置信度）下，极值理论法在除了一个国家（或地区）外的其他所有国家（或地区）上的表现都是最好的。单独的低估和高估结果这里没有列示，但实际结果表明在这两种情况下极值理论法均有优越性，因此我们可以得出结论，在捕捉金融市场收益分布尾部形状方面，该法确实比其他方法更准确，从而可以更好地估计 VaR。

Gençay 和 Selçuk（2004）的另一个结论是，分布的下尾和上尾具有非常不同的形状和行为，因此不能简单地假设分布是对称的，而应该使用允许此类差异存在的方法。他们发现，如果分位数处于尾部，总体来说极值理论模型比基于收益率的正态分布假设或基于历史模拟法（即历史收益率分布的实际分位数）的传统模型更好，但如果分位数更接近分布中心——例如，5%或 95%，则并不能那么明确地确定一个最佳模型。

### 14.3.8 极值理论的延伸阅读

除了上述参考文献外，Embrechts，Klüppelberg Mikosch（2013）可以作为极值分布的经典参考文献，该书具有较高的技术水平；有关在险价值模型（其中包括关于极值理论的简要内容）的更一般性讨论，可以参见 Dowd（2002）以及 Jorion（2006）；Rocco（2011）对极值理论的理论背景及其在金融领域的实证应用进行了特别简单易懂的回顾；Danielsson 和 de Vries（1997）比较了几种不同技术的实证应用；BCDP（2005）的研究也值得一看，他们比较了计算 VaR 的各种方法，其中包括上述传统的极值理论法以及 Hsieh（1993）提出并在本书第 13 章 13.9 节的自举法示例中概述过的半非参数方法。

## 14.4 广义矩估计法

### 14.4.1 矩估计法概述

在本书的第 3～5 章中，我们讨论了如何建立损失函数（残差平方和）并通过最小二乘法将其最小化从而估计模型参数。最小二乘法有许多优点，比如易于操作、我们比较清楚它如何有效以及何时有效（如何无效以及何时无效），但是还有两种使用更加广泛的方法可供选择。其中一种是第 9 章 9.9 节中详细讨论过的极大似然法，该章的附录列出了一些数学结果；另一种是**矩估计法**（method of moments），本节的剩余部分将会对此方法进行详细讨论。

显而易见，广义矩估计法（GMM）是对传统矩估计法的概括，它广泛地适用于资产定价（包括因子模型和效用函数）、利率模型和市场微观结构等领域，对该方法更深层次的探索见 Jaganathan，Skoulakis 和 Wang（2002）。时间序列、横截面或面板数据均可使用广义矩估计方法。实际上，本书中出现的许多其他估计方法都属于广义矩估计法的特殊情况：OLS、GLS、工具变量法、两阶段最小二乘法和极大似然法。

矩估计法的产生可以追溯到 Pearson（1895），本质上它计算了样本数据的矩，并且基于总体概率分布的假定，将样本数据的矩设定为相应的总体值。估计 $k$ 个参数需要 $k$ 个样本矩，比如假设观测数据（$y$）服从正态分布，则需要估计两个参数：均值和方差。要估计总体均值 $\mu_0$，我们知道 $E[y_t]-\mu_0=0$。另外我们还知道，样本矩将依大数定律渐近收敛于其总体矩，所以当数据点的数量 $T$ 不断增加时：

$$\frac{1}{T}\sum_{t=1}^{T}y_t-\mu_0\to 0 \quad 当\ T\to\infty\ 时$$

因此，通过取 $y_t$ 和 $\bar{y}$ 的普通样本平均值，可以得到第一个样本矩条件：

$$\frac{1}{T}\sum_{t=1}^{T}y_t-\mu_0=0 \tag{14.51}$$

然后采用同样的方法匹配二阶矩：

$$\sigma^2=E[(y_t-\mu_0)^2] \tag{14.52}$$

从而：

$$\frac{1}{T}\sum_{t=1}^{T}y_t^2-\sigma^2=0 \tag{14.53}$$

所以可以得到：

$$\hat{\sigma}^2=\frac{1}{T}\sum_{t=1}^{T}y_t^2-\bar{y}^2 \tag{14.54}$$

如果分布包含的参数个数大于 2，则需要继续计算三阶矩、四阶矩等，直到矩的数量和待估计参数相同。

另外，就回归模型中参数的估计来说，矩估计主要根据解释变量与模型中扰动项正交的假设来估计回归模型中的参数：

$$E[u_t x_t]=0 \tag{14.55}$$

在这里，对于所有的 $t$，$x_t$ 是解释变量观测值的 $T\times k$ 矩阵。为了与前几章的符号保持一致，我们这里明确，包括截距项在内，共有 $k+1$ 个未知参数。

在这种假设下，如果令 $\beta^*$ 代表参数向量 $\beta$ 的真值，那么可以把矩条件写为：

$$E[(y_t - x_t'\beta^*)x_t] = 0 \tag{14.56}$$

通过求解这些矩条件，可以得到第 4 章的方程（4.8）中 $\hat{\beta}$ 的 OLS 估计值。和之前一样，具体操作中需要通过样本来模拟 $E(y)$ 的矩。

就其性质而言，矩估计法具有一致性，但不一定有效。极大似然法（详见本书第 9 章）需要假设整个分布函数的信息，OLS 要求误差项相互独立，而矩估计法（和 GMM）只需要特定矩的信息，因此后者更灵活，限制性更小。

### 14.4.2 广义矩估计法

传统矩估计法的主要缺点是只有当矩条件（即条件方程）与未知量（要估计的参数）完全相同时才适用，换句话说，只有在这种情况下系统才可以进行精准识别①。然而，大多数情况下，已知矩条件的数量多于未知参数个数，从而系统将会被过度识别。正是出于这个原因，Hansen (1982) 提出了广义矩估计法。

如果矩条件的数量与未知参数数量相同，那么将有唯一一个使矩条件最优化的解，并且满足式（14.56）中的矩条件。然而，如果矩条件的数量大于未知参数个数，则会有多个解，我们必须从中选择一个“最优”解。当然，一种比较自然的方法是选择使矩条件方差最小的参数估计值。通过一个加权矩阵 $W$，方差较小的矩条件可以有效地获得较大的权重（换句话说，方差小的矩条件更加符合需要满足的条件）。

为了更通俗地进行表示，现在假设有 $l=1, \cdots, L$ 个矩条件，需要根据模型估计 $k$ 个参数，所有参数都包含在向量 $\beta$ 中。矩条件可以写成：

$$E[m_l(y_t, x_t; \beta)] = 0 \tag{14.57}$$

对方程进行样本模拟实际上是取每个矩条件的平均值：

$$\hat{m}_l(y_t, x_t; \hat{\beta}) = \sum_{t=1}^{T} m_l(y_t, x_t; \hat{\beta}) = 0 \tag{14.58}$$

注意，这里是否除以 $1/T$ 并不重要，因为可以将其消掉。如上所述，如果 $L=k$，那么这 $L$ 个方程就只有唯一解，上述方程中的所有矩条件都会为零，但是当 $L>k$ 时存在不止一个解。在这种情况下，我们需要尽可能选择与之接近的参数，也就是说，样本矩向量要尽可能接近零。可以写成：

$$\hat{\beta}_{GMM} = \operatorname{argmin}_{\beta} \hat{m}(\hat{\beta})' W \hat{m}(\hat{\beta}) \tag{14.59}$$

其中，$\hat{m}(\hat{\beta}) = (\hat{m}_1, \cdots, \hat{m}_L)$ 是 $L$ 个矩条件（也是待估参数 $\hat{\beta}$ 的函数），$W$ 是必须保持正定的加权矩阵，可以证明矩条件方差—协方差矩阵的逆就是最优的 $W$：

$$W = \left[\frac{1}{T}\left(\sum_{t=1}^{T} \hat{m}(\hat{\beta})\hat{m}(\hat{\beta})'\right)\right]^{-1} \tag{14.60}$$

① 请参阅第 7 章，了解不同背景下有关此概念的详细讨论。

GMM 的缺点是需要确定加权矩阵。尽管最优加权矩阵是矩方程协方差的逆，然而其值取决于客观存在但未知的参数向量。处理该问题的最常用的方法是两步估计法：第一步，选择任意不含有参数的矩阵（例如具有恰当阶数的单位阵）代替加权矩阵；第二步，用第一步进行参数估计得到的方差代替加权矩阵。如果加权矩阵是单位阵，那么将其最小化处理的一个特例就是 OLS。更一般地说，可以看出方程（14.59）有广义最小二乘法的影子。

这种方法有更加复杂的变形形式，即不断重复上述步骤，这样可以不断更新参数估计以及矩条件的方差，直到从一次迭代到下一次迭代间参数估计的总体变化低于某个预先设定的阈值。

对于矩条件多于待估参数的过度识别系统，我们可以使用自由度来检验过度识别约束，具体方法是通过萨金-汉森（Sargan-Hansen）$J$ 检验，或者有时也可以仅仅使用萨金（Sargan）$J$ 检验。具体来说，如果零假设成立，那么就意味着所有的矩条件都得到完全满足，零假设被拒绝则表明参数估计没有得到数据的支持。具体的检验统计量由下式给出：

$$\hat{m}(\hat{\beta})'[\mathrm{EAV}(\hat{m}(\hat{\beta}))]^{-1}\hat{m}(\hat{\beta})$$

其中，EAV 是估计得到的渐近方差，服从自由度为 $L-k$ 的 $\chi^2$ 渐近分布。

需要注意的是，只有在渐近状态下，GMM 背后的抽样理论和过度识别约束检验才是有效的，所以当可用的观测值数量较少时，可能会产生某些特定问题。Ferson 和 Foerster（1994）中的蒙特卡洛模拟结果表明，当数据比较少时，GMM 估计值有可能过大。

在一些假设下，GMM 估计量是渐近正态的，其均值等于真实参数向量，方差等于样本规模和矩关于参数的偏导数的反函数，具体可见 Hansen (1982)。

### 14.4.3 资产定价背景下的 GMM

GMM 最常见的应用是在资产定价模型领域。资产定价模型的目的是能够同时估计股票收益对一系列风险因子的风险暴露以及每一单位风险源的风险溢价，因此接下来我们大致根据 Jaganathan，Skoulakis 和 Wang (2010）中的描述和符号，简要地讨论资产定价模型领域下的设定。其中，$R_t$ 定义为由 $t$ 时刻 $N$ 只股票超额收益率（超过无风险利率的部分）所构成的 $N\times1$ 向量，$\Lambda$ 定义为风险溢价的 $K\times1$ 向量，$B$ 的定义是基于 $K$ 个风险因子的 $K\times N$ 向量 $f_t$ 的 $K\times N$ 因子载荷矩阵。在 Chen，Roll 和 Ross（1986）的实证套利定价模型中，这些因子包括一系列的宏观经济因素，如市场风险、超预期的通货膨胀变化、油价或 GDP 等。

我们可以把 $B$ 中的每个元素表示为 $B_{k,n}$，$B_{k,n}$ 表示每只股票 $n$ 对因子 $k$ 的风险暴露。接下来，定义期望收益率的线性定价模型如下：

$$E[R_t]=B\Lambda \tag{14.61}$$

法马-麦克贝思包括两个步骤（见 14.2 节）：第一步，用一组时间序列回归来估计因子载荷 $B$；第二步，用一组横截面回归来估计风险溢价 $\Lambda$。如果继续把 $\mu$ 定义为每个因子

均值的 $K\times1$ 向量，则第一步因子载荷的估计将涉及如下回归：

$$R_t=A+Bf_t+u_t \tag{14.62}$$

其中，$A$ 是由截距项构成的 $N\times1$ 向量，$\mu_t$ 是由扰动项构成的 $N\times1$ 向量。然而，GMM 能够通过一步估计同时得到 $A$ 和 $B$。矩约束可以定义为：

$$E[R_t-B(\Lambda-\mu+f_t)]=0 \tag{14.63}$$

$$E[(R_t-B(\Lambda-\mu+f_t))f_t']=0 \tag{14.64}$$

$$E[f_t-\mu]=0 \tag{14.65}$$

方程（14.63）含有 $N$ 个矩约束条件，式（14.64）含有 $N\times K$ 个约束条件，式（14.65）含有 $K$ 个约束条件。在 $J$ 检验中，总共有 $N-K$ 个自由度可被用于过度识别约束。此外，该方法的扩展形式允许因子载荷 $B$ 或风险溢价 $\Lambda$ 随时间的推移而变化，更多详情可见 Jaganathan 等（2010）。

### 14.4.4 运用 GMM 考察金融市场与经济增长之间的联系

接下来，我们讨论由 Beck 和 Levine（2004）所完成的关于金融市场和经济增长之间联系的一份研究工作，其中涉及 GMM 的应用。他们研究的主要问题是，银行业及股市的发展能够对经济增长水平产生多大程度的积极影响。有理论文献认为，有效运作的金融中介可以加快投资项目质量信息的流动，降低投资者/储户与借款人/发行人之间的交易成本，进而通过资源最优配置的实现支持经济更快增长。然而，也有相反观点认为，繁荣的金融发展可能会损害长期的经济增长，因此两者之间的关系还有待实证检验。

Beck 和 Levine（2004）研究了银行贷款和股票市场的作用，这两种方式代表着不同的企业融资方式，因此可能有助于降低交易成本或者弥补各种形式的信息缺陷。他们建立了由 40 个国家/地区组成的面板数据，使用 1976—1998 年间非重叠的 5 年均值进行测量，一共包含 146 个数据点。由于存在一些从一年到下一年中对于所有国家来说并没有出现很大变化的变量，作者使用了 5 年的平均数而不是年度数据，这样可以着眼于长期状况。

模型所采用的变量如下。换手率衡量股票市场的发展程度，换手率是指成交股票的总价值除以交易所上市股票的总价值。该比率越高，市场发展程度就越深，股票的周转频率也就越高，这表明市场流动性更强，交易成本也更低。银行业的发展由向私人部门提供的贷款总额除以国内生产总值（GDP）的结果来衡量。此外，模型中还包含几个控制变量：GDP 的初始水平，考虑到 GDP 数据在截面上的收敛状况以及追赶效应，GDP 较低的国家往往增长更快；平均受教育年限（衡量国家对人力资本的投资存量）；政府消费；进出口与 GDP 的比值（衡量贸易开放程度的指标）；通货膨胀率；以及“黑市溢价”①。所有模型中的因变量都是人均实际 GDP 的增长（或对于某些指标来说，是一阶差分）。

① 这一变量和政府消费在论文中似乎都没有给出定义。

论文所使用的基本模型是：

$$y_{i,t}-y_{i,t-1}=\alpha y_{i,t-1}+\beta' x_{i,t}+\eta_i+u_{i,t} \tag{14.66}$$

其中，$y_{i,t}$ 是 $t$ 时刻 $i$ 国人均实际 GDP 的对数；$x_{i,t}$ 包括所有解释变量，但先前的人均 GDP 水平（已分离）除外；$\beta$ 是由斜率参数构成的向量；$\mu_{i,t}$ 是扰动项。附加项 $\eta$ 有下标 $i$，但没有下标 $t$，表示它会随着国家而变化，而不随着时间而变化。特别地，$\eta$ 是使每个国家截距项不同的参数向量，被称为**国家固定效应**（country fixed effect），第 11 章中有相关详细介绍。接下来，将方程（14.66）转化为一阶差分形式：

$$(y_{i,t}-y_{i,t-1})-(y_{i,t-1}-y_{i,t-2})=\alpha_1(y_{i,t-1}-y_{i,t-2})+\beta_1'(x_{i,t}-x_{i,t-1})+(u_{i,t}-u_{i,t-1}) \tag{14.67}$$

在该方程中，国别效应（$\eta_i$）不会随时间变化，因此可以通过差分消除 $\eta_i$。此外，核心估计方法是 GMM 而并非 OLS。为简单起见，如果将方程（14.67）中的误差项写成 $v_{i,t}=\mu_{i,t}-\mu_{i,t-1}$，那么就可以使用以下矩条件：

$$E[y_{i,t-s}v_{i,t}]=0 \tag{14.68}$$

$$E[x_{i,t-s}v_{i,t}]=0 \tag{14.69}$$

两个方程均有 $s\geqslant 2$；$t=3$，…，$T$。

Beck 和 Levine（2004）使用了多个模型，但是为了简洁起见，我们仅在表 14.5 中展示其基于上述 GMM 差分模型的结果。

尽管上述差分回归结果的 5 个模型中，银行信贷变量和周转率的参数估计值两者均既没有呈现出一致的正号，又没有统计学上的意义，但其在 GMM 回归模型中具有一致性（该模型的因变量是 GDP 的增长水平而不是 GDP 的增长变化，因此这里没有给出展示）。另外，在水平回归中，作者列举了墨西哥的例子。墨西哥的股票市场周转率和向私营部门提供的银行贷款都非常低，如果这两个变量的值都提升至经合组织的平均水平，那么预计该国的 GDP 每年将分别增长 0.6 和 0.8 个百分点。

5 个模型中初始人均 GDP 对数的参数估计值均显著，且均为负数，说明可以把“收敛于均值”归因于趋同效应，即已经具有较高 GDP 的国家的增长速度低于预期；贸易开放度变量的参数估计值也是正数，并且在模型（3）中具有统计学上的意义。

**表 14.5　股票市场和银行贷款对经济增长影响的 GMM 估计**

| 回归量 | (1) | (2) | (3) | (4) | (5) |
|---|---|---|---|---|---|
| 第一部分 | | | | | |
| 常数 | 2.089<br>(0.014)** | 2.067<br>(0.001)*** | 1.536<br>(0.008)*** | 2.028<br>(0.054)* | 2.06<br>(0.005)*** |
| 滞后 GDP 对数 | −13.59<br>(0.001)*** | −8.517<br>(0.001)*** | −7.374<br>(0.019)** | −15.956<br>(0.001)*** | −10.547<br>(0.001)*** |
| 平均受教育年限 | 1.554<br>(0.717) | −1.395<br>(0.690) | −10.605<br>(0.012)** | 2.557<br>(0.495) | 3.76<br>(0.271) |

续表

| 回归量 | (1) | (2) | (3) | (4) | (5) |
|---|---|---|---|---|---|
| 政府消费 | | 2.992<br>(0.229) | | | |
| 贸易开放 | | | 5.676<br>(0.001)*** | | |
| 通货膨胀率 | | | | 0.866<br>(0.336) | |
| 黑市溢价 | | | | | −0.788<br>(0.738) |
| 银行信贷 | 0.749<br>(0.388) | 0.683<br>(0.426) | −0.471<br>(0.644) | 0.370<br>(0.656) | 0.626<br>(0.552) |
| 周转率 | −0.36<br>(0.674) | −0.145<br>(0.803) | 0.699<br>(0.129) | −0.225<br>(0.828) | −0.496<br>(0.506) |
| 第二部分 | | | | | |
| 萨金 $J$ 检验 | 0.259 | 0.120 | 0.315 | 0.305 | 0.155 |
| 序列自相关检验 | 0.859 | 0.530 | 0.102 | 0.710 | 0.800 |
| 瓦尔德联合显著性检验 | 0.361 | 0.483 | 0.189 | 0.787 | 0.323 |

注：因变量是GDP增长的变化。第一列是解释变量，数字列是参数估计值，括号中给出了 $p$ 值，*、**和***分别对应10%、5%和1%的显著性水平。平均受教育年限通过 ln(1+年数) 计算。所有回归均采用涵盖40个经济体的数据进行，共有146个观测值。第二部分诊断检验中显示的数字均为 $p$ 值。

资料来源：Beck and Levine (2004). Reprinted with the permission of Elsevier.

作者对模型进行了3种诊断检验，表14.5的第二部分给出了检验 $p$ 值。首先是萨金 $J$ 检验，5个模型的 $p$ 值均大于0.1，可以满足过度识别约束，并且矩接近零，因此采用的模型比较合适。同样，这一部分第二行的序列自相关检验中，$p$ 值均大于0.1［模型（3）中该值较小］，因此，拟合模型的残差项不存在自相关。第二部分最后一行给出了瓦尔德检验的 $p$ 值，与检验所有参数联合显著性的 $F$ 统计量类似。我们希望拒绝所有参数均为零的零假设，但这几个模型均不能做到这一点，因此差分模型无法通过该检验。然而，对于其他形式的模型或此处未提及的层次以及差分形式更加复杂的混合模型来说，情况并非如此，更多这部分内容可见 Beck 和 Levine（2004）。

Beck 和 Levine（2004）在大部分模型中得到的参数估计值都是正的且在统计意义上显著，因此他们的主要结论是股市发展程度和银行放贷（即整体金融发展）都促进了经济增长。正如通常情况那样，尽管从计量经济学的角度来看 GMM 明显优于 OLS，但是作者也指出，与使用 OLS 的情况相比，GMM 得到的大多数结论并没有发生质的改变。

### 14.4.5 延伸阅读

除了上述内容中所引用的文献外，Hall（2005）的著作属于 GMM 的核心参考资料。另外，Hamilton（1994，Chapter 14）提供了该方法较深层次的数学处理。关于该方法在金融领域的应用，Cochrane（2005）的著作会非常有用。

## 核心概念

本章给出了定义及解释的核心概念包括：

- 事件研究
- 买入—持有超额收益率
- 极值分布
- 广义帕累托分布
- 加权矩阵
- 事件窗口
- 因子风险溢价
- 韦布尔分布、耿贝尔发布和弗雷歇分布
- 广义矩估计法
- 横截面回归相关性
- 横截面时间序列
- 分块极大值
- 在险价值
- 累积超额收益率
- 法马-麦克贝思方法
- 越界峰值
- 希尔估计
- 矩条件

## 自测题

1. (a) 什么是事件研究？举出一个事件研究应用的例子并解释。
   (b) 解释累积超额收益率与买入—持有超额收益率方法在构造检验统计量方面的区别。每种方法的优势和劣势是什么？
   (c) 为什么我们需要在事件研究中使用非参数检验方法？它与参数检验方法相比有什么优势和劣势？
2. (a) 解释法马-麦克贝思方法中检验 CAPM 的步骤。
   (b) 什么是横截面时间序列？
3. (a) 为什么相对于假设金融时间序列具有正态性，极值分布通常更适合用来捕捉其尾部特性？
   (b) 解释分块极大值和越界峰值模型在估计极值分布参数方面的差异。
   (c) 什么是韦布尔分布、耿贝尔分布和弗雷歇分布？哪种分布更适用于金融数据？
   (d) 概述估计极值分布参数的 Hill（1975）和 De Haan-Resnick（1980）方法。
   (e) 极值分布中尾部指数和形状参数之间的联系是什么？前者的合理范围是多少？
   (f) 解释如何使用德尔塔—正态法、历史模拟法和极值理论法计算在险价值，并比较这三种方法。
4. (a) 解释矩估计法的原理。
   (b) 矩估计法和广义矩估计法有什么区别？
   (c) 解释什么是过度识别约束，以及它们是如何应用于 GMM 估计的。
   (d) 比较经验资产定价中法马-麦克贝思和 GMM 的步骤。每种方法的优势和劣势是什么？

第 15 章

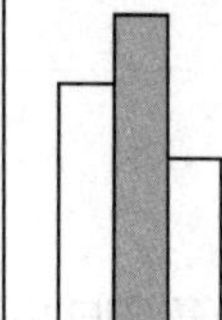

# 金融学实证分析、课题研究和论文撰写

学习目标

在本章，你要学会：

- 选择一个合适的金融实证研究主题
- 列出研究提纲
- 寻找恰当的文献及数据来源
- 确定论文的合理结构

## 15.1 实证研究的概念和目的

本科和研究生阶段的很多课程都要求或允许学生进行课题研究。在这些研究中，学生既可以写一些精短的文章，也可以撰写 10 000 字及以上字数的长篇论文。

对于学生来说，尽管这是一个自己选择感兴趣的研究方向并体验课题研究完整过程的好机会，但很多学生一接触到这一为获得学位所必须完成的部分时就会变得战战兢兢。其实，课题研究的目的在于考查学生能否在给定时间、资料和论文长度的前提下，确定并开展一项具有一定原创性的研究。而对于计量经济学而言，开展实证研究是认真学习理论资料，并发现计量经济学家在进行研究时所遇到的实际困难的最好方式。此外，开展课题研究还可以使学生能够选择自己最感兴趣的问题或者与其相关的一些问题，而这常常有助于提升其时间管理能力和讲述作品的技巧。最终形成的研究成果在很多方面都可以给学生带来帮助，例如提供了一个在求职面试时开展讨论的平台，或者成为一个获得硕士或博士学位的跳板。

本章主要针对如何进行金融实证研究提出一些建议。当然，这些建议只是一些原则性的指导，即使完全照做，也未必一定能取得好的成绩，因为不同的研究机构对课题研究的目的和要求都是不一样的。①

## 15.2 选题

按照课题研究的规定或要求，第一步就是选择一个恰当的研究主题。从很多方面来说，这是整个课题研究中最困难也是最关键的一步。有些学生很快就能想到一个明确的主题，但对于大多数学生而言，他们会从先确定一个大致而宽泛的研究领域开始，然后逐步缩小其范围，直到可以找出一个更为细致且能够驾驭的研究题目来。

选题的灵感可以有很多源泉，其中一个就是理性地分析你自己的研究兴趣和所擅长的领域。举例来说，你可能曾在金融市场上从事过某种工作，或者你对所学的某一课程的某一方面抱有特别的兴趣。当然，你也可以花一些时间和导师聊聊，请教一下导师在其研究领域内有哪些有意思且值得研究的问题。另外，你可能会对金融定量分析很有信心，比如资产定价问题或模型评估问题，但对那些必须对某一问题发表看法的定性分析（如“应该加强对金融市场的监管吗?”）不是很有把握，那么对技术要求较高的研究可能会比较适合你。

同样地，也有的学生觉得计量经济学既困难又无趣。这些学生可能比较适合做一些定性研究的课题，或者只涉及初等统计技术的课题，这类课题研究的严谨性和价值可以体现在除技术水平之外的其他方面。不基于任何定量分析的事件研究法是完全可以被接受的，并且对于特定的问题来说，对一系列经过精心选择的事件研究进行考察可能更为合适，特别是在获取核心数据的难度较大，或者每个个体的情况都大不相同，以致无法将基于一组数据所估计的模型推广到所有个体时，情况更是如此。换句话说，当事件本身各不相同，或者研究中的每个个体都具有异质性的时候，事件研究法就特别有用。当然，与定量方法相比，这类研究其实更具深度。换句话说，与一个设计精巧且分析完善的事件研究比起来，那些数学性很强但与主题关系不大或应用不太恰当的研究其实是处于劣势的。

综合考虑以上因素，你至少可以确定是要做定量研究还是非定量研究，当然，还可以确定一个大致的研究主题（例如，证券定价、市场微观结构、风险管理、资产选择、实务操作、国际金融、金融计量等等)。专栏 15.1 解释了课题可以采取的一系列形式。

▶专栏 15.1◀

**研究课题的类型**

- 涉及对数据进行定量分析的实证研究；
- 对金融机构实务操作的商业问卷调查；

① 请注意，本章只有一道练习题，即撰写一篇出色的课题研究论文。

- 提出新的证券定价方法，或者为风险对冲发展一个新的理论方法；
- 对某一领域中的文献进行评论；
- 对新市场或新资产的分析。

上述每一种类型的课题所需要采用的研究方法都有所不同，当然，取得成功的可能性也各不相同。本章后续内容所要集中讨论的是运用本书中所介绍的计量工具来构建实证模型的研究，这类研究似乎是最常见的一种课题类型。当然，与其他类型的课题相比，这类研究的风险可能也是最小的。例如，如果是雄心勃勃地想建立一种新的金融理论或者全新的期权定价模型，那么很可能会遭遇失败，而且对于学生来说，可能也不会有什么内容可写。同样地，文献评论也常常不够严谨，而且评论性往往不足。因此，涉及计量经济模型估计的实证研究看起来应该是一种风险较小的选择，因为无论结果好坏，你总是可以写出一点东西来。

一个好的课题或一篇好的论文必须具有原创性，即你的研究应该具有"对知识的贡献"，从而使得在你的研究结束时，该领域的知识体系比之前有所扩展，哪怕只是很小的进步。这一说法常常会吓到学生，因为他们往往不知道原创性究竟从何而来。不过，在基于实证研究的课题中，往往很自然地就会有了原创性。举例来说，利用已有的标准研究方法对不同国家或新市场及新产品的数据进行研究，或者是开发出一种新的研究工具，再或者是运用现有的技术对不同领域进行研究，等等。另外，将其他学科中的思想运用到金融领域也会产生有趣的课题——举例来说，你可以将你曾经学过的其他学科中的思想或方法运用到你的本科学位论文中。

除此之外，一个好的课题还需要对所研究的问题进行深入的分析，而不是肤浅的、纯粹性的描述，同时还要体现出个人的研究贡献。另外，一个好的课题还应该是有趣的，而且应该与一个或多个用户群有关（这样的用户群可能会是其他学者，而不一定是从事实务工作的人），并且也不一定就是当下的热门或有新闻价值的主题。其实，最好的研究是通过调查来挑战当前对某个问题的主流看法，并且改变了读者对该问题的思考方式。最后，一个好的课题也应该是其他学者感兴趣的话题，当然并不一定非得具有非常直接的应用价值。不过反过来说，实践意义强的工作同样也应该扎实地建立在学术研究的基础之上。

下一步就是要将宽泛的研究方向转换为能在有关规定的约束下顺利开展的研究课题。这时，必须保证所要进行的研究不会太过宽泛和发散，否则在时间和字数的限制下，是无法解决所要研究的问题的。通常情况下，课题研究的目的并不是要解决全世界所有的金融难题，而是要提出并解决一个小问题。

在这一阶段，浏览一下发表在主要期刊上的与研究主题有关的最新文献是非常明智的做法。这样你就可以知道哪些观点是相对主流的观点，以及现有的研究是如何解决这类问题的。表 15.1 列出了金融学领域中的主要期刊，这些期刊大致可以分为两类：实务型期刊和学术型期刊。其中，实务型期刊通常会聚焦于某一特定的领域，发表在上面的文章大多集中在某些实务性很强的问题上。与学术型期刊上的论文相比，这些文章较少运用数学，同时理论基础也不是很充分。当然，对实务型期刊和学术型期刊的区分也不是如此绝对。比如，某些实务型期刊也会刊发很多学术研究者的文章，反之亦然。另外，表 15.1 中所列出的期刊并未穷尽金融学领域中的所有刊物，实际上这一领域中每月都会有新的期刊出现。

有一些网站提供了金融学期刊的名录和相关链接，例如：

- www. cob. ohio-state. edu/dept/fin/overview. htm，Virtual 金融图书馆，有关于金融学期刊的列表及链接；
- www. helsinki. fi/WebEc/journals. html，提供了经济学领域（包括金融学）的期刊列表，包含大量金融学相关资源；
- www. people. hbs. edu/pgompers/finjourn. htm，提供了金融学期刊的大量链接；
- www. numa. com/ref/journals. htm，提供了与金融衍生品相关的学术性特别是实践性极强的期刊链接；
- www. aeaweb. org/econlit/journal_list. php，提供了经济学领域（包含金融学）的众多期刊列表。

**表 15.1　金融学和计量经济学领域的期刊**

| 金融学期刊 | 计量经济学及相关领域的期刊 |
| --- | --- |
| *Applied Financial Economics* | *Biometrika* |
| *Applied Mathematical Finance* | *Econometrica* |
| *European Financial Management* | *Econometric Reviews* |
| *European Journal of Finance* | *Econometric Theory* |
| *Finance and Stochastics* | *Econometrics Journal* |
| *Financial Analysts Journal* | *International Journal of Forecasting* |
| *Financial Management* | *Journal of Applied Econometrics* |
| *Financial Review* | *Journal of Business and Economic Statistics* |
| *Global Finance Journal* | *Journal of Econometrics* |
| *International Journal of Finance & Economics* | *Journal of Forecasting* |
| *International Journal of Theoretical and Applied Finance* | *Journal of the American Statistical Association* |
| *Journal of Applied Corporate Finance* | *Journal of Financial Econometrics* |
| *International Review of Financial Analysis* | *Journal of the Royal Statistical Society (A to C)* |
| *Journal of Applied Finance* | *Journal of Time Series Analysis* |
| *Journal of Asset Management* | *Society for Nonlinear Dynamics and Econometrics* |
| *Journal of Banking and Finance* | |
| *Journal of Business* | |
| *Journal of Business Finance & Accounting* | |
| *Journal of Computational Finance* | |
| *Journal of Corporate Finance* | |

续表

| 金融学期刊 | 计量经济学及相关领域的期刊 |
|---|---|
| *Journal of Derivatives* | |
| *Journal of Empirical Finance* | |
| *Journal of Finance* | |
| *Journal of Financial & Quantitative Analysis* | |
| *Journal of Financial Economics* | |
| *Journal of Financial Markets* | |
| *Journal of Financial Research* | |
| *Journal of Fixed Income* | |
| *Journal of Futures Markets* | |
| *Journal of International Financial Markets, Institutions and Money* | |
| *Journal of International Money and Finance* | |
| *Journal of Money, Credit, and Banking* | |
| *Journal of Portfolio Management* | |
| *Journal of Risk* | |
| *Journal of Risk and Insurance* | |
| *Journal of Risk and Uncertainty* | |
| *Mathematical Finance* | |
| *Pacific Basin Finance Journal* | |
| *Quarterly Review of Economics and Finance* | |
| *Review of Asset Pricing Studies* | |
| *Review of Behavioural Finance* | |
| *Review of Corporate Finance Studies* | |
| *Review of Finance* | |
| *Review of Financial Studies* | |
| *Risk* | |

## 15.3 是在资助下进行研究还是开展独立研究?

许多商学院都与业界保持着良好的关系，从而可以为学生提供参与某些“受赞助”课题的机会。对于赞助商来说，它们可能是从实务操作的角度来选择这一主题，并提供额外的专业指导。这种有赞助的课题可以让学生了解实务界感兴趣的研究问题，并且在某种程度上也会保证研究工作一定会聚焦实务且与私人部门直接相关。另外，赞助商可能还会提供专利所有权或者机密数据，这些都可以扩展所研究主题的范围。最重要的是，许多学生寄希望于在此过程中能够给赞助机构留下深刻印象，从而在日后获得可能的工作机会。

现实中，学生们往往会倍加追捧参与受赞助课题的机会，但实际上这是一把双刃剑，因为其中可能会存在这样几个问题。第一，大多数学院无法提供参与这样的课题的机会，即使是提供了这种机会的学院，也只是将其作为课程中很小的一部分。其次，与实务操作紧密相关且实务界最感兴趣的那些问题往往并不是学术界的兴趣点所在。尽管这一点令人失望，但却是事实，其本质原因在于课题赞助商和大学的目标截然不同。举例来说，一家刻板的投资银行可能想通过某个课题研究来对若干交易规则进行比较，并评价其盈利能力，但很多学者认为学术界对这一领域已经有了非常充分的研究。也就是说，寻找一个盈利能力更强的交易规则并不能对知识有所贡献，因此这一问题还不足以成为一个研究课题。所以，如果你有机会承担一个有人赞助的课题，一定要保证你的研究既有学术价值，也有实用价值，毕竟评价你学习成绩的人几乎一定是学术界人士。

## 15.4 研究提纲

许多学院都要求学生提交研究提纲，一方面是为了评价或审视拟开展的研究是否合理，另一方面也是为学生选择合适的导师。尽管不同学校对研究提纲的要求可能有所差别，但都包含下面几个共同点。在某种程度上，研究提纲应该是最终报告的微型版本，当然，其中并不包括研究结果或结论。

- 在研究提纲的长度方面，尽管不同学校的要求可能有所不同，但如果用 A4 纸，一般应该为 1～6 页，并注意标注页码。
- 在研究提纲伊始，应该简要介绍一下选题动机——为什么这个问题很有趣？或者很有用？
- 提纲中应该有对相关文献的综述，不过这部分内容的总体长度不要超过提纲全部长度的三分之一或一半。
- 提纲中要清晰地描述出所要研究的问题，或者要检验的假设。
- 提纲中要讨论一下你计划采用的数据和方法。
- 有些提纲中还要包括时间计划，也就是你计划在什么时间之前完成哪一部分工作。

## 15.5 网络上的工作论文和文献

非常不幸的是，一般来讲，一篇学术论文从开始撰写到在学术期刊上正式发表，其间的时滞一般为 2～3 年（事实上，这一时滞还在持续增加）。所以，即使是学术期刊上所刊发的最新研究成果也已经有些过时了。另外，国际上很多证券公司、商业银行和中央银行等机构都会产出很多高质量的研究成果，但这些以研究报告呈现的成果通常不会公开发表。现在，很多这类资源都可以在网上获得，我们可以在一些搜索引擎上键入关键词进行搜索。表 15.2 给出了一些网站以供参考。

**表 15.2　金融文献相关网站**

**大学网站**

现在全球几乎所有的大学都将其教师的工作论文挂在网上。其中，提供了论文电子版的一些大学院系的网站如下：

stern. nyu. edu/finance——纽约大学斯特恩商学院金融系；

fic. wharton. upenn. edu/fic/papers. html——沃顿金融研究中心；

haas. berkeley. edu/finance/WP/rpf. html——加州大学伯克利分校；

www. icmacentre. ac. uk/research/discussion-papers——雷丁大学 ICMA 中心。

**美联储和英格兰银行的相关网站**

www. bankofengland. co. uk——英格兰银行网站，提供了其工作论文、新闻及相关讨论；

www. frbatlanta. org——亚特兰大联邦储备银行网站，提供了一些经济数据和研究数据以及出版物；

www. stls. frb. org/fred——圣路易斯联邦储备银行网站，提供了大量极具价值的美国数据，包括货币、利率，以及日、周、月等不同时间频次的长期历史金融数据；

www. chicagofed. org——芝加哥联邦储备银行网站，提供了利率数据和一些有用的链接；

www. dallasfed. org——达拉斯联邦储备银行网站，提供了宏观经济、利率、货币和银行等方面的数据；

www. federalreserve. gov/pubs/ifdp——联邦储备委员会有关国际金融的讨论性文件；

www. ny. frb. org/research——纽约联邦储备银行网站。

**若干国际组织网站**

dsbb. imf. org——国际货币基金组织（IMF）网站，提供了工作论文、预测，以及 IMF 主要商品价格数据；

www. worldbank. org/reference——世界银行在金融领域的工作论文；

www. oecd-ilibrary. org——经合组织（OECD）的工作论文及数据等资料。

**其他有关网站**

www. nber. org——美国国家经济研究局（NBER）网站，上面有大量的工作论文以及数据资源链接；

econpapers. repec. org——Econpapers（以前的 WoPEc）网站，上面有大量的经济金融领域的工作论文；

www. ssrn. com——社会科学研究网络（SSRN）网站，上面有大量的工作论文，而且论文数量持续快速增加，此外还包括已经发表了的论文摘要。

**本书中用到的免费数据的来源**

www. nationwide. co. uk/default. htm——英国房价指数，季度数据，最早追溯至 1952 年，并且还有分区域和分房屋类型的价格数据；

www. oanda. com/convert/fxhistory——不同货币之间汇率的历史数据，种类多到你无法置信；

www. bls. gov——美国劳工统计局网站，提供了美国的宏观经济数据；

www. federalreserve. gov/econresdata/default. htm——美联储网站，提供了更多的美国宏观经济及利率数据，也提供工作论文；

research. stlouisfed. org/fred2——提供了大量的美国宏观经济数据；

finance. yahoo. com——雅虎金融网站，提供了无数的免费金融数据、信息、研究及评论。

## 15.6 关于获取数据

尽管在分析数据之前有很多工作要做，但首先考虑一下“这一课题需要用到哪些数据”是非常重要的。实际上，许多有趣而且也很有意义的课题构思都是因为无法得到有关数据而落空。举例来说，所需要的数据可能是保密的，或者需要花费巨资才能购得，再或者所需要的数据分别散落在各处从而需要花费大量的时间和精力来搜集，等等。所以，在最终决定开始进行某项研究之前，一定要确保该研究用到的数据是可得的。

所用的数据可以从你所在的机构处获得，形式可以是纸质版（如 IMF 或世界银行的报告），当然最好是电子版的。现在，许多大学都购买了路透社、Datastream 或者彭博等数据库终端。上面所列出的很多页面链接上都有大量的数据。此外，许多市场和交易所在其页面上也提供了很多细节性数据。不过，在使用免费数据的时候要对数据的准确性多加小心，因为免费数据有时会存在一些准确性问题。

## 15.7 关于选择计算机软件

显然，计算机软件的选择要视研究课题的特点而定。如果仅仅是对某个问题发表一下意见，或者是对文献进行综述，那么根本用不着专业软件。不过，即使对于正在进行技术性很强的研究的学生来说，在开展研究的时候，也很少会有时间从头开始学习一门完全陌生的计算机编程语言。因此，如果可能，还是建议使用标准的软件包。需要声明的是，如果仅仅是重复前人已经做过的研究，是很难获得好成绩的。所以对于有志于开展定量研究的学生来说，学习用 C++语言来估计 GARCH 模型可以为以后的研究工作提供有价值的练习，但作为课题研究的一部分来说，这不太可能使你得到高分，除非该研究还具有某些其他价值。当然，最好的方法是尽可能快捷、准确地完成模型估计，以腾出时间来开展其他部分的研究工作。

## 15.8 关于方法

好的研究很少会是纯实证的，因为实证模型应该来自经济或金融理论，而这些理论应该在开展实证调查工作之前就已经被提出并讨论。其实，我们可以将理论定义为包含若干假设的系统。在某些基本原理的基础上，理论会说明数据中存在的特征，以及对不同数据之间会有什么联系做出预判。此外，理论还会赋予实证结果以意义，同时也可以保证你的研究发现不是基于数据挖掘所得到的结果。

假设研究主题在本质上就是一个实证问题（即该研究试图检验某个理论，或者试图运用实际数据来回答某个特定的问题），那么选择使用什么方法就很重要了。希望本书已经为你选择使用什么研究方法提供了坚实的基础。

## 15.9 关于论文结构

不同的研究主题当然会要求不同的论文结构，但在最初就勾勒出一个好课题或一篇好论文的结构是很有意义的。除非你有非常充分的理由（例如，考虑到课题的性质），否则最好还是遵循学术期刊上标准长度论文的格式和结构。实际上，许多学术期刊上的文章的字数大概为 5 000 字，这与学生所做的研究课题报告的长度相当。表 15.3 给出了一篇金融实证研究论文的建议结构，接下来我们会详细介绍其中的每一项内容。

**标题页**

标题页一般不会标明页码，而是提供课题的题目、作者姓名及所在单位。

**摘要或概述**

一般来说，摘要就是对所研究的问题、得到的主要结果及所获得的主要结论进行一个简短的概述。摘要的长度一般没有限制，但最好不要超过 300 字。摘要一般不要包含任何参考文献或引文，而且即使课题的技术性很强，摘要中也不应该体现出过多的技术性内容。

**表 15.3　一篇典型的论文或课题的建议结构**

| |
|---|
| 标题页 |
| 摘要或概述 |
| 致谢 |
| 目录 |
| 第一部分：引言 |
| 第二部分：文献综述 |
| 第三部分：数据 |
| 第四部分：方法 |
| 第五部分：结果 |
| 第六部分：结论 |
| 参考文献 |
| 附录 |

**致谢**

在致谢部分，应该列出对你有所帮助或你想要表示感谢的人。例如，出于礼貌，你应该对以下人员表示感谢：你的导师或课题主管人员（即使他们没有起到任何作用或根本没有帮助过你）、数据提供机构、阅读或校对了你的文章以及给出了一些评论的朋友等等。按照学术惯例，你还应该在致谢之后再补充一句“文责自负”的声明。对学位论文来说也是如此，因为这意味着学生自己对选题、内容和结构等方面所出现的问题承担全部责任。注意，这是你自己的研究，所以不管是有意的错误还是无意的失误，任何问题都怪不得别人。上述声明同时还提醒作者，剽窃他人的研究成果是不正当行为。因此，从其他论文中借鉴的任何观点都应该在文中给予充分的说明，且任何直接引自其他研究的语句都应该加上引号，并说明其原始作者。

**目录**

目录部分需要列出报告的章节和子节，章节和子节的标题要准确而简明地反映出其中的主要内容。除此之外，还应该列出每一节的起始页码，当然还要列出参考文献和附录。

摘要、致谢和目录部分的页码通常要用小写的罗马数字标出（即ⅰ、ⅱ、ⅲ、ⅳ等）。后面的所有内容，包括参考文献和所有附录在内，都用阿拉伯数字标明。特别要注意的是，引言部分要从第 1 页开始。

**引言**

引言部分应该说明所要研究的问题的大体背景，以及研究意义（即这一问题为什么重要）。另外，一个好的引言还应该对研究的创新点进行说明，即：本研究是如何推动了有关这一问题的研究进展？或者本研究如何解决了一个新问题，或者用新的方式解决了一个老问题？本研究的目的和目标何在？如果你可以对这些问题给出清晰而简洁的说明，那么就证明你对所要研究的问题已经有了很好的界定。需要注意的是，引言中的技术性应该点到为止，从而使得非专业人士也可以理解你的研究。另外，在引言的最后，还应该列出论文后续内容的框架。

**文献综述**

在开始实证研究之前，必须全面回顾一下现有文献，并将对所检索到的现有文献的总结放在“文献综述”部分。这不仅有助于你了解所要研究的问题的相关背景，而且可以突出这一领域可能存在的潜在问题。另外，对现有的研究工作进行全面而仔细的综述，还能保证所用的技术是该领域中最新的，而不是对现有研究工作的简单重复（即使是无意的）。

文献综述应该模仿一下学术期刊上的众多文献综述性文章的格式，而且始终应该在本质上保持批评性。也就是说，你应该对所引用论文的关联性、价值、优势及缺陷进行评论。需要注意的是，不要只是简单地列出作者及其贡献——文献综述应该写成连贯性散文的形式，而不要写成笔记的形式。另外，证明你已经理解了所要做的工作并提供一份严格的评论是非常重要的，也就是说，一定要指出现有研究的重要缺陷在哪里。其实，要做到有“批评性”并不是一件很容易的事情，这里涉及一些微妙的平衡，即在批评的同时，腔调和语气要保持礼貌。总之，文献综述要将现有的研究工作合成为一份概要，其中的内容包括，对于所要研究的问题人们已经知道了哪些内容，哪些是未知的，并且还要能够识别出这一领域的发展趋势以及不同研究之间的分歧和争议。

文献中的某些论文可能是某一领域的精品之作，这些论文改变了人们认识某些问题的方式，或者对政策或实务操作产生了重大的影响，另外还可能为某个特定的研究领域引入了新的思想。在这种情况下，文献综述可以围绕着这样的论文展开。当然，这一领域中的任何文献综述肯定都会引用这些精品论文。

如果手上已经有一篇密切相关的调查性或评论性论文，那么撰写文献综述的过程就会变得容易很多。不过，这并不是说你可以直接对这些论文进行简单的复制，因为：首先，你自己要研究的主题未必与这些论文的主题完全匹配；其次，这些论文中可能并没有包含最近的研究成果；最后，你可能会希望你自己论文的重点与这些论文的重点有所不同，并且希望自己的视角能够更为广阔。

在这一部分，一个有趣的问题是，是否应该在进行文献综述时提及那些发表在较低级别期刊上的、写得不太好的、技术方面比较弱的论文？和前面一样，对这一问题的回答其实是一个困难的平衡。一般来讲，不应该在综述中包含这样的论文，但如果这些论文与你自己的工作直接相关，还是应该包括进来，不过，你一定要强调一下这些论文中所用方法的缺陷在哪里。

**数据**

论文的数据部分应该详细地描述一下论文中所使用的数据，包括数据的来源、格式、特征，以及与后续分析有关的一些局限性。（例如，是否存在缺失值？样本期间是否过短？样本中是否可能会包含如股票市场崩盘这种事件所导致的比较大的结构突变?）如果要提前考察一下数据序列的话，通常是作出数据序列的图形，然后注意一下其中一些有趣的特点，并对序列进行描述性统计，也就是报告出数据序列的均值、方差、偏度、峰度、最小值、最大值、平稳性检验、自相关检验等结果。

**方法**

“方法”这一部分应该对用于计算模型参数值的估计方法进行描述，而且要在适当的地方用方程列出所使用的模型并进行解释。和前面一样，这部分内容也要用批评性的口吻来写，即一定要说明论文中所采用的方法的潜在缺陷在哪里，而且如果存在更为稳健或比较新的方法，要说明为什么没有采用这些方法。当然，如果不需要对所使用的方法进行详细说明的话，这部分内容可以与上一节的数据部分合并在一起。

**结果**

结果部分通常会以图形或表格的形式来呈现，注意要对每一个表格或图形提供说明，并且指出其中一些有趣的特征，比如是否符合预期。需要注意的是，由结果所做出的推断一定要与引言中所指明的本研究的目的或目标相关。此外，还应该对结果进行讨论和分析，而不仅仅是将其摆在那里。当然，如果有其他类似的研究，还应该将你所得到的结果与这些类似研究中的结果进行比较——你所得到的结果与之前类似研究中的结果是保持一致还是相互冲突？需要注意的是，正文中应该为每一个表格和图形给出明确的说明［例如，“对方程（11）的估计结果报告于表 4 中”］，一定不要出现任何正文中没有给出说明的表格或图形。最后，应该尽可能地用有趣且不同的方式来报告结果。举例来说，除了表格以外，还可以采用图形等形式。

**结论**

结论部分应该重申论文的研究目的，并概括最重要的研究发现。除此之外，还应该指出该研究作为一个整体的不足之处在哪里，最后还要给出对这一领域未来研究的一些建议。

**参考文献**

这一部分要按照作者姓名的字母顺序列出参考文献。注意，这里要求列出的是参考文献，而不是参考书目，也就是要列出本研究所参考的所有论文、书籍或者网页，不管你是否读过还是发现它们已经被其他研究所引用，都应该将其列示在参考文献列表中。相反，参考书目是指你曾经读过的一些文章，而不管是否在该研究中参考了它们。

列出引文和参考文献的方式有很多，但不妨采用如下方式。其中，引文在正文中出现的方式为“Brooks（1999）证明了……”或者“很多学者通过研究认为……（例如，可参见 Brooks，1999）”。

论文中所有被引用的文献都应该以如下形式列示在参考文献列表里：

书籍

Harvey, A. C. (1993) *Time Series Models*, second edition, Harvester Wheatsheaf, Hemel Hempstead, England

公开发表的论文

Hinich, M. J. (1982) Testing for Gaussianity and Linearity of a Stationary Time Series, *Journal of Time Series Analysis* 3 (3), 169-176

未公开发表的论文

Bera, A. K. and Jarque, C. M. (1981) An Efficient Large-Sample Test for Normality of Observations and Regression Residuals, *Australian National University Working Papers in Econometrics* 40, Canberra

**附录**

最后，通过将某些内容放在附录中，可以改善论文作为一个整体的结构。而如果将这些内容放在正文中的话，会对论文的流畅性造成影响。举例来说，如果你想概述一下某个变量的构建过程，或者需要写出估计模型所用的某些程序代码，你认为读者会对此感兴趣，那么就应该将这样的内容放在附录中。不过，注意不要将附录当成放置无关材料或填充材料的垃圾场，而且一定不要把计算机软件所报告出的原始结果直接粘贴在附录中。

## 15.10 论文的表达方式问题

首先，没必要将最终的论文写得比所要求的长度还长。即使不会因为超出字数限制而受到惩罚，但若一些可有可无的内容出现在论文中，不仅不会对论文的可信性有任何的帮助，甚至可能还会有负面的效果。要记住，审稿人不仅会评估论文的内容，而且会考虑论文的表达方式。因此，学生应该确保论文的结构在顺序上是合理的，在逻辑上是严谨的，并且公式都编排正确，也不存在拼写或其他类型的书写错误和语法错误。

很多学生都不知道到底应该在什么时候才能结束论文的研究工作，并进入结果整理阶段。可以肯定的是，如果花了更多的时间，一定可以产出一份更好的作品，但是总会有那么一个时刻，你在这一课题上花费更多的精力反而会适得其反，因为在这个时候不如将时间花费在改善论文的撰写和表达等方面。此外，在正式提交论文之前，你可以请你的导师或论文指导小组成员阅读一下论文的初稿，并给出一些评论。当然，你还可以请一些修过类似课程的朋友给出一些建议。要记住的是，所有的评论都是有用的——毕竟，你完全可以将你不喜欢或不同意的意见都忽略掉！

# 附录 1

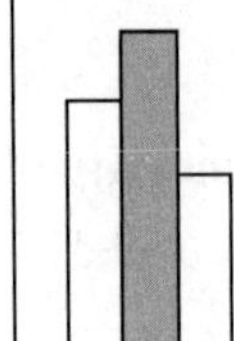

# 本书和随附软件手册中用到的数据来源

我要对以下学者和组织表示感谢。他们同意我在本书的实例中使用他们的数据，而且允许我将这些数据拷贝到本书（以及随附的软件手册）的主页上。这些学者和组织有：Alan Gregory/Rajesh Tharyan，the Bureau of Labor Statistics，Federal Reserve Board，Federal Reserve Bank of St. Louis，Nationwide，Oanda 以及 Yahoo! Finance。下表给出了有关数据的细节，以及这些数据提供者的主页。

| 数据提供者 | 数据 | 网站 |
|---|---|---|
| Alan Gregory/Rajesh Tharyan | 依规模/价值排序的组合以及法马-弗伦奇因子 | businessschool. exeter. ac. uk/research/areas/centres/xfi/research/famafrench |
| Bureau of Labor Statistics | CPI | www. bls. gov |
| Federal Reserve Board | 美国国债收益率、货币供应、工业生产、消费信贷 | www. federalreserve. gov |
| Federal Reserve Bank of St. Louis | AAA 和 BAA 级公司债券收益率的平均值 | research. stlouisfed. org/fred2 |
| Nationwide | 英国平均房价 | www. nationwide. co. uk/hpi/datadownload/data_download. htm |
| Oanda | 欧元/美元、英镑/美元和日元/美元的汇率 | www. oanda. com/convert/fxhistory |
| Yahoo! Finance | 标准普尔 500 指数和多种美国股票及期货产品的价格 | finance. yahoo. com |

# 附录 2

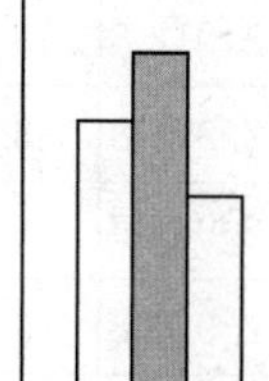

# 统计分布表

**表 A2.1　不同 $\alpha$ 的正态分布临界值**

| $\alpha$ | 0.4 | 0.25 | 0.2 | 0.15 | 0.1 | 0.05 | 0.025 | 0.01 | 0.005 | 0.001 |
|---|---|---|---|---|---|---|---|---|---|---|
| $Z_\alpha$ | 0.253 3 | 0.674 5 | 0.841 6 | 1.036 4 | 1.281 6 | 1.644 9 | 1.960 0 | 2.326 3 | 2.575 8 | 3.090 2 |

资料来源：作者用 EXCEL 中的 NORMDIST 函数计算得到。

**表 A2.2　不同概率水平 $\alpha$ 和自由度 $v$ 的学生 $t$ 分布临界值**

| $\alpha$ | 0.4 | 0.25 | 0.15 | 0.1 | 0.05 | 0.025 | 0.01 | 0.005 | 0.001 | 0.000 5 |
|---|---|---|---|---|---|---|---|---|---|---|
| $\nu$ | | | | | | | | | | |
| 1 | 0.324 9 | 1.000 0 | 1.962 6 | 3.077 7 | 6.313 8 | 12.706 2 | 31.820 5 | 63.656 7 | 318.308 7 | 636.618 9 |
| 2 | 0.288 7 | 0.816 5 | 1.386 2 | 1.885 6 | 2.920 0 | 4.302 7 | 6.964 6 | 9.924 8 | 22.327 1 | 31.599 1 |
| 3 | 0.276 7 | 0.764 9 | 1.249 8 | 1.637 7 | 2.353 4 | 3.182 4 | 4.540 7 | 5.840 9 | 10.214 5 | 12.924 0 |
| 4 | 0.270 7 | 0.740 7 | 1.189 6 | 1.533 2 | 2.131 8 | 2.776 4 | 3.746 9 | 4.604 1 | 7.173 2 | 8.610 3 |
| 5 | 0.267 2 | 0.726 7 | 1.155 8 | 1.475 9 | 2.015 0 | 2.570 6 | 3.364 9 | 4.032 1 | 5.893 4 | 6.868 8 |
| 6 | 0.264 8 | 0.717 6 | 1.134 2 | 1.439 8 | 1.943 2 | 2.446 9 | 3.142 7 | 3.707 4 | 5.207 6 | 5.958 8 |
| 7 | 0.263 2 | 0.711 1 | 1.119 2 | 1.414 9 | 1.894 6 | 2.364 6 | 2.998 0 | 3.499 5 | 4.785 3 | 5.407 9 |
| 8 | 0.261 9 | 0.706 4 | 1.108 1 | 1.396 8 | 1.859 5 | 2.306 0 | 2.896 5 | 3.355 4 | 4.500 8 | 5.041 3 |
| 9 | 0.261 0 | 0.702 7 | 1.099 7 | 1.383 0 | 1.833 1 | 2.262 2 | 2.821 4 | 3.249 8 | 4.296 8 | 4.780 9 |
| 10 | 0.260 2 | 0.699 8 | 1.093 1 | 1.372 2 | 1.812 5 | 2.228 1 | 2.763 8 | 3.169 3 | 4.143 7 | 4.586 9 |
| 11 | 0.259 6 | 0.697 4 | 1.087 7 | 1.363 4 | 1.795 9 | 2.201 0 | 2.718 1 | 3.105 8 | 4.024 7 | 4.437 0 |
| 12 | 0.259 0 | 0.695 5 | 1.083 2 | 1.356 2 | 1.782 3 | 2.178 8 | 2.681 0 | 3.054 5 | 3.929 6 | 4.317 8 |

续表

| α | 0.4 | 0.25 | 0.15 | 0.1 | 0.05 | 0.025 | 0.01 | 0.005 | 0.001 | 0.000 5 |
|---|---|---|---|---|---|---|---|---|---|---|
| 13 | 0.258 6 | 0.693 8 | 1.079 5 | 1.350 2 | 1.770 9 | 2.160 4 | 2.650 3 | 3.012 3 | 3.852 0 | 4.220 8 |
| 14 | 0.258 2 | 0.692 4 | 1.076 3 | 1.345 0 | 1.761 3 | 2.144 8 | 2.624 5 | 2.976 8 | 3.787 4 | 4.140 5 |
| 15 | 0.257 9 | 0.691 2 | 1.073 5 | 1.340 6 | 1.753 1 | 2.131 4 | 2.602 5 | 2.946 7 | 3.732 8 | 4.072 8 |
| 16 | 0.257 6 | 0.690 1 | 1.071 1 | 1.336 8 | 1.745 9 | 2.119 9 | 2.583 5 | 2.920 8 | 3.686 2 | 4.015 0 |
| 17 | 0.257 3 | 0.689 2 | 1.069 0 | 1.333 4 | 1.739 6 | 2.109 8 | 2.566 9 | 2.898 2 | 3.645 8 | 3.965 1 |
| 18 | 0.257 1 | 0.688 4 | 1.067 2 | 1.330 4 | 1.734 1 | 2.100 9 | 2.552 4 | 2.878 4 | 3.610 5 | 3.921 6 |
| 19 | 0.256 9 | 0.687 6 | 1.065 5 | 1.327 7 | 1.729 1 | 2.093 0 | 2.539 5 | 2.860 9 | 3.579 4 | 3.883 4 |
| 20 | 0.256 7 | 0.687 0 | 1.064 0 | 1.325 3 | 1.724 7 | 2.086 0 | 2.528 0 | 2.845 3 | 3.551 8 | 3.849 5 |
| 21 | 0.256 6 | 0.686 4 | 1.062 7 | 1.323 2 | 1.720 7 | 2.079 6 | 2.517 6 | 2.831 4 | 3.527 2 | 3.819 3 |
| 22 | 0.256 4 | 0.685 8 | 1.061 4 | 1.321 2 | 1.717 1 | 2.073 9 | 2.508 3 | 2.818 8 | 3.505 0 | 3.792 1 |
| 23 | 0.256 3 | 0.685 3 | 1.060 3 | 1.319 5 | 1.713 9 | 2.068 7 | 2.499 9 | 2.807 3 | 3.485 0 | 3.767 6 |
| 24 | 0.256 2 | 0.684 8 | 1.059 3 | 1.317 8 | 1.710 9 | 2.063 9 | 2.492 2 | 2.796 9 | 3.466 8 | 3.745 4 |
| 25 | 0.256 1 | 0.684 4 | 1.058 4 | 1.316 3 | 1.708 1 | 2.059 5 | 2.485 1 | 2.787 4 | 3.450 2 | 3.725 1 |
| 26 | 0.256 0 | 0.684 0 | 1.057 5 | 1.315 0 | 1.705 6 | 2.055 5 | 2.478 6 | 2.778 7 | 3.435 0 | 3.706 6 |
| 27 | 0.255 9 | 0.683 7 | 1.056 7 | 1.313 7 | 1.703 3 | 2.051 8 | 2.472 7 | 2.770 7 | 3.421 0 | 3.689 6 |
| 28 | 0.255 8 | 0.683 4 | 1.056 0 | 1.312 5 | 1.701 1 | 2.048 4 | 2.467 1 | 2.763 3 | 3.408 2 | 3.673 9 |
| 29 | 0.255 7 | 0.683 0 | 1.055 3 | 1.311 4 | 1.699 1 | 2.045 2 | 2.462 0 | 2.756 4 | 3.396 2 | 3.659 4 |
| 30 | 0.255 6 | 0.682 8 | 1.054 7 | 1.310 4 | 1.697 3 | 2.042 3 | 2.457 3 | 2.750 0 | 3.385 2 | 3.646 0 |
| 35 | 0.255 3 | 0.681 6 | 1.052 0 | 1.306 2 | 1.689 6 | 2.030 1 | 2.437 7 | 2.723 8 | 3.340 0 | 3.591 1 |
| 40 | 0.255 0 | 0.680 7 | 1.050 0 | 1.303 1 | 1.683 9 | 2.021 1 | 2.423 3 | 2.704 5 | 3.306 9 | 3.551 0 |
| 45 | 0.254 9 | 0.680 0 | 1.048 5 | 1.300 6 | 1.679 4 | 2.014 1 | 2.412 1 | 2.689 6 | 3.281 5 | 3.520 3 |
| 50 | 0.254 7 | 0.679 4 | 1.047 3 | 1.298 7 | 1.675 9 | 2.008 6 | 2.403 3 | 2.677 8 | 3.261 4 | 3.496 0 |
| 60 | 0.254 5 | 0.678 6 | 1.045 5 | 1.295 8 | 1.670 6 | 2.000 3 | 2.390 1 | 2.660 3 | 3.231 7 | 3.460 2 |
| 70 | 0.254 3 | 0.678 0 | 1.044 2 | 1.293 8 | 1.666 9 | 1.994 4 | 2.380 8 | 2.647 9 | 3.210 8 | 3.435 0 |
| 80 | 0.254 2 | 0.677 6 | 1.043 2 | 1.292 2 | 1.664 1 | 1.990 1 | 2.373 9 | 2.638 7 | 3.195 3 | 3.416 3 |
| 90 | 0.254 1 | 0.677 2 | 1.042 4 | 1.291 0 | 1.662 0 | 1.986 7 | 2.368 5 | 2.631 6 | 3.183 3 | 3.401 9 |
| 100 | 0.254 0 | 0.677 0 | 1.041 8 | 1.290 1 | 1.660 2 | 1.984 0 | 2.364 2 | 2.625 9 | 3.173 7 | 3.390 5 |
| 120 | 0.253 9 | 0.676 5 | 1.040 9 | 1.288 6 | 1.657 7 | 1.979 9 | 2.357 8 | 2.617 4 | 3.159 5 | 3.373 5 |
| 150 | 0.253 8 | 0.676 1 | 1.040 0 | 1.287 2 | 1.655 1 | 1.975 9 | 2.351 5 | 2.609 0 | 3.145 5 | 3.356 6 |
| 200 | 0.253 7 | 0.675 7 | 1.039 1 | 1.285 8 | 1.652 5 | 1.971 9 | 2.345 1 | 2.600 6 | 3.131 5 | 3.339 8 |
| 300 | 0.253 6 | 0.675 3 | 1.038 2 | 1.284 4 | 1.649 9 | 1.967 9 | 2.338 8 | 2.592 3 | 3.117 6 | 3.323 3 |
| ∞ | 0.253 3 | 0.674 5 | 1.036 4 | 1.281 6 | 1.644 9 | 1.960 0 | 2.326 3 | 2.575 8 | 3.090 2 | 3.290 5 |

资料来源：作者用 EXCEL 中的 TINV 函数计算得到。

**表 A2.3 *F* 分布的上 5%临界值**

| 分母的自由度($T-k$) | 分子的自由度($m$) 1 | 2 | 3 | 4 | 5 | 6 | 7 | 8 | 9 | 10 | 12 | 15 | 20 | 24 | 30 | 40 | 60 | 120 | ∞ |
|---|---|---|---|---|---|---|---|---|---|---|---|---|---|---|---|---|---|---|---|
| 1 | 161 | 200 | 216 | 225 | 230 | 234 | 237 | 239 | 241 | 242 | 244 | 246 | 248 | 249 | 250 | 251 | 252 | 253 | 254 |
| 2 | 18.5 | 19.0 | 19.2 | 19.2 | 19.3 | 19.3 | 19.4 | 19.4 | 19.4 | 19.4 | 19.4 | 19.4 | 19.4 | 19.5 | 19.5 | 19.5 | 19.5 | 19.5 | 19.5 |
| 3 | 10.1 | 9.55 | 9.28 | 9.12 | 9.01 | 8.94 | 8.89 | 8.85 | 8.81 | 8.79 | 8.74 | 8.70 | 8.66 | 8.64 | 8.62 | 8.59 | 8.57 | 8.55 | 8.53 |
| 4 | 7.71 | 6.94 | 6.59 | 6.39 | 6.26 | 6.16 | 6.09 | 6.04 | 6.00 | 5.96 | 5.91 | 5.86 | 5.80 | 5.77 | 5.75 | 5.72 | 5.69 | 5.66 | 5.63 |
| 5 | 6.61 | 5.79 | 5.41 | 5.19 | 5.05 | 4.95 | 4.88 | 4.82 | 4.77 | 4.74 | 4.68 | 4.62 | 4.56 | 4.53 | 4.50 | 4.46 | 4.43 | 4.40 | 4.37 |
| 6 | 5.99 | 5.14 | 4.76 | 4.53 | 4.39 | 4.28 | 4.21 | 4.15 | 4.10 | 4.06 | 4.00 | 3.94 | 3.87 | 3.84 | 3.81 | 3.77 | 3.74 | 3.70 | 3.67 |
| 7 | 5.59 | 4.74 | 4.35 | 4.12 | 3.97 | 3.87 | 3.79 | 3.73 | 3.68 | 3.64 | 3.57 | 3.51 | 3.44 | 3.41 | 3.38 | 3.34 | 3.30 | 3.27 | 3.23 |
| 8 | 5.32 | 4.46 | 4.07 | 3.84 | 3.69 | 3.58 | 3.50 | 3.44 | 3.39 | 3.35 | 3.28 | 3.22 | 3.15 | 3.12 | 3.08 | 3.04 | 3.01 | 2.97 | 2.93 |
| 9 | 5.12 | 4.26 | 3.86 | 3.63 | 3.48 | 3.37 | 3.29 | 3.23 | 3.18 | 3.14 | 3.07 | 3.01 | 2.94 | 2.90 | 2.86 | 2.83 | 2.79 | 2.75 | 2.71 |
| 10 | 4.96 | 4.10 | 3.71 | 3.48 | 3.33 | 3.22 | 3.14 | 3.07 | 3.02 | 2.98 | 2.91 | 2.85 | 2.77 | 2.74 | 2.70 | 2.66 | 2.62 | 2.58 | 2.54 |
| 11 | 4.84 | 3.98 | 3.59 | 3.36 | 3.20 | 3.09 | 3.01 | 2.95 | 2.90 | 2.85 | 2.79 | 2.72 | 2.65 | 2.61 | 2.57 | 2.53 | 2.49 | 2.45 | 2.40 |
| 12 | 4.75 | 3.89 | 3.49 | 3.26 | 3.11 | 3.00 | 2.91 | 2.85 | 2.80 | 2.75 | 2.69 | 2.62 | 2.54 | 2.51 | 2.47 | 2.43 | 2.38 | 2.34 | 2.30 |
| 13 | 4.67 | 3.81 | 3.41 | 3.18 | 3.03 | 2.92 | 2.83 | 2.77 | 2.71 | 2.67 | 2.60 | 2.53 | 2.46 | 2.42 | 2.38 | 2.34 | 2.30 | 2.25 | 2.21 |
| 14 | 4.60 | 3.74 | 3.34 | 3.11 | 2.96 | 2.85 | 2.76 | 2.70 | 2.65 | 2.60 | 2.53 | 2.46 | 2.39 | 2.35 | 2.31 | 2.27 | 2.22 | 2.18 | 2.13 |
| 15 | 4.54 | 3.68 | 3.29 | 3.06 | 2.90 | 2.79 | 2.71 | 2.64 | 2.59 | 2.54 | 2.48 | 2.40 | 2.33 | 2.29 | 2.25 | 2.20 | 2.16 | 2.11 | 2.07 |
| 16 | 4.49 | 3.63 | 3.24 | 3.01 | 2.85 | 2.74 | 2.66 | 2.59 | 2.54 | 2.49 | 2.42 | 2.35 | 2.28 | 2.24 | 2.19 | 2.15 | 2.11 | 2.06 | 2.01 |
| 17 | 4.45 | 3.59 | 3.20 | 2.96 | 2.81 | 2.70 | 2.61 | 2.55 | 2.49 | 2.45 | 2.38 | 2.31 | 2.23 | 2.19 | 2.15 | 2.10 | 2.06 | 2.01 | 1.96 |
| 18 | 4.41 | 3.55 | 3.16 | 2.93 | 2.77 | 2.66 | 2.58 | 2.51 | 2.46 | 2.41 | 2.34 | 2.27 | 2.19 | 2.15 | 2.11 | 2.06 | 2.02 | 1.97 | 1.92 |
| 19 | 4.38 | 3.52 | 3.13 | 2.90 | 2.74 | 2.63 | 2.54 | 2.48 | 2.42 | 2.38 | 2.31 | 2.23 | 2.16 | 2.11 | 2.07 | 2.03 | 1.98 | 1.93 | 1.88 |
| 20 | 4.35 | 3.49 | 3.10 | 2.87 | 2.71 | 2.60 | 2.51 | 2.45 | 2.39 | 2.35 | 2.28 | 2.20 | 2.12 | 2.08 | 2.04 | 1.99 | 1.95 | 1.90 | 1.84 |
| 21 | 4.32 | 3.47 | 3.07 | 2.84 | 2.68 | 2.57 | 2.49 | 2.42 | 2.37 | 2.32 | 2.25 | 2.18 | 2.10 | 2.05 | 2.01 | 1.96 | 1.92 | 1.87 | 1.81 |
| 22 | 4.30 | 3.44 | 3.05 | 2.82 | 2.66 | 2.55 | 2.46 | 2.40 | 2.34 | 2.30 | 2.23 | 2.15 | 2.07 | 2.03 | 1.98 | 1.94 | 1.89 | 1.84 | 1.78 |
| 23 | 4.28 | 3.42 | 3.03 | 2.80 | 2.64 | 2.53 | 2.44 | 2.37 | 2.32 | 2.27 | 2.20 | 2.13 | 2.05 | 2.01 | 1.96 | 1.91 | 1.86 | 1.81 | 1.76 |
| 24 | 4.26 | 3.40 | 3.01 | 2.78 | 2.62 | 2.51 | 2.42 | 2.36 | 2.30 | 2.25 | 2.18 | 2.11 | 2.03 | 1.98 | 1.94 | 1.89 | 1.84 | 1.79 | 1.73 |
| 25 | 4.24 | 3.39 | 2.99 | 2.76 | 2.60 | 2.49 | 2.40 | 2.34 | 2.28 | 2.24 | 2.16 | 2.09 | 2.01 | 1.96 | 1.92 | 1.87 | 1.82 | 1.77 | 1.71 |
| 30 | 4.17 | 3.32 | 2.92 | 2.69 | 2.53 | 2.42 | 2.33 | 2.27 | 2.21 | 2.16 | 2.09 | 2.01 | 1.93 | 1.89 | 1.84 | 1.79 | 1.74 | 1.68 | 1.62 |
| 40 | 4.08 | 3.23 | 2.84 | 2.61 | 2.45 | 2.34 | 2.25 | 2.18 | 2.12 | 2.08 | 2.00 | 1.92 | 1.84 | 1.79 | 1.74 | 1.69 | 1.64 | 1.58 | 1.51 |
| 60 | 4.00 | 3.15 | 2.76 | 2.53 | 2.37 | 2.25 | 2.17 | 2.10 | 2.04 | 1.99 | 1.92 | 1.84 | 1.75 | 1.70 | 1.65 | 1.59 | 1.53 | 1.47 | 1.39 |
| 120 | 3.92 | 3.07 | 2.68 | 2.45 | 2.29 | 2.18 | 2.09 | 2.02 | 1.96 | 1.91 | 1.83 | 1.75 | 1.66 | 1.61 | 1.55 | 1.50 | 1.43 | 1.35 | 1.25 |
| ∞ | 3.84 | 3.00 | 2.60 | 2.37 | 2.21 | 2.10 | 2.01 | 1.94 | 1.88 | 1.83 | 1.75 | 1.67 | 1.57 | 1.52 | 1.46 | 1.39 | 1.32 | 1.22 | 1.00 |

资料来源：作者用 EXCEL 中的 FINV 函数计算得到。

**表 A2.4　$F$ 分布的上 1%临界值**

| | 分子的自由度($m$) | | | | | | | | | | | | | | | | | |
|---|---|---|---|---|---|---|---|---|---|---|---|---|---|---|---|---|---|---|
| | 1 | 2 | 3 | 4 | 5 | 6 | 7 | 8 | 9 | 10 | 12 | 15 | 20 | 24 | 30 | 40 | 60 | 120 | ∞ |
| 分母的自由度($T-k$) | | | | | | | | | | | | | | | | | | | |
| 1 | 4 052 | 5 000 | 5 403 | 5 625 | 5 764 | 5 859 | 5 928 | 5 982 | 6 023 | 6 056 | 6 106 | 6 157 | 6 209 | 6 235 | 6 261 | 6 287 | 6 313 | 6 339 | 6 366 |
| 2 | 98.5 | 99.0 | 99.2 | 99.3 | 99.3 | 99.3 | 99.4 | 99.4 | 99.4 | 99.4 | 99.4 | 99.4 | 99.5 | 99.5 | 99.5 | 99.5 | 99.5 | 99.5 | 99.5 |
| 3 | 34.1 | 30.8 | 29.5 | 28.7 | 28.2 | 27.9 | 27.7 | 27.5 | 27.3 | 27.2 | 27.1 | 26.9 | 26.7 | 26.6 | 26.5 | 26.4 | 26.4 | 26.2 | 26.1 |
| 4 | 21.2 | 18.0 | 16.7 | 16.0 | 15.5 | 15.2 | 15.0 | 14.8 | 14.7 | 14.5 | 14.4 | 14.2 | 14.0 | 13.9 | 13.8 | 13.7 | 13.7 | 13.6 | 13.5 |
| 5 | 16.3 | 13.3 | 12.1 | 11.4 | 11.0 | 10.7 | 10.5 | 10.3 | 10.2 | 10.1 | 9.89 | 9.72 | 9.55 | 9.47 | 9.38 | 9.29 | 9.20 | 9.11 | 9.02 |
| 6 | 13.7 | 10.9 | 9.78 | 9.15 | 8.75 | 8.47 | 8.26 | 8.10 | 7.98 | 7.87 | 7.72 | 7.56 | 7.40 | 7.31 | 7.23 | 7.14 | 7.06 | 6.97 | 6.88 |
| 7 | 12.2 | 9.55 | 8.45 | 7.85 | 7.46 | 7.19 | 6.99 | 6.84 | 6.72 | 6.62 | 6.47 | 6.31 | 6.16 | 6.07 | 5.99 | 5.91 | 5.82 | 5.74 | 5.65 |
| 8 | 11.3 | 8.65 | 7.59 | 7.01 | 6.63 | 6.37 | 6.18 | 6.03 | 5.91 | 5.81 | 5.67 | 5.52 | 5.36 | 5.28 | 5.20 | 5.12 | 5.03 | 4.95 | 4.86 |
| 9 | 10.6 | 8.02 | 6.99 | 6.42 | 6.06 | 5.80 | 5.61 | 5.47 | 5.35 | 5.26 | 5.11 | 4.96 | 4.81 | 4.73 | 4.65 | 4.57 | 4.48 | 4.40 | 4.31 |
| 10 | 10.0 | 7.56 | 6.55 | 5.99 | 5.64 | 5.39 | 5.20 | 5.06 | 4.94 | 4.85 | 4.71 | 4.56 | 4.41 | 4.33 | 4.25 | 4.17 | 4.08 | 4.00 | 3.91 |
| 11 | 9.65 | 7.21 | 6.22 | 5.67 | 5.32 | 5.07 | 4.89 | 4.74 | 4.63 | 4.54 | 4.40 | 4.25 | 4.10 | 4.02 | 3.94 | 3.86 | 3.78 | 3.69 | 3.60 |
| 12 | 9.33 | 6.93 | 5.95 | 5.41 | 5.06 | 4.82 | 4.64 | 4.50 | 4.39 | 4.30 | 4.16 | 4.01 | 3.86 | 3.78 | 3.70 | 3.62 | 3.54 | 3.45 | 3.36 |
| 13 | 9.07 | 6.70 | 5.74 | 5.21 | 4.86 | 4.62 | 4.44 | 4.30 | 4.19 | 4.10 | 3.96 | 3.82 | 3.66 | 3.59 | 3.51 | 3.43 | 3.34 | 3.25 | 3.17 |
| 14 | 8.86 | 6.51 | 5.56 | 5.04 | 4.70 | 4.46 | 4.28 | 4.14 | 4.03 | 3.94 | 3.80 | 3.66 | 3.51 | 3.43 | 3.35 | 3.27 | 3.18 | 3.09 | 3.00 |
| 15 | 8.68 | 6.36 | 5.42 | 4.89 | 4.56 | 4.32 | 4.14 | 4.00 | 3.89 | 3.80 | 3.67 | 3.52 | 3.37 | 3.29 | 3.21 | 3.13 | 3.05 | 2.96 | 2.87 |
| 16 | 8.53 | 6.23 | 5.29 | 4.77 | 4.44 | 4.20 | 4.03 | 3.89 | 3.78 | 3.69 | 3.55 | 3.41 | 3.26 | 3.18 | 3.10 | 3.02 | 2.93 | 2.84 | 2.75 |
| 17 | 8.40 | 6.11 | 5.19 | 4.67 | 4.34 | 4.10 | 3.93 | 3.79 | 3.68 | 3.59 | 3.46 | 3.31 | 3.16 | 3.08 | 3.00 | 2.92 | 2.83 | 2.75 | 2.65 |
| 18 | 8.29 | 6.01 | 5.09 | 4.58 | 4.25 | 4.01 | 3.84 | 3.71 | 3.60 | 3.51 | 3.37 | 3.23 | 3.08 | 3.00 | 2.92 | 2.84 | 2.75 | 2.66 | 2.57 |
| 19 | 8.19 | 5.93 | 5.01 | 4.50 | 4.17 | 3.94 | 3.77 | 3.63 | 3.52 | 3.43 | 3.30 | 3.15 | 3.00 | 2.92 | 2.84 | 2.76 | 2.67 | 2.58 | 2.49 |
| 20 | 8.10 | 5.85 | 4.94 | 4.43 | 4.10 | 3.87 | 3.70 | 3.56 | 3.46 | 3.37 | 3.23 | 3.09 | 2.94 | 2.86 | 2.78 | 2.69 | 2.61 | 2.52 | 2.42 |
| 21 | 8.02 | 5.78 | 4.87 | 4.37 | 4.04 | 3.81 | 3.64 | 3.51 | 3.40 | 3.31 | 3.17 | 3.03 | 2.88 | 2.80 | 2.72 | 2.64 | 2.55 | 2.46 | 2.36 |
| 22 | 7.95 | 5.72 | 4.82 | 4.31 | 3.99 | 3.76 | 3.59 | 3.45 | 3.35 | 3.26 | 3.12 | 2.98 | 2.83 | 2.75 | 2.67 | 2.58 | 2.50 | 2.40 | 2.31 |
| 23 | 7.88 | 5.66 | 4.76 | 4.26 | 3.94 | 3.71 | 3.54 | 3.41 | 3.30 | 3.21 | 3.07 | 2.93 | 2.78 | 2.70 | 2.62 | 2.54 | 2.45 | 2.35 | 2.26 |
| 24 | 7.82 | 5.61 | 4.72 | 4.22 | 3.90 | 3.67 | 3.50 | 3.36 | 3.26 | 3.17 | 3.03 | 2.89 | 2.74 | 2.66 | 2.58 | 2.49 | 2.40 | 2.31 | 2.21 |
| 25 | 7.77 | 5.57 | 4.68 | 4.18 | 3.86 | 3.63 | 3.46 | 3.32 | 3.22 | 3.13 | 2.99 | 2.85 | 2.70 | 2.62 | 2.53 | 2.45 | 2.36 | 2.27 | 2.17 |
| 30 | 7.56 | 5.39 | 4.51 | 4.02 | 3.70 | 3.47 | 3.30 | 3.17 | 3.07 | 2.98 | 2.84 | 2.70 | 2.55 | 2.47 | 2.39 | 2.30 | 2.21 | 2.11 | 2.01 |
| 40 | 7.31 | 5.18 | 4.31 | 3.83 | 3.51 | 3.29 | 3.12 | 2.99 | 2.89 | 2.80 | 2.66 | 2.52 | 2.37 | 2.29 | 2.20 | 2.11 | 2.02 | 1.92 | 1.80 |
| 60 | 7.08 | 4.98 | 4.13 | 3.65 | 3.34 | 3.12 | 2.95 | 2.82 | 2.72 | 2.63 | 2.50 | 2.35 | 2.20 | 2.12 | 2.03 | 1.94 | 1.84 | 1.73 | 1.60 |
| 120 | 6.85 | 4.79 | 3.95 | 3.48 | 3.17 | 2.96 | 2.79 | 2.66 | 2.56 | 2.47 | 2.34 | 2.19 | 2.03 | 1.95 | 1.86 | 1.76 | 1.66 | 1.53 | 1.38 |
| ∞ | 6.63 | 4.61 | 3.78 | 3.32 | 3.02 | 2.80 | 2.64 | 2.51 | 2.41 | 2.32 | 2.18 | 2.04 | 1.88 | 1.79 | 1.70 | 1.59 | 1.47 | 1.32 | 1.00 |

资料来源：作者用 EXCEL 中的 FINV 函数计算得到。

## 表 A2.5 不同概率水平 $\alpha$ 和自由度 $v$ 的 $\chi^2$ 分布临界值

| $v$ | 0.995 | 0.990 | 0.975 | 0.950 | 0.900 | 0.750 | 0.500 | 0.250 | 0.100 | 0.050 | 0.025 | 0.010 | 0.005 |
|---|---|---|---|---|---|---|---|---|---|---|---|---|---|
| 1 | 0.000 04 | 0.000 16 | 0.000 98 | 0.003 93 | 0.015 79 | 0.101 5 | 0.454 9 | 1.323 | 2.706 | 3.841 | 5.024 | 6.635 | 7.879 |
| 2 | 0.010 03 | 0.020 10 | 0.050 65 | 0.102 6 | 0.210 7 | 0.575 4 | 1.386 | 2.773 | 4.605 | 5.991 | 7.378 | 9.210 | 10.597 |
| 3 | 0.071 72 | 0.114 8 | 0.215 8 | 0.351 8 | 0.584 4 | 1.213 | 2.366 | 4.108 | 6.251 | 7.815 | 9.348 | 11.345 | 12.838 |
| 4 | 0.207 0 | 0.297 1 | 0.484 4 | 0.710 7 | 1.064 | 1.923 | 3.357 | 5.385 | 7.779 | 9.488 | 11.143 | 13.277 | 14.860 |
| 5 | 0.411 7 | 0.554 3 | 0.831 2 | 1.145 | 1.610 | 2.675 | 4.351 | 6.626 | 9.236 | 11.070 | 12.833 | 15.086 | 16.750 |
| 6 | 0.675 7 | 0.872 1 | 1.237 | 1.635 | 2.204 | 3.455 | 5.348 | 7.841 | 10.645 | 12.592 | 14.449 | 16.812 | 18.548 |
| 7 | 0.989 3 | 1.239 | 1.690 | 2.167 | 2.833 | 4.255 | 6.346 | 9.037 | 12.017 | 14.067 | 16.013 | 18.475 | 20.278 |
| 8 | 1.344 | 1.646 | 2.180 | 2.733 | 3.490 | 5.071 | 7.344 | 10.219 | 13.362 | 15.507 | 17.535 | 20.090 | 21.955 |
| 9 | 1.735 | 2.088 | 2.700 | 3.325 | 4.168 | 5.899 | 8.343 | 11.389 | 14.684 | 16.919 | 19.023 | 21.666 | 23.589 |
| 10 | 2.156 | 2.558 | 3.247 | 3.940 | 4.865 | 6.737 | 9.342 | 12.549 | 15.987 | 18.307 | 20.483 | 23.209 | 25.188 |
| 11 | 2.603 | 3.053 | 3.816 | 4.575 | 5.578 | 7.584 | 10.341 | 13.701 | 17.275 | 19.675 | 21.920 | 24.725 | 26.757 |
| 12 | 3.074 | 3.571 | 4.404 | 5.226 | 6.304 | 8.438 | 11.340 | 14.845 | 18.54 | 21.026 | 23.337 | 26.217 | 28.300 |
| 13 | 3.565 | 4.107 | 5.009 | 5.892 | 7.041 | 9.299 | 12.340 | 15.984 | 19.812 | 22.362 | 24.736 | 27.688 | 29.819 |
| 14 | 4.075 | 4.660 | 5.629 | 6.571 | 7.790 | 10.165 | 13.339 | 17.117 | 21.064 | 23.685 | 26.119 | 29.141 | 31.319 |
| 15 | 4.601 | 5.229 | 6.262 | 7.261 | 8.547 | 11.036 | 14.339 | 18.245 | 22.307 | 24.996 | 27.488 | 30.578 | 32.801 |
| 16 | 5.142 | 5.812 | 6.908 | 7.962 | 9.312 | 11.912 | 15.338 | 19.369 | 23.542 | 26.296 | 28.845 | 32.000 | 34.267 |
| 17 | 5.697 | 6.408 | 7.564 | 8.672 | 10.085 | 12.792 | 16.338 | 20.489 | 24.769 | 27.587 | 30.191 | 33.409 | 35.718 |
| 18 | 6.265 | 7.015 | 8.231 | 9.390 | 10.865 | 13.675 | 17.338 | 21.605 | 25.989 | 28.869 | 31.526 | 34.805 | 37.156 |
| 19 | 6.844 | 7.633 | 8.907 | 10.117 | 11.651 | 14.562 | 18.338 | 22.718 | 27.204 | 30.143 | 32.852 | 36.191 | 38.582 |
| 20 | 7.434 | 8.260 | 9.591 | 10.851 | 12.443 | 15.452 | 19.337 | 23.828 | 28.412 | 31.410 | 34.170 | 37.566 | 39.997 |
| 21 | 8.034 | 8.897 | 10.283 | 11.591 | 13.240 | 16.344 | 20.337 | 24.935 | 29.615 | 32.670 | 35.479 | 38.932 | 41.401 |
| 22 | 8.643 | 9.542 | 10.982 | 12.338 | 14.041 | 17.240 | 21.337 | 26.039 | 30.813 | 33.924 | 36.781 | 40.289 | 42.796 |
| 23 | 9.260 | 10.196 | 11.688 | 13.090 | 14.848 | 18.137 | 22.337 | 27.141 | 32.007 | 35.172 | 38.076 | 41.638 | 44.181 |
| 24 | 9.886 | 10.856 | 12.401 | 13.848 | 15.659 | 19.037 | 23.337 | 28.241 | 33.196 | 36.415 | 39.364 | 42.080 | 45.558 |
| 25 | 10.520 | 11.524 | 13.120 | 14.611 | 16.473 | 19.939 | 24.337 | 29.339 | 34.382 | 37.652 | 40.646 | 44.314 | 46.928 |
| 26 | 11.160 | 12.198 | 13.844 | 15.379 | 17.292 | 20.843 | 25.336 | 30.434 | 35.563 | 38.885 | 41.923 | 45.642 | 48.290 |
| 27 | 11.808 | 12.879 | 14.573 | 16.151 | 18.114 | 21.749 | 26.336 | 31.528 | 36.741 | 40.113 | 43.194 | 46.963 | 49.645 |
| 28 | 12.461 | 13.565 | 15.308 | 16.928 | 18.939 | 22.657 | 27.336 | 32.620 | 37.916 | 41.337 | 44.461 | 48.278 | 50.993 |
| 29 | 13.121 | 14.256 | 16.047 | 17.708 | 19.768 | 23.567 | 28.336 | 33.711 | 39.087 | 42.557 | 45.722 | 49.588 | 52.336 |
| 30 | 13.787 | 14.954 | 16.791 | 18.493 | 20.599 | 24.478 | 29.336 | 34.800 | 40.256 | 43.773 | 46.979 | 50.892 | 53.672 |
| 35 | 17.192 | 18.509 | 20.569 | 22.465 | 24.797 | 29.054 | 34.336 | 40.223 | 46.059 | 49.802 | 53.203 | 57.342 | 60.275 |
| 40 | 20.707 | 22.164 | 24.433 | 26.509 | 29.050 | 33.660 | 39.335 | 45.616 | 51.805 | 55.758 | 59.342 | 63.691 | 66.766 |
| 45 | 24.311 | 25.901 | 28.366 | 30.612 | 33.350 | 38.291 | 44.335 | 50.985 | 57.505 | 61.656 | 65.410 | 69.957 | 73.166 |
| 50 | 27.991 | 29.707 | 32.357 | 34.764 | 37.689 | 42.942 | 49.335 | 56.334 | 63.167 | 67.505 | 71.420 | 76.154 | 79.490 |
| 55 | 31.735 | 33.571 | 36.398 | 38.958 | 42.060 | 47.611 | 54.335 | 61.665 | 68.796 | 73.311 | 77.381 | 82.292 | 85.749 |
| 60 | 35.535 | 37.485 | 40.482 | 43.158 | 46.459 | 52.294 | 59.335 | 66.981 | 74.397 | 79.082 | 83.298 | 85.379 | 91.952 |
| 70 | 43.275 | 45.442 | 48.758 | 51.739 | 55.329 | 61.698 | 69.334 | 77.577 | 85.527 | 90.531 | 95.023 | 100.425 | 104.215 |
| 80 | 51.172 | 53.540 | 57.153 | 60.391 | 64.278 | 71.144 | 79.334 | 88.130 | 96.578 | 101.879 | 106.629 | 112.329 | 116.321 |
| 90 | 59.196 | 61.754 | 65.647 | 69.126 | 73.291 | 80.625 | 89.334 | 98.650 | 107.565 | 113.145 | 118.136 | 124.116 | 128.299 |
| 100 | 67.328 | 70.065 | 74.222 | 77.929 | 82.358 | 90.133 | 99.334 | 109.141 | 118.498 | 124.342 | 129.561 | 135.807 | 140.169 |
| 120 | 83.829 | 86.909 | 91.568 | 95.705 | 100.627 | 109.224 | 119.335 | 130.051 | 140.228 | 146.565 | 152.214 | 158.963 | 163.670 |
| 150 | 109.122 | 112.655 | 117.980 | 122.692 | 126.278 | 137.987 | 149.334 | 161.258 | 172.577 | 179.579 | 185.803 | 193.219 | 198.380 |
| 200 | 152.224 | 156.421 | 162.724 | 168.279 | 174.825 | 156.175 | 199.334 | 213.099 | 226.018 | 233.993 | 241.060 | 249.455 | 255.281 |
| 250 | 196.145 | 200.929 | 208.095 | 214.392 | 221.809 | 234.580 | 249.334 | 264.694 | 279.947 | 287.889 | 295.691 | 304.948 | 311.361 |

资料来源：作者用 EXCEL 中的 CHIINV 函数计算得到。

表 A2.6　德宾-沃森统计量的上 1%临界值和下 1%临界值

| $T$ | $k'=1$ | | $k'=2$ | | $k'=3$ | | $k'=4$ | | $k'=5$ | |
|---|---|---|---|---|---|---|---|---|---|---|
| | $d_L$ | $d_U$ | $d_L$ | $d_U$ | $d_L$ | $d_U$ | $d_L$ | $d_U$ | $d_L$ | $d_U$ |
| 15 | 0.81 | 1.07 | 0.70 | 1.25 | 0.59 | 1.46 | 0.49 | 1.70 | 0.39 | 1.96 |
| 16 | 0.84 | 1.09 | 0.74 | 1.25 | 0.63 | 1.44 | 0.53 | 1.66 | 0.44 | 1.90 |
| 17 | 0.87 | 1.10 | 0.77 | 1.25 | 0.67 | 1.43 | 0.57 | 1.63 | 0.48 | 1.85 |
| 18 | 0.90 | 1.12 | 0.80 | 1.26 | 0.71 | 1.42 | 0.61 | 1.60 | 0.52 | 1.80 |
| 19 | 0.93 | 1.13 | 0.83 | 1.26 | 0.74 | 1.41 | 0.65 | 1.58 | 0.56 | 1.77 |
| 20 | 0.95 | 1.15 | 0.86 | 1.27 | 0.77 | 1.41 | 0.68 | 1.57 | 0.60 | 1.74 |
| 21 | 0.97 | 1.16 | 0.89 | 1.27 | 0.80 | 1.41 | 0.72 | 1.55 | 0.63 | 1.71 |
| 22 | 1.00 | 1.17 | 0.91 | 1.28 | 0.83 | 1.40 | 0.75 | 1.54 | 0.66 | 1.69 |
| 23 | 1.02 | 1.19 | 0.94 | 1.29 | 0.86 | 1.40 | 0.77 | 1.53 | 0.70 | 1.67 |
| 24 | 1.04 | 1.20 | 0.96 | 1.30 | 0.88 | 1.41 | 0.80 | 1.53 | 0.72 | 1.66 |
| 25 | 1.05 | 1.21 | 0.98 | 1.30 | 0.90 | 1.41 | 0.83 | 1.52 | 0.75 | 1.65 |
| 26 | 1.07 | 1.22 | 1.00 | 1.31 | 0.93 | 1.41 | 0.85 | 1.52 | 0.78 | 1.64 |
| 27 | 1.09 | 1.23 | 1.02 | 1.32 | 0.95 | 1.41 | 0.88 | 1.51 | 0.81 | 1.63 |
| 28 | 1.10 | 1.24 | 1.04 | 1.32 | 0.97 | 1.41 | 0.90 | 1.51 | 0.83 | 1.62 |
| 29 | 1.12 | 1.25 | 1.05 | 1.33 | 0.99 | 1.42 | 0.92 | 1.51 | 0.85 | 1.61 |
| 30 | 1.13 | 1.26 | 1.07 | 1.34 | 1.01 | 1.42 | 0.94 | 1.51 | 0.88 | 1.61 |
| 31 | 1.15 | 1.27 | 1.08 | 1.34 | 1.02 | 1.42 | 0.96 | 1.51 | 0.90 | 1.60 |
| 32 | 1.16 | 1.28 | 1.10 | 1.35 | 1.04 | 1.43 | 0.98 | 1.51 | 0.92 | 1.60 |
| 33 | 1.17 | 1.29 | 1.11 | 1.36 | 1.05 | 1.43 | 1.00 | 1.51 | 0.94 | 1.59 |
| 34 | 1.18 | 1.30 | 1.13 | 1.36 | 1.07 | 1.43 | 1.01 | 1.51 | 0.95 | 1.59 |
| 35 | 1.19 | 1.31 | 1.14 | 1.37 | 1.08 | 1.44 | 1.03 | 1.51 | 0.97 | 1.59 |
| 36 | 1.21 | 1.32 | 1.15 | 1.38 | 1.10 | 1.44 | 1.04 | 1.51 | 0.99 | 1.59 |
| 37 | 1.22 | 1.32 | 1.16 | 1.38 | 1.11 | 1.45 | 1.06 | 1.51 | 1.00 | 1.59 |
| 38 | 1.23 | 1.33 | 1.18 | 1.39 | 1.12 | 1.45 | 1.07 | 1.52 | 1.02 | 1.58 |
| 39 | 1.24 | 1.34 | 1.19 | 1.39 | 1.14 | 1.45 | 1.09 | 1.52 | 1.03 | 1.58 |
| 40 | 1.25 | 1.34 | 1.20 | 1.40 | 1.15 | 1.46 | 1.10 | 1.52 | 1.05 | 1.58 |
| 45 | 1.29 | 1.38 | 1.24 | 1.42 | 1.20 | 1.48 | 1.16 | 1.53 | 1.11 | 1.58 |
| 50 | 1.32 | 1.40 | 1.28 | 1.45 | 1.24 | 1.49 | 1.20 | 1.54 | 1.16 | 1.59 |
| 55 | 1.36 | 1.43 | 1.32 | 1.47 | 1.28 | 1.51 | 1.25 | 1.55 | 1.21 | 1.59 |
| 60 | 1.38 | 1.45 | 1.35 | 1.48 | 1.32 | 1.52 | 1.28 | 1.56 | 1.25 | 1.60 |

续表

| $T$ | $k'=1$ | | $k'=2$ | | $k'=3$ | | $k'=4$ | | $k'=5$ | |
|---|---|---|---|---|---|---|---|---|---|---|
| | $d_L$ | $d_U$ | $d_L$ | $d_U$ | $d_L$ | $d_U$ | $d_L$ | $d_U$ | $d_L$ | $d_U$ |
| 65 | 1.41 | 1.47 | 1.38 | 1.50 | 1.35 | 1.53 | 1.31 | 1.57 | 1.28 | 1.61 |
| 70 | 1.43 | 1.49 | 1.40 | 1.52 | 1.37 | 1.55 | 1.34 | 1.58 | 1.31 | 1.61 |
| 75 | 1.45 | 1.50 | 1.42 | 1.53 | 1.39 | 1.56 | 1.37 | 1.59 | 1.34 | 1.62 |
| 80 | 1.47 | 1.52 | 1.44 | 1.54 | 1.42 | 1.57 | 1.39 | 1.60 | 1.36 | 1.62 |
| 85 | 1.48 | 1.53 | 1.46 | 1.55 | 1.43 | 1.58 | 1.41 | 1.60 | 1.39 | 1.63 |
| 90 | 1.50 | 1.54 | 1.47 | 1.56 | 1.45 | 1.59 | 1.43 | 1.61 | 1.41 | 1.64 |
| 95 | 1.51 | 1.55 | 1.49 | 1.57 | 1.47 | 1.60 | 1.45 | 1.62 | 1.42 | 1.64 |
| 100 | 1.52 | 1.56 | 1.50 | 1.58 | 1.48 | 1.60 | 1.46 | 1.63 | 1.44 | 1.65 |

注：$T$ 为观测值数量；$k'$为解释变量的个数（包括常数项在内）。

资料来源：Durbin and Watson (1951)：159—77. Reprinted with the permission of Oxford University Press.

## 表 A2.7 不同显著性水平 $\alpha$ 的迪基-富勒临界值

| 样本规模 $T$ | 0.01 | 0.025 | 0.05 | 0.10 |
|---|---|---|---|---|
| $\tau$ | | | | |
| 25 | −2.66 | −2.26 | −1.95 | −1.60 |
| 50 | −2.62 | −2.25 | −1.95 | −1.61 |
| 100 | −2.60 | −2.24 | −1.95 | −1.61 |
| 250 | −2.58 | −2.23 | −1.95 | −1.62 |
| 500 | −2.58 | −2.23 | −1.95 | −1.62 |
| ∞ | −2.58 | −2.23 | −1.95 | −1.62 |
| $\tau_\mu$ | | | | |
| 25 | −3.75 | −3.33 | −3.00 | −2.63 |
| 50 | −3.58 | −3.22 | −2.93 | −2.60 |
| 100 | −3.51 | −3.17 | −2.89 | −2.58 |
| 250 | −3.46 | −3.14 | −2.88 | −2.57 |
| 500 | −3.44 | −3.13 | −2.87 | −2.57 |
| ∞ | −3.43 | −3.12 | −2.86 | −2.57 |
| $\tau_\tau$ | | | | |
| 25 | −4.38 | −3.95 | −3.60 | −3.24 |
| 50 | −4.15 | −3.80 | −3.50 | −3.18 |
| 100 | −4.04 | −3.73 | −3.45 | −3.15 |

续表

| 样本规模 $T$ | 0.01 | 0.025 | 0.05 | 0.10 |
|---|---|---|---|---|
| 250 | −3.99 | −3.69 | −3.43 | −3.13 |
| 500 | −3.98 | −3.68 | −3.42 | −3.13 |
| ∞ | −3.96 | −3.66 | −3.41 | −3.12 |

资料来源：Fuller (1976). Reprinted with the permission of John Wiley and Sons.

**表 A2.8　对无常数回归残差进行恩格尔-格兰杰协整检验的临界值**

| 系统中变量的个数 | 样本规模 $T$ | 0.01 | 0.05 | 0.10 |
|---|---|---|---|---|
| 2 | 50 | −4.32 | −3.67 | −3.28 |
|  | 100 | −4.07 | −3.37 | −3.03 |
|  | 200 | −4.00 | −3.37 | −3.02 |
| 3 | 50 | −4.84 | −4.11 | −3.73 |
|  | 100 | −4.45 | −3.93 | −3.59 |
|  | 200 | −4.35 | −3.78 | −3.47 |
| 4 | 50 | −4.94 | −4.35 | −4.02 |
|  | 100 | −4.75 | −4.22 | −3.89 |
|  | 200 | −4.70 | −4.18 | −3.89 |
| 5 | 50 | −5.41 | −4.76 | −4.42 |
|  | 100 | −5.18 | −4.58 | −4.26 |
|  | 200 | −5.02 | −4.48 | −4.18 |

资料来源：Engle and Granger (1987). Reprinted with the permission of Elsevier.

**表 A2.9　约翰森协整秩检验统计量渐近分布的分位数（协整向量中只有常数）**

| $p-r$ | 50% | 80% | 90% | 95% | 97.5% | 99% | 均值 | 方差 |
|---|---|---|---|---|---|---|---|---|
| $\lambda_{max}$ |  |  |  |  |  |  |  |  |
| 1 | 3.40 | 5.91 | 7.52 | 9.24 | 10.80 | 12.97 | 4.03 | 7.07 |
| 2 | 8.27 | 11.54 | 13.75 | 15.67 | 17.63 | 20.20 | 8.86 | 13.08 |
| 3 | 13.47 | 17.40 | 19.77 | 22.00 | 24.07 | 26.81 | 14.02 | 19.24 |
| 4 | 18.70 | 22.95 | 25.56 | 28.14 | 30.32 | 33.24 | 19.23 | 23.83 |
| 5 | 23.78 | 28.76 | 31.66 | 34.40 | 36.90 | 39.79 | 24.48 | 29.26 |
| 6 | 29.08 | 34.25 | 37.45 | 40.30 | 43.22 | 46.82 | 29.72 | 34.63 |
| 7 | 34.73 | 40.13 | 43.25 | 46.45 | 48.99 | 51.91 | 35.18 | 38.35 |
| 8 | 39.70 | 45.53 | 48.91 | 52.00 | 54.71 | 57.95 | 40.35 | 41.98 |
| 9 | 44.97 | 50.73 | 54.35 | 57.42 | 60.50 | 63.71 | 45.55 | 44.13 |
| 10 | 50.21 | 56.52 | 60.25 | 63.57 | 66.24 | 69.94 | 50.82 | 49.28 |
| 11 | 55.70 | 62.38 | 66.02 | 69.74 | 72.64 | 76.63 | 56.33 | 54.99 |

续表

| $p-r$ | 50% | 80% | 90% | 95% | 97.5% | 99% | 均值 | 方差 |
|---|---|---|---|---|---|---|---|---|
| $\lambda_{\text{Trace}}$ | | | | | | | | |
| 1 | 3.40 | 5.91 | 7.52 | 9.24 | 10.80 | 12.97 | 4.03 | 7.07 |
| 2 | 11.25 | 15.25 | 17.85 | 19.96 | 22.05 | 24.60 | 11.91 | 18.94 |
| 3 | 23.28 | 28.75 | 32.00 | 34.91 | 37.61 | 41.07 | 23.84 | 37.98 |
| 4 | 38.84 | 45.65 | 49.65 | 53.12 | 56.06 | 60.16 | 39.50 | 59.42 |
| 5 | 58.46 | 66.91 | 71.86 | 76.07 | 80.06 | 84.45 | 59.16 | 91.65 |
| 6 | 81.90 | 91.57 | 97.18 | 102.14 | 106.74 | 111.01 | 82.49 | 126.94 |
| 7 | 109.17 | 120.35 | 126.58 | 131.70 | 136.49 | 143.09 | 109.75 | 167.91 |
| 8 | 139.83 | 152.56 | 159.48 | 165.58 | 171.28 | 177.20 | 140.57 | 208.09 |
| 9 | 174.88 | 198.08 | 196.37 | 202.92 | 208.81 | 215.74 | 175.44 | 257.84 |
| 10 | 212.93 | 228.08 | 236.54 | 244.15 | 251.30 | 257.68 | 213.53 | 317.24 |
| 11 | 254.84 | 272.82 | 282.45 | 291.40 | 298.31 | 307.64 | 256.15 | 413.35 |

资料来源：Osterwald-Lenum（1992，Table 1）. Reprinted with the permission of Blackwell Publishers.

### 表 A2.10 约翰森协整秩检验统计量渐近分布的分位数（VAR 和协整向量中只有漂移项，即只有常数）

| $p-r$ | 50% | 80% | 90% | 95% | 97.5% | 99% | 均值 | 方差 |
|---|---|---|---|---|---|---|---|---|
| $\lambda_{\max}$ | | | | | | | | |
| 1 | 0.44 | 1.66 | 2.69 | 3.76 | 4.95 | 6.65 | 0.99 | 2.04 |
| 2 | 6.85 | 10.04 | 12.07 | 14.07 | 16.05 | 18.63 | 7.47 | 12.42 |
| 3 | 12.34 | 16.20 | 18.60 | 20.97 | 23.09 | 25.52 | 12.88 | 18.67 |
| 4 | 17.66 | 21.98 | 24.73 | 27.07 | 28.98 | 32.24 | 18.26 | 23.47 |
| 5 | 23.05 | 27.85 | 30.90 | 33.46 | 35.71 | 38.77 | 23.67 | 28.82 |
| 6 | 28.45 | 33.67 | 36.76 | 39.37 | 41.86 | 45.10 | 29.06 | 33.57 |
| 7 | 33.83 | 39.12 | 42.32 | 45.28 | 47.96 | 51.57 | 34.37 | 37.41 |
| 8 | 39.29 | 45.05 | 48.33 | 51.42 | 54.29 | 57.69 | 39.85 | 42.90 |
| 9 | 44.58 | 50.55 | 53.98 | 57.12 | 59.33 | 62.80 | 45.10 | 44.93 |
| 10 | 49.66 | 55.97 | 59.62 | 62.81 | 65.44 | 69.09 | 50.29 | 49.41 |
| 11 | 54.99 | 61.55 | 65.38 | 68.83 | 72.11 | 75.95 | 55.63 | 54.92 |
| $\lambda_{\text{Trace}}$ | | | | | | | | |
| 1 | 0.44 | 1.66 | 2.69 | 3.76 | 4.95 | 6.65 | 0.99 | 2.04 |
| 2 | 7.55 | 11.07 | 13.33 | 15.41 | 17.52 | 20.04 | 8.23 | 14.38 |
| 3 | 18.70 | 23.64 | 26.79 | 29.68 | 32.56 | 35.65 | 19.32 | 32.43 |

续表

| $p-r$ | 50% | 80% | 90% | 95% | 97.5% | 99% | 均值 | 方差 |
|---|---|---|---|---|---|---|---|---|
| $\lambda_{Trace}$ | | | | | | | | |
| 4 | 33.60 | 40.15 | 43.95 | 47.21 | 50.35 | 54.46 | 34.24 | 52.75 |
| 5 | 52.30 | 60.29 | 64.84 | 68.52 | 71.80 | 76.07 | 52.95 | 79.25 |
| 6 | 75.26 | 84.57 | 89.48 | 94.15 | 98.33 | 103.18 | 75.74 | 114.65 |
| 7 | 101.22 | 112.30 | 118.50 | 124.24 | 128.45 | 133.57 | 101.91 | 158.78 |
| 8 | 131.62 | 143.97 | 150.53 | 156.00 | 161.32 | 168.36 | 132.09 | 201.82 |
| 9 | 165.11 | 178.90 | 186.39 | 192.89 | 198.82 | 204.95 | 165.90 | 246.45 |
| 10 | 202.58 | 217.81 | 225.85 | 233.13 | 239.46 | 247.18 | 203.39 | 300.80 |
| 11 | 243.90 | 260.82 | 269.96 | 277.71 | 284.87 | 293.44 | 244.66 | 379.56 |

资料来源：Osterwald-Lenum（1992，Table 1）. Reprinted with the permission of Blackwell Publishers.

**表 A2.11　约翰森协整秩检验统计量渐近分布的分位数**
**（VAR 和协整向量中有常数项，协整向量中还有趋势项）**

| $p-r$ | 50% | 80% | 90% | 95% | 97.5% | 99% | 均值 | 方差 |
|---|---|---|---|---|---|---|---|---|
| $\lambda_{max}$ | | | | | | | | |
| 1 | 5.55 | 8.65 | 10.49 | 12.25 | 14.21 | 16.26 | 6.22 | 10.11 |
| 2 | 10.90 | 14.70 | 16.85 | 18.96 | 21.14 | 23.65 | 11.51 | 16.38 |
| 3 | 16.24 | 20.45 | 23.11 | 25.54 | 27.68 | 30.34 | 16.82 | 22.01 |
| 4 | 21.50 | 26.30 | 29.12 | 31.46 | 33.60 | 36.65 | 22.08 | 27.74 |
| 5 | 26.72 | 31.72 | 34.75 | 37.52 | 40.01 | 42.36 | 27.32 | 31.36 |
| 6 | 32.01 | 37.50 | 40.91 | 43.97 | 46.84 | 49.51 | 32.68 | 37.91 |
| 7 | 37.57 | 43.11 | 46.32 | 49.42 | 51.94 | 54.71 | 38.06 | 39.74 |
| 8 | 42.72 | 48.56 | 52.16 | 55.50 | 58.08 | 62.46 | 43.34 | 44.83 |
| 9 | 48.17 | 54.34 | 57.87 | 61.29 | 64.12 | 67.88 | 48.74 | 49.20 |
| 10 | 53.21 | 59.49 | 63.18 | 66.23 | 69.56 | 73.73 | 53.74 | 52.64 |
| 11 | 58.54 | 64.97 | 69.26 | 72.72 | 75.72 | 79.23 | 59.15 | 56.97 |
| $\lambda_{Trace}$ | | | | | | | | |
| 1 | 5.55 | 8.65 | 10.49 | 12.25 | 14.21 | 16.26 | 6.22 | 10.11 |
| 2 | 15.59 | 20.19 | 22.76 | 25.32 | 27.75 | 30.45 | 16.20 | 24.90 |
| 3 | 29.53 | 35.56 | 39.06 | 42.44 | 45.42 | 48.45 | 30.15 | 45.68 |
| 4 | 47.17 | 54.80 | 59.14 | 62.99 | 66.25 | 70.05 | 47.79 | 74.48 |
| 5 | 68.64 | 77.83 | 83.20 | 87.31 | 91.06 | 96.58 | 69.35 | 106.56 |

续表

| $p-r$ | 50% | 80% | 90% | 95% | 97.5% | 99% | 均值 | 方差 |
|---|---|---|---|---|---|---|---|---|
| $\lambda_{Trace}$ | | | | | | | | |
| 6 | 94.05 | 104.73 | 110.42 | 114.90 | 119.29 | 124.75 | 94.67 | 143.33 |
| 7 | 122.87 | 134.57 | 141.01 | 146.76 | 152.52 | 158.49 | 123.51 | 182.85 |
| 8 | 155.40 | 169.10 | 176.67 | 182.82 | 187.91 | 196.08 | 156.41 | 234.11 |
| 9 | 192.37 | 207.25 | 215.17 | 222.21 | 228.05 | 234.41 | 193.03 | 288.30 |
| 10 | 231.59 | 247.91 | 256.72 | 263.42 | 270.33 | 279.07 | 232.25 | 345.23 |
| 11 | 276.34 | 294.12 | 303.13 | 310.81 | 318.02 | 327.45 | 276.88 | 416.98 |

资料来源：Osterwald-Lenum（1992，Table 2）. Reprinted with the permission of Blackwell Publishers.

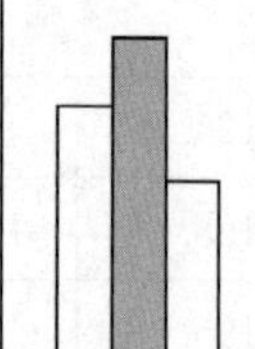

# 关键词汇解析

关键词汇解析给出了本书中用到的所有专有名词的简要定义。如果想要详细了解相关名词的话，请回看相关章节，并参考相关文献。

**超额收益率（abnormal return）**：通过实际收益率减去预期收益率（基于模型或基准）而计算得到的对金融资产表现（收益率）的度量。

**经调整的 $R^2$（adjusted $R^2$）**：衡量模型对样本数据拟合优度的一个指标，如果某个模型中的参数较多，则自动施加惩罚。

**赤池信息准则（Akaike information criterion，AIC）**：用于从一系列待选模型中选择能够提供最优拟合模型的一个指标，其中包括一个可以对多余参数进行轻微惩罚的项。

**备择假设（alternative hypothesis）**：假设检验框架中正式表述的一部分，所强调的是除了零假设所包含的可能性之外其他所有令检验者感兴趣的可能性。

**套利（arbitrage）**：金融学中的一个概念，指的是不冒任何风险（或不花费任何金钱）就可以获利的情况。

**算术级数（arithmetic progression）**：一个数字序列，从序列中的一个数字到下一个数字的变化是一个不变的数字。

**渐近（asymptotic）**：当样本规模趋于无穷时才会有的性质。

**自相关（autocorrelation）**：一个取值位于－1 和＋1 之间的标准化测度，衡量的是一个序列的当前值与其前期值之间的关联程度。

**自相关函数（autocorrelation function）**：当滞后阶数不断增加时，用来表示某个变量与其前期值之间关联程度的一系列估计值。

**自协方差（autocovariance）**：测度某序列当前值与其自身前期值相关程度的一个非标准化的指标。

**自回归条件异方差模型（ARCH model）**：一种波动率时间序列模型。

**自回归模型（AR model）**：将某序列的当前值拟合为其前期值函数的一种时间序列模型。

**自回归移动平均模型（ARMA model）**：将某序列的当前值拟合为其前期值（自回归部分）和前期误差项（移动平均部分）函数的一种时间序列模型。

**自回归波动模型（ARV model）**：将当前波动率拟合为其前期值函数的一种时间序列模型。

**辅助回归（auxiliary regression）**：一个第二阶段回归，通常回归式右边并非研究者的直接兴趣点所在，而是通过这一回归来检验初始回归模型的统计充分性。

**后移算子（backshift operator）**：见滞后算子。

**平衡面板（balanced panel）**：一个同时具有时间序列和横截面两个维度的数据集，且每个横截面个体的时间序列观测值的数量都是相等的（即没有缺失数据）。

**贝叶斯信息准则（Bayes information criterion）**：见施瓦茨贝叶斯信息准则（SBIC）。

**贝叶斯统计（Bayesian statistics）**：贝叶斯定理的统计分支，有关假设的证据被公式化为概率，并根据出现的新信息进行更新。

**BDS 检验（BDS test）**：检验序列中是否存在某些固定模式，主要用于确定序列中是否存在非线性特征。

**BEKK 模型（BEKK model）**：不同序列之间波动率和协方差的多元模型，该模型可以确保方差—协方差矩阵为正定矩阵。

**贝拉-雅克检验（Bera-Jarque test）**：在确定序列是否近似服从正态分布时所广泛使用的一种检验方法。

**最佳线性无偏估计量（best linear unbiased estimator，BLUE）**：具有最小抽样方差和无偏性的估计量。

**组间估计（between estimator）**：用于固定效应面板模型，直接对变量在时间上的平均值进行横截面回归，目的是削减需要估计的参数个数。

**BHHH 算法（BHHH algorithm）**：用来解决极大似然估计中最优化问题的一种技术。

**有偏估计量（biased estimator）**：所估计的参数的期望值不等于其真实值。

**买卖价差（bid-ask spread）**：对某资产所报出的买价和卖价之间的差额。

**二项选择（binary choice）**：只存在两个可能结果时的离散选择状态。

**二元回归（bivariate regression）**：只包含两个变量的一种回归模型，即因变量和单独一个自变量。

**分块极大值（block maximum）**：一种基于将数据分为多个块并对每个块的极值进行建模的估算极值分布参数的方法。

**自举法（bootstrapping）**：一种用于构建标准误并进行假设检验的技术。该技术无须提前对分布做出假设，并且是通过对数据的重复抽样来实现的。

**博克斯-詹金斯方法（Box-Jenkins approach）**：一种用于估计 ARMA 模型的方法。

**博克斯-皮尔斯 $Q$ 统计量（Box-Pierce $Q$-statistic）**：用于测度序列自相关程度的一个一般性指标。

**突变日期（break date）**：某个时间序列中或模型的某个参数中出现结构突变的

日期。

**布罗施-戈弗雷检验（Breusch-Godfrey test）**：对所估计的回归模型的残差中任意滞后阶数的自相关性进行检验的一种方法，该方法是基于将残差对初始解释变量和残差滞后项所进行的辅助回归。

**突变趋势（broken trend）**：带有结构突变的确定性趋势过程。

**日历效应（calendar effect）**：某个序列所展现出的系统性趋势，特别是对于股票收益率来说，该效应是指在某个时间点上的收益率高于其他时间点上的收益率。

**资本资产定价模型（capital asset pricing model，CAPM）**：一个将股票期望收益率确定为其市场风险水平函数的金融学模型。

**资本市场线（capital market line，CML）**：对于所有无风险资产和最优风险资产组合之间不同比例配置所构成的组合来说，表示其收益率与风险之间关系的一条直线。

**卡哈特模型（Carhart model）**：基于市场超额收益率、市值、价值和动量这四个因子来解释共同基金或交易规则表现的一种时间序列模型。

**因果关系检验（causality test）**：用于确定某个序列是领先于还是滞后于其他序列的一种方式。

**删失因变量（censored dependent variable）**：在高于或低于某个门槛时，其值就无法观测到的因变量，而这时其所对应的自变量的值仍然可以观测到。

**中心极限定理（central limit theorem）**：当样本规模趋于无穷大时，服从任意分布的样本数据的均值都会收敛于正态分布。

**混沌理论（chaos theory）**：来自物理学的一种思想，即尽管用肉眼看起来或者许多统计检验都揭示出序列可能是完全随机的，但实际上有一组完全确定的非线性方程在驱动其行为。

**邹至庄检验（Chow test）**：用于确定回归模型是否包含结构突变的一种方法，该方法是基于将样本分为两部分来完成，并假定突变日期已知。

**科克伦-奥克特方法（Cochrane-Orcutt procedure）**：对标准误中某种特定形式的自相关进行校正的一种迭代方法。

**多重可决系数（coefficient of multiple determination）**：见 $R^2$。

**变异系数（coefficient of variation）**：通过标准差除以均值对序列中观测值的范围进行无单位度量，因此即使序列的测量尺度不同，也可以对序列进行有效的比较。

**协整（cointegration）**：不同的时间序列在长期中保持某种固定的关系。

**协整向量（cointegrating vector）**：描述两个或多个时间序列长期关系的参数集。

**共同因子约束（common factor restrictions）**：在运用科克伦-奥克特这类方法来校正自相关的时候，所隐含假设的参数估计条件。

**连续复利收益率（continuously compounded return）**：假定利息支付进行无限小间隔的再投资，则投资者可以获得的回报比例或百分比。

**条件期望（conditional expectation）**：在给定 $t$ 时刻可得信息集的前提下，对随机变量在 $t+s$（$s=1, 2, \cdots$）时刻取值的期望。

**条件均值（conditional mean）**：在 $t-1$ 时刻给定所有前期信息集的前提下，对 $t$ 时刻的序列均值所进行的拟合。

**条件方差（conditional variance）**：在 $t-1$ 时刻给定所有前期信息集的前提下，对 $t$ 时刻的序列方差所进行的拟合。

**置信区间（confidence interval）**：某个给定参数在某个特定程度（例如，95%）上处于的某个区间。

**置信水平（confidence level）**：1 减去假设检验的显著性水平（以比例表示，而非百分比）。

**一致性（consistency）**：当样本规模增加时，所估计的参数值收敛于其真实值。这是估计量所具有的一种理想性质。

**同期项（contemporaneous term）**：与因变量同时被测定的其他变量，即其同时在时刻 $t$ 被测定。

**连续变量（continuous variable）**：可以取任意值（可能在某个区间之内）的随机变量。

**收敛准则（convergence criterion）**：某个提前确定的规则，用来确定最优化过程什么时候停止搜索解决方案，并固定在已经找到的最优解上。

**copula**：将单个序列的分布联系在一起从而形成联合分布的一种灵活性很强的方式。

**相关系数（correlation）**：一种取值在 $-1$ 和 $+1$ 之间的标准化测度指标，表示两个变量之间的关联强度。

**相关图（correlogram）**：见自相关函数（autocorrelation function）。

**持仓成本模型（cost of carry model，简记为 COC 模型）**：用于说明现货价格及其所对应的期货价格之间均衡关系的模型，其中现货价格已经经过将现货持有到期货到期日所要付出的成本的调整。

**协方差矩阵（covariance matrix）**：见方差—协方差矩阵。

**协方差稳定过程（covariance stationary process）**：见弱平稳过程。

**抛补利率平价（covered interest parity，CIP）**：对汇率合理水平的一种表述，即汇率应该使得以一种货币借贷后再投资于另一种货币时并不能产生超额收益。

**信用评级（credit rating）**：由评级机构所做出的对借贷者能够履行付息及到期还本职责的能力的评价。

**临界值（critical value，简记为 CV）**：统计分布中的关键点，在给定检验统计量计算结果的前提下，用来确定零假设是否可以被拒绝。

**截面方程约束法（cross-equation restrictions）**：在系统中涉及不止一个方程的假设检验所需要的一组约束。

**横截面回归（cross-sectional regression）**：回归中的序列是在某个单独的时间点上对不同个体所测度出的序列。

**累积分布（cumulative distribution）**：一个函数，给出了某个随机变量的取值低于某个提前确定的值的概率。

**CUSUM 检验和 CUSUMSQ 检验（CUSUM and CUSUMSQ tests）**：对所估计的模型中的参数稳定性所做的检验，基于残差的累积之和（CUSUM）或者是某个递归回归式平方残差的累积之和（CUSUMSQ）。

**每日极差估计量（daily range estimator）**：对波动率的一个大致估计量，用所观测到的一天中的最低价和最高价计算。

**阻尼正弦波（damped sine wave）**：（主要是指）自相关函数中的一种模式。当滞后阶数增加时，函数值以正负交替但逐渐衰减的方式循环。

**数据生成过程（data generating process，简记为 DGP）**：模型中序列之间的真实关系。

**数据挖掘（data mining）**：不以任何金融理论为基础，对数据中存在的模式进行深度探究，可能会导致虚假结果。

**数据修正（data revisions）**：在首次发布之后，又对序列（尤其是宏观经济变量）所进行的更改。

**数据探测（data snooping）**：见数据挖掘。

**周内效应（day-of-the-week effect）**：股票收益率的一种系统性模式，即在一周内的某些交易日上的收益率总是比较高。

**自由度（degrees of freedom）**：影响统计分布形状进而影响其临界值的一个参数。某些分布的自由度为 1，某些分布的自由度大于 1。

**持续性程度（degree of persistence）**：某序列与其前期值的相关程度。

**德尔塔—正态法（delta normal method）**：一种基于正态性假设，将标准差乘以标准正态分布的适当分位数来计算在险价值的方法。

**因变量（dependent variable）**：模型试图解释的变量，通常用 $y$ 表示。

**确定性（deterministic）**：不包含随机成分的过程。

**迪基-富勒检验（Dickey-Fuller test）**：用来确定序列是否包含单位根的一种方法，基于变量的变化对变量的滞后值所做的一个回归。

**差分（differencing）**：用于剔除序列（随机）趋势的一种技术，通过取原始序列的滞后值从而形成一个新的序列，不过其中不再包含当前值。

**求导（differentiation）**：求取导数（即函数的斜率，亦即 $x$ 的变化所导致的 $y$ 的变化的比例）的一种数学技术。

**离散选择（discrete choice）**：核心变量只取整数值，以便捕捉到在不同选项中进行选择的一种模型。例如，选择某种特定的交通方式出门。

**离散变量（discrete variable）**：只能取一些特定值的随机变量。

**分布滞后模型（distributed lag models）**：一种模型，其中包含解释变量的滞后值，但不包含被解释变量的滞后值。

**扰动项（disturbance term）**：见误差项。

**双对数形式（double logarithmic form）**：因变量（$y$）和自变量（$x$）都是对数形式的一种模型。

**哑变量（dummy variable）**：人为构造的变量，用于捕捉定性信息。例如，男性/女性，一周中的不同交易日，新兴市场/发达市场，等等。通常是二元变量（0 或 1）。

**德宾-沃森统计量（Durbin-Watson statistic）**：检验一阶自相关的一种方法，即检验（残差）序列是否与其前一期的值相关。

**动态条件相关模型（dynamic conditional correlation model）**：以时变和自回归的方

式对相关性进行建模的一种模型。

**动态模型（dynamic model）**：包含因变量或自变量（或两者都有）的滞后项或差分项的一种模型。

**有效估计量（efficient estimator）**：估计参数的一种方法，在某种意义上是最优的。在计量经济学中，通常是指用于计算具有最小抽样方差参数的一个公式。换句话说，当样本发生变化时，估计量所出现的变化是最小的。

**有效前沿（efficient frontier）**：由所有可能的最优组合所绘出的一条曲线。

**有效市场假说（efficient market hypothesis，简记为 EMH）**：认为资产价格会快速反映有关可得信息的一种思想。

**特征值（eigenvalues）**：矩阵的特征根。

**特征向量（eigenvectors）**：在乘以某个方阵后所得到的一组向量，通过乘以某个标量会得到与初始向量不同的一组向量。

**弹性（elasticity）**：某个变量的百分比变化对另一个变量百分比变化的反应。

**涵盖准则（encompassing principle）**：一个好的模型应该能够解释甚至超越其他所有竞争性模型所能解释的内容。

**涵盖回归（encompassing regression）**：一个混合模型，其中的变量是两个或多个竞争性模型中所包含的变量，用来在这两个或多个模型中做出选择。最优模型的参数在混合模型中将会是显著的。

**内生变量（endogenous variable）**：其值是在所研究的方程系统内决定的变量。在模拟系统中，每个内生变量都有自己的一个方程来决定其生成方式。

**恩格尔-格兰杰检验（Engle-Granger test）**：用来对潜在协整回归残差进行单位根检验的一种方法。

**Engle-Ng 检验（Engle-Ng test）**：对 GARCH 模型形式是否合理进行检验的一种方法，主要是考察是否存在没有被模型所捕捉到的非对称性。

**均衡校正模型（equilibrium correction model）**：见误差校正模型。

**误差校正模型（error correction model，简记为 ECM）**：由具有平稳且一阶差分形式的变量再加上能够捕捉向长期均衡回归的项所构建的一种模型。

**误差项（error term）**：回归模型的一部分，用于刻画自变量所没有捕捉到的对因变量的其他所有综合影响。

**变量中的误差回归（errors-in-variables regression）**：当对解释变量的测量存在误差并由此具有随机性的时候，一种对回归中的参数进行有效估计的方法。

**估计值（estimate）**：从样本数据中计算得到的参数值。

**估计量（estimator）**：为了计算描述回归关系的参数，与数据一起采用的某个等式。

**事件研究（event study）**：金融学中的一种研究方法，用于考察某个可识别的事件（例如，分红公告）对公司特征（例如，该公司的股票价格）的影响，从而评价市场对该事件的反应。

**外生性（exogeneity）**：某个变量在（所研究的）模型之外被确定的程度。

**外生变量（exogenous variable）**：其值已经被给定或者是在（所研究的）方程系统之外决定的变量，因此与误差项无关。

**预期假说（expectations hypothesis）**：主要与利率期限结构问题有关。该假说认为，投资于某长期债券的期望收益率应该等于投资于一系列短期债券的收益率再加上一个风险溢价。换句话说，长期利率等于当前短期利率与未来期望短期利率的几何平均（加上一个风险溢价）。

**回归平方和（explained sum of squares，简记为 ESS）**：$y$ 的变化中能够被模型所解释的部分。

**被解释变量（explained variable）**：见因变量。

**解释变量（explanatory variable）**：在方程右边出现的那些变量，取值通常为固定的，且被认为可以用来解释因变量 $y$ 的值。

**EGARCH**：运用指数形式来刻画波动率的一种模型，所以必须对参数施加非负约束。这种模型同样可以刻画波动率与不同符号收益率之间的非对称关系。

**指数增长模型（exponential growth model）**：因变量是一个或多个自变量的指数函数。

**指数平滑（exponential smoothing）**：用于建模和预测的一种简单方法，平滑后的当前值等于序列中所有前期值的几何衰减函数。

**指数加权移动平均模型（exponentially weighted moving average model，简记为 EWMA 模型）**：为波动率建模和预测的一种简单方法，将对当前波动率的估计简单地表示为前期值的一个加权组合，且权重随着时间的推移呈现指数衰减趋势。

**极值分布（extreme value distribution）**：一个统计分布的大家庭，对离均值最远的一系列观测值建模适用。

***F* 统计量**：一个服从 $F$ 分布的指标，用来对多重假设进行检验。

**因子模型（factor model）**：资产定价中使用的模型，其中收益被分解为可以被一组已知的或潜在的变量（因子）解释的部分。

**因子载荷（factor loading）**：有几种含义，不过主要是指在主成分分析中，给出了出现在每一个成分中的变量数值。

**法马-麦克贝思方法（Fama-MacBeth procedure）**：一种用于检验资产定价模型（例如，CAPM）的两阶段方法，其中第一阶段是用一组时间序列回归估计出 $\beta$ 值，第二阶段是用横截面回归来考察这些 $\beta$ 值的解释能力。

**金融期权（financial options）**：一种有价证券，赋予购买者在未来某个特定的时刻以某个特定的价格买入或卖出另外一种资产的权利（而非义务）。

**一阶差分（first difference）**：从序列的当前值中减去前一期值所得到的一个新序列。

**拟合值（fitted value）**：对于给定的数据点（即给定的解释变量的值），模型所拟合出的 $y$ 值。

**固定效应（fixed effect）模型**：面板数据中最常用到的一种模型。该模型用哑变量来刻画对因变量 $y$ 有横截面影响，但并不随时间变化的一些变量。当然，反过来还可以用哑变量来捕捉那些对 $y$ 有时间上的影响但并不随横截面变化的变量。

**驱动变量（forcing variable）**：某些时候被当作“解释变量”的同义语来使用。或者，该名词可以表示无法观测的状态决定变量，这些状态决定变量决定着马尔科夫转换回归模型中的机制。

**预测涵盖检验（forecast encompassing test）**：将某序列的实际值对几组预测值进行回归。其基本思想在于，如果参数估计值在统计上是显著的，那么其所对应模型（即比其他模型包含了更多信息的模型）的预测值就应该涵盖其他模型。

**预测误差（forecast error）**：序列的实际值和预测值之间的差异。

**远期汇率无偏（forward rate unbiasedness，简记为 FRU）**：指“远期汇率应该是未来利率现货的无偏预测”这一假设。

**分整模型（fractionally integrated model）**：用来表示某个平稳但具有高度持续性和长记忆性序列的某种方式。

**弗雷歇分布（Frechét distribution）**：三种极限极值分布家族的成员之一，具有肥尾特点，因此最适合对金融时间序列建模，它的特例包括学生 $t$ 分布。

**函数（function）**：将一个集合的成员映射到另一个集合的成员并描述二者之间关系的表达式。

**函数形式误设（functional form misspecification）**：见 RESET 检验。

**期货价格（future price）**：某种商品或资产的价格，这些商品或资产会在未来某个提前确定的日期以某个提前确定的数量进行交付。

**GARCH-M（GARCH-in-mean）模型**：波动率的一种动态模型，其中标准差出现在模型的收益率生成过程中。

**高斯-马尔科夫定理（Gauss-Markov theorem）**：在一组特定假设成立的前提下，OLS 估计量是最佳线性无偏估计量（BLUE）。

**从一般到特殊方法（general-to-specific methodology）**：计量经济建模的一种哲学方法。开始时研究者先建立一个规模很大的模型，然后通过假设检验，将这一模型的规模缩小。

**广义自回归条件异方差模型［generalise autoregressive conditional heteroscedasticity (GARCH) model］**：常用的一种动态波动率模型。

**广义最小二乘法（generalised least squares，简记为 GLS）**：估计计量模型的一种方法，比普通最小二乘法更为灵活，可以用来放松普通最小二乘法中的一个或多个假设。

**广义矩估计法（generalised method of moments）**：一种基于一组特定的矩约束条件来估计模型参数的方法，这些约束条件使用了样本中的信息；该方法可以处理约束比要估计的参数更多的情况。

**广义无约束模型（generalised unrestricted model，简记为 GUM）**：从一般到特殊的建模方法中，第一步中最开始指定的那个大规模模型。

**几何数列（geometric progression）**：一个数字序列，从序列中的一个数字到下一个数字的变化是通过乘以一个固定数字（可能是分数）得到的。

**金边债券—股票收益率之比（gilt-equity yield ratio，简记为 GEYR）**：长期政府债券收益率与股票红利收益率的比值。

**GJR 模型（GJR model）**：由 Glosten，Jaganathan 和 Runkle（1993）提出的一个时变波动率模型，可以对波动率与不同符号收益率之间的非对称关系进行刻画。

**戈德菲尔德-匡特异方差检验（Goldfeld-Quandt test for heteroscedasticity）**：考察模

型残差是否具有常数方差的若干检验方法中的一种。

**拟合优度统计量（goodness of fit statistics）**：衡量所估计的模型对样本数据拟合效果的一个指标。

**格兰杰表述定理（Granger representation theorem）**：如果存在一个带有平稳扰动项的动态线性模型，但其中的成分变量是非平稳的，那么它们必定是协整的。

**耿贝尔分布（Gumbel distribution）**：极限极值分布家族的三个成员之一，其尾部厚度中等并且形状参数为零。它的特例包括正态分布和对数正态分布。

**汉密尔顿滤波（Hamilton's filter）**：一种马尔科夫转换模型，其中不可观测的状态变量以一阶马尔科夫过程在不同的离散机制之间实现转换。

**汉南-奎因信息准则（Hannan-Quinn information criterion）**：一个衡量标准，用来从一组竞争性模型中选出具有最优拟合效果的模型，其中包含一个对额外增加的参数所施加的力度比较适中的惩罚项。

**豪斯曼检验（Hausman test）**：对某变量是否为外生，以及是否需要为其单独确定一个结构性模型所进行的检验。另外，该检验还可以用来对随机效应模型在面板回归中的作用是否有效或者是否需要运用固定效应模型进行检验。

**赫克曼方法（Heckman procedure）**：一种对选择偏差进行校正的两阶段方法，其中选择偏差出现在没有进行随机选择的样本中。

**套期保值比率（hedge ratio）**：在运用期货合约进行套期保值的时候，对所持有的每一单位现货资产所应卖出的期货合约的数量。

**幸福定价模型（hedonic pricing model）**：一种建模方法，将实物资产的价格确定为其特征的函数。

**异方差（heteroscedasticity）**：序列的方差在整个样本上不是常数。

**异方差稳健（heteroscedasticity-robust）**：由即使存在异方差也仍然有效的某种方法所计算的一组标准误（或检验统计量）。

**希尔估计（Hill estimator）**：一种用于确定广义帕累托分布形状参数的非参数方法。

**历史模拟（historical simulation）**：一种通过根据有序收益率的历史分布测量适当分位数来估计在险价值的方法。

**超参数（hyperparameter）**：数值在估算之前设定的参数。在贝叶斯背景下，它是先验参数，而在状态空间模型中，它在卡尔曼滤波最终扫描之前是固定的。

**假设检验（hypothesis test）**：在得到样本估计值之后，对总体真实参数的合理取值进行考虑的一个框架。

**可识别性（identification）**：一个模拟系统中某个特定方程的所有结构性参数是否可以由估计其所对应的简化形式的方程来重新获得的一个条件。

**单位阵（identity matrix）**：主对角线上的元素都是1且其他元素都是0的一个方阵。

**隐含波动率模型（implied volatility model）**：运用期权价格和某个期权定价公式来计算标的资产波动率的一种方法。

**脉冲响应（impulse response）**：在向量自回归系统中考察某个变量所受到的单位冲击对另外一个变量的影响。

**独立变量（independent variable）**：见解释变量。

**信息准则（information criteria）**：在竞争性模型中进行选择的一组方法。当模型中包含大量参数时，能够自动施加校正性惩罚。

**工具变量（instrumental variable）**：用于取代回归方程右边的内生变量。与所取代的变量相关，但与回归中的误差项无关。

**单整 GARCH（integrated GARCH）**：方差服从非平稳过程的一个模型，所以冲击对于波动率参数的影响会无限持续。

**单整变量（integrated variable）**：需要取差分才能变平稳的变量。

**积分（integration）**：用来计算曲线下面积的过程——在数学上与微分运算相反。

**交互哑变量（interactive dummy variable）**：将哑变量乘以一个解释变量，从而允许回归斜率按照哑变量的值发生变化。

**截距（intercept）**：回归线穿越 $y$ 轴的点，有时也叫做“常数项的系数”，或者直接叫做“常数项”。

**内部收益率（internal rate of return，IRR）**：使项目的净现值等于零的贴现率。

**四分位数间距（interquartile range）**：第一个和第三个四分位数之差，即有序分布中的第 25 个百分位数和第 75 个百分位数之差，有时用来度量分散程度。

**（矩阵的）逆阵［inverse（of a matrix）］**：一个经转换了的矩阵，其与原始矩阵相乘后得到单位阵。

**可逆性（invertibility）**：指一个移动平均模型可以被重写为一个有效的有限阶自回归模型所需要满足的条件。

**无关变量（irrelevant variable）**：包含在回归方程中，但实际上对因变量没有任何影响的变量。

**詹森 α（Jensen's alpha）**：收益率对某个资产组合或基于某个（或一组）风险因子的策略所进行的回归中的截距估计值，特指 CAPM 中的截距估计值。该指标度量了所取得的异常好或异常差表现的程度。

**约翰森检验（Johansen test）**：用来确定一组变量是否协整的一种方法，即确定该组变量是否具有长期均衡关系。

**联合假设（joint hypothesis）**：一种多重假设，同时施加了不止一个约束条件。

**恰好识别方程（just identified equation）**：某个系统中结构性方程的参数可以通过简化形式方程的估计值来唯一替代时的情况。

**卡尔曼滤波（Kalman filter）**：一种在时变参数模型中估计状态向量的方法。

**KPSS 检验（KPSS test）**：一种平稳性检验，检验中的零假设为“序列是平稳的”，而备择假设为“序列不是平稳的”。

**峰度（kurtosis）**：序列标准化的四阶矩，所测度是序列分布是否具有“厚尾”特征。

**滞后长度（lag length）**：模型中所用到的序列滞后值的个数。

**滞后算子（lag operator）**：取序列的当前值并将其转换为序列过去值的一种代数符号。

**拉格朗日乘子（Lagrange multiplier，简记为 LM）检验**：用在极大似然估计中，涉及只估计有约束的回归。在实际操作中，该检验通常通过计算辅助回归的 $R^2$ 来构建一

个服从 $\chi^2$ 分布的检验统计量来实现。

**大数定律（law of large numbers）**：当样本规模不断增加时，样本均值会接近总体均值的真实值（即期望值）。

**最小二乘法（least squares）**：见普通最小二乘法。

**最小二乘哑变量（least squares dummy variable，LSDV）**：在每个横截面单元中运用 0—1 截距哑变量估计面板数据模型的一种方法。

**尖峰厚尾（leptokurtosis）**：与具有相同均值和方差的正态分布相比，某个序列在均值附近分布的峰更高，且尾部更厚。

**杠杆效应（leverage effects）**：在股票价格出现较大的下跌之后，所出现的波动率比同样规模的价格上升后所出现的波动率更大，原因在于其对公司债务股本比（杠杆）的影响。

**似然函数（likelihood function）**：将数据和参数联系到一起的一种数学表达式。似然函数是通过对误差施加分布假设来得到的，并且通过将其最大化来得到参数值。

**似然比检验［likelihood ratio（LR）test］**：极大似然估计中的一种假设检验方法，主要围绕着对有约束模型和无约束模型似然函数值的比较来实现。

**受限因变量（limited dependent variable）**：因变量的取值受到某种形式的约束。在这种情况下，用 OLS 来估计模型参数是无效的。

**线性概率模型（linear probability model）**：一个简单但是有缺陷的模型，当回归模型中的因变量是二值变量（0 或 1）的时候适用。

**线性（linearity）**：变量之间的关系可以由一条（可能是多维的）直线来描述的程度。

**杨-博克斯检验（Ljung-Box test）**：有关变量或残差序列中自相关的常规检验。

**对数（logarithm）**：有时写成 log，数字中必须包含底数。

**对数似然函数（log-likelihood function，*LLF*）**：似然函数的自然对数。

**对数-对数模型（log-log model）**：见双对数模型。

**logit 模型（logit model）**：当回归模型中的因变量是二元变量时适用，可以保证所估计的概率位于 0 和 1 之间。

**长记忆模型（long-memory model）**：见分整模型。

**长期静态解（long-run static solution）**：对动态方程的代数处理，以便构建变量间的长期关系。

**纵向数据（longitudinal data）**：见面板数据。

**损失函数（loss function）**：用于评价模型的拟合精度或预测精度。模型参数通常是由最小化或最大化某个似然函数进行估计。

**李雅普诺夫指数（Lyapunov exponent）**：用来确定序列是否可以被描述为具有混沌特征的一种属性。

**边际效应（marginal effects）**：解释变量的变化对 probit 和 logit 模型概率变化的影响。计算边际效应是为了对模型进行直观解释。

**边缘概率（marginal probability）**：单个随机变量的概率。

**市场微观结构（market microstructure）**：一个金融学术语，与市场运作方式有关，也与市场设计和结构对交易后果（包括价格、成交量和交易成本）的影响有关。

**市场风险溢价（market risk premium）**：投资者为了接受一单位额外的市场风险所要求的额外收益率，通常是通过求取一个股票组合的收益率和一个无风险利率代理的收益率之差来计算。

**市场择时（market timing）**：投资者在不同资产种类间选择最佳投资时机的能力。

**马尔科夫转换模型（Markov switching model）**：一种对在不同机制间转换的因变量建模的时间序列方法，这一转换是按照某个不可观测的状态变量的取值来实现的，该状态变量服从马尔科夫过程。

**马夸尔特算法（Marquardt algorithm）**：一种最优化方法。举例来说，可以作为极大似然估计的参数估计方法的一部分。

**矩阵（matrix）**：由行和列所组成的一个二维数字序列。

**极大似然法（maximum likelihood，ML）**：参数估计的一种方法，基础是构建似然函数并将其最大化，在非线性模型中特别有用。

**测度方程（measurement equation）**：描述所关心的时间序列和状态向量之间的联系。它是状态空间模型的两个方程之一（另一个是状态方程）。

**中位数（median）**：有序序列中心的观测值，是平均值的度量方式。

**矩估计法（method of moments）**：基于一组指定的矩约束条件进行模型参数估计的方法，约束条件使用到了样本中的信息；该方法仅适用于约束条件数量等于要估计的参数数量的情况。

**误设错误（misspecification error）**：当模型被错误估计时会出现的情况。例如，变量之间的真实关系是非线性的，却采用了线性模型。

**误设检验（misspecification test）**：即诊断检验，可以为研究者提供模型（特别是残差）是否具有良好统计性质的有关信息。

**众数（mode）**：序列中最常见的观测值，是平均值的度量方式。

**模型阐释（model interpretation）**：依照参数符号和大小是否具有直观意义来对估计后的模型进行的考察。

**矩（moments）**：分布的矩描述了该分布的形状。一阶矩是均值，二阶矩是方差，三阶（标准化）矩是偏度，四阶（标准化）矩是峰度。五阶及更高阶的矩很难解释，因此一般不会计算它们。

**移动平均过程［moving average（MA）process］**：因变量取决于某个白噪声（误差）过程的当前值和过去值的一种模型。

**多重共线性（multicollinearity）**：回归模型中的两个或多个解释变量具有高度相关性时会出现的一种现象。

**多峰（multimodal）**：分布的一种特性，不是在均值附近有单独的一个峰，而是在多处都可以达到最大值。

**多元广义自回归条件异方差模型（multivariate GARCH model）**：关于时变方差和时变协方差的一组动态模型。

**神经网络模型（neural network model）**：一组统计模型，其结构大致类似于人脑的计算方式。这类模型已经被用于时间序列建模和分类。

**尼威-韦斯特估计量（Newey-West estimator）**：用于调整标准误以便考虑异方差和/或回归模型残差自相关的一种方法。

**信息冲击曲线（news impact curve）**：用图形说明波动率对不同程度的正向冲击和负向冲击的反应。

**牛顿-拉夫逊方法（Newton-Raphson procedure）**：一种迭代最优化方法，即找到能使函数最大化或最小化的某个参数值或一组参数值。

**名义序列（nominal series）**：没有经过平减处理的序列，即没有经过通货膨胀调整的序列。

**非线性最小二乘法（non-linear least square，NLS）**：一种用来估计非线性模型（即参数是非线性形式的模型）的技术，其基础是将残差平方和最小化。

**非负约束（non-negativity constraint）**：指有时对非线性模型的参数估计值所必须施加的条件，以便保证这些参数估计值不能为负，因为负值没有任何实际意义。

**非嵌套模型（non-nested model）**：至少有两个模型，且没有一个是另外一个的（即受约束的）特例。

**非正态性（non-normality）**：不服从正态或高斯分布。

**非参数（non-parametric）**：不根据数据遵循特定统计分布假设进行建模和推理的方法。

**非平稳性（non-stationarity）**：时间序列的一种特性，指该序列不具有常数均值、常数方差和常数协方差结构。

**零假设（null hypothesis）**：被实际检验的正式表述，是假设检验的一部分。

**观测值（observation）**：用于分析的数据点的别称。

**被忽略变量（omitted variable）**：某个对因变量具有解释作用却没有包含在回归模型中的变量，会导致对现有参数的有偏推断。

**单侧假设检验（one-sided hypothesis test）**：当有理论显示备择假设只能以大于或小于的形式出现时的情况。

**最优资产组合（optimal portfolio）**：能够使得在给定风险的前提下取得最大收益，或在给定收益的前提下风险最小的风险资产组合。

**积整阶数（order of integration）**：将一个随机非平稳序列变为平稳序列所需要的差分次数。

**排序反应变量（ordered response variable）**：通常是指模型中的因变量只能取几个具有自然顺序的值（例如，这些值代表主权信用评级结果）。

**序数标度（ordinal scale）**：某个取值受限的变量，其值只能定义某个位置或顺序，所以对变量所取的精确值没有任何直接的解释。

**普通最小二乘（ordinary least squares，OLS）**：用于估计线性回归模型的标准方法，也是最常用的方法。

**样本外（out-of-sample）**：某些时候，不用所有的观测值来估计模型（样本内数据），而是将其中的一部分保留起来进行预测（样本外数据）。

**异常值（outliers）**：与其他观测值的模式不一样的数据点，并且距离所拟合的模型也很远。

**过度拟合（overfitting）**：估计一个具有过多参数的规模过大的模型。

**过度识别方程（overidentified equation）**：结构性方程系统中不止一个的参数估计值可以由简化形式方程中的估计值来替代。

**过度反应效应（overreaction effect）**：当信息到达市场时，资产（特别是股票）价格过度偏离其均衡价格。

**规模过度检验（oversized test）**：当零假设实际为真时，出现过多拒绝该零假设情况的统计检验。

***p* 值（*p*-value）**：精确的显著性水平，或者使我们可以拒绝也可以不拒绝零假设的边际显著性水平。

**面板数据分析（panel data analysis）**：所使用的数据既有时间序列维度，也有横截面维度。

**简洁模型（parsimonious model）**：用尽可能少的参数尽可能精确地描述数据。

**偏自相关函数（partial autocorrelation function，pacf）**：在去除了所有中间滞后值的影响后，对变量当前值与 $k$（$k=1$，2，…）期滞后值之间相关性的测度。

**越界峰值（peak over threshold）**：指定固定的临界点并将超出临界点的观测值视为极值来估计极值分布参数的方法。

**啄食顺序假说（pecking order hypothesis）**：来自公司金融理论，指公司首先会选择最便宜的融资手段（通常情况下是保留收益），然后才会转向更为昂贵的融资方式。

**完全多重共线性（perfect multicollinearity）**：回归模型中所用到的某个解释变量是另外一个或多个其他解释变量的线性组合时会出现的情况。

**时期效应（period effects）**：见时间固定效应。

**分段线性模型（piecewise linear model）**：某个模型在一段有限的数据区间内是线性的（即可以表示为一条直线），但在其他区间上是非线性的。

**多项式（polynomial）**：含有同一变量不同幂的方程。

**混合样本（pooled sample）**：数据是面板形式（既有时间序列维度，也有横截面维度），但在使用的时候不考虑这一面板结构。

**总体（population）**：与模型所要检验的想法有关的所有对象和个体的集合。

**总体回归函数（population regression function，PRF）**：体现了因变量和自变量之间的真实却无法观测的关系的模型的描述。

**混成检验（portmanteau test）**：对非线性模式或模型设定错误的一般性检验，换句话说，可以对大量不同的模型结构所进行的检验。

**头寸风险要求（position risk requirement）**：见在险价值。

**检验效能（power of test）**：恰当地拒绝一个错误零假设的能力。

**提前确定的变量（pre-determined variable）**：与回归误差项的当前值与前期值无关，但与误差项的将来值有关的变量。

**预测值（predicted value）**：见拟合值。

**预测失败检验（predictive failure test）**：对回归模型中的参数稳定性或结构性变化所做的检验，基于对数据的一个子样本所进行的辅助回归，并对该模型对其他观测值的“预测”效果进行评价。

**现值（present value）**：将来预计收到的现金流在今天的价值。

**价格平减指数（price deflator）**：度量经济中一般价格水平的一个序列，用来将名义序列调整为实际序列。

**主成分分析（principal components analysis，PCA）**：当一组变量高度相关时有时会使用的技术。特别地，该技术是将一组相关序列转换为一组新的线性独立序列的数学处理。

**概率密度函数（probability density function，pdf）**：用来描述随机变量的取值落在某个给定区间内的可能性。

**Probit 模型（Probit model）**：一种适用于二值（0 或 1）因变量的模型，用于转换模型的潜在函数是一个累积正态分布。

**乘积（product）**：两个或多个项相乘。

**伪随机数（pseudo-random numbers）**：用某个纯粹的确定性序列（也就是用计算机）所产生的一组人工随机数。

**购买力平价（purchasing power parity，PPP）**：一种关于汇率的假说，内涵是对于一篮子代表性商品和服务来说，不管在哪里购买，在将购买成本转换成一种常用货币后，其成本应该是一样的。

**二次方程式（quadratic）**：仅包含（线性和）平方项的方程。

**定性变量（qualitative variable）**：见哑变量。

**匡特似然比检验（Quandt likelihood ratio test）**：对回归模型中的结构性突变所做的检验，基于邹至庄检验，但突变日期被假定为未知的。

**分位数（quantile）**：按照观测值降序排列的序列中的某个位置（0—1 区间）。

**分位数回归（quantile regression）**：构建一组回归模型的建模方法，其中每一个回归模型都是对因变量分布的不同分位数所建立的。

**商（quotient）**：一项除以另一项。

$R^2$：一种标准化的测度指标，取值在 0 和 1 之间，衡量样本回归模型能在多大程度上拟合数据。

**随机效应模型（random effect model）**：一种特定的面板数据模型，其中截距项在横截面上可以有所变化，原因在于横截面个体的误差项各不相同。

**随机游走（random walk）**：一种简单模型，其中序列的当前值等于其前期值加上一个白噪声（误差）项，由此对变量的最佳预测就是其最近的观测值。

**带有漂移项的随机游走（random walk with drift）**：包含截距项的随机游走模型，由此并不要求变量变化的平均值为零。

**（矩阵的）秩（rank）**：对矩阵的所有行和列是否彼此独立的一种度量。

**实际序列（real series）**：经过平减（即经过通货膨胀调整）的序列。

**递归模型（recursive model）**：一种用长度逐渐增加的子样本来估计一组时间序列回归模型的方法。在估计完第一个模型之后，要在样本最后再加上一个观测值，由此样本规模会增加一个。重复这一过程，直到样本中的最后一个观测值被纳入。

**简化形式方程（reduced form equations）**：右边不包含内生变量的方程，该方程已经从模拟系统的结构性形式中以代数形式导出。

**冗余固定效应检验（redundant fixed effects test）**：对是否一定要采用固定效应面板模型所进行的检验，当然也可以对是否可以将数据直接混合并用标准的最小二乘回归模型估计进行检验。

**因变量（regressand）**：见因变量。

**自变量（regressor）**：见解释变量。

**拒绝域（rejection region）**：如果检验统计量落在了分布函数图的这一区域中，零假设就要被拒绝。

**重复抽样（re-sampling）**：通过从原始数据中进行有放回的抽样，创建用于计算标准误或临界值的模拟分布。

**RESET 检验（RESET test）**：一种非线性检验，或对函数形式是否存在误设（即回归模型的形式是否为错误的）所进行的检验。例如，所估计的模型是线性的，但实际上是非线性的。

**残差诊断（residual diagnostics）**：对残差进行的考察，分析其中是否还存在因变量所具有的但没有被模型所捕捉到的某些模式。

**残差平方和（residual sum of squares，RSS）**：实际数据值与所对应的模型拟合值之间差异的平方和。

**残差项（residual terms）**：因变量的真实值与其模型估计值之差。换句话说，就是因变量中无法被模型所解释的那一部分。

**有约束的模型（restricted model）**：参数不能由数据自由决定，而是对一个或多个参数的取值已经施加了若干约束的一种回归模型。

**风险溢价（risk premium）**：投资者承担了风险之后所期望得到的额外收益率。

**无风险套利机会（riskless arbitrage opportunities）**：见套利。

**滚动窗口（rolling window）**：用固定长度的子样本来估计一系列时间序列回归模型的方法。在估计完第一个模型后，将第一个观测值剔除，并在子样本尾部再补充一个观测值。重复这一过程，直到最后一个样本观测值被纳入。

**根（root）**：函数与 $x$ 轴交叉的点，也是等式的解，即 $y$ 为零时 $x$ 的对应值。

**样本（sample）**：用来估计模型的（总体中）一些个体的集合。

**样本回归函数（sample regression function，SRF）**：由实际数据所估计的回归模型。

**样本规模（sample size）**：样本中每个序列的观测值数量或数据点数量。

**抽样误差（sampling error）**：参数估计中的不精确性，源自我们只能得到一个样本而非总体，结果是参数估计值会因样本不同而不同。

**施瓦茨贝叶斯信息准则（Schwarz's Bayesian information criterion，SBIC）**：用来从一组竞争性模型中选择最优拟合模型的一个指标，其中包含一个对额外增加的参数所施加的严格惩罚项。

**二阶矩（second moment）**：分布的矩定义了分布的形状，二阶矩是数据方差的另外一种叫法。

**似不相关回归（seemingly unrelated regression，SUR）**：用来为若干高度相关的因变量建模的一种时间序列回归方法。该方法允许回归的误差项之间存在相关性，由此可以改善估计的效率。

**自激励门槛自回归模型（self-exciting threshold autoregression model，SETAR model）**：状态决定变量与所研究的变量保持一致的一种 TAR 模型。

**半四分间距（semi-interquartile range）**：除了方差外，对数据离散程度的另外一种度量。基于排序后数据的第一个四分位点和第三个四分位点之差。

**对初始条件的敏感相依性（sensitive dependence on initial conditions，SDIC）**：一个混沌系统所具有的非常明显的特性，即初始值的一个无穷小的改变会给系统带来随时间推移而呈指数增长的冲击。

**序列相关（serial correlation）**：见自相关。

**夏普比率（Sharpe ratio）**：金融学中一种经风险调整的收益率测度指标，计算方法是从资产组合收益率中减去无风险收益率，再除以资产组合的标准差。

**冲击（shocks）**：回归模型中扰动项的一个别称。

**卖空（short-selling）**：卖出一项你并不拥有的资产，并期望在未来价格下跌时再次买回。

**显著性水平（significance level）**：统计检验中拒绝域的大小，也等于错误拒绝正确零假设的概率。

**符号和大小偏差检验（sign and size bias test）**：波动率非对称性检验，即考察同等规模的正向冲击和负向冲击对波动率的影响是否一样。

**联立方程（simultaneous equation）**：一组具有相互联系的方程，每一个方程中都包含若干变量。

**检验规模（size of test）**：见显著性水平。

**偏度（skewness）**：分布的标准化三阶中心矩，说明分布围绕其均值是否对称。

**滑点时间（slippage time）**：从计算机生成某个交易规则到交易得到执行，这中间所花费的时间。

**斜率（slope）**：（回归）直线的梯度，由两点间因变量 $y$ 的变化量除以这两点间自变量 $x$ 的变化量来计算。

**主权信用评级（sovereign credit ratings）**：对政府所发行债务的风险进行评价。

**主权收益率差（sovereign yield spreads）**：通常定义为所研究的主权债务收益率与美国国债收益率之差。

**从特殊到一般的建模方法（specific-to-general modelling）**：计量经济建模的一种哲学方法，从理论所指明的某个特定模型开始，不断丰富和修正，直至可以对现实提供比较好的描述。

**样条技术（spline technique）**：一种分段线性模型，涉及对不同部分的数据以分段的形式使用多项式函数。

**现货价格（spot price）**：立即交付的一定数量的商品或资产的价格。

**伪回归（spurious regression）**：如果某个回归中包含两个或以上具有非平稳性的自变量，那么即使变量之间没有任何关系，在标准的统计检验下，这些自变量的斜率估计值也可能会显示出高度的显著性，同时 $t$ 值的显著性也会很高。

**标准差（standard deviation）**：对数据在其均值周围散布程度的一种度量，与数据具有同样的单位。

**标准误（standard error）**：对回归估计值的精确性或可靠性的一种度量。

**状态方程（state equation）**：描述系统的状态，并将当前状态与将来状态联系起来，是状态空间模型中的两个方程之一（另一个是测度方程）。

**状态空间模型（state space model）**：具有两个或多个方程（包括状态和测度方程）的模型，这些方程描述了序列是如何随时间变化的。

**平稳变量（stationary variable）**：不包含单位根或爆炸根的变量，可以直接应用到回归模型中。

**统计推断（statistical inference）**：从样本估计值中得到总体可能具有的有关特征。

**统计显著（statistically significant）**：如果零假设被拒绝（通常用5%的显著性水平），结果就是统计显著的。

**随机自变量（stochastic regressors）**：在使用回归模型时，通常会假定自变量是非随机的或固定的。但是在实践中，这些自变量可能是随机的。举例来说，自变量中可能包含因变量的滞后值或内生变量。

**随机趋势（stochastic trend）**：如果某些水平时间序列具有随机趋势，这就意味着它们可以被描述为一个非平稳的单位根过程。

**随机波动模型［stochastic volatility（SV）model］**：一种不如GARCH更为常用的模型，具体是用一个包含误差项的方程来为条件方差建模。

**严格外生变量（strictly exogenous variables）**：与误差项的过去值、当前值和未来值都无关的变量。

**严平稳过程（strictly stationary process）**：随着时间的推移，整个概率分布都保持不变。

**结构突变（structural break）**：时间序列或模型的性质所发生的长期的本质性改变。

**结构性方程（structural equations）**：描述某个模拟系统的初始方程，在方程右边包含内生变量。

**平方残差之和（sum of squared residuals）**：见残差平方和。

**转换模型（switching model）**：用于描述某个变量的行为在两个或多个不同状态之间转换的计量经济模型。

***t* 比率（*t*-ratio）**：参数估计值与其标准误的比值，构造该统计量是为了用来检验“参数的真实值等于1”的零假设。

**泰尔 *U* 统计量（Theil's *U*-statistic）**：用来对预测进行评价的一个指标，其计算方法是用所考察的模型的预测值的均方误差除以基础模型预测值的均方误差。如果该统计量小于1，说明所考察的模型的预测能力较基础模型更强。

**门槛自回归模型［threshold autoregressive（TAR）model］**：一种时间序列模型。当某个潜在的（可观测）变量超出某个特定的门槛值的时候，所考虑的序列会在不同类型的自回归动力学机制之间发生转换。

**时间固定效应（time fixed effects）**：一种面板数据模型，允许回归截距在时间上有所变化。当所研究的变量的平均值在时间上发生变化，但在横截面上不变时，这种模型特别有用。

**时间序列回归（time-series regressions）**：用时间序列数据（即所搜集的一个或多个

变量在一段时间内的数据）所建立的模型。

**Tobit 回归（Tobit regression）**：因变量为删失变量时所适用的一种模型。所谓删失变量，就是在超过一定门槛时，即使自变量的值可以观测，因变量的值也无法观测的一类变量。

**总平方和（total sum of squares，TSS）**：因变量 $y$ 与其均值 $\bar{y}$ 之间偏差的平方和。

**矩阵的迹（trace of a matrix）**：左上角到右下角的主对角线上的元素之和。

**转换概率（transition probabilities）**：由对某个马尔科夫转换变量从一种机制转换到另一种机制可能性的估计值所构成的方阵。

**截断因变量（truncated dependent variable）**：指在超过一定门槛后，因变量和自变量的值都无法观测。

**两阶段最小二乘法（two-stage least square，2SLS）**：一种参数估计方法，可以在模拟方程系统中得到有效应用。

**非平衡面板（unbalanced panel）**：同时具有时间序列维度和横截面维度的一组数据，但其中存在某些缺失值。也就是说，可用的时间序列观测值的数量在不同的横截面个体上是不一样的。

**无偏估计量（unbiased estimator）**：是指某个公式，或一组公式，由其所得到的估计值在平均意义上等于所对应的总体参数的真实值。

**无抛补利率平价（uncovered interest parity，UIP）**：同时应用抛补利率平价和远期利率无偏时所成立的一种理论。

**不可辨认或不可识别方程（underidentified or unidentified equation）**：当系统中结构性方程的参数估计值无法由简化形式方程的估计值所替代时会发生的情况，原因在于后者中没有足够的信息。

**单位根过程（unit root process）**：如果某个非平稳序列在经过一阶差分后变为平稳序列，那么该序列就服从一个单位根过程。

**未参数化（unparameterised）**：如果因变量 $y$ 的某个特征没有被模型捕捉到，那么它就是未参数化的。

**无约束回归（unrestricted regression）**：在构建时没有施加任何约束的模型，因此估计技术可以自由地确定参数估计值。

**在险价值（value-at-risk，VaR）**：以资产组合在未来某个特定时期内以某个特定概率所可能发生的损失为基础的一种风险度量方法。

**方差—协方差矩阵（variance-covariance matrix）**：主对角线上的元素由一组随机变量的方差构成，非主对角线上的元素由其协方差构成的一种矩阵。

**方差分解（variance decomposition）**：考察向量自回归模型中每个变量重要性的一种方式，具体是计算每个因变量的预测误差方差中有多大一部分可以被每个自变量所解释。

**方差减小技术（variance reduction techniques）**：蒙特卡洛模拟中用到的一类技术，主要是为了减少重复抽样次数以便为估计值取得某个特定大小的标准误。

**VECH 模型（VECH model）**：一种相对简单的多变量方法，可以实现对堆叠为一个向量的时变方差和协方差的估计。

**向量自回归模型［vector autoregressive（VAR）model］**：一种多元时间序列模型，其中（所有）变量的滞后值都出现在（无约束）模型（所有）方程的右边。

**向量自回归移动平均模型［vector autoregressive moving average（VARMA）model］**：每个方程中都会出现误差项滞后值的一种 VAR 模型。

**向量误差校正模型（vector error correction model，VECM）**：嵌入到 VAR 框架中的一种误差校正模型，由此可以对一组变量之间的短期关系和长期关系同时进行建模。

**向量移动平均模型［vector moving average（VMA）model］**：一种多元时间序列模型，模型中的序列表示为白噪声过程向量滞后值的组合。

**波动率（volatility）**：序列在时间上高低变换的程度，通常用序列的标准差或方差表示。

**波动聚集（volatility clustering）**：资产收益率变化的"堆集"趋势，即高波动率和低波动率都有延长期。

**瓦尔德检验（Wald test）**：只在备择假设下进行估计时的一种假设检验方法，假设检验最一般的形式（例如，$t$ 检验和 $F$ 检验）就是瓦尔德检验。

**弱外生变量（weakly exogenous variable）**：见提前确定的变量。

**弱平稳过程（weakly stationary process）**：对每个特定的滞后项都有常数均值、常数方差和常数协方差的过程。

**韦布尔分布（Weibull distribution）**：具有短尾特点以及固定的端点，是极限极值分布家族的三个成员之一。

**加权最小二乘法（weighted least squares，WLS）**：见广义最小二乘法。

**白噪声过程（white noise process）**：具有固定的均值和方差，但不具有其他结构（即其所有滞后阶数的自相关系数都为零）的一种过程。通常是将回归模型中的误差项假定为一个白噪声。

**怀特校正（White's correction）**：对回归参数标准误所进行的一种校正，允许估计方程的残差中存在异方差。

**怀特检验（White's test）**：对模型误差项的异方差假设是否有效所进行的一种检验，其基础是估计一个残差平方对自变量、自变量的平方及其交叉乘积项所进行的辅助回归。

**组内变换（within transformation）**：用在固定效应面板模型中，涉及从每个变量中减去时间序列均值，从而减少估计所要求的哑变量的个数。

**沃尔德分解定理（Wold's decomposition theorem）**：任何一个平稳序列都可以分解为两个不相关过程之和，其中一部分是完全确定的，另一部分是完全随机的。

**收益率曲线（yield curves）**：说明债券的收益率如何随着到期时间的增加而变化。

**尤尔-沃克方程（Yule-Walker equations）**：用来计算自回归模型的自相关函数系数的一组公式。

# 参考文献

Akaike, H. (1974) A New Look at the Statistical Model Identification, *IEEE Transactions on Automatic Control* AC-19 (6), 716-23

Akgiray, V. (1989) Conditional Heteroskedasticity in Time Series of Stock Returns: Evidence and Forecasts, *Journal of Business* 62 (1), 55-80

Amemiya, T. (1984) Tobit Models: A Survey, *Journal of Econometrics* 24, 3-61

Andersen, T. and Bollerslev, T. (1998) Answering the Skeptics: Yes, Standard Volatility Models do Provide Accurate Forecasts, *International Economic Review* 39, 885-905

Anselin, L. (1988) *Spatial Econometrics: Methods and Models*, Kluwer Academic, Dordrecht

Antoniou, A. and Garrett, I. (1993) To What Extent Did Stock Index Futures Contribute to the October 1987 Stock Market Crash?, *Economic Journal* 103, 1444-61

ap Gwilym, O., Clare, A. and Thomas, S. (1998) The Bid-Ask Spread on Stock Index Options: An Ordered Probit Analysis, *Journal of Futures Markets* 18 (4), 467-85

Arellano, M. (2003) *Panel Data Econometrics*, Oxford University Press, Oxford

Armitage, S. (1995) Event Study Methods and Evidence on Their Performance, *Journal of Economic Surveys* 8 (4), 25-52

Babbs, S. H. and Nowman, K. B. (1999) Kalman Filtering of Generalized Vasicek Term Structure Models, *Journal of Financial and Quantitative Analysis* 34 (1), 115-30

Bai, J. and Ng, S. (2004) A Panic Attack on Unit Roots and Cointegration, *Econometrica* 72, 1127-77

Baillie, R. T. (1989) Tests of Rational Expectations and Market Efficiency, *Econometric Reviews* 8, 151-86

Baillie, R. T. and Bollerslev, T. (1989) The Message in Daily Exchange Rates: A Conditional-Variance Tale, *Journal of Business and Economic Statistics* 7 (3), 297-305

Baillie, R. T. and Myers, R. J. (1991) Bivariate GARCH Estimation of the Optimal Commodity Futures Hedge, *Journal of Applied Econometrics* 6, 109-24

Baks, K., Metrick, A. and Wachter, J. A. (2001) Should Investors Avoid All Actively Managed Mutual Funds? A Study in Bayesian Performance Evaluation, *Journal of Finance* 56 (1), 45-85

Ball, R. and Brown, P. (1968) An Empirical Evaluation of Accounting Numbers, *Journal of Accounting Research* 6 (2), 159-78

Ball, R. and Kothari, S. P. (1989) Nonstationary Expected Returns: Implications for Tests of Market Efficiency and Serial Correlation in Returns, *Journal of Financial Economics* 25, 51-74

Baltagi, B. H. (2005) *Econometric Analysis of Panel Data*, John Wiley, Chichester

Banerjee, A., Lumsdaine, R. L. and Stock, J. H. (1992) Recursive and Sequential Tests of the Unit-Root and Trend-Break Hypotheses: Theory and International Evidence, *Journal of Business and Economic Statistics* 10, 271-87

Barber, B. and Lyon, J. (1997) Detecting Long-Run Abnormal Stock Returns: The Empirical Power and Specifications of Test Statistics, *Journal of Financial Economics* 43, 341-72

Bassett, G. W. and Chen, H-L. (2001) Portfolio Style: Return-based Attribution Using Quantile Regression, *Empirical Economics* 26, 293-305

Bauwens, L. and Laurent, S. (2002) A New Class of Multivariate Skew Densities with Application to GARCH Models, *CORE Discussion Paper* 2002/20

Bauwens, L., Laurent, S. and Rombouts, J. V. K. (2006) Multivariate GARCH Models: A Survey, *Journal of Applied Econometrics* 21, 79-109

Bauwens, L. and Lubrano, M. (1998) Bayesian Inference on GARCH Models Using the Gibbs Sampler, *Econometrics Journal* 1 (1), 23-46

Beck, T. and Levine, R. (2004) Stock Markets, Banks and Growth: Panel Evidence, *Journal of Banking and Finance* 28, 423-42

Benninga, S. (2017) *Principles of Finance with Microsoft Excel*, 3rd ed, Oxford University Press, New York

Bera, A. K. and Jarque, C. M. (1981) An Efficient Large-Sample Test for Normality of Observations and Regression Residuals, *Australian National University Working Papers in Econometrics* 40, Canberra

Bera, A. K. and Kim, S. (2002) Testing Constancy of Correlation and Other Specifications of the BGARCH Model with an Application to International Equity Returns,

*Journal of Empirical Finance* 9, 171-95

Bergman, U. M. and Hansson, J. (2005) Real Exchange Rates and Switching Regimes, *Journal of International Money and Finance* 24, 121-38

Berndt, E. K., Hall, B. H., Hall, R. E. and Hausman, J. A. (1974) Estimation and Inference in Nonlinear Structural Models, *Annals of Economic and Social Measurement* 4, 653-65

Black, A., Fraser P. and Power, D. (1992) UK Unit Trust Performance 1980-1989: A Passive Time-varying Approach, *Journal of Banking and Finance* 16, 1015-33

Black, F., Jensen, M. C. and Scholes, M. (1972) The Capital Asset Pricing Model: Some Empirical Tests, in M. C. Jensen (ed.) *Studies in the Theory of Capital Markets*, Praeger, New York

Black, F. and Scholes, M. (1973) The Pricing of Options and Corporate Liabilities, *Journal of Political Economy* 81 (3), 637-54

Bodie, Z., Kane, A. and Marcus, A. J. (2014) *Investments and Portfolio Management* 10th ed., McGraw-Hill, New York

Boehmer, E., Musumeci, J. and Poulsen, A. (1991) Event Study Methodology Under Conditions of Event Induced Variance, *Journal of Financial Economics* 30, 253-72

Bollerslev, T. (1986) Generalised Autoregressive Conditional Heteroskedasticity, *Journal of Econometrics* 31, 307-27

— (1990) Modelling the Coherence in Short-Run Nominal Exchange Rates: A Multivariate Generalised ARCH Model, *Review of Economics and Statistics* 72, 498-505

Bollerslev, T., Chou, R. Y. and Kroner, K. F. (1992) ARCH Modelling in Finance: A Review of the Theory and Empirical Evidence, *Journal of Econometrics* 52 (5), 5-59

Bollerslev, T., Engle, R. F. and Wooldridge, J. M. (1988) A Capital-Asset Pricing Model with Time-Varying Covariances, *Journal of Political Economy* 96 (1), 116-31

Bollerslev, T. and Mikkelsen, H. O. (1996) Modelling and Pricing Long Memory in Stock Market Volatility, *Journal of Econometrics* 73, 151-84

Bollerslev, T. and Wooldridge, J. M. (1992) Quasi-Maximum Likelihood Estimation and Inference in Dynamic Models with Time-Varying Covariances, *Econometric Reviews* 11 (2), 143-72

Box, G. E. P. and Jenkins, G. M. (1976) *Time Series Analysis: Forecasting and Control*, 2nd ed., Holden-Day, San Francisco

Box, G. E. P. and Pierce, D. A. (1970) Distributions of Residual Autocorrelations in Autoregressive Integrated Moving Average Models, *Journal of the American Statistical Association* 65, 1509-26

Boyle, P. P. (1977) Options: A Monte Carlo Approach, *Journal of Financial Economics* 4 (3), 323-38

Brailsford, T. J. and Faff, R. W. (1996) An Evaluation of Volatility Forecasting Techniques, *Journal of Banking and Finance* 20, 419-38

Brealey, R. A. and Myers, S. C. (2013) *Principles of Corporate Finance*, Global ed, McGraw-Hill, New York

Breitung, J. (2000) The Local Power of Some Unit Root Tests for Panel Data, in B. Baltagi (ed.) *Nonstationary Panels, Panel Cointegration, and Dynamic Panels*, Advances in Econometrics 15, 161-78, JAI Press, Amsterdam

Breitung, J. and Das, S. (2005) Panel Unit Root Tests under Cross-Sectional Dependence, *Statistica Neerlandica* 59, 414-33

Breitung, J. and Pesaran, M. H. (2008) Unit Roots and Cointegration in Panels, in L. Matyas and P. Sevestre (eds.) *The Econometrics of Panel Data*, 3rd ed, Springer-Verlag, Berlin

Brock, W. A., Dechert, D., Scheinkman, H. and LeBaron, B. (1996) A Test for Independence Based on the Correlation Dimension, *Econometric Reviews* 15, 197-235

Brock, W. A., Hsieh, D. A. and LeBaron, B. (1991) *Nonlinear Dynamics, Chaos, and Instability: Statistical Theory and Economic Evidence*, MIT Press, Cambridge, MA

Brockwell, P. J. and Davis, R. A. (1991) *Time Series: Theory and Methods*, Springer-Verlag, New York.

Brooks, C. (1996) Testing for Nonlinearity in Daily Pound Exchange Rates, *Applied Financial Economics* 6, 307-17

— (1997) GARCH Modelling in Finance: A Review of the Software Options, *Economic Journal* 107 (443), 1271-6

— (1998) Forecasting Stock Return Volatility: Does Volume Help?, *Journal of Forecasting* 17, 59-80

— (2001) A Double Threshold GARCH Model for the French Franc/German Mark Exchange Rate, *Journal of Forecasting* 20, 135-43

Brooks, C., Burke, S. P. and Persand, G. (2001) Benchmarks and the Accuracy of GARCH Model Estimation, *International Journal of Forecasting* 17, 45-56

— (2003) Multivariate GARCH Models: Software Choice and Estimation Issues, *Journal of Applied Econometrics* 18, 725-34

Brooks, C., Burke, S. P., Heravi, S. and Persand, G. (2005) Autoregressive Conditional Kurtosis, *Journal of Financial Econometrics* 3 (3), 399-421

Brooks, C., Černý A. and Miffre, J. (2012) Optimal Hedging with Higher Moments, *Journal of Futures Markets* 32, 909-44

Brooks, C., Clare, A. D., Dalle Molle, J. W. and Persand, G. (2005) A Comparison of Extreme Value Approaches for Determining Value at Risk, *Journal of Empirical Finance* 12, 339-52

Brooks, C., Clare, A. D. and Persand, G. (2000) A Word of Caution on Calculating Market-Based Minimum Capital Risk Requirements, *Journal of Banking and Fi-*

*nance* 14 (10), 1557-74

Brooks, C. and Garrett, I. (2002) Can We Explain the Dynamics of the UK FTSE 100 Stock and Stock Index Futures Markets?, *Applied Financial Economics* 12 (1), 25-31

Brooks, C. and Henry, O. T. (2000) Can Portmanteau Model Nonlinearity Tests Serve as General Model Mis-Specification Diagnostics? Evidence from Symmetric and Asymmetric GARCH Models, *Economics Letters* 67, 245-51

Brooks, C., Henry, O. T. and Persand, G. (2002) The Effect of Asymmetries on Optimal Hedge Ratios, *Journal of Business* 75 (2), 333-52

Brooks, C. and Heravi, S. (1999) The Effect of Mis-Specified GARCH Filters on the Finite Sample Distribution of the BDS Test, *Computational Economics* 13, 147-62

Brooks, C. and Hinich, M. J. (1999) Cross-Correlations and Cross-Bicorrelations in Sterling Exchange Rates, *Journal of Empirical Finance* 6 (4), 385-404

Brooks, C. and Persand, G. (2001a) Seasonality in Southeast Asian Stock Markets: Some New Evidence on Day-of-the-Week Effect, *Applied Economics Letters* 8, 155-8

— (2001b) The Trading Profitability of Forecasts of the Gilt-Equity Yield Ratio, *International Journal of Forecasting* 17, 11-29

Brooks, C. and Rew, A. G. (2002) Testing for Non-Stationarity and Cointegration Allowing for the Possibility of a Structural Break: An Application to EuroSterling Interest Rates, *Economic Modelling* 19, 65-90

Brooks, C., Rew, A. G. and Ritson, S. (2001) A Trading Strategy Based on the Lead-Lag Relationship Between the FTSE 100 Spot Index and the LIFFE Traded FTSE Futures Contract, *International Journal of Forecasting* 17, 31-44

Brooks, C. and Tsolacos, S. (1999) The Impact of Economic and Financial Factors on UK Property Performance, *Journal of Property Research* 16 (2), 139-52

Brown, S. J. and Warner, J. B. (1980) Measuring Security Price Performance, *Journal of Financial Economics* 8, 205-58

— (1985) Using Daily Stock Returns: The Case of Event Studies, *Journal of Financial Economics* 14, 3-31

Campbell, J. Y., Lo, A. W. and MacKinlay, A. C. (1997) *The Econometrics of Financial Markets*, Princeton University Press, Princeton, NJ

Campbell, J. Y. and Shiller, R. J. (1988) Interpreting Cointegrated Models, *Journal of Economic Dynamics and Control* 12, 503-22

— (1991) Yield Spreads and Interest Rate Movements: A Bird's Eye View, *Review of Economic Studies* 58, 495-514

Cantor, R. and Packer, F. (1996) Determinants and Impacts of Sovereign Credit Ratings, *Journal of Fixed Income* 6, 76-91

Carhart, M. (1997) On Persistence in Mutual Fund Performance, *Journal of Finance*

52, 57-82

Cecchetti, S. G., Cumby, R. E. and Figlewski, S. (1988) Estimation of the Optimal Futures Hedges, *Review of Economics and Statistics* 70 (4), 623-30

Chappell, D., Padmore, J., Mistry, P. and Ellis, C. (1996) A Threshold Model for the French Franc/Deutschmark Exchange Rate, *Journal of Forecasting* 15, 155-64

Chen, B. (1995) Long-Run Purchasing Power Parity: Evidence from Some European Monetary System Countries, *Applied Economics* 27, 377-83

Chen, N-F., Roll, R. and Ross, S. A. (1986) Economic Forces and the Stock Market, *Journal of Business* 59 (3), 383-403

Chernozhukov, V. and Umantsev, L. (2001) Conditional Value-at-Risk: Aspects of Modelling and Estimation, *Empirical Economics* 26 (1), 271-92

Chib, S. and Greenberg, E. (1996) Markov Chain Monte Carlo Simulation Methods in Econometrics, *Econometric Theory* 12, 409-31

Choi, I. (2001) Unit Root Tests for Panel Data, *Journal of International Money and Finance* 20, 249-72

Christiano, L. J. (1992) Searching for a Break in GNP, *Journal of Business and Economic Statistics* 10, 237-50

Christopoulos, D. K. and Tsionas, E. G. (2004) Financial Development and Economic Growth: Evidence from Panel Unit Root and Cointegration Tests, *Journal of Development Economics* 73, 55-74

Chu, K.-Y. (1978) Short-Run Forecasting of Commodity Prices: An Application of Autoregressive Moving Average Models, *IMF Staff Papers* 25, 90-111

Chu, S.-H. and Freund, S. (1996) Volatility Estimation for Stock Index Options: A GARCH Approach, *Quarterly Review of Economics and Finance* 36 (4), 431-50

Clare, A. D., Maras, M. and Thomas, S. H. (1995) The Integration and Efficiency of International Bond Markets, *Journal of Business Finance and Accounting* 22 (2), 313-22

Clare, A. D. and Thomas, S. H. (1995) The Overreaction Hypothesis and the UK Stock Market, *Journal of Business Finance and Accounting* 22 (7), 961-73

Cochrane, D. and Orcutt, G. H. (1949) Application of Least Squares Regression to Relationships Containing Autocorrelated Error Terms, *Journal of the American Statistical Association* 44, 32-61

Cochrane, J. H. (2005) *Asset Pricing*, Princeton University Press, Princeton, NJ

Corrado, C. J. (2011) Event Studies: A Methodology Review, *Accounting and Finance* 51, 207-34

Cuthbertson, K. and Nitzsche, D. (2004) *Quantitative Financial Economics*, 2nd ed, John Wiley, Chichester, UK

Dacco, R. and Satchell, S. E. (1999) Why do Regime Switching Models Forecast so Badly?, *Journal of Forecasting* 18, 1-16

Danielsson, J. (1998) Multivariate Stochastic Volatility Models: Estimation and Comparison with VGARCH Models, *Journal of Empirical Finance* 5, 155-73

Danielsson, J. B. N. and de Vries, C. G. (1997) Tail Index and Quantile Estimation with Very High Frequency Data, *Journal of Empirical Finance* 4, 241-57

Davidson, R. and MacKinnon, J. G. (1981) Several Tests for Model Specification in the Presence of Alternative Hypotheses, *Econometrica* 49 (3), 781-94

Davison, A. C. and Hinkley, D. V. (1997) *Bootstrap Methods and Their Application*, Cambridge University Press, Cambridge, UK

Day, T. E. and Lewis, C. M. (1992) Stock Market Volatility and the Information Content of Stock Index Options, *Journal of Econometrics* 52, 267-87

DeBondt, W. F. M. and Thaler, R. H. (1985) Does the Stock Market Overreact?, *Journal of Finance* 40, 793-805

— (1987) Further Evidence on Investor Overreaction and Stock Market Seasonality, *Journal of Finance* 42, 567-80

De Haan, L. and Resnick, S. I. (1980) A Simple Estimate for the Index of a Stable Distribution, *Journal of the Royal Statistical Society B* 42, 83-7

de Haas, R. and van Lelyveld, I. (2006) Foreign Banks and Credit Stability in Central and Eastern Europe. A Panel Data Analysis, *Journal of Banking and Finance* 30, 1927-52

des Rosiers, F. and Thériault, M. (1996) Rental Amenities and the Stability of Hedonic Prices: A Comparative Analysis of Five Market Segments, *Journal of Real Estate Research* 12 (1), 17-36

Dickey, D. A. and Fuller, W. A. (1979) Distribution of Estimators for Time Series Regressions with a Unit Root, *Journal of the American Statistical Association* 74, 427-31

— (1981) Likelihood Ratio Statistics for Autoregressive Time Series with a Unit Root, *Econometrica* 49 (4), 1057-72

Dickey, D. A. and Pantula, S. (1987) Determining the Order of Differencing in Autoregressive Processes, *Journal of Business and Economic Statistics* 5, 455-61

Dielman, T. E. (1986) A Comparison of Forecasts from Least Absolute Value and Least Squares Regression, *Journal of Forecasting* 5, 189-95

Dimson, E. and Marsh, P. (1990) Volatility Forecasting Without Data-Snooping, *Journal of Banking and Finance* 14, 399-421

Ding, Z., Granger, C. W. J. and Engle, R. F. (1993) A Long Memory Property of Stock Market Returns and a New Model, *Journal of Empirical Finance* 1, 83-106

Doan, T. (1994) *Regression Analysis of Time Series User Manual*, 4th ed, Estima, Evanston, IL

Doan, T., Litterman, R. and Sims, C. (1984) Forecasting and Conditional Projection Using Realistic Prior Distributions, *Econometric Reviews* 3, 1-100

Dougherty, C. (1992) *Introduction to Econometrics*, Oxford University Press, Oxford

Dowd, K. (1998) *Beyond Value at Risk: The New Science of Risk Management*, Wiley, Chichester, UK

— (2002) *An Introduction to Market Risk Measurement*, Wiley, Chichester, UK

Duffie, D. (1996) *Dynamic Asset Pricing Theory*, 2nd ed, Princeton University Press, Princeton, NJ

Dufour, A. and Engle, R. F. (2000) Time and the Price Impact of a Trade, *Journal of Finance* 55 (6), 2467-98

Durbin, J. and Koopman, S. J. (2001) *Time-Series Analysis by State Space Methods*, Oxford Statistical Science Series, Oxford University Press, New York

Durbin, J. and Watson, G. S. (1951) Testing for Serial Correlation in Least Squares Regression, *Biometrika* 38, 159-71

Efron, B. (1979) Bootstrap Methods: Another Look at the Jackknife, *Annals of Statistics* 7 (1), 1-26

— (1982) *The Jackknife, the Bootstrap and Other Resampling Plans*, Society for Industrial and Applied Mathematics, Philadelphia, PA

Embrechts, P., Klüppelberg, C. and Mikosch, T. (2013) *Modelling Extremal Events: For Insurance and Finance (Stochastic Modelling and Applied Probability Volume 33)*, Springer Verlag, Heidelberg

Embrechts, P., Lindskog, P. and McNeil, A. J. (2003) Modelling Dependence with Copulas and Applications to Risk Management, in S. T. Rachev (ed.) *Handbook of Heavy Tailed Distributions in Finance*, Elsevier, Amsterdam

Engel, C. and Hamilton, J. D. (1990) Long Swings in the Dollar: Are They in the Data and Do Markets Know It?, *American Economic Review* 80 (4), 689-713

Engle, R. F. (1982) Autoregressive Conditional Heteroskedasticity with Estimates of the Variance of United Kingdom Inflation, *Econometrica* 50 (4), 987-1007

— (2002) Dynamic Conditional Correlation. A Simple Class of Multivariate GARCH Models, *Journal of Business and Economic Statistics* 20, 339-50

Engle, R. F. and Granger, C. W. J. (1987) Co-Integration and Error Correction: Representation, Estimation and Testing, *Econometrica* 55, 251-76

Engle, R. F. and Kroner, K. F. (1995) Multivariate Simultaneous Generalised GARCH, *Econometric Theory* 11, 122-50

Engle, R. F., Lilien, D. M. and Robins, R. P. (1987) Estimating Time Varying Risk Premia in the Term Structure: The ARCH-M Model, *Econometrica* 55 (2), 391-407

Engle, R. F. and Manganelli, S. (2004) CAViaR: Conditional Autoregressive Value at Risk by Regression Quantile, *Journal of Business and Economic Statistics* 22 (4), 367-81

Engle, R. F. and Ng, V. K. (1993) Measuring and Testing the Impact of News on

Volatility, *Journal of Finance* 48, 1749-78

Engle, R. F., Ng, V. K. and Rothschild, M. (1990) Asset Pricing with a Factor-ARCH Covariance Structure: Empirical Estimates for Treasury Bills, *Journal of Econometrics* 45, 213-38

Engle, R. F. and Russell, J. R. (1998) Autoregressive Conditional Duration: A New Model for Irregularly Spaced Transaction Data, *Econometrica* 66 (5), 1127-62

Engle, R. F. and Yoo, B. S. (1987) Forecasting and Testing in Cointegrated Systems, *Journal of Econometrics* 35, 143-59

Fabozzi, F. J. and Francis, J. C. (1980) Heteroscedasticity in the Single Index Model, *Journal of Economics and Business* 32, 243-8

Fair, R. C. and Shiller, R. J. (1990) Comparing Information in Forecasts from Econometric Models, *American Economic Review* 80, 375-89

Fama, E. F. (1998) Market Efficiency, Long-Term Returns and Behavioral Finance, *Journal of Financial Economics* 49, 283-306

Fama, E. F., Fisher, L., Jensen, M. C. and Roll, R. (1969) The Adjustment of Stock Prices to New Information, *International Economic Review* 10, 1-21

Fama, E. F. and French, K. R. (1992) The Cross-Section of Expected Stock Returns, *Journal of Finance* 47, 427-65

— (1993) Common Risk Factors in the Returns on Stocks and Bonds, *Journal of Financial Economics* 33, 3-53

Fama, E. F. and MacBeth, J. D. (1973) Risk, Return and Equilibrium: Empirical Tests, *Journal of Political Economy* 81 (3), 607-36

Fase, M. M. G. (1973) A Principal Components Analysis of Market Interest Rates in the Netherlands, 1962-1970, *European Economic Review* 4 (2), 107-34

Ferson, W. E. and Foerster, S. R. (1994) Finite Sample Properties of the Generalized Method of Moments Tests of Conditional Asset Pricing Models, *Journal of Financial Economics* 36, 29-55

Fisher, R. A. (1932) *Statistical Methods for Research Workers*, 4th ed, Oliver and Boyd, Edinburgh

Fisher, R. A. and Tippett, L. H. C. (1928) Limiting Forms of the Frequency Distribution of the Largest or Smallest Member of a Sample, *Mathematical Proceedings of the Cambridge Philosophical Society* 24 (2), 180-90

Franses, P. H. and van Dijk, D. (1996) Forecasting Stock Market Volatility Using Non-Linear GARCH Models, *Journal of Forecasting* 15, 229-35

— (2000) *Non-Linear Time Series Models in Empirical Finance*, Cambridge University Press, Cambridge, UK

French, K. R. (1980) Stock Returns and the Weekend Effect, *Journal of Financial Economics* 8 (1), 55-69

Fuller, W. A. (1976) *Introduction to Statistical Time Series*, Wiley, New York

Gençay, R. and Selçuk, F. (2004) Extreme Value Theory and Value-at-Risk: Relative Performance in Emerging Markets, *International Journal of Forecasting* 20, 287-303

George, T. J. and Longstaff, F. A. (1993) Bid-Ask Spreads and Trading Activity in the S&P 100 Index Options Market, *Journal of Financial and Quantitative Analysis* 28, 381-97

Gerlow, M. E., Irwin, S. H. and Liu, T.-R. (1993) Economic Evaluation of Commodity Price Forecasting Models, *International Journal of Forecasting* 9, 387-97

Ghosh, S. K. (1991) *Econometrics: Theory and Applications*, Prentice-Hall, Englewood Cliffs, NJ

Ghysels, E., Harvey, A. C. and Renault, E. (1995) Stochastic Volatility, in G. S. Maddala and C. R. Rao (eds.) *Handbook of Statistics Volume 14*, Elsevier, Amsterdam, 119-91

Giannone, D., Lenza, M. and Primiceri, G. (2014) Prior Selection for Vector Autoregressions, *Review of Economics and Statistics* 97, 436-51

Gibbons, M. R. and Hess, P. (1981) Day of the Week Effects and Asset Returns, *Journal of Business* 54 (4), 579-96

Gibson, M. S. and Boyer, B. H. (1998) Evaluating Forecasts of Correlation Using Option Pricing, *Journal of Derivatives*, Winter, 18-38

Gilbert, C. (1986) Professor Hendry's Methodology, *Oxford Bulletin of Economics and Statistics* 48, 283-307

Glosten, L. R., Jagannathan, R. and Runkle, D. E. (1993) On the Relation Between the Expected Value and the Volatility of the Nominal Excess Return on Stocks, *The Journal of Finance* 48 (5), 1779-801

Gnedenko, B. (1943) Sur la distribution limite du terme maximum d'une série aléatoire, *Annals of Mathematics* 44, 423-453

Goldfeld, S. M. and Quandt, R. E. (1965) Some Tests for Homoskedasticity, *Journal of the American Statistical Association* 60, 539-47

Granger, C. W. J. (1969) Investigating Causal Relations by Econometric Models and Cross-Spectral Methods, *Econometrica* 37, 424-38

Granger, C. W. J. and Newbold, P. (1986) *Forecasting Economic Time Series* 2nd ed, Academic Press, San Diego, CA

Greene, W. H. (2002) *Econometric Analysis*, 5th ed, Prentice-Hall, Upper Saddle River, NJ

Gregory, A. Tharyan, R. and Chistidis, A. (2013) Constructing and Testing Alternative Versions of the Fama-French and Carhart Models in the UK, *Journal of Business Finance and Accounting* 40 (1) and (2), 172-214

Gregory, A. W. and Hansen, B. E. (1996) A Residual-Based Test for Cointegration in Models with Regime Shifts, *Journal of Econometrics* 70, 99-126

Gujarati, D. N. (2003) *Basic Econometrics*, 4th ed, McGraw-Hill, New York

Hadri, K. (2000) Testing for Stationarity in Heterogeneous Panel Data, *Econometrics Journal* 3, 148-61

Halcoussis, D. (2005) *Understanding Econometrics*, Thomson South Western, Mason, OH

Hall, A. R. (2005) *Generalised Method of Moments*, Oxford University Press, Oxford

Hamilton, J. D. (1989) A New Approach to the Economic Analysis of Nonstationary Time Series and the Business Cycle, *Econometrica* 57 (2), 357-84

— (1990) Analysis of Time Series Subject to Changes in Regime, *Journal of Econometrics* 45, 39-70

— (1994) *Time Series Analysis*, Princeton University Press, Princeton, NJ

Handa, P. and Tiwari, A. (2006) Does Stock Return Predictability Imply Improved Asset Allocation and Performance? Evidence from the US Stock Market (1954-2002), *Journal of Business* 79, 2423-68

Hansen, B. E. (1996) Inference When a Nuisance Parameter Is Not Identified Under the Null Hypothesis, *Econometrica* 64, 413-30

Hansen, L. P. (1982) Large Sample Properties of Generalised Method of Moments Estimators, *Econometrica* 50, 1029-54

Hansen, P. R. and Lunde, A. (2006) Consistent Ranking of Volatility Models, *Journal of Econometrics* 131, 97-21

Harris, L. (2002) *Trading and Exchanges: Market Microstructure for Practitioners*, Oxford University Press, New York

Harris, R. I. D. (1995) *Cointegration Analysis in Econometric Modelling*, Prentice-Hall, Harlow, UK

Harris, R. D. F. and Tzavalis, E. (1999) Inference for Unit Roots in Dynamic Panels Where the Time Dimension Is Fixed, *Journal of Econometrics* 91, 201-26

Harvey, A. C. (1989) *Forecasting, Structural Time Series Models and the Kalman Filter*, Cambridge University Press, Cambridge, UK

Harvey, A. C., Ruiz, E. and Shephard, N. (1994) Multivariate Stochastic Variance Models, *Review of Economic Studies* 61, 247-64

Harvey, C. R. and Siddique, A. (1999) Autoregressive Conditional Skewness, *Journal of Financial and Quantitative Analysis* 34 (4), 465-77

— (2000) Conditional Skewness in Asset Pricing Tests, *Journal of Finance* 55, 1263-95

Hasbrouck, J. (2007) *Empirical Market Microstructure: The Institutions, Economics, and Econometrics of Securities Trading*, Oxford University Press, New York

Haushalter, G. D. (2000) Financing Policy, Basis Risk and Corporate Hedging: Evidence from Oil and Gas Producers, *Journal of Finance* 55 (1), 107-52

Heckman, J. J. (1976) The Common Structure of Statistical Models of Truncation, Sample Selection and Limited Dependent Variables and a Simple Estimator for Such Models, *Annals of Economic and Social Measurement* 5, 475-92

— (1979) Sample Selection Bias as a Specification Error, *Econometrica* 47 (1), 153-61

Helwege, J. and Liang, N. (1996) Is There a Pecking Order? Evidence from a Panel of IPO Firms, *Journal of Financial Economics* 40, 429-58

Hendry, D. F. (1980) Econometrics—Alchemy or Science?, *Economica* 47, 387-406

Hendry, D. F. and Juselius, K. (2000) Explaining Cointegration Analysis: Part I, *Energy Journal* 21, 1-42

Hendry, D. F. and Mizon, G. E. (1978) Serial Correlation as a Convenient Simplification, Not a Nuisance: A Comment on a Study of the Demand for Money by The Bank of England, *Economic Journal* 88, 549-63

Hendry, D. F. and Richard, J. F. (1982) On the Formulation of Empirical Models in Dynamic Econometrics, *Journal of Econometrics* 20, 3-33

Hill, B. M. (1975) A Simple General Approach to Inference About the Tail of a Distribution, *Annals of Statistics* 3, 1163-74

Hill, C. W., Griffiths, W. and Judge, G. (1997) *Undergraduate Econometrics*, Wiley, New York

Hinich, M. J. (1982) Testing for Gaussianity and Linearity of a Stationary Time Series, *Journal of Time Series Analysis* 3 (3), 169-76

— (1996) Testing for Dependence in the Input to a Linear Time Series Model, *Journal of Nonparametric Statistics* 6, 205-21

Hinich, M. J. and Patterson, D. M. (1985) Evidence of Nonlinearity in Daily Stock Returns, *Journal of Business and Economic Statistics* 3 (1), 69-77

Hodgson, D. J., Linton, O. B. and Vorkink, K. (2004) Testing Forward Exchange Rate Unbiasedness Efficiently: A Semiparametric Approach, *Journal of Applied Economics* 7, 325-53

Hollstein, F. and Prokopczuk, M. (2016) Estimating Beta, *Journal of Financial and Quantitative Analysis* 51 (4), 1437-66

Hosking, J. R. M. and Wallis, J. R. (1987) Parameter and Quantile Estimation for the Generalised Pareto Distribution, *Technometrics* 29, 339-49

Hsiao, C. (2003) *Analysis of Panel Data*, 2nd ed, Cambridge University Press, Cambridge, UK

Hsieh, D. A. (1993) Implications of Nonlinear Dynamics for Financial Risk Management, *Journal of Financial and Quantitative Analysis* 28 (1), 41-64

Huisman, R., Koedijk, K. G., Kool, C. J. M. and Palm, F. (2001) Tail Index Estimates in Small Samples, *Journal of Business and Economic Statistics* 19, 208-16

Hull, J. C. (2017) *Options, Futures and Other Derivatives*, 9th edn, Pearson, Harlow, UK

Hull, J. C. and White, A. D. (1987) The Pricing of Options on Assets with Stochastic Volatilities, *Journal of Finance* 42 (2), 281-300

Hung, C.-H., Shackleton, M. and Xu, X. (2004) CAPM, Higher Co-Moment and Factor Models of UK Stock Returns, *Journal of Business Finance and Accounting* 31 (1-2), 87-112

Im, K. S., Pesaran, M. H. and Shin, Y. (2003) Testing for Unit Roots in Heterogeneous Panels, *Journal of Econometrics* 115, 53-74

Ito, T. (1988) Use of (Time-Domain) Vector Autoregressions to Test Uncovered Interest Parity, *Review of Economics and Statistics* 70 (2), 296-305

Jacquier, E., Polson, N. G. and Rossi, P. (1995) Stochastic Volatility: Univariate and Multivariate Extensions, *Mimeo*, Cornell University

Jaffe, J. and Westerfield, R. (1985) Patterns in Japanese Common Stock Returns: Day of the Week and Turn of the Year Effects, *Journal of Financial and Quantitative Analysis* 20 (2), 261-72

Jaganathan, R., Skoulakis, G. and Wang, Z. (2002) Generalized Method of Moments: Applications in Finance, *Journal of Business and Economic Statistics* 20 (4), 470-81

— (2010) *The Analysis of the Cross-Section of Security Returns*, in Y. Ait-Sahalia, and L. Hansen, (eds.), *Handbook of Financial Econometrics*, *Volume 2*, Elsevier, Amsterdam.

Jalles, J. T. (2009) Structural Time Series Models and the Kalman Filter: A Concise Review, *FEUNL Working Paper Series* WP541, Universidade Nova de Lisboa, Faculdade de Economia, also available on SSRN

Jensen, M. C. (1968) The Performance of Mutual Funds in the Period 1945-1964, *Journal of Finance* 23, 389-416

— (1978) Some Anomalous Evidence Regarding Market Efficiency, *Journal of Financial Economics* 6, 95-101

Johansen, S. (1988) Statistical Analysis of Cointegrating Vectors, *Journal of Economic Dynamics and Control* 12, 231-54

Johansen, S. and Juselius, K. (1990) Maximum Likelihood Estimation and Inference on Cointegration with Applications to the Demand for Money, *Oxford Bulletin of Economics and Statistics* 52, 169-210

Jorion, P. (2006) *Value at Risk*, 3rd ed, McGraw-Hill, New York

Kalman, R. E. (1960) A New Approach to Linear Filtering and Prediction Problems, *Journal of Basic Engineering* 82 (1), 35-45

Kalman, R. E. and Bucy, R. S. (1961) New Results in Linear Filtering and Prediction Theory, *Journal of Basic Engineering* 83 (1), 95-108

Kao, C. D. (1999) Spurious Regression and Residual-Based Tests for Cointegration in Panel Data, *Journal of Econometrics* 90, 1-44

Keim, D. B. and Stambaugh, R. F. (1984) A Further Investigation of the Weekend Effect in Stock Returns, *Journal of Finance* 39 (3), 819-35

Kennedy, P. (2003) *Guide to Econometrics*, 5th ed, Blackwell, Malden, MA

Kim, S.-J., Moshirian, F. and Wu, E. (2005) Dynamic Stock Market Integration Driven by the European Monetary Union: An Empirical Analysis, *Journal of Banking and Finance* 29 (10), 2475-502

Koenker, R. (2005) *Quantile Regression*, Cambridge University Press, Cambridge, UK

Koenker, R. and Bassett, G. (1978) Regression Quantiles, *Econometrica* 46, 33-50

Koenker, R. and Hallock, K. F. (2001) Quantile Regression, *Journal of Economic Perspectives* 15 (4), 143-56

Koopmans, T. C. (1937) *Linear Regression Analysis of Economic Time Series*, Netherlands Economics Institute, Haarlem

Kräger, H. and Kugler, P. (1993) Nonlinearities in Foreign Exchange Markets: A Different Perspective, *Journal of International Money and Finance* 12, 195-208

Kroner, K. F. and Ng, V. K. (1998) Modelling Asymmetric Co-movements of Asset Returns, *Review of Financial Studies* 11, 817-44

Kroner, K. F. and Sultan, S. (1993) Time-Varying Distributions and Dynamic Hedging with Foreign Currency Futures, *Journal of Financial and Quantitative Analysis* 28 (4), 535-51

Kwaitkowski, D., Phillips, P. C. B., Schmidt, P. and Shin, Y. (1992) Testing the Null Hypothesis of Stationarity Against the Alternative of a Unit Root, *Journal of Econometrics* 54, 159-78

Larsson, R., Lyhagen, J. and Lothgren, M. (2001) Likelihood-Based Cointegration Tests in Heterogeneous Panels, *Econometrics Journal* 4, 109-42

Leamer, E. E. (1978) *Specification Searches*, John Wiley, New York

— (1985) Vector Autoregressions for Causal Interference, in K. Brunner and A. Meltzer (eds.), *Understanding Monetary Regimes*, Cambridge University Press, Cambridge, UK, 255-304

Leitch, G. and Tanner, J. E. (1991) Economic Forecast Evaluation: Profit Versus the Conventional Error Measures, *American Economic Review* 81 (3), 580-90

Levin, A., Lin, C. and Chu, C. (2002) Unit Root Tests in Panel Data: Asymptotic and Finite-Sample Properties, *Journal of Econometrics* 108, 1-24

Levine, D. (2009) Modelling Tail Behavior with Extreme Value Theory, *Risk Management*, Society of Actuaries 17, 15-18

Leybourne, S. J., Mills, T. C. and Newbold, P. (1998) Spurious Rejections by Dickey-Fuller Tests in the Presence of a Break under the Null, *Journal of Econometrics* 87, 191-203

Ljung, G. M. and Box, G. E. P. (1978) On a Measure of Lack of Fit in Time Series

Models, *Biometrika* 65 (2), 297-303

Lo, A. W. and MacKinlay, C. A. (1990) Data-Snooping Biases in Tests of Financial Asset Pricing Models, *Review of Financial Studies* 3, 431-67

Lumsdaine, R. L. and Papell, D. H. (1997) Multiple Trend Breaks and the Unit Root Hypothesis, *Review of Economics and Statistics* 79 (2), 212-18

Lütkepohl, H. (1991) *Introduction to Multiple Time Series Analysis*, Springer-Verlag, Berlin

Lyon, J., Barber, B. and Tsai, C. (1999) Improved Methods of Tests of Long-Horizon Abnormal Stock Returns, *Journal of Finance* 54, 165-201

MacKinlay, A. C. (1997) Event Studies in Economics and Finance, *Journal of Economic Literature* 55, 13-39

Maddala, G. S. (1983) *Limited-Dependent and Quantitative Variables in Econometrics*, Cambridge University Press, Cambridge, UK

Maddala, G. S. and Kim, I-M. (1999) *Unit Roots, Cointegration and Structural Change*, Cambridge University Press, Cambridge

Maddala, G. S. and Wu, S. (1999) A Comparative Study of Unit Root Tests with Panel Data and a New Simple Test, *Oxford Bulletin of Economics and Statistics* 61, 631-52

Madhavan, A. (2000) Market Microstructure: A Survey, *Journal of Financial Markets* 3, 205-58

Makridakis, S. (1993) Accuracy Measures: Theoretical and Practical Concerns, *International Journal of Forecasting* 9, 527-9

Makridakis, S. and Hibon, M. (1995) Evaluating Accuracy (or Error) Measures, *INSEAD Working Paper* 95/18/TM

Matthews, K., Murinde, V. and Zhao, T. (2007) Competitive Conditions among the Major British Banks, *Journal of Banking and Finance* 31 (7), 2025-42

McCue, T. E. and Kling, J. L. (1994) Real Estate Returns and the Macroeconomy: Some Empirical Evidence from Real Estate Investment Trust Data, 1972-1991, *Journal of Real Estate Research* 9 (3), 277-87

McCulloch, J. H. (1987) US Government Term Structure Data, *Mimeo*. Ohio State University

McNees, S. K. (1986) Forecasting Accuracy of Alternative Techniques: A Comparison of US Macroeconomic Forecasts, *Journal of Business and Economic Statistics* 4 (1), 5-15

McNeil, A. J. (1998) Calculating Quantile Risk Measures for Financial Return Series Using Extreme Value Theory, *Working Paper*, ETHZ Zentrum, Zurich

McNeil, A. J. and Frey, R. (2000) Estimation of Tail-Related Risk Measures for Heteroscedastic Financial Time Series: An Extreme Value Approach, *Journal of Empirical Finance* 7, 271-300

Mills, T. C. and Markellos, R. N. (2008) *The Econometric Modelling of Financial Time Series*, 3rd ed, Cambridge University Press, Cambridge, UK

Mills, T. C. and Mills, A. G. (1991) The International Transmission of Bond Market Movements, *Bulletin of Economic Research* 43, 273-82

Mitchell, M. and Stafford, E. (2000) Managerial Decisions and Long-Term Stock Price Performance, *Journal of Business* 73, 287-329

Myers, R. J. and Thompson, S. R. (1989) Generalized Optimal Hedge Ratio Estimation, *American Journal of Agricultural Economics* 71 (4), 858-68

Myers, S. C. (1984) The Capital Structure Puzzle, *Journal of Finance* 39, 575-92

Nelsen, R. B. (2006) *An Introduction to Copulas*, Springer-Verlag, New York

Nelson, C. R. and Plosser, C. I. (1982) Trends and Random Walks in Macroeconomic Time Series, *Journal of Monetary Economics* 10, 139-62

Nelson, D. B. (1991) Conditional Heteroskedasticity in Asset Returns: A New Approach, *Econometrica* 59 (2), 347-70

Newey, W. K. and West, K. D. (1987) A Simple Positive-Definite Heteroskedasticity and Autocorrelation-Consistent Covariance Matrix, *Econometrica* 55, 703-8

O'Connell, P. G. J. (1998) The Overvaluation of Purchasing Power Parity, *Journal of International Economics* 44, 1-20

O'Hara, M. (1995) *Market Microstructure Theory*, Blackwell, Malden, MA

Osborn, D. (1990) A Survey of Seasonality in UK Macroeconomic Variables, *International Journal of Forecasting* 6 (3), 327-36

Osterwald-Lenum, M. (1992) A Note with Quantiles of the Asymptotic Distribution of the ML Cointegration Rank Test Statistics, *Oxford Bulletin of Economics and Statistics* 54, 461-72

Ouliaris, S., Pagan, A. R. and Restrepo, J. (2016) *Quantitative Macroeconomic Modeling with Structural Vector Autoregressions. An EViews Implementation*, Unpublished e-book available at www. eviews. com

Pagan, A. R. and Schwert, G. W. (1990) Alternative Models for Conditional Stock Volatilities, *Journal of Econometrics* 45, 267-90

Panzar, J. C. and Rosse, J. N. (1982) Structure, Conduct and Comparative Statistics, *Bell Laboratories Economics Discussion Paper*

— (1987) Testing for 'Monopoly' Equilibrium, *Journal of Industrial Economics* 35 (4), 443-56

Pearson, K. (1895) Contributions to the Mathematical Theory of Evolution II: Skew Variation, *Philosophical Transactions of the Royal Society of London, Series A* 186, 343-414.

Pedroni, P. (1999) Critical Values for Cointegration Tests in Heterogeneous Panels with Multiple Regressors, *Oxford Bulletin of Economics and Statistics* 61, 653-70

— (2004) Panel Cointegration: Asymptotic and Finite Sample Properties of Pooled

Time Series Tests with an Application to the PPP Hypothesis, *Econometric Theory* 20, 597-625

Perron. P. (1989) The Great Crash, the Oil Price Shock and the Unit Root Hypothesis, *Econometrica* 57, 1361-401

— (1997) Further Evidence on Breaking Trend Functions in Macroeconomic Variables, *Journal of Econometrics* 80, 355-85

Pesaran, M. H. and Timmerman, A. (1992) A Simple Non-Parametric Test of Predictive Performance, *Journal of Business and Economic Statistics* 10 (4), 461-5

Pickands III, J. (1975) Statistical Inference Using Extreme Order Statistics. *Annals of Statistics* 3, 119-31

Poon, W. P. H. (2003) Are Unsolicited Credit Ratings Biased Downward?, *Journal of Banking and Finance* 27, 593-614

Prabhala, N. R. (1997) Conditional Methods in Event-Studies and an Equilibrium Justification for Standard Event-Study Procedures, *Review of Financial Studies* 10 (1), 1-38

Press, W. H. , Teukolsy, S. A. , Vetterling, W. T. and Flannery, B. P. (1992) *Numerical Recipes in Fortran*, Cambridge University Press, Cambridge, UK

Prokopczuk, M. and Wu, Y. Y. (2013) Estimating Term Structure Models with the Kalman Filter. In Bell, A. R. , Brooks, C. , and Prokopczuk, M. (eds. ), *Handbook of Research Methods in Empirical Finance*, Edward Elgar, Cheltenham, UK

Quandt, R. (1960) Tests of the Hypothesis that a Linear Regression System Obeys Two Different Regimes, *Journal of the American Statistical Association* 55, 324-30

Ramanathan, R. (1995) *Introductory Econometrics with Applications*, 3rd ed, Dryden Press, Fort Worth, TX

Ramsey, J. B. (1969) Tests for Specification Errors in Classical Linear Least-Squares Regression Analysis, *Journal of the Royal Statistical Society B* 31 (2), 350-71

Rao, B. B. (ed. ) (1994) *Cointegration for the Applied Economist*, Macmillan, Basingstoke, UK

Refenes, A. -P. (1995) *Neural Networks in the Capital Markets*, John Wiley, Chichester, UK

Renshaw, G. (2016) *Maths for Economics* 4th ed. , Oxford University Press, Oxford

Rocco, M. (2011) Extreme Value Theory for Finance: A Survey, *Banca D'Italia Occasional Papers* 99

Ross, S. A. (1976) The Arbitrage Theory of Capital Asset Pricing, *Journal of Economic Theory* 13 (3), 341-60

Runkle, D. E. (1987) Vector Autoregressions and Reality, *Journal of Business and Economic Statistics* 5 (4), 437-42

Scheinkman, J. A. and LeBaron, B. (1989) Nonlinear Dynamics and Stock Returns,

*Journal of Business* 62 (3), 311-37

Schwarz, G. (1978) Estimating the Dimension of a Model, *Annals of Statistics* 6, 461-4

Scott, R. C., and Horvath, P. A. (1980). On the Direction of Preference for Moments of Higher Order than the Variance, *Journal of Finance* 35 (4), 915-19

Shaffer, S. and DiSalvo, J. (1994) Conduct in a Banking Duopoly, *Journal of Banking and Finance* 18, 1063-82

Shanken, J. (1992) On the Estimation of Beta-Pricing Models, *Review of Financial Studies* 5, 1-33

Shea, G. (1984) Pitfalls in Smoothing Interest Rate Term Structure Data: Equilibrium Models and Spline Approximations, *Journal of Financial and Quantitative Analysis* 19 (3), 253-69

— (1992) Benchmarking the Expectations Hypothesis of the Interest Rate Term Structure: An Analysis of Cointegrating Vectors, *Journal of Business and Economic Statistics* 10 (3), 347-66

Shephard, N. (1996) Statistical Aspects of ARCH and Stochastic Volatility, in D. R. Cox, D. V. Hinkley and O. E. Barndorff-Nielsen (eds.), *Time Series Models: In Econometrics, Finance, and Other Fields*, Chapman and Hall, London, 1-67

Siegel, A. F. (1997) International Currency Relationship Information Revealed by Cross-Option Prices, *Journal of Futures Markets* 17, 369-84

Sims, C. A. (1972) Money, Income, and Causality, *American Economic Review* 62 (4), 540-52

— (1980) Macroeconomics and Reality, *Econometrica* 48, 1-48

Stock, J. H. and Watson, M. W. (1988) Testing for Common Trends, *Journal of the American Statistical Association* 83, 1097-1107

— (2011) *Introduction to Econometrics*, 3rd ed, Pearson, Boston, MA

Sullivan, R., Timmermann, A. and White, H. (1999) Data-Snooping, Technical Trading Rule Performance, and the Bootstrap, *Journal of Finance* 54, 1647-91

Sutcliffe, C. (1997) *Stock Index Futures: Theories and International Evidence*, 2nd ed, International Thompson Business Press, London

Swift, L. and Piff, S. (2014) *Quantitative Methods: For Business, Management and Finance*, 4th ed, Palgrave Macmillan Basingstoke, UK

Swinkels, L. and Van Der Sluis, P. J. (2006) Return-Based Style Analysis with Time-Varying Exposures, *European Journal of Finance* 12 (6-7), 529-52

Taylor, M. P. (1987) Risk Premia and Foreign Exchange. A Multiple Time Series Approach to Testing Uncovered Interest Parity, *Weltwirtschaftliches Archiv* 123 (4), 579-91

— (1989) Covered Interest Arbitrage and Market Turbulence, *Economic Journal* 99, 376-91

Taylor, M. P. and Sarno, L. (1998) The Behavior of Real Exchange Rates During the Post-Bretton Woods Period, *Journal of International Economics* 46 (2), 281-312

Taylor, M. P. and Tonks, I. (1989) The Internationalisation of Stock Markets and the Abolition of UK Exchange Controls, *Review of Economics and Statistics* 71, 332-6

Taylor, S. J. (1986) Forecasting the Volatility of Currency Exchange Rates, *International Journal of Forecasting* 3, 159-70

— (1994) Modelling Stochastic Volatility: A Review and Comparative Study, *Mathematical Finance* 4, 183-204

Theil, H. (1966) *Applied Economic Forecasting*, North-Holland, Amsterdam

Tobin, J. (1958) Estimation of Relationships for Limited Dependent Variables, *Econometrica* 26 (1), 24-36

Tong, H. (1983) *Threshold Models in Nonlinear Time Series Analysis*, Springer-Verlag, New York

— (1990) *Nonlinear Time Series: A Dynamical Systems Approach*, Oxford University Press, Oxford

Trippi, R. R. and Turban, E. (1993) *Neural Networks in Finance and Investing*, McGraw-Hill, New York

Tse, Y. K. (1995) Lead-Lag Relationship between Spot Index and Futures Price of the Nikkei Stock Average, *Journal of Forecasting* 14, 553-63

— (2000) A Test for Constant Correlations in a Multivariate GARCH Model, *Journal of Econometrics* 98, 107-27

Tse, Y. K. and Tsui, A. K. C. (2002) A Multivariate GARCH Model with Time-Varying Correlations, *Journal of Business and Economic Statistics* 20, 351-62

Van der Weide, R. (2002) GO-GARCH: a Multivariate Generalised Orthogonal GARCH Model, *Journal of Applied Econometrics* 17, 549-64

Van Eyden, R. J. (1996) *The Application of Neural Networks in the Forecasting of Share Prices*, Finance and Technology Publishing, Haymarket, Chicago, IL

Vrontos, I. D., Dellaportas, P. and Politis, D. N. (2000) Full Bayesian Inference for GARCH and EGARCH Models, *Journal of Business and Economic Statistics* 18 (2), 187-98

Walter, C. and Lopez, J. (2000) Is Implied Correlation Worth Calculating? Evidence from Foreign Exchange Options, *Journal of Derivatives*, Spring, 65-81

Wang, G. H. K. and Yau, J. (2000) Trading Volume, Bid-Ask Spread and Price Volatility in Futures Markets, *Journal of Futures Markets* 20 (10), 943-70

Wang, G. H. K., Yau, J. and Baptiste, T. (1997) Trading Volume, Transactions Costs in Futures Markets, *Journal of Futures Markets* 17 (7), 757-80

Watsham, T. J. and Parramore, K. (2004) *Quantitative Methods in Finance*, 2nd ed, International Thompson Business Press, London

West, K. D. and Cho, D. (1995) The Predictive Ability of Several Models of Exchange

Rate Volatility, *Journal of Econometrics* 69, 367-91

White, H. (1980) A Heteroskedasticity-Consistent Covariance Matrix Estimator and a Direct Test for Heteroskedasticity, *Econometrica* 48, 817-38

— (1992) *Artificial Neural Networks: Approximation and Learning Theory*, Blackwell, Malden, MA

— (2000) A Reality Check for Data Snooping, *Econometrica* 68, 1097-126

Wisniewski, M. (2013) *Mathematics for Economics*, Palgrave Macmillan, Basingstoke, UK

Wooldridge, J. M. (2010) *Econometric Analysis of Cross-section and Panel Data*, 2nd ed, MIT Press, MA

Yadav, P. K., Pope, P. F. and Paudyal, K. (1994) Threshold Autoregressive Modelling in Finance: The Price Difference of Equivalent Assets, *Mathematical Finance* 4, 205-21

Zarowin, P. (1990) Size, Seasonality and Stock Market Overreaction, *Journal of Financial and Quantitative Analysis* 25, 113-25

Zellner, A. (1962) An Efficient Method of Estimating Seemingly Unrelated Regressions and Tests for Aggregation Bias, *Journal of the American Statistical Association* 57, 348-68

Zivot, E. and Andrews, K. (1992) Further Evidence on the Great Crash, the Oil Price Shock, and the Unit Root Hypothesis, *Journal of Business and Economic Statistics* 10, 251-70

# 术语表

经调整的 $R^2$，Adjusted $R^2$
调整参数，adjustment parameters
套利，arbitrage
算术级数，arithmetic progression
自相关，autocorrelation
自协方差，autocovariances
自回归模型，autoregressive (AR) model
条件自回归持续期，autoregressive conditional duration (ACD)
自回归条件异方差模型，autoregressive conditional heteroscedasticity (ARCH) models
自回归分布滞后模型，autoregressive distributed lag (ADL) models
自回归单整移动平均模型，autoregressive integrated moving average (ARIMA) models
自回归移动平均模型，autoregressive moving average (ARMA) models
自回归波动率模型，autoregressive volatility (ARV) models

后移算子，见滞后算子平衡面板，backshift operator, *see* lag operator balanced panel
银行业竞争，banking competition
贝叶斯法则，Bayes theorem
BDS 检验，BDS test
BEKK 模型，BEKK model
贝拉-雅克检验，Bera-Jarque test
最佳线性无偏估计，best linear unbiased estimators (BLUE)
$\beta$ 分布，beta distribution
组间估计，between estimator
BHHH 算法，BHHH algorithm
有偏估计，biased estimator
双阶相关检验，bicorrelation test
买卖价差，bid-ask spread
双谱检验，bispectrum test
二元回归，bivariate regression
分块极大值法，block maxima approach
分块显著性检验，block significance tests
自举法，bootstrapping
博克斯-詹金斯方法，Box-Jenkins approach
博克斯-皮尔斯 $Q$ 统计量，Box-Pierce $Q$-statistic
布罗施-戈夫雷检验，Breusch-Godfrey test
突变趋势，broken trend
买入—持有超额收益率，buy-and-hold abnormal return (BHAR)

日历效应，calendar effects

test for heteroscedasticity
拟合优度，goodness of fit
梯度，gradient
格兰杰表述定理，Granger representation theorem
耿贝尔分布，Gumbel distribution

汉密尔顿滤波，Hamilton's filter
豪斯曼检验，Hausman test
赫克曼法，Heckman procedure
套期保值比率，hedge ratios
幸福定价模型，hedonic pricing models
异方差，heteroscedasticity
高阶矩，higher moments
高阶导数，higher order derivatives
希尔估计，Hill estimator
希尔图，Hill plot
历史协方差，historical covariance
同方差，homoscedasticity
超参数，hyperparameters
假设检验，hypothesis testing

可识别性，identification
隐含协方差，implied covariance
隐含波动率模型，implied volatility models
脉冲响应，impulse responses
无关选项的独立性，independence of irrelevant alternatives
信息准则，information criteria
积分，integration
截距，intercept
利率，interest rates
内部收益率，internal rate of return
逆函数，inverse function
矩阵的逆阵，inverse of a matrix
可逆性，invertibility

*J* 检验，*J*-test
詹森 α，Jensen's alpha
约翰森检验，Johansen test
跳跃，jumps

卡尔曼滤波，Kalman filter
卡尔曼增益，Kalman gain
卡尔曼平滑，Kalman smoother
KPSS 检验，KPSS test
峰度，kurtosis

滞后长度，lag lengths
滞后算子，lag operator
滞后回归项，lagged regressors
滞后值，lagged value
拉格朗日乘子检验，Lagrange multiplier (LM) test
滞后量，lags number of
大样本性质，large sample property
对数法则，laws of logs
领先—滞后关系，lead-lag relationships
最小二乘哑变量法，least squares dummy variables (LSDV)
尖峰厚尾，leptokurtosis
杠杆效应，leverage effects
似然函数，likelihood function
似然比检验，likelihood ratio (LR) test
线性模型，linear models
线性概率模型，linear probability model
线性，linearity
杨-博克斯检验，Ljung-Box test
位置参数，location parameter
对数似然函数，log-likelihood function
对数收益率公式，log-return formulation
对数，logarithms
Logit 模型，Logit model
对数，logs
长记忆模型，long-memory models
长期静态解，long-run static solution
损失函数，见残差平方和（RSS），loss function, *see* residual sum of squares (RSS)
李雅普诺夫指数，Lyapunov exponent

宏观经济预测指标，macroeconomic indicators
边缘分布，marginal distribution
边际效应，marginal effects
市场微观结构，market microstructure
市场反应，market reaction
市场收益率，market returns
市场风险溢价，market risk premium

总体，population
总体回归函数，population regression function (PRF)
总体值，population values
资产组合理论，portfolio theory
混成检验，portmanteau tests
头寸风险要求，见在险价值（VaR），position risk requirement，*see* value-at-risk (VaR)
幂，power
精确性，precision
预报，见预测，prediction，*see* forecasting
预测失败检验，predictive failure test
现值，present value
价格平减指数，price deflator
主成分分析，principal components analysis (PCA)
概率，probability
概率密度函数，probability density function (pdf)
概率分布，probability distribution
概率分布函数，probability distribution function
Probit 模型，Probit model
乘积，product
资产收益率，property returns
伪 $R^2$，pseudo $R^2$
伪随机数，pseudo-random numbers
购买力平价，purchasing power parity (PPP)

二次方程式，quadratic
定性变量，见哑变量，qualitative variables，*see* dummy variables
匡特似然比检验，Quandt likelihood ratio test
分位数，quantile
分位数回归，quantile regression
伪去均值数据，见随机效应，quasi-demeaned data，*see* random effects
伪极大似然法，quasi-maximum likelihood (QML)
商，quotient

随机抽样，random draws
随机效应，random effects
随机数生成器，random number generation
随机数的重复使用，random number re-usage
随机游走，random walk

值域，range
（矩阵的）秩，rank (of a matrix)
评级，ratings
理性预期，rational expectations
重复抽样，re-sampling
实际序列，real series
"真实检测"检验，reality check test
递归预测模型，recursive forecasting model
递推最小二乘法，recursive least squares
机制转换，regime switching
回归分析，regression analysis
拒绝域，rejection region
变量间的关系，relationship between variables
再标准化，renormalisation
RESET 检验，RESET test
残差诊断，residual diagnostics
残差平方和，residual sum of squares (RSS)
残差项，residual term
有约束/无约束的模型，restricted/unrestricted model
有约束/无约束回归，restricted/unrestricted regressions
约束的数量，restrictions number of
股票收益率，returns on shares
风险管理，risk management
风险管理，见波动率，risk measurement，*see* volatility
风险溢价，risk premium
风险—收益关系，risk-return relationship
无风险套利机会，riskless arbitrage opportunities
滚动窗口，rolling window
根，roots

样本，sample
样本矩，sample moment
样本回归函数，sample regression function (SRF)
样本选择偏差，sample selection bias
样本规模，sample size
抽样误差，sampling error
标量，scalar
尺度参数，scale parameter
散点图，scatter plot
季节性单位根，seasonal unit root
季节性，seasonality

交易成本，transaction costs
转换概率，transition probabilities
（矩阵的）转置，transpose（of a matrix）
截断因变量，truncated dependent variable
转折点，turning point

非平衡面板，unbalanced panel
无偏性，unbiasedness
非条件密度模型，unconditional density model
无抛补利率平价，uncovered interest parity（UIP）
均匀分布，uniform distribution
单位根检验，unit roots testing for
未被参数化的季节性，unparameterised seasonality
效用，utility

在险价值，value-at-risk（VaR）
变量，variable
方差分解，variance decompositions
方差预测值，variance forecasts
方差运算，variance operator
方差减小技术，variance reduction techniques
方差—协方差矩阵，variance-covariance matrix
VECH 模型，VECH model
向量，vector
向量自回归模型，vector autoregressive（VAR）models
向量自回归移动平均模型，vector autoregressive moving average（VARMA）models
向量移动平均模型，vector moving average（VMA）model
波动率，volatility

弱平稳过程，weakly stationary process
韦布尔分布，Weibull distribution
加权最小二乘法，weighted least squares（WLS）
白噪声过程，white noise process
怀特检验，White's test
组内变换，within transformation
沃尔德分解定理，Wold's decomposition theorem

收益率曲线，yield curves
尤尔-沃克方程，Yule-Walker equations

**图书在版编目（CIP）数据**

金融计量经济学：第四版/（英）克里斯·布鲁克斯著；王鹏译. --北京：中国人民大学出版社，2022.5

（经济科学译丛）

ISBN 978-7-300-30431-1

Ⅰ. ①金… Ⅱ. ①克… ②王… Ⅲ. ①计量经济学-经济分析 Ⅳ. ①F224.0

中国版本图书馆 CIP 数据核字（2022）第 044649 号

"十三五"国家重点出版物出版规划项目

经济科学译丛

**金融计量经济学（第四版）**

克里斯·布鲁克斯　著

王　鹏　译

Jinrong Jiliang Jingjixue

---

| | | | | |
|---|---|---|---|---|
| **出版发行** | 中国人民大学出版社 | | | |
| **社　　址** | 北京中关村大街 31 号 | | **邮政编码** | 100080 |
| **电　　话** | 010－62511242（总编室） | | | 010－62511770（质管部） |
| | 010－82501766（邮购部） | | | 010－62514148（门市部） |
| | 010－62515195（发行公司） | | | 010－62515275（盗版举报） |
| **网　　址** | http://www.crup.com.cn | | | |
| **经　　销** | 新华书店 | | | |
| **印　　刷** | 涿州市星河印刷有限公司 | | | |
| **规　　格** | 185mm×260mm　16 开本 | | **版　　次** | 2022 年 5 月第 1 版 |
| **印　　张** | 38 插页 2 | | **印　　次** | 2022 年 5 月第 1 次印刷 |
| **字　　数** | 889 000 | | **定　　价** | 118.00 元 |